Heine · Sämtliche Gedichte

Heinrich Heine

Sämtliche Gedichte

Herausgegeben von
Bernd Kortländer

Philipp Reclam jun.
Stuttgart

Alle Rechte vorbehalten
© 1990, 1996, 1997 Philipp Reclam jun. GmbH & Co., Stuttgart
Satz und Druck: Reclam, Ditzingen
Buchbinderische Verarbeitung:
Sigloch Buchbinderei, Künzelsau
Printed in Germany 1997
RECLAM ist eine eingetragene Marke
der Philipp Reclam jun. GmbH & Co., Stuttgart
ISBN 3-15-052255-2

Buch der Lieder

Vorreden

Vorrede zur zweiten Auflage

Diese neue Ausgabe des Buchs der Lieder kann ich dem überrheinischen Publikum nicht zuschicken, ohne sie mit freundlichen Grüßen in ehrlicher Prosa zu begleiten. Ich weiß nicht, welches wunderliche Gefühl mich davon abhält, dergleichen Vorworte, wie es bei Gedichtesammlungen üblich ist, in schönen Rhythmen zu versifizieren. Seit einiger Zeit sträubt sich in mir etwas gegen alle gebundene Rede, und wie ich höre, regt sich bei manchen Zeitgenossen eine ähnliche Abneigung. Es will mich bedünken, als sei in schönen Versen allzuviel gelogen worden, und die Wahrheit scheue sich in metrischen Gewanden zu erscheinen.

Nicht ohne Befangenheit übergebe ich der Lesewelt den erneuerten Abdruck dieses Buches. Es hat mir die größte Überwindung gekostet, ich habe fast ein ganzes Jahr gezaudert, ehe ich mich zur flüchtigen Durchsicht desselben entschließen konnte. Bei seinem Anblick erwachte in mir all jenes Unbehagen, das mir einst vor zehn Jahren, bei der ersten Publikation, die Seele beklemmte. Verstehen wird diese Empfindung nur der Dichter oder Dichterling, der seine ersten Gedichte gedruckt sah. Erste Gedichte! Sie müssen auf nachlässigen, verblichenen Blättern geschrieben sein, dazwischen, hie und da, müssen welke Blumen liegen, oder eine blonde Locke, oder ein verfärbtes Stückchen Band, und an mancher Stelle muß noch die Spur einer Träne sichtbar sein ... Erste Gedichte aber, die gedruckt sind, grell schwarz gedruckt auf entsetzlich glattem Papier, diese haben ihren süßesten, jungfräulichsten Reiz verloren und erregen bei dem Verfasser einen schauerlichen Mißmut.

Ja, es sind nun zehn Jahre, seitdem diese Gedichte zuerst erschienen, und ich gebe sie wie damals in chronologischer Folge, und ganz voran ziehen wieder Lieder, die in jenen früheren Jahren gedichtet worden, als die ersten Küsse der deutschen Muse in meiner Seele brannten. Ach! die Küsse dieser guten Dirne verloren seitdem sehr viel von ihrer Glut und Frische! Bei so langjährigem Verhältnis mußte die Inbrunst der Flitterwochen allmählig verrauchen; aber die Zärtlichkeit wurde manchmal um so herzlicher, besonders in schlechten Tagen, und da bewährte sich mir ihre ganze Liebe und Treue, die deutsche Muse! Sie tröstete mich in heimischen Drangsalen, folgte mir ins Exil, erheiterte mich in bösen Stunden des Verzagens, ließ mich nie im Stich, sogar in Geldnot wußte sie mir zu helfen, die deutsche Muse, die gute Dirne!

Ebensowenig wie an der Zeitfolge, änderte ich an den Gedichten selbst. Nur hie und da, in der ersten Abteilung, wurden einige Verse verbessert. Der Raumersparnis wegen habe ich die Dedikationen der ersten Auflage weggelassen. Doch kann ich nicht umhin zu erwähnen, daß das lyrische Intermezzo einem Buche entlehnt ist, welches unter dem Titel »Tragödien« im Jahr 1823 erschien und meinem Oheim Salomon Heine zugeeignet worden. Die hohe Achtung, die ich diesem großartigen Manne zollte, sowie auch meine Dankbarkeit für die Liebe, die er mir bewiesen, wollte ich durch jene Widmung beurkunden. »Die Heimkehr« welche zuerst in den Reisebildern erschien, ist der seligen Friederike Varnhagen von Ense gewidmet, und ich darf mich rühmen der erste gewesen zu sein, der diese große Frau mit öffentlicher Huldigung verehrte. Es war eine große Tat von August Varnhagen, daß er, alles kleinliche Bedenken abweisend, jene Briefe veröffentlichte, worin sich Rahel mit ihrer ganzen Persönlichkeit offenbart. Dieses Buch kam zur rechten Zeit, wo es eben am besten wirken, stärken und trösten konnte. Das Buch kam zur trostbedürftig rechten Zeit. Es ist als ob die Rahel wußte, welche posthume Sendung ihr beschieden war. Sie glaubte freilich es würde besser werden und wartete; doch als des Wartens kein Ende nahm, schüttelte sie ungeduldig den Kopf, sah Varnhagen an, und starb schnell – um desto schneller auferstehen zu können. Sie mahnt mich an die Sage jener anderen Rahel, die aus dem Grabe hervorstieg und an der Landstraße stand und weinte, als ihre Kinder in die Gefangenschaft zogen.

Ich kann ihrer nicht ohne Wehmut gedenken, der liebreichen Freundin, die mir immer die unermüdlichste Teilnahme widmete, und sich oft nicht wenig für mich ängstigte, in jener Zeit meiner jugendlichen Übermüten, in jener Zeit als die Flamme der Wahrheit mich mehr erhitzte als erleuchtete ...

Diese Zeit ist vorbei: Ich bin jetzt mehr erleuchtet als erhitzt. Solch kühle Erleuchtung kommt aber immer zu spät bei den Menschen. Ich sehe jetzt im klarsten Lichte die Steine über welche ich gestolpert. Ich hätte ihnen so leicht ausweichen können, ohne damit einen unrechten Weg zu wandeln. Jetzt weiß ich auch, daß man in der Welt sich mit allem befassen kann, wenn man nur die dazu nötigen Handschuhe anzieht. Und dann sollten wir nur das tun, was tunlich ist und wozu wir am meisten Geschick haben, im Leben wie in der Kunst. Ach! zu den unseligsten Mißgriffen des Menschen gehört, daß er den Wert der Geschenke, die ihm die Natur am bequemsten entgegenträgt, kindisch verkennt, und dagegen die Güter, die ihm am schwersten zugänglich sind, für die kostbarsten ansieht. Den Edelstein, der im Schoße der Erde festgewachsen, die Perle, die in den Untiefen des Meeres verborgen, hält der Mensch für die besten Schätze; er würde sie gering achten, wenn die Natur sie gleich Kieseln und Muscheln zu seinen Füßen legte. Gegen unsere Vorzüge sind wir gleichgültig; über unsere Gebrechen suchen wir uns so lange zu täuschen, bis wir sie endlich für Vortrefflichkeiten halten. Als ich einst, nach einem Konzerte von Paganini, diesem Meister mit leidenschaftlichen Lobsprüchen über sein Violinspiel entgegentrat, unterbrach er mich mit den Worten: aber wie gefielen Ihnen heute meine Komplimente, meine Verbeugungen?

Bescheidenen Sinnes und um Nachsicht bittend, übergebe ich dem Publikum das Buch der Lieder; für die Schwäche dieser Gedichte mögen vielleicht meine politischen, theologischen und philosophischen Schriften einigen Ersatz bieten.

Bemerken muß ich jedoch, daß meine poetischen, ebensogut wie meine politischen, theologischen und philosophischen Schriften, einem und demselben Gedanken entsprossen sind, und daß man die einen nicht verdammen darf, ohne den andern allen Beifall zu entziehen. Zugleich erlaube ich mir auch die Bemerkung, daß das Gerücht, als hätte jener Gedanken eine bedenkliche Umwandlung in meiner Seele erlitten, auf Angaben beruht, die ich ebenso verachten wie bedauern muß. Nur gewissen borniertenGeistern konnte die Milderung meiner Rede, oder gar mein erzwungenes Schweigen, als ein Abfall von mir selber erscheinen. Sie mißdeuteten meine Mäßigung, und das war um so liebloser, da ich doch nie ihre Überwut mißdeutet habe. Höchstens dürfte man mich einer Ermüdung beschuldigen. Aber ich habe ein Recht müde zu sein ... Und dann muß jeder dem Gesetze der Zeit gehorchen, er mag wollen oder nicht ...

> Und scheint die Sonne noch so schön,
> Am Ende muß sie untergehn!

Die Melodie dieser Verse summt mir schon den ganzen Morgen im Kopfe und klingt vielleicht wieder aus allem was ich soeben geschrieben. In einem Stücke von Raimund, dem wackeren Komiker, der sich unlängst aus Melancholie totgeschossen, erscheinen Jugend und Alter als allegorische Personen, und das Lied welches die Jugend singt, wenn sie von dem Helden Abschied nimmt, beginnt mit den erwähnten Versen. Vor vielen Jahren, in München, sah ich dieses Stück, ich glaube es heißt »Der Bauer als Millionär«. Sobald die Jugend abgeht, sieht man wie die Person des Helden, der allein auf der See zurückbleibt, eine sonderbare Veränderung erleidet. Sein braunes Haar wird allmählig grau und endlich schneeweiß; sein Rücken krümmt sich, seine Knie schlottern; an die Stelle des vorigen Ungestüms, tritt eine weinerliche Weichheit ... das Alter erscheint.

Naht diese winterliche Gestalt auch schon dem Verfasser dieser Blätter? Gewahrst du schon, teurer Leser, eine ähnliche Umwandlung an dem Schriftsteller, der immer jugendlich, fast allzu jugendlich in der Literatur sich bewegte? Es ist ein betrübender Anblick, wenn ein Schriftsteller vor unseren Augen, angesichts des ganzen Publikums, allmählig alt wird. Wir haben's gesehen, nicht bei Wolfgang Goethe, dem ewigen Jüngling, aber bei August Wilhelm von Schlegel, dem bejahrten Gekken; wir haben's gesehen, nicht bei Adalbert Chamisso, der mit jedem Jahre sich blütenreicher verjüngt, aber wir sahen es bei Herrn Ludwig Tieck, dem ehemaligen romantischen Strohmian, der jetzt ein alter räudiger Muntsche geworden ... O, ihr Götter! ich bitte euch nicht mir die Jugend zu lassen, aber laßt mir die Tugenden der Jugend, den uneigennützigen Groll, die uneigennützige Träne! Laßt mich nicht ein alter Polterer werden, der aus Neid die jüngeren Geister anklafft, oder ein matter Jammermensch, der über die gute alte Zeit beständig flennt ... Laßt mich ein Greis werden, der die Jugend liebt, und trotz der Altersschwäche noch immer teilnimmt an den Spielen und Gefahren! Mag immerhin meine Stimme zittern und beben, wenn nur der Sinn meiner Worte unerschrocken und frisch bleibt!

Sie lächelte gestern so sonderbar, halb mitleidig halb boshaft, die schöne Freundin, als sie mit ihren rosigen Fingern meine Locken glättete ... Nicht wahr, du hast auf meinem Haupte einige weiße Haare bemerkt?

> Und scheint die Sonne noch so schön,
> Am Ende muß sie untergehn.

Geschrieben zu Paris im Frühjahr 1837.

Heinrich Heine

Vorrede zur dritten Auflage

Das ist der alte Märchenwald!
Es duftet die Lindenblüte!
Der wunderbare Mondenglanz
Bezaubert mein Gemüte.

Ich ging fürbaß, und wie ich ging,
Erklang es in der Höhe.
Das ist die Nachtigall, sie singt
Von Lieb und Liebeswehe.

Sie singt von Lieb und Liebesweh,
Von Tränen und von Lachen,
Sie jubelt so traurig, sie schluchzet so froh,
Vergessene Träume erwachen.

Ich ging fürbaß, und wie ich ging,
Da sah ich vor mir liegen,
Auf freiem Platz, ein großes Schloß,
Die Giebel hoch aufstiegen.

Verschlossene Fenster, überall
Ein Schweigen und ein Trauern;
Es schien als wohne der stille Tod
In diesen öden Mauern.

Dort vor dem Tor lag eine Sphinx,
Ein Zwitter von Schrecken und Lüsten,
Der Leib und die Tatzen wie ein Löw,
Ein Weib an Haupt und Brüsten.

Ein schönes Weib! Der weiße Blick,
Er sprach von wildem Begehren;
Die stummen Lippen wölbten sich
Und lächelten stilles Gewähren.

Die Nachtigall, sie sang so süß –
Ich konnt nicht widerstehen –
Und als ich küßte das holde Gesicht,
Da war's um mich geschehen.

Lebendig ward das Marmorbild,
Der Stein begann zu ächzen –
Sie trank meiner Küsse lodernde Glut,
Mit Dürsten und mit Lechzen.

Sie trank mir fast den Odem aus –
Und endlich, wollustheischend,
Umschlang sie mich, meinen armen Leib
Mit den Löwentatzen zerfleischend.

Entzückende Marter und wonniges Weh!
Der Schmerz wie die Lust unermeßlich!
Derweilen des Mundes Kuß mich beglückt,
Verwunden die Tatzen mich gräßlich.

Die Nachtigall sang: »O schöne Sphinx!
O Liebe! was soll es bedeuten,
Daß du vermischest mit Todesqual
All deine Seligkeiten?

O schöne Spinx! O löse mir
Das Rätsel, das wunderbare!
Ich hab darüber nachgedacht
Schon manche tausend Jahre.«

*

Das hätte ich alles sehr gut in guter Prosa sagen können... Wenn man aber die alten Gedichte wieder durchliest, um ihnen, behufs eines erneueten Abdrucks, einige Nachfeile zu erteilen, dann überschleicht einen unversehens die klingelnde Gewohnheit des Reims und Silbenfalls, und siehe! es sind Verse womit ich diese dritte Auflage des Buchs der Lieder eröffne. O Phöbus Apollo! sind diese Verse schlecht, so wirst du mir gern verzeihen ... Denn du bist ein allwissender Gott, und du weißt sehr gut, warum ich mich seit so vielen Jahren nicht mehr vorzugsweise mit Maß und Gleichklang der Wörter beschäftigen konnte ... Du weißt warum die Flamme, die einst in brillanten Feuerwerkspielen die Welt ergötzte, plötzlich zu weit ernsteren Bränden verwendet werden mußte ... Du weißt warum sie jetzt in schweigender Glut mein Herz verzehrt ... Du verstehst mich, großer schöner Gott, der du ebenfalls die goldene Leier zuweilen vertauschtest mit dem starken Bogen und den tödlichen Pfeilen ... Erinnerst du dich auch noch des Marsyas, den du lebendig geschunden? Es ist schon lange her, und ein ähnliches Beispiel tät wieder Not ... Du lächelst, o mein ewiger Vater!

Geschrieben zu Paris den 20. Februar 1839.

Heinrich Heine

Vorrede zur fünften Auflage

Der vierten Auflage dieses Buches konnte ich leider keine besondere Sorgfalt widmen, und sie wurde ohne vorhergehende Durchsicht abgedruckt. Eine Versäumnis solcher Art wiederholte sich glücklicherweise nicht bei dieser fünften Auflage, indem ich zufällig in dem Druckorte verweilte und die Korrektur selber besorgen konnte. Hier, in demselben Druckorte, bei Hoffmann und Campe in Hamburg, publiziere ich gleichzeitig, unter dem Titel »Neue Gedichte«, eine Sammlung poetischer Erzeugnisse, die wohl als der zweite Teil des »Buchs der Lieder« zu betrachten ist. – Den Freunden im Vaterlande meine heitersten Scheidegrüße!

Geschrieben zu Hamburg den 21. August 1844.

Heinrich Heine

Junge Leiden

1817–1821

Traumbilder

I

Mir träumte einst von wildem Liebesglühn,
Von hübschen Locken, Myrten und Resede,
Von süßen Lippen und von bittrer Rede,
Von düstrer Lieder düstern Melodien.

5 Verblichen und verweht sind längst die Träume!
Verweht ist gar mein liebstes Traumgebild!
Geblieben ist mir nur, was glutenwild
Ich einst gegossen hab in weiche Reime.

Du bliebst, verwaistes Lied! Verweh jetzt auch,
10 Und such das Traumbild, das mir längst entschwunden,
Und grüß es mir, wenn du es aufgefunden –
Dem luftgen Schatten send ich luftgen Hauch.

II

Ein Traum, gar seltsam schauerlich,
Ergötzte und erschreckte mich.
Noch schwebt mir vor manch grausig Bild,
Und in dem Herzen wogt es wild.

5 Das war ein Garten, wunderschön,
Da wollt ich lustig mich ergehn;
Viel schöne Blumen sahn mich an,
Ich hatte meine Freude dran.

Es zwitscherten die Vögelein
10 Viel muntre Liebesmelodein;
Die Sonne rot, von Gold umstrahlt,
Die Blumen lustig bunt bemalt.

Viel Balsamduft aus Kräutern rinnt,
Die Lüfte wehen lieb und lind;
Und alles schimmert, alles lacht,
Und zeigt mir freundlich seine Pracht.

Inmitten in dem Blumenland
Ein klarer Marmorbrunnen stand;
Da schaut ich eine schöne Maid,
Die emsig wusch ein weißes Kleid.

Die Wänglein süß, die Äuglein mild,
Ein blondgelocktes Heilgenbild;
Und wie ich schau, die Maid ich fand
So fremd und doch so wohlbekannt.

Die schöne Maid, die sputet sich,
Sie summt ein Lied gar wunderlich:
»Rinne, rinne, Wässerlein,
Wasche mir das Linnen rein.«

Ich ging und nahete mich ihr,
Und flüsterte: O sage mir,
Du wunderschöne, süße Maid,
Für wen ist dieses weiße Kleid?

Da sprach sie schnell: Sei bald bereit,
Ich wasche dir dein Totenkleid!
Und als sie dies gesprochen kaum,
Zerfloß das ganze Bild, wie Schaum. –

Und fortgezaubert stand ich bald
In einem düstern, wilden Wald.
Die Bäume ragten himmelan;
Ich stand erstaunt und sann und sann.

Und horch! welch dumpfer Widerhall!
Wie ferner Äxtenschläge Schall.
Ich eil durch Busch und Wildnis fort,
Und komm an einen freien Ort.

45 Inmitten in dem grünen Raum,
Da stand ein großer Eichenbaum;
Und sieh! mein Mägdlein wundersam
Haut mit dem Beil den Eichenstamm.

Und Schlag auf Schlag, und sonder Weil,
50 Summt sie ein Lied und schwingt das Beil:
»Eisen blink, Eisen blank,
Zimmre hurtig Eichenschrank.«

Ich ging und nahete mich ihr,
Und flüsterte: O sage mir,
55 Du wundersüßes Mägdelein,
Wem zimmerst du den Eichenschrein?

Da sprach sie schnell: Die Zeit ist karg,
Ich zimmre deinen Totensarg!
Und als sie dies gesprochen kaum,
60 Zerfloß des ganze Bild, wie Schaum. –

Es lag so bleich, es lag so weit
Ringsum nur kahle, kahle Heid;
Ich wußte nicht wie mir geschah,
Und heimlich schaudernd stand ich da.

65 Doch als ich eben fürder schweif,
Gewahr ich einen weißen Streif;
Ich eilt drauf zu, und eilt und stand,
Und sieh! die schöne Maid ich fand.

Auf weiter Heid die weiße Maid
Grub tief die Erd mit Grabescheit.
Kaum wagt ich noch sie anzuschaun,
Sie war so schön und doch ein Graun.

Die schöne Maid, die sputet sich,
Sie summt ein Lied gar wunderlich:
»Spaten, Spaten, scharf und breit,
Schaufle Grube tief und weit.«

Ich ging und nahete mich ihr
Und flüsterte: O sage mir,
Du wunderschöne, süße Maid,
Was diese Grube hier bedeut't?

Da sprach sie schnell: Sei still, ich hab
Geschaufelt dir ein kühles Grab.
Und als so sprach die schöne Maid,
Da öffnet sich die Grube weit;

Und als ich in die Grube schaut,
Ein kalter Schauer mich durchgraut;
Und in die dunkle Grabesnacht
Stürzt ich hinein, – und bin erwacht.

III

Im nächtgen Traum hab ich mich selbst geschaut,
In schwarzem Galafrack und seidner Weste,
Manschetten an der Hand, als ging's zum Feste,
Und vor mir stand mein Liebchen, süß und traut.

Ich beugte mich und sagte: »Sind Sie Braut?
Ei! ei! so gratulier ich, meine Beste!«
Doch fast die Kehle mir zusammenpreßte
Der langgezogne, vornehm kalte Laut.

Und bittere Tränen plötzlich sich ergossen
Aus Liebchens Augen, und in Tränenwogen
Ist mir das holde Bildnis fast zerflossen.

O süße Augen, fromme Liebessterne,
Obschon ihr mir im Wachen oft gelogen,
Und auch im Traum, glaub ich euch dennoch gerne!

IV

Im Traum sah ich ein Männchen klein und putzig,
Das ging auf Stelzen, Schritte ellenweit,
Trug weiße Wäsche und ein feines Kleid,
Inwendig aber war es grob und schmutzig.

Inwendig war es jämmerlich, nichtsnutzig,
Jedoch von außen voller Würdigkeit;
Von der Courage sprach es lang und breit,
Und tat sogar recht trutzig und recht stutzig.

»Und weißt du, wer das ist? Komm her und schau!«
So sprach der Traumgott, und er zeigt mir schlau
Die Bilderflut in eines Spiegels Rahmen.

Vor einem Altar stand das Männchen da,
Mein Lieb daneben, beide sprachen: Ja!
Und tausend Teufel riefen lachend: Amen!

V

Was treibt und tobt mein tolles Blut?
Was flammt mein Herz in wilder Glut?
Es kocht mein Blut und schäumt und gärt,
Und grimme Glut mein Herz verzehrt.

Das Blut ist toll, und gärt und schäumt,
Weil ich den bösen Traum geträumt:
Es kam der finstre Sohn der Nacht,
Und hat mich keuchend fortgebracht.

Er bracht mich in ein helles Haus,
Wo Harfenklang und Saus und Braus,
Und Fackelglanz und Kerzenschein;
Ich kam zum Saal, ich trat hinein.

Das war ein lustig Hochzeitfest;
Zu Tafel saßen froh die Gäst.
Und wie ich nach dem Brautpaar schaut, –
O weh! mein Liebchen war die Braut.

Das war mein Liebchen wunnesam,
Ein fremder Mann war Bräutigam;
Dicht hinterm Ehrenstuhl der Braut,
Da blieb ich stehn, gab keinen Laut.

Es rauscht Musik, – gar still stand ich;
Der Freudenlärm betrübte mich.
Die Braut, sie blickt so hochbeglückt,
Der Bräutgam ihre Hände drückt.

Der Bräutgam füllt den Becher sein,
Und trinkt daraus, und reicht gar fein
Der Braut ihn hin; sie lächelt Dank, –
O weh! mein rotes Blut sie trank.

Die Braut ein hübsches Äpflein nahm,
Und reicht es hin dem Bräutigam.
Der nahm sein Messer, schnitt hinein, –
O weh! das war das Herze mein.

Sie äugeln süß, sie äugeln lang,
Der Bräutgam kühn die Braut umschlang,
Und küßt sie auf die Wangen rot, –
O weh! mich küßt der kalte Tod.

Wie Blei lag meine Zung im Mund,
Daß ich kein Wörtlein sprechen kunt.
Da rauscht es auf, der Tanz begann;
Das schmucke Brautpaar tanzt voran.

Und wie ich stand so leichenstumm,
Die Tänzer schweben flink herum; –
Ein leises Wort der Bräutgam spricht,
Die Braut wird rot, doch zürnt sie nicht. – –

VI

Im süßen Traum, bei stiller Nacht,
Da kam zu mir, mit Zaubermacht,
Mit Zaubermacht, die Liebste mein,
Sie kam zu mir ins Kämmerlein.

Ich schau sie an, das holde Bild!
Ich schau sie an, sie lächelt mild,
Und lächelt bis das Herz mir schwoll,
Und stürmisch kühn das Wort entquoll:

»Nimm hin, nimm alles was ich hab,
Mein Liebstes tret ich gern dir ab,
Dürft ich dafür dein Buhle sein,
Von Mitternacht bis Hahnenschrei'n.«

Da staunt' mich an gar seltsamlich,
So lieb, so weh, und inniglich,
Und sprach zu mir die schöne Maid:
O, gib mir deine Seligkeit!

»Mein Leben süß, mein junges Blut,
Gäb ich, mit Freud und wohlgemut,
Für dich, o Mädchen, engelgleich, –
Doch nimmermehr das Himmelreich.«

Wohl braust hervor mein rasches Wort,
Doch blühet schöner immerfort,
Und immer spricht die schöne Maid:
O, gib mir deine Seligkeit!

Dumpf dröhnt dies Wort mir ins Gehör,
Und schleudert mir ein Glutenmeer
Wohl in der Seele tiefsten Raum;
Ich atme schwer, ich atme kaum. –

Das waren weiße Engelein,
Umglänzt von goldnem Glorienschein;
Nun aber stürmte wild herauf
Ein gräulich schwarzer Koboldhauf.

Die rangen mit den Engelein,
Und drängten fort die Engelein;
Und endlich auch die schwarze Schar
In Nebelduft zerronnen war. –

Ich aber wollt in Lust vergehn,
Ich hielt im Arm mein Liebchen schön;
Sie schmiegt sich an mich wie ein Reh,
Doch weint sie auch mit bitterm Weh.

Feins Liebchen weint; ich weiß warum,
Und küß ihr Rosenmündlein stumm. –
»O still, feins Lieb, die Tränenflut,
Ergib dich meiner Liebesglut.

45 Ergib dich meiner Liebesglut –«
Da plötzlich starrt zu Eis mein Blut;
Laut bebet auf der Erde Grund,
Und öffnet gähnend sich ein Schlund.

Und aus dem schwarzen Schlunde steigt
50 Die schwarze Schar; – feins Lieb erbleicht!
Aus meinen Armen schwand feins Lieb;
Ich ganz alleine stehen blieb.

Da tanzt im Kreise, wunderbar,
Um mich herum, die schwarze Schar,
55 Und drängt heran, erfaßt mich bald,
Und gellend Hohngelächter schallt.

Und immer enger wird der Kreis,
Und immer summt die Schauerweis:
Du gabest hin die Seligkeit,
60 Gehörst uns nun in Ewigkeit!

VII

Nun hast du das Kaufgeld, nun zögerst du doch?
Blutfinstrer Teufel, was zögerst du noch?
Schon sitze ich harrend im Kämmerlein traut,
Und Mitternacht naht schon, – es fehlt nur die Braut.

5 Viel schauernde Lüftchen vom Kirchhofe wehn; –
Ihr Lüftchen! habt ihr mein Bräutchen gesehn?
Viel blasse Larven gestalten sich da,
Umknicksen mich grinsend, und nicken: O ja!

Pack aus, was bringst du für Botschafterei,
10 Du schwarzer Schlingel in Feuerlivrei?
»Die gnädige Herrschaft meldet sich an,
Gleich kommt sie gefahren im Drachengespann.«

Du lieb grau Männchen, was ist dein Begehr?
Mein toter Magister, was treibt dich her?
Er schaut mich mit schweigend trübseligem Blick,
Und schüttelt das Haupt, und wandelt zurück.

Was winselt und wedelt der zottge Gesell?
Was glimmert schwarz Katers Auge so hell?
Was heulen die Weiber mit fliegendem Haar?
Was lullt mir Frau Amme mein Wiegenlied gar?

Frau Amme bleib heut mit dem Singsang zu Haus,
Das Eiapopeia ist lange schon aus;
Ich fei're ja heute mein Hochzeitfest, –
Da schau mal, dort kommen schon zierliche Gäst.

Da schau mal! Ihr Herren, das nenn ich galant!
Ihr tragt, statt der Hüte, die Köpf in der Hand!
Ihr Zappelbein-Leutchen im Galgen-Ornat,
Der Wind ist still, was kommt ihr so spat?

Da kommt auch alt Besenstielmütterchen schon, –
Ach segne mich, Mütterchen, bin ja dein Sohn.
Da zittert der Mund im weißen Gesicht:
»In Ewigkeit Amen!« das Mütterchen spricht.

Zwölf winddürre Musiker schlendern herein;
Blind Fidelweib holpert wohl hintendrein.
Da schleppt der Hanswurst, in buntscheckiger Jack,
Den Totengräber huckepack.

Es tanzen zwölf Klosterjungfrauen herein;
Die schielende Kupplerin führet den Reihn.
Zwölf lüsterne Pfäfflein springen herbei
Und pfeifen ein Schandlied als Litanei.

Herr Trödler, o schrei dir nicht blau das Gesicht,
Im Fegfeuer nützt mir dein Pelzröckel nicht;
Dort heizet man gratis jahraus, jahrein,
Statt mit Holz, mit Fürsten- und Bettlergebein.

45 Die Blumenmädchen sind bucklicht und krumm,
Und purzeln kopfüber im Zimmer herum.
Ihr Eulengesichter mit Heuschreckenbein,
Hei! laßt mir das Rippengeklapper nur sein!

Die sämtliche Höll ist los fürwahr,
50 Und lärmet und schwärmet in wachsender Schar.
Sogar der Verdammnis-Walzer erschallt, –
Still, still! nun kommt mein feins Liebchen auch bald.

Gesindel sei still, oder trolle dich fort!
Ich höre kaum selber mein leibliches Wort, –
55 Ei, rasselt nicht eben ein Wagen vor?
Frau Köchin! wo bist du? schnell öffne das Tor.

Willkommen, feins Liebchen, wie geht's dir, mein
                                      Schatz?
Willkommen Herr Pastor, ach nehmen Sie Platz!
Herr Pastor mit Pferdefuß und Schwanz,
60 Ich bin Eur Ehrwürden Diensteigener ganz!

Lieb Bräutchen, was stehst du so stumm und bleich?
Der Herr Pastor schreitet zur Trauung sogleich;
Wohl zahl ich ihm teure, blutteure Gebühr,
Doch dich zu besitzen gilt's Kinderspiel mir.

65 Knie nieder, süß Bräutchen, knie hin mir zur Seit! –
Da kniet sie, da sinkt sie, – o selige Freud! –
Sie sinkt mir ans Herz, an die schwellende Brust,
Ich halt sie umschlungen mit schauernder Lust.

Die Goldlockenwellen umspielen uns beid;
An mein Herze pocht das Herze der Maid.
Sie pochen wohl beide vor Lust und vor Weh,
Und schweben hinauf in die Himmelshöh.

Die Herzlein schwimmen im Freudensee,
Dort oben in Gottes heilger Höh;
Doch auf den Häuptern, wie Grausen und Brand,
Da hat die Hölle gelegt die Hand.

Das ist der finstre Sohn der Nacht,
Der hier den segnenden Priester macht;
Er murmelt die Formel aus blutigem Buch,
Sein Beten ist Lästern, sein Segnen ist Fluch.

Und es sauset und zischet und heulet toll,
Wie Wogengebrause, wie Donnergeroll; –
Da blitzet auf einmal ein bläuliches Licht, –
»In Ewigkeit Amen!« das Mütterchen spricht.

VIII

Ich kam von meiner Herrin Haus,
Und wandelt in Wahnsinn und Mitternachtgraus.
Und wie ich am Kirchhof vorübergehn will,
Da winken die Gräber ernst und still.

Da winkt's von des Spielmanns Leichenstein;
Das war der flimmernde Mondesschein.
Da lispelt's: Lieb Bruder, ich komme gleich!
Da steigt's aus dem Grabe nebelbleich.

Der Spielmann war's, der entstiegen jetzt,
Und hoch auf den Leichenstein sich setzt.
In die Saiten der Zither greift er schnell,
Und singt dabei recht hohl und grell:

Ei! kennt ihr noch das alte Lied,
Das einst so wild die Brust durchglüht,
Ihr Saiten dumpf und trübe?
Die Engel, die nennen es Himmelsfreud,
Die Teufel, die nennen es Höllenleid,
Die Menschen, die nennen es: Liebe!

Kaum tönte des letzten Wortes Schall,
Da taten sich auf die Gräber all;
Viel Luftgestalten dringen hervor,
Umschweben den Spielmann und schrillen im Chor:

    Liebe! Liebe! deine Macht
    Hat uns hier zu Bett gebracht,
    Und die Augen zugemacht, –
    Ei, was rufst du in der Nacht?

So heult es verworren, und schwirret und krächzt,
Und brauset und sauset, und girret und ächzt;
Und der tolle Schwarm den Spielmann umschweift,
Und der Spielmann wild in die Saiten greift:

    Bravo! bravo! immer toll!
    Seid willkommen!
    Habt vernommen
    Daß mein Zauberwort erscholl!
    Liegt man doch jahraus, jahrein,
    Mäuschenstill im Kämmerlein;
    Laßt uns heute lustig sein!
    Mit Vergunst, –
    Seht erst zu, sind wir allein? –
    Narren waren wir im Leben,
    Und mit toller Wut ergeben
    Einer tollen Liebesbrunst.
    Kurzweil kann uns heut nicht fehlen,
    Jeder soll hier treu erzählen,

Was ihn weiland hergebracht,
Wie gehetzt,
Wie zerfetzt
Ihn die tolle Liebesjagd.

Da hüpft aus dem Kreise, so leicht wie der Wind,
Ein mageres Wesen, das summend beginnt:

    Ich war ein Schneidergeselle,
    Mit Nadel und mit Scher;
    Ich war so flink und schnelle
    Mit Nadel und mit Scher;
    Da kam die Meisterstochter
    Mit Nadel und mit Scher;
    Und hat mir ins Herz gestochen
    Mit Nadel und mit Scher.

Da lachten die Geister im lustigen Chor;
Ein zweiter trat still und ernst hervor:

    Den Rinaldo Rinaldini,
    Schinderhanno, Orlandini,
    Und besonders Carlo Moor
    Nahm ich mir als Muster vor.

    Auch verliebt – mit Ehr zu melden –
    Hab ich mich, wie jene Helden,
    Und das schönste Frauenbild
    Spukte mir im Kopfe wild.

    Und ich seufzte auch und girrte;
    Und wenn Liebe mich verwirrte,
    Steckt ich meine Finger rasch
    In des reichen Nachbars Tasch.

> Doch der Gassenvogt mir grollte,
> Daß ich Sehnsuchtstränen wollte
> Trocknen mit dem Taschentuch,
> Das mein Nachbar bei sich trug.
>
> Und nach frommer Häschersitte
> Nahm man still mich in die Mitte,
> Und das Zuchthaus, heilig groß,
> Schloß mir auf den Mutterschoß.
>
> Schwelgend süß in Liebessinnen,
> Saß ich dort beim Wollespinnen,
> Bis Rinaldos Schatten kam
> Und die Seele mit sich nahm.

Da lachten die Geister im lustigen Chor;
Geschminkt und geputzt trat ein dritter hervor:

> Ich war ein König der Bretter,
> Und spielte das Liebhaberfach,
> Ich brüllte manch wildes: Ihr Götter!
> Ich seufzte manch zärtliches: Ach!
>
> Den Mortimer spielt ich am besten,
> Maria war immer so schön!
> Doch trotz der natürlichsten Gesten,
> Sie wollte mich nimmer verstehn. –
>
> Einst als ich verzweifelnd am Ende
> »Maria, du Heilige!« rief,
> Da nahm ich den Dolch behende –
> Und stach mich ein bißchen zu tief.

Da lachten die Geister im lustigen Chor;
Im weißen Flausch trat ein vierter hervor:

Vom Katheder schwatzte herab der Professor,
Er schwatzte, und ich schlief gut dabei ein;
Doch hätt mir's behagt noch tausendmal besser
Bei seinem holdseligen Töchterlein.

Sie hatt mir oft zärtlich am Fenster genicket,
Die Blume der Blumen, mein Lebenslicht!
Doch die Blume der Blumen ward endlich gepflücket
Vom dürren Philister, dem reichen Wicht.

Da flucht ich den Weibern und reichen Halunken,
Und mischte mir Teufelskraut in den Wein,
Und hab mit dem Tode Smollis getrunken, –
Der sprach: Fiduzit, ich heiße Freund Hein!

Da lachten die Geister im lustigen Chor;
Einen Strick um den Hals trat ein fünfter hervor:

Es prunkte und prahlte der Graf beim Wein
Mit dem Töchterchen sein und dem Edelgestein.
Was schert mich, du Gräflein, dein Edelgestein,
Mir mundet weit besser dein Töchterlein.

Sie lagen wohl beid unter Riegel und Schloß,
Und der Graf besold'te viel Dienertroß.
Was scheren mich Diener und Riegel und Schloß –
Ich stieg getrost auf die Leitersproß.

An Liebchens Fensterlein klettr' ich getrost,
Da hör ich es unten fluchen erbost:
»Fein sachte, mein Bübchen, muß auch dabei sein,
Ich liebe ja auch das Edelgestein.«

So spöttelt der Graf und erfaßt mich gar,
Und jauchzend umringt mich die Dienerschar.
»Zum Teufel, Gesindel! ich bin ja kein Dieb;
Ich wollte nur stehlen mein trautes Lieb!«

Da half kein Gerede, da half kein Rat,
Da machte man hurtig die Stricke parat;
Wie die Sonne kam, da wundert sie sich,
Am hellen Galgen fand sie mich.

135 Da lachten die Geister im lustigen Chor;
Mit blutigem Haupt trat ein sechster hervor:

Zum Waidwerk trieb mich Liebesharm:
Ich schlich umher, die Büchs im Arm.
Da schnarret's hohl vom Baum herab,
140 Der Rabe rief: Kopf – ab! Kopf – ab!

O, spürt ich doch ein Täubchen aus,
Ich brächt es meinem Lieb nach Haus!
So dacht ich, und in Busch und Strauch
Späht rings umher mein Jägeraug.

145 Was koset dort? was schnäbelt fein?
Zwei Turteltäubchen mögen's sein.
Ich schleich herbei, – den Hahn gespannt, –
Sieh da! mein eignes Lieb ich fand.

Das war mein Täubchen, meine Braut,
150 Ein fremder Mann umarmt sie traut, –
Nun, alter Schütze, treffe gut! –
Da lag der fremde Mann im Blut.

Bald drauf ein Zug mit Henkersfron –
Ich selbst dabei als Hauptperson –
155 Den Wald durchzog. Vom Baum herab
Der Rabe rief: Kopf – ab! Kopf – ab!

Da lachten die Geister im lustigen Chor;
Da trat der Spielmann selber hervor:

Ich hab mal ein Liedchen gesungen,
Das schöne Lied ist aus;
Wenn das Herz im Leibe zersprungen,
Dann gehen die Lieder nach Haus!

Und das tolle Gelächter sich toller erhebt,
Und die bleiche Schar im Kreise schwebt.
Da scholl vom Kirchturm »Eins« herab,
Da stürzten die Geister sich heulend ins Grab.

IX

Ich lag und schlief, und schlief recht mild,
Verscheucht war Gram und Leid;
Da kam zu mir ein Traumgebild,
Die allerschönste Maid.

Sie war wie Marmelstein so bleich,
Und heimlich wunderbar;
Im Auge schwamm es perlengleich,
Gar seltsam wallt' ihr Haar.

Und leise, leise sich bewegt
Die marmorblasse Maid,
Und an mein Herz sich niederlegt
Die marmorblasse Maid.

Wie bebt und pocht vor Weh und Lust,
Mein Herz, und brennet heiß!
Nicht bebt, nicht pocht der Schönen Brust,
Die ist so kalt wie Eis.

»Nicht bebt, nicht pocht wohl meine Brust,
Die ist wie Eis so kalt;
Doch kenn auch ich der Liebe Lust,
Der Liebe Allgewalt.

»Mir blüht kein Rot auf Mund und Wang,
Mein Herz durchströmt kein Blut;
Doch sträube dich nicht schaudernd bang,
Ich bin dir hold und gut.«

Und wilder noch umschlang sie mich,
Und tat mir fast ein Leid;
Da kräht der Hahn – und stumm entwich
Die marmorblasse Maid.

X

Da hab ich viel blasse Leichen
Beschworen mit Wortesmacht;
Die wollen nun nicht mehr weichen
Zurück in die alte Nacht.

Das zähmende Sprüchlein vom Meister
Vergaß ich vor Schauer und Graus;
Nun ziehn die eignen Geister
Mich selber ins neblichte Haus.

Laßt ab, ihr finstern Dämonen!
Laßt ab, und drängt mich nicht!
Noch manche Freude mag wohnen
Hier oben im Rosenlicht.

Ich muß ja immer streben
Nach der Blume wunderhold; –
Was bedeutet' mein ganzes Leben,
Wenn ich sie nicht lieben sollt?

Ich möcht sie nur einmal umfangen,
Und pressen ans glühende Herz!
Nur einmal auf Lippen und Wangen
Küssen den seligsten Schmerz.

Nur einmal aus ihrem Munde
Möcht ich hören ein liebendes Wort, –
Alsdann wollt ich folgen zur Stunde
Euch, Geister, zum finsteren Ort.

Die Geister haben's vernommen,   25
Und nicken schauerlich.
Feins Liebchen, nun bin ich gekommen;
Feins Liebchen, liebst du mich?

Lieder

I

Morgens steh ich auf und frage:
Kommt feins Liebchen heut?
Abends sink ich hin und klage:
Ausblieb sie auch heut.

In der Nacht mit meinem Kummer
Lieg ich schlaflos, wach;
Träumend, wie im halben Schlummer,
Wandle ich bei Tag.

II

Es treibt mich hin, es treibt mich her!
Noch wenige Stunden, dann soll ich sie schauen,
Sie selber, die Schönste der schönen Jungfrauen; –
Du treues Herz, was pochst du so schwer!

Die Stunden sind aber ein faules Volk!
Schleppen sich behaglich träge,
Schleichen gähnend ihre Wege; –
Tummle dich, du faules Volk!

Tobende Eile mich treibend erfaßt!
Aber wohl niemals liebten die Horen; –
Heimlich im grausamen Bunde verschworen,
Spotten Sie tückisch der Liebenden Hast.

III

Ich wandelte unter den Bäumen
Mit meinem Gram allein;
Da kam das alte Träumen,
Und schlich mir ins Herz hinein.

Wer hat euch dies Wörtlein gelehret,
Ihr Vöglein in luftiger Höh?
Schweigt still, wenn mein Herz es höret,
Dann tut es noch einmal so weh.

»Es kam ein Jungfräulein gegangen
Die sang es immerfort,
Da haben wir Vöglein gefangen
Das hübsche, goldne Wort.«

Das sollt ihr mir nicht mehr erzählen,
Ihr Vöglein wunderschlau!
Ihr wollt meinen Kummer mir stehlen,
Ich aber niemanden trau.

IV

Lieb Liebchen, leg's Händchen aufs Herze mein; –
Ach, hörst du, wie's pochet im Kämmerlein?
Da hauset ein Zimmermann schlimm und arg,
Der zimmert mir einen Totensarg.

Es hämmert und klopfet bei Tag und bei Nacht;
Es hat mich schon längst um den Schlaf gebracht.
Ach! sputet Euch, Meister Zimmermann,
Damit ich balde schlafen kann.

V

Schöne Wiege meiner Leiden,
Schönes Grabmal meiner Ruh,
Schöne Stadt, wir müssen scheiden, –
Lebe wohl, ruf ich dir zu.

Lebe wohl, du heilge Schwelle,
Wo da wandelt Liebchen traut;
Lebe wohl! du heilge Stelle,
Wo ich sie zuerst geschaut.

Hätt ich dich doch nie gesehen,
Schöne Herzenskönigin!
Nimmer wär es dann geschehen,
Daß ich jetzt so elend bin.

Nie wollt ich dein Herze rühren,
Liebe hab ich nie erfleht;
Nur ein stilles Leben führen
Wollt ich, wo dein Odem weht.

Doch du drängst mich selbst von hinnen,
Bittre Worte spricht dein Mund;
Wahnsinn wühlt in meinen Sinnen,
Und mein Herz ist krank und wund.

Und die Glieder matt und träge
Schlepp ich fort am Wanderstab,
Bis mein müdes Haupt ich lege
Ferne in ein kühles Grab.

VI

Warte, warte, wilder Schiffsmann,
Gleich folg ich zum Hafen dir;
Von zwei Jungfraun nehm ich Abschied,
Von Europa und von ihr.

Blutquell, rinn aus meinen Augen,
Blutquell, brich aus meinem Leib,
Daß ich mit dem heißen Blute
Meine Schmerzen niederschreib.

Ei, mein Lieb, warum just heute
Schauderst du, mein Blut zu sehn?
Sahst mich bleich und herzeblutend
Lange Jahre vor dir stehn!

Kennst du noch das alte Liedchen
Von der Schlang im Paradies,
Die durch schlimme Apfelgabe
Unsern Ahn ins Elend stieß?

Alles Unheil brachten Äpfel!
Eva bracht damit den Tod,
Eris brachte Trojas Flammen,
Du bracht'st beides, Flamm und Tod.

VII

Berg' und Burgen schaun herunter
In den spiegelhellen Rhein,
Und mein Schiffchen segelt munter,
Rings umglänzt von Sonnenschein.

Ruhig seh ich zu dem Spiele,
Goldner Wellen, kraus bewegt:
Still erwachen die Gefühle,
Die ich tief im Busen hegt.

Freundlich grüßend und verheißend
Lockt hinab des Stromes Pracht;
Doch ich kenn ihn, oben gleißend,
Birgt sein Innres Tod und Nacht.

Oben Lust, im Busen Tücken,
Strom, du bist der Liebsten Bild!
Die kann auch so freundlich nicken,
Lächelt auch so fromm und mild.

VIII

Anfangs wollt ich fast verzagen,
Und ich glaubt ich trüg es nie,
Und ich hab es doch getragen, –
Aber fragt mich nur nicht, wie?

IX

Mit Rosen, Zypressen und Flittergold
Möcht ich verzieren, lieblich und hold,
Dies Buch wie einen Totenschrein,
Und sargen meine Lieder hinein.

Hier sind nun die Lieder, die einst so wild,
Wie ein Lavastrom, der dem Ätna entquillt,
Hervorgestürzt aus dem tiefsten Gemüt,
Und rings viel blitzende Funken versprüht!

Nun liegen sie stumm und Toten gleich,
Nun starren sie kalt und nebelbleich.
Doch aufs neu die alte Glut sie belebt,
Wenn der Liebe Geist einst über sie schwebt.

Und es wird mir im Herzen viel Ahnung laut:
Der Liebe Geist einst über sie taut;
Einst kommt dies Buch in deine Hand,
Du süßes Lieb im fernen Land.

Dann löst sich des Liedes Zauberbann,
Die blassen Buchstaben schaun dich an,
Sie schauen dir flehend ins schöne Aug,
Und flüstern mit Wehmut und Liebeshauch.

Romanzen

I
Der Traurige

Allen tut es weh im Herzen,
Die den bleichen Knaben sehn,
Dem die Leiden, dem die Schmerzen
Aufs Gesicht geschrieben stehn.

Mitleidvolle Lüfte fächeln
Kühlung seiner heißen Stirn;
Labung möcht ins Herz ihm lächeln
Manche sonst so spröde Dirn.

Aus dem wilden Lärm der Städter
Flüchtet er sich nach dem Wald.
Lustig rauschen dort die Blätter,
Lustger Vogelsang erschallt.

Doch der Sang verstummet balde,
Traurig rauschet Baum und Blatt,
Wenn der Traurige dem Walde
Langsam sich genähert hat.

II
Die Bergstimme

Ein Reiter durch das Bergtal zieht,
Im traurig stillen Trab:
Ach! zieh ich jetzt wohl in Liebchens Arm,
Oder zieh ich ins dunkle Grab?
Die Bergstimm Antwort gab:
Ins dunkle Grab!

Und weiter reitet der Reitersmann,
Und seufzet schwer dazu:
So zieh ich denn hin ins Grab so früh, –
Wohlan im Grab ist Ruh.
Die Stimme sprach dazu:
Im Grab ist Ruh!

Dem Reitersmann eine Träne rollt
Von der Wange kummervoll:
Und ist nur im Grabe die Ruhe für mich, –
So ist mir im Grabe wohl.
Die Stimm erwidert hohl:
Im Grabe wohl!

III
Zwei Brüder

Oben auf der Bergesspitze
Liegt das Schloß in Nacht gehüllt;
Doch im Tale leuchten Blitze,
Helle Schwerter klirren wild.

Das sind Brüder, die dort fechten
Grimmen Zweikampf, wutentbrannt.
Sprich, warum die Brüder rechten
Mit dem Schwerte in der Hand?

Gräfin Lauras Augenfunken
Zündeten den Brüderstreit;
Beide glühen liebestrunken
Für die adlig holde Maid.

Welchen aber von den beiden
Wendet sich ihr Herze zu?
Kein Ergrübeln kann's entscheiden, –
Schwert heraus, entscheide du!

Und sie fechten kühn verwegen,
Hieb auf Hiebe niederkracht's.
Hütet euch, ihr wilden Degen,
Böses Blendwerk schleicht des Nachts.

Wehe! Wehe! blutge Brüder!
Wehe! Wehe! blutges Tal!
Beide Kämpfer stürzen nieder,
Einer in des andern Stahl. –

Viel Jahrhunderte verwehen,
Viel Geschlechter deckt das Grab;
Traurig von des Berges Höhen
Schaut das öde Schloß herab.

Aber nachts, im Talesgrunde,
Wandelt's heimlich, wunderbar,
Wenn da kommt die zwölfte Stunde,
Kämpfet dort das Brüderpaar.

IV

Der arme Peter

1

Der Hans und die Grete tanzen herum,
Und jauchzen vor lauter Freude.
Der Peter steht so still und stumm,
Und ist so blaß wie Kreide.

Der Hans und die Grete sind Bräutgam und Braut,
Und blitzen im Hochzeitgeschmeide.
Der arme Peter die Nägel kaut
Und geht im Werkeltagskleide.

Der Peter spricht leise vor sich her,
Und schaut betrübet auf beide:
Ach! wenn ich nicht gar zu vernünftig wär,
Ich täte mir was zuleide.

2

»In meiner Brust, da sitzt ein Weh,
Das will die Brust zersprengen;
Und wo ich steh und wo ich geh,
Will's mich von hinnen drängen.

Es treibt mich nach der Liebsten Näh,
Als könnt's die Grete heilen;
Doch wenn ich der ins Auge seh,
Muß ich von hinnen eilen.

Ich steig hinauf des Berges Höh,
Dort ist man doch alleine;
Und wenn ich still dort oben steh,
Dann steh ich still und weine.«

3

Der arme Peter wankt vorbei,
Gar langsam, leichenblaß und scheu.
Es bleiben fast, wenn sie ihn sehn,
Die Leute auf der Straße stehn.

Die Mädchen flüstern sich ins Ohr:
»Der stieg wohl aus dem Grab hervor.«
Ach nein, ihr lieben Jungfräulein,
Der legt sich erst ins Grab hinein.

Er hat verloren seinen Schatz,
Drum ist das Grab der beste Platz,
Wo er am besten liegen mag,
Und schlafen bis zum jüngsten Tag.

V

Lied des Gefangenen

Als meine Großmutter die Lise behext,
Da wollten die Leut sie verbrennen.
Schon hatte der Amtmann viel Dinte verkleckst,
Doch wollte sie nicht bekennen.

Und als man sie in den Kessel schob,
Da schrie sie Mord und Wehe;
Und als sich der schwarze Qualm erhob,
Da flog sie als Rab in die Höhe.

Mein schwarzes, gefiedertes Großmütterlein!
O komm mich im Turme besuchen!
Komm, fliege geschwind durchs Gitter herein,
Und bringe mir Käse und Kuchen.

Mein schwarzes, gefiedertes Großmütterlein!
O möchtest du nur sorgen,
Daß die Muhme nicht auspickt die Augen mein,
Wenn ich lustig schwebe morgen.

VI
Die Grenadiere

Nach Frankreich zogen zwei Grenadier,
Die waren in Rußland gefangen.
Und als sie kamen ins deutsche Quartier,
Sie ließen die Köpfe hangen.

Da hörten sie beide die traurige Mär:
Daß Frankreich verloren gegangen,
Besiegt und zerschlagen das große Heer, –
Und der Kaiser, der Kaiser gefangen.

Da weinten zusammen die Grenadier
Wohl ob der kläglichen Kunde.
Der eine sprach: Wie weh wird mir,
Wie brennt meine alte Wunde.

Der andre sprach: Das Lied ist aus,
Auch ich möcht mit dir sterben,
Doch hab ich Weib und Kind zu Haus,
Die ohne mich verderben.

Was schert mich Weib, was schert mich Kind,
Ich trage weit beßres Verlangen;
Laß sie betteln gehn, wenn sie hungrig sind, –
Mein Kaiser, mein Kaiser gefangen!

Gewähr mir Bruder eine Bitt:
Wenn ich jetzt sterben werde,
So nimm meine Leiche nach Frankreich mit,
Begrab mich in Frankreichs Erde.

Das Ehrenkreuz am roten Band
Sollst du aufs Herz mir legen;
Die Flinte gib mir in die Hand,
Und gürt mir um den Degen.

So will ich liegen und horchen still,
30 Wie eine Schildwach, im Grabe,
Bis einst ich höre Kanonengebrüll,
Und wiehernder Rosse Getrabe.

Dann reitet mein Kaiser wohl über mein Grab,
Viel Schwerter klirren und blitzen;
35 Dann steig ich gewaffnet hervor aus dem Grab, –
Den Kaiser, den Kaiser zu schützen.

VII

Die Botschaft

Mein Knecht! steh auf und sattle schnell,
Und wirf dich auf dein Roß,
Und jage rasch, durch Wald und Feld,
Nach König Dunkans Schloß.

5 Dort schleiche in den Stall, und wart,
Bis dich der Stallbub schaut.
Den forsch mir aus: Sprich, welche ist
Von Dunkans Töchtern Braut?

Und spricht der Bub: »Die Braune ist's«,
10 So bring mir schnell die Mär.
Doch spricht der Bub: »Die Blonde ist's«,
So eilt das nicht so sehr.

Dann geh zum Meister Seiler hin,
Und kauf mir einen Strick,
15 Und reite langsam, sprich kein Wort,
Und bring mir den zurück.

VIII
Die Heimführung

Ich geh nicht allein, mein feines Lieb,
Du mußt mit mir wandern
Nach der lieben, alten, schaurigen Klause,
In dem trüben, kalten, traurigen Hause,
Wo meine Mutter am Eingang kau'rt,
Und auf des Sohnes Heimkehr lau'rt.

»Laß ab von mir, du finstrer Mann!
Wer hat dich gerufen?
Dein Odem glüht, deine Hand ist Eis,
Dein Auge spüht, deine Wang ist weiß; –
Ich aber will mich lustig freun
An Rosenduft und Sonnenschein.«

Laß duften die Rosen, laß scheinen die Sonn,
Mein süßes Liebchen!
Wirf um den weiten, weißwallenden Schleier,
Und greif in die Saiten der schallenden Leier,
Und singe ein Hochzeitlied dabei;
Der Nachtwind pfeift die Melodei.

IX
Don Ramiro

»Donna Clara! Donna Clara!
Heißgeliebte langer Jahre!
Hast beschlossen mein Verderben,
Und beschlossen ohn Erbarmen.

Donna Clara! Donna Clara!
Ist doch süß die Lebensgabe!
Aber unten ist es grausig,
In dem dunkeln, kalten Grabe.

Donna Clara! Freu dich, morgen
Wird Fernando, am Altare,
Dich als Ehgemahl begrüßen –
Wirst du mich zur Hochzeit laden?«

»Don Ramiro! Don Ramiro!
Deine Worte treffen bitter,
Bittrer als der Spruch der Sterne,
Die da spotten meines Willens.

Don Ramiro! Don Ramiro!
Rüttle ab den dumpfen Trübsinn;
Mädchen gibt es viel auf Erden,
Aber uns hat Gott geschieden.

Don Ramiro, der du mutig,
So viel Mohren überwunden,
Überwinde nun dich selber, –
Komm auf meine Hochzeit morgen.«

»Donna Clara! Donna Clara!
Ja, ich schwör es, ja, ich komme!
Will mit dir den Reihen tanzen; –
Gute Nacht, ich komme morgen.«

»Gute Nacht!« – Das Fenster klirrte.
Seufzend stand Ramiro unten,
Stand noch lange wie versteinert;
Endlich schwand er fort im Dunkeln. –

Endlich auch, nach langem Ringen,
Muß die Nacht dem Tage weichen;
Wie ein bunter Blumengarten
Liegt Toledo ausgebreitet.

Prachtgebäude und Paläste
Schimmern hell im Glanz der Sonne;
Und der Kirchen hohe Kuppeln
Leuchten stattlich wie vergoldet.

Summend, wie ein Schwarm von Bienen,
Klingt der Glocken Festgeläute,
Lieblich steigen Betgesänge
Aus den frommen Gotteshäusern.

Aber dorten, siehe! siehe!
Dorten aus der Marktkapelle,
Im Gewimmel und Gewoge,
Strömt des Volkes bunte Menge.

Blanke Ritter, schmucke Frauen,
Hofgesinde festlich blinkend,
Und die hellen Glocken läuten,
Und die Orgel rauscht dazwischen.

Doch mit Ehrfurcht ausgewichen,
In des Volkes Mitte wandelt
Das geschmückte junge Ehpaar,
Donna Clara, Don Fernando.

Bis an Bräutigams Palasttor
Wälzet sich das Volksgewühle;
Dort beginnt die Hochzeitfeier,
Prunkhaft und nach alter Sitte.

Ritterspiel und frohe Tafel
Wechseln unter lautem Jubel;
Rauschend schnell entfliehn die Stunden,
Bis die Nacht herabgesunken.

Und zum Tanze sich versammeln
In dem Saal die Hochzeitgäste;
In dem Glanz der Lichter funkeln
Ihre bunten Prachtgewänder.

Auf erhobne Stühle ließen
Braut und Bräutigam sich nieder,
Donna Clara, Don Fernando,
Und sie tauschen süße Reden.

Und im Saale wogen heiter
Die geschmückten Menschenwellen
Und die lauten Pauken wirbeln,
Und es schmettern die Trommeten.

»Doch warum, o schöne Herrin,
Sind gerichtet deine Blicke
Dorthin nach der Saalesecke?«
So verwundert sprach der Ritter.

»Siehst du denn nicht, Don Fernando,
Dort den Mann im schwarzen Mantel?«
Und der Ritter lächelt freundlich:
»Ach! das ist ja nur ein Schatten.«

Doch es nähert sich der Schatten,
Und es war ein Mann im Mantel;
Und Ramiro schnell erkennend,
Grüßt ihn Clara, glutbefangen.

Und der Tanz hat schon begonnen,
Munter drehen sich die Tänzer
In des Walzers wilden Kreisen,
Und der Boden dröhnt und bebet.

»Wahrlich gerne, Don Ramiro,
Will ich dir zum Tanze folgen,
Doch im nächtlich schwarzen Mantel
Hättest du nicht kommen sollen.«

Mit durchbohrend stieren Augen
Schaut Ramiro auf die Holde,
Sie umschlingend spricht er düster:
»Sprachest ja ich sollte kommen!«

Und ins wirre Tanzgetümmel
Drängen sich die beiden Tänzer;
Und die lauten Pauken wirbeln,
Und es schmettern die Trommeten.

»Sind ja schneeweiß deine Wangen!«
Flüstert Clara heimlich zitternd.
»Sprachest ja ich sollte kommen!«
Schallet dumpf Ramiros Stimme.

Und im Saal die Kerzen blinzeln
Durch das flutende Gedränge;
Und die lauten Pauken wirbeln,
Und es schmettern die Trommeten.

»Sind ja eiskalt deine Hände!«
Flüstert Clara, schauerzuckend.
»Sprachest ja ich sollte kommen!«
Und sie treiben fort im Strudel.

»Laß mich, laß mich! Don Ramiro!
Leichenduft ist ja dein Odem!«
Wiederum die dunklen Worte:
»Sprachest ja ich sollte kommen!«

Und der Boden raucht und glühet,
Lustig tönet Geig und Bratsche;
Wie ein tolles Zauberweben,
Schwindelt alles in dem Saale.

125 »Laß mich, laß mich! Don Ramiro!«
Wimmert's immer im Gewoge.
Don Ramiro stets erwidert:
»Sprachest ja ich sollte kommen!«

»Nun so geh in Gottes Namen!«
130 Clara rief's mit fester Stimme,
Und dies Wort war kaum gesprochen,
Und verschwunden war Ramiro.

Clara starret, Tod im Antlitz,
Kaltumflirret, nachtumwoben;
135 Ohnmacht hat das lichte Bildnis
In ihr dunkles Reich gezogen.

Endlich weicht der Nebelschlummer,
Endlich schlägt sie auf die Wimper;
Aber Staunen will aufs neue
140 Ihre holden Augen schließen.

Denn derweil der Tanz begonnen
War sie nicht vom Sitz gewichen,
Und sie sitzt noch bei dem Bräutgam,
Und der Ritter sorgsam bittet:

145 »Sprich, was bleichet deine Wangen?
Warum wird dein Aug so dunkel? –«
»Und Ramiro? – – –« stottert Clara,
Und Entsetzen lähmt die Zunge.

Doch mit tiefen, ernsten Falten
Furcht sich jetzt des Bräutgams Stirne: 150
»Herrin, forsch nicht blutge Kunde, –
Heute mittag starb Ramiro.«

X
Belsatzar

Die Mitternacht zog näher schon;
In stummer Ruh lag Babylon.

Nur oben in des Königs Schloß,
Da flackert's, da lärmt des Königs Troß.

Dort oben in dem Königssaal, 5
Belsatzar hielt sein Königsmahl.

Die Knechte saßen in schimmernden Reihn,
Und leerten die Becher mit funkelndem Wein.

Es klirrten die Becher, es jauchzten die Knecht;
So klang es dem störrigen Könige recht. 10

Des Königs Wangen leuchten Glut;
Im Wein erwuchs ihm kecker Mut.

Und blindlings reißt der Mut ihn fort;
Und er lästert die Gottheit mit sündigem Wort.

Und er brüstet sich frech, und lästert wild; 15
Die Knechtenschar ihm Beifall brüllt.

Der König rief mit stolzem Blick;
Der Diener eilt und kehrt zurück.

Er trug viel gülden Gerät auf dem Haupt;
20 Das war aus dem Tempel Jehovahs geraubt.

Und der König ergriff mit frevler Hand
Einen heiligen Becher, gefüllt bis am Rand.

Und er leert ihn hastig bis auf den Grund,
Und rufet laut mit schäumendem Mund:

25 Jehovah! dir künd ich auf ewig Hohn, –
Ich bin der König von Babylon!

Doch kaum das grause Wort verklang,
Dem König ward's heimlich im Busen bang.

Das gellende Lachen verstummte zumal;
30 Es wurde leichenstill im Saal.

Und sieh! und sieh! an weißer Wand
Da kam's hervor wie Menschenhand;

Und schrieb, und schrieb an weißer Wand
Buchstaben von Feuer, und schrieb und schwand.

35 Der König stieren Blicks da saß,
Mit schlotternden Knien und totenblaß.

Die Knechtenschar saß kalt durchgraut,
Und saß gar still, gab keinen Laut.

Die Magier kamen, doch keiner verstand
40 Zu deuten die Flammenschrift an der Wand.

Belsatzar ward aber in selbiger Nacht
Von seinen Knechten umgebracht.

XI
Die Minnesänger

Zu dem Wettgesange schreiten
Minnesänger jetzt herbei;
Ei, das gibt ein seltsam Streiten,
Ein gar seltsames Turnei!

Phantasie, die schäumend wilde,
Ist des Minnesängers Pferd,
Und die Kunst dient ihm zum Schilde,
Und das Wort, das ist sein Schwert.

Hübsche Damen schauen munter
Vom beteppichten Balkon,
Doch die rechte ist nicht drunter
Mit der rechten Lorbeerkron.

Andre Leute, wenn sie springen
In die Schranken, sind gesund;
Doch wir Minnesänger bringen
Dort schon mit die Todeswund.

Und wem dort am besten dringet
Liederblut aus Herzensgrund,
Der ist Sieger, der erringet
Bestes Lob aus schönstem Mund.

XII
Die Fensterschau

Der bleiche Heinrich ging vorbei,
Schön Hedwig lag am Fenster.
Sie sprach halblaut: Gott steh mir bei,
Der unten schaut bleich wie Gespenster!

Der unten erhub sein Aug in die Höh,
Hinschmachtend nach Hedewigs Fenster.
Schön Hedwig ergriff es wie Liebesweh,
Auch sie ward bleich wie Gespenster.

Schön Hedwig stand nun mit Liebesharm
Tagtäglich lauernd am Fenster.
Bald aber lag sie in Heinrichs Arm,
Allnächtlich zur Zeit der Gespenster.

XIII
Der wunde Ritter

Ich weiß eine alte Kunde,
Die hallet dumpf und trüb:
Ein Ritter liegt liebeswunde,
Doch treulos ist sein Lieb.

Als treulos muß er verachten
Die eigne Herzliebste sein,
Als schimpflich muß er betrachten
Die eigne Liebespein.

Er möcht in die Schranken reiten,
Und rufen die Ritter zum Streit:
Der mag sich zum Kampfe bereiten,
Wer mein Lieb eines Makels zeiht!

Da würden wohl alle schweigen,
Nur nicht sein eigener Schmerz;
Da müßt er die Lanze neigen
Wider's eigne klagende Herz.

XIV
Wasserfahrt

Ich stand gelehnet an den Mast,
Und zählte jede Welle.
Ade! mein schönes Vaterland!
Mein Schiff, das segelt schnelle!

Ich kam schön Liebchens Haus vorbei,
Die Fensterscheiben blinken;
Ich guck mir fast die Augen aus,
Doch will mir niemand winken.

Ihr Tränen bleibt mir aus dem Aug,
Daß ich nicht dunkel sehe.
Mein krankes Herze, brich mir nicht
Vor allzugroßem Wehe.

XV
Das Liedchen von der Reue

Herr Ulrich reitet im grünen Wald,
Die Blätter lustig rauschen.
Er sieht eine holde Mädchengestalt
Durch Baumeszweige lauschen.

Der Junker spricht: Wohl kenne ich
Dies blühende, glühende Bildnis,
Verlockend stets umschwebt es mich
In Volksgewühl und Wildnis.

Zwei Röslein sind die Lippen dort,
Die lieblichen, die frischen;
Doch manches häßlich bittere Wort
Schleicht tückisch oft dazwischen.

Drum gleicht dies Mündlein gar genau
Den hübschen Rosenbüschen,
Wo giftge Schlangen wunderschlau
Im dunkeln Laube zischen.

Dort jenes Grübchen wunderlieb
In wunderlieben Wangen,
Das ist die Grube, worein mich trieb
Wahnsinniges Verlangen.

Dort seh ich ein schönes Lockenhaar
Vom schönsten Köpfchen hangen;
Das sind die Netze wunderbar,
Womit mich der Böse gefangen.

Und jenes blaue Auge dort,
So klar, wie stille Welle,
Das hielt ich für des Himmels Pfort,
Doch war's die Pforte der Hölle. –

Herr Ulrich reitet weiter im Wald,
Die Blätter rauschen schaurig.
Da sieht er von fern eine zweite Gestalt,
Die ist so bleich, so traurig.

Der Junker spricht: O Mutter dort,
Die mich so mütterlich liebte,
Der ich mit bösem Tun und Wort
Das Leben bitterlich trübte!

O, könnt ich dir trocknen die Augen naß,
Mit der Glut von meinen Schmerzen!
O, könnt ich dir röten die Wangen blaß
Mit dem Blut aus meinem Herzen!

Und weiter reitet Herr Ulerich,
Im Wald beginnt es zu düstern,
Viel seltsame Stimmen regen sich,
Die Abendwinde flüstern.

Der Junker hört die Worte sein
Gar vielfach widerklingen.
Das taten die spöttischen Waldvöglein,
Die zwitschern laut und singen:

Herr Ulrich singt ein hübsches Lied,
Das Liedchen von der Reue,
Und hat er zu Ende gesungen das Lied,
So singt er es wieder aufs neue.

XVI

An eine Sängerin

Als sie eine alte Romanze sang

Ich denke noch der Zaubervollen,
Wie sie zuerst mein Auge sah!
Wie ihre Töne lieblich klangen,
Und heimlich süß ins Herze drangen,
Entrollten Tränen meinen Wangen, –
Ich wußte nicht wie mir geschah.

Ein Traum war über mich gekommen:
Mir war als sei ich noch ein Kind,
Und säße still, beim Lämpchenscheine,
In Mutters frommem Kämmerleine,
Und läse Märchen wunderfeine,
Derweilen draußen Nacht und Wind.

Die Märchen fangen an zu leben,
Die Ritter steigen aus der Gruft;

Bei Ronzisvall da gibt's ein Streiten,
Da kommt Herr Roland herzureiten,
Viel kühne Degen ihn begleiten,
Auch leider Ganelon, der Schuft.

Durch den wird Roland schlimm gebettet,
Er schwimmt in Blut, und atmet kaum;
Kaum mochte fern sein Jagdhornzeichen
Das Ohr des großen Karls erreichen,
Da muß der Ritter schon erbleichen, –
Und mit ihm stirbt zugleich mein Traum.

Das war ein laut verworrnes Schallen,
Das mich aus meinen Träumen rief.
Verklungen war jetzt die Legende,
Die Leute schlugen in die Hände,
Und riefen »Bravo« ohne Ende;
Die Sängerin verneigt sich tief.

XVII
Das Lied von den Dukaten

Meine güldenen Dukaten,
Sagt wo seid ihr hingeraten?

Seid ihr bei den güldnen Fischlein,
Die im Bache froh und munter
Tauchen auf und tauchen unter?

Seid ihr bei den güldnen Blümlein,
Die auf lieblich grüner Aue
Funkeln hell im Morgentaue?

Seid ihr bei den güldnen Vöglein,
Die da schweifen glanzumwoben
In den blauen Lüften oben?

Seid ihr bei den güldnen Sternlein,
Die im leuchtenden Gewimmel
Lächeln jede Nacht am Himmel?

Ach! Ihr güldenen Dukaten
Schwimmt nicht in des Baches Well,
Funkelt nicht auf grüner Au,
Schwebet nicht in Lüften blau,
Lächelt nicht am Himmel hell, –
Meine Manichäer, traun!
Halten euch in ihren Klaun.

XVIII
Gespräch auf der Paderborner Heide

Hörst du nicht die fernen Töne,
Wie von Brummbaß und von Geigen?
Dorten tanzt wohl manche Schöne
Den geflügelt leichten Reigen.

»Ei, mein Freund, das nenn ich irren,
Von den Geigen hör ich keine,
Nur die Ferklein hör ich quirren,
Grunzen nur hör ich die Schweine.«

Hörst du nicht das Waldhorn blasen?
Jäger sich des Waidwerks freuen,
Fromme Lämmer seh ich grasen,
Schäfer spielen auf Schalmeien.

»Ei, mein Freund, was du vernommen,
Ist kein Waldhorn, noch Schalmeie;
Nur den Sauhirt seh ich kommen,
Heimwärts treibt er seine Säue.«

Hörst du nicht das ferne Singen,
Wie von süßen Wettgesängen?
Englein schlagen mit den Schwingen
Lauten Beifall solchen Klängen.

»Ei, was dort so hübsch geklungen,
Ist kein Wettgesang, mein Lieber!
Singend treiben Gänsejungen
Ihre Gänselein vorüber.«

Hörst du nicht die Glocken läuten,
Wunderlieblich, wunderhelle?
Fromme Kirchengänger schreiten
Andachtsvoll zur Dorfkapelle.

»Ei, mein Freund, das sind die Schellen
Von den Ochsen, von den Kühen,
Die nach ihren dunkeln Ställen
Mit gesenktem Kopfe ziehen.«

Siehst du nicht den Schleier wehen?
Siehst du nicht das leise Nicken?
Dort seh ich die Liebste stehen,
Feuchte Wehmut in den Blicken.

»Ei! mein Freund, dort seh ich nicken
Nur das Waldweib, nur die Lise;
Blaß und hager an den Krücken
Hinkt sie weiter nach der Wiese.«

Nun, mein Freund, so magst du lachen
Über des Phantasten Frage!
Wirst du auch zur Täuschung machen,
Was ich fest im Busen trage?

XIX
Lebensgruß
(Stammbuchblatt)

Eine große Landstraß ist unsere Erd,
Wir Menschen sind Passagiere;
Man rennet und jaget zu Fuß und zu Pferd,
Wie Läufer oder Kuriere.

Man fährt sich vorüber, man nicket, man grüßt
Mit dem Taschentuch aus der Karosse;
Man hätte sich gerne geherzt und geküßt,
Doch jagen von hinnen die Rosse.

Kaum trafen wir uns auf derselben Station,
Herzliebster Prinz Alexander,
Da bläst schon zur Abfahrt der Postillon,
Und bläst uns schon auseinander.

XX
Wahrhaftig

Wenn der Frühling kommt mit dem Sonnenschein,
Dann knospen und blühen die Blümlein auf;
Wenn der Mond beginnt seinen Strahlenlauf,
Dann schwimmen die Sternlein hintendrein;
Wenn der Sänger zwei süße Äuglein sieht,
Dann quellen ihm Lieder aus tiefem Gemüt; –
Doch Lieder und Sterne und Blümelein,
Und Äuglein und Mondglanz und Sonnenschein,
Wie sehr das Zeug auch gefällt,
So macht's doch noch lang keine Welt.

Sonette

An A. W. v. Schlegel

Im Reifrockputz, mit Blumen reich verzieret,
Schönpflästerchen auf den geschminkten Wangen,
Mit Schnabelschuhn, mit Stickerein behangen,
Mit Turmfrisur, und wespengleich geschnüret:

5 So war die Aftermuse ausstaffieret,
Als sie einst kam, dich liebend zu umfangen.
Du bist ihr aber aus dem Weg gegangen,
Und irrtest fort, von dunkelm Trieb geführet.

Da fandest du ein Schloß in alter Wildnis,
10 Und drinnen lag, wie'n holdes Marmorbildnis,
Die schönste Maid in Zauberschlaf versunken.

Doch wich der Zauber bald, bei deinem Gruße
Aufwachte lächelnd Deutschlands echte Muse,
Und sank in deine Arme liebestrunken.

An meine Mutter, B. Heine,
geborne v. Geldern

I

Ich bin's gewohnt den Kopf recht hoch zu tragen,
Mein Sinn ist auch ein bißchen starr und zähe;
Wenn selbst der König mir ins Antlitz sähe,
Ich würde nicht die Augen niederschlagen.

Doch, liebe Mutter, offen will ich's sagen:
Wie mächtig auch mein stolzer Mut sich blähe,
In deiner selig süßen, trauten Nähe
Ergreift mich oft ein demutvolles Zagen.

Ist es dein Geist, der heimlich mich bezwinget,
Dein hoher Geist, der alles kühn durchdringet,
Und blitzend sich zum Himmelslichte schwinget?

Quält mich Erinnerung, daß ich verübet
So manche Tat, die dir das Herz betrübet,
Das schöne Herz, das mich so sehr geliebet?

II

Im tollen Wahn hatt ich dich einst verlassen,
Ich wollte gehn die ganze Welt zu Ende,
Und wollte sehn ob ich die Liebe fände,
Um liebevoll die Liebe zu umfassen.

Die Liebe suchte ich auf allen Gassen,
Vor jeder Türe streckt ich aus die Hände,
Und bettelte um gringe Liebesspende, –
Doch lachend gab man mir nur kaltes Hassen.

Und immer irrte ich nach Liebe, immer
Nach Liebe, doch die Liebe fand ich nimmer,
Und kehrte um nach Hause, krank und trübe.

Doch da bist du entgegen mir gekommen,
Und ach! was da in deinem Aug geschwommen,
Das war die süße, langgesuchte Liebe.

An H. S.

Wie ich dein Büchlein hastig aufgeschlagen,
Da grüßen mir entgegen viel vertraute,
Viel goldne Bilder, die ich weiland schaute
Im Knabentraum und in den Kindertagen.

5 Ich sehe wieder stolz gen Himmel ragen
Den frommen Dom, den deutscher Glaube baute,
Ich hör der Glocken und der Orgel Laute,
Dazwischen klingt's wie süße Liebesklagen.

Wohl seh ich auch wie sie den Dom umklettern,
10 Die flinken Zwerglein, die sich dort erfrechen
Das hübsche Blum- und Schnitzwerk abzubrechen.

Doch mag man immerhin die Eich entblättern
Und sie des grünen Schmuckes rings berauben, –
Kommt neuer Lenz, wird sie sich neu belauben.

Fresko-Sonette an Christian S.

I

Ich tanz nicht mit, ich räuchre nicht den Klötzen,
Die außen goldig sind, inwendig Sand;
Ich schlag nicht ein, reicht mir ein Bub die Hand,
Der heimlich mir den Namen will zerfetzen.

5 Ich beug mich nicht vor jenen hübschen Metzen,
Die schamlos prunken mit der eignen Schand;
Ich zieh nicht mit, wenn sich der Pöbel spannt
Vor Siegeswagen seiner eiteln Götzen.

Ich weiß es wohl, die Eiche muß erliegen, 9
Derweil das Rohr am Bach, durch schwankes Biegen,
In Wind und Wetter stehn bleibt, nach wie vor.

Doch sprich, wie weit bringt's wohl am End solch Rohr?
Welch Glück! als ein Spazierstock dient's dem Stutzer,
Als Kleiderklopfer dient's dem Stiefelputzer.

II

Gib her die Larv, ich will mich jetzt maskieren
In einen Lumpenkerl, damit Halunken,
Die prächtig in Charaktermasken prunken,
Nicht wähnen, Ich sei einer von den ihren.

Gib her gemeine Worte und Manieren, 5
Ich zeige mich in Pöbelart versunken,
Verleugne all die schönen Geistesfunken,
Womit jetzt fade Schlingel kokettieren.

So tanz ich auf dem großen Maskenballe,
Umschwärmt von deutschen Rittern, Mönchen, Kön'gen,
Von Harlekin gegrüßt, erkannt von wen'gen. 11

Mit ihrem Holzschwert prügeln sie mich alle.
Das ist der Spaß. Denn wollt ich mich entmummen,
So müßte all das Galgenpack verstummen.

III

Ich lache ob den abgeschmackten Laffen,
Die mich anglotzen mit den Bocksgesichtern;
Ich lache ob den Füchsen, die so nüchtern
Und hämisch mich beschnüffeln und begaffen.

Ich lache ob den hochgelahrten Affen,
Die sich aufblähn zu stolzen Geistesrichtern;
Ich lache ob den feigen Bösewichtern,
Die mich bedrohn mit giftgetränkten Waffen.

Denn wenn des Glückes hübsche sieben Sachen
Uns von des Schicksals Händen sind zerbrochen,
Und so zu unsern Füßen hingeschmissen;

Und wenn das Herz im Leibe ist zerrissen,
Zerrissen, und zerschnitten, und zerstochen, –
Dann bleibt uns doch das schöne gelle Lachen.

IV

Im Hirn spukt mir ein Märchen wunderfein,
Und in dem Märchen klingt ein feines Lied,
Und in dem Liede lebt und webt und blüht
Ein wunderschönes, zartes Mägdelein.

Und in dem Mägdlein wohnt ein Herzchen klein,
Doch in dem Herzchen keine Liebe glüht;
In dieses lieblos frostige Gemüt
Kam Hochmut nur und Übermut hinein.

Hörst du wie mir im Kopf das Märchen klinget?
Und wie das Liedchen summet ernst und schaurig?
Und wie das Mägdlein kichert, leise, leise?

Ich fürchte nur, daß mir der Kopf zerspringet, –
Und, ach! da wär's doch gar entsetzlich traurig,
Käm der Verstand mir aus dem alten Gleise.

V

In stiller, wehmutweicher Abendstunde,
Umklingen mich die längst verschollnen Lieder,
Und Tränen fließen von der Wange nieder,
Und Blut entquillt der alten Herzenswunde.

Und wie in eines Zauberspiegels Grunde
Seh ich das Bildnis meiner Liebsten wieder;
Sie sitzt am Arbeitstisch, im roten Mieder,
Und Stille herrscht in ihrer selgen Runde.

Doch plötzlich springt sie auf vom Stuhl und schneidet
Von ihrem Haupt die schönste aller Locken,
Und gibt sie mir, – vor Freud bin ich erschrocken!

Mephisto hat die Freude mir verleidet.
Er spann ein festes Seil von jenen Haaren,
Und schleift mich dran herum seit vielen Jahren.

VI

»Als ich vor einem Jahr dich wiederblickte,
Küßtest du mich nicht in der Willkommstund.«
So sprach ich, und der Liebsten roter Mund
Den schönsten Kuß auf meine Lippen drückte.

Und lächelnd süß ein Myrtenreis sie pflückte
Vom Myrtenstrauche, der am Fenster stund:
»Nimm hin, und pflanz dies Reis in frischen Grund,
Und stell ein Glas darauf«, sprach sie und nickte. –

Schon lang ist's her. Es starb das Reis im Topf.
Sie selbst hab ich seit Jahren nicht gesehn;
Doch brennt der Kuß mir immer noch im Kopf.

Und aus der Ferne trieb's mich jüngst zum Ort,
Wo Liebchen wohnt. Vorm Hause blieb ich stehn
Die ganze Nacht, ging erst am Morgen fort.

VII

Hüt dich, mein Freund, vor grimmen Teufelsfratzen,
Doch schlimmer sind die sanften Engelsfrätzchen.
Ein solches bot mir einst ein süßes Schmätzchen,
Doch wie ich kam, da fühlt ich scharfe Tatzen.

5 Hüt dich, mein Freund, vor schwarzen, alten Katzen,
Doch schlimmer sind die weißen, jungen Kätzchen.
Ein solches macht ich einst zu meinem Schätzchen,
Doch tät mein Schätzchen mir das Herz zerkratzen.

O süßes Frätzchen, wundersüßes Mädchen!
10 Wie konnte mich dein klares Äuglein täuschen?
Wie konnt dein Pfötchen mir das Herz zerfleischen?

O meines Kätzchens wunderzartes Pfötchen!
Könnt ich dich an die glühnden Lippen pressen,
Und könnt mein Herz verbluten unterdessen!

VIII

Du sahst mich oft im Kampf mit jenen Schlingeln,
Geschminkten Katzen und bebrillten Pudeln,
Die mir den blanken Namen gern besudeln,
Und mich so gerne ins Verderben züngeln.

5 Du sahest oft, wie mich Pedanten hudeln,
Wie Schellenkappenträger mich umklingeln,
Wie giftge Schlangen um mein Herz sich ringeln,
Du sahst mein Blut aus tausend Wunden sprudeln.

Du aber standest fest gleich einem Turme;
Ein Leuchtturm war dein Kopf mir in dem Sturme, 10
Dein treues Herz war mir ein guter Hafen.

Wohl wogt um jenen Hafen wilde Brandung,
Nur wen'ge Schiff erringen dort die Landung,
Doch ist man dort, so kann man sicher schlafen.

IX

Ich möchte weinen, doch ich kann es nicht;
Ich möcht mich rüstig in die Höhe heben,
Doch kann ich's nicht; am Boden muß ich kleben,
Umkrächzt, umzischt von eklem Wurmgezücht.

Ich möchte gern mein heitres Lebenslicht, 5
Mein schönes Lieb, allüberall umschweben,
In ihrem selig süßen Hauche leben, –
Doch kann ich's nicht, mein krankes Herze bricht.

Aus dem gebrochnen Herzen fühl ich fließen
Mein heißes Blut, ich fühle mich ermatten, 10
Und vor den Augen wird's mir trüb und trüber.

Und heimlich schauernd sehn ich mich hinüber
Nach jenem Nebelreich, wo stille Schatten
Mit weichen Armen liebend mich umschließen.

Lyrisches Intermezzo
1822–1823

Prolog

Es war mal ein Ritter trübselig und stumm,
Mit hohlen, schneeweißen Wangen;
Er schwankte und schlenderte schlotternd herum,
In dumpfen Träumen befangen.
Er war so hölzern, so täppisch, so links,
Die Blümlein und Mägdlein, die kicherten rings,
Wenn er stolpernd vorbeigegangen.

Oft saß er im finstersten Winkel zu Haus;
Er hatt sich vor Menschen verkrochen.
Da streckte er sehnend die Arme aus,
Doch hat er kein Wörtlein gesprochen.
Kam aber die Mitternachtstunde heran,
Ein seltsames Singen und Klingen begann –
An die Türe da hört er es pochen.

Da kommt seine Liebste geschlichen herein,
Im rauschenden Wellenschaumkleide,
Sie blüht und glüht, wie ein Röselein,
Ihr Schleier ist eitel Geschmeide.
Goldlocken umspielen die schlanke Gestalt,
Die Äuglein grüßen mit süßer Gewalt –
In die Arme sinken sich beide.

Der Ritter umschlingt sie mit Liebesmacht,
Der Hölzerne steht jetzt in Feuer,
Der Blasse errötet, der Träumer erwacht,
Der Blöde wird freier und freier.
Sie aber, sie hat ihn gar schalkhaft geneckt,
Sie hat ihm ganz leise den Kopf bedeckt
Mit dem weißen, demantenen Schleier.

In einen kristallenen Wasserpalast
Ist plötzlich gezaubert der Ritter.

Er staunt, und die Augen erblinden ihm fast,
Vor alle dem Glanz und Geflitter.
Doch hält ihn die Nixe umarmet gar traut,
Der Ritter ist Bräutgam, die Nixe ist Braut,
Ihre Jungfraun spielen die Zither. 35

Sie spielen und singen, und singen so schön,
Und heben zum Tanze die Füße;
Dem Ritter dem wollen die Sinne vergehn,
Und fester umschließt er die Süße –
Da löschen auf einmal die Lichter aus, 40
Der Ritter sitzt wieder ganz einsam zu Haus,
In dem düstern Poetenstübchen.

I

Im wunderschönen Monat Mai,
Als alle Knospen sprangen,
Da ist in meinem Herzen
Die Liebe aufgegangen.

Im wunderschönen Monat Mai, 5
Als alle Vögel sangen,
Da hab ich ihr gestanden
Mein Sehnen und Verlangen.

II

Aus meinen Tränen sprießen
Viel blühende Blumen hervor,
Und meine Seufzer werden
Ein Nachtigallenchor.

Und wenn du mich lieb hast, Kindchen,
Schenk ich dir die Blumen all,
Und vor deinem Fenster soll klingen
Das Lied der Nachtigall.

III

Die Rose, die Lilje, die Taube, die Sonne,
Die liebt ich einst alle in Liebeswonne.
Ich lieb sie nicht mehr, ich liebe alleine
Die Kleine, die Feine, die Reine, die Eine;
Sie selber, aller Liebe Bronne,
Ist Rose und Lilje und Taube und Sonne.

IV

Wenn ich in deine Augen seh,
So schwindet all mein Leid und Weh;
Doch wenn ich küsse deinen Mund,
So werd ich ganz und gar gesund.

Wenn ich mich lehn an deine Brust,
Kommt's über mich wie Himmelslust;
Doch wenn du sprichst: ich liebe dich!
So muß ich weinen bitterlich.

V

Dein Angesicht so lieb und schön,
Das hab ich jüngst im Traum gesehn;
Es ist so mild und engelgleich,
Und doch so bleich, so schmerzenbleich.

Und nur die Lippen, die sind rot; 5
Bald aber küßt sie bleich der Tod.
Erlöschen wird das Himmelslicht,
Das aus den frommen Augen bricht.

VI

Lehn deine Wang an meine Wang,
Dann fließen die Tränen zusammen;
Und an mein Herz drück fest dein Herz,
Dann schlagen zusammen die Flammen!

Und wenn in die große Flamme fließt 5
Der Strom von unsern Tränen,
Und wenn dich mein Arm gewaltig umschließt –
Sterb ich vor Liebessehnen!

VII

Ich will meine Seele tauchen
In den Kelch der Lilje hinein;
Die Lilje soll klingend hauchen
Ein Lied von der Liebsten mein.

Das Lied soll schauern und beben, 5
Wie der Kuß von ihrem Mund,
Den sie mir einst gegeben
In wunderbar süßer Stund.

VIII

Es stehen unbeweglich
Die Sterne in der Höh,
Viel tausend Jahr, und schauen
Sich an mit Liebesweh.

Sie sprechen eine Sprache,
Die ist so reich, so schön;
Doch keiner der Philologen
Kann diese Sprache verstehn.

Ich aber hab sie gelernet,
Und ich vergesse sie nicht;
Mir diente als Grammatik
Der Herzallerliebsten Gesicht.

IX

Auf Flügeln des Gesanges,
Herzliebchen, trag ich dich fort,
Fort nach den Fluren des Ganges,
Dort weiß ich den schönsten Ort.

Dort liegt ein rotblühender Garten
Im stillen Mondenschein;
Die Lotosblumen erwarten
Ihr trautes Schwesterlein.

Die Veilchen kichern und kosen,
Und schaun nach den Sternen empor;
Heimlich erzählen die Rosen
Sich duftende Märchen ins Ohr.

Es hüpfen herbei und lauschen
Die frommen, klugen Gazelln;
Und in der Ferne rauschen
Des heiligen Stromes Welln.

Dort wollen wir niedersinken
Unter dem Palmenbaum,
Und Liebe und Ruhe trinken,
Und träumen seligen Traum.

X

Die Lotosblume ängstigt
Sich vor der Sonne Pracht,
Und mit gesenktem Haupte
Erwartet sie träumend die Nacht.

Der Mond, der ist ihr Buhle,
Er weckt sie mit seinem Licht,
Und ihm entschleiert sie freundlich
Ihr frommes Blumengesicht.

Sie blüht und glüht und leuchtet,
Und starret stumm in die Höh;
Sie duftet und weinet und zittert
Vor Liebe und Liebesweh.

XI

Im Rhein, im schönen Strome,
Da spiegelt sich in den Welln,
Mit seinem großen Dome,
Das große, heilige Köln.

Im Dom da steht ein Bildnis,
Auf goldenem Leder gemalt;
In meines Lebens Wildnis
Hat's freundlich hineingestrahlt.

Es schweben Blumen und Englein
Um unsre liebe Frau;
Die Augen, die Lippen, die Wänglein,
Die gleichen der Liebsten genau.

XII

Du liebst mich nicht, du liebst mich nicht,
Das kümmert mich gar wenig;
Schau ich dir nur ins Angesicht,
So bin ich froh wie'n König.

Du hassest, hassest mich sogar,
So spricht dein rotes Mündchen;
Reich mir es nur zum Küssen dar,
So tröst ich mich, mein Kindchen.

XIII

O schwöre nicht und küsse nur,
Ich glaube keinem Weiberschwur!
Dein Wort ist süß, doch süßer ist
Der Kuß, den ich dir abgeküßt!
Den hab ich, und dran glaub ich auch,
Das Wort ist eitel Dunst und Hauch.

*

O schwöre, Liebchen, immerfort,
Ich glaube dir aufs bloße Wort!

An deinen Busen sink ich hin,
Und glaube, daß ich selig bin;
Ich glaube, Liebchen, ewiglich,
Und noch viel länger liebst du mich.

XIV

Auf meiner Herzliebsten Äugelein
Mach ich die schönsten Kanzonen.
Auf meiner Herzliebsten Mündchen klein
Mach ich die besten Terzinen.
Auf meiner Herzliebsten Wängelein
Mach ich die herrlichsten Stanzen.
Und wenn meine Liebste ein Herzchen hätt,
Ich machte darauf ein hübsches Sonett.

XV

Die Welt ist dumm, die Welt ist blind,
Wird täglich abgeschmackter!
Sie spricht von dir, mein schönes Kind,
Du hast keinen guten Charakter.

Die Welt ist dumm, die Welt ist blind.
Und dich wird sie immer verkennen;
Sie weiß nicht wie süß deine Küsse sind,
Und wie sie beseligend brennen.

XVI

Liebste, sollst mir heute sagen:
Bist du nicht ein Traumgebild,
Wie's in schwülen Sommertagen
Aus dem Hirn des Dichters quillt?

       Aber nein, ein solches Mündchen,
       Solcher Augen Zauberlicht,
       Solch ein liebes, süßes Kindchen,
       Das erschafft der Dichter nicht.

       Basilisken und Vampire,
       Lindenwürm und Ungeheur,
       Solche schlimme Fabeltiere,
       Die erschafft des Dichters Feur.

       Aber dich und deine Tücke,
       Und dein holdes Angesicht,
       Und die falschen frommen Blicke –
       Das erschafft der Dichter nicht.

XVII

       Wie die Wellenschaumgeborene
       Strahlt mein Lieb im Schönheitsglanz,
       Denn sie ist das auserkorene
       Bräutchen eines fremden Manns.

       Herz, mein Herz, du vielgeduldiges,
       Grolle nicht ob dem Verrat;
       Trag es, trag es, und entschuldig es,
       Was die holde Törin tat.

XVIII

Ich grolle nicht, und wenn das Herz auch bricht,
Ewig verlornes Lieb! ich grolle nicht.
Wie du auch strahlst in Diamantenpracht,
Es fällt kein Strahl in deines Herzens Nacht.

Das weiß ich längst. Ich sah dich ja im Traum, 5
Und sah die Nacht in deines Herzens Raum,
Und sah die Schlang, die dir am Herzen frißt,
Ich sah, mein Lieb, wie sehr du elend bist.

XIX

Ja, du bist elend, und ich grolle nicht; –
Mein Lieb, wir sollen beide elend sein!
Bis uns der Tod das kranke Herze bricht,
Mein Lieb, wir sollen beide elend sein!

Wohl seh ich Spott, der deinen Mund umschwebt,
Und seh dein Auge blitzen trotziglich, 6
Und seh den Stolz, der deinen Busen hebt, –
Und elend bist du doch, elend wie ich.

Unsichtbar zuckt auch Schmerz um deinen Mund,
Verborgne Träne trübt des Auges Schein, 10
Der stolze Busen hegt geheime Wund, –
Mein Lieb, wir sollen beide elend sein.

XX

Das ist ein Flöten und Geigen,
Trompeten schmettern drein;
Da tanzt den Hochzeitreigen
Die Herzallerliebste mein.

Das ist ein Klingen und Dröhnen 5
Von Pauken und Schalmei'n;
Dazwischen schluchzen und stöhnen
Die guten Engelein.

XXI

So hast du ganz und gar vergessen,
Daß ich so lang dein Herz besessen,
Dein Herzchen so süß und so falsch und so klein,
Es kann nirgend was Süßres und Falscheres sein.

5 So hast du die Lieb und das Leid vergessen,
Die das Herz mir täten zusammenpressen.
Ich weiß nicht, war Liebe größer als Leid?
Ich weiß nur sie waren groß alle beid!

XXII

Und wüßten's die Blumen, die kleinen,
Wie tief verwundet mein Herz,
Sie würden mit mir weinen,
Zu heilen meinen Schmerz.

5 Und wüßten's die Nachtigallen,
Wie ich so traurig und krank,
Sie ließen fröhlich erschallen
Erquickenden Gesang.

Und wüßten sie mein Wehe,
10 Die goldnen Sternelein,
Sie kämen aus ihrer Höhe,
Und sprächen Trost mir ein.

Die alle können's nicht wissen,
Nur eine kennt meinen Schmerz:
15 Sie hat ja selbst zerrissen,
Zerrissen mir das Herz.

XXIII

Warum sind denn die Rosen so blaß,
O sprich, mein Lieb, warum?
Warum sind denn im grünen Gras
Die blauen Veilchen so stumm?

Warum singt denn mit so kläglichem Laut
Die Lerche in der Luft?
Warum steigt denn aus dem Balsamkraut
Hervor ein Leichenduft?

Warum scheint denn die Sonn auf die Au
So kalt und verdrießlich herab?
Warum ist denn die Erde so grau
Und öde wie ein Grab?

Warum bin ich selbst so krank und so trüb,
Mein liebes Liebchen, sprich?
O sprich, mein herzallerliebstes Lieb,
Warum verließest du mich?

XXIV

Sie haben dir viel erzählet,
Und haben viel geklagt;
Doch was meine Seele gequälet,
Das haben sie nicht gesagt.

Sie machten ein großes Wesen,
Und schüttelten kläglich das Haupt;
Sie nannten mich den Bösen,
Und du hast alles geglaubt.

Jedoch das Allerschlimmste,
Das haben sie nicht gewußt;
Das Schlimmste und das Dümmste,
Das trug ich geheim in der Brust.

XXV

Die Linde blühte, die Nachtigall sang,
Die Sonne lachte mit freundlicher Lust;
Da küßtest du mich, und dein Arm mich umschlang,
Da preßtest du mich an die schwellende Brust.

Die Blätter fielen, der Rabe schrie hohl,
Die Sonne grüßte verdrossenen Blicks;
Da sagten wir frostig einander: »Lebwohl!«
Da knickstest du höflich den höflichsten Knicks.

XXVI

Wir haben viel füreinander gefühlt,
Und dennoch uns gar vortrefflich vertragen.
Wir haben oft »Mann und Frau« gespielt
Und dennoch uns nicht gerauft und geschlagen.
Wir haben zusammen gejauchzt und gescherzt,
Und zärtlich uns geküßt und geherzt.
Wir haben am Ende, aus kindischer Lust,
»Verstecken« gespielt in Wäldern und Gründen,
Und haben uns so zu verstecken gewußt,
Daß wir uns nimmermehr wiederfinden.

XXVII

Du bliebest mir treu am längsten,
Und hast dich für mich verwendet,
Und hast mir Trost gespendet
In meinen Nöten und Ängsten.

Du gabest mir Trank und Speise,
Und hast mir Geld geborget,
Und hast mich mit Wäsche versorget,
Und mit dem Paß für die Reise.

Mein Liebchen! daß Gott dich behüte,
Noch lange, vor Hitz und vor Kälte,
Und daß er dir nimmer vergelte
Die mir erwiesene Güte.

XXVIII

Die Erde war so lange geizig,
Da kam der Mai, und sie ward spendabel,
Und alles lacht, und jauchzt, und freut sich,
Ich aber bin nicht zu lachen kapabel.

Die Blumen sprießen, die Glöcklein schallen,
Die Vögel sprechen wie in der Fabel;
Mir aber will das Gespräch nicht gefallen,
Ich finde alles miserabel.

Das Menschenvolk mich ennuyieret,
Sogar der Freund, der sonst passabel; –
Das kömmt, weil man Madame tituliert
Mein süßes Liebchen, so süß und aimabel.

XXIX

Und als ich so lange, so lange gesäumt,
In fremden Landen geschwärmt und geträumt;
Da ward meiner Liebsten zu lang die Zeit,
Und sie nähete sich ein Hochzeitkleid,
Und hat mit zärtlichen Armen umschlungen,
Als Bräutgam, den dümmsten der dummen Jungen.

Mein Liebchen ist so schön und mild,
Noch schwebt mir vor ihr süßes Bild;
Die Veilchenaugen, die Rosenwänglein,
Die glühen und blühen, jahraus jahrein.
Daß ich von solchem Lieb konnt weichen,
War der dümmste von meinen dummen Streichen.

XXX

Die blauen Veilchen der Äugelein,
Die roten Rosen der Wängelein,
Die weißen Liljen der Händchen klein,
Die blühen und blühen noch immerfort,
Und nur das Herzchen ist verdorrt.

XXXI

Die Welt ist so schön und der Himmel so blau,
Und die Lüfte die wehen so lind und so lau,
Und die Blumen winken auf blühender Au,
Und funkeln und glitzern im Morgentau,
Und die Menschen jubeln, wohin ich schau, –
Und doch möcht ich im Grabe liegen,
Und mich an ein totes Liebchen schmiegen.

XXXII

Mein süßes Lieb, wenn du im Grab,
Im dunkeln Grab wirst liegen,
Dann will ich steigen zu dir hinab,
Und will mich an dich schmiegen.

Ich küsse, umschlinge und presse dich wild,
Du Stille, du Kalte, du Bleiche!
Ich jauchze, ich zittre, ich weine mild,
Ich werde selber zur Leiche.

Die Toten stehn auf, die Mitternacht ruft,
Sie tanzen im luftigen Schwarme;
Wir beide bleiben in der Gruft,
Ich liege in deinem Arme.

Die Toten stehn auf, der Tag des Gerichts
Ruft sie zu Qual und Vergnügen;
Wir beide bekümmern uns um nichts,
Und bleiben umschlungen liegen.

XXXIII

Ein Fichtenbaum steht einsam
Im Norden auf kahler Höh.
Ihn schläfert; mit weißer Decke
Umhüllen ihn Eis und Schnee.

Er träumt von einer Palme,
Die, fern im Morgenland,
Einsam und schweigend trauert
Auf brennender Felsenwand.

XXXIV

(Der Kopf spricht:)

Ach, wenn ich nur der Schemel wär,
Worauf der Liebsten Füße ruhn!
Und stampfte sie mich noch so sehr,
Ich wollte doch nicht klagen tun.

(Das Herz spricht:)

Ach, wenn ich nur das Kißchen wär,
Wo sie die Nadeln steckt hinein!
Und stäche sie mich noch so sehr,
Ich wollte mich der Stiche freun.

(Das Lied spricht:)

Ach, wär ich nur das Stück Papier,
Das sie als Papillote braucht!
Ich wollte heimlich flüstern ihr
Ins Ohr, was in mir lebt und haucht.

XXXV

Seit die Liebste war entfernt,
Hatt ich's Lachen ganz verlernt.
Schlechten Witz riß mancher Wicht,
Aber lachen konnt ich nicht.

Seit ich sie verloren hab,
Schafft ich auch das Weinen ab;
Fast vor Weh das Herz mir bricht,
Aber weinen kann ich nicht.

XXXVI

Aus meinen großen Schmerzen
Mach ich die kleinen Lieder;
Die heben ihr klingend Gefieder
Und flattern nach ihrem Herzen.

Sie fanden den Weg zur Trauten,
Doch kommen sie wieder und klagen,
Und klagen, und wollen nicht sagen,
Was sie im Herzen schauten.

XXXVII

Philister in Sonntagsröcklein
Spazieren durch Wald und Flur;
Sie jauchzen, sie hüpfen wie Böcklein,
Begrüßen die schöne Natur.

Betrachten mit blinzelnden Augen,
Wie alles romantisch blüht;
Mit langen Ohren saugen
Sie ein der Spatzen Lied.

Ich aber verhänge die Fenster
Des Zimmers mit schwarzem Tuch;
Es machen mir meine Gespenster
Sogar einen Tagesbesuch.

Die alte Liebe erscheinet,
Sie stieg aus dem Totenreich,
Sie setzt sich zu mir und weinet,
Und macht das Herz mir weich.

XXXVIII

Manch Bild vergessener Zeiten
Steigt auf aus seinem Grab,
Und zeigt wie in deiner Nähe
Ich einst gelebet hab.

Am Tage schwankte ich träumend
Durch alle Straßen herum;
Die Leute verwundert mich ansahn,
Ich war so traurig und stumm.

Des Nachts da war es besser,
Da waren die Straßen leer;
Ich und mein Schatten selbander,
Wir wandelten schweigend einher.

Mit widerhallendem Fußtritt
Wandelt ich über die Brück;
Der Mond brach aus den Wolken,
Und grüßte mit ernstem Blick.

Stehn blieb ich vor deinem Hause,
Und starrte in die Höh,
Und starrte nach deinem Fenster, –
Das Herz tat mir so weh.

Ich weiß, du hast aus dem Fenster
Gar oft herabgesehn,
Und sahst mich im Mondenlichte
Wie eine Säule stehn.

XXXIX

Ein Jüngling liebt ein Mädchen,
Die hat einen andern erwählt;
Der andre liebt eine andre,
Und hat sich mit dieser vermählt.

Das Mädchen heiratet aus Ärger 5
Den ersten besten Mann,
Der ihr in den Weg gelaufen;
Der Jüngling ist übel dran.

Es ist eine alte Geschichte,
Doch bleibt sie immer neu; 10
Und wem sie just passieret,
Dem bricht das Herz entzwei.

XL

Hör ich das Liedchen klingen,
Das einst die Liebste sang,
So will mir die Brust zerspringen,
Vor wildem Schmerzendrang.

Es treibt mich ein dunkles Sehnen 5
Hinauf zur Waldeshöh,
Dort löst sich auf in Tränen
Mein übergroßes Weh.

XLI

Mir träumte von einem Königskind,
Mit nassen, blassen Wangen;
Wir saßen unter der grünen Lind,
Und hielten uns liebumfangen.

»Ich will nicht deines Vaters Thron,
Und nicht sein Zepter von Golde,
Ich will nicht seine demantene Kron,
Ich will dich selber, du Holde!«

Das kann nicht sein, sprach sie zu mir,
Ich liege ja im Grabe,
Und nur des Nachts komm ich zu dir,
Weil ich so lieb dich habe.

XLII

Mein Liebchen, wir saßen beisammen,
Traulich im leichten Kahn.
Die Nacht war still und wir schwammen
Auf weiter Wasserbahn.

Die Geisterinsel, die schöne,
Lag dämmrig im Mondenglanz;
Dort klangen liebe Töne,
Und wogte der Nebeltanz.

Dort klang es lieb und lieber,
Und wogt' es hin und her;
Wir aber schwammen vorüber,
Trostlos auf weitem Meer.

XLIII

Aus alten Märchen winkt es
Hervor mit weißer Hand,
Da singt es und da klingt es
Von einem Zauberland:

Wo große Blumen schmachten 5
Im goldnen Abendlicht,
Und zärtlich sich betrachten
Mit bräutlichem Gesicht; –

Wo alle Bäume sprechen
Und singen, wie ein Chor, 10
Und laute Quellen brechen
Wie Tanzmusik hervor; –

Und Liebesweisen tönen,
Wie du sie nie gehört,
Bis wundersüßes Sehnen 15
Dich wundersüß betört!

Ach, könnt ich dorthin kommen,
Und dort mein Herz erfreun,
Und aller Qual entnommen,
Und frei und selig sein! 20

Ach! jenes Land der Wonne,
Das seh ich oft im Traum,
Doch kommt die Morgensonne,
Zerfließt's wie eitel Schaum.

XLIV

Ich hab dich geliebet und liebe dich noch!
Und fiele die Welt zusammen,
Aus ihren Trümmern stiegen doch
Hervor meiner Liebe Flammen.

XLV

Am leuchtenden Sommermorgen
Geh ich im Garten herum.
Es flüstern und sprechen die Blumen,
Ich aber ich wandle stumm.

Es flüstern und sprechen die Blumen,
Und schaun mitleidig mich an:
Sei unserer Schwester nicht böse,
Du trauriger, blasser Mann.

XLVI

Es leuchtet meine Liebe,
In ihrer dunkeln Pracht,
Wie'n Märchen traurig und trübe,
Erzählt in der Sommernacht.

»Im Zaubergarten wallen
Zwei Buhlen, stumm und allein;
Es singen die Nachtigallen,
Es flimmert der Mondenschein.

Die Jungfrau steht still wie ein Bildnis,
Der Ritter vor ihr kniet.
Da kommt der Riese der Wildnis,
Die bange Jungfrau flieht.

Der Ritter sinkt blutend zur Erde,
Es stolpert der Riese nach Haus –«
Wenn ich begraben werde,
Dann ist das Märchen aus.

XLVII

Sie haben mich gequälet,
Geärgert blau und blaß,
Die einen mit ihrer Liebe,
Die andern mit ihrem Haß.

Sie haben das Brot mir vergiftet,
Sie gossen mir Gift ins Glas,
Die einen mit ihrer Liebe,
Die andern mit ihrem Haß.

Doch sie, die mich am meisten
Gequält, geärgert, betrübt,
Die hat mich nie gehasset,
Und hat mich nie geliebt.

XLVIII

Es liegt der heiße Sommer
Auf deinen Wängelein;
Es liegt der Winter, der kalte,
In deinem Herzchen klein.

Das wird sich bei dir ändern,
Du Vielgeliebte mein!
Der Winter wird auf den Wangen,
Der Sommer im Herzen sein.

XLIX

Wenn zwei voneinander scheiden,
So geben sie sich die Händ,
Und fangen an zu weinen,
Und seufzen ohne End.

Wir haben nicht geweinet,
Wir seufzten nicht Weh und Ach!
Die Tränen und die Seufzer,
Die kamen hintennach.

L

Sie saßen und tranken am Teetisch,
Und sprachen von Liebe viel.
Die Herren, die waren ästhetisch,
Die Damen von zartem Gefühl.

Die Liebe muß sein platonisch,
Der dürre Hofrat sprach.
Die Hofrätin lächelt ironisch,
Und dennoch seufzet sie: Ach!

Der Domherr öffnet den Mund weit:
Die Liebe sei nicht zu roh,
Sie schadet sonst der Gesundheit.
Das Fräulein lispelt: Wieso?

Die Gräfin spricht wehmütig:
Die Liebe ist eine Passion!
Und präsentieret gütig
Die Tasse dem Herren Baron.

Am Tische war noch ein Plätzchen;
Mein Liebchen, da hast du gefehlt.
Du hättest so hübsch, mein Schätzchen,
Von deiner Liebe erzählt.

LI

Vergiftet sind meine Lieder; –
Wie könnt es anders sein?
Du hast mir ja Gift gegossen
Ins blühende Leben hinein.

Vergiftet sind meine Lieder; –
Wie könnt es anders sein?
Ich trage im Herzen viel Schlangen,
Und dich, Geliebte mein.

LII

Mir träumte wieder der alte Traum:
Es war eine Nacht im Maie,
Wir saßen unter dem Lindenbaum,
Und schwuren uns ewige Treue.

Das war ein Schwören und Schwören aufs neu,
Ein Kichern, ein Kosen, ein Küssen;
Daß ich gedenk des Schwures sei,
Hast du in die Hand mich gebissen.

O Liebchen mit den Äuglein klar!
O Liebchen schön und bissig!
Das Schwören in der Ordnung war,
Das Beißen war überflüssig.

LIII

Ich steh auf des Berges Spitze,
Und werde sentimental.
»Wenn ich ein Vöglein wäre!«
Seufz ich vieltausendmal.

Wenn ich eine Schwalbe wäre,
So flög ich zu dir, mein Kind,
Und baute mir mein Nestchen
Wo deine Fenster sind.

Wenn ich eine Nachtigall wäre,
So flög ich zu dir, mein Kind,
Und sänge dir nachts meine Lieder
Herab von der grünen Lind.

Wenn ich ein Gimpel wäre,
So flög ich gleich an dein Herz;
Du bist ja hold den Gimpeln,
Und heilest Gimpelschmerz.

LIV

Mein Wagen rollet langsam
Durch lustiges Waldesgrün,
Durch blumige Täler, die zaubrisch
Im Sonnenglanze blühn.

Ich sitze und sinne und träume,
Und denk an die Liebste mein;
Da grüßen drei Schattengestalten
Kopfnickend zum Wagen herein.

Sie hüpfen und schneiden Gesichter,
So spöttisch und doch so scheu,
Und quirlen wie Nebel zusammen,
Und kichern und huschen vorbei.

LV

Ich hab im Traum geweinet,
Mir träumte du lägest im Grab.
Ich wachte auf und die Träne
Floß noch von der Wange herab.

Ich hab im Traum geweinet, 5
Mir träumt' du verließest mich.
Ich wachte auf, und ich weinte
Noch lange bitterlich.

Ich hab im Traum geweinet,
Mir träumte du bliebest mir gut. 10
Ich wachte auf, und noch immer
Strömt meine Tränenflut.

LVI

Allnächtlich im Traume seh ich dich,
Und sehe dich freundlich grüßen,
Und laut aufweinend stürz ich mich
Zu deinen süßen Füßen.

Du siehst mich an wehmütiglich, 5
Und schüttelst das blonde Köpfchen;
Aus deinen Augen schleichen sich
Die Perlentränentröpfchen.

Du sagst mir heimlich ein leises Wort,
Und gibst mir den Strauß von Zypressen. 10
Ich wache auf, und der Strauß ist fort,
Und das Wort hab ich vergessen.

LVII

Das ist ein Brausen und Heulen,
Herbstnacht und Regen und Wind;
Wo mag wohl jetzo weilen
Mein armes, banges Kind?

Ich seh sie am Fenster lehnen,
Im einsamen Kämmerlein;
Das Auge gefüllt mit Tränen
Starrt sie in die Nacht hinein.

LVIII

Der Herbstwind rüttelt die Bäume,
Die Nacht ist feucht und kalt;
Gehüllt im grauen Mantel,
Reite ich einsam im Wald.

Und wie ich reite, so reiten
Mir die Gedanken voraus;
Sie tragen mich leicht und luftig
Nach meiner Liebsten Haus.

Die Hunde bellen, die Diener
Erscheinen mit Kerzengeflirr;
Die Wendeltreppe stürm ich
Hinauf mit Sporengeklirr.

Im leuchtenden Teppichgemache,
Da ist es so duftig und warm,
Da harret meiner die Holde –.
Ich fliege in ihren Arm.

Es säuselt der Wind in den Blättern,
Es spricht der Eichenbaum:
Was willst du, törichter Reiter,
Mit deinem törichten Traum?

LIX

Es fällt ein Stern herunter
Aus seiner funkelnden Höh!
Das ist der Stern der Liebe,
Den ich dort fallen seh.

Es fallen vom Apfelbaume
Der Blüten und Blätter viel!
Es kommen die neckenden Lüfte
Und treiben damit ihr Spiel.

Es singt der Schwan im Weiher,
Und rudert auf und ab,
Und immer leiser singend,
Taucht er ins Flutengrab.

Es ist so still und dunkel!
Verweht ist Blatt und Blüt,
Der Stern ist knisternd zerstoben,
Verklungen das Schwanenlied.

LX

Der Traumgott bracht mich in ein Riesenschloß,
Wo schwüler Zauberduft und Lichterschimmer,
Und bunte Menschenwoge sich ergoß
Durch labyrinthisch vielverschlungne Zimmer.
Die Ausgangspforte sucht der bleiche Troß,
Mit Händeringen und mit Angstgewimmer.
Jungfraun und Ritter ragen aus der Menge,
Ich selbst bin fortgezogen im Gedränge.

Doch plötzlich steh ich ganz allein, und seh,
Und staun, wie schnell die Menge konnt verschwinden,

Und wandre fort allein, und eil, und geh
Durch die Gemächer, die sich seltsam winden.
Mein Fuß wird Blei, im Herzen Angst und Weh,
Verzweifl' ich fast den Ausgang je zu finden.
15 Da komm ich endlich an das letzte Tor;
Ich will hinaus – o Gott, wer steht davor!

Es war die Liebste, die am Tore stand,
Schmerz um die Lippen, Sorge auf der Stirne.
Ich soll zurückgehn, winkt sie mit der Hand;
20 Ich weiß nicht ob sie warne oder zürne.
Doch aus den Augen bricht ein süßer Brand,
Der mir durchzuckt das Herz und das Gehirne.
Wie sie mich ansah, streng und wunderlich,
Und doch so liebevoll, erwachte ich.

LXI

Die Mitternacht war kalt und stumm;
Ich irrte klagend im Wald herum.
Ich habe die Bäum aus dem Schlaf gerüttelt;
Sie haben mitleidig die Köpfe geschüttelt.

LXII

Am Kreuzweg wird begraben
Wer selber sich brachte um;
Dort wächst eine blaue Blume,
Die Armesünderblum.

5 Am Kreuzweg stand ich und seufzte;
Die Nacht war kalt und stumm.
Im Mondschein bewegte sich langsam
Die Armesünderblum.

LXIII

Wo ich bin, mich rings umdunkelt
Finsternis, so dumpf und dicht,
Seit mir nicht mehr leuchtend funkelt,
Liebste, deiner Augen Licht.

Mir erloschen ist der süßen
Liebessterne goldne Pracht,
Abgrund gähnt zu meinen Füßen –
Nimm mich auf, uralte Nacht!

LXIV

Nacht lag auf meinen Augen,
Blei lag auf meinem Mund,
Mit starrem Hirn und Herzen
Lag ich im Grabesgrund.

Wie lang kann ich nicht sagen,
Daß ich geschlafen hab;
Ich wachte auf und hörte
Wie's pochte an mein Grab.

»Willst du nicht aufstehn, Heinrich?
Der ewge Tag bricht an,
Die Toten sind erstanden,
Die ewge Lust begann.«

Mein Lieb, ich kann nicht aufstehn,
Bin ja noch immer blind;
Durch Weinen meine Augen
Gänzlich erloschen sind.

»Ich will dir küssen, Heinrich,
Vom Auge fort die Nacht;
Die Engel sollst du schauen,
Und auch des Himmels Pracht.«

Mein Lieb ich kann nicht aufstehn,
Noch blutet's immerfort,
Wo du ins Herz mich stachest
Mit einem spitzgen Wort.

»Ganz leise leg ich, Heinrich,
Dir meine Hand aufs Herz;
Dann wird es nicht mehr bluten,
Geheilt ist all sein Schmerz.«

Mein Lieb, ich kann nicht aufstehn,
Es blutet auch mein Haupt;
Hab ja hineingeschossen,
Als du mir wurdest geraubt.

»Mit meinen Locken, Heinrich,
Stopf ich des Hauptes Wund,
Und dräng zurück den Blutstrom,
Und mache dein Haupt gesund.«

Es bat so sanft, so lieblich,
Ich konnt nicht widerstehn;
Ich wollte mich erheben,
Und zu der Liebsten gehn.

Da brachen auf die Wunden,
Da stürzt' mit wilder Macht
Aus Kopf und Brust der Blutstrom,
Und sieh! – ich bin erwacht.

LXV

Die alten, bösen Lieder,
Die Träume schlimm und arg,
Die laßt uns jetzt begraben,
Holt einen großen Sarg.

Hinein leg ich gar manches,
Doch sag ich noch nicht was;
Der Sarg muß sein noch größer
Wie's Heidelberger Faß.

Und holt eine Totenbahre,
Von Brettern fest und dick;
Auch muß sie sein noch länger
Als wie zu Mainz die Brück.

Und holt mir auch zwölf Riesen,
Die müssen noch stärker sein
Als wie der heilge Christoph
Im Dom zu Köln am Rhein.

Die sollen den Sarg forttragen,
Und senken ins Meer hinab,
Denn solchem großen Sarge
Gebührt ein großes Grab.

Wißt ihr warum der Sarg wohl
So groß und schwer mag sein?
Ich legt auch meine Liebe
Und meinen Schmerz hinein.

Die Heimkehr

1823–1824

I

In mein gar zu dunkles Leben
Strahlte einst ein süßes Bild;
Nun das süße Bild erblichen,
Bin ich gänzlich nachtumhüllt.

Wenn die Kinder sind im Dunkeln,
Wird beklommen ihr Gemüt,
Und um ihre Angst zu bannen,
Singen sie ein lautes Lied.

Ich, ein tolles Kind, ich singe
Jetzo in der Dunkelheit;
Klingt das Lied auch nicht ergötzlich,
Hat's mich doch von Angst befreit.

II

Ich weiß nicht, was soll es bedeuten,
Daß ich so traurig bin;
Ein Märchen aus alten Zeiten,
Das kommt mir nicht aus dem Sinn.

Die Luft ist kühl und es dunkelt,
Und ruhig fließt der Rhein;
Der Gipfel des Berges funkelt
Im Abendsonnenschein.

Die schönste Jungfrau sitzet
Dort oben wunderbar,
Ihr goldnes Geschmeide blitzet,
Sie kämmt ihr goldenes Haar.

Sie kämmt es mit goldenem Kamme,
Und singt ein Lied dabei;
Das hat eine wundersame,
Gewaltige Melodei.

Den Schiffer im kleinen Schiffe
Ergreift es mit wildem Weh;
Er schaut nicht die Felsenriffe,
Er schaut nur hinauf in die Höh.

Ich glaube, die Wellen verschlingen
Am Ende Schiffer und Kahn;
Und das hat mit ihrem Singen
Die Lore-Ley getan.

III

Mein Herz, mein Herz ist traurig,
Doch lustig leuchtet der Mai;
Ich stehe, gelehnt an der Linde,
Hoch auf der alten Bastei.

Da drunten fließt der blaue
Stadtgraben in stiller Ruh;
Ein Knabe fährt im Kahne,
Und angelt und pfeift dazu.

Jenseits erheben sich freundlich,
In winziger, bunter Gestalt,
Lusthäuser, und Gärten, und Menschen,
Und Ochsen, und Wiesen, und Wald.

Die Mägde bleichen Wäsche,
Und springen im Gras herum;
Das Mühlrad stäubt Diamanten,
Ich höre sein fernes Gesumm.

Am alten grauen Turme
Ein Schilderhäuschen steht;
Ein rotgeröckter Bursche
Dort auf und nieder geht.

Er spielt mit seiner Flinte,
Die funkelt im Sonnenrot,
Er präsentiert und schultert –
Ich wollt, er schösse mich tot.

IV

Im Walde wandl' ich und weine,
Die Drossel sitzt in der Höh;
Sie springt und singt gar feine:
Warum ist dir so weh?

»Die Schwalben, deine Schwestern,
Die können's dir sagen, mein Kind;
Sie wohnten in klugen Nestern,
Wo Liebchens Fenster sind.«

V

Die Nacht ist feucht und stürmisch,
Der Himmel sternenleer;
Im Wald, unter rauschenden Bäumen,
Wandle ich schweigend einher.

Es flimmert fern ein Lichtchen
Aus dem einsamen Jägerhaus;
Es soll mich nicht hin verlocken,
Dort sieht es verdrießlich aus.

Die blinde Großmutter sitzt ja
Im ledernen Lehnstuhl dort,
Unheimlich und starr, wie ein Steinbild,
Und spricht kein einziges Wort.

Fluchend geht auf und nieder
Des Försters rotköpfiger Sohn,
Und wirft an die Wand die Büchse,
Und lacht vor Wut und Hohn.

Die schöne Spinnerin weinet,
Und feuchtet mit Tränen den Flachs;
Wimmernd zu ihren Füßen
Schmiegt sich des Vaters Dachs.

VI

Als ich, auf der Reise, zufällig
Der Liebsten Familie fand,
Schwesterchen, Vater und Mutter,
Sie haben mich freudig erkannt.

Sie fragten nach meinem Befinden,
Und sagten selber sogleich:
Ich hätte mich gar nicht verändert,
Nur mein Gesicht sei bleich.

Ich fragte nach Muhmen und Basen,
Nach manchem langweilgen Geselln,
Und nach dem kleinen Hündchen,
Mit seinem sanften Belln.

Auch nach der vermählten Geliebten
Fragte ich nebenbei;
Und freundlich gab man zur Antwort,
Daß sie in den Wochen sei.

Und freundlich gratuliert ich,
Und lispelte liebevoll:
Daß man sie von mir recht herzlich
Vieltausendmal grüßen soll.

Schwesterchen rief dazwischen:
Das Hündchen, sanft und klein,
Ist groß und toll geworden,
Und ward ertränkt, im Rhein.

Die Kleine gleicht der Geliebten,
Besonders wenn sie lacht;
Sie hat dieselben Augen,
Die mich so elend gemacht.

VII

Wir saßen am Fischerhause,
Und schauten nach der See;
Die Abendnebel kamen,
Und stiegen in die Höh.

Im Leuchtturm wurden die Lichter
Allmählig angesteckt,
Und in der weiten Ferne
Ward noch ein Schiff entdeckt.

Wir sprachen von Sturm und Schiffbruch,
Vom Seemann, und wie er lebt,
Und zwischen Himmel und Wasser,
Und Angst und Freude schwebt.

Wir sprachen von fernen Küsten,
Vom Süden und vom Nord,
Und von den seltsamen Völkern
Und seltsamen Sitten dort.

Am Ganges duftet's und leuchtet's,
Und Riesenbäume blühn,
Und schöne, stille Menschen
Vor Lotosblumen knien.   20

In Lappland sind schmutzige Leute,
Plattköpfig, breitmäulig und klein;
Sie kauern ums Feuer, und backen
Sich Fische, und quäken und schrein.

Die Mädchen horchten ernsthaft,   25
Und endlich sprach niemand mehr;
Das Schiff war nicht mehr sichtbar,
Es dunkelte gar zu sehr.

VIII

Du schönes Fischermädchen,
Treibe den Kahn ans Land;
Komm zu mir und setze dich nieder,
Wir kosen Hand in Hand.

Leg an mein Herz dein Köpfchen,   5
Und fürchte dich nicht zu sehr,
Vertraust du dich doch sorglos
Täglich dem wilden Meer.

Mein Herz gleicht ganz dem Meere,
Hat Sturm und Ebb und Flut,   10
Und manche schöne Perle
In seiner Tiefe ruht.

IX

Der Mond ist aufgegangen
Und überstrahlt die Welln;
Ich halte mein Liebchen umfangen,
Und unsre Herzen schwelln.

Im Arm des holden Kindes
Ruh ich allein am Strand; –
Was horchst du beim Rauschen des Windes?
Was zuckt deine weiße Hand?

»Das ist kein Rauschen des Windes,
Das ist der Seejungfern Gesang,
Und meine Schwestern sind es,
Die einst das Meer verschlang.«

X

Der Wind zieht seine Hosen an,
Die weißen Wasserhosen!
Er peitscht die Wellen so stark er kann,
Die heulen und brausen und tosen.

Aus dunkler Höh, mit wilder Macht,
Die Regengüsse träufen;
Es ist als wollt die alte Nacht
Das alte Meer ersäufen.

An den Mastbaum klammert die Möwe sich
Mit heiserem Schrillen und Schreien;
Sie flattert und will gar ängstiglich
Ein Unglück prophezeien.

XI

Der Sturm spielt auf zum Tanze,
Er pfeift und saust und brüllt;
Heisa! wie springt das Schifflein!
Die Nacht ist lustig und wild.

Ein lebendes Wassergebirge
Bildet die tosende See;
Hier gähnt ein schwarzer Abgrund,
Dort türmt es sich weiß in die Höh.

Ein Fluchen, Erbrechen und Beten
Schallt aus der Kajüte heraus;
Ich halte mich fest am Mastbaum,
Und wünsche: wär ich zu Haus.

XII

Der Abend kommt gezogen,
Der Nebel bedeckt die See;
Geheimnisvoll rauschen die Wogen,
Da steigt es weiß in die Höh.

Die Meerfrau steigt aus den Wellen,
Und setzt sich zu mir an den Strand;
Die weißen Brüste quellen
Hervor aus dem Schleiergewand.

Sie drückt mich und sie preßt mich,
Und tut mir fast ein Weh; –
Du drückst ja viel zu fest mich,
Du schöne Wasserfee!

»Ich preß dich, in meinen Armen,
Und drücke dich mit Gewalt;
Ich will bei dir erwarmen,
Der Abend ist gar zu kalt.«

Der Mond schaut immer blasser
Aus dämmriger Wolkenhöh; –
Dein Auge wird trüber und nasser,
Du schöne Wasserfee!

»Es wird nicht trüber und nasser,
Mein Aug ist naß und trüb,
Weil, als ich stieg aus dem Wasser,
Ein Tropfen im Auge blieb.«

Die Möwen schrillen kläglich,
Es grollt und brandet die See; –
Dein Herz pocht wild beweglich,
Du schöne Wasserfee!

»Mein Herz pocht wild beweglich,
Es pocht beweglich wild,
Weil ich dich liebe unsäglich,
Du liebes Menschenbild!«

XIII

Wenn ich an deinem Hause
Des Morgens vorüber geh,
So freut's mich, du liebe Kleine,
Wenn ich dich am Fenster seh.

Mit deinen schwarzbraunen Augen
Siehst du mich forschend an:
Wer bist du, und was fehlt dir,
Du fremder, kranker Mann?

»Ich bin ein deutscher Dichter,
Bekannt im deutschen Land;
Nennt man die besten Namen,
So wird auch der meine genannt.

Und was mir fehlt, du Kleine,
Fehlt manchem im deutschen Land;
Nennt man die schlimmsten Schmerzen,
So wird auch der meine genannt.«

XIV

Das Meer erglänzte weit hinaus,
Im letzten Abendscheine;
Wir saßen am einsamen Fischerhaus,
Wir saßen stumm und alleine.

Der Nebel stieg, das Wasser schwoll,
Die Möwe flog hin und wieder;
Aus deinen Augen, liebevoll,
Fielen die Tränen nieder.

Ich sah sie fallen auf deine Hand,
Und bin aufs Knie gesunken;
Ich hab von deiner weißen Hand
Die Tränen fortgetrunken.

Seit jener Stunde verzehrt sich mein Leib,
Die Seele stirbt vor Sehnen; –
Mich hat das unglückselge Weib
Vergiftet mit ihren Tränen.

XV

Da droben auf jenem Berge,
Da steht ein feines Schloß,
Da wohnen drei schöne Fräulein,
Von denen ich Liebe genoß.

Sonnabend küßte mich Jette,
Und Sonntag die Julia,
Und Montag die Kunigunde,
Die hat mich erdrückt beinah.

Doch Dienstag war eine Fete
Bei meinen drei Fräulein im Schloß;
Die Nachbarschafts-Herren und Damen,
Die kamen zu Wagen und Roß.

Ich aber war nicht geladen,
Und das habt ihr dumm gemacht!
Die zischelnden Muhmen und Basen,
Die merkten's und haben gelacht.

XVI

Am fernen Horizonte
Erscheint, wie ein Nebelbild,
Die Stadt mit ihren Türmen
In Abenddämmrung gehüllt.

Ein feuchter Windzug kräuselt
Die graue Wasserbahn;
Mit traurigem Takte rudert
Der Schiffer in meinem Kahn.

Die Sonne hebt sich noch einmal
Leuchtend vom Boden empor, 10
Und zeigt mir jene Stelle,
Wo ich das Liebste verlor.

XVII

Sei mir gegrüßt, du große,
Geheimnisvolle Stadt,
Die einst in ihrem Schoße
Mein Liebchen umschlossen hat.

Sagt an, ihr Türme und Tore, 5
Wo ist die Liebste mein?
Euch hab ich sie anvertrauet,
Ihr solltet mir Bürge sein.

Unschuldig sind die Türme,
Sie konnten nicht von der Stell, 10
Als Liebchen mit Koffern und Schachteln
Die Stadt verlassen so schnell.

Die Tore jedoch, die ließen
Mein Liebchen entwischen gar still;
Ein Tor ist immer willig, 15
Wenn eine Törin will.

XVIII

So wandl' ich wieder den alten Weg,
Die wohlbekannten Gassen;
Ich komme von meiner Liebsten Haus,
Das steht so leer und verlassen.

5   Die Straßen sind doch gar zu eng!
    Das Pflaster ist unerträglich!
    Die Häuser fallen mir auf den Kopf!
    Ich eile so viel als möglich!

XIX

Ich trat in jene Hallen,
Wo sie mir Treue versprochen;
Wo einst ihre Tränen gefallen,
Sind Schlangen hervorgekrochen.

XX

Still ist die Nacht, es ruhen die Gassen,
In diesem Hause wohnte mein Schatz;
Sie hat schon längst die Stadt verlassen,
Doch steht noch das Haus auf demselben Platz.

5   Da steht auch ein Mensch und starrt in die Höhe,
Und ringt die Hände, vor Schmerzensgewalt;
Mir graust es, wenn ich sein Antlitz sehe, –
Der Mond zeigt mir meine eigne Gestalt.

Du Doppeltgänger! du bleicher Geselle!
10 Was äffst du nach mein Liebesleid,
Das mich gequält auf dieser Stelle,
So manche Nacht, in alter Zeit?

XXI

Wie kannst du ruhig schlafen,
Und weißt, ich lebe noch?
Der alte Zorn kommt wieder,
Und dann zerbrech ich mein Joch.

Kennst du das alte Liedchen:
Wie einst ein toter Knab
Um Mitternacht die Geliebte
Zu sich geholt ins Grab?

Glaub mir, du wunderschönes,
Du wunderholdes Kind,
Ich lebe und bin noch stärker
Als alle Toten sind!

XXII

»Die Jungfrau schläft in der Kammer,
Der Mond schaut zitternd hinein;
Da draußen singt es und klingt es,
Wie Walzermelodein.

Ich will mal schaun aus dem Fenster,
Wer drunten stört meine Ruh.
Da steht ein Totengerippe,
Und fiedelt und singt dazu:

Hast einst mir den Tanz versprochen,
Und hast gebrochen dein Wort,
Und heut ist Ball auf dem Kirchhof,
Komm mit, wir tanzen dort.

Die Jungfrau ergreift es gewaltig,
Es lockt sie hervor aus dem Haus;
Sie folgt dem Gerippe, das singend
Und fiedelnd schreitet voraus.

Es fiedelt und tänzelt und hüpfet,
Und klappert mit seinem Gebein,
Und nickt und nickt mit dem Schädel
Unheimlich im Mondenschein.«

XXIII

Ich stand in dunkeln Träumen
Und starrte ihr Bildnis an,
Und das geliebte Antlitz
Heimlich zu leben begann.

Um ihre Lippen zog sich
Ein Lächeln wunderbar,
Und wie von Wehmutstränen
Erglänzte ihr Augenpaar.

Auch meine Tränen flossen
Mir von den Wangen herab –
Und ach, ich kann es nicht glauben,
Daß ich dich verloren hab!

XXIV

Ich unglückselger Atlas! eine Welt,
Die ganze Welt der Schmerzen, muß ich tragen,
Ich trage Unerträgliches, und brechen
Will mir das Herz im Leibe.

Du stolzes Herz! du hast es ja gewollt! 5
Du wolltest glücklich sein, unendlich glücklich
Oder unendlich elend, stolzes Herz,
Und jetzo bist du elend.

XXV

Die Jahre kommen und gehen,
Geschlechter steigen ins Grab,
Doch nimmer vergeht die Liebe,
Die ich im Herzen hab.

Nur einmal noch möcht ich dich sehen, 5
Und sinken vor dir aufs Knie,
Und sterbend zu dir sprechen:
Madame, ich liebe Sie!

XXVI

Mir träumte: traurig schaute der Mond,
Und traurig schienen die Sterne;
Es trug mich zur Stadt, wo Liebchen wohnt,
Viel hundert Meilen ferne.

Es hat mich zu ihrem Hause geführt, 5
Ich küßte die Steine der Treppe,
Die oft ihr kleiner Fuß berührt,
Und ihres Kleides Schleppe.

Die Nacht war lang, die Nacht war kalt,
Es waren so kalt die Steine; 10
Es lugt' aus dem Fenster die blasse Gestalt,
Beleuchtet vom Mondenscheine.

XXVII

Was will die einsame Träne?
Sie trübt mir ja den Blick.
Sie blieb aus alten Zeiten
In meinem Auge zurück.

Sie hatte viel leuchtende Schwestern,
Die alle zerflossen sind,
Mit meinen Qualen und Freuden,
Zerflossen in Nacht und Wind.

Wie Nebel sind auch zerflossen
Die blauen Sternelein,
Die mir jene Freuden und Qualen
Gelächelt ins Herz hinein.

Ach, meine Liebe selber
Zerfloß wie eitel Hauch!
Du alte, einsame Träne,
Zerfließe jetzunder auch.

XXVIII

Der bleiche, herbstliche Halbmond
Lugt aus den Wolken heraus;
Ganz einsam liegt auf dem Kirchhof
Das stille Pfarrerhaus.

Die Mutter liest in der Bibel,
Der Sohn, der starret ins Licht,
Schlaftrunken dehnt sich die ältre,
Die jüngere Tochter spricht:

Ach Gott, wie einem die Tage
Langweilig hier vergehn!
Nur wenn sie einen begraben,
Bekommen wir etwas zu sehn.

Die Mutter spricht zwischen dem Lesen;
Du irrst, es starben nur vier,
Seit man deinen Vater begraben,
Dort an der Kirchhofstür.

Die ältre Tochter gähnet:
Ich will nicht verhungern bei euch,
Ich gehe morgen zum Grafen,
Und der ist verliebt und reich.

Der Sohn bricht aus in Lachen:
Drei Jäger zechen im Stern,
Die machen Gold und lehren
Mir das Geheimnis gern.

Die Mutter wirft ihm die Bibel
Ins magre Gesicht hinein:
So willst du, Gottverfluchter,
Ein Straßenräuber sein!

Sie hören pochen ans Fenster,
Und sehn eine winkende Hand;
Der tote Vater steht draußen
Im schwarzen Predgergewand.

XXIX

Das ist ein schlechtes Wetter,
Es regnet und stürmt und schneit;
Ich sitze am Fenster und schaue
Hinaus in die Dunkelheit.

Da schimmert ein einsames Lichtchen,
Das wandelt langsam fort;
Ein Mütterchen mit dem Laternchen
Wankt über die Straße dort.

Ich glaube, Mehl und Eier
Und Butter kaufte sie ein;
Sie will einen Kuchen backen
Fürs große Töchterlein.

Die liegt zu Haus im Lehnstuhl,
Und blinzelt schläfrig ins Licht;
Die goldnen Locken wallen
Über das süße Gesicht.

XXX

Man glaubt, daß ich mich gräme
In bitterm Liebesleid,
Und endlich glaub ich es selber,
So gut wie andre Leut.

Du Kleine mit großen Augen,
Ich hab es dir immer gesagt,
Daß ich dich unsäglich liebe,
Daß Liebe mein Herz zernagt.

Doch nur in einsamer Kammer
Sprach ich auf solche Art,
Und ach! ich hab immer geschwiegen
In deiner Gegenwart.

Da gab es böse Engel,
Die hielten mir zu den Mund;
Und ach! durch böse Engel
Bin ich so elend jetzund.

XXXI

Deine weißen Liljenfinger,
Könnt ich sie noch einmal küssen,
Und sie drücken an mein Herz,
Und vergehn in stillem Weinen!

Deine klaren Veilchenaugen
Schweben vor mir Tag und Nacht,
Und mich quält es: was bedeuten
Diese süßen, blauen Rätsel?

XXXII

»Hat sie sich denn nie geäußert
Über dein verliebtes Wesen?
Konntest du in ihren Augen
Niemals Gegenliebe lesen?

Konntest du in ihren Augen
Niemals bis zur Seele dringen?
Und du bist ja sonst kein Esel,
Teurer Freund, in solchen Dingen.«

XXXIII

Sie liebten sich beide, doch keiner
Wollt es dem andern gestehn;
Sie sahen sich an so feindlich,
Und wollten vor Liebe vergehn.

Sie trennten sich endlich und sahn sich
Nur noch zuweilen im Traum;
Sie waren längst gestorben,
Und wußten es selber kaum.

XXXIV

Und als ich euch meine Schmerzen geklagt,
Da habt ihr gegähnt und nichts gesagt;
Doch als ich sie zierlich in Verse gebracht,
Da habt ihr mir große Elogen gemacht.

XXXV

Ich rief den Teufel und er kam,
Und ich sah ihn mit Verwundrung an.
Er ist nicht häßlich und ist nicht lahm,
Er ist ein lieber, charmanter Mann,
Ein Mann in seinen besten Jahren,
Verbindlich und höflich und welterfahren.
Er ist ein gescheuter Diplomat,
Und spricht recht schön über Kirch und Staat.
Blaß ist er etwas, doch ist es kein Wunder,
Sanskrit und Hegel studiert er jetzunder.
Sein Lieblingspoet ist noch immer Fouqué.
Doch will er nicht mehr mit Kritik sich befassen,
Die hat er jetzt gänzlich überlassen
Der teuren Großmutter Hekate.
Er lobte mein juristisches Streben,
Hat früher sich auch damit abgegeben.
Er sagte meine Freundschaft sei
Ihm nicht zu teuer, und nickte dabei,
Und frug: ob wir uns früher nicht
Schon einmal gesehn beim spanschen Gesandten?
Und als ich recht besah sein Gesicht,
Fand ich in ihm einen alten Bekannten.

XXXVI

Mensch, verspotte nicht den Teufel,
Kurz ist ja die Lebensbahn,
Und die ewige Verdammnis
Ist kein bloßer Pöbelwahn.

Mensch, bezahle deine Schulden,
Lang ist ja die Lebensbahn,
Und du mußt noch manchmal borgen,
Wie du es so oft getan.

XXXVII

Die Heilgen Drei Könige aus Morgenland,
Sie frugen in jedem Städtchen:
Wo geht der Weg nach Bethlehem,
Ihr lieben Buben und Mädchen?

Die Jungen und Alten, sie wußten es nicht,
Die Könige zogen weiter;
Sie folgten einem goldenen Stern,
Der leuchtete lieblich und heiter.

Der Stern blieb stehn über Josephs Haus,
Da sind sie hineingegangen;
Das Öchslein brüllte, das Kindlein schrie,
Die Heilgen Drei Könige sangen.

XXXVIII

Mein Kind, wir waren Kinder,
Zwei Kinder, klein und froh;
Wir krochen ins Hühnerhäuschen
Versteckten uns unter das Stroh.

Die Heimkehr

⁵ Wir krähten wie die Hähne,
Und kamen Leute vorbei –
Kikereküh! sie glaubten,
Es wäre Hahnengeschrei.

Die Kisten auf unserem Hofe,
¹⁰ Die tapezierten wir aus,
Und wohnten drin beisammen,
Und machten ein vornehmes Haus.

Des Nachbars alte Katze
Kam öfters zum Besuch;
¹⁵ Wir machten ihr Bücklinge und Knickse
Und Komplimente genug.

Wir haben nach ihrem Befinden
Besorglich und freundlich gefragt;
Wir haben seitdem dasselbe
²⁰ Mancher alten Katze gesagt.

Wir saßen auch oft und sprachen
Vernünftig, wie alte Leut,
Und klagten, wie alles besser
Gewesen zu unserer Zeit;

²⁵ Wie Lieb und Treu und Glauben
Verschwunden aus der Welt,
Und wie so teuer der Kaffee,
Und wie so rar das Geld! – – –

Vorbei sind die Kinderspiele
³⁰ Und alles rollt vorbei, –
Das Geld und die Welt und die Zeiten,
Und Glauben und Lieb und Treu.

XXXIX

Das Herz ist mir bedrückt, und sehnlich
Gedenke ich der alten Zeit;
Die Welt war damals noch so wöhnlich,
Und ruhig lebten hin die Leut.

Doch jetzt ist alles wie verschoben,
Das ist ein Drängen! eine Not!
Gestorben ist der Herrgott oben,
Und unten ist der Teufel tot.

Und alles schaut so grämlich trübe,
So krausverwirrt und morsch und kalt,
Und wäre nicht das bißchen Liebe,
So gäb es nirgends einen Halt.

XL

Wie der Mond sich leuchtend dränget
Durch den dunkeln Wolkenflor,
Also taucht aus dunkeln Zeiten
Mir ein lichtes Bild hervor.

Saßen all auf dem Verdecke,
Fuhren stolz hinab den Rhein,
Und die sommergrünen Ufer
Glühn im Abendsonnenschein.

Sinnend saß ich zu den Füßen
Einer Dame, schön und hold;
In ihr liebes, bleiches Antlitz
Spielt' das rote Sonnengold.

Lauten klangen, Buben sangen,
Wunderbare Fröhlichkeit!
Und der Himmel wurde blauer,
Und die Seele wurde weit.

Märchenhaft vorüberzogen
Berg und Burgen, Wald und Au; –
Und das alles sah ich glänzen
In dem Aug der schönen Frau.

XLI

Im Traum sah ich die Geliebte,
Ein banges, bekümmertes Weib,
Verwelkt und abgefallen
Der sonst so blühende Leib.

Ein Kind trug sie auf dem Arme,
Ein andres führt sie an der Hand,
Und sichtbar ist Armut und Trübsal
Am Gang und Blick und Gewand.

Sie schwankte über den Marktplatz,
Und da begegnet sie mir,
Und sieht mich an, und ruhig
Und schmerzlich sag ich zu ihr:

Komm mit nach meinem Hause,
Denn du bist blaß und krank;
Ich will durch Fleiß und Arbeit
Dir schaffen Speis und Trank.

Ich will auch pflegen und warten
Die Kinder, die bei dir sind,
Vor allem aber dich selber,
Du armes, unglückliches Kind.

Ich will dir nie erzählen,
Daß ich dich geliebet hab,
Und wenn du stirbst, so will ich
Weinen auf deinem Grab.

XLII

»Teurer Freund! Was soll es nützen,
Stets das alte Lied zu leiern?
Willst du ewig brütend sitzen
Auf den alten Liebes-Eiern!

Ach! das ist ein ewig Gattern, 5
Aus den Schalen kriechen Küchlein,
Und sie piepsen und sie flattern,
Und du sperrst sie in ein Büchlein.«

XLIII

Werdet nur nicht ungeduldig,
Wenn von alten Leidensklängen
Manche noch vernehmlich tönen
In den neuesten Gesängen.

Wartet nur, es wird verhallen 5
Dieses Echo meiner Schmerzen,
Und ein neuer Liederfrühling
Sprießt aus dem geheilten Herzen.

XLIV

Nun ist es Zeit, daß ich mit Verstand
Mich aller Torheit entledge;
Ich hab so lang als ein Komödiant
Mit dir gespielt die Komödie.

Die prächtgen Kulissen, sie waren bemalt
Im hochromantischen Stile,
Mein Rittermantel hat goldig gestrahlt,
Ich fühlte die feinsten Gefühle.

Und nun ich mich gar säuberlich
Des tollen Tands entledge,
Noch immer elend fühl ich mich,
Als spielt ich noch immer Komödie.

Ach Gott! im Scherz und unbewußt
Sprach ich was ich gefühlet;
Ich hab mit dem Tod in der eignen Brust
Den sterbenden Fechter gespielet.

XLV

Den König Wiswamitra,
Den treibt's ohne Rast und Ruh,
Er will durch Kampf und Büßung
Erwerben Wasischtas Kuh.

O, König Wiswamitra,
O, welch ein Ochs bist du,
Daß du so viel kämpfest und büßest,
Und alles für eine Kuh!

XLVI

Herz, mein Herz, sei nicht beklommen,
Und ertrage dein Geschick,
Neuer Frühling gibt zurück,
Was der Winter dir genommen.

Und wie viel ist dir geblieben!
Und wie schön ist noch die Welt!
Und, mein Herz, was dir gefällt,
Alles, alles darfst du lieben!

XLVII

Du bist wie eine Blume,
So hold und schön und rein;
Ich schau dich an, und Wehmut
Schleicht mir ins Herz hinein.

Mir ist, als ob ich die Hände
Aufs Haupt dir legen sollt,
Betend, daß Gott dich erhalte
So rein und schön und hold.

XLVIII

Kind! Es wäre dein Verderben,
Und ich geb mir selber Mühe,
Daß dein liebes Herz in Liebe
Nimmermehr für mich erglühe.

Nur daß mir's so leicht gelinget,
Will mich dennoch fast betrüben,
Und ich denke manchmal dennoch:
Möchtest du mich dennoch lieben!

XLIX

Wenn ich auf dem Lager liege,
In Nacht und Kissen gehüllt,
So schwebt mir vor ein süßes,
Anmutig liebes Bild.

Wenn mir der stille Schlummer
Geschlossen die Augen kaum,
So schleicht das Bild sich leise
Hinein in meinen Traum.

Doch mit dem Traum des Morgens
Zerrinnt es nimmermehr;
Dann trag ich es im Herzen
Den ganzen Tag umher.

L

Mädchen mit dem roten Mündchen,
Mit den Äuglein süß und klar,
Du mein liebes, kleines Mädchen,
Deiner denk ich immerdar.

Lang ist heut der Winterabend,
Und ich möchte bei dir sein,
Bei dir sitzen, mit dir schwatzen,
Im vertrauten Kämmerlein.

An die Lippen wollt ich pressen
Deine kleine, weiße Hand,
Und mit Tränen sie benetzen,
Deine kleine, weiße Hand.

LI

Mag da draußen Schnee sich türmen,
Mag es hageln, mag es stürmen,
Klirrend mir ans Fenster schlagen,
Nimmer will ich mich beklagen,
Denn ich trage in der Brust
Liebchens Bild und Frühlingslust.

LII

Andre beten zur Madonne,
Andre auch zu Paul und Peter;
Ich jedoch, ich will nur beten,
Nur zu dir, du schöne Sonne.

Gib mir Küsse, gib mir Wonne,
Sei mir gütig, sei mir gnädig,
Schönste Sonne unter den Mädchen,
Schönstes Mädchen unter der Sonne!

LIII

Verriet mein blasses Angesicht
Dir nicht mein Liebeswehe?
Und willst du, daß der stolze Mund
Das Bettelwort gestehe?

O, dieser Mund ist viel zu stolz,
Und kann nur küssen und scherzen;
Er spräche vielleicht ein höhnisches Wort,
Während ich sterbe vor Schmerzen.

LIV

Teurer Freund, du bist verliebt,
Und dich quälen neue Schmerzen;
Dunkler wird es dir im Kopf,
Heller wird es dir im Herzen.

Teurer Freund, du bist verliebt,
Und du willst es nicht bekennen,
Und ich seh des Herzens Glut
Schon durch deine Weste brennen.

LV

Ich wollte bei dir weilen,
Und an deiner Seite ruhn;
Du mußtest von mir eilen,
Du hattest viel zu tun.

Ich sagte, daß meine Seele
Dir gänzlich ergeben sei;
Du lachtest aus voller Kehle,
Und machtest 'nen Knicks dabei.

Du hast noch mehr gesteigert
Mir meinen Liebesverdruß,
Und hast mir sogar verweigert
Am Ende den Abschiedskuß.

Glaub nicht, daß ich mich erschieße,
Wie schlimm auch die Sachen stehn!
Das alles, meine Süße,
Ist mir schon einmal geschehn.

LVI

Saphire sind die Augen dein,
Die lieblichen, die süßen.
O, dreimal glücklich ist der Mann,
Den sie mit Liebe grüßen.

Dein Herz, es ist ein Diamant,
Der edle Lichter sprühet.
O, dreimal glücklich ist der Mann,
Für den es liebend glühet.

Rubinen sind die Lippen dein,
Man kann nicht schönre sehen.
O, dreimal glücklich ist der Mann,
Dem sie die Liebe gestehen.

O, kennt ich nur den glücklichen Mann,
O, daß ich ihn nur fände,
So recht allein im grünen Wald,
Sein Glück hätt bald ein Ende.

LVII

Habe mich mit Liebesreden
Festgelogen an dein Herz,
Und, verstrickt in eignen Fäden,
Wird zum Ernste mir mein Scherz.

Wenn du dich, mit vollem Rechte,
Scherzend nun von mir entfernst,
Nahn sich mir die Höllenmächte,
Und ich schieß mich tot im Ernst.

LVIII

Zu fragmentarisch ist Welt und Leben!
Ich will mich zum deutschen Professor begeben,
Der weiß das Leben zusammenzusetzen,
Und er macht ein verständlich System daraus;
Mit seinen Nachtmützen und Schlafrockfetzen
Stopft er die Lücken des Weltenbaus.

LIX

Ich hab mir lang den Kopf zerbrochen,
Mit Denken und Sinnen, Tag und Nacht,
Doch deine liebenswürdigen Augen
Sie haben mich zum Entschluß gebracht.

Jetzt bleib ich, wo deine Augen leuchten,
In ihrer süßen klugen Pracht –
Daß ich noch einmal würde lieben,
Ich hätt es nimmermehr gedacht.

LX

Sie haben heut abend Gesellschaft,
Und das Haus ist lichterfüllt.
Dort oben am hellen Fenster
Bewegt sich ein Schattenbild.

Du schaust mich nicht, im Dunkeln
Steh ich hier unten allein;
Noch wen'ger kannst du schauen
In mein dunkles Herz hinein.

Mein dunkles Herze liebt dich,
Es liebt dich und es bricht,
Und bricht und zuckt und verblutet,
Aber du siehst es nicht.

LXI

Ich wollt, meine Schmerzen ergössen
Sich all in ein einziges Wort,
Das gäb ich den lustigen Winden,
Die trügen es lustig fort.

Sie tragen zu dir, Geliebte,
Das schmerzerfüllte Wort;
Du hörst es zu jeder Stunde,
Du hörst es an jedem Ort.

Und hast du zum nächtlichen Schlummer
Geschlossen die Augen kaum,
So wird dich mein Wort verfolgen
Bis in den tiefsten Traum.

LXII

Du hast Diamanten und Perlen,
Hast alles, was Menschenbegehr,
Und hast die schönsten Augen –
Mein Liebchen, was willst du mehr?

Auf deine schönen Augen
Hab ich ein ganzes Heer
Von ewigen Liedern gedichtet –
Mein Liebchen, was willst du mehr?

Mit deinen schönen Augen
Hast du mich gequält so sehr,
Und hast mich zugrunde gerichtet –
Mein Liebchen, was willst du mehr?

LXIII

Wer zum ersten Male liebt,
Sei's auch glücklos, ist ein Gott;
Aber wer zum zweiten Male
Glücklos liebt, der ist ein Narr.

Ich, ein solcher Narr, ich liebe
Wieder ohne Gegenliebe!
Sonne, Mond und Sterne lachen,
Und ich lache mit – und sterbe.

LXIV

Gaben mir Rat und gute Lehren,
Überschütteten mich mit Ehren,
Sagten, daß ich nur warten sollt,
Haben mich protegieren gewollt.

Aber bei all ihrem Protegieren,
Hätte ich können vor Hunger krepieren,
Wär nicht gekommen ein braver Mann,
Wacker nahm er sich meiner an.

Braver Mann! Er schafft mir zu essen!
Will es ihm nie und nimmer vergessen!
Schade, daß ich ihn nicht küssen kann!
Denn ich bin selbst dieser brave Mann.

LXV

Diesen liebenswürdgen Jüngling
Kann man nicht genug verehren;
Oft traktiert er mich mit Austern,
Und mit Rheinwein und Likören.

Zierlich sitzt ihm Rock und Höschen,
Doch noch zierlicher die Binde,
Und so kommt er jeden Morgen,
Fragt, ob ich mich wohlbefinde;

Spricht von meinem weiten Ruhme,
Meiner Anmut, meinen Witzen;
Eifrig und geschäftig ist er
Mir zu dienen, mir zu nützen.

Und des Abends, in Gesellschaft,
Mit begeistertem Gesichte,
Deklamiert er vor den Damen
Meine göttlichen Gedichte.

O, wie ist es hoch erfreulich,
Solchen Jüngling noch zu finden,
Jetzt in unsrer Zeit, wo täglich
Mehr und mehr die Bessern schwinden.

LXVI

Mir träumt': ich bin der liebe Gott,
Und sitz im Himmel droben,
Und Englein sitzen um mich her,
Die meine Verse loben.

Die Heimkehr

Und Kuchen eß ich und Konfekt
Für manchen lieben Gulden,
Und Kardinal trink ich dabei,
Und habe keine Schulden.

Doch Langeweile plagt mich sehr,
Ich wollt, ich wär auf Erden,
Und wär ich nicht der liebe Gott,
Ich könnt des Teufels werden.

Du langer Engel Gabriel,
Geh, mach dich auf die Sohlen,
Und meinen teuren Freund Eugen
Sollst du herauf mir holen.

Such ihn nicht im Kollegium,
Such ihn beim Glas Tokaier;
Such ihn nicht in der Hedwigskirch,
Such ihn bei Mamsell Meyer.

Da breitet aus sein Flügelpaar
Und fliegt herab der Engel,
Und packt ihn auf, und bringt herauf
Den Freund, den lieben Bengel.

Ja, Jung, ich bin der liebe Gott,
Und ich regier die Erde!
Ich hab's ja immer dir gesagt,
Daß ich was Rechts noch werde.

Und Wunder tu ich alle Tag,
Die sollen dich entzücken,
Und dir zum Spaße will ich heut
Die Stadt Berlin beglücken.

Die Pflastersteine auf der Straß,
Die sollen jetzt sich spalten,
Und eine Auster, frisch und klar,
Soll jeder Stein enthalten.

Ein Regen von Zitronensaft
Soll tauig sie begießen,
Und in den Straßengössen soll
Der beste Rheinwein fließen.

Wie freuen die Berliner sich,
Sie gehen schon ans Fressen;
Die Herren von dem Landgericht,
Die saufen aus den Gössen.

Wie freuen die Poeten sich
Bei solchem Götterfraße!
Die Leutnants und die Fähnderichs,
Die lecken ab die Straße.

Die Leutnants und die Fähnderichs,
Das sind die klügsten Leute,
Sie denken, alle Tag geschieht
Kein Wunder so wie heute.

LXVII

Ich hab euch im besten Juli verlassen,
Und find euch wieder im Januar;
Ihr saßet damals so recht in der Hitze,
Jetzt seid ihr gekühlt und kalt sogar.

Bald scheid ich nochmals und komm ich einst wieder,
Dann seid ihr weder warm noch kalt,
Und über eure Gräber schreit ich,
Und das eigne Herz ist arm und alt.

LXVIII

Von schönen Lippen fortgedrängt, getrieben
Aus schönen Armen, die uns fest umschlossen!
Ich wäre gern noch einen Tag geblieben,
Da kam der Schwager schon mit seinen Rossen.

5 Das ist das Leben, Kind! Ein ewig Jammern,
Ein ewig Abschiednehmen, ewges Trennen!
Konnt denn dein Herz das mein'ge nicht umklammern?
Hat selbst dein Auge mich nicht halten können?

LXIX

Wir fuhren allein im dunkeln
Postwagen die ganze Nacht;
Wir ruhten einander am Herzen,
Wir haben gescherzt und gelacht.

5 Doch als es morgens tagte,
Mein Kind, wie staunten wir!
Denn zwischen uns saß Amor,
Der blinde Passagier.

LXX

Das weiß Gott, wo sich die tolle
Dirne einquartieret hat;
Fluchend, in dem Regenwetter,
Lauf ich durch die ganze Stadt.

5 Bin ich doch von einem Gasthof
Nach dem andern hingerannt,
Und an jeden groben Kellner
Hab ich mich umsonst gewandt.

Da erblick ich sie am Fenster,
Und sie winkt und kichert hell.
Konnt ich wissen, du bewohntest,
Mädchen, solches Pracht-Hotel!

LXXI

Wie dunkle Träume stehen
Die Häuser in langer Reih;
Tief eingehüllt im Mantel
Schreite ich schweigend vorbei.

Der Turm der Kathedrale
Verkündet die zwölfte Stund;
Mit ihren Reizen und Küssen
Erwartet mich Liebchen jetzund.

Der Mond ist mein Begleiter,
Er leuchtet mir freundlich vor;
Da bin ich an ihrem Hause,
Und freudig ruf ich empor:

Ich danke dir, alter Vertrauter,
Daß du meinen Weg erhellt;
Jetzt will ich dich entlassen,
Jetzt leuchte der übrigen Welt!

Und findest du einen Verliebten,
Der einsam klagt sein Leid,
So tröst ihn, wie du mich selber
Getröstet in alter Zeit.

LXXII

Und bist du erst mein eh'lich Weib,
Dann bist du zu beneiden,
Dann lebst du in lauter Zeitvertreib,
In lauter Pläsier und Freuden.

Und wenn du schiltst und wenn du tobst,
Ich werd es geduldig leiden;
Doch wenn du meine Verse nicht lobst,
Laß ich mich von dir scheiden.

LXXIII

An deine schneeweiße Schulter
Hab ich mein Haupt gelehnt,
Und heimlich kann ich behorchen,
Wonach dein Herz sich sehnt.

Es blasen die blauen Husaren,
Und reiten zum Tor herein,
Und morgen will mich verlassen
Die Herzallerliebste mein.

Und willst du mich morgen verlassen
So bist du doch heute noch mein,
Und in deinen schönen Armen
Will ich doppelt selig sein.

LXXIV

Es blasen die blauen Husaren,
Und reiten zum Tor hinaus;
Da komm ich, Geliebte, und bringe
Dir einen Rosenstrauß.

Das war eine wilde Wirtschaft!
Kriegsvolk und Landesplag!
Sogar in deinem Herzchen
Viel Einquartierung lag.

LXXV

Habe auch, in jungen Jahren,
Manches bittre Leid erfahren
Von der Liebe Glut.
Doch das Holz ist gar zu teuer,
Und erlöschen will das Feuer,
Ma foi! und das ist gut.

Das bedenke, junge Schöne,
Schicke fort die dumme Träne,
Und den dummen Liebesharm.
Ist das Leben dir geblieben,
So vergiß das alte Lieben,
Ma foi! in meinem Arm.

LXXVI

Bist du wirklich mir so feindlich,
Bist du wirklich ganz verwandelt?
Aller Welt will ich es klagen,
Daß du mich so schlecht behandelt.

O ihr undankbaren Lippen,
Sagt, wie könnt ihr Schlimmes sagen
Von dem Manne, der so liebend
Euch geküßt, in schönen Tagen?

LXXVII

Ach, die Augen sind es wieder,
Die mich einst so lieblich grüßten,
Und es sind die Lippen wieder,
Die das Leben mir versüßten!

Auch die Stimme ist es wieder,
Die ich einst so gern gehöret!
Nur ich selber bin's nicht wieder,
Bin verändert heimgekehret.

Von den weißen, schönen Armen
Fest und liebevoll umschlossen,
Lieg ich jetzt an ihrem Herzen,
Dumpfen Sinnes und verdrossen.

LXXVIII

Selten habt ihr mich verstanden,
Selten auch verstand ich euch,
Nur wenn wir im Kot uns fanden,
So verstanden wir uns gleich.

LXXIX

Doch die Kastraten klagten,
Als ich meine Stimm erhob;
Sie klagten und sie sagten:
Ich sänge viel zu grob.

Und lieblich erhoben sie alle
Die kleinen Stimmelein,
Die Trillerchen, wie Kristalle,
Sie klangen so fein und rein.

Sie sangen von Liebessehnen,
Von Liebe und Liebeserguß;
Die Damen schwammen in Tränen,
Bei solchem Kunstgenuß.

LXXX

Auf den Wällen Salamankas
Sind die Lüfte lind und labend;
Dort, mit meiner holden Donna,
Wandle ich am Sommerabend.

Um den schlanken Leib der Schönen
Hab ich meinen Arm gebogen,
Und mit selgem Finger fühl ich
Ihres Busens stolzes Wogen.

Doch ein ängstliches Geflüster
Zieht sich durch die Lindenbäume,
Und der dunkle Mühlbach unten
Murmelt böse, bange Träume.

»Ach, Señora, Ahnung sagt mir:
Einst wird man mich relegieren,
Und auf Salamankas Wällen
Gehn wir nimmermehr spazieren.«

LXXXI

Neben mir wohnt Don Henriques,
Den man auch den Schönen nennet;
Nachbarlich sind unsre Zimmer
Nur von dünner Wand getrennet.

Salamankas Damen glühen,
Wenn er durch die Straßen schreitet,
Sporenklirrend, schnurrbartkräuselnd,
Und von Hunden stets begleitet.

Doch in stiller Abendstunde
Sitzt er ganz allein daheime,
In den Händen die Gitarre,
In der Seele süße Träume.

In die Saiten greift er bebend
Und beginnt zu phantasieren, –
Ach! wie Katzenjammer quält mich
Sein Geschnarr und Quinquilieren.

LXXXII

Kaum sahen wir uns, und an Augen und Stimme
Merkt ich, daß du mir gewogen bist;
Stand nicht dabei die Mutter, die schlimme,
Ich glaube, wir hätten uns gleich geküßt.

Und morgen verlasse ich wieder das Städtchen,
Und eile fort im alten Lauf;
Dann lauert am Fenster mein blondes Mädchen,
Und freundliche Grüße werf ich hinauf.

LXXXIII

Über die Berge steigt schon die Sonne,
Die Lämmerherde läutet fern;
Mein Liebchen, mein Lamm, meine Sonne und Wonne,
Noch einmal säh ich dich gar zu gern!

Ich schaue hinauf, mit spähender Miene – 5
Leb wohl, mein Kind, ich wandre von hier!
Vergebens! Es regt sich keine Gardine;
Sie liegt noch und schläft – und träumt von mir?

LXXXIV

Zu Halle auf dem Markt,
Da stehn zwei große Löwen.
Ei, du hallischer Löwentrotz,
Wie hat man dich gezähmet!

Zu Halle auf dem Markt, 5
Da steht ein großer Riese.
Er hat ein Schwert und regt sich nicht,
Er ist vor Schreck versteinert.

Zu Halle auf dem Markt,
Da steht eine große Kirche. 10
Die Burschenschaft und die Landsmannschaft,
Die haben dort Platz zum Beten.

LXXXV

Dämmernd liegt der Sommerabend
Über Wald und grünen Wiesen;
Goldner Mond, im blauen Himmel,
Strahlt herunter, duftig labend.

An dem Bache zirpt die Grille, 5
Und es regt sich in dem Wasser,
Und der Wandrer hört ein Plätschern
Und ein Atmen in der Stille.

Dorten, an dem Bach alleine,
Badet sich die schöne Elfe;
Arm und Nacken, weiß und lieblich,
Schimmern in dem Mondenscheine.

LXXXVI

Nacht liegt auf den fremden Wegen,
Krankes Herz und müde Glieder; –
Ach, da fließt, wie stiller Segen,
Süßer Mond, dein Licht hernieder.

Süßer Mond, mit deinen Strahlen
Scheuchest du das nächtge Grauen;
Es zerrinnen meine Qualen,
Und die Augen übertauen.

LXXXVII

Der Tod das ist die kühle Nacht,
Das Leben ist der schwüle Tag.
Es dunkelt schon, mich schläfert,
Der Tag hat mich müd gemacht.

Über mein Bett erhebt sich ein Baum,
Drin singt die junge Nachtigall;
Sie singt von lauter Liebe,
Ich hör es sogar im Traum.

LXXXVIII

»Sag, wo ist dein schönes Liebchen,
Das du einst so schön besungen,
Als die zaubermächtgen Flammen
Wunderbar dein Herz durchdrungen?«

Jene Flammen sind erloschen,
Und mein Herz ist kalt und trübe,
Und dies Büchlein ist die Urne
Mit der Asche meiner Liebe.

Götterdämmerung

Der Mai ist da mit seinen goldnen Lichtern,
Und seidnen Lüften und gewürzten Düften,
Und freundlich lockt er mit den weißen Blüten,
Und grüßt aus tausend blauen Veilchenaugen,
Und breitet aus den blumreich grünen Teppich,
Durchwebt mit Sonnenschein und Morgentau,
Und ruft herbei die lieben Menschenkinder.
Das blöde Volk gehorcht dem ersten Ruf.
Die Männer ziehn die Nankinhosen an,
Und Sonntagsröck mit goldnen Spiegelknöpfen.
Die Frauen kleiden sich in Unschuldweiß.
Jünglinge kräuseln sich den Frühlingsschnurrbart;
Jungfrauen lassen ihre Busen wallen;
Die Stadtpoeten stecken in die Tasche
Papier und Bleistift und Lorgnett; – und jubelnd
Zieht nach dem Tor die krausbewegte Schar,
Und lagert draußen sich auf grünem Rasen,
Bewundert, wie die Bäume fleißig wachsen,
Spielt mit den bunten, zarten Blümelein,
Horcht auf den Sang der lustgen Vögelein,
Und jauchzt hinauf zum blauen Himmelszelt.

Zu mir kam auch der Mai. Er klopfte dreimal
An meine Tür, und rief: Ich bin der Mai,
Du bleicher Träumer, komm, ich will dich küssen!
Ich hielt verriegelt meine Tür, und rief:
Vergebens lockst du mich, du schlimmer Gast.
Ich habe dich durchschaut, ich hab durchschaut
Den Bau der Welt, und hab zu viel geschaut,
Und viel zu tief, und hin ist alle Freude,
Und ewge Qualen zogen in mein Herz.
Ich schaue durch die steinern harten Rinden
Der Menschenhäuser und der Menschenherzen,
Und schau in beiden Lug und Trug und Elend.
Auf den Gesichtern les ich die Gedanken,
Viel schlimme. In der Jungfrau Scham-Erröten
Seh ich geheime Lust begehrlich zittern;
Auf dem begeistert stolzen Jünglingshaupt
Seh ich die lachend bunte Schellenkappe;
Und Fratzenbilder nur und sieche Schatten
Seh ich auf dieser Erde, und ich weiß nicht,
Ist sie ein Tollhaus oder Krankenhaus.
Ich sehe durch den Grund der alten Erde,
Als sei sie von Kristall, und seh das Grausen,
Das mit dem freudgen Grüne zu bedecken
Der Mai vergeblich strebt. Ich seh die Toten;
Sie liegen unten in den schmalen Särgen,
Die Händ gefaltet und die Augen offen,
Weiß das Gewand und weiß das Angesicht,
Und durch die Lippen kriechen gelbe Würmer.
Ich seh, der Sohn setzt sich mit seiner Buhle
Zur Kurzweil nieder auf des Vaters Grab; –
Spottlieder singen rings die Nachtigallen; –
Die sanften Wiesenblümchen lachen hämisch; –
Der tote Vater regt sich in dem Grab; –
Und schmerzhaft zuckt die alte Mutter Erde.

Du arme Erde, deine Schmerzen kenn ich!
Ich seh die Glut in deinem Busen wühlen,
Und deine tausend Adern seh ich bluten,
Und seh, wie deine Wunde klaffend aufreißt, 59
Und wild hervorströmt Flamm und Rauch und Blut.
Ich sehe deine trotzgen Riesensöhne,
Uralte Brut, aus dunkeln Schlünden steigend
Und rote Fackeln in den Händen schwingend; –
Sie legen ihre Eisenleiter an,
Und stürmen wild hinauf zur Himmelsfeste; – 65
Und schwarze Zwerge klettern nach; – und knisternd
Zerstieben droben alle goldnen Sterne.
Mit frecher Hand reißt man den goldnen Vorhang
Vom Zelte Gottes, heulend stürzen nieder,
Aufs Angesicht, die frommen Engelscharen. 70
Auf seinem Throne sitzt der bleiche Gott,
Reißt sich vom Haupt die Kron, zerrauft sein Haar –
Und näher drängt heran die wilde Rotte.
Die Riesen werfen ihre roten Fackeln
Ins weite Himmelreich, die Zwerge schlagen 75
Mit Flammengeißeln auf der Englein Rücken; –
Die winden sich und krümmen sich vor Qualen,
Und werden bei den Haaren fortgeschleudert; –
Und meinen eignen Engel seh ich dort,
Mit seinen blonden Locken, süßen Zügen, 80
Und mit der ewgen Liebe um den Mund,
Und mit der Seligkeit im blauen Auge –
Und ein entsetzlich häßlich schwarzer Kobold
Reißt ihn vom Boden, meinen bleichen Engel,
Beäugelt grinsend seine edlen Glieder, 85
Umschlingt ihn fest mit zärtlicher Umschlingung –
Und gellend dröhnt ein Schrei durchs ganze Weltall,
Die Säulen brechen, Erd und Himmel stürzen
Zusammen, und es herrscht die alte Nacht.

Ratcliff

Der Traumgott brachte mich in eine Landschaft,
Wo Trauerweiden mir »Willkommen« winkten,
Mit ihren langen, grünen Armen, wo die Blumen
Mit klugen Schwesteraugen still mich ansahn,
5 Wo mir vertraulich klang der Vögel Zwitschern,
Wo gar der Hunde Bellen mir bekannt schien,
Und Stimmen und Gestalten mich begrüßten,
Wie einen alten Freund, und wo doch alles
So fremd mir schien, so wunderseltsam fremd.
10 Vor einem ländlich schmucken Hause stand ich,
In meiner Brust bewegte sich's, im Kopfe
War's ruhig, ruhig schüttelte ich ab
Den Staub von meinen Reisekleidern,
Grell klang die Klingel, und die Tür ging auf.

15 Da waren Männer, Frauen, viel bekannte
Gesichter. Stiller Kummer lag auf allen
Und heimlich scheue Angst. Seltsam verstört,
Mit Beileidsmienen fast, sahn sie mich an,
Daß es mir selber durch die Seele schauert',
20 Wie Ahnung eines unbekannten Unheils.
Die alte Margreth hab ich gleich erkannt;
Ich sah sie forschend an, jedoch sie sprach nicht.
»Wo ist Maria?« fragt ich, doch sie sprach nicht,
Griff leise meine Hand, und führte mich
25 Durch viele lange, leuchtende Gemächer,
Wo Prunk und Pracht und Totenstille herrschte,
Und führt' mich endlich in ein dämmernd Zimmer,
Und zeigt', mit abgewandtem Angesicht,
Nach der Gestalt die auf dem Sofa saß.
30 »Sind Sie Maria?« fragt ich. Innerlich
Erstaunt ich selber ob der Festigkeit,
Womit ich sprach. Und steinern und metallos
Scholl eine Stimm: »So nennen mich die Leute.«

Ein schneidend Weh durchfröstelte mich da,
Denn jener hohle, kalte Ton war doch
Die einst so süße Stimme von Maria!
Und jenes Weib im fahlen Lilakleid,
Nachlässig angezogen, Busen schlotternd,
Die Augen gläsern starr, die Wangenmuskeln
Des weißen Angesichtes lederschlaff –
Ach, jenes Weib war doch die einst so schöne,
Die blühend holde liebliche Maria!
»Sie waren lang auf Reisen!« sprach sie laut,
Mit kalt unheimlicher Vertraulichkeit,
»Sie schaun nicht mehr so schmachtend, liebster Freund,
Sie sind gesund, und pralle Lend und Wade
Bezeugt Solidität.« Ein süßlich Lächeln
Umzitterte den gelblich blassen Mund.
In der Verwirrung sprach's aus mir hervor:
»Man sagte mir, Sie haben sich vermählt?«
»Ach ja!« sprach sie gleichgültig laut und lachend,
»Hab einen Stock von Holz, der überzogen
Mit Leder ist, Gemahl sich nennt; doch Holz
Ist Holz!« Und klanglos widrig lachte sie,
Daß kalte Angst durch meine Seele rann,
Und Zweifel mich ergriff: – sind das die keuschen,
Die blumenkeuschen Lippen von Maria?
Sie aber hob sich in die Höh, nahm rasch
Vom Stuhl den Kaschemir, warf ihn
Um ihren Hals, hing sich an meinen Arm,
Zog mich von hinnen, durch die offne Haustür,
Und zog mich fort durch Feld und Busch und Au.

Die glühend rote Sonnenscheibe schwebte
Schon niedrig, und ihr Purpur überstrahlte
Die Bäume und die Blumen und den Strom,
Der in der Ferne majestätisch floß.
»Sehn Sie das große goldne Auge schwimmen
Im blauen Wasser?« rief Maria hastig.

»Still armes Wesen!« sprach ich, und ich schaute
Im Dämmerlicht ein märchenhaftes Weben.
Es stiegen Nebelbilder aus den Feldern,
Umschlangen sich mit weißen, weichen Armen;
Die Veilchen sahn sich zärtlich an, sehnsüchtig
Zusammenbeugten sich die Liljenkelche;
Aus allen Rosen glühten Wollustgluten;
Die Nelken wollten sich im Hauch entzünden;
In selgen Düften schwelgten alle Blumen,
Und alle weinten stille Wonnetränen,
Und alle jauchzten: Liebe! Liebe! Liebe!
Die Schmetterlinge flatterten, die hellen
Goldkäfer summten feine Elfenliedchen,
Die Abendwinde flüsterten, es rauschten
Die Eichen, schmelzend sang die Nachtigall –
Und zwischen all dem Flüstern, Rauschen, Singen,
Schwatzte mit blechern klanglos kalter Stimme
Das welke Weib, das mir am Arme hing.
»Ich kenn ihr nächtlich Treiben auf dem Schloß;
Der lange Schatten ist ein guter Tropf,
Er nickt und winkt zu allem was man will;
Der Blaurock ist ein Engel; doch der Rote,
Mit blankem Schwert, ist Ihnen spinnefeind.«
Und noch viel buntre, wunderliche Reden
Schwatzt sie in einem fort, und setzte sich,
Ermüdet, mit mir nieder auf die Moosbank,
Die unterm alten Eichenbaume steht.

Da saßen wir beisammen, still und traurig,
Und sahn uns an, und wurden immer traur'ger.
Die Eiche säuselte wie Sterbeseufzer,
Tiefschmerzlich sang die Nachtigall herab.
Doch rote Lichter drangen durch die Blätter,
Umflimmerten Marias weißes Antlitz,
Und lockten Glut aus ihren starren Augen,
Und mit der alten süßen Stimme sprach sie:

»Wie wußtest du, daß ich so elend bin,
Ich las es jüngst in deinen wilden Liedern?«

Eiskalt durchzog's mir da die Brust, mir grauste
Ob meinem eignen Wahnsinn, der die Zukunft
Geschaut, es zuckte dunkel durch mein Hirn,
Und vor Entsetzen bin ich aufgewacht.

Donna Clara

In dem abendlichen Garten
Wandelt des Alkaden Tochter;
Pauken- und Trommetenjubel
Klingt herunter von dem Schlosse.

»Lästig werden mir die Tänze
Und die süßen Schmeichelworte,
Und die Ritter, die so zierlich
Mich vergleichen mit der Sonne.

Überlästig wird mir alles,
Seit ich sah, beim Strahl des Mondes,
Jenen Ritter, dessen Laute
Nächtens mich ans Fenster lockte.

Wie er stand so schlank und mutig,
Und die Augen leuchtend schossen
Aus dem edelblassen Antlitz,
Glich er wahrlich Sankt Georgen.«

Also dachte Donna Clara,
Und sie schaute auf den Boden;
Wie sie aufblickt, steht der schöne,
Unbekannte Ritter vor ihr.

Händedrückend, liebeflüsternd,
Wandeln sie umher im Mondschein,
Und der Zephyr schmeichelt freundlich,
Märchenartig grüßen Rosen.

Märchenartig grüßen Rosen,
Und sie glühn wie Liebesboten. –
Aber sage mir, Geliebte,
Warum du so plötzlich rot wirst?

»Mücken stachen mich, Geliebter,
Und die Mücken sind, im Sommer,
Mir so tief verhaßt, als wären's
Langenas'ge Judenrotten.«

Laß die Mücken und die Juden,
Spricht der Ritter, freundlich kosend.
Von den Mandelbäumen fallen
Tausend weiße Blütenflocken.

Tausend weiße Blütenflocken
Haben ihren Duft ergossen. –
Aber sage mir, Geliebte,
Ist dein Herz mir ganz gewogen?

»Ja, ich liebe dich, Geliebter,
Bei dem Heiland sei's geschworen,
Den die gottverfluchten Juden
Boshaft tückisch einst ermordet.«

Laß den Heiland und die Juden,
Spricht der Ritter, freundlich kosend.
In der Ferne schwanken traumhaft
Weiße Liljen, lichtumflossen.

Weiße Liljen, lichtumflossen,
Blicken nach den Sternen droben. –
Aber sage mir, Geliebte,
Hast du auch nicht falsch geschworen?

»Falsch ist nicht in mir, Geliebter,
Wie in meiner Brust kein Tropfen
Blut ist von dem Blut der Mohren
Und des schmutzgen Judenvolkes.«

Laß die Mohren und die Juden,
Spricht der Ritter, freundlich kosend;
Und nach einer Myrtenlaube
Führt er die Alkadentochter.

Mit den weichen Liebesnetzen
Hat er heimlich sie umflochten;
Kurze Worte, lange Küsse,
Und die Herzen überflossen.

Wie ein schmelzend süßes Brautlied
Singt die Nachtigall, die holde;
Wie zum Fackeltanze hüpfen
Feuerwürmchen auf dem Boden.

In der Laube wird es stiller,
Und man hört nur, wie verstohlen,
Das Geflüster kluger Myrten
Und der Blumen Atemholen.

Aber Pauken und Trommeten
Schallen plötzlich aus dem Schlosse,
Und erwachend hat sich Clara
Aus des Ritters Arm gezogen.

»Horch! da ruft es mich, Geliebter,
Doch, bevor wir scheiden, sollst du
Nennen deinen lieben Namen,
Den du mir so lang verborgen.«

Und der Ritter, heiter lächelnd,
Küßt die Finger seiner Donna,
Küßt die Lippen und die Stirne,
Und er spricht zuletzt die Worte:

»Ich, Señora, Eur Geliebter,
Bin der Sohn des vielbelobten,
Großen, schriftgelehrten Rabbi
Israel von Saragossa.«

Almansor

I

In dem Dome zu Corduva
Stehen Säulen, dreizehnhundert,
Dreizehnhundert Riesensäulen
Tragen die gewaltge Kuppel.

Und auf Säulen, Kuppel, Wänden,
Ziehn von oben sich bis unten
Des Korans arabsche Sprüche,
Klug und blumenhaft verschlungen.

Mohrenkön'ge bauten weiland
Dieses Haus zu Allahs Ruhme,
Doch hat vieles sich verwandelt
In der Zeiten dunkelm Strudel.

Auf dem Turme, wo der Türmer
Zum Gebete aufgerufen,
Tönet jetzt der Christenglocken
Melancholisches Gesumme.

Auf den Stufen, wo die Gläubgen
Das Prophetenwort gesungen,
Zeigen jetzt die Glatzenpfäfflein
Ihrer Messe fades Wunder.

Und das ist ein Drehn und Winden
Vor den buntbemalten Puppen,
Und das blökt und dampft und klingelt,
Und die dummen Kerzen funkeln.

In dem Dome zu Corduva
Steht Almansor ben Abdullah,
All die Säulen still betrachtend,
Und die stillen Worte murmelnd:

»O, ihr Säulen, stark und riesig,
Einst geschmückt zu Allahs Ruhme,
Jetzo müßt ihr dienend huldgen
Dem verhaßten Christentume!

Ihr bequemt euch in die Zeiten,
Und ihr tragt die Last geduldig; –
Ei, da muß ja wohl der Schwächre
Noch viel leichter sich beruh'gen.«

Und sein Haupt, mit heiterm Antlitz,
Beugt Almansor ben Abdullah
Über den gezierten Taufstein,
In dem Dome zu Corduva.

II

Hastig schritt er aus dem Dome,
Jagte fort auf wildem Rappen,
Daß im Wind die feuchten Locken
Und des Hutes Federn wallen.

Auf dem Weg nach Alkolea,
Dem Guadalquivir entlange,
Wo die weißen Mandeln blühen,
Und die duftgen Goldorangen;

Dorten jagt der lustge Ritter,
Pfeift und singt, und lacht behaglich,
Und es stimmen ein die Vögel,
Und des Stromes laute Wasser.

In dem Schloß zu Alkolea
Wohnet Clara de Alvares,
In Navarra kämpft ihr Vater
Und sie freut sich mindern Zwanges.

Und Almansor hört schon ferne
Pauken und Trommeten schallen,
Und er sieht des Schlosses Lichter
Blitzen durch der Bäume Schatten.

In dem Schloß zu Alkolea
Tanzen zwölf geschmückte Damen,
Tanzen zwölf geschmückte Ritter,
Doch am schönsten tanzt Almansor.

Wie beschwingt von muntrer Laune
Flattert er herum im Saale,
Und er weiß den Damen allen
Süße Schmeichelein zu sagen.

Isabellens schöne Hände
Küßt er rasch, und springt von dannen;
Und er setzt sich vor Elviren
Und er schaut ihr froh ins Antlitz.

Lachend fragt er Leonoren:
Ob er heute ihr gefalle?
Und er zeigt die goldnen Kreuze
Eingestickt in seinen Mantel.

Er versichert jeder Dame:
Daß er sie im Herzen trage;
Und »so wahr ich Christ bin« schwört er
Dreißigmal an jenem Abend.

III

In dem Schloß zu Alkolea
Ist verschollen Lust und Klingen,
Herrn und Damen sind verschwunden,
Und erloschen sind die Lichter.

Donna Clara und Almansor
Sind allein im Saal geblieben;
Einsam streut die letzte Lampe
Über beide ihren Schimmer.

Auf dem Sessel sitzt die Dame,
Auf dem Schemel sitzt der Ritter,
Und sein Haupt, das schlummermüde,
Ruht auf den geliebten Knieen.

Rosenöl, aus goldnem Fläschchen,
Gießt die Dame, sorgsam sinnend,
Auf Almansors braune Locken –
Und er seufzt aus Herzenstiefe.

Süßen Kuß, mit sanftem Munde,
Drücket die Dame, sorgsam sinnend,
Auf Almansors braune Locken –
Und es wölkt sich seine Stirne.

Tränenflut, aus lichten Augen,
Weint die Dame, sorgsam sinnend,
Auf Almansors braune Locken –
Und es zuckt um seine Lippen.

Und er träumt: er stehe wieder,
Tief das Haupt gebeugt und triefend,
In dem Dome zu Corduva,
Und er hört viel dunkle Stimmen.

All die hohen Riesensäulen
Hört er murmeln unmutgrimmig,
Länger wollen sie's nicht tragen,
Und sie wanken und sie zittern; –

Und sie brechen wild zusammen,
Es erbleichen Volk und Priester,
Krachend stürzt herab die Kuppel,
Und die Christengötter wimmern.

Die Wallfahrt nach Kevlaar

I

Am Fenster stand die Mutter,
Im Bette lag der Sohn.
»Willst du nicht aufstehn, Wilhelm,
Zu schaun die Prozession?« –

»Ich bin so krank, o Mutter,
Daß ich nicht hör und seh;
Ich denk an das tote Gretchen,
Da tut das Herz mir weh.« –

»Steh auf, wir wollen nach Kevlaar,
Nimm Buch und Rosenkranz;
Die Mutter Gottes heilt dir
Dein krankes Herze ganz.«

Es flattern die Kirchenfahnen,
Es singt im Kirchenton;
Das ist zu Köllen am Rheine,
Da geht die Prozession.

Die Mutter folgt der Menge,
Den Sohn, den führt sie,
Sie singen beide im Chore:
Gelobt seist du Marie!

II

Die Mutter Gottes zu Kevlaar
Trägt heut ihr bestes Kleid;
Heut hat sie viel zu schaffen,
Es kommen viel kranke Leut.

Die kranken Leute bringen
Ihr dar, als Opferspend,
Aus Wachs gebildete Glieder,
Viel wächserne Füß und Händ.

Und wer eine Wachshand opfert,
Dem heilt an der Hand die Wund;
Und wer einen Wachsfuß opfert,
Dem wird der Fuß gesund.

Nach Kevlaar ging mancher auf Krücken,
Der jetzo tanzt auf dem Seil,
Gar mancher spielt jetzt die Bratsche,
Dem dort kein Finger war heil.

Die Mutter nahm ein Wachslicht,
Und bildete draus ein Herz.
»Bring das der Mutter Gottes,
Dann heilt sie deinen Schmerz.«

Der Sohn nahm seufzend das Wachsherz,
Ging seufzend zum Heiligenbild;
Die Träne quillt aus dem Auge,
Das Wort aus dem Herzen quillt:

»Du Hochgebenedeite,
Du reine Gottesmagd,
Du Königin des Himmels,
Dir sei mein Leid geklagt!

Ich wohnte mit meiner Mutter
Zu Köllen in der Stadt,
Der Stadt, die viele hundert
Kapellen und Kirchen hat.

Und neben uns wohnte Gretchen,
Doch die ist tot jetzund –
Marie, dir bring ich ein Wachsherz,
Heil du meine Herzenswund.

Heil du mein krankes Herze,
Ich will auch spät und früh
Inbrünstiglich beten und singen:
Gelobt seist du, Marie!«

III

Der kranke Sohn und die Mutter,
Die schliefen im Kämmerlein;
Da kam die Mutter Gottes
Ganz leise geschritten herein.

Sie beugte sich über den Kranken,
Und legte ihre Hand
Ganz leise auf sein Herze,
Und lächelte mild und schwand.

Die Mutter schaut alles im Traume,
Und hat noch mehr geschaut;
Sie erwachte aus dem Schlummer,
Die Hunde bellten so laut.

Da lag dahingestrecket
Ihr Sohn, und der war tot;
Es spielt auf den bleichen Wangen
Das lichte Morgenrot.

Die Mutter faltet die Hände,
Ihr war, sie wußte nicht wie;
Andächtig sang sie leise:
Gelobt seist du, Marie!

Aus der Harzreise
1824

Prolog

Schwarze Röcke, seidne Strümpfe,
Weiße, höfliche Manschetten,
Sanfte Reden, Embrassieren –
Ach, wenn sie nur Herzen hätten!

Herzen in der Brust, und Liebe,
Warme Liebe in dem Herzen –
Ach, mich tötet ihr Gesinge
Von erlognen Liebesschmerzen.

Auf die Berge will ich steigen,
Wo die frommen Hütten stehen,
Wo die Brust sich frei erschließet,
Und die freien Lüfte wehen.

Auf die Berge will ich steigen,
Wo die dunkeln Tannen ragen,
Bäche rauschen, Vögel singen,
Und die stolzen Wolken jagen.

Lebet wohl, ihr glatten Säle!
Glatte Herren, glatte Frauen!
Auf die Berge will ich steigen,
Lachend auf euch niederschauen.

Bergidylle

I

Auf dem Berge steht die Hütte,
Wo der alte Bergmann wohnt;
Dorten rauscht die grüne Tanne,
Und erglänzt der goldne Mond.

In der Hütte steht ein Lehnstuhl,
Ausgeschnitzelt wunderlich,
Der darauf sitzt, der ist glücklich,
Und der Glückliche bin Ich!

Auf dem Schemel sitzt die Kleine,
Stützt den Arm auf meinen Schoß;
Äuglein wie zwei blaue Sterne,
Mündlein wie die Purpurros.

Und die lieben, blauen Sterne
Schaun mich an so himmelgroß,
Und sie legt den Liljenfinger
Schalkhaft auf die Purpurros.

Nein, es sieht uns nicht die Mutter,
Denn sie spinnt mit großem Fleiß,
Und der Vater spielt die Zither,
Und er singt die alte Weis.

Und die Kleine flüstert leise,
Leise, mit gedämpftem Laut;
Manches wichtige Geheimnis
Hat sie mir schon anvertraut.

»Aber seit die Muhme tot ist,
Können wir ja nicht mehr gehn
Nach dem Schützenhof zu Goslar,
Dorten ist es gar zu schön.

Hier dagegen ist es einsam,
Auf der kalten Bergeshöh,
Und des Winters sind wir gänzlich
Wie begraben in dem Schnee.

Und ich bin ein banges Mädchen,
Und ich fürcht mich wie ein Kind
Vor den bösen Bergesgeistern,
Die des Nachts geschäftig sind.«

Plötzlich schweigt die liebe Kleine,
Wie vom eignen Wort erschreckt,
Und sie hat mit beiden Händchen
Ihre Äugelein bedeckt.

Lauter rauscht die Tanne draußen,
Und das Spinnrad schnurrt und brummt,
Und die Zither klingt dazwischen,
Und die alte Weise summt:

»Fürcht dich nicht, du liebes Kindchen,
Vor der bösen Geister Macht;
Tag und Nacht, du liebes Kindchen,
Halten Englein bei dir Wacht!«

II

Tannenbaum, mit grünen Fingern,
Pocht ans niedre Fensterlein,
Und der Mond, der stille Lauscher,
Wirft sein goldnes Licht herein.

Vater, Mutter, schnarchen leise
In dem nahen Schlafgemach,
Doch wir beide, selig schwatzend,
Halten uns einander wach.

»Daß du gar zu oft gebetet,
Das zu glauben wird mir schwer,
Jenes Zucken deiner Lippen
Kommt wohl nicht vom Beten her.

Jenes böse, kalte Zucken,
Das erschreckt mich jedesmal,
Doch die dunkle Angst beschwichtigt
Deiner Augen frommer Strahl.

Auch bezweifl' ich, daß du glaubest, 65
Was so rechter Glauben heißt, –
Glaubst wohl nicht an Gott den Vater,
An den Sohn und Heilgen Geist?«

Ach, mein Kindchen, schon als Knabe,
Als ich saß auf Mutters Schoß, 70
Glaubte ich an Gott den Vater,
Der da waltet gut und groß;

Der die schöne Erd erschaffen,
Und die schönen Menschen drauf,
Der den Sonnen, Monden, Sternen 75
Vorgezeichnet ihren Lauf.

Als ich größer wurde, Kindchen,
Noch viel mehr begriff ich schon,
Ich begriff, und ward vernünftig,
Und ich glaub auch an den Sohn; 80

An den lieben Sohn, der liebend
Uns die Liebe offenbart,
Und zum Lohne, wie gebräuchlich,
Von dem Volk gekreuzigt ward.

Jetzo, da ich ausgewachsen, 85
Viel gelesen, viel gereist,
Schwillt mein Herz, und ganz von Herzen
Glaub ich an den Heilgen Geist.

Dieser tat die größten Wunder,
Und viel größre tut er noch;
Er zerbrach die Zwingherrnburgen,
Und zerbrach des Knechtes Joch.

Alte Todeswunden heilt er,
Und erneut das alte Recht:
Alle Menschen, gleichgeboren,
Sind ein adliges Geschlecht.

Er verscheucht die bösen Nebel
Und das dunkle Hirngespinst,
Das uns Lieb und Lust verleidet,
Tag und Nacht uns angegrinst.

Tausend Ritter, wohlgewappnet,
Hat der Heilge Geist erwählt,
Seinen Willen zu erfüllen,
Und er hat sie mutbeseelt.

Ihre teuern Schwerter blitzen,
Ihre guten Banner wehn!
Ei, du möchtest wohl, mein Kindchen,
Solche stolze Ritter sehn?

Nun, so schau mich an, mein Kindchen,
Küsse mich und schaue dreist;
Denn ich selber bin ein solcher
Ritter von dem Heilgen Geist.

III

Still versteckt der Mond sich draußen
Hinterm grünen Tannenbaum,
Und im Zimmer unsre Lampe
Flackert matt und leuchtet kaum.

Aber meine blauen Sterne
Strahlen auf in hellerm Licht,
Und es glühn die Purpurröslein,
Und das liebe Mädchen spricht: 120

»Kleines Völkchen, Wichtelmännchen,
Stehlen unser Brot und Speck,
Abends liegt es noch im Kasten,
Und des Morgens ist es weg.

Kleines Völkchen, unsre Sahne 125
Nascht es von der Milch, und läßt
Unbedeckt die Schüssel stehen,
Und die Katze säuft den Rest.

Und die Katz ist eine Hexe,
Denn sie schleicht, bei Nacht und Sturm, 130
Drüben nach dem Geisterberge,
Nach dem altverfallnen Turm.

Dort hat einst ein Schloß gestanden,
Voller Lust und Waffenglanz;
Blanke Ritter, Fraun und Knappen 135
Schwangen sich im Fackeltanz.

Da verwünschte Schloß und Leute
Eine böse Zauberin,
Nur die Trümmer blieben stehen,
Und die Eulen nisten drin. 140

Doch die selge Muhme sagte:
Wenn man spricht das rechte Wort,
Nächtlich zu der rechten Stunde,
Drüben an dem rechten Ort:

So verwandeln sich die Trümmer
Wieder in ein helles Schloß,
Und es tanzen wieder lustig
Ritter, Fraun und Knappentroß;

Und wer jenes Wort gesprochen,
Dem gehören Schloß und Leut,
Pauken und Trompeten huldgen
Seiner jungen Herrlichkeit.«

Also blühen Märchenbilder
Aus des Mundes Röselein,
Und die Augen gießen drüber
Ihren blauen Sternenschein.

Ihre goldnen Haare wickelt
Mir die Kleine um die Händ,
Gibt den Fingern hübsche Namen,
Lacht und küßt, und schweigt am End.

Und im stillen Zimmer alles
Blickt mich an so wohlvertraut;
Tisch und Schrank, mir ist als hätt ich
Sie schon früher mal geschaut.

Freundlich ernsthaft schwatzt die Wanduhr,
Und die Zither, hörbar kaum,
Fängt von selber an zu klingen,
Und ich sitze wie im Traum.

Jetzo ist die rechte Stunde,
Und es ist der rechte Ort;
Ja, ich glaube von den Lippen
Gleitet mir das rechte Wort.

Siehst du, Kindchen, wie schon dämmert
Und erbebt die Mitternacht!
Bach und Tannen brausen lauter, 175
Und der alte Berg erwacht.

Zitherklang und Zwergenlieder
Tönen aus des Berges Spalt,
Und es sprießt, wie'n toller Frühling,
Draus hervor ein Blumenwald; – 180

Blumen, kühne Wunderblumen,
Blätter, breit und fabelhaft,
Duftig bunt und hastig regsam,
Wie gedrängt von Leidenschaft.

Rosen, wild wie rote Flammen, 185
Sprühn aus dem Gewühl hervor;
Liljen, wie kristallne Pfeiler,
Schießen himmelhoch empor.

Und die Sterne, groß wie Sonnen,
Schaun herab mit Sehnsuchtglut; 190
In der Liljen Riesenkelche
Strömet ihre Strahlenflut.

Doch wir selber, süßes Kindchen,
Sind verwandelt noch viel mehr;
Fackelglanz und Gold und Seide 195
Schimmern lustig um uns her.

Du, du wurdest zur Prinzessin,
Diese Hütte ward zum Schloß,
Und da jubeln und da tanzen
Ritter, Fraun und Knappentroß. 200

Aber Ich, ich hab erworben
Dich und alles, Schloß und Leut;
Pauken und Trompeten huldgen
Meiner jungen Herrlichkeit!

Der Hirtenknabe

König ist der Hirtenknabe,
Grüner Hügel ist sein Thron;
Über seinem Haupt die Sonne
Ist die große, goldne Kron.

Ihm zu Füßen liegen Schafe,
Weiche Schmeichler, rotbekreuzt;
Kavaliere sind die Kälber,
Und sie wandeln stolzgespreizt.

Hofschauspieler sind die Böcklein;
Und die Vögel und die Küh,
Mit den Flöten, mit den Glöcklein,
Sind sie Kammermusizi.

Und das klingt und singt so lieblich,
Und so lieblich rauschen drein
Wasserfall und Tannenbäume,
Und der König schlummert ein.

Unterdessen muß regieren
Der Minister, jener Hund,
Dessen knurriges Gebelle
Widerhallet in der Rund.

Schläfrig lallt der junge König:
»Das Regieren ist so schwer,
Ach, ich wollt, daß ich zu Hause
Schon bei meiner Kön'gin wär!

In den Armen meiner Kön'gin
Ruht mein Königshaupt so weich,
Und in ihren schönen Augen
Liegt mein unermeßlich Reich!«

Auf dem Brocken

Heller wird es schon im Osten
Durch der Sonne kleines Glimmen,
Weit und breit die Bergesgipfel,
In dem Nebelmeere schwimmen.

Hätt ich Siebenmeilenstiefel,
Lief ich, mit der Hast des Windes,
Über jene Bergesgipfel,
Nach dem Haus des lieben Kindes.

Von dem Bettchen, wo sie schlummert,
Zög ich leise die Gardinen,
Leise küßt ich ihre Stirne,
Leise ihres Munds Rubinen.

Und noch leiser wollt ich flüstern
In die kleinen Liljen-Ohren:
Denk im Traum, daß wir uns lieben,
Und daß wir uns nie verloren.

Die Ilse

Ich bin die Prinzessin Ilse,
Und wohne im Ilsenstein;
Komm mit nach meinem Schlosse,
Wir wollen selig sein.

Aus der Harzreise

Dein Haupt will ich benetzen
Mit meiner klaren Well,
Du sollst deine Schmerzen vergessen,
Du sorgenkranker Gesell!

In meinen weißen Armen,
An meiner weißen Brust,
Da sollst du liegen und träumen
Von alter Märchenlust.

Ich will dich küssen und herzen,
Wie ich geherzt und geküßt
Den lieben Kaiser Heinrich,
Der nun gestorben ist.

Es bleiben tot die Toten,
Und nur der Lebendige lebt;
Und ich bin schön und blühend,
Mein lachendes Herze bebt.

Komm in mein Schloß herunter,
In mein kristallenes Schloß,
Dort tanzen die Fräulein und Ritter,
Es jubelt der Knappentroß.

Es rauschen die seidenen Schleppen,
Es klirren die Eisenspor'n,
Die Zwerge trompeten und pauken,
Und fiedeln und blasen das Horn.

Doch dich soll mein Arm umschlingen,
Wie er Kaiser Heinrich umschlang; –
Ich hielt ihm zu die Ohren,
Wenn die Trompet erklang.

Die Nordsee

1825–1826

Erster Zyklus

I
Krönung

Ihr Lieder! Ihr meine guten Lieder!
Auf, auf! und wappnet euch!
Laßt die Trompeten klingen,
Und hebt mir auf den Schild
Dies junge Mädchen,
Das jetzt mein ganzes Herz
Beherrschen soll, als Königin.

Heil dir! du junge Königin!

Von der Sonne droben
Reiß ich das strahlend rote Gold,
Und webe draus ein Diadem
Für dein geweihtes Haupt.
Von der flatternd blauseidnen Himmelsdecke,
Worin die Nachtdiamanten blitzen,
Schneid ich ein kostbar Stück,
Und häng es dir, als Krönungsmantel,
Um deine königliche Schulter.
Ich gebe dir einen Hofstaat
Von steifgeputzten Sonetten,
Stolzen Terzinen und höflichen Stanzen;
Als Läufer diene dir mein Witz,
Als Hofnarr meine Phantasie,
Als Herold, die lachende Träne im Wappen,
Diene dir mein Humor.
Aber ich selber, Königin,
Ich knie vor dir nieder,
Und huldgend, auf rotem Sammetkissen,
Überreiche ich dir

Das bißchen Verstand,
Das mir aus Mitleid noch gelassen hat 30
Deine Vorgängerin im Reich.

II
Abenddämmerung

Am blassen Meeresstrande
Saß ich gedankenbekümmert und einsam.
Die Sonne neigte sich tiefer, und warf
Glührote Streifen auf das Wasser,
Und die weißen, weiten Wellen, 5
Von der Flut gedrängt,
Schäumten und rauschten näher und näher –
Ein seltsam Geräusch, ein Flüstern und Pfeifen,
Ein Lachen und Murmeln, Seufzen und Sausen,
Dazwischen ein wiegenliedheimliches Singen – 10
Mir war als hört ich verschollne Sagen,
Uralte, liebliche Märchen,
Die ich einst, als Knabe,
Von Nachbarskindern vernahm,
Wenn wir am Sommerabend, 15
Auf den Treppensteinen der Haustür,
Zum stillen Erzählen niederkauerten,
Mit kleinen, horchenden Herzen
Und neugierklugen Augen; –
Während die großen Mädchen, 20
Neben duftenden Blumentöpfen,
Gegenüber am Fenster saßen,
Rosengesichter,
Lächelnd und mondbeglänzt.

III
Sonnenuntergang

Die glühend rote Sonne steigt
Hinab ins weitaufschauernde,
Silbergraue Weltenmeer;
Luftgebilde, rosig angehaucht,
Wallen ihr nach; und gegenüber,
Aus herbstlich dämmernden Wolkenschleiern,
Ein traurig todblasses Antlitz,
Bricht hervor der Mond,
Und hinter ihm, Lichtfünkchen,
Nebelweit, schimmern die Sterne.

Einst am Himmel glänzten,
Ehlich vereint,
Luna, die Göttin, und Sol, der Gott,
Und es wimmelten um sie her die Sterne,
Die kleinen, unschuldigen Kinder.

Doch böse Zungen zischelten Zwiespalt,
Und es trennte sich feindlich
Das hohe, leuchtende Eh'paar.

Jetzt am Tage, in einsamer Pracht,
Ergeht sich dort oben der Sonnengott,
Ob seiner Herrlichkeit
Angebetet und vielbesungen
Von stolzen, glückgehärteten Menschen.
Aber des Nachts,
Am Himmel, wandelt Luna,
Die arme Mutter
Mit ihren verwaisten Sternenkindern,
Und sie glänzt in stiller Wehmut,
Und liebende Mädchen und sanfte Dichter
Weihen ihr Tränen und Lieder.

Die weiche Luna! Weiblich gesinnt,
Liebt sie noch immer den schönen Gemahl.
Gegen Abend, zitternd und bleich,
Lauscht sie hervor aus leichtem Gewölk, 34
Und schaut nach dem Scheidenden, schmerzlich,
Und möchte ihm ängstlich rufen: »Komm!
Komm! die Kinder verlangen nach dir –«
Aber der trotzige Sonnengott,
Bei dem Anblick der Gattin erglüht er
In doppeltem Purpur, 40
Vor Zorn und Schmerz,
Und unerbittlich eilt er hinab
In sein flutenkaltes Witwerbett.

*

Böse, zischelnde Zungen
Brachten also Schmerz und Verderben 45
Selbst über ewige Götter.
Und die armen Götter, oben am Himmel
Wandeln sie, qualvoll,
Trostlos unendliche Bahnen,
Und können nicht sterben, 50
Und schleppen mit sich
Ihr strahlendes Elend.

Ich aber, der Mensch,
Der niedriggepflanzte, der Tod-beglückte,
Ich klage nicht länger. 55

IV
Die Nacht am Strande

Sternlos und kalt ist die Nacht,
Es gärt das Meer;
Und über dem Meer, platt auf dem Bauch,

Liegt der ungestaltete Nordwind,
Und heimlich, mit ächzend gedämpfter Stimme,
Wie'n störriger Griesgram, der gutgelaunt wird,
Schwatzt er ins Wasser hinein,
Und erzählt viel tolle Geschichten,
Riesenmärchen, totschlaglaunig,
Uralte Sagen aus Norweg,
Und dazwischen, weitschallend, lacht er und heult er
Beschwörungslieder der Edda,
Auch Runensprüche,
So dunkeltrotzig und zaubergewaltig,
Daß die weißen Meerkinder
Hochaufspringen und jauchzen,
Übermut-berauscht.

Derweilen, am flachen Gestade,
Über den flutbefeuchteten Sand,
Schreitet ein Fremdling, mit einem Herzen,
Das wilder noch als Wind und Wellen.
Wo er hintritt,
Sprühen Funken und knistern die Muscheln;
Und er hüllt sich fest in den grauen Mantel,
Und schreitet rasch durch die wehende Nacht; –
Sicher geleitet vom kleinen Lichte,
Das lockend und lieblich schimmert
Aus einsamer Fischerhütte.

Vater und Bruder sind auf der See,
Und mutterseelenallein blieb dort
In der Hütte die Fischertochter,
Die wunderschöne Fischertochter.
Am Herde sitzt sie,
Und horcht auf des Wasserkessels
Ahnungssüßes, heimliches Summen,
Und schüttet knisterndes Reisig ins Feuer,
Und bläst hinein,

Daß die flackernd roten Lichter
Zauberlieblich widerstrahlen
Auf das blühende Antlitz, 40
Auf die zarte, weiße Schulter,
Die rührend hervorlauscht
Aus dem groben, grauen Hemde,
Und auf die kleine, sorgsame Hand,
Die das Unterröckchen fester bindet 45
Um die feine Hüfte.

Aber plötzlich, die Tür springt auf,
Und es tritt herein der nächtige Fremdling;
Liebesicher ruht sein Auge
Auf dem weißen, schlanken Mädchen, 50
Das schauernd vor ihm steht,
Gleich einer erschrockenen Lilje;
Und er wirft den Mantel zur Erde,
Und lacht und spricht:

Siehst du, mein Kind, ich halte Wort, 55
Und ich komme, und mit mir kommt
Die alte Zeit, wo die Götter des Himmels
Niederstiegen zu Töchtern der Menschen,
Und die Töchter der Menschen umarmten,
Und mit ihnen zeugten 60
Zeptertragende Königsgeschlechter
Und Helden, Wunder der Welt.
Doch staune, mein Kind, nicht länger
Ob meiner Göttlichkeit,
Und ich bitte dich, koche mir Tee mit Rum, 65
Denn draußen war's kalt,
Und bei solcher Nachtluft
Frieren auch wir, wir ewigen Götter,
Und kriegen wir leicht den göttlichsten Schnupfen,
Und einen unsterblichen Husten. 70

V
Poseidon

Die Sonnenlichter spielten
Über das weithinrollende Meer;
Fern auf der Reede glänzte das Schiff,
Das mich zur Heimat tragen sollte;
Aber es fehlte an gutem Fahrwind,
Und ich saß noch ruhig auf weißer Düne,
Am einsamen Strand,
Und ich las das Lied vom Odysseus,
Das alte, das ewig junge Lied,
Aus dessen meerdurchrauschten Blättern
Mir freudig entgegenstieg
Der Atem der Götter,
Und der leuchtende Menschenfrühling,
Und der blühende Himmel von Hellas.

Mein edles Herz begleitete treulich
Den Sohn des Laertes, in Irrfahrt und Drangsal,
Setzte sich mit ihm, seelenbekümmert,
An gastliche Herde,
Wo Königinnen Purpur spinnen,
Und half ihm lügen und glücklich entrinnen
Aus Riesenhöhlen und Nymphenarmen,
Folgte ihm nach in kimmerische Nacht,
Und in Sturm und Schiffbruch,
Und duldete mit ihm unsägliches Elend.

Seufzend sprach ich: Du böser Poseidon,
Dein Zorn ist furchtbar,
Und mir selber bangt
Ob der eignen Heimkehr.

Kaum sprach ich die Worte,
Da schäumte das Meer,

Und aus den weißen Wellen stieg
Das schilfbekränzte Haupt des Meergotts,
Und höhnisch rief er:

Fürchte dich nicht, Poetlein!
Ich will nicht im g'ringsten gefährden 35
Dein armes Schiffchen,
Und nicht dein liebes Leben beängstgen
Mit allzu bedenklichem Schaukeln.
Denn du, Poetlein, hast nie mich erzürnt,
Du hast kein einziges Türmchen verletzt 40
An Priamos' heiliger Feste,
Kein einziges Härchen hast du versengt
Am Aug meines Sohns Polyphemos,
Und dich hat niemals ratend beschützt
Die Göttin der Klugheit, Pallas Athene. 45

Also rief Poseidon
Und tauchte zurück ins Meer;
Und über den groben Seemannswitz,
Lachten unter dem Wasser
Amphitrite, das plumpe Fischweib, 50
Und die dummen Töchter des Nereus.

VI
Erklärung

Herangedämmert kam der Abend,
Wilder toste die Flut,
Und ich saß am Strand, und schaute zu
Dem weißen Tanz der Wellen,
Und meine Brust schwoll auf wie das Meer, 5
Und sehnend ergriff mich ein tiefes Heimweh
Nach dir, du holdes Bild,
Das überall mich umschwebt,

Und überall mich ruft,
Überall, überall,
Im Sausen des Windes, im Brausen des Meers,
Und im Seufzen der eigenen Brust.

Mit leichtem Rohr schrieb ich in den Sand:
»Agnes, ich liebe Dich!«
Doch böse Wellen ergossen sich
Über das süße Bekenntnis,
Und löschten es aus.

Zerbrechliches Rohr, zerstiebender Sand,
Zerfließende Wellen, euch trau ich nicht mehr!
Der Himmel wird dunkler, mein Herz wird wilder,
Und mit starker Hand, aus Norwegs Wäldern,
Reiß ich die höchste Tanne,
Und tauche sie ein
In des Ätnas glühenden Schlund, und mit solcher
Feuergetränkten Riesenfeder
Schreib ich an die dunkle Himmelsdecke:
»Agnes, ich liebe Dich!«

Jedwede Nacht lodert alsdann
Dort oben die ewige Flammenschrift,
Und alle nachwachsende Enkelgeschlechter
Lesen jauchzend die Himmelsworte:
»Agnes, ich liebe Dich!«

VII

Nachts in der Kajüte

Das Meer hat seine Perlen,
Der Himmel hat seine Sterne,
Aber mein Herz, mein Herz,
Mein Herz hat seine Liebe.

Groß ist das Meer und der Himmel,
Doch größer ist mein Herz,
Und schöner als Perlen und Sterne
Leuchtet und strahlt meine Liebe.

Du kleines, junges Mädchen,
Komm an mein großes Herz;
Mein Herz und das Meer und der Himmel
Vergehn vor lauter Liebe.

*

An die blaue Himmelsdecke,
Wo die schönen Sterne blinken,
Möcht ich pressen meine Lippen,
Pressen wild und stürmisch weinen.

Jene Sterne sind die Augen
Meiner Liebsten, tausendfältig
Schimmern sie und grüßen freundlich,
Aus der blauen Himmelsdecke.

Nach der blauen Himmelsdecke,
Nach den Augen der Geliebten,
Heb ich andachtsvoll die Arme,
Und ich bitte und ich flehe:

Holde Augen, Gnadenlichter,
O, beseligt meine Seele,
Laßt mich sterben und erwerben
Euch und euren ganzen Himmel!

*

Aus den Himmelsaugen droben,
Fallen zitternd goldne Funken
Durch die Nacht, und meine Seele
Dehnt sich liebeweit und weiter.

O, ihr Himmelsaugen droben!
Weint euch aus in meine Seele,
Daß von lichten Sternentränen
Überfließet meine Seele.

※

Eingewiegt von Meereswellen
Und von träumenden Gedanken,
Lieg ich still in der Kajüte,
In dem dunkeln Winkelbette.

Durch die offne Luke schau ich
Droben hoch die hellen Sterne,
Die geliebten, süßen Augen
Meiner süßen Vielgeliebten.

Die geliebten, süßen Augen
Wachen über meinem Haupte,
Und sie blinken und sie winken
Aus der blauen Himmelsdecke.

Nach der blauen Himmelsdecke
Schau ich selig lange Stunden,
Bis ein weißer Nebelschleier
Mir verhüllt die lieben Augen.

※

An die bretterne Schiffswand,
Wo mein träumendes Haupt liegt,
Branden die Wellen, die wilden Wellen.
Sie rauschen und murmeln
Mir heimlich ins Ohr:
»Betörter Geselle!
Dein Arm ist kurz, und der Himmel ist weit,
Und die Sterne droben sind festgenagelt,
Mit goldnen Nägeln, –

Vergebliches Sehnen, vergebliches Seufzen,
Das Beste wäre, du schliefest ein.«

*

Es träumte mir von einer weiten Heide,
Weit überdeckt von stillem, weißem Schnee,   65
Und unterm weißen Schnee lag ich begraben,
Und schlief den einsam kalten Todesschlaf.

Doch droben aus dem dunkeln Himmel schauten
Herunter auf mein Grab die Sternenaugen,
Die süßen Augen! und sie glänzten sieghaft   70
Und ruhig heiter, aber voller Liebe.

VIII
Sturm

Es wütet der Sturm,
Und er peitscht die Wellen,
Und die Welln, wutschäumend und bäumend,
Türmen sich auf, und es wogen lebendig
Die weißen Wasserberge,   5
Und das Schifflein erklimmt sie,
Hastig mühsam,
Und plötzlich stürzt es hinab
In schwarze, weitgähnende Flutabgründe –

O Meer!   10
Mutter der Schönheit, der Schaumentstiegenen!
Großmutter der Liebe! schone meiner!
Schon flattert, leichenwitternd,
Die weiße, gespenstige Möwe,
Und wetzt an dem Mastbaum den Schnabel,   15
Und lechzt, voll Fraßbegier, nach dem Herzen,

    Das vom Ruhm deiner Tochter ertönt,
    Und das dein Enkel, der kleine Schalk,
    Zum Spielzeug erwählt.

20 Vergebens mein Bitten und Flehn!
    Mein Rufen verhallt im tosenden Sturm,
    Im Schlachtlärm der Winde.
    Es braust und pfeift und prasselt und heult,
    Wie ein Tollhaus von Tönen!
25 Und zwischendurch hör ich vernehmbar
    Lockende Harfenlaute,
    Sehnsuchtwilden Gesang,
    Seelenschmelzend und seelenzerreißend,
    Und ich erkenne die Stimme.

30 Fern an schottischer Felsenküste,
    Wo das graue Schlößlein hinausragt
    Über die brandende See,
    Dort, am hochgewölbten Fenster,
    Steht eine schöne, kranke Frau,
35 Zartdurchsichtig und marmorblaß,
    Und sie spielt die Harfe und singt,
    Und der Wind durchwühlt ihre langen Locken,
    Und trägt ihr dunkles Lied
    Über das weite stürmende Meer.

IX

Meeresstille

Meeresstille! Ihre Strahlen
Wirft die Sonne auf das Wasser,
Und im wogenden Geschmeide
Zieht das Schiff die grünen Furchen.

Bei dem Steuer liegt der Bootsmann
Auf dem Bauch, und schnarchet leise.
Bei dem Mastbaum, segelflickend,
Kauert der beteerte Schiffsjung.

Hinterm Schmutze seiner Wangen
Sprüht es rot, wehmütig zuckt es
Um das breite Maul, und schmerzlich
Schaun die großen, schönen Augen.

Denn der Kapitän steht vor ihm,
Tobt und flucht und schilt ihn: Spitzbub.
»Spitzbub! einen Hering hast du
Aus der Tonne mir gestohlen!«

Meeresstille! Aus den Wellen
Taucht hervor ein kluges Fischlein,
Wärmt das Köpfchen in der Sonne,
Plätschert lustig mit dem Schwänzchen.

Doch die Möwe, aus den Lüften,
Schießt herunter auf das Fischlein,
Und den raschen Raub im Schnabel
Schwingt sie sich hinauf ins Blaue.

X

Seegespenst

Ich aber lag am Rande des Schiffes,
Und schaute, träumenden Auges,
Hinab in das spiegelklare Wasser,
Und schaute tiefer und tiefer –
Bis tief, im Meeresgrunde,
Anfangs wie dämmernde Nebel,

Jedoch allmählig farbenbestimmter,
Kirchenkuppel und Türme sich zeigten,
Und endlich, sonnenklar, eine ganze Stadt,
Altertümlich niederländisch,
Und menschenbelebt.
Bedächtige Männer, schwarzbemäntelt,
Mit weißen Halskrausen und Ehrenketten
Und langen Degen und langen Gesichtern,
Schreiten über den wimmelnden Marktplatz,
Nach dem treppenhohen Rathaus,
Wo steinerne Kaiserbilder
Wacht halten mit Zepter und Schwert.
Unferne, vor langen Häuserreihn,
Wo spiegelblanke Fenster
Und pyramidisch beschnittene Linden,
Wandeln seidenrauschende Jungfern,
Schlanke Leibchen, die Blumengesichter
Sittsam umschlossen von schwarzen Mützchen
Und hervorquellendem Goldhaar.
Bunte Gesellen, in spanischer Tracht,
Stolzieren vorüber und nicken.
Bejahrte Frauen,
In braunen, verschollnen Gewändern,
Gesangbuch und Rosenkranz in der Hand,
Eilen, trippelnden Schritts,
Nach dem großen Dome,
Getrieben von Glockengeläute
Und rauschendem Orgelton.

Mich selbst ergreift des fernen Klangs
Geheimnisvoller Schauer!
Unendliches Sehnen, tiefe Wehmut,
Beschleicht mein Herz,
Mein kaum geheiltes Herz; –
Mir ist als würden seine Wunden
Von lieben Lippen aufgeküßt,

Und täten wieder bluten, –
Heiße, rote Tropfen,
Die lang und langsam niederfalln
Auf ein altes Haus, dort unten
In der tiefen Meerstadt,
Auf ein altes, hochgegiebeltes Haus,
Das melancholisch menschenleer ist,
Nur daß am untern Fenster
Ein Mädchen sitzt,
Den Kopf auf den Arm gestützt,
Wie ein armes, vergessenes Kind –
Und ich kenne dich armes, vergessenes Kind!

So tief, meertief also
Verstecktest du dich vor mir,
Aus kindischer Laune,
Und konntest nicht mehr herauf,
Und saßest fremd unter fremden Leuten,
Jahrhunderte lang,
Derweilen ich, die Seele voll Gram,
Auf der ganzen Erde dich suchte,
Und immer dich suchte,
Du Immergeliebte,
Du Längstverlorene,
Du Endlichgefundene, –
Ich hab dich gefunden und schaue wieder
Dein süßes Gesicht,
Die klugen, treuen Augen,
Das liebe Lächeln –
Und nimmer will ich dich wieder verlassen,
Und ich komme hinab zu dir,
Und mit ausgebreiteten Armen
Stürz ich hinab an dein Herz –

Aber zur rechten Zeit noch
Ergriff mich beim Fuß der Kapitän,

Und zog mich vom Schiffsrand,
Und rief, ärgerlich lachend:
Doktor, sind Sie des Teufels?

XI

Reinigung

Bleib du in deiner Meerestiefe,
Wahnsinniger Traum,
Der du einst so manche Nacht
Mein Herz mit falschem Glück gequält hast,
Und jetzt, als Seegespenst,
Sogar am hellen Tag mich bedrohest –
Bleib du dort unten, in Ewigkeit,
Und ich werfe noch zu dir hinab
All meine Schmerzen und Sünden,
Und die Schellenkappe der Torheit,
Die so lange mein Haupt umklingelt,
Und die kalte, gleißende Schlangenhaut
Der Heuchelei,
Die mir so lang die Seele umwunden,
Die kranke Seele,
Die gottverleugnende, engelverleugnende,
Unselige Seele –
Hoiho! hoiho! Da kommt der Wind!
Die Segel auf! Sie flattern und schwelln!
Über die stillverderbliche Fläche
Eilet das Schiff,
Und es jauchzt die befreite Seele.

XII
Frieden

Hoch am Himmel stand die Sonne,
Von weißen Wolken umwogt,
Das Meer war still,
Und sinnend lag ich am Steuer des Schiffes,
Träumerisch sinnend, – und halb im Wachen
Und halb im Schlummer, schaute ich Christus,
Den Heiland der Welt.
Im wallend weißen Gewande
Wandelt' er riesengroß
Über Land und Meer;
Es ragte sein Haupt in den Himmel,
Die Hände streckte er segnend
Über Land und Meer;
Und als ein Herz in der Brust
Trug er die Sonne,
Die rote, flammende Sonne,
Und das rote, flammende Sonnenherz
Goß seine Gnadenstrahlen
Und sein holdes, liebseliges Licht,
Erleuchtend und wärmend,
Über Land und Meer.

Glockenklänge zogen feierlich
Hin und her, zogen wie Schwäne,
An Rosenbändern, das gleitende Schiff,
Und zogen es spielend ans grüne Ufer,
Wo Menschen wohnen, in hochgetürmter,
Ragender Stadt.

O Friedenswunder! Wie still die Stadt!
Es ruhte das dumpfe Geräusch
Der schwatzenden, schwülen Gewerbe,
Und durch die reinen, hallenden Straßen

        Wandelten Menschen, weißgekleidete,
        Palmzweig-tragende,
        Und wo sich zwei begegneten,
35   Sahn sie sich an, verständnisinnig,
        Und schauernd, in Liebe und süßer Entsagung,
        Küßten sie sich auf die Stirne,
        Und schauten hinauf
        Nach des Heilands Sonnenherzen,
40   Das freudig versöhnend sein rotes Blut
        Hinunterstrahlte,
        Und dreimalselig sprachen sie:
        Gelobt sei Jesu Christ!

Zweiter Zyklus

I
Meergruß

Thalatta! Thalatta!
Sei mir gegrüßt, du ewiges Meer!
Sei mir gegrüßt zehntausendmal,
Aus jauchzendem Herzen,
Wie einst dich begrüßten   5
Zehntausend Griechenherzen,
Unglückbekämpfende, heimatverlangende,
Weltberühmte Griechenherzen.

Es wogten die Fluten,
Sie wogten und brausten,   10
Die Sonne goß eilig herunter
Die spielenden Rosenlichter,
Die aufgescheuchten Möwenzüge
Flatterten fort, laut schreiend,
Es stampften die Rosse, es klirrten die Schilde,   15
Und weithin erscholl es, wie Siegesruf:
Thalatta! Thalatta!

Sei mir gegrüßt, du ewiges Meer!
Wie Sprache der Heimat rauscht mir dein Wasser,
Wie Träume der Kindheit seh ich es flimmern   20
Auf deinem wogenden Wellengebiet,
Und alte Erinnrung erzählt mir aufs neue
Von all dem lieben, herrlichen Spielzeug,
Von all den blinkenden Weihnachtsgaben,
Von all den roten Korallenbäumen,   25
Goldfischchen, Perlen und bunten Muscheln,
Die du geheimnisvoll bewahrst,
Dort unten im klaren Kristallhaus.

O! wie hab ich geschmachtet in öder Fremde!
Gleich einer welken Blume
In des Botanikers blecherner Kapsel,
Lag mir das Herz in der Brust.
Mir ist, als saß ich winterlange,
Ein Kranker, in dunkler Krankenstube,
Und nun verlaß ich sie plötzlich,
Und blendend strahlt mir entgegen
Der schmaragdene Frühling, der sonnengeweckte,
Und es rauschen die weißen Blütenbäume,
Und die jungen Blumen schauen mich an,
Mit bunten, duftenden Augen,
Und es duftet und summt, und atmet und lacht,
Und im blauen Himmel singen die Vöglein –
Thalatta! Thalatta!

Du tapferes Rückzugherz!
Wie oft, wie bitteroft
Bedrängten dich des Nordens Barbarinnen!
Aus großen, siegenden Augen
Schossen sie brennende Pfeile;
Mit krummgeschliffenen Worten
Drohten sie mir die Brust zu spalten;
Mit Keilschriftbillets zerschlugen sie mir
Das arme, betäubte Gehirn –
Vergebens hielt ich den Schild entgegen,
Die Pfeile zischten, die Hiebe krachten,
Und von des Nordens Barbarinnen
Ward ich gedrängt bis ans Meer,
Und freiaufatmend begrüß ich das Meer,
Das liebe, rettende Meer, –
Thalatta! Thalatta!

II
Gewitter

Dumpf liegt auf dem Meer das Gewitter,
Und durch die schwarze Wolkenwand
Zuckt der zackige Wetterstrahl,
Rasch aufleuchtend und rasch verschwindend,
Wie ein Witz aus dem Haupte Kronions.
Über das wüste, wogende Wasser
Weithin rollen die Donner
Und springen die weißen Wellenrosse,
Die Boreas selber gezeugt
Mit des Erichthons reizenden Stuten,
Und es flattert ängstlich das Seegevögel,
Wie Schattenleichen am Styx,
Die Charon abwies vom nächtlichen Kahn.

Armes, lustiges Schifflein,
Das dort dahintanzt den schlimmsten Tanz!
Äolus schickt ihm die flinksten Gesellen,
Die wild aufspielen zum fröhlichen Reigen;
Der eine pfeift, der andre bläst,
Der dritte streicht den dumpfen Brummbaß –
Und der schwankende Seemann steht am Steuer,
Und schaut beständig nach der Bussole,
Der zitternden Seele des Schiffes,
Und hebt die Hände flehend zum Himmel:
O rette mich, Kastor, reisiger Held,
Und Du, Kämpfer der Faust, Polydeukes!

III
Der Schiffbrüchige

Hoffnung und Liebe! Alles zertrümmert!
Und ich selber, gleich einer Leiche,
Die grollend ausgeworfen das Meer,
Lieg ich am Strande,
Am öden, kahlen Strande.
Vor mir woget die Wasserwüste,
Hinter mir liegt nur Kummer und Elend,
Und über mich hin ziehen die Wolken,
Die formlos grauen Töchter der Luft,
Die aus dem Meer, in Nebeleimern,
Das Wasser schöpfen,
Und es mühsam schleppen und schleppen,
Und es wieder verschütten ins Meer,
Ein trübes, langweilges Geschäft,
Und nutzlos, wie mein eignes Leben.

Die Wogen murmeln, die Möwen schrillen,
Alte Erinnrungen wehen mich an,
Vergessene Träume, erloschene Bilder,
Qualvoll süße, tauchen hervor!

Es lebt ein Weib im Norden,
Ein schönes Weib, königlich schön.
Die schlanke Zypressengestalt
Umschließt ein lüstern weißes Gewand;
Die dunkle Lockenfülle,
Wie eine selige Nacht,
Von dem flechtengekrönten Haupt sich ergießend,
Ringelt sich träumerisch süß
Um das süße, blasse Antlitz;
Und aus dem süßen, blassen Antlitz,
Groß und gewaltig, strahlt ein Auge,
Wie eine schwarze Sonne.

O, du schwarze Sonne, wie oft,
Entzückend oft, trank ich aus dir
Die wilden Begeistrungsflammen,
Und stand und taumelte, feuerberauscht – 35
Dann schwebte ein taubenmildes Lächeln
Um die hochgeschürzten, stolzen Lippen,
Und die hochgeschürzten, stolzen Lippen
Hauchten Worte, süß wie Mondlicht,
Und zart wie der Duft der Rose – 40
Und meine Seele erhob sich
Und flog, wie ein Aar, hinauf in den Himmel!

Schweigt, ihr Wogen und Möwen!
Vorüber ist alles, Glück und Hoffnung,
Hoffnung und Liebe! Ich liege am Boden, 45
Ein öder, schiffbrüchiger Mann,
Und drücke mein glühendes Antlitz
In den feuchten Sand.

IV
Untergang der Sonne

Die schöne Sonne
Ist ruhig hinabgestiegen ins Meer;
Die wogenden Wasser sind schon gefärbt
Von der dunkeln Nacht,
Nur noch die Abendröte 5
Überstreut sie mit goldnen Lichtern;
Und die rauschende Flutgewalt
Drängt ans Ufer die weißen Wellen,
Die lustig und hastig hüpfen,
Wie wollige Lämmerherden, 10
Die abends der singende Hirtenjunge
Nach Hause treibt.

Wie schön ist die Sonne!
So sprach nach langem Schweigen der Freund,
Der mit mir am Strande wandelte,
Und scherzend halb und halb wehmütig,
Versichert' er mir: die Sonne sei
Eine schöne Frau, die den alten Meergott
Aus Konvenienz geheiratet;
Des Tages über wandle sie freudig
Am hohen Himmel, purpurgeputzt,
Und diamantenblitzend,
Und allgeliebt und allbewundert
Von allen Weltkreaturen,
Und alle Weltkreaturen erfreuend
Mit ihres Blickes Licht und Wärme;
Aber des Abends, trostlos gezwungen,
Kehre sie wieder zurück
In das nasse Haus, in die öden Arme
Des greisen Gemahls.

»Glaub mir's« – setzte hinzu der Freund,
Und lachte und seufzte und lachte wieder –
»Die führen dort unten die zärtlichste Ehe!
Entweder sie schlafen oder sie zanken sich,
Daß hochaufbraust hier oben das Meer,
Und der Schiffer im Wellengeräusch es hört
Wie der Alte sein Weib ausschilt:
›Runde Metze des Weltalls!
Strahlenbuhlende!
Den ganzen Tag glühst du für andre,
Und nachts, für mich, bist du frostig und müde!‹
Nach solcher Gardinenpredigt,
Versteht sich! bricht dann aus in Tränen
Die stolze Sonne und klagt ihr Elend,
Und klagt so jammerlang, daß der Meergott
Plötzlich verzweiflungsvoll aus dem Bett springt,

Und schnell nach der Meeresfläche heraufschwimmt,
Um Luft und Besinnung zu schöpfen.

So sah ich ihn selbst, verflossene Nacht,
Bis an die Brust dem Meer enttauchen. 50
Er trug eine Jacke von gelbem Flanell,
Und eine liljenweiße Schlafmütz,
Und ein abgeweltes Gesicht.«

V

Der Gesang der Okeaniden

Abendlich blasser wird es am Meer,
Und einsam, mit seiner einsamen Seele,
Sitzt dort ein Mann auf dem kahlen Strand,
Und schaut, todkalten Blickes, hinauf
Nach der weiten, todkalten Himmelswölbung, 5
Und schaut auf das weite, wogende Meer, –
Und über das weite, wogende Meer,
Lüftesegler, ziehn seine Seufzer,
Und kehren zurück, trübselig,
Und hatten verschlossen gefunden das Herz, 10
Worin sie ankern wollten –
Und er stöhnt so laut, daß die weißen Möwen,
Aufgescheucht aus den sandigen Nestern,
Ihn herdenweis umflattern,
Und er spricht zu ihnen die lachenden Worte: 15

»Schwarzbeinigte Vögel,
Mit weißen Flügeln Meer-überflatternde,
Mit krummen Schnäbeln Seewasser-saufende,
Und tranigtes Robbenfleisch-fressende,
Eur Leben ist bitter wie eure Nahrung! 20
Ich aber, der Glückliche, koste nur Süßes!
Ich koste den süßen Duft der Rose,

Der Mondschein-gefütterten Nachtigallbraut;
Ich koste noch süßeres Zuckerbackwerk,
25 Gefüllt mit geschlagener Sahne;
Und das Allersüßeste kost ich,
Süße Liebe und süßes Geliebtsein.

Sie liebt mich! Sie liebt mich! die holde Jungfrau!
Jetzt steht sie daheim, am Erker des Hauses,
30 Und schaut in die Dämmrung hinaus, auf die Landstraß,
Und horcht, und sehnt sich nach mir – wahrhaftig!
Vergebens späht sie umher und sie seufzet,
Und seufzend steigt sie hinab in den Garten,
Und wandelt in Duft und Mondschein,
35 Und spricht mit den Blumen, erzählet ihnen,
Wie ich, der Geliebte, so lieblich bin
Und so liebenswürdig – wahrhaftig!
Nachher im Bette, im Schlafe, im Traum,
Umgaukelt sie selig mein teures Bild,
40 Sogar des Morgens, beim Frühstück,
Auf dem glänzenden Butterbrote,
Sieht sie mein lächelndes Antlitz,
Und sie frißt es auf vor Liebe – wahrhaftig!«

Also prahlt er und prahlt er,
45 Und zwischendrein schrillen die Möwen,
Wie kaltes, ironisches Kichern.
Die Dämmrungsnebel steigen herauf;
Aus violettem Gewölk, unheimlich,
Schaut hervor der grasgelbe Mond;
50 Hoch aufrauschen die Meereswogen,
Und tief aus hoch aufrauschendem Meer,
Wehmütig wie flüsternder Windzug,
Tönt der Gesang der Okeaniden,
Der schönen, mitleidigen Wasserfraun,
55 Vor allen vernehmbar die liebliche Stimme

Der silberfüßigen Peleus-Gattin,
Und sie seufzen und singen:

O Tor, du Tor, du prahlender Tor!
Du kummergequälter!
Dahingemordet sind all deine Hoffnungen, 60
Die tändelnden Kinder des Herzens,
Und ach! dein Herz, Nioben gleich,
Versteinert vor Gram!
In deinem Haupte wird's Nacht,
Und es zucken hindurch die Blitze des Wahnsinns, 65
Und du prahlst vor Schmerzen!
O Tor, du Tor, du prahlender Tor!
Halsstarrig bist du wie dein Ahnherr,
Der hohe Titane, der himmlisches Feuer
Den Göttern stahl und den Menschen gab, 70
Und Geier-gequälet, Felsen-gefesselt,
Olympauftrotzte und trotzte und stöhnte,
Daß wir es hörten im tiefen Meer,
Und zu ihm kamen mit Trostgesang.
O Tor, du Tor, du prahlender Tor! 75
Du aber bist ohnmächtiger noch,
Und es wäre vernünftig, du ehrtest die Götter,
Und trügest geduldig die Last des Elends,
Und trügest geduldig so lange, so lange,
Bis Atlas selbst die Geduld verliert, 80
Und die schwere Welt von den Schultern abwirft
In die ewige Nacht.

So scholl der Gesang der Okeaniden,
Der schönen mitleidigen Wasserfraun,
Bis lautere Wogen ihn überrauschten – 85
Hinter die Wolken zog sich der Mond,
Es gähnte die Nacht,
Und ich saß noch lange im Dunkeln und weinte.

VI
Die Götter Griechenlands

Vollblühender Mond! In deinem Licht,
Wie fließendes Gold, erglänzt das Meer;
Wie Tagesklarheit, doch dämmrig verzaubert,
Liegt's über der weiten Strandesfläche;
Und am hellblaun, sternlosen Himmel
Schweben die weißen Wolken,
Wie kolossale Götterbilder
Von leuchtendem Marmor.

Nein, nimmermehr, das sind keine Wolken!
Das sind sie selber, die Götter von Hellas,
Die einst so freudig die Welt beherrschten,
Doch jetzt, verdrängt und verstorben,
Als ungeheure Gespenster dahinziehn
Am mitternächtlichen Himmel.

Staunend, und seltsam geblendet, betracht ich
Das luftige Pantheon,
Die feierlich stummen, graunhaft bewegten
Riesengestalten.
Der dort ist Kronion, der Himmelskönig,
Schneeweiß sind die Locken des Haupts,
Die berühmten, olymposerschütternden Locken.
Er hält in der Hand den erloschenen Blitz,
In seinem Antlitz liegt Unglück und Gram,
Und doch noch immer der alte Stolz.
Das waren bessere Zeiten, o Zeus,
Als du dich himmlisch ergötztest
An Knaben und Nymphen und Hekatomben;
Doch auch die Götter regieren nicht ewig,
Die jungen verdrängen die alten,
Wie du einst selber den greisen Vater
Und deine Titanen-Öhme verdrängt hast,

Jupiter Parricida!
Auch dich erkenn ich, stolze Juno!
Trotz all deiner eifersüchtigen Angst,
Hat doch eine andre das Zepter gewonnen, 35
Und du bist nicht mehr die Himmelskön'gin,
Und dein großes Aug ist erstarrt,
Und deine Liljenarme sind kraftlos,
Und nimmermehr trifft deine Rache
Die gottbefruchtete Jungfrau 40
Und den wundertätigen Gottessohn.
Auch dich erkenn ich, Pallas Athene!
Mit Schild und Weisheit konntest du nicht
Abwehren das Götterverderben?
Auch dich erkenn ich, auch dich, Aphrodite, 45
Einst die goldene! jetzt die silberne!
Zwar schmückt dich noch immer des Gürtels Liebreiz,
Doch graut mir heimlich vor deiner Schönheit,
Und wollt mich beglücken dein gütiger Leib,
Wie andere Helden, ich stürbe vor Angst – 50
Als Leichengöttin erscheinst du mir,
Venus Libitina!
Nicht mehr mit Liebe blickt nach dir,
Dort, der schreckliche Ares.
Es schaut so traurig Phöbos Apollo, 55
Der Jüngling. Es schweigt seine Lei'r,
Die so freudig erklungen beim Göttermahl.
Noch trauriger schaut Hephaistos,
Und wahrlich, der Hinkende! nimmermehr
Fällt er Heben ins Amt, 60
Und schenkt geschäftig, in der Versammlung,
Den lieblichen Nektar – Und längst ist erloschen
Das unauslöschliche Göttergelächter.

Ich hab euch niemals geliebt, ihr Götter!
Denn widerwärtig sind mir die Griechen, 65
Und gar die Römer sind mir verhaßt.

Doch heilges Erbarmen und schauriges Mitleid
Durchströmt mein Herz,
Wenn ich euch jetzt da droben schaue,
70 Verlassene Götter,
Tote, nachtwandelnde Schatten,
Nebelschwache, die der Wind verscheucht –
Und wenn ich bedenke, wie feig und windig
Die Götter sind, die euch besiegten,
75 Die neuen, herrschenden, tristen Götter,
Die Schadenfrohen im Schafspelz der Demut –
O da faßt mich ein düsterer Groll,
Und brechen möcht ich die neuen Tempel,
Und kämpfen für euch, ihr alten Götter,
80 Für euch und eur gutes, ambrosisches Recht,
Und vor euren hohen Altären,
Den wiedergebauten, den opferdampfenden,
Möcht ich selber knieen und beten,
Und flehend die Arme erheben –

85 Denn, immerhin, ihr alten Götter,
Habt ihr's auch ehmals, in Kämpfen der Menschen,
Stets mit der Partei der Sieger gehalten,
So ist doch der Mensch großmütger als ihr,
Und in Götterkämpfen halt ich es jetzt
90 Mit der Partei der besiegten Götter.

※

Also sprach ich, und sichtbar erröteten
Droben die blassen Wolkengestalten,
Und schauten mich an wie Sterbende,
Schmerzenverklärt, und schwanden plötzlich.
95 Der Mond verbarg sich eben
Hinter Gewölk, das dunkler heranzog;
Hoch aufrauschte das Meer,
Und siegreich traten hervor am Himmel
Die ewigen Sterne.

VII
Fragen

Am Meer, am wüsten, nächtlichen Meer,
Steht ein Jüngling-Mann,
Die Brust voll Wehmut, das Haupt voll Zweifel,
Und mit düstern Lippen fragt er die Wogen:

»O löst mir das Rätsel des Lebens, 5
Das qualvoll uralte Rätsel,
Worüber schon manche Häupter gegrübelt,
Häupter in Hieroglyphenmützen,
Häupter in Turban und schwarzem Barett,
Perückenhäupter und tausend andre 10
Arme, schwitzende Menschenhäupter –
Sagt mir, was bedeutet der Mensch?
Woher ist er kommen? Wo geht er hin?
Wer wohnt dort oben auf goldenen Sternen?«

Es murmeln die Wogen ihr ewges Gemurmel, 15
Es wehet der Wind, es fliehen die Wolken,
Es blinken die Sterne, gleichgültig und kalt,
Und ein Narr wartet auf Antwort.

VIII
Der Phönix

Es kommt ein Vogel geflogen aus Westen,
Er fliegt gen Osten,
Nach der östlichen Gartenheimat,
Wo Spezereien duften und wachsen,
Und Palmen rauschen und Brunnen kühlen – 5
Und fliegend singt der Wundervogel:

»Sie liebt ihn! sie liebt ihn!
Sie trägt sein Bildnis im kleinen Herzen,
Und trägt es süß und heimlich verborgen,
Und weiß es selbst nicht!
Aber im Traume steht er vor ihr,
Sie bittet und weint und küßt seine Hände,
Und ruft seinen Namen,
Und rufend erwacht sie und liegt erschrocken,
Und reibt sich verwundert die schönen Augen –
Sie liebt ihn! Sie liebt ihn!«

*

An den Mastbaum gelehnt, auf dem hohen Verdeck,
Stand ich und hört ich des Vogels Gesang.
Wie schwarzgrüne Rosse mit silbernen Mähnen,
Sprangen die weißgekräuselten Wellen;
Wie Schwänenzüge schifften vorüber,
Mit schimmernden Segeln, die Helgolander,
Die kecken Nomaden der Nordsee;
Über mir, in dem ewigen Blau,
Flatterte weißes Gewölk
Und prangte die ewige Sonne,
Die Rose des Himmels, die feuerblühende,
Die freudvoll im Meer sich bespiegelte; –
Und Himmel und Meer und mein eigenes Herz
Ertönten im Nachhall:
Sie liebt ihn! sie liebt ihn!

IX

Im Hafen

Glücklich der Mann, der den Hafen erreicht hat,
Und hinter sich ließ das Meer und die Stürme,
Und jetzo warm und ruhig sitzt
Im guten Ratskeller zu Bremen.

Wie doch die Welt so traulich und lieblich
Im Römerglas sich widerspiegelt,
Und wie der wogende Mikrokosmus
Sonnig hinabfließt ins durstige Herz!
Alles erblick ich im Glas,
Alte und neue Völkergeschichte,
Türken und Griechen, Hegel und Gans,
Zitronenwälder und Wachtparaden,
Berlin und Schilda und Tunis und Hamburg,
Vor allem aber das Bild der Geliebten,
Das Engelköpfchen auf Rheinweingoldgrund.

O, wie schön! wie schön bist du, Geliebte!
Du bist wie eine Rose!
Nicht wie die Rose von Schiras,
Die hafisbesungene Nachtigallbraut;
Nicht wie die Rose von Saron,
Die heiligrote, prophetengefeierte; –
Du bist wie die Ros im Ratskeller zu Bremen.
Das ist die Rose der Rosen,
Je älter sie wird, je lieblicher blüht sie,
Und ihr himmlischer Duft, er hat mich beseligt,
Er hat mich begeistert, er hat mich berauscht,
Und hielt mich nicht fest, am Schopfe fest,
Der Ratskellermeister von Bremen,
Ich wäre gepurzelt!

Der brave Mann! wir saßen beisammen
Und tranken wie Brüder,
Wir sprachen von hohen, heimlichen Dingen,
Wir seufzten und sanken uns in die Arme,
Und er hat mich bekehrt zum Glauben der Liebe, –
Ich trank auf das Wohl meiner bittersten Feinde,
Und allen schlechten Poeten vergab ich,
Wie einst mir selber vergeben soll werden, –
Ich weinte vor Andacht, und endlich

Erschlossen sich mir die Pforten des Heils,
Wo die zwölf Apostel, die heilgen Stückfässer,
Schweigend predgen, und doch so verständlich
Für alle Völker.

Das sind Männer!
Unscheinbar von außen, in hölzernen Röcklein,
Sind sie von innen schöner und leuchtender
Denn all die stolzen Leviten des Tempels
Und des Herodes Trabanten und Höflinge,
Die goldgeschmückten, die purpurgekleideten –
Hab ich doch immer gesagt,
Nicht unter ganz gemeinen Leuten,
Nein, in der allerbesten Gesellschaft,
Lebte beständig der König des Himmels!

Hallelujah! Wie lieblich umwehen mich
Die Palmen von Beth El!
Wie duften die Myrrhen vom Hebron!
Wie rauscht der Jordan und taumelt vor Freude! –
Auch meine unsterbliche Seele taumelt,
Und ich taumle mit ihr und taumelnd
Bringt mich die Treppe hinauf, ans Tagslicht,
Der brave Ratskellermeister von Bremen.

Du braver Ratskellermeister von Bremen!
Siehst du, auf den Dächern der Häuser sitzen
Die Engel und sind betrunken und singen;
Die glühende Sonne dort oben
Ist nur eine rote, betrunkene Nase,
Die Nase des Weltgeists;
Und um die rote Weltgeist-Nase
Dreht sich die ganze, betrunkene Welt.

X
Epilog

Wie auf dem Felde die Weizenhalmen,
So wachsen und wogen im Menschengeist
Die Gedanken.
Aber die zarten Gedanken der Liebe
Sind wie lustig dazwischenblühende,
Rot und blaue Blumen.

Rot und blaue Blumen!
Der mürrische Schnitter verwirft euch als nutzlos,
Hölzerne Flegel zerdreschen euch höhnend,
Sogar der hablose Wanderer,
Den eur Anblick ergötzt und erquickt,
Schüttelt das Haupt,
Und nennt euch schönes Unkraut.
Aber die ländliche Jungfrau,
Die Kränzewinderin,
Verehrt euch und pflückt euch,
Und schmückt mit euch die schönen Locken,
Und also geziert, eilt sie zum Tanzplatz,
Wo Pfeifen und Geigen lieblich ertönen,
Oder zur stillen Buche,
Wo die Stimme des Liebsten noch lieblicher tönt
Als Pfeifen und Geigen.

Aus dem Umkreis des
Buchs der Lieder

Zu
Junge Leiden

In Zeitschriften gedruckt, aber nicht in Gedicht *(1822)*
und ins Buch der Lieder *aufgenommen*

Das Bild
Trauerspiel vom Freiherrn E. v. Houwald

Lessing – da Vinzis Nathan und Galotti,
Schiller – Raphaels Wallenstein und Posa,
Egmont und Faust von Göthe-Buonarotti –
Die nimm zum Muster, Houwald-Spinarosa!

Hört zu, ihr deutschen Männer, Mädchen, Frauen,
Und sammelt Subskribenten unverdrossen;
Die Bürger Frankfurts haben jetzt beschlossen:
Ein Ehrendenkmal Göthen zu erbauen.

5 »Zur Meßzeit wird der fremde Krämer schauen« –
So denken sie – »daß wir des Manns Genossen,
Daß unserm Miste solche Blum entsprossen,
Und blindlings wird man uns im Handel trauen.«

O, laßt dem Dichter seine Lorbeerreiser,
10 Ihr Handelsherrn! Behaltet euer Geld.
Ein Denkmal hat sich Göthe selbst gesetzt.

Im Windelnschmutz war er euch nah, doch jetzt
Trennt euch von Göthe eine ganze Welt,
Euch, die ein Flüßlein trennt vom Sachsenhäuser!

Bamberg und Würzburg

In beider Weichbild fließt der Gnaden Quelle,
Und tausend Wunder täglich dort geschehen.
Umlagert sieht man dort von Kranken stehen
Den Fürsten, der da heilet auf der Stelle.

Er spricht: »Steht auf und geht!« und flink und schnelle
Sieht man die Lahmen selbst von hinnen gehen; 6
Er spricht: »Schaut auf und sehet!« und es sehen
Sogar die Blindgebornen klar und helle.

Ein Jüngling naht, von Wassersucht getrieben,
Und fleht: »Hilf, Wundertäter, meinem Leibe!« 10
Und segnend spricht der Fürst: »Geh hin und schreibe.«

In Bamberg und in Würzburg macht's Spektakel,
Die Handlung *Göbhardt's* rufet laut »Mirakel!« –
Neun Dramen hat der Jüngling schon geschrieben.

Aus Gedichte (1822) *nicht ins* Buch der Lieder *übernommen*

Die Weihe

Einsam in der Waldkapelle,
Vor dem Bild der Himmelsjungfrau,
Lag ein frommer, bleicher Knabe
Demutsvoll dahingesunken.

O Madonna! laß mich ewig 5
Hier auf dieser Schwelle knien,
Wollest nimmer mich verstoßen
In die Welt so kalt und sündig.

O Madonna! sonnig wallen
Deines Hauptes Strahlenlocken;
Mild umspielt ein süßes Lächeln
Deines Mundes heilge Rosen.

O Madonna! deine Augen
Leuchten mir wie Sternenlichter;
Irre treibt des Lebens Schifflein,
Doch die Sterne leiten sicher.

O Madonna! sonder Wanken
Trug ich deine Schmerzenprüfung,
Frommer Minne blind vertrauend,
Nur in deinen Gluten glühend.

O Madonna! hör mich heute,
Gnadenvolle, Wunderreiche,
Spende mir ein Huldeszeichen,
Nur ein leises Huldeszeichen.

Da tät sich ein schauerlich Wunder kund,
Wald und Kapell sind auf einmal verschwund;
Nicht wußte der Knabe wie ihm geschehn,
Hat alles auf einmal umwandelt gesehn.

Und staunend stand er im schmucken Saal,
Madonna saß dort, ohne Glorienstrahl;
Sie hat sich verwandelt in liebliche Maid,
Und grüßet und lächelt mit kindlicher Freud.

Und sieh! vom holden Lockenhaupt
Sie selber sich eine Locke raubt,
Und spricht zum Knaben mit himmlischem Ton:
Nimm hin den heilgen Minnelohn!

Sprich nun, wer bezeugt die Weihe?
Sahst du nicht die Farben wogen
Flammig an der Himmelsbläue?
Menschen nennen's Regenbogen. 40

Englein steigen auf und nieder,
Schlagen rauschend mit den Schwingen,
Flüstern wundersame Lieder,
Süße Harmonien klingen.

Knabe hat es wohl verstanden, 45
Was mit Sehnsuchtglut ihn ziehet
Fort und fort nach jenen Landen,
Wo die Myrte ewig blühet.

Die Lehre

Mutter zum Bienelein:
»Hüt dich vor Kerzenschein!«
Doch was die Mutter spricht,
Bienelein achtet nicht;

Schwirret ums Licht herum, 5
Schwirret mit Sum-sum-sum,
Hört nicht die Mutter schrein:
»Bienelein! Bienelein!«

Junges Blut, tolles Blut,
Treibt in die Flammenglut, 10
Treibt in die Flamm hinein, –
»Bienelein! Bienelein!«

's flackert nun lichterrot,
Flamme gab Flammentod; –
Hüt dich vor Mägdelein, 15
Söhnelein! Söhnelein!

Minnegruß

Die du bist so schön und rein,
Wunnevolles Magedein,
Deinem Dienste ganz allein
Möcht ich wohl mein Leben weihn.

Deine süßen Äugelein
Glänzen mild wie Mondesschein;
Helle Rosenlichter streun
Deine roten Wängelein.

Und aus deinem Mündchen klein
Blinkt's hervor wie Perlenreihn;
Doch den schönsten Edelstein
Hegt dein stiller Busenschrein.

Fromme Minne mag es sein,
Was mir drang ins Herz hinein,
Als ich weiland schaute dein,
Wunnevolles Magedein!

Minneklage

Einsam klag ich meine Leiden,
Im vertrauten Schoß der Nacht;
Frohe Menschen muß ich meiden,
Fliehen scheu wo Freude lacht.

Einsam fließen meine Tränen,
Fließen immer, fließen still;
Doch des Herzens brennend Sehnen
Keine Träne löschen will.

Einst ein lachend muntrer Knabe
Spielt ich manches schöne Spiel,
Freute mich der Lebensgabe,
Wußte nie von Schmerzgefühl.

Denn die Welt war nur ein Garten,
Wo viel bunte Blumen blühn,
Wo mein Tagwerk Blumen-Warten,
Rosen, Veilchen und Jasmin.

Träumend süß auf grüner Aue
Sah ich Bächlein fließen mild;
Wenn ich jetzt in Bächlein schaue,
Zeigt sich mir ein bleiches Bild.

Bin ein bleicher Mann geworden,
Seit mein Auge *sie* gesehn;
Heimlich weh ist mir geworden,
Wundersam ist mir geschehn.

Tief im Herzen hegt ich lange
Englein stiller Friedensruh;
Diese flohen zitternd, bange,
Ihrer Sternenheimat zu.

Schwarze Nacht mein Aug umdüstert,
Schatten drohen feindlich grimm;
Und im Busen heimlich flüstert
Eine eigen fremde Stimm.

*

Fremde Schmerzen, fremde Leiden
Steigen auf mit wilder Wut,
Und in meinen Eingeweiden
Zehret eine fremde Glut.

Aber daß in meinem Herzen
Flammen wühlen sonder Ruh,
Daß ich sterbe hin vor Schmerzen –
Minne sieh! das tatest du!

Sehnsucht

Jedweder Geselle, sein Mädel am Arm,
Durchwandelt die Lindenreihn;
Ich aber ich wandle, daß Gott erbarm,
Ganz mutterseel allein.

Mein Herz wird beengt, mein Auge wird trüb,
Wenn ein andrer mit Liebchen sich freut.
Denn ich habe auch ein süßes Lieb,
Doch wohnt sie gar ferne und weit.

So manches Jahr getragen ich hab,
Ich trage nicht länger die Pein,
Ich schnüre mein Bündlein, und greife den Stab,
Und wandr' in die Welt hinein.

Und wandre fort manch hundert Stund,
Bis ich komm an die große Stadt;
Sie prangt an eines Stromes Mund,
Drei kecklich Türme sie hat.

Da schwindet bald mein Liebesharm,
Da harret Freude mein;
Da kann ich wandeln, feins Liebchen am Arm,
Durch die duftigen Lindenreihn.

Die weiße Blume

In Vaters Garten heimlich steht
Ein Blümchen traurig und bleich;
Der Winter zieht fort, der Frühling weht,
Bleich Blümchen bleibt immer so bleich.
Die bleiche Blume schaut
Wie eine kranke Braut.

Zu mir bleich Blümchen leise spricht:
Lieb Brüderchen, pflücke mich!
Zu Blümchen sprech ich: Das tu ich nicht,
Ich pflücke nimmermehr dich;
Ich such mit Müh und Not
Die Blume purpurrot.

Bleich Blümchen spricht: Such hin, such her,
Bis an deinen kühlen Tod,
Du suchst umsonst, findst nimmermehr
Die Blume purpurrot;
Mich aber pflücken tu,
Ich bin so krank wie du.

So lispelt bleich Blümchen, und bittet sehr, –
Da zag ich, und pflück ich es schnell.
Und plötzlich blutet mein Herze nicht mehr,
Mein inneres Auge wird hell.
In meine wunde Brust
Kommt stille Engellust.

Ahnung

Oben wo die Sterne glühen
Müssen uns die Freuden blühen,
Die uns unten sind versagt;
In des Todes kalten Armen
Kann das Leben erst erwarmen,
Und das Licht der Nacht enttagt.

Ständchen eines Mauren

Meiner schlafenden Zuleima
Rinnt aufs Herz, ihr Tränentropfen;
Dann wird ja das süße Herzchen
Sehnsuchtvoll nach Abdul klopfen.

Meiner schlafenden Zuleima
Spielt ums Ohr, ihr Seufzer trübe;
Dann träumt ja das blonde Köpfchen
Heimlich süß von Abduls Liebe.

Meiner schlafenden Zuleima
Ström aufs Händchen, Herzblutquelle,
Dann trägt ja ihr süßes Händchen
Abduls Schmerz so rot und helle.

Ach! der Schmerz ist stumm geboren,
Ohne Zunge in dem Munde,
Hat nur Tränen, hat nur Seufzer,
Und nur Blut aus Herzenswunde.

Sonettenkranz an Aug. Wilh. von Schlegel

I

Der schlimmste Wurm: der Zweifelsucht-Gedanken,
Das schlimmste Gift: an eigner Kraft verzagen,
Das wollt mir fast des Lebens Mark zernagen;
Ich war ein Reis, dem seine Stützen sanken.

Da mochtest du, o Meister, es beklagen,
An deinem gütgen Wort läßt du es ranken,
Und dir will ich es freundlich danken,
Wenn einst das schwache Reis wird Blüten tragen.

O mögst du's ferner noch so sorgsam warten,
Daß es als Baum einst zieren kann den Garten,
Der schönen Fee, die dich zum Liebling wählte.

Von jenem Garten meine Amm erzählte:
Dort lebt ein heimlich wundersüßes Klingen,
Die Blumen sprechen, und die Bäume singen.

III

Zufrieden nicht mit deinem Eigentume,
Sollt noch des Rheines Niblungshort dich laben,
Nahmst du vom Themsestrand die Wundergaben,
Und pflücktest kühn des Tago-Ufers Blume.

Der Tiber hast du manch Kleinod entgraben,
Die Seine mußte zollen deinem Ruhme, –
Du drangest gar zu Brahmas Heiligtume,
Und wolltst auch Perlen aus dem Ganges haben.

Du geizger Mann, ich rat dir sei zufrieden
10 Mit dem was selten Menschen ward beschieden,
Denk ans Verschwenden jetzt, statt ans Erwerben.

Und mit den Schätzen, die du ohn Ermüden
Zusammen hast geschleppt aus Nord und Süden,
Mach reich den Schüler jetzt, den lustgen Erben.

An den Hofrat Georg S. in Göttingen

Stolz und gebietend ist des Leibes Haltung,
Doch Sanftmut sieht man um die Lippen schweben,
Das Auge blitzt, und alle Muskeln beben,
Doch bleibt im Reden ruhige Entfaltung.

5 So stehst du auf dem Lehrstuhl, von Verwaltung
Der Staaten sprechend, und vom klugen Streben
Der Kabinette, und von Völkerleben,
Und von Germaniens Spaltung und Gestaltung.

Aus dem Gedächtnis lischt mir nie dein Bild!
10 In unsrer Zeit der Selbstsucht und der Roheit,
Erquickt ein solches Bild von edler Hoheit.

Doch was du mir, recht väterlich und mild,
Zum Herzen sprachst in stiller trauter Stunde,
Das trag ich treu im tiefen Herzensgrunde.

An J. B. R.

Dein Freundesgruß konnt mir die Brust erschließen,
Die dunkle Herzenskammer mir entriegeln;
Ich bin umfächelt wie von Zauberflügeln,
Und heimatliche Bilder mich begrüßen.

Den alten Rheinstrom seh ich wieder fließen, 5
In seinem Blau sich Berg und Burgen spiegeln,
Goldtrauben winken von den Rebenhügeln,
Die Winzer klettern und die Blumen sprießen.

O, könnt ich hin zu dir, zu dir Getreuer,
Der du noch an mir hängst, so wie sich schlingt 10
Der grüne Efeu um ein morsch Gemäuer.

O, könnt ich hin zu dir, und leise lauschen
Bei deinem Lied, derweil Rotkehlchen singt,
Und still des Rheines Wogen mich umrauschen.

Fresko-Sonette an Christian S.

VIII

Die Welt war mir nur eine Marterkammer,
Wo man mich bei den Füßen aufgehangen,
Und mir gezwickt den Leib mit glühnden Zangen,
Und eingeklemmt in enger Eisenklammer.

Wild schrie ich auf, vor namenlosem Jammer, 5
Blutströme mir aus Mund und Augen sprangen, –
Da gab ein Mägdlein, das vorbeigegangen,
Mir schnell den Gnadenstoß mit goldnem Hammer.

Neugierig sieht sie zu, wie mir im Krampfe
Die Glieder zucken, wie im Todeskampfe 10
Die Zung aus blutgem Munde hängt und lechzet.

Neugierig horcht sie wie mein Herz noch ächzet,
Musik ist ihr mein letztes Todesröcheln,
Und spottend steht sie da mit kaltem Lächeln.

Die Nacht auf dem Drachenfels
An Friz v. B.

Um Mitternacht war schon die Burg erstiegen,
Der Holzstoß flammte auf am Fuß der Mauern,
Und wie die Burschen lustig niederkauern,
Erscholl das Lied von Deutschlands heilgen Siegen.

5 Wir tranken Deutschlands Wohl aus Rheinweinkrügen,
Wir sahn den Burggeist auf dem Turme lauern,
Viel dunkle Ritterschatten uns umschauern,
Viel Nebelfraun bei uns vorüberfliegen.

Und aus den Trümmern steigt ein tiefes Ächzen,
10 Es klirrt und rasselt, und die Eulen krächzen;
Dazwischen heult des Nordsturms Wutgebrause. –

Sieh nun, mein Freund, so eine Nacht durchwacht ich
Auf hohem Drachenfels, doch leider bracht ich
Den Schnupfen und den Husten mit nach Hause.

An Friz St.
Ins Stammbuch

Die Schlechten siegen, untergehn die Wackern,
Statt Myrten lobt man nur die dürren Pappeln,
Worin die Abendwinde tüchtig rappeln,
Statt stiller Glut lobt man nur helles Flackern.

5 Vergebens wirst du den Parnaß beackern,
Und Bild auf Bild und Blum auf Blume stapeln,
Vergebens wirst du dich zu Tode zappeln, –
Verstehst du's nicht noch vor dem Ei zu gackern.

Auch mußt du wie ein Kampfstier dich behörnen,
Und Schutz- und Trutz-Kritiken schreiben lernen,
Und kräftig oft in die Posaune schmettern. 11

Auch schreibe nicht für Nachwelt, schreib für Pöbel,
Der Knalleffekt sei deiner Dichtung Hebel, –
Und bald wird dich die Galerie vergöttern.

An Franz v. Z.

Es zieht mich nach Nordland ein goldner Stern;
Ade, mein Bruder, denk mein in der Fern!
Bleib treu, bleib treu der Poesie;
Verlaß das süße Bräutchen nie.
Bewahr in der Brust wie einen Hort 5
Das liebe, schöne, deutsche Wort. –
Und kommst du mal nach dem Norderstrand,
So lausche nur am Norderstrand;
Und lausche bis fern sich ein Klingen erhebt,
Und über die feiernden Fluten schwebt. 10
Dann mag's wohl sein, daß entgegen dir zieht
Des wohlbekannten Sängers Lied.
Dann greif auch du in dein Saitenspiel,
Und gib mir süßer Kunden viel:
Wie's dir, mein trauter Sänger, ergeht, 15
Und wie's meinen Lieben allen ergeht,
Und wie's ergeht der schönen Maid,
Die so manches Jünglingsherz erfreut,
Und in manches gesendet viel Glut hinein,
Die blühende Rose am blühenden Rhein! 20
Und auch vom Vaterland Kunde gib;
Ob's noch das Land der treuen Lieb,
Ob der alte Gott noch in Deutschland wohnt,
Und niemand mehr dem Bösen front.

25 Und wie dein süßes Lied erklingt,
Und heitere Mären hinüberbringt,
Wohl über die Wogen zum fernen Strand,
So freut sich der Sänger im Norderland.

Traum und Leben

Es glühte der Tag, es glühte mein Herz,
Still trug ich mit mir herum den Schmerz.
Und als die Nacht kam, schlich ich fort
Zur blühenden Rose am stillen Ort.

5 Ich nahte mich leise und stumm wie das Grab;
Nur Tränen rollten die Wangen hinab;
Ich schaut in den Kelch der Rose hinein, –
Da glomm's hervor wie ein glühender Schein. –

Und freudig entschlief ich beim Rosenbaum;
10 Da trieb sein Spiel ein neckender Traum:
Ich sah ein rosiges Mädchenbild,
Den Busen ein rosiges Mieder umhüllt.

Sie gab mir was Hübsches, recht goldig und weich;
Ich trug's in ein goldenes Häuschen sogleich.
15 Im Häuschen da geht es gar wunderlich bunt,
Da dreht sich ein Völkchen in zierlicher Rund.

Da tanzen zwölf Tänzer, ohn Ruh und Rast,
Sie haben sich fest bei den Händen gefaßt;
Und wenn ein Tanz zu enden begann,
20 So fängt ein andrer von vorne an.

Und es summt mir ins Ohr die Tanzmusik:
Die schönste der Stunden kehrt nimmer zurück,
Dein ganzes Leben war nur ein Traum,
Und diese Stunde ein Traum im Traum. –

Der Traum war aus, der Morgen graut, 25
Mein Auge schnell nach der Rose schaut, –
O weh! statt des glühenden Funkens steckt
Im Kelche der Rose ein kaltes Insekt.

An Sie

Die roten Blumen hier und auch die bleichen,
Die einst erblüht aus blutgen Herzenswunden,
Die hab ich nun zum schmucken Strauß verbunden,
Und will ihn dir, du schöne Herrin, reichen.

Nimm huldreich hin die treuen Sangeskunden, 5
Ich kann ja nicht aus diesem Leben weichen,
Ohn rückzulassen dir ein Liebeszeichen, –
Gedenke mein, wenn ich den Tod gefunden!

Doch nie, o Herrin, sollst du mich beklagen;
Beneidenswert war selbst mein Schmerzenleben – 10
Denn liebend durft ich dich im Herzen tragen.

Und größres Heil noch soll mir bald geschehen:
Mit Geisterschutz darf ich dein Haupt umschweben,
Und Friedensgrüße in dein Herze wehen.

Zu
Lyrisches Intermezzo

Nach dem Erscheinen von Gedichte *(1822) gedruckt, aber nicht in* Tragödien, nebst einem lyrischen Intermezzo *(1823) und ins* Buch der Lieder *aufgenommen*

Sohn der Torheit! träume immer
Wenn dir's Herz im Busen schwillt;
Doch im Leben suche nimmer
Deines Traumes Ebenbild!

Einst stand ich in schönern Tagen
Auf dem höchsten Berg am Rhein;
Deutschlands Gauen vor mir lagen
Blühend hell im Sonnenschein.

Unten murmelten die Wogen
Milde Zaubermelodein,
Süße Ahndungschauer zogen
Schmeichelnd in mein Herz hinein.

Lausch ich jetzt im Sang der Wogen,
Klingt viel andre Melodei:
Schöner Traum ist längst verflogen,
Schöner Wahn brach längst entzwei.

Schau ich jetzt von meinem Berge
In das deutsche Land hinab:
Seh ich nur ein Völklein Zwerge
Kriechend auf der Riesen Grab.

Muttersöhnchen gehn in Seide,
Nennen sich des Volkes Kern,
Schurken tragen Ehrgeschmeide,
Söldner brüsten sich als Herrn.

Nur ein Spottbild auf die Ahnen 25
Ist das Volk im deutschen Kleid;
Und die alten Röcke mahnen
Schmerzlich an die alte Zeit:

Wo die Sitte und die Tugend
Prunklos gingen Hand in Hand, 30
Wo mit Ehrfurchtscheu die Jugend
Vor dem Greisenalter stand;

Wo kein Jüngling seinem Mädchen
Modeseufzer vorgelügt;
Wo kein witziges Despötchen 35
Meineid in System gefügt;

Wo ein Handschlag mehr als Eide,
Und Notarienakte war;
Wo ein Mann im Eisenkleide,
Und ein Herz im Manne war. – 40

Unsre Gartenbeete hegen
Tausend Blumen wunderfein,
Schwelgend in des Bodens Segen
Lind umspielt von Sonnenschein.

Doch die allerschönste Blume 45
Blüht in unsern Gärten nie,
Sie die einst im Altertume
Selbst auf felsger Höh gedieh;

Die auf kalter Bergesfeste
Männer mit der Eisenhand
Pflegten als der Blumen beste, –
Gastlichkeit wird sie genannt.

Müder Wandrer steige nimmer
Nach der hohen Burg hinan,
Statt der gastlich warmen Zimmer
Kalte Wände dich emphahn.

Von dem Wartturm bläst kein Wächter,
Keine Fallbrück rollt herab;
Denn der Burgherr und der Wächter
Schlummern längst im kühlen Grab.

In den dunkeln Särgen ruhen
Auch die Frauen minnehold;
Wahrlich hegen solche Truhen
Reichern Schatz denn Perl und Gold.

Heimlich schauern da die Lüfte
Wie von Minnesängerhauch;
Denn in diese heilgen Grüfte
Stieg die fromme Minne auch.

Zwar auch unsre Damen preis ich,
Denn sie blühen wie der Mai;
Lieben auch und üben fleißig
Tanzen, Sticken, Malerei;

Singen auch, mit süßen Reimen
Von der alten Lieb und Treu;
Freilich zweiflend im geheimen:
Ob das Märchen möglich sei?

Unsre Mütter einst erkannten,
Sinnig wie die Einfalt pflegt,
Daß den schönsten der Demanten
Nur der Mensch im Busen trägt.

Ganz nicht aus der Art geschlagen
Sind die klugen Töchterlein,
Denn die Fraun in unsern Tagen
Lieben auch die Edelstein.

Fort, ihr Bilder schönrer Tage!
Weicht zurück in eure Nacht!
Weckt nicht mehr die eitle Klage
Um die Zeit, die uns versagt!

Ja, Freund, hier unter den Linden
Kannst du dein Herz erbaun,
Hier kannst du beisammen finden
Die allerschönsten Fraun.

Sie blühn so hold und minnig
Im farbigen Seidengewand;
Ein Dichter hat sie sinnig:
Wandelnde Blumen genannt.

Welch schöne Federhüte!
Welch schöne Türkenshawls!
Welch schöne Wangenblüte!
Welch schöner Schwanenhals!

Aucassin und Nicolette,
oder: die Liebe aus der guten alten Zeit

(An J. F. Koreff)

Hast einen bunten Teppich ausgebreitet,
Worauf gestickt sind leuchtende Figuren.
Es ist der Kampf feindseliger Naturen,
Der halbe Mond, der mit dem Kreuze streitet.

5 Trompetentusch! Die Schlacht wird vorbereitet:
Im Kerker schmachten, die sich Treue schwuren;
Schalmeien klingen auf Provencer Fluren;
Auf dem Bazar Karthagos Sultan schreitet.

Freundlich ergötzt die bunte Herrlichkeit:
10 Wir irren, wie in märchenhafter Wildnis,
Bis Lieb und Licht besiegen Haß und Nacht.

Du, Meister, kanntest der Kontraste Macht,
Und gabst in schlechter, neuer Zeit das Bildnis,
Von Liebe aus der alten, guten Zeit!

Siebzehn Lieder von H. Heine

X

Ich dacht an sie den ganzen Tag,
Und dacht an sie die halbe Nacht.
Und als ich fest im Schlafe lag,
Hat mich ein Traum zu ihr gebracht.

5 Sie blüht wie eine junge Ros,
Und sitzt so ruhig, still beglückt.
Ein Rahmen ruht auf ihrem Schoß,
Worauf sie weiße Lämmchen stickt.

Sie schaut so sanft, begreift es nicht,
Warum ich traurig vor ihr steh. 10
»Was ist so blaß dein Angesicht,
Heinrich, sag mir's, wo tut's dir weh?«

Sie schaut so sanft, und staunt, daß ich
Still weinend ihr ins Auge seh.
»Was weinest du so bitterlich, 15
Heinrich, sag mir's, wer tut dir weh?«

Sie schaut mich an mit milder Ruh,
Ich aber fast vor Schmerz vergeh.
»Wer weh mir tat, mein Lieb, bist du,
Und in der Brust da sitzt das Weh.« 20

Da steht sie auf, und legt die Hand
Mir auf die Brust ganz feierlich;
Und plötzlich all mein Weh verschwand,
Und heitern Sinns erwachte ich.

Vierzehn Lieder von H. Heine

XIV

Es schauen die Blumen alle
Zur leuchtenden Sonne hinauf;
Es nehmen die Ströme alle
Zum leuchtenden Meere den Lauf.

Es flattern die Lieder alle 5
Zu meinem leuchtenden Lieb;
Nehmt mit meine Tränen und Seufzer,
Ihr Lieder wehmütig und trüb!

Aus Tragödien, nebst einem lyrischen Intermezzo *(1823)*
nicht ins Buch der Lieder *übernommen*

Zueignung

An Salomon Heine

Meine Qual und meine Klagen
Hab ich in dies Buch gegossen,
Und wenn du es aufgeschlagen,
Hat sich dir mein Herz erschlossen.

XII

Du sollst mich liebend umschließen,
Geliebtes, schönes Weib!
Umschling mich mit Armen und Füßen,
Und mit dem geschmeidigen Leib.

※

5 Gewaltig hat umfangen,
Umwunden, umschlungen schon,
Die allerschönste der Schlangen
Den glücklichsten Laokoon.

XXIV

Ich glaub nicht an den Himmel,
Wovon das Pfäfflein spricht;
Ich glaub nur an dein Auge,
Das ist mein Himmelslicht.

Ich glaub nicht an den Herrgott, 5
Wovon das Pfäfflein spricht;
Ich glaub nur an dein Herze,
'nen andern Gott hab ich nicht.

Ich glaub nicht an den Bösen,
An Höll und Höllenschmerz; 10
Ich glaub nur an dein Auge,
Und an dein böses Herz.

XXXII

Schöne, helle, goldne Sterne,
Grüßt die Liebste in der Ferne,
Sagt daß ich noch immer sei
Herzekrank und bleich und treu.

XL

Freundschaft, Liebe, Stein der Weisen,
Diese dreie hört ich preisen,
Und ich pries und suchte sie,
Aber ach! ich fand sie nie.

Aus der ersten Auflage des Buchs der Lieder *nachträglich ausgeschieden*

XXXVII

Ich kann es nicht vergessen,
Geliebtes, holdes Weib,
Daß ich dich einst besessen,
Die Seele und den Leib.

Den Leib möcht ich noch haben,
Den Leib so zart und jung;
Die Seele könnt ihr begraben,
Hab selber Seele genung.

Ich will meine Seele zerschneiden,
Und hauchen die Hälfte dir ein,
Und will dich umschlingen, wir müssen
Ganz Leib und Seele sein.

Zu
Die Heimkehr

Nach Erscheinen von Tragödien, nebst einem lyrischen Intermezzo *(1823) gedruckt, aber nicht in* Reisebilder. Erster Teil *(1826) und ins* Buch der Lieder *aufgenommen*

Kleine Gedichte von H.

III

Du Lilje meiner Liebe,
Du stehst so träumend am Bach,
Und schaust hinein so trübe,
Und flüsterst Weh und Ach!

Geh fort mit deinem Gekose! 5
Ich weiß es, du falscher Mann,
Daß meine Kusine, die Rose,
Dein falsches Herz gewann.

Burleskes Sonett

Wie nähm die Armut bald bei mir ein Ende,
Wüßt ich den Pinsel kunstgerecht zu führen
Und hübsch mit bunten Bildern zu verzieren
Der Kirchen und der Schlösser stolze Wände.

Wie flösse bald mir zu des Goldes Spende, 5
Wüßt ich auf Flöten, Geigen und Klavieren
So rührend und so fein zu musizieren,
Daß Herrn und Damen klatschten in die Hände.

Doch ach! mir Armen lächelt Mammon nie:
10 Denn leider, leider trieb ich dich alleine,
Brotloseste der Künste, Poesie!

Und ach! wenn andre sich mit vollen Humpen
Zum Gotte trinken in Champagnerweine,
Dann muß ich dürsten oder ich muß – pumpen.

Lieder von ****e

1

Die Wälder und Felder grünen,
Es trillert die Lerch in der Luft,
Der Frühling ist erschienen
Mit Lichtern und Farben und Duft.

5 Der Lerchengesang erweicht mir
Das winterlich starre Gemüt,
Und aus dem Herzen steigt mir
Ein trauriges Klagelied.

Die Lerche trillert gar feine:
10 Was singst du so trüb und bang?
Das ist ein Liedchen, o Kleine,
Das sing ich schon jahrelang.

Das sing ich im grünen Haine,
Das Herz von Gram beschwert;
15 Schon deine Großmutter, o Kleine,
Hat dieses Liedchen gehört.

2

Er steht so starr wie ein Baumstamm,
In Hitz und Frost und Wind;
Im Boden wurzelt die Fußzeh,
Die Arme erhoben sind.

So quält sich Bagiratha lange,
Und Bramah will enden sein Weh,
Er läßt den Ganges fließen
Herab aus der Himmelshöh.

Ich aber, Geliebte, vergebens
Martre und quäle mich ab,
Aus deinen Himmelsaugen
Fließt mir kein Tropfen herab.

4

Du bist ja tot, und weißt es nicht!
Erloschen ist dein Augenlicht,
Erblichen ist dein rotes Mündchen,
Und du bist tot, mein totes Kindchen!

In einer schaurigen Sommernacht
Hab ich dich selber zu Grabe gebracht;
Klaglieder die Nachtigallen sangen,
Die Sterne sind mit zur Leiche gegangen.

Verzweifelnd stand ich an deinem Grab,
Und wischte mir schluchzend die Tränen ab,
Und hätt ich nicht dort eine Rede gesprochen,
So wär mir das Herz im Leibe gebrochen.

5

Lieben und Hassen, Hassen und Lieben,
Ist alles über mich hingegangen;
Doch blieb von allem nichts an mir hangen,
Ich bin der allerselbe geblieben.

6

Daß ich dich liebe, o Möpschen,
Das ist dir wohlbekannt.
Wenn ich mit Zucker dich füttre,
So leckst du mir die Hand.

Du willst auch nur ein Hund sein,
Und willst nicht scheinen mehr;
All meine übrigen Freunde
Verstellen sich zu sehr.

7

Tag und Nacht hab ich gedichtet
Und hab doch nichts ausgerichtet;
Bin in Harmonien geschwommen,
Und bin doch zu nichts gekommen.

9

Draußen ziehen weiße Flocken
Durch die Nacht, der Sturm ist laut;
Hier im Stübchen ist es trocken,
Warm und einsam stillvertraut.

Sinnend sitz ich auf dem Sessel,
An dem knisternden Kamin,
Kochend summt der Wasserkessel
Längstverklungne Melodien.

Und ein Kätzchen sitzt darneben,
Wärmt die Pfötchen an der Glut;
Und die Flammen schweben, weben,
Wundersam wird mir zumut.

Dämmernd kommt heraufgestiegen
Manche längstvergessne Zeit,
Wie mit bunten Maskenzügen,
Und verblichner Herrlichkeit.

Schöne Frauen lächeln freundlich,
Winken süßgeheimnisvoll,
Und dazwischen springen feindlich
Harlekine, lustigtoll.

Ferne grüßen Marmorgötter,
Traumhaft neben ihnen stehn
Märchenblumen, deren Blätter
In dem Mondenlichte wehn.

Wackelnd kommt herbeigeschwommen
Manches alte Zauberschloß;
Hintendrein geritten kommen
Blanke Ritter, Knappentroß.

Und das alles zieht vorüber,
Schattenhastig, übereilt –
Ach! da kocht der Kessel über,
Und das nasse Kätzchen heult.

10

Es faßt mich wieder der alte Mut,
Mir ist als jagt ich zu Rosse,
Und jagte wieder mit liebender Glut,
Nach meiner Liebsten Schlosse.

Es faßt mich wieder der alte Mut,
Mir ist als jagt ich zu Rosse,
Und jagte zum Streite, mit hassender Wut,
Schon harret der Kampfgenosse.

Ich jage geschwind wie der Wirbelwind,
Die Wälder und Felder fliehen!
Mein Kampfgenoß und mein schönes Kind,
Sie müssen beide erliegen.

Etwas für den hinkenden Vetter

Augen, die nicht ferne blicken
Und auch nicht zur Liebe taugen,
Aber ganz entsetzlich drücken,
Sind des Vetters Hühneraugen.

Wenn junge Herzen brechen
So lachen drob die Sterne
Sie lachen und sie sprechen
Herab aus der blauen Ferne:

Die armen Menschen lieben
Sich zwar mit vollen Seelen
Und müssen sich doch betrüben,
Und gar zu Tode quälen.

Wir haben nie empfunden
Die Liebe die so verderblich
Den armen Menschen drunten;
Drum sind wir auch unsterblich.

Erinnerung

(Übersetzt aus dem Englischen.
Sentimental Magazine Vol. 35)

Was willst du traurig liebes Traumgebilde?
Ich sehe dich, ich fühle deinen Hauch!
Du schaust mich an mit wehmutvoller Milde;
Ich kenne dich, und ach! du kennst mich auch.

Ich bin ein kranker Jüngling jetzt, die Glieder
Sind lebensmatt, das Herz ist ausgebrannt,
Mißmut umflort mich, Kummer drückt mich nieder,
Viel anders war's, als ich dich einstens fand!

In stolzer Kraft, und von der Heimat ferne,
Ich jagte da nach einem alten Wahn;
Die Erd wollt ich zerstampfen, und die Sterne
Wollt ich entreißen ihrer Himmelsbahn.

Frankfurt, du hegst viel Narrn und Bösewichter,
Doch lieb ich dich, du gabst dem deutschen Land
Manch guten Kaiser und den besten Dichter,
Und bist die Stadt, wo ich die Holde fand.

Ich ging die Zeil entlang, die schöngebaute,
Es war die Messe just, die Schacherzeit,
Und bunt war das Gewimmel, und ich schaute
Wie träumend auf des Volks Geschäftigkeit.

Da sah ich sie! Mit heimlich-süßem Staunen
Erblickt ich da die schwebende Gestalt,
Die selgen Augen und die sanften Braunen –
Es zog mich hin mit seltsamer Gewalt.

25 Und über Markt und Straßen ging's, und weiter
Bis an ein Gäßchen schmal und traulich-klein –
Da dreht sich um die Holde, lächelt heiter,
Und schlüpft ins Haus – ich eile hinterdrein.

Die Muhme nur war schlecht, und ihrem Geize
30 Sie opferte des Mädchens Blüten hin;
Das Kind ergab mir willig seine Reize,
Jedoch, bei Gott! es dacht nicht an Gewinn.

Bei Gott! auf andre Weiber noch als Musen
Versteh ich mich, mich täuscht kein glatt Gesicht,
35 So, weiß ich, klopft kein einstudierter Busen,
Und solche Blicke hat die Lüge nicht.

Und sie war schön! So hold ist nicht gewesen
Die Göttin, als sie stieg aus Wellenschaum.
Vielleicht war sie das wunderschöne Wesen,
40 Das ich geahnt im frühen Knabentraum.

Ich hab es nicht erkannt! Es war umnachtet
Mein Sinn, und fremder Zauber mich umwand.
Vielleicht das Glück, wonach ich stets geschmachtet,
Ich hielt's im Arm, – und hab es nicht erkannt!

45 Doch schöner war sie noch in ihren Schmerzen,
Als nach drei Tagen, die ich wundersüß
Verträumt an ihrem wundersüßen Herzen,
Der alte Wahn mich weiter eilen hieß;

Als sie, mit wildverzweifelnder Gebärde
Und aufgelöstem Haar, die Hände rang, 50
Und endlich niederstürzte auf die Erde,
Und lautaufweinend meine Knie umschlang!

Ach Gott! es hatte sich in meinen Sporen
Ihr Haar verwickelt – bluten sah ich sie –
Und doch riß ich mich los – und hab verloren 55
Mein armes Kind, und wieder sah ich's nie! –

Fort ist der alte Wahn, jedoch das Bildnis
Des armen Kinds umschwebt mich, wo ich bin.
Wo irrst du jetzt, in welcher kalten Wildnis?
Dem Elend und dem Gram gab ich dich hin! 60

Aus der ersten Auflage von Reisebilder. Erster Teil *(1826) nicht ins* Buch der Lieder *übernommen*

LXII

O, mein gnädiges Fräulein, erlaubt
Mir kranken Sohn der Musen,
Daß schlummernd ruhe mein Sängerhaupt
Auf Eurem Schwanenbusen!

»Mein Herr! wie können Sie es wagen, 5
Mir so was in Gesellschaft zu sagen?«

LXX

Hast du die Lippen mir wund geküßt,
So küsse sie wieder heil,
Und wenn du bis Abend nicht fertig bist,
So hat es auch keine Eil.

5 Du hast ja noch die ganze Nacht,
Du Herzallerliebste mein!
Man kann in solch einer ganzen Nacht
Viel küssen und selig sein.

LXXII

Als sie mich umschlang mit zärtlichem Pressen,
Da ist meine Seele gen Himmel geflogen!
Ich ließ sie fliegen, und hab unterdessen
Den Nektar von ihren Lippen gesogen.

LXXVI

Himmlisch war's, wenn ich bezwang
Meine sündige Begier,
Aber wenn's mir nicht gelang,
Hatt ich doch ein groß Plaisir.

LXXVII

Blamier mich nicht, mein schönes Kind,
Und grüß mich nicht unter den Linden;
Wenn wir nachher zu Hause sind,
Wird sich schon alles finden.

LXXXIV

Schöne, wirtschaftliche Dame,
Haus und Hof ist wohlbestellt,
Wohlversorgt ist Stall und Keller,
Wohlbeackert ist das Feld.

Jeder Winkel in dem Garten 5
Ist gereutet und geputzt,
Und das Stroh, das ausgedroschne,
Wird für Betten noch benutzt.

Doch dein Herz und deine Lippen,
Schöne Dame, liegen brach, 10
Und zur Hälfte nur benutzet
Ist dein trautes Schlafgemach.

Aus der zweiten Auflage von Reisebilder. Erster Teil *(1830) nicht ins* Buch der Lieder *übernommen*

X

Auf den Wolken ruht der Mond,
Eine Riesenpomeranze,
Überstrahlt das graue Meer,
Breiten Streifs, mit goldnem Glanze.

Einsam wandl' ich an dem Strand, 5
Wo die weißen Wellen brechen,
Und ich hör viel süßes Wort,
Süßes Wort im Wasser sprechen.

Ach die Nacht ist gar zu lang,
Und mein Herz kann nicht mehr schweigen –
Schöne Nixen, kommt hervor,
Tanzt und singt den Zauberreigen!

Nehmt mein Haupt in euren Schoß,
Leib und Seel sei hingegeben!
Singt mich tot und herzt mich tot,
Küßt mir aus der Brust das Leben.

XI

Eingehüllt in graue Wolken
Schlafen jetzt die großen Götter,
Und ich höre wie sie schnarchen,
Und wir haben wildes Wetter.

Wildes Wetter! Sturmeswüten
Will das arme Schiff zerschellen –
Ach, wer zügelt diese Winde
Und die herrenlosen Wellen!

Kann's nicht hindern, daß es stürmet,
Daß da dröhnen Mast und Bretter,
Und ich hüll mich in den Mantel,
Um zu schlafen wie die Götter.

LXV

Zu der Lauheit und der Flauheit
Deiner Seele paßte nicht
Meiner Liebe wilde Rauheit,
Die sich Bahn durch Felsen bricht.

Du, du liebtest die Chausseen
In der Liebe, und ich schau
Dich am Arm des Gatten gehen,
Eine brave, schwangre Frau.

LXXIII

In den Küssen welche Lüge!
Welche Wonne in dem Schein!
Ach, wie süß ist das Betrügen,
Süßer das Betrogensein!

Liebchen, wie du dich auch wehrest,
Weiß ich doch, was du erlaubst;
Glauben will ich, was du schwörest,
Schwören will ich, was du glaubst.

Zu
Aus der Harzreise

Aus Reisebilder. Erster Teil *(1826) nicht ins* Buch der Lieder *übernommen*

Steiget auf, ihr alten Träume!
Öffne dich, du Herzenstor!
Liederwonne, Wehmutstränen,
Strömen wunderbar hervor.

5   Durch die Tannen will ich schweifen,
Wo die muntre Quelle springt,
Wo die stolzen Hirsche wandeln,
Wo die liebe Drossel singt.

Auf die Berge will ich steigen,
10 Auf die schroffen Felsenhöhn,
Wo die grauen Schloßruinen
In dem Morgenlichte stehn.

Dorten setz ich still mich nieder
Und gedenke alter Zeit,
15 Alter blühender Geschlechter
Und versunkner Herrlichkeit.

Gras bedeckt jetzt den Turnierplatz,
Wo gekämpft der stolze Mann,
Der die Besten überwunden
20 Und des Kampfes Preis gewann.

Efeu rankt an dem Balkone,
Wo die schöne Dame stand,
Die den stolzen Überwinder
Mit den Augen überwand.

Ach! den Sieger und die Sieg'rin
Hat besiegt des Todes Hand. –
Jener dürre Sensenritter
Streckt uns alle in den Sand!

Zu
Die Nordsee

Aus Reisebilder. Zweiter Teil *(1827) nicht ins* Buch der Lieder *übernommen*

X
Seekrankheit

Die grauen Nachmittagswolken
Senken sich tiefer hinab auf das Meer,
Das ihnen dunkel entgegensteigt,
Und zwischendurch jagt das Schiff.

5 Seekrank sitz ich noch immer am Mastbaum,
Und mache Betrachtungen über mich selber,
Uralte, aschgraue Betrachtungen,
Die schon der Vater Loth gemacht,
Als er des Guten zuviel genossen,
10 Und sich nachher so übel befand.
Mitunter denk ich auch alter Geschichten:
Wie kreuzbezeichnete Pilger der Vorzeit,
Auf stürmischer Meerfahrt, das trostreiche Bildnis
Der heiligen Jungfrau gläubig küßten;
15 Wie kranke Ritter, in solcher Seenot,
Den lieben Handschuh ihrer Dame
An die Lippen preßten, gleich getröstet –
Ich aber sitze und kaue verdrießlich
Einen alten Hering, den salzigen Tröster
20 In Katzenjammer und Hundetrübsal!

Unterdessen kämpft das Schiff
Mit der wilden, wogenden Flut;
Wie'n bäumendes Schlachtroß stellt es sich jetzt

Auf das Hinterteil, daß das Steuer kracht,
Jetzt stürzt es kopfüber wieder hinab 25
In den heulenden Wasserschlund,
Dann wieder, wie sorglos liebematt,
Denkt es sich hinzulegen
An den schwarzen Busen der Riesenwelle,
Die mächtig heranbraust, 30
Und plötzlich, ein wüster Meerwasserfall,
In weißem Gekräusel zusammenstürzt,
Und mich selbst mit Schaum bedeckt.

Dieses Schwanken und Schweben und Schaukeln
Ist unerträglich! 35
Vergebens späht mein Auge und sucht
Die deutsche Küste. Doch ach! nur Wasser
Und abermals Wasser, bewegtes Wasser!

Wie der Winterwandrer des Abends sich sehnt
Nach einer warmen, innigen Tasse Tee, 40
So sehnt sich jetzt mein Herz nach dir,
Mein deutsches Vaterland!
Mag immerhin dein süßer Boden bedeckt sein
Mit Wahnsinn, Husaren, schlechten Versen
Und laulig dünnen Traktätchen; 45
Mögen immerhin deine Zebras
Mit Rosen sich mästen statt mit Disteln;
Mögen immerhin deine noblen Affen
In müßigem Putz sich vornehm spreitzen,
Und sich besser dünken als all das andre 50
Banausisch schwerhinwandelnde Hornvieh;
Mag immerhin deine Schneckenversammlung
Sich für unsterblich halten,
Weil sie so langsam dahinkriecht,
Und mag sie täglich Stimmen sammeln, 55
Ob den Maden des Käses der Käse gehört?
Und noch lange Zeit in Beratung ziehn,

Wie man die ägyptischen Schafe veredle,
Damit ihre Wolle sich bessre
Und der Hirt sie scheren könne wie andre,
Ohn Unterschied –
Immerhin, mag Torheit und Unrecht
Dich ganz bedecken, o Deutschland!
Ich sehne mich dennoch nach dir:
Denn wenigstens bist du doch festes Land.

Neue Gedichte

Neuer Frühling

Prolog

In Gemäldegalerien
Siehst du oft das Bild des Manns,
Der zum Kampfe wollte ziehen,
Wohlbewehrt mit Schild und Lanz.

5   Doch ihn necken Amoretten,
Rauben Lanze ihm und Schwert,
Binden ihn mit Blumenketten,
Wie er auch sich mürrisch wehrt.

So, in holden Hindernissen,
10 Wind ich mich mit Lust und Leid,
Während Andre kämpfen müssen
In dem großen Kampf der Zeit.

I

Unterm weißen Baume sitzend
Hörst du fern die Winde schrillen,
Siehst wie oben stumme Wolken
Sich in Nebeldecken hüllen;

5   Siehst, wie unten ausgestorben
Wald und Flur, wie kahl geschoren; –
Um dich Winter, in dir Winter,
Und dein Herz ist eingefroren.

Plötzlich fallen auf dich nieder
10 Weiße Flocken, und verdrossen
Meinst du schon mit Schneegestöber
Hab der Baum dich übergossen.

Doch es ist kein Schneegestöber,
Merkst es bald mit freudgem Schrecken;
Duftge Frühlingsblüten sind es, 15
Die dich necken und bedecken.

Welch ein schauersüßer Zauber!
Winter wandelt sich in Maie,
Schnee verwandelt sich in Blüten,
Und dein Herz es liebt aufs Neue. 20

II

In dem Walde sprießt und grünt es
Fast jungfräulich lustbeklommen;
Doch die Sonne lacht herunter:
Junger Frühling, sei willkommen!

Nachtigall! auch dich schon hör ich, 5
Wie du flötest seligtrübe
Schluchzend langgezogne Töne,
Und dein Lied ist lauter Liebe!

III

Die schönen Augen der Frühlingsnacht,
Sie schauen so tröstend nieder:
Hat dich die Liebe so kleinlich gemacht,
Die Liebe sie hebt dich wieder.

Auf grüner Linde sitzt und singt 5
Die süße Philomele;
Wie mir das Lied zur Seele dringt,
So dehnt sich wieder die Seele.

IV

Ich lieb eine Blume, doch weiß ich nicht welche;
Das macht mir Schmerz.
Ich schau in alle Blumenkelche,
Und such ein Herz.

Es duften die Blumen im Abendscheine,
Die Nachtigall schlägt.
Ich such ein Herz so schön wie das meine,
So schön bewegt.

Die Nachtigall schlägt, und ich verstehe
Den süßen Gesang;
Uns beiden ist so bang und wehe,
So weh und bang.

V

Gekommen ist der Maie,
Die Blumen und Bäume blühn,
Und durch die Himmelsbläue
Die rosigen Wolken ziehn.

Die Nachtigallen singen
Herab aus der laubigen Höh,
Die weißen Lämmer springen
Im weichen grünen Klee.

Ich kann nicht singen und springen,
Ich liege krank im Gras;
Ich höre fernes Klingen,
Mir träumt, ich weiß nicht was.

VI

Leise zieht durch mein Gemüt
Liebliches Geläute.
Klinge, kleines Frühlingslied,
Kling hinaus ins Weite.

Kling hinaus, bis an das Haus,
Wo die Blumen sprießen.
Wenn du eine Rose schaust,
Sag ich laß sie grüßen.

VII

Der Schmetterling ist in die Rose verliebt,
Umflattert sie tausendmal,
Ihn selber aber goldig zart,
Umflattert der liebende Sonnenstrahl.

Jedoch, in wen ist die Rose verliebt?
Das wüßt ich gar zu gern.
Ist es die singende Nachtigall?
Ist es der schweigende Abendstern?

Ich weiß nicht, in wen die Rose verliebt;
Ich aber lieb Euch all:
Rose, Schmetterling, Sonnenstrahl,
Abendstern und Nachtigall.

VIII

Es erklingen alle Bäume
Und es singen alle Nester –
Wer ist der Kapellenmeister
In dem grünen Waldorchester?

Ist es dort der graue Kibitz,
Der beständig nickt, so wichtig?
Oder der Pedant, der dorten
Immer kuckuckt, zeitmaßrichtig?

Ist es jener Storch, der ernsthaft,
Und als ob er dirigieret,
Mit dem langen Streckbein klappert,
Während alles musizieret?

Nein, in meinem eignen Herzen
Sitzt des Walds Kapellenmeister,
Und ich fühl wie er den Takt schlägt,
Und ich glaube Amor heißt er.

IX

»Im Anfang war die Nachtigall
Und sang das Wort: Züküht! Züküht!
Und wie sie sang, sproß überall
Grüngras, Violen, Apfelblüt.

Sie biß sich in die Brust, da floß
Ihr rotes Blut, und aus dem Blut
Ein schöner Rosenbaum entsproß;
Dem singt sie ihre Liebesglut.

Uns Vögel all in diesem Wald
Versöhnt das Blut aus jener Wund; 10
Doch wenn das Rosenlied verhallt
Geht auch der ganze Wald zugrund.«

So spricht zu seinem Spätzelein
Im Eichennest der alte Spatz;
Die Spätzin piepet manchmal drein, 15
Sie hockt auf ihrem Ehrenplatz.

Sie ist ein häuslich gutes Weib
Und brütet brav und schmollet nicht;
Der Alte gibt zum Zeitvertreib
Den Kindern Glaubensunterricht. 20

X

Es hat die warme Frühlingsnacht
Die Blumen hervorgetrieben,
Und nimmt mein Herz sich nicht in Acht,
So wird es sich wieder verlieben.

Doch welche von den Blumen alln 5
Wird mir das Herz umgarnen?
Es wollen die singenden Nachtigalln
Mich vor der Lilje warnen.

XI

Es drängt die Not, es läuten die Glocken,
Und ach! ich hab den Kopf verloren!
Der Frühling und zwei schöne Augen,
Sie haben sich wider mein Herz verschworen.

Der Frühling und zwei schöne Augen
Verlocken mein Herz in neue Betörung!
Ich glaube die Rosen und Nachtigallen
Sind tief verwickelt in dieser Verschwörung.

XII

Ach, ich sehne mich nach Tränen,
Liebestränen, schmerzenmild,
Und ich fürchte dieses Sehnen
Wird am Ende noch erfüllt.

Ach, der Liebe süßes Elend
Und der Liebe bittre Lust
Schleicht sich wieder, himmlisch quälend,
In die kaum genesne Brust.

XIII

Die blauen Frühlingsaugen
Schaun aus dem Gras hervor;
Das sind die lieben Veilchen,
Die ich zum Strauß erkor.

Ich pflücke sie und denke, 5
Und die Gedanken all,
Die mir im Herzen seufzen,
Singt laut die Nachtigall.

Ja, was ich denke, singt sie
Lautschmetternd, daß es schallt; 10
Mein zärtliches Geheimnis
Weiß schon der ganze Wald.

XIV

Wenn du mir vorüberwandelst,
Und dein Kleid berührt mich nur,
Jubelt dir mein Herz, und stürmisch
Folgt es deiner schönen Spur.

Dann drehst du dich um, und schaust mich 5
Mit den großen Augen an,
Und mein Herz ist so erschrocken,
Daß es kaum dir folgen kann.

XV

Die schlanke Wasserlilie
Schaut träumend empor aus dem See;
Da grüßt der Mond herunter
Mit lichtem Liebesweh.

Verschämt senkt sie das Köpfchen 5
Wieder hinab zu den Welln –
Da sieht sie zu ihren Füßen
Den armen blassen Geselln.

XVI

Wenn du gute Augen hast,
Und du schaust in meine Lieder,
Siehst du eine junge Schöne
Drinnen wandeln auf und nieder.

Wenn du gute Ohren hast,
Kannst du gar die Stimme hören,
Und ihr Seufzen, Lachen, Singen
Wird dein armes Herz betören.

Denn sie wird, mit Blick und Wort,
Wie mich selber dich verwirren;
Ein verliebter Frühlingsträumer
Wirst du durch die Wälder irren.

XVII

Was treibt dich umher, in der Frühlingsnacht?
Du hast die Blumen toll gemacht,
Die Veilchen, sie sind erschrocken!
Die Rosen, sie sind vor Scham so rot,
Die Liljen, sie sind so blaß wie der Tod,
Sie klagen und zagen und stocken!

O, lieber Mond, welch frommes Geschlecht
Sind doch die Blumen! Sie haben Recht,
Ich habe Schlimmes verbrochen!
Doch konnt ich wissen, daß sie gelauscht,
Als ich von glühender Liebe berauscht,
Mit den Sternen droben gesprochen?

XVIII

Mit deinen blauen Augen
Siehst du mich lieblich an,
Da wird mir so träumend zu Sinne,
Daß ich nicht sprechen kann.

An deine blauen Augen
Gedenk ich allerwärts; –
Ein Meer von blauen Gedanken
Ergießt sich über mein Herz.

XIX

Wieder ist das Herz bezwungen,
Und der öde Groll verrauchet,
Wieder zärtliche Gefühle
Hat der Mai mir eingehauchet.

Spät und früh durcheil ich wieder
Die besuchtesten Alleen,
Unter jedem Strohhut such ich
Meine Schöne zu erspähen.

Wieder an dem grünen Flusse,
Wieder steh ich an der Brücke –
Ach, vielleicht fährt sie vorüber,
Und mich treffen ihre Blicke.

Im Geräusch des Wasserfalles
Hör ich wieder leises Klagen,
Und mein schönes Herz versteht es,
Was die weißen Wellen sagen.

Wieder in verschlungnen Gängen
Hab ich träumend mich verloren,
Und die Vögel in den Büschen
Spotten des verliebten Toren.

XX

Die Rose duftet – doch ob sie empfindet
Das was sie duftet, ob die Nachtigall
Selbst fühlt, was sich durch unsre Seele windet,
Bei ihres Liedes süßem Widerhall; –

Ich weiß es nicht. Doch macht uns gar verdrießlich
Die Wahrheit oft! Und Ros und Nachtigall,
Erlögen sie auch das Gefühl, ersprießlich
Wär solche Lüge, wie in manchem Fall –.

XXI

Weil ich dich liebe, muß ich fliehend
Dein Antlitz meiden – zürne nicht.
Wie paßt dein Antlitz, schön und blühend,
Zu meinem traurigen Gesicht!

Weil ich dich liebe wird so bläßlich,
So elend mager mein Gesicht –
Du fändest mich am Ende häßlich –
Ich will dich meiden – zürne nicht.

XXII

Ich wandle unter Blumen
Und blühe selber mit;
Ich wandle wie im Traume,
Und schwanke bei jedem Schritt.

O, halt mich fest, Geliebte!
Vor Liebestrunkenheit
Fall ich dir sonst zu Füßen,
Und der Garten ist voller Leut.

XXIII

Wie des Mondes Abbild zittert
In den wilden Meereswogen,
Und er selber still und sicher
Wandelt an dem Himmelsbogen:

Also wandelst du, Geliebte,
Still und sicher, und es zittert
Nur dein Abbild mir im Herzen,
Weil mein eignes Herz erschüttert.

XXIV

Es haben unsre Herzen
Geschlossen die heilge Allianz;
Sie lagen fest an einander,
Und sie verstanden sich ganz.

Ach, nur die junge Rose,
Die deine Brust geschmückt,
Die arme Bundesgenossin,
Sie wurde fast zerdrückt.

XXV

Sag mir wer einst die Uhren erfund,
Die Zeitabteilung, Minuten und Stund'?
Das war ein frierend trauriger Mann.
Er saß in der Winternacht und sann,
Und zählte der Mäuschen heimliches Quicken
Und des Holzwurms ebenmäßiges Picken.

Sag mir wer einst das Küssen erfund?
Das war ein glühend glücklicher Mund;
Er küßte und dachte nichts dabei.
Es war im schönen Monat Mai,
Die Blumen sind aus der Erde gesprungen,
Die Sonne lachte, die Vögel sungen.

XXVI

Wie die Nelken duftig atmen!
Wie die Sterne, ein Gewimmel
Goldner Bienen, ängstlich schimmern
An dem veilchenblauen Himmel!

Aus dem Dunkel der Kastanien
Glänzt das Landhaus, weiß und lüstern,
Und ich hör die Glastür klirren
Und die liebe Stimme flüstern.

Holdes Zittern, süßes Beben,
Furchtsam zärtliches Umschlingen –
Und die jungen Rosen lauschen,
Und die Nachtigallen singen.

XXVII

Hab ich nicht dieselben Träume
Schon geträumt von diesem Glücke?
Waren's nicht dieselben Bäume,
Blumen, Küsse, Liebesblicke?

Schien der Mond nicht durch die Blätter
Unsrer Laube hier am Bache?
Hielten nicht die Marmorgötter
Vor dem Eingang stille Wache?

Ach! ich weiß wie sich verändern
Diese allzuholden Träume,
Wie mit kalten Schneegewändern
Sich umhüllen Herz und Bäume;

Wie wir selber dann erkühlen
Und uns fliehen und vergessen,
Wir, die jetzt so zärtlich fühlen,
Herz an Herz so zärtlich pressen.

XXVIII

Küsse, die man stiehlt im Dunkeln
Und im Dunkeln wiedergibt,
Solche Küsse wie beseelgen
Sie die Seele, wenn sie liebt!

Ahnend und erinnrungsüchtig,
Denkt die Seele sich dabei
Manches von vergangnen Tagen,
Und von Zukunft mancherlei.

        Doch das gar zu viele Denken
        Ist bedenklich, wenn man küßt; –
        Weine lieber, liebe Seele,
        Weil das Weinen leichter ist.

                         XXIX

        Es war ein alter König,
        Sein Herz war schwer, sein Haupt war grau;
        Der arme alte König,
        Er nahm eine junge Frau.

        Es war ein schöner Page,
        Blond war sein Haupt, leicht war sein Sinn;
        Er trug die seidne Schleppe
        Der jungen Königin.

        Kennst du das alte Liedchen?
        Es klingt so süß, es klingt so trüb!
        Sie mußten beide sterben,
        Sie hatten sich viel zu lieb.

                         XXX

        In meiner Erinnrung erblühen
        Die Bilder, die längst verwittert –
        Was ist in deiner Stimme,
        Das mich so tief erschüttert?

        Sag nicht, daß du mich liebst!
        Ich weiß, das Schönste auf Erden,
        Der Frühling und die Liebe,
        Es muß zu Schanden werden.

Sag nicht, daß du mich liebst!
Und küsse nur und schweige,
Und lächle, wenn ich dir morgen
Die welken Rosen zeige.

XXXI

»Mondscheintrunkne Lindenblüten,
Sie ergießen ihre Düfte,
Und von Nachtigallenliedern
Sind erfüllet Laub und Lüfte.

Lieblich läßt es sich, Geliebter,
Unter dieser Linde sitzen,
Wenn die goldnen Mondeslichter
Durch des Baumes Blätter blitzen.

Sieh dies Lindenblatt! du wirst es
Wie ein Herz gestaltet finden;
Darum sitzen die Verliebten
Auch am liebsten unter Linden.

Doch du lächelst, wie verloren
In entfernten Sehnsuchtträumen –
Sprich, Geliebter, welche Wünsche
Dir im lieben Herzen keimen?«

Ach, ich will es dir, Geliebte,
Gern bekennen, ach, ich möchte,
Daß ein kalter Nordwind plötzlich
Weißes Schneegestöber brächte;

Und daß wir, mit Pelz bedecket
Und im buntgeschmückten Schlitten,
Schellenklingelnd, Peitschenknallend,
Über Fluß und Fluren glitten.

XXXII

Durch den Wald, im Mondenscheine
Sah ich jüngst die Elfen reuten;
Ihre Hörner hört ich klingen,
Ihre Glöckchen hört ich läuten.

Ihre weißen Rößlein trugen
Güldnes Hirschgeweih und flogen
Rasch dahin, wie wilde Schwäne
Kam es durch die Luft gezogen.

Lächelnd nickte mir die Köngin,
Lächelnd, im Vorüberreuten.
Galt das meiner neuen Liebe,
Oder soll es Tod bedeuten?

XXXIII

Morgens send ich dir die Veilchen,
Die ich früh im Wald gefunden,
Und des Abends bring ich Rosen,
Die ich brach in Dämmrungstunden.

Weißt du was die hübschen Blumen
Dir Verblümtes sagen möchten?
Treu sein sollst du mir am Tage
Und mich lieben in den Nächten.

XXXIV

Der Brief, den du geschrieben,
Er macht mich gar nicht bang;
Du willst mich nicht mehr lieben,
Aber dein Brief ist lang.

Zwölf Seiten, eng und zierlich!
Ein kleines Manuskript!
Man schreibt nicht so ausführlich
Wenn man den Abschied gibt.

XXXV

Sorge nie, daß ich verrate
Meine Liebe vor der Welt,
Wenn mein Mund ob deiner Schönheit
Von Metaphern überquellt.

Unter einem Wald von Blumen
Liegt, in still verborgner Hut,
Jenes glühende Geheimnis,
Jene tief geheime Glut.

Sprühn einmal verdächtge Funken
Aus den Rosen – sorge nie!
Diese Welt glaubt nicht an Flammen
Und sie nimmt's für Poesie.

XXXVI

Wie die Tage macht der Frühling
Auch die Nächte mir erklingen;
Als ein grünes Echo kann er
Bis in meine Träume dringen.

Nur noch märchensüßer flöten
Dann die Vögel, durch die Lüfte
Weht es sanfter, sehnsuchtwilder
Steigen auf die Veilchendüfte.

Auch die Rosen blühen röter,
Eine kindlich güldne Glorie
Tragen sie, wie Engelköpfchen
Auf Gemälden der Historie –

Und mir selbst ist dann, als würd ich
Eine Nachtigall und sänge
Diesen Rosen meine Liebe,
Träumend sing ich Wunderklänge –

Bis mich weckt das Licht der Sonne,
Oder auch das holde Lärmen
Jener andren Nachtigallen,
Die vor meinem Fenster schwärmen.

XXXVII

Sterne mit den goldnen Füßchen
Wandeln droben bang und sacht,
Daß sie nicht die Erde wecken,
Die da schläft im Schoß der Nacht.

Horchend stehn die stummen Wälder,
Jedes Blatt ein grünes Ohr!
Und der Berg, wie träumend streckt er
Seinen Schattenarm hervor.

Doch was rief dort? In mein Herze
Dringt der Töne Widerhall.
War es der Geliebten Stimme,
Oder nur die Nachtigall?

XXXVIII

Ernst ist der Frühling, seine Träume
Sind traurig, jede Blume schaut
Von Schmerz bewegt, es bebt geheime
Wehmut im Nachtigallenlaut.

O lächle nicht, geliebte Schöne,
So freundlich heiter, lächle nicht!
O, weine lieber, eine Träne
Küß ich so gern dir vom Gesicht.

XXXIX

Schon wieder bin ich fortgerissen
Vom Herzen, das ich innig liebe,
Schon wieder bin ich fortgerissen –
O wüßtest du, wie gern ich bliebe.

Der Wagen rollt, es dröhnt die Brücke,
Der Fluß darunter fließt so trübe;
Ich scheide wieder von dem Glücke,
Vom Herzen, das ich innig liebe.

    Am Himmel jagen hin die Sterne,
    Als flöhen sie vor meinem Schmerze –
    Leb wohl, Geliebte! In der Ferne,
    Wo ich auch bin, blüht dir mein Herze.

XL

Die holden Wünsche blühen,
Und welken wieder ab,
Und blühen und welken wieder –
So geht es bis ans Grab.

Das weiß ich, und das vertrübet
Mir alle Lieb und Lust;
Mein Herz ist so klug und witzig,
Und verblutet in meiner Brust.

XLI

Wie ein Greisenantlitz droben
Ist der Himmel anzuschauen,
Roteinäugig und umwoben
Von dem Wolkenhaar, dem grauen.

Blickt er auf die Erde nieder
Müssen welken Blum und Blüte,
Müssen welken Lieb und Lieder
In dem menschlichen Gemüte.

XLII

Verdroßnen Sinn im kalten Herzen hegend,
Reis ich verdrießlich durch die kalte Welt,
Zu Ende geht der Herbst, ein Nebel hält
Feuchteingehüllt die abgestorbne Gegend.

Die Winde pfeifen, hin und her bewegend
Das rote Laub, das von den Bäumen fällt,
Es seufzt der Wald, es dampft das kahle Feld,
Nun kommt das Schlimmste noch, es regent.

XLIII

Spätherbstnebel, kalte Träume,
Überfloren Berg und Tal,
Sturm entblättert schon die Bäume,
Und sie schaun gespenstisch kahl.

Nur ein einzger, traurig schweigsam
Einzger Baum steht unentlaubt,
Feucht von Wehmutstränen gleichsam,
Schüttelt er sein grünes Haupt.

Ach, mein Herz gleicht dieser Wildnis,
Und der Baum, den ich dort schau
Sommergrün, das ist dein Bildnis,
Vielgeliebte, schöne Frau!

XLIV

Himmel grau und wochentäglich!
Auch die Stadt ist noch dieselbe!
Und noch immer blöd und kläglich
Spiegelt sie sich in der Elbe.

Lange Nasen, noch langweilig
Werden sie wie sonst geschneuzet,
Und das duckt sich noch scheinheilig,
Oder bläht sich, stolz gespreizet.

Schöner Süden! wie verehr ich
Deinen Himmel, deine Götter,
Seit ich diesen Menschenkehricht
Wiederseh, und dieses Wetter!

Verschiedene

Seraphine

I

Wandl ich in dem Wald des Abends,
In dem träumerischen Wald,
Immer wandelt mir zur Seite
Deine zärtliche Gestalt.

Ist es nicht dein weißer Schleier?
Nicht dein sanftes Angesicht?
Oder ist es nur der Mondschein,
Der durch Tannendunkel bricht?

Sind es meine eignen Tränen,
Die ich leise rinnen hör?
Oder gehst du, Liebste, wirklich
Weinend neben mir einher?

II

An dem stillen Meeresstrande
Ist die Nacht heraufgezogen,
Und der Mond bricht aus den Wolken,
Und es flüstert aus den Wogen:

Jener Mensch dort, ist er närrisch,
Oder ist er gar verliebet,
Denn er schaut so trüb und heiter,
Heiter und zugleich betrübet?

Doch der Mond der lacht herunter,
Und mit heller Stimme spricht er:
Jener ist verliebt und närrisch,
Und noch obendrein ein Dichter.

III

Das ist eine weiße Möwe,
Die ich dort flattern seh
Wohl über die dunklen Fluten;
Der Mond steht hoch in der Höh.

Der Haifisch und der Roche,
Die schnappen hervor aus der See,
Es hebt sich, es senkt sich die Möwe;
Der Mond steht hoch in der Höh.

O, liebe, flüchtige Seele,
Dir ist so bang und weh!
Zu nah ist dir das Wasser,
Der Mond steht hoch in der Höh.

IV

Daß du mich liebst, das wußt ich,
Ich hatt es längst entdeckt;
Doch als du mir's gestanden
Hat es mich tief erschreckt.

Ich stieg wohl auf die Berge
Und jubelte und sang;
Ich ging ans Meer und weinte
Beim Sonnenuntergang.

Mein Herz ist wie die Sonne
So flammend anzusehn,
Und in ein Meer von Liebe
Versinkt es groß und schön.

V

Wie neubegierig die Möwe
Nach uns herüberblickt,
Weil ich an deine Lippen
So fest mein Ohr gedrückt!

Sie möchte gerne wissen
Was deinem Mund entquillt,
Ob du mein Ohr mit Küssen
Oder mit Worten gefüllt?

Wenn ich nur selber wüßte
Was mir in die Seele zischt!
Die Worte und die Küsse
Sind wunderbar vermischt.

VI

Sie floh vor mir wie'n Reh so scheu,
Und wie ein Reh geschwinde;
Sie kletterte von Klipp' zu Klipp',
Ihr Haar das flog im Winde.

Wo sich zum Meer der Felsen senkt,
Da hab ich sie erreichet,
Da hab ich sanft mit sanftem Wort
Ihr sprödes Herz erweichet.

Hier saßen wir so himmelhoch,
Und auch so himmelselig;
Tief unter uns, ins dunkle Meer,
Die Sonne sank allmählig.

Tief unter uns, ins dunkle Meer,
Versank die schöne Sonne;
Die Wogen rauschten drüber hin,
Mit ungestümer Wonne.

O weine nicht, die Sonne liegt
Nicht tot in jenen Fluten;
Sie hat sich in mein Herz versteckt
Mit allen ihren Gluten.

VII

Auf diesem Felsen bauen wir
Die Kirche von dem dritten,
Dem dritten neuen Testament;
Das Leid ist ausgelitten.

Vernichtet ist das Zweierlei,
Das uns so lang betöret;
Die dumme Leiberquälerei
Hat endlich aufgehöret.

Hörst du den Gott im finstern Meer?
Mit tausend Stimmen spricht er.
Und siehst du über unserm Haupt
Die tausend Gotteslichter?

Der heilge Gott der ist im Licht
Wie in den Finsternissen;
Und Gott ist alles was da ist;
Er ist in unsern Küssen.

VIII

Graue Nacht liegt auf dem Meere
Und die kleinen Sterne glimmen.
Manchmal tönen in dem Wasser
Lange hingezogne Stimmen.

Dorten spielt der alte Nordwind
Mit den blanken Meereswellen,
Die wie Orgelpfeifen hüpfen,
Die wie Orgelpfeifen schwellen.

Heidnisch halb und halb auch kirchlich
Klingen diese Melodeien,
Steigen mutig in die Höhe,
Daß sich drob die Sterne freuen.

Und die Sterne, immer größer,
Glühen auf mit Lustgewimmel,
Und am Ende groß wie Sonnen
Schweifen sie umher am Himmel.

Zur Musik, die unten tönet,
Wirbeln sie die tollsten Weisen;
Sonnennachtigallen sind es,
Die dort oben strahlend kreisen.

Und das braust und schmettert mächtig,
Meer und Himmel hör ich singen,
Und ich fühle Riesenwollust
Stürmisch in mein Herze dringen.

IX

Schattenküsse, Schattenliebe,
Schattenleben, wandelbar!
Glaubst du, Närrin, alles bliebe
Unverändert, ewig wahr?

Was wir leiblich fest besessen
Schwindet hin, wie Träumerein,
Und die Herzen, die vergessen,
Und die Augen schlafen ein.

X

Das Fräulein stand am Meere
Und seufzte lang und bang,
Es rührte sie so sehre
Der Sonnenuntergang.

Mein Fräulein! sein Sie munter,
Das ist ein altes Stück;
Hier vorne geht sie unter
Und kehrt von hinten zurück.

XI

Mit schwarzen Segeln segelt mein Schiff
Wohl über das wilde Meer;
Du weißt wie sehr ich traurig bin
Und kränkst mich doch so schwer.

Dein Herz ist treulos wie der Wind
Und flattert hin und her;
Mit schwarzen Segeln segelt mein Schiff
Wohl über das wilde Meer.

XII

Wie schändlich du gehandelt,
Ich hab es den Menschen verhehlet,
Und bin hinausgefahren aufs Meer,
Und hab es den Fischen erzählet.

Ich laß dir den guten Namen
Nur auf dem festen Lande;
Aber im ganzen Ozean
Weiß man von deiner Schande.

XIII

Es ziehen die brausenden Wellen
Wohl nach dem Strand;
Sie schwellen und zerschellen
Wohl auf dem Sand.

Sie kommen groß und kräftig,
Ohn Unterlaß;
Sie werden endlich heftig –
Was hilft uns das?

XIV

Es ragt ins Meer der Runenstein,
Da sitz ich mit meinen Träumen.
Es pfeift der Wind, die Möwen schrein,
Die Wellen, die wandern und schäumen.

Ich habe geliebt manch schönes Kind
Und manchen guten Gesellen –
Wo sind sie hin? Es pfeift der Wind,
Es schäumen und wandern die Wellen.

XV

Das Meer erstrahlt im Sonnenschein,
Als ob es golden wär.
Ihr Brüder, wenn ich sterbe,
Versenkt mich in das Meer.

Hab immer das Meer so lieb gehabt,
Es hat mit sanfter Flut
So oft mein Herz gekühlet;
Wir waren einander gut.

Angelique

I

Nun der Gott mir günstig nicket
Soll ich schweigen wie ein Stummer,
Ich, der, als ich unbeglücket,
So viel sang von meinem Kummer,

Daß mir tausend arme Jungen
Gar verzweifelt nachgedichtet,
Und das Leid, das ich besungen,
Noch viel Schlimmres angerichtet!

O, Ihr Nachtigallenchöre,
Die ich trage in der Seele,
Daß man Eure Wonne höre,
Jubelt auf mit voller Kehle!

II

Wie rasch du auch vorüberschrittest
Noch einmal schautest du zurück,
Der Mund, wie fragend, kühngeöffnet,
Stürmischer Hochmut in dem Blick.

O, daß ich nie zu fassen suchte
Das weiße flüchtige Gewand!
Die holde Spur der kleinen Füße,
O, daß ich nie sie wiederfand!

Verschwunden ist ja deine Wildheit,
Bist wie die Andern zahm und klar,
Und sanft und unerträglich gütig,
Und ach! nun liebst du mich sogar!

III

Nimmer glaub ich, junge Schöne,
Was die spröde Lippe spricht;
Solche große schwarze Augen,
Solche hat die Tugend nicht.

Diese braungestreifte Lüge,
Streif sie ab; ich liebe dich.
Laß dein weißes Herz mich küssen –
Weißes Herz, verstehst du mich?

IV

Ich halte ihr die Augen zu
Und küß sie auf den Mund;
Nun läßt sie mich nicht mehr in Ruh,
Sie fragt mich um den Grund.

Von Abend spät bis Morgens fruh, 5
Sie fragt zu jeder Stund:
Was hältst du mir die Augen zu
Wenn du mir küßt den Mund?

Ich sag ihr nicht weshalb ich's tu,
Weiß selber nicht den Grund – 10
Ich halte ihr die Augen zu
Und küß sie auf den Mund.

V

Wenn ich, beseligt von schönen Küssen,
In deinen Armen mich wohl befinde,
Dann mußt du mir nie von Deutschland reden; –
Ich kann's nicht vertragen – es hat seine Gründe.

Ich bitte dich, laß mich mit Deutschland in Frieden! 5
Du mußt mich nicht plagen mit ewigen Fragen
Nach Heimat, Sippschaft und Lebensverhältnis; –
Es hat seine Gründe – ich kann's nicht vertragen.

Die Eichen sind grün, und blau sind die Augen
Der deutschen Frauen; sie schmachten gelinde 10
Und seufzen von Liebe, Hoffnung und Glauben; –
Ich kann's nicht vertragen – es hat seine Gründe.

VI

Während ich nach andrer Leute,
Andrer Leute Schätze spähe,
Und vor fremden Liebestüren
Schmachtend auf- und niedergehe:

Treibt's vielleicht die andren Leute
Hin und her an andrem Platze,
Und vor meinen eignen Fenstern
Äugeln sie mit meinem Schatze.

Das ist menschlich! Gott im Himmel
Schütze uns auf allen Wegen!
Gott im Himmel geb uns Allen,
Geb uns Allen Glück und Segen!

VII

Ja freilich du bist mein Ideal,
Hab's dir ja oft bekräftigt
Mit Küssen und Eiden sonder Zahl;
Doch heute bin ich beschäftigt.

Komm morgen zwischen zwei und drei,
Dann sollen neue Flammen
Bewähren meine Schwärmerei;
Wir essen nachher zusammen.

Wenn ich Billete bekommen kann
Bin ich sogar kapabel,
Dich in die Oper zu führen alsdann;
Man gibt Robert-le-Diable.

Es ist ein großes Zauberstück
Voll Teufelslust und Liebe;
Von Meyerbeer ist die Musik,
Der schlechte Text von Scribe.

VIII

Schaff mich nicht ab, wenn auch den Durst
Gelöscht der holde Trunk;
Behalt mich noch ein Vierteljahr,
Dann hab auch ich genung.

Kannst du nicht mehr Geliebte sein,
Sei Freundin mir sodann;
Hat man die Liebe durchgeliebt,
Fängt man die Freundschaft an.

IX

Dieser Liebe toller Fasching,
Dieser Taumel unsrer Herzen,
Geht zu Ende, und ernüchtert
Gähnen wir einander an!

Ausgetrunken ist der Kelch,
Der mit Sinnenrausch gefüllt war,
Schäumend, lodernd, bis am Rande;
Ausgetrunken ist der Kelch.

Es verstummen auch die Geigen,
Die zum Tanze mächtig spielten,
Zu dem Tanz der Leidenschaft;
Auch die Geigen, sie verstummen.

Es erlöschen auch die Lampen,
Die das wilde Licht ergossen
Auf den bunten Mummenschanz;
Auch die Lampen, sie erlöschen.

Morgen kommt der Aschenmittwoch,
Und ich zeichne deine Stirne
Mit dem Aschenkreuz und spreche:
Weib bedenke, daß du Staub bist.

Diana

I

Diese schönen Gliedermassen
Kolossaler Weiblichkeit
Sind jetzt, ohne Widerstreit,
Meinen Wünschen überlassen.

Wär ich, leidenschaftentzügelt,
Eigenkräftig ihr genaht,
Ich bereute solche Tat!
Ja, sie hätte mich geprügelt.

Welcher Busen, Hals und Kehle!
(Höher seh ich nicht genau.)
Eh ich ihr mich anvertrau,
Gott empfehl ich meine Seele.

II

Am Golfe von Biskaya
Hat sie den Tag erblickt;
Sie hat schon in der Wiege
Zwei junge Katzen erdrückt.

Sie lief mit bloßen Füßen
Wohl über die Pyrenäen;
Drauf ließ sie als junge Riesin
In Perpignan sich sehn.

Jetzt ist sie die größte Dame
Im Faubourg Saint-Denis;
Sie kostet dem kleinen Sir William
Schon dreizehntausend Louis.

III

Manchmal wenn ich bei Euch bin,
Großgeliebte, edle Doña,
Wie erinnernd schweift mein Sinn
Nach dem Marktplatz zu Bologna.

Dorten ist ein großer Brunn,
Fonte del Gigante heißt er,
Obendrauf steht ein Neptun
Von Johann, dem alten Meister.

Hortense

I

Ehmals glaubt ich, alle Küsse,
Die ein Weib uns gibt und nimmt,
Seien uns, durch Schicksalsschlüsse,
Schon urzeitlich vorbestimmt.

Küsse nahm ich und ich küßte
So mit Ernst in jener Zeit,
Als ob ich erfüllen müßte
Taten der Notwendigkeit.

Jetzo weiß ich, überflüssig,
Wie so manches, ist der Kuß,
Und mit leichtern Sinnen küß ich,
Glaubenlos im Überfluß.

II

Wir standen an der Straßeneck
Wohl über eine Stunde;
Wir sprachen voller Zärtlichkeit
Von unsrem Seelenbunde.

Wir sagten uns viel hundertmal
Daß wir einander lieben;
Wir standen an der Straßeneck,
Und sind da stehn geblieben.

Die Göttin der Gelegenheit,
Wie 'n Zöfchen, flink und heiter,
Kam sie vorbei und sah uns stehn,
Und lachend ging sie weiter.

III

In meinen Tagesträumen,
In meinem nächtlichen Wachen,
Stets klingt mir in der Seele
Dein allerliebstes Lachen.

Denkst du noch Montmorençis, 5
Wie du auf dem Esel rittest,
Und von dem hohen Sattel
Hinab in die Disteln glittest?

Der Esel blieb ruhig stehen,
Fing an die Disteln zu fressen – 10
Dein allerliebstes Lachen
Werde ich nie vergessen.

IV

(Sie spricht:)

Steht ein Baum im schönen Garten
Und ein Apfel hängt daran,
Und es ringelt sich am Aste
Eine Schlange, und ich kann
Von den süßen Schlangenaugen 5
Nimmer wenden meinen Blick,
Und das zischelt so verheißend
Und das lockt wie holdes Glück!

(Die Andre spricht:)

Dieses ist die Frucht des Lebens,
Koste ihre Süßigkeit, 10
Daß du nicht so ganz vergebens
Lebtest deine Lebenszeit!
Schönes Kindchen, fromme Taube,
Kost einmal und zittre nicht –
Folge meinem Rat und glaube 15
Was die kluge Muhme spricht.

V

Neue Melodien spiel ich
Auf der neugestimmten Zitter.
Alt ist der Text! Es sind die Worte
Salomos: das Weib ist bitter.

Ungetreu ist sie dem Freunde,
Wie sie treulos dem Gemahle!
Wermut sind die letzten Tropfen
In der Liebe Goldpokale.

Also wahr ist jene Sage
Von dem dunklen Sündenfluche,
Den die Schlange dir bereitet,
Wie es steht im alten Buche?

Kriechend auf dem Bauch, die Schlange,
Lauscht sie noch in allen Büschen,
Kost mit dir noch jetzt wie weiland,
Und du hörst sie gerne zischen.

Ach, es wird so kalt und dunkel!
Um die Sonne flattern Raben,
Und sie krächzen. Lust und Liebe
Ist auf lange jetzt begraben.

VI

Nicht lange täuschte mich das Glück,
Das du mir zugelogen,
Dein Bild ist wie ein falscher Traum
Mir durch das Herz gezogen.

Der Morgen kam, die Sonne schien,
Der Nebel ist zerronnen;
Geendigt hatten wir schon längst,
Eh wir noch kaum begonnen.

Clarisse

I

Meinen schönsten Liebesantrag
Suchst du ängstlich zu verneinen;
Frag ich dann: ob das ein Korb sei?
Fängst du plötzlich an zu weinen.

Selten bet ich, drum erhör mich,
Lieber Gott! Hilf dieser Dirne,
Trockne ihre süßen Tränen
Und erleuchte ihr Gehirne.

II

Überall wo du auch wandelst,
Schaust du mich zu allen Stunden,
Und jemehr du mich mißhandelst,
Treuer bleib ich dir verbunden.

Denn mich fesselt holde Bosheit,
Wie mich Güte stets vertrieben;
Willst du sicher meiner los sein,
Mußt du dich in mich verlieben.

III

Hol der Teufel deine Mutter,
Hol der Teufel deinen Vater,
Die so grausam mich verhindert
Dich zu schauen im Theater.

Denn sie saßen da und gaben,
Breitgeputzt, nur seltne Lücken,
Dich im Hintergrund der Loge,
Süßes Liebchen, zu erblicken.

Und sie saßen da und schauten
Zweier Liebenden Verderben,
Und sie klatschten großen Beifall
Als sie beide sahen sterben.

IV

Geh nicht durch die böse Straße
Wo die schönen Augen wohnen –
Ach! sie wollen allzugütig
Dich mit ihrem Blitz verschonen.

Grüßen allerliebst herunter
Aus dem hohen Fensterbogen,
Lächeln freundlich, (Tod und Teufel!)
Sind dir schwesterlich gewogen.

Doch du bist schon auf dem Wege,
Und vergeblich ist dein Ringen;
Eine ganze Brust voll Elend
Wirst du mit nach Hause bringen.

V

Es kommt zu spät, was du mir lächelst,
Was du mir seufzest, kommt zu spät!
Längst sind gestorben die Gefühle,
Die du so grausam einst verschmäht.

Zu spät kommt deine Gegenliebe!
Es fallen auf mein Herz herab
All deine heißen Liebesblicke,
Wie Sonnenstrahlen auf ein Grab.

*

Nur wissen möcht ich: wenn wir sterben,
Wohin dann unsre Seele geht?
Wo ist das Feuer, das erloschen?
Wo ist der Wind, der schon verweht?

Yolante und Marie

I

Diese Damen, sie verstehen
Wie man Dichter ehren muß:
Gaben mir ein Mittagessen,
Mir und meinem Genius.

Ach! die Suppe war vortrefflich,
Und der Wein hat mich erquickt,
Das Geflügel, das war göttlich,
Und der Hase war gespickt.

Sprachen, glaub ich, von der Dichtkunst,
Und ich wurde endlich satt;
Und ich dankte für die Ehre,
Die man mir erwiesen hat.

II

In welche soll ich mich verlieben,
Da beide liebenswürdig sind?
Ein schönes Weib ist noch die Mutter,
Die Tochter ist ein schönes Kind.

Die weißen, unerfahrnen Glieder,
Sie sind so rührend anzusehn!
Doch reizend sind geniale Augen,
Die unsre Zärtlichkeit verstehn.

Es gleicht mein Herz dem grauen Freunde,
Der zwischen zwei Gebündel Heu
Nachsinnlich grübelt, welch' von beiden
Das allerbeste Futter sei.

III

Die Flaschen sind leer, das Frühstück war gut,
Die Dämchen sind rosig erhitzet;
Sie lüften das Mieder mit Übermut,
Ich glaube sie sind bespitzet.

Die Schulter wie weiß, die Brüstchen wie nett!
Mein Herz erbebet vor Schrecken.
Nun werfen sie lachend sich aufs Bett,
Und hüllen sich ein mit den Decken.

Sie ziehen nun gar die Gardinen vor,
Und schnarchen am End um die Wette. 10
Da steh ich im Zimmer, ein einsamer Tor,
Betrachte verlegen das Bette.

IV

Jugend, die mir täglich schwindet,
Wird durch raschen Mut ersetzt,
Und mein kühnrer Arm umwindet
Noch viel schlankre Hüften jetzt.

Tat auch manche sehr erschrocken, 5
Hat sie doch sich bald gefügt;
Holder Zorn, verschämtes Stocken,
Wird von Schmeichelei besiegt.

Doch, wenn ich den Sieg genieße,
Fehlt das Beste mir dabei. 10
Ist es die verschwundne, süße,
Blöde Jugendeselei?

Emma

I

Er steht so starr wie ein Baumstamm,
In Hitz und Frost und Wind,
Im Boden wurzelt die Fußzeh,
Die Arme erhoben sind.

So quält sich Bagiratha lange,
Und Brama will enden sein Weh,
Er läßt den Ganges fließen
Herab von der Himmelshöh.

Ich aber, Geliebte, vergebens
Martre und quäl ich mich ab,
Aus deinen Himmelsaugen
Fließt mir kein Tropfen herab.

II

Vierundzwanzig Stunden soll ich
Warten auf das höchste Glück,
Das mir blinzelnd süß verkündet,
Blinzelnd süß der Seitenblick.

O! die Sprache ist so dürftig,
Und das Wort ein plumpes Ding;
Wird es ausgesprochen, flattert
Fort der schöne Schmetterling.

Doch der Blick, der ist unendlich,
Und er macht unendlich weit
Deine Brust, wie einen Himmel
Voll gestirnter Seligkeit.

III

Nicht mal einen einzgen Kuß,
Nach so monatlangem Lieben!
Und so bin ich Allerärmster
Trocknen Mundes stehn geblieben.

Einmal kam das Glück mir nah – 5
Schon konnt ich den Atem spüren –
Doch es flog vorüber – ohne
Mir die Lippen zu berühren.

IV

Emma, sage mir die Wahrheit:
Ward ich närrisch durch die Liebe?
Oder ist die Liebe selber
Nur die Folge meiner Narrheit?

Ach! mich quälet, teure Emma, 5
Außer meiner tollen Liebe,
Außer meiner Liebestollheit,
Obendrein noch dies Dilemma.

V

Bin ich bei dir, Zank und Not!
Und ich will mich fort begeben!
Doch das Leben ist kein Leben
Fern von dir, es ist der Tod.

Grübelnd lieg ich in der Nacht, 5
Zwischen Tod und Hölle wählend –
Ach! ich glaube dieses Elend
Hat mich schon verrückt gemacht.

VI

Schon mit ihren schlimmsten Schatten
Schleicht die böse Nacht heran;
Unsre Seelen sie ermatten,
Gähnend schauen wir uns an.

Du wirst alt und ich noch älter,
Unser Frühling ist verblüht.
Du wirst kalt und ich noch kälter,
Wie der Winter näher zieht.

Ach, das Ende ist so trübe!
Nach der holden Liebesnot,
Kommen Nöten ohne Liebe,
Nach dem Leben kommt der Tod.

Der Tannhäuser

Eine Legende

(Geschrieben 1836)

I

Ihr guten Christen laßt Euch nicht
Von Satans List umgarnen!
Ich sing Euch das Tannhäuserlied
Um Eure Seelen zu warnen.

Der edle Tannhäuser, ein Ritter gut, 5
Wollt Lieb und Lust gewinnen,
Da zog er in den Venusberg,
Blieb sieben Jahre drinnen.

»Frau Venus, meine schöne Frau,
Leb wohl, mein holdes Leben! 10
Ich will nicht länger bleiben bei dir,
Du sollst mir Urlaub geben.«

»Tannhäuser, edler Ritter mein,
Hast heut mich nicht geküsset;
Küß mich geschwind, und sage mir: 15
Was du bei mir vermisset?

Habe ich nicht den süßesten Wein
Tagtäglich dir kredenzet?
Und hab ich nicht mit Rosen dir
Tagtäglich das Haupt bekränzet?« 20

»Frau Venus, meine schöne Frau,
Von süßem Wein und Küssen
Ist meine Seele geworden krank;
Ich schmachte nach Bitternissen.

25 Wir haben zuviel gescherzt und gelacht,
Ich sehne mich nach Tränen,
Und statt mit Rosen möcht ich mein Haupt
Mit spitzigen Dornen krönen.«

»Tannhäuser, edler Ritter mein,
30 Du willst dich mit mir zanken;
Du hast geschworen viel tausendmal,
Niemals von mir zu wanken.

Komm laß uns in die Kammer gehn,
Zu spielen der heimlichen Minne;
35 Mein schöner liljenweißer Leib
Erheitert deine Sinne.«

»Frau Venus, meine schöne Frau,
Dein Reiz wird ewig blühen;
Wie viele einst für dich geglüht,
40 So werden noch viele glühen.

Doch denk ich der Götter und Helden die einst
Sich zärtlich daran geweidet,
Dein schöner liljenweißer Leib,
Er wird mir schier verleidet.

45 Dein schöner liljenweißer Leib
Erfüllt mich fast mit Entsetzen,
Gedenk ich, wie viele werden sich
Noch späterhin dran ergetzen!«

»Tannhäuser, edler Ritter mein,
50 Das sollst du mir nicht sagen,
Ich wollte lieber du schlügest mich,
Wie du mich oft geschlagen.

Ich wollte lieber du schlügest mich,
Als daß du Beleidigung sprächest,
Und mir, undankbar kalter Christ, 55
Den Stolz im Herzen brächest.

Weil ich dich geliebet gar zu sehr,
Hör ich nun solche Worte –
Leb wohl, ich gebe Urlaub dir,
Ich öffne dir selber die Pforte.« 60

II

Zu Rom, zu Rom, in der heiligen Stadt,
Da singt es und klingelt und läutet;
Da zieht einher die Prozession,
Der Papst in der Mitte schreitet.

Das ist der fromme Papst Urban, 65
Er trägt die dreifache Krone,
Er trägt ein rotes Purpurgewand,
Die Schleppe tragen Barone.

»O heiliger Vater, Papst Urban,
Ich laß dich nicht von der Stelle, 70
Du hörest zuvor meine Beichte an,
Du rettest mich von der Hölle!«

Das Volk es weicht im Kreis zurück,
Es schweigen die geistlichen Lieder: –
Wer ist der Pilger bleich und wüst, 75
Vor dem Papste kniet er nieder?

»O heiliger Vater, Papst Urban,
Du kannst ja binden und lösen,
Errette mich von der Höllenqual
Und von der Macht des Bösen. 80

Ich bin der edle Tannhäuser genannt,
Wollt Lieb und Lust gewinnen,
Da zog ich in den Venusberg,
Blieb sieben Jahre drinnen.

85 Frau Venus ist eine schöne Frau,
Liebreizend und anmutreiche;
Wie Sonnenschein und Blumenduft
Ist ihre Stimme, die weiche.

Wie der Schmetterling flattert um eine Blum,
90 Am zarten Kelch zu nippen,
So flattert meine Seele stets
Um ihre Rosenlippen.

Ihr edles Gesicht umringeln wild
Die blühend schwarzen Locken;
95 Schaun dich die großen Augen an,
Wird dir der Atem stocken.

Schaun dich die großen Augen an,
So bist du wie angekettet;
Ich habe nur mit großer Not
100 Mich aus dem Berg gerettet.

Ich hab mich gerettet aus dem Berg,
Doch stets verfolgen die Blicke
Der schönen Frau mich überall,
Sie winken: komm zurücke!

105 Ein armes Gespenst bin ich am Tag,
Des Nachts mein Leben erwachet,
Dann träum ich von meiner schönen Frau,
Sie sitzt bei mir und lachet.

Sie lacht so gesund, so glücklich, so toll,
Und mit so weißen Zähnen! 110
Wenn ich an dieses Lachen denk,
So weine ich plötzliche Tränen.

Ich liebe sie mit Allgewalt,
Nichts kann die Liebe hemmen!
Das ist wie ein wilder Wasserfall, 115
Du kannst seine Fluten nicht dämmen;

Er springt von Klippe zu Klippe herab,
Mit lautem Tosen und Schäumen,
Und bräch er tausendmal den Hals,
Er wird im Laufe nicht säumen. 120

Wenn ich den ganzen Himmel besäß,
Frau Venus schenkt ich ihn gerne;
Ich gäb ihr die Sonne, ich gäb ihr den Mond,
Ich gäbe ihr sämtliche Sterne.

Ich liebe sie mit Allgewalt, 125
Mit Flammen, die mich verzehren, –
Ist das der Hölle Feuer schon,
Die Gluten, die ewig währen?

O, heiliger Vater, Papst Urban,
Du kannst ja binden und lösen! 130
Errette mich von der Höllenqual
Und von der Macht des Bösen.«

Der Papst hub jammernd die Händ empor,
Hub jammernd an zu sprechen:
»Tannhäuser, unglückseliger Mann, 135
Der Zauber ist nicht zu brechen.

> Der Teufel, den man Venus nennt,
> Er ist der Schlimmste von allen;
> Erretten kann ich dich nimmermehr
> Aus seinen schönen Krallen.
>
> Mit deiner Seele mußt du jetzt
> Des Fleisches Lust bezahlen,
> Du bist verworfen, du bist verdammt
> Zu ewigen Höllenqualen.«

III

Der Ritter Tannhäuser er wandelt so rasch,
Die Füße, die wurden ihm wunde.
Er kam zurück in den Venusberg
Wohl um die Mitternachtstunde.

Frau Venus erwachte aus dem Schlaf,
Ist schnell aus dem Bette gesprungen;
Sie hat mit ihrem weißen Arm
Den geliebten Mann umschlungen.

Aus ihrer Nase rann das Blut,
Den Augen die Tränen entflossen;
Sie hat mit Tränen und Blut das Gesicht
Des geliebten Mannes begossen.

Der Ritter legte sich ins Bett,
Er hat kein Wort gesprochen.
Frau Venus in die Küche ging,
Um ihm eine Suppe zu kochen.

Sie gab ihm Suppe, sie gab ihm Brod,
Sie wusch seine wunden Füße,
Sie kämmte ihm das struppige Haar,
Und lachte dabei so süße.

»Tannhäuser, edler Ritter mein, 165
Bist lange ausgeblieben,
Sag an, in welchen Landen du dich
So lange herumgetrieben?«

»Frau Venus, meine schöne Frau,
Ich hab in Welschland verweilet; 170
Ich hatte Geschäfte in Rom und bin
Schnell wieder hierher geeilet.

Auf sieben Hügeln ist Rom gebaut,
Die Tiber tut dorten fließen;
Auch hab ich in Rom den Papst gesehn, 175
Der Papst er läßt dich grüßen.

Auf meinem Rückweg sah ich Florenz,
Bin auch durch Mailand gekommen,
Und bin alsdann mit raschem Mut
Die Schweiz hinaufgeklommen. 180

Und als ich über die Alpen zog
Da fing es an zu schneien,
Die blauen Seen die lachten mich an,
Die Adler krächzen und schreien.

Und als ich auf dem Sankt-Gotthardt stand, 185
Da hört ich Deutschland schnarchen;
Es schlief da unten in sanfter Hut
Von sechsunddreißig Monarchen.

In Schwaben besah ich die Dichterschul,
Gar liebe Geschöpfchen und Tröpfchen! 190
Auf kleinen Kackstühlchen saßen sie dort,
Fallhütchen auf den Köpfchen.

Zu Frankfurt kam ich am Schabbes an,
Und aß dort Schalet und Klöse;
Ihr habt die beste Religion,
Auch lieb ich das Gänsegekröse.

In Dresden sah ich einen Hund,
Der einst gehört zu den Bessern,
Doch fallen ihm jetzt die Zähne aus,
Er kann nur bellen und wässern.

Zu Weimar, dem Musenwitwensitz,
Da hört ich viel Klagen erheben,
Man weinte und jammerte: Goethe sei tot
Und Eckermann sei noch am Leben!

Zu Potsdam vernahm ich ein lautes Geschrei –
Was gibt es? rief ich verwundert.
»Das ist der Gans in Berlin, der liest
Dort über das letzte Jahrhundert.«

Zu Göttingen blüht die Wissenschaft,
Doch bringt sie keine Früchte.
Ich kam dort durch in stockfinstrer Nacht,
Sah nirgendswo ein Lichte.

Zu Celle im Zuchthaus sah ich nur
Hannoveraner – O Deutsche!
Uns fehlt ein Nationalzuchthaus
Und eine gemeinsame Peitsche!

Zu Hamburg frug ich: warum so sehr
Die Straßen stinken täten?
Doch Juden und Christen versicherten mir,
Das käme von den Fleeten.

Zu Hamburg, in der guten Stadt,
Wohnt mancher schlechte Geselle;
Und als ich auf die Börse kam,
Ich glaubte ich wär noch in Celle.

Zu Hamburg sah ich Altona,
Ist auch eine schöne Gegend;
Ein andermal erzähl ich Dir
Was mir alldort begegent.«

Schöpfungslieder

I

Im Beginn schuf Gott die Sonne,
Dann die nächtlichen Gestirne;
Hierauf schuf er auch die Ochsen,
Aus dem Schweiße seiner Stirne.

Später schuf er wilde Bestien,
Löwen mit den grimmen Tatzen;
Nach des Löwen Ebenbilde
Schuf er hübsche kleine Katzen.

Zur Bevölkerung der Wildnis
Ward hernach der Mensch erschaffen;
Nach des Menschen holdem Bildnis
Schuf er intressante Affen.

Satan sah dem zu und lachte:
Ei, der Herr kopiert sich selber!
Nach dem Bilde seiner Ochsen
Macht er noch am Ende Kälber!

II

Und der Gott sprach zu dem Teufel:
Ich der Herr kopier mich selber,
Nach der Sonne mach ich Sterne,
Nach den Ochsen mach ich Kälber,
Nach den Löwen mit den Tatzen
Mach ich kleine liebe Katzen,
Nach den Menschen mach ich Affen;
Aber du kannst gar nichts schaffen.

III

Ich hab mir zu Ruhm und Preis erschaffen
Die Menschen, Löwen, Ochsen, Sonne;
Doch Sterne, Kälber, Katzen, Affen,
Erschuf ich zu meiner eigenen Wonne.

IV

Kaum hab ich die Welt zu schaffen begonnen,
In einer Woche war's abgetan.
Doch hatt ich vorher tief ausgesonnen
Jahrtausendlang den Schöpfungsplan.

Das Schaffen selbst ist eitel Bewegung, 5
Das stümpert sich leicht in kurzer Frist;
Jedoch der Plan, die Überlegung,
Das zeigt erst wer ein Künstler ist.

Ich hab allein dreihundert Jahre
Tagtäglich drüber nachgedacht, 10
Wie man am besten Doctores Juris
Und gar die kleinen Flöhe macht.

V

Sprach der Herr am sechsten Tage:
Hab am Ende nun vollbracht
Diese große, schöne Schöpfung,
Und hab alles gut gemacht.

Wie die Sonne rosengoldig 5
In dem Meere widerstrahlt!
Wie die Bäume grün und glänzend!
Ist nicht Alles wie gemalt?

>   Sind nicht weiß wie Alabaster
> 10 Dort die Lämmchen auf der Flur?
>   Ist sie nicht so schön vollendet
>   Und natürlich die Natur?
>
>   Erd und Himmel sind erfüllet
>   Ganz von meiner Herrlichkeit,
> 15 Und der Mensch er wird mich loben
>   Bis in alle Ewigkeit!

VI

>   Der Stoff, das Material des Gedichts,
>   Das saugt sich nicht aus dem Finger;
>   Kein Gott erschafft die Welt aus Nichts,
>   So wenig, wie irdische Singer.
>
> 5   Aus vorgefundenem Urweltsdreck
>   Erschuf ich die Männerleiber,
>   Und aus dem Männerrippenspeck
>   Erschuf ich die schönen Weiber.
>
>   Den Himmel erschuf ich aus der Erd
> 10 Und Engel aus Weiberentfaltung;
>   Der Stoff gewinnt erst seinen Wert
>   Durch künstlerische Gestaltung.

VII

>   Warum ich eigentlich erschuf
>   Die Welt, ich will es gern bekennen:
>   Ich fühlte in der Seele brennen
>   Wie Flammenwahnsinn, den Beruf.

Krankheit ist wohl der letzte Grund
Des ganzen Schöpferdrangs gewesen;
Erschaffend konnte ich genesen,
Erschaffend wurde ich gesund.

Friedrike

(1823)

I

Verlaß Berlin, mit seinem dicken Sande,
Und dünnen Tee, und überwitzen Leuten,
Die Gott und Welt, und was sie selbst bedeuten,
Begriffen längst mit Hegelschem Verstande.

Komm mit nach Indien, nach dem Sonnenlande,
Wo Ambrablüten ihren Duft verbreiten,
Die Pilgerscharen nach dem Ganges schreiten,
Andächtig und im weißen Festgewande.

Dort, wo die Palmen wehn, die Wellen blinken,
Am heilgen Ufer Lotosblumen ragen
Empor zu Indras Burg, der ewig blauen;

Dort will ich gläubig vor dir niedersinken,
Und deine Füße drücken, und dir sagen:
Madame! Sie sind die schönste aller Frauen!

II

Der Ganges rauscht, mit klugen Augen schauen
Die Antilopen aus dem Laub, sie springen
Herbei mutwillig, ihre bunten Schwingen
Entfaltend wandeln stolzgespreizte Pfauen.

Tief aus dem Herzen der bestrahlten Auen
Blumengeschlechter, viele neue, dringen,
Sehnsuchtberauscht ertönt Kokilas Singen –
Ja, du bist schön, du schönste aller Frauen!

Gott Kama lauscht aus allen deinen Zügen,
Er wohnt in deines Busens weißen Zelten,
Und haucht aus dir die lieblichsten Gesänge;

Ich sah Wassant auf deinen Lippen liegen,
In deinem Aug entdeck ich neue Welten,
Und in der eignen Welt wird's mir zu enge.

III

Der Ganges rauscht, der große Ganges schwillt,
Der Himalaya strahlt im Abendscheine,
Und aus der Nacht der Banianenhaine,
Die Elefantenherde stürzt und brüllt –

Ein Bild! Ein Bild! Mein Pferd für 'n gutes Bild!
Womit ich dich vergleiche, Schöne, Feine,
Dich Unvergleichliche, dich Gute, Reine,
Die mir das Herz mit heitrer Lust erfüllt!

Vergebens siehst du mich nach Bildern schweifen,
Und siehst mich mit Gefühl und Reimen ringen, –
Und, ach! du lächelst gar ob meiner Qual!

Doch lächle nur! Denn wenn du lächelst, greifen
Gandarven nach der Zither, und sie singen
Dort oben in dem goldnen Sonnensaal.

Katharina

I

Ein schöner Stern geht auf in meiner Nacht,
Ein Stern, der süßen Trost herniederlacht
Und neues Leben mir verspricht –
O, lüge nicht!

Gleichwie das Meer dem Mond entgegenschwillt,
So flutet meine Seele, froh und wild,
Empor zu deinem holden Licht –
O, lüge nicht!

II

»Wollen Sie ihr nicht vorgestellt sein?«
Flüsterte mir die Herzogin. –
»Bei Leibe nicht, ich müßt ein Held sein,
Ihr Anblick schon wirrt mir den Sinn.«

Das schöne Weib macht mich erbeben!
Es ahnet mir, in ihrer Näh
Beginnt für mich ein neues Leben,
Mit neuer Lust, mit neuem Weh.

Es hält wie Angst mich von ihr ferne,
Es treibt mich Sehnsucht hin zu ihr!
Wie meines Schicksals wilde Sterne
Erscheinen diese Augen mir.

Die Stirn ist klar. Doch es gewittert
Dahinter schon der künftge Blitz,
Der künftge Sturm, der mich erschüttert
Bis in der Seele tiefsten Sitz.

Der Mund ist fromm. Doch mit Entsetzen
Unter den Rosen seh ich schon
Die Schlangen, die mich einst verletzen
Mit falschem Kuß, mit süßem Hohn. 20

Die Sehnsucht treibt. – Ich muß mich näh'ren
Dem holden, unheilschwangern Ort –
Schon kann ich ihre Stimme hören –
Klingende Flamme ist ihr Wort.

Sie fragt: »Monsieur, wie ist der Name 25
Der Sängerin, die eben sang?«
Stotternd antworte ich der Dame:
»Hab nichts gehört von dem Gesang.«

III

Wie Merlin, der eitle Weise,
Bin ich armer Nekromant
Nun am Ende festgebannt
In die eignen Zauberkreise.

Festgebannt zu ihren Füßen 5
Lieg ich nun, und immerdar
Schau ich in ihr Augenpaar;
Und die Stunden, sie verfließen.

Stunden, Tage, ganze Wochen,
Sie verfließen wie ein Traum, 10
Was ich rede, weiß ich kaum,
Weiß auch nicht, was sie gesprochen.

Manchmal ist mir, als berühren
Ihre Lippen meinen Mund –
Bis in meiner Seele Grund 15
Kann ich dann die Flammen spüren.

IV

Du liegst mir so gern im Arme,
Du liegst mir am Herzen so gern!
Ich bin dein ganzer Himmel,
Du bist mein liebster Stern.

Tief unter uns da wimmelt
Das närrische Menschengeschlecht;
Sie schreien und wüten und schelten,
Und haben alle Recht.

Sie klingeln mit ihren Kappen
Und zanken ohne Grund;
Mit ihren Kolben schlagen
Sie sich die Köpfe wund.

Wie glücklich sind wir beide,
Daß wir von ihnen so fern –
Du birgst in deinem Himmel
Das Haupt, mein liebster Stern!

V

Ich liebe solche weiße Glieder,
Der zarten Seele schlanke Hülle,
Wildgroße Augen und die Stirne
Umwogt von schwarzer Lockenfülle!

Du bist so recht die rechte Sorte,
Die ich gesucht in allen Landen;
Auch meinen Wert hat Euresgleichen
So recht zu würdigen verstanden.

Du hast an mir den Mann gefunden
Wie du ihn brauchst. Du wirst mich reichlich   10
Beglücken mit Gefühl und Küssen,
Und dann verraten, wie gebräuchlich.

VI

Der Frühling schien schon an dem Tor
Mich freundlich zu erwarten.
Die ganze Gegend steht im Flor
Als wie ein Blumengarten.

Die Liebste sitzt an meiner Seit   5
Im rasch hinrollenden Wagen;
Sie schaut mich an voll Zärtlichkeit,
Ihr Herz, das fühl ich schlagen.

Das trillert und duftet so sonnenvergnügt!
Das blinkt im grünen Geschmeide!   10
Sein weißes Blütenköpfchen wiegt
Der junge Baum mit Freude.

Die Blumen schaun aus der Erd hervor,
Betrachten, neugierigen Blickes,
Das schöne Weib, das ich erkor,   15
Und mich, den Mann des Glückes.

Vergängliches Glück! Schon morgen klirrt
Die Sichel über den Saaten,
Der holde Frühling verwelken wird,
Das Weib wird mich verraten.   20

VII

Jüngstens träumte mir: spazieren
In dem Himmelreiche ging ich,
Ich mit dir – denn ohne dich
Wär der Himmel eine Hölle.

Dort sah ich die Auserwählten,
Die Gerechten und die Frommen,
Die auf Erden ihren Leib
Für der Seele Heil gepeinigt:

Kirchenväter und Apostel,
Eremiten, Kapuziner,
Alte Käutze, einge junge –
Letztre sahn noch schlechter aus!

Lange heilige Gesichter,
Breite Glatzen, graue Bärte,
(Drunter auch verschiedne Juden), –
Gingen streng an uns vorüber,

Warfen keinen Blick nach dir,
Ob du gleich, mein schönes Liebchen,
Tändelnd mir am Arme hingest,
Tändelnd, lächelnd, kokettierend!

Nur ein Einzger sah dich an,
Und es war der einzge schöne,
Schöne Mann in dieser Schar;
Wunderherrlich war sein Antlitz.

Menschengüte um die Lippen,
Götterruhe in den Augen,
Wie auf Magdalenen einst
Schaute Jener auf dich nieder.

Ach! ich weiß, er meint es gut –
Keiner ist so rein und edel – 30
Aber ich, ich wurde dennoch
Wie von Eifersucht berühret –

Und ich muß gestehn, es wurde
Mir im Himmel unbehaglich –
Gott verzeih mir's! mich genierte 35
Unser Heiland, Jesus Christus.

VIII

Ein jeder hat zu diesem Feste
Sein liebes Liebchen mitgebracht,
Und freut sich der blühenden Sommernacht; –
Ich wandle allein, mir fehlt das Beste.

Ich wandle allein gleich einem Kranken! 5
Ich fliehe die Lust, ich fliehe den Tanz
Und die schöne Musik und den Lampenglanz; –
In England sind meine Gedanken.

Ich breche Rosen, ich breche Nelken,
Zerstreuten Sinnes und kummervoll; 10
Ich weiß nicht, wem ich sie geben soll; –
Mein Herz und die Blumen verwelken.

IX

Gesanglos war ich und beklommen
So lange Zeit – nun dicht ich wieder!
Wie Tränen, die uns plötzlich kommen,
So kommen plötzlich auch die Lieder.

Melodisch kann ich wieder klagen
Von großem Lieben, größerm Leiden,
Von Herzen, die sich schlecht vertragen
Und dennoch brechen wenn sie scheiden.

Manchmal ist mir, als fühlt ich wehen
Über dem Haupt die deutschen Eichen –
Sie flüstern gar von Wiedersehen –
Das sind nur Träume – sie verbleichen.

Manchmal ist mir, als hört ich singen
Die alten, deutschen Nachtigallen –
Wie mich die Töne sanft umschlingen! –
Das sind nur Träume – sie verhallen.

Wo sind die Rosen, deren Liebe
Mich einst beglückt? – All ihre Blüte
Ist längst verwelkt! – Gespenstisch trübe
Spukt noch ihr Duft mir im Gemüte.

In der Fremde

I

Es treibt dich fort von Ort zu Ort,
Du weißt nicht mal warum;
Im Winde klingt ein sanftes Wort,
Schaust dich verwundert um.

Die Liebe, die dahinten blieb,
Sie ruft dich sanft zurück:
O komm zurück, ich hab dich lieb,
Du bist mein einzges Glück!

Doch weiter, weiter, sonder Rast,
Du darfst nicht stille stehn.
Was du so sehr geliebet hast
Sollst du nicht wiedersehn.

II

Du bist ja heut so grambefangen,
Wie ich dich lange nicht geschaut!
Es perlet still von deinen Wangen,
Und deine Seufzer werden laut.

Denkst du der Heimat, die so ferne,
So nebelferne dir verschwand?
Gestehe mir's, du wärest gerne
Manchmal im teuren Vaterland.

Denkst du der Dame, die so niedlich
Mit kleinem Zürnen dich ergötzt?
Oft zürntest du, dann ward sie friedlich,
Und immer lachtet ihr zuletzt.

Denkst du der Freunde, die da sanken
An deine Brust, in großer Stund?
Im Herzen stürmten die Gedanken,
Jedoch verschwiegen blieb der Mund.

Denkst du der Mutter und der Schwester?
Mit beiden standest du ja gut.
Ich glaube gar es schmilzt, mein Bester,
In deiner Brust der wilde Mut!

Denkst du der Vögel und der Bäume
Des schönen Gartens, wo du oft
Geträumt der Liebe junge Träume,
Wo du gezagt, wo du gehofft?

Es ist schon spät. Die Nacht ist helle,
Trübhell gefärbt vom feuchten Schnee.
Ankleiden muß ich mich nun schnelle
Und in Gesellschaft gehn. O weh!

III

Ich hatte einst ein schönes Vaterland.
Der Eichenbaum
Wuchs dort so hoch, die Veilchen nickten sanft.
Es war ein Traum.

Das küßte mich auf deutsch, und sprach auf deutsch
(Man glaubt es kaum
Wie gut es klang) das Wort: »ich liebe dich!«
Es war ein Traum.

Tragödie

I

Entflieh mit mir und sei mein Weib,
Und ruh an meinem Herzen aus;
Fern in der Fremde sei mein Herz
Dein Vaterland und Vaterhaus.

Gehst du nicht mit, so sterb ich hier
Und du bist einsam und allein;
Und bleibst du auch im Vaterhaus,
Wirst doch wie in der Fremde sein.

II
(Dieses ist ein wirkliches Volkslied,
welches ich am Rheine gehört.)

Es fiel ein Reif in der Frühlingsnacht,
Er fiel auf die zarten Blaublümelein,
Sie sind verwelket, verdorret.

Ein Jüngling hatte ein Mädchen lieb,
Sie flohen heimlich von Hause fort,
Es wußt weder Vater noch Mutter.

Sie sind gewandert hin und her,
Sie haben gehabt weder Glück noch Stern,
Sie sind verdorben, gestorben.

III

Auf ihrem Grab da steht eine Linde,
Drin pfeifen die Vögel und Abendwinde,
Und drunter sitzt, auf dem grünen Platz,
Der Müllersknecht mit seinem Schatz.

Die Winde die wehen so lind und so schaurig,
Die Vögel die singen so süß und so traurig,
Die schwatzenden Buhlen, die werden stumm,
Sie weinen und wissen selbst nicht warum.

Romanzen

I
Ein Weib

Sie hatten sich beide so herzlich lieb,
Spitzbübin war sie, er war ein Dieb.
Wenn er Schelmenstreiche machte,
Sie warf sich aufs Bett und lachte.

5 Der Tag verging in Freud und Lust,
Des Nachts lag sie an seiner Brust.
Als man ins Gefängnis ihn brachte,
Sie stand am Fenster und lachte.

Er ließ ihr sagen: O komm zu mir,
10 Ich sehne mich so sehr nach dir,
Ich rufe nach dir, ich schmachte –
Sie schüttelt' das Haupt und lachte.

Um sechse des Morgens ward er gehenkt,
Um sieben ward er ins Grab gesenkt;
15 Sie aber schon um achte
Trank roten Wein und lachte.

II
Frühlingsfeier

Das ist des Frühlings traurige Lust!
Die blühenden Mädchen, die wilde Schar,
Sie stürmen dahin, mit flatterndem Haar
Und Jammergeheul und entblößter Brust: –
5   Adonis! Adonis!

Es sinkt die Nacht. Bei Fackelschein,
Sie suchen hin und her im Wald,
Der angstverwirret widerhallt
Von Weinen und Lachen und Schluchzen und Schrein:
    Adonis! Adonis!   10

Das wunderschöne Jünglingsbild,
Es liegt am Boden blaß und tot,
Das Blut färbt alle Blumen rot,
Und Klagelaut die Luft erfüllt: –
    Adonis! Adonis!   15

III
Childe Harold

Eine starke, schwarze Barke
Segelt trauervoll dahin.
Die vermummten und verstummten
Leichenhüter sitzen drin.

Toter Dichter, stille liegt er,   5
Mit entblößtem Angesicht;
Seine blauen Augen schauen
Immer noch zum Himmelslicht.

Aus der Tiefe klingt's, als riefe
Eine kranke Nixenbraut,   10
Und die Wellen, sie zerschellen
An dem Kahn, wie Klagelaut.

IV

Die Beschwörung

Der junge Franziskaner sitzt
Einsam in der Klosterzelle,
Er liest im alten Zauberbuch,
Genannt der Zwang der Hölle.

Und als die Mitternachtstunde schlug,
Da konnt er nicht länger sich halten,
Mit bleichen Lippen ruft er an
Die Unterweltsgewalten.

Ihr Geister! holt mir aus dem Grab
Die Leiche der schönsten Frauen,
Belebt sie mir für diese Nacht,
Ich will mich dran erbauen.

Er spricht das grause Beschwörungswort,
Da wird sein Wunsch erfüllet,
Die arme verstorbene Schönheit kommt,
In weißen Laken gehüllet.

Ihr Blick ist traurig. Aus kalter Brust
Die schmerzlichen Seufzer steigen.
Die Tote setzt sich zu dem Mönch,
Sie schauen sich an und schweigen.

V
Aus einem Briefe

(Die Sonne spricht:)

Was gehn dich meine Blicke an?
Das ist der Sonne gutes Recht,
Sie strahlt auf den Herrn wie auf den Knecht;
Ich strahle weil ich nicht anders kann.

Was gehn dich meine Blicke an? 5
Bedenke was deine Pflichten sind,
Nimm dir ein Weib und mach ein Kind,
Und sei ein deutscher Biedermann.

Ich strahle weil ich nicht anders kann.
Ich wandle am Himmel wohl auf wohl ab, 10
Aus Langeweile guck ich hinab –
Was gehn dich meine Blicke an?

(Der Dichter spricht:)

Das ist ja eben meine Tugend,
Daß ich ertrage deinen Blick,
Das Licht der ewgen Seelenjugend, 15
Blendende Schönheit, Flammenglück!

Jetzt aber fühl ich ein Ermatten
Der Sehkraft, und es sinken nieder,
Wie schwarze Flöre, nächtge Schatten
Auf meine armen Augenlider 20

(Chor der Affen:)

Wir Affen, wir Affen,
Wir glotzen und gaffen
Die Sonne an,
Weil sie es doch nicht wehren kann.

(Chor der Frösche:)

Im Wasser, im Wasser,
Da ist es noch nasser
Als auf der Erde,
Und ohne Beschwerde
Erquicken
Wir uns an den Sonnenblicken.

(Chor der Maulwürfe:)

Was doch die Leute Unsinn schwatzen
Von Strahlen und von Sonnenblicken!
Wir fühlen nur ein warmes Jücken,
Und pflegen uns alsdann zu kratzen.

(Ein Glühwurm spricht:)

Wie sich die Sonne wichtig macht,
Mit ihrer kurzen Tagespracht!
So unbescheiden zeig ich mich nicht,
Und bin doch auch ein großes Licht,
In der Nacht, in der Nacht!

VI

Unstern

Der Stern erstrahlte so munter,
Da fiel er vom Himmel herunter.
Du fragst mich, Kind, was Liebe ist?
Ein Stern in einem Haufen Mist.

Wie 'n räudiger Hund, der verrecket,
So liegt er mit Unrat bedecket.
Es kräht der Hahn, die Sau sie grunzt,
Im Kote wälzt sich ihre Brunst.

O, fiel ich doch in den Garten,
Wo die Blumen meiner harrten,
Wo ich mir oft gewünschet hab
Ein reinliches Sterben, ein duftiges Grab!

VII
Anno 1829

Daß ich bequem verbluten kann,
Gebt mir ein edles, weites Feld!
O, laßt mich nicht ersticken hier
In dieser engen Krämerwelt!

Sie essen gut, sie trinken gut,
Erfreun sich ihres Maulwurfglücks,
Und ihre Großmut ist so groß
Als wie das Loch der Armenbüchs.

Zigarren tragen sie im Maul
Und in der Hosentasch die Händ;
Auch die Verdauungskraft ist gut, –
Wer sie nur selbst verdauen könnt!

Sie handeln mit den Spezerein
Der ganzen Welt, doch in der Luft,
Trotz allen Würzen, riecht man stets
Den faulen Schellfischseelenduft.

O, daß ich große Laster säh,
Verbrechen, blutig, kolossal, –
Nur diese satte Tugend nicht,
Und zahlungsfähige Moral!

Ihr Wolken droben, nehmt mich mit,
Gleichviel nach welchem fernen Ort!
Nach Lappland oder Afrika,
Und sei's nach Pommern – fort! nur fort!

O, nehmt mich mit – Sie hören nicht –
Die Wolken droben sind so klug!
Vorüberreisend dieser Stadt
Ängstlich beschleun'gen sie den Flug.

VIII

Anno 1839

O, Deutschland, meine ferne Liebe,
Gedenk ich deiner, wein ich fast!
Das muntre Frankreich scheint mir trübe,
Das leichte Volk wird mir zur Last.

Nur der Verstand, so kalt und trocken,
Herrscht in dem witzigen Paris –
O, Narrheitsglöcklein, Glaubensglocken,
Wie klingelt ihr daheim so süß!

Höfliche Männer! Doch verdrossen
Geb ich den artgen Gruß zurück. –
Die Grobheit, die ich einst genossen
Im Vaterland, das war mein Glück!

Lächelnde Weiber! Plappern immer,
Wie Mühlenräder stets bewegt!
Da lob ich Deutschlands Frauenzimmer,
Das schweigend sich zu Bette legt.

Und alles dreht sich hier im Kreise,
Mit Ungestüm, wie 'n toller Traum!
Bei uns bleibt alles hübsch im Gleise,
Wie angenagelt, rührt sich kaum.   20

Mir ist als hört ich fern erklingen
Nachtwächterhörner, sanft und traut;
Nachtwächterlieder hör ich singen,
Dazwischen Nachtigallenlaut.

Dem Dichter war so wohl daheime,   25
In Schildas teurem Eichenhain!
Dort wob ich meine zarten Reime
Aus Veilchenduft und Mondenschein.

IX
In der Frühe

Auf dem Faubourg Saint-Marçeau
Lag der Nebel heute Morgen,
Spätherbstnebel, dicht und schwer,
Einer weißen Nacht vergleichbar.

Wandelnd durch die weiße Nacht,   5
Schaut ich mir vorübergleiten
Eine weibliche Gestalt,
Die dem Mondenlicht vergleichbar.

Ja, sie war wie Mondenlicht
Leichthinschwebend, zart und zierlich;   10
Solchen schlanken Gliederbau
Sah ich hier in Frankreich niemals.

War es Luna selbst vielleicht,
Die sich heut bei einem schönen,
Zärtlichen Endymion
Des Quartièr Latin verspätet?

Auf dem Heimweg dacht ich nach:
Warum floh sie meinen Anblick?
Hielt die Göttin mich vielleicht
Für den Sonnenlenker Phöbus?

X

Ritter Olaf

1

Vor dem Dome stehn zwei Männer,
Tragen beide rote Röcke,
Und der Eine ist der König
Und der Henker ist der Andre.

Und zum Henker spricht der König:
»Am Gesang der Pfaffen merk ich,
Daß vollendet schon die Trauung –
Halt bereit dein gutes Richtbeil.«

Glockenklang und Orgelrauschen,
Und das Volk strömt aus der Kirche;
Bunter Festzug, in der Mitte
Die geschmückten Neuvermählten.

Leichenblaß und bang und traurig
Schaut die schöne Königstochter;
Keck und heiter schaut Herr Olaf,
Und sein roter Mund, der lächelt.

Und mit lächelnd rotem Munde
Spricht er zu dem finstern König:
»Guten Morgen, Schwiegervater,
Heut ist Dir mein Haupt verfallen.

Sterben soll ich heut – O, laß mich
Nur bis Mitternacht noch leben,
Daß ich meine Hochzeit feire
Mit Bankett und Fackeltänzen.

Laß mich leben, laß mich leben,
Bis geleert der letzte Becher,
Bis der letzte Tanz getanzt ist –
Laß bis Mitternacht mich leben!«

Und zum Henker spricht der König:
»Unserm Eidam sei gefristet
Bis um Mitternacht sein Leben –
Halt bereit dein gutes Richtbeil.«

2

Herr Olaf sitzt beim Hochzeitschmaus,
Er trinkt den letzten Becher aus.
An seine Schulter lehnt
Sein Weib und stöhnt –
Der Henker steht vor der Türe.

Der Reigen beginnt und Herr Olaf erfaßt
Sein junges Weib, und mit wilder Hast
Sie tanzen, bei Fackelglanz,
Den letzten Tanz –
Der Henker steht vor der Türe.

Die Geigen geben so lustigen Klang,
Die Flöten seufzen so traurig und bang!
Wer die beiden tanzen sieht,
Dem erbebt das Gemüt –
Der Henker steht vor der Türe.

Und wie sie tanzen, im dröhnenden Saal,
Herr Olaf flüstert zu seinem Gemahl:
»Du weißt nicht wie lieb ich dich hab –
So kalt ist das Grab –«
Der Henker steht vor der Türe.

3

Herr Olaf es ist Mitternacht,
Dein Leben ist verflossen!
Du hattest eines Fürstenkinds
In freier Lust genossen.

Die Mönche murmeln das Totengebet,
Der Mann im roten Rocke,
Er steht mit seinem blanken Beil
Schon vor dem schwarzen Blocke.

Herr Olaf steigt in den Hof hinab,
Da blinken viel Schwerter und Lichter.
Es lächelt des Ritters roter Mund,
Mit lächelndem Munde spricht er:

»Ich segne die Sonne, ich segne den Mond,
Und die Stern, die am Himmel schweifen.
Ich segne auch die Vögelein,
Die in den Lüften pfeifen.

Ich segne das Meer, ich segne das Land,
Und die Blumen auf der Aue.   70
Ich segne die Veilchen, sie sind so sanft
Wie die Augen meiner Fraue.

Ihr Veilchenaugen meiner Frau,
Durch Euch verlier ich mein Leben!
Ich segne auch den Hollunderbaum,   75
Wo du dich mir ergeben.«

XI
Die Nixen

Am einsamen Strande plätschert die Flut,
Der Mond ist aufgegangen,
Auf weißer Düne der Ritter ruht,
Von bunten Träumen befangen.

Die schönen Nixen, im Schleiergewand,   5
Entsteigen der Meerestiefe.
Sie nahen sich leise dem jungen Fant,
Sie glaubten wahrhaftig er schliefe.

Die eine betastet mit Neubegier
Die Federn auf seinem Barette.   10
Die Andre nestelt am Bandelier
Und an der Waffenkette.

Die Dritte lacht und ihr Auge blitzt,
Sie zieht das Schwert aus der Scheide,
Und auf dem blanken Schwert gestützt   15
Beschaut sie den Ritter mit Freude.

Die Vierte tänzelt wohl hin und her
Und flüstert aus tiefem Gemüte:
»O, daß ich doch Dein Liebchen wär,
Du holde Menschenblüte!«

Die Fünfte küßt des Ritters Händ,
Mit Sehnsucht und Verlangen;
Die Sechste zögert und küßt am End
Die Lippen und die Wangen.

Der Ritter ist klug, es fällt ihm nicht ein,
Die Augen öffnen zu müssen;
Er läßt sich ruhig im Mondenschein
Von schönen Nixen küssen.

XII

Bertrand de Born

Ein edler Stolz in allen Zügen,
Auf seiner Stirn Gedankenspur,
Er konnte jedes Herz besiegen,
Bertrand de Born, der Troubadour.

Es kirrten seine süßen Töne
Die Löwin des Plantagenets;
Die Tochter auch, die beiden Söhne,
Er sang sie alle in sein Netz.

Wie er den Vater selbst betörte!
In Tränen schmolz des Königs Zorn
Als er ihn lieblich reden hörte,
Den Troubadour, Bertrand de Born.

XIII
Frühling

Die Wellen blinken und fließen dahin –
Es liebt sich so lieblich im Lenze!
Am Flusse sitzt die Schäferin
Und windet die zärtlichsten Kränze.

Das knospet und quillt, mit duftender Lust –
Es liebt sich so lieblich im Lenze!
Die Schäferin seufzt aus tiefer Brust:
Wem geb ich meine Kränze?

Ein Reuter reutet den Fluß entlang,
Er grüßt so blühenden Mutes!
Die Schäferin schaut ihm nach so bang,
Fern flattert die Feder des Hutes.

Sie weint und wirft in den gleitenden Fluß
Die schönen Blumenkränze.
Die Nachtigall singt von Lieb und Kuß –
Es liebt sich so lieblich im Lenze!

XIV
Ali Bey

Ali Bey, der Held des Glaubens,
Liegt beglückt in Mädchenarmen.
Vorgeschmack des Paradieses
Gönnt ihm Allah schon auf Erden.

Odalisken, schön wie Houris,
Und geschmeidig wie Gasellen –
Kräuselt ihm den Bart die Eine,
Glättet seine Stirn die Andre.

Und die Dritte schlägt die Laute,
Singt und tanzt, und küßt ihn lachend
Auf das Herz, worin die Flammen
Aller Seligkeiten lodern.

Aber draußen plötzlich schmettern
Die Trompeten, Schwerter rasseln,
Waffenruf und Flintenschüsse –
Herr, die Franken sind im Anmarsch!

Und der Held besteigt sein Schlachtroß,
Fliegt zum Kampf, doch wie im Traume; –
Denn ihm ist zu Sinn, als läg er
Immer noch in Mädchenarmen.

Während er die Frankenköpfe
Dutzendweis heruntersäbelt,
Lächelt er wie ein Verliebter,
Ja, er lächelt sanft und zärtlich.

XV

Psyche

In der Hand die kleine Lampe,
In der Brust die große Glut,
Schleichet Psyche zu dem Lager
Wo der holde Schläfer ruht.

Sie errötet und sie zittert
Wie sie seine Schönheit sieht –
Der enthüllte Gott der Liebe,
Er erwacht und er entflieht.

Achtzehnhundertjährge Buße!
Und die Ärmste stirbt beinah!
Psyche fastet und kasteit sich,
Weil sie Amorn nackend sah.

XVI
Die Unbekannte

Meiner goldgelockten Schönen
Weiß ich täglich zu begegnen,
In dem Tuileriengarten,
Unter den Kastanienbäumen.

Täglich geht sie dort spazieren
Mit zwei häßlich alten Damen –
Sind es Tanten? Sind's Dragoner,
Die vermummt in Weiberröcken?

Niemand konnt mir Auskunft geben,
Wer sie sei? Bei allen Freunden
Frug ich nach, und stets vergebens!
Ich erkrankte fast vor Sehnsucht.

Eingeschüchtert von dem Schnurrbart
Ihrer zwei Begleiterinnen,
Und von meinem eignen Herzen
Noch viel strenger eingeschüchtert,

Wagt ich nie ein seufzend Wörtchen
Im Vorübergehn zu flüstern,
Und ich wagte kaum mit Blicken
Meine Flamme zu bekunden.

Heute erst hab ich erfahren
Ihren Namen. Laura heißt sie,
Wie die schöne Provenzalin,
Die der große Dichter liebte.

Laura heißt sie! Nun da bin ich
Just so weit wie einst Petrarcha,
Der das schöne Weib gefeiert
In Canzonen und Sonetten.

Laura heißt sie! Wie Petrarcha
Kann ich jetzt platonisch schwelgen
In dem Wohllaut dieses Namens –
Weiter hat er's nie gebracht.

XVII

Wechsel

Mit Brünetten hat's ein Ende!
Ich gerate dieses Jahr
Wieder in die blauen Augen,
Wieder in das blonde Haar.

Die Blondine, die ich liebe,
Ist so fromm, so sanft, so mild!
In der Hand den Liljenstengel
Wäre sie ein Heilgenbild.

Schlanke, schwärmerische Glieder,
Wenig Fleisch, sehr viel Gemüt;
Und für Liebe, Hoffnung, Glaube,
Ihre ganze Seele glüht.

Sie behauptet, sie verstünde
Gar kein Deutsch – ich glaub es nicht.
Niemals hättest Du gelesen
Klopstocks himmlisches Gedicht?

15

XVIII
Fortuna

Frau Fortuna, ganz umsunst
Tust du spröde! deine Gunst
Weiß ich mir, durch Kampf und Ringen,
Zu erbeuten, zu erzwingen.

Überwältigt wirst du doch,
Und ich spanne dich ins Joch,
Und du streckst am End die Waffen –
Aber meine Wunden klaffen.

5

Es verströmt mein rotes Blut,
Und der schöne Lebensmut
Will erlöschen; ich erliege
Und ich sterbe nach dem Siege.

10

XIX
Klagelied
eines altdevtschen Jünglings

Wohl dem, dem noch die Tugend lacht,
Weh dem, der sie verlieret!
Es haben mich armen Jüngling
Die bösen Gesellen verführet.

Sie haben mich um mein Geld gebracht,
Mit Karten und mit Knöcheln;
Es trösteten mich die Mädchen,
Mit ihrem holden Lächeln.

Und als sie mich ganz besoffen gemacht
Und meine Kleider zerrissen,
Da ward ich armer Jüngling
Zur Tür hinausgeschmissen.

Und als ich des Morgens früh erwacht,
Wie wundr' ich mich über die Sache!
Da saß ich armer Jüngling
Zu Cassel auf der Wache. –

XX
Laß ab!

Der Tag ist in die Nacht verliebt,
Der Frühling in den Winter,
Das Leben verliebt in den Tod –
Und du, du liebest mich!

Du liebst mich – schon erfassen dich
Die grauenhaften Schatten,
All deine Blüte welkt,
Und deine Seele verblutet.

Laß ab von mir, und liebe nur
Die heiteren Schmetterlinge,
Die da gaukeln im Sonnenlicht –
Laß ab von mir und dem Unglück.

XXI
Frau Mette
(Nach dem Dänischen)

Herr Peter und Bender saßen beim Wein,
Herr Bender sprach: ich wette,
Bezwänge dein Singen die ganze Welt,
Doch nimmer bezwingt es Frau Mette.

Herr Peter sprach: ich wette mein Roß, 5
Wohl gegen deine Hunde,
Frau Mette sing ich nach meinem Hof,
Noch heut, in der Mitternachtstunde.

Und als die Mitternachtstunde kam,
Herr Peter hub an zu singen; 10
Wohl über den Fluß, wohl über den Wald,
Die süßen Töne dringen.

Die Tannenbäume horchen so still,
Die Flut hört auf zu rauschen,
Am Himmel zittert der blasse Mond, 15
Die klugen Sterne lauschen.

Frau Mette erwacht aus ihrem Schlaf:
Wer singt vor meiner Kammer?
Sie achselt ihr Kleid, sie schreitet hinaus; –
Das ward zu großem Jammer. 20

Wohl durch den Wald, wohl durch den Fluß,
Sie schreitet unaufhaltsam;
Herr Peter zog sie nach seinem Hof
Mit seinem Liede gewaltsam.

25 Und als sie Morgens nach Hause kam
Vor der Türe stand Herr Bender:
»Frau Mette, wo bist du gewesen zur Nacht,
Es triefen deine Gewänder?«

Ich war heut Nacht am Nixenfluß,
30 Dort hört ich prophezeien,
Es plätscherten und bespritzten mich
Die neckenden Wasserfeien.

»Am Nixenfluß ist feiner Sand,
Dort bist du nicht gegangen,
35 Zerrissen und blutig sind deine Füß,
Auch bluten deine Wangen.«

Ich war heut Nacht im Elfenwald,
Zu schauen den Elfenreigen,
Ich hab mir verwundet Fuß und Gesicht,
40 An Dornen und Tannenzweigen.

»Die Elfen tanzen im Monat Mai,
Auf weichen Blumenfeldern,
Jetzt aber herrscht der kalte Herbst
Und heult der Wind in den Wäldern.«

45 Bei Peter Nielsen war ich heut Nacht,
Er sang und zaubergewaltsam,
Wohl durch den Wald, wohl durch den Fluß,
Es zog mich unaufhaltsam.

Sein Lied ist stark als wie der Tod,
50 Es lockt in Nacht und Verderben.
Noch brennt mir im Herzen die tönende Glut;
Ich weiß, jetzt muß ich sterben. –

Die Kirchentür ist schwarz behängt,
Die Trauerglocken läuten;
Das soll den jämmerlichen Tod 55
Der armen Frau Mette bedeuten.

Herr Bender steht vor der Leichenbahr,
Und seufzt aus Herzensgrunde:
Nun hab ich verloren mein schönes Weib
Und meine treuen Hunde. 60

XXII

Begegnung

Wohl unter der Linde erklingt die Musik,
Da tanzen die Burschen und Mädel,
Da tanzen zwei die niemand kennt,
Sie schaun so schlank und edel.

Sie schweben auf, sie schweben ab, 5
In seltsam fremder Weise,
Sie lachen sich an, sie schütteln das Haupt,
Das Fräulein flüstert leise:

»Mein schöner Junker, auf Eurem Hut
Schwankt eine Neckenlilje, 10
Die wächst nur tief in Meeresgrund –
Ihr stammt nicht aus Adams Familie.

Ihr seid der Wassermann, Ihr wollt
Verlocken des Dorfes Schönen.
Ich hab Euch erkannt, beim ersten Blick, 15
An Euren fischgrätigen Zähnen.«

Sie schweben auf, sie schweben ab,
In seltsam fremder Weise,
Sie lachen sich an, sie schütteln das Haupt,
Der Junker flüstert leise:

»Mein schönes Fräulein, sagt mir warum
So eiskalt Eure Hand ist?
Sagt mir warum so naß der Saum
An Eurem weißen Gewand ist?

Ich hab Euch erkannt, beim ersten Blick,
An Eurem spöttischen Knixe –
Du bist kein irdisches Menschenkind,
Du bist mein Mühmchen die Nixe.«

Die Geigen verstummen, der Tanz ist aus,
Es trennen sich höflich die beiden.
Sie kennen sich leider viel zu gut,
Suchen sich jetzt zu vermeiden.

XXIII
König Harald Harfagar

Der König Harald Harfagar
Sitzt unten in Meeresgründen,
Bei seiner schönen Wasserfee;
Die Jahre kommen und schwinden.

Von Nixenzauber gebannt und gefeit,
Er kann nicht leben, nicht sterben;
Zweihundert Jahre dauert schon
Sein seliges Verderben.

Des Königs Haupt liegt auf dem Schoß
Der holden Frau, und mit Schmachten
Schaut er nach ihren Augen empor;
Kann nicht genug sie betrachten.

Sein goldnes Haar ward silbergrau,
Es treten die Backenknochen
Gespenstisch hervor aus dem gelben Gesicht,
Der Leib ist welk und gebrochen.

Manchmal aus seinem Liebestraum
Wird er plötzlich aufgeschüttert,
Denn droben stürmt so wild die Flut
Und das gläserne Schloß erzittert.

Manchmal ist ihm, als hört' er im Wind
Normannenruf erschallen;
Er hebt die Arme mit freudiger Hast,
Läßt traurig sie wieder fallen.

Manchmal ist ihm, als hört' er gar,
Wie die Schiffer singen hier oben,
Und den König Harald Harfagar
Im Heldenliede loben.

Der König stöhnt und schluchzt und weint
Alsdann aus Herzensgrunde.
Schnell beugt sich hinab die Wasserfee
Und küßt ihn mit lachendem Munde.

Unterwelt

I

Blieb ich doch ein Junggeselle! –
Seufzet Pluto tausendmal –
Jetzt, in meiner Eh'standsqual,
Merk ich, früher ohne Weib
War die Hölle keine Hölle.

Blieb ich doch ein Junggeselle!
Seit ich Proserpinen hab
Wünsch ich täglich mich ins Grab!
Wenn sie keift, so hör ich kaum
Meines Cerberus Gebelle.

Stets vergeblich, stets nach Frieden
Ring ich. Hier im Schattenreich
Kein Verdammter ist mir gleich!
Ich beneide Sisiphus
Und die edlen Danaiden.

II

Auf goldenem Stuhl, im Reiche der Schatten,
Zur Seite des königlichen Gatten,
Sitzt Proserpine
Mit finstrer Miene,
Und im Herzen seufzet sie traurig:

Ich lechze nach Rosen, nach Sangesergüssen
Der Nachtigall, nach Sonnenküssen –
Und hier unter bleichen
Lemuren und Leichen
Mein junges Leben vertrau' ich!

Bin festgeschmiedet am Ehejoche,
In diesem verwünschten Rattenloche!
Und des Nachts die Gespenster,
Sie schaun mir ins Fenster,
Und der Styx, er murmelt so schaurig!

Heut hab ich den Charon zu Tische geladen –
Glatzköpfig ist er und ohne Waden –
Auch die Totenrichter,
Langweilge Gesichter –
In solcher Gesellschaft versaur' ich.

III

Während solcherlei Beschwerde
In der Unterwelt sich häuft,
Jammert Ceres auf der Erde.
Die verrückte Göttin läuft,
Ohne Haube, ohne Kragen,
Schlotterbusig durch das Land,
Deklamierend jene Klage,
Die Euch allen wohlbekannt:

»Ist der holde Lenz erschienen?
Hat die Erde sich verjüngt?
Die besonnten Hügel grünen,
Und des Eises Rinde springt.
Aus der Ströme blauem Spiegel
Lacht der unbewölkte Zeus,
Milder wehen Zephyrs Flügel,
Augen treibt das junge Reis.
In dem Hain erwachen Lieder,
Und die Oreade spricht:
Deine Blumen kehren wieder,
Deine Tochter kehret nicht.

Ach wie lang ist's, daß ich walle
Suchend durch der Erde Flur!
Titan, deine Strahlen alle
Sandt ich nach der teuren Spur!
Keiner hat mir noch verkündet
Von dem lieben Angesicht,
Und der Tag, der Alles findet,
Die Verlorne fand er nicht.
Hast du, Zeus, sie mir entrissen?
Hat, von ihrem Reiz gerührt,
Zu des Orkus schwarzen Flüssen
Pluto sie hinabgeführt?

Wer wird nach dem düstern Strande
Meines Grames Bote sein?
Ewig stößt der Kahn vom Lande,
Doch nur Schatten nimmt er ein.
Jedem selgen Aug verschlossen
Bleibt das nächtliche Gefild,
Und so lang der Styx geflossen,
Trug er kein lebendig Bild.
Nieder führen tausend Steige,
Keiner führt zum Tag zurück;
Ihre Träne bringt kein Zeuge
Vor der bangen Mutter Blick.«

IV

Meine Schwiegermutter Ceres!
Laß die Klagen, laß die Bitten!
Dein Verlangen, ich gewähr es –
Habe selbst so viel gelitten!

Tröste dich, wir wollen ehrlich
Den Besitz der Tochter teilen,
Und sechs Monden soll sie jährlich
Auf der Oberwelt verweilen.

Hilft dir dort an Sommertagen
Bei den Ackerbaugeschäften;
Einen Strohhut wird sie tragen,
Wird auch Blumen daran heften.

Schwärmen wird sie wenn den Himmel
Überzieht die Abendröte,
Und am Bach ein Bauerlümmel
Zärtlich bläst die Hirtenflöte.

Wird sich freun mit Greth und Hänschen
Bei des Erntefestes Reigen;
Unter Schöpsen, unter Gänschen,
Wird sie sich als Löwin zeigen.

Süße Ruh! Ich kann verschnaufen
Hier im Orkus unterdessen!
Punsch mit Lethe will ich saufen,
Um die Gattin zu vergessen.

V

»Zuweilen dünkt es mich, als trübe
Geheime Sehnsucht deinen Blick –
Ich kenn es wohl, dein Mißgeschick:
Verfehltes Leben, verfehlte Liebe!

Du nickst so traurig! Wiedergeben
Kann ich dir nicht die Jugendzeit –
Unheilbar ist dein Herzeleid:
Verfehlte Liebe, verfehltes Leben!«

Zur Ollea

I
Maultiertum

Dein Vater, wie ein Jeder weiß,
Ein Esel leider war der Gute;
Doch deine Mutter, hochgesinnt,
War eine edle Vollblut-Stute.

Tatsache ist dein Maultiertum,
Wie sehr du dessen dich erwehrest;
Doch sagen darfst du guten Fugs,
Daß du den Pferden angehörest, –

Daß du abstammst vom Bucephal,
Dem stolzen Gaul, daß deine Ahnen
Geharnischt nach dem heilgen Grab
Gefolgt den frommen Kreuzzugfahnen, –

Daß du zu deiner Sippschaft zählst
Den hohen Schimmel, den geritten
Herr Gottfried von Bouillon, am Tag
Wo er die Gottesstatt erstritten; –

Kannst sagen auch, daß Roß-Bayard
Dein Vetter war, daß deine Tante
Den Ritter Don Quixote trug,
Die heldenmüt'ge Rosinante.

Freilich, daß Sanchos Grauchen auch
Mit dir verwandt, mußt du nicht sagen;
Verleugne gar das Eselein,
Das unsern Heiland einst getragen.

Auch ist nicht nötig, daß du just
Ein Langohr in dein Wappen setzest.
Sei deines eignen Werts Wardein –
Du giltst so hoch wie du dich schätzest.

II
Symbolik des Unsinns

Wir heben nun zu singen an
Das Lied von einer Nummer,
Die ist geheißen Nummer Drei;
Nach Freuden kommt der Kummer.

Arabischen Ursprungs war sie zwar,
Doch christentümlich frummer
In ganz Europa niemand war,
Wie jene brave Nummer.

Sie war ein Muster der Sittlichkeit
Und wurde rot wie ein Hummer,
Fand sie den Knecht im Bette der Magd;
Gab beiden einen Brummer.

Des Morgens trank sie den Kaffee
Um sieben Uhr im Summer,
Im Winter um neun, und in der Nacht
Genoß sie den besten Schlummer.

Jetzt aber ändert sich der Reim,
Und ändern sich die Tage;
Es muß die arme Nummer Drei
Erdulden Pein und Plage.

Da kam ein Schuster und sagte: der Kopf
Der Nummer Drei, der sähe
Wie eine kleine Sieben aus,
Die auf einem Halbmond stehe.

Die Sieben sei aber die mystische Zahl
Der alten Pythagoräer,
Der Halbmond bedeute Dianendienst,
Er mahne auch an Sabäer.

Sie selber, die Drei, sei Schibboleth
Des Oberbonzen von Babel;
Durch dessen Buhlschaft sie einst gebar
Die heilge Dreieinigkeitsfabel.

Ein Kürschner bemerkte dagegen: die Drei
Sei eine fromme Trulle,
Verehrt von unsern Vätern, die einst
Geglaubt an jede Schrulle.

Da war ein Schneider, der lächelnd sprach,
Daß gar nicht existiere
Die Nummer Drei, daß sie sich nur
Befinde auf dem Papiere.

Als solches hörte die arme Drei,
Wie eine verzweifelte Ente
Sie wackelte hin, sie wackelte her,
Sie jammerte und flennte:

Ich bin so alt wie das Meer und der Wald,
Wie die Stern', die am Himmel blinken;
Sah Reiche entstehn, sah Reiche vergehn,
Und Völker aufsteigen und sinken.

Ich stand am schnurrenden Webstuhl der Zeit
Wohl manches lange Jahrtausend;
Ich sah der Natur in den schaffenden Bauch,
Das wogte brausend und sausend.

Und dennoch widerstand ich dem Sturm
Der sinnlich dunkeln Gewalten –
Ich habe meine Jungferschaft
In all dem Spektakel behalten.

Was hilft mir meine Tugend jetzt?
Mich höhnen Weise und Toren;
Die Welt ist schlecht und ungerecht,
Läßt Niemand ungeschoren.   60

Doch tröste dich, mein Herz, dir blieb
Dein Lieben, Hoffen, Glauben,
Auch guter Kaffee und ein Schlückchen Rum,
Das kann keine Skepsis mir rauben.

III

Hoffart

O Gräfin Gudel von Gudelfeld,
Dir huldigt die Menschheit, denn du hast Geld!
Du wirst mit Vieren kutschieren,
Man wird dich bei Hof präsentieren.
Es trägt dich die goldne Karosse   5
Zum kerzenschimmernden Schlosse;
Es rauscht deine Schleppe
Hinauf die Marmortreppe;
Dort oben, in bunten Reihen,
Da stehen die Diener und schreien: 10
Madame la comtesse de Gudelfeld.

Stolz, in der Hand den Fächer,
Wandelst du durch die Gemächer.
Belastet mit Diamanten
Und Perlen und Brüsseler Kanten,   15
Dein weißer Busen schwellet
Und freudig überquellet.
Das ist ein Lächeln und Nicken
Und Knixen und tiefes Bücken!
Die Herzogin von Pavia   20
Die nennt dich: cara mia.

Die Junker und die Schranzen,
Die wollen mit dir tanzen;
Und der Krone witziger Erbe
Ruft laut im Saal: Süperbe
Schwingt sie den Steiß, die Gudelfeld!

Doch, Ärmste, hast du einst kein Geld,
Dreht dir den Rücken die ganze Welt.
Es werden die Lakaien
Auf deine Schleppe speien.
Statt Bückling und Scherwenzen
Gibt's nur Impertinenzen.
Die cara mia bekreuzt sich,
Und der Kronprinz ruft und schneuzt sich:
Nach Knoblauch riecht die Gudelfeld.

IV

Wandere!

Wenn dich ein Weib verraten hat,
So liebe flink eine Andre;
Noch besser wär es, du ließest die Stadt –
Schnüre den Ranzen und wandre!

Du findest bald einen blauen See,
Umringt von Trauerweiden;
Hier weinst du aus dein kleines Weh
Und deine engen Leiden.

Wenn du den steilen Berg ersteigst,
Wirst du beträchtlich ächzen;
Doch wenn du den felsigen Gipfel erreichst,
Hörst du die Adler krächzen.

Dort wirst du selbst ein Adler fast,
Du bist wie neugeboren,
Du fühlst dich frei, du fühlst du hast   15
Dort unten nicht viel verloren.

V

Winter

Die Kälte kann wahrlich brennen
Wie Feuer. Die Menschenkinder
Im Schneegestöber rennen
Und laufen immer geschwinder.

O, bittre Winterhärte!   5
Die Nasen sind erfroren,
Und die Klavierkonzerte
Zerreißen uns die Ohren.

Weit besser ist es im Summer,
Da kann ich im Walde spazieren   10
Allein mit meinem Kummer
Und Liebeslieder skandieren.

VI

Altes Kaminstück

Draußen ziehen weiße Flocken
Durch die Nacht, der Sturm ist laut;
Hier im Stübchen ist es trocken,
Warm und einsam, stillvertraut.

Sinnend sitz ich auf dem Sessel,
An dem knisternden Kamin,
Kochend summt der Wasserkessel
Längst verklungne Melodien.

Und ein Kätzchen sitzt daneben,
Wärmt die Pfötchen an der Glut;
Und die Flammen schweben, weben,
Wundersam wird mir zu Mut.

Dämmernd kommt heraufgestiegen
Manche längst vergeßne Zeit,
Wie mit bunten Maskenzügen
Und verblichner Herrlichkeit.

Schöne Fraun mit kluger Miene,
Winken süßgeheimnisvoll,
Und dazwischen Harlekine
Springen, lachen, lustigtoll.

Ferne grüßen Marmorgötter,
Traumhaft neben ihnen stehn
Märchenblumen, deren Blätter
In dem Mondenlichte wehn.

Wackelnd kommt herbeigeschwommen
Manches alte Zauberschloß;
Hintendrein geritten kommen
Blanke Ritter, Knappentroß.

Und das alles zieht vorüber,
Schattenhastig übereilt –
Ach! da kocht der Kessel über,
Und das nasse Kätzchen heult.

VII

Sehnsüchtelei

In dem Traum siehst du die stillen
Fabelhaften Blumen prangen;
Und mit Sehnsucht und Verlangen
Ihre Düfte dich erfüllen.

Doch von diesen Blumen scheidet
Dich ein Abgrund tief und schaurig,
Und dein Herz wird endlich traurig,
Und es blutet und es leidet.

Wie sie locken, wie sie schimmern!
Ach wie komm ich da hinüber?
Meister Hämmerling, mein Lieber,
Kannst du mir die Brücke zimmern?

VIII

Helena

Du hast mich beschworen aus dem Grab
Durch deinen Zauberwillen,
Belebtest mich mit Wollustglut –
Jetzt kannst du die Glut nicht stillen.

Preß deinen Mund an meinen Mund,
Der Menschen Odem ist göttlich!
Ich trinke deine Seele aus,
Die Toten sind unersättlich.

IX
Kluge Sterne

Die Blumen erreicht der Fuß so leicht,
Auch werden zertreten die meisten;
Man geht vorbei und tritt entzwei
Die blöden wie die dreisten.

Die Perlen ruhn in Meerestruhn,
Doch weiß man sie aufzuspüren;
Man bohrt ein Loch und spannt sie ins Joch,
Ins Joch von seidenen Schnüren.

Die Sterne sind klug, sie halten mit Fug
Von unserer Erde sich ferne;
Am Himmelszelt, als Lichter der Welt,
Stehn ewig sicher die Sterne.

X
Die Engel

Freilich ein ungläubger Thomas
Glaub ich an den Himmel nicht,
Den die Kirchenlehre Romas
Und Jerusalems verspricht.

Doch die Existenz der Engel,
Die bezweifelte ich nie;
Lichtgeschöpfe sonder Mängel,
Hier auf Erden wandeln sie.

Nur, genädge Frau, die Flügel
Sprech ich jenen Wesen ab;
Engel gibt es ohne Flügel,
Wie ich selbst gesehen hab.

Lieblich mit den weißen Händen,
Lieblich mit dem schönen Blick
Schützen sie den Menschen, wenden
Von ihm ab das Mißgeschick.

Ihre Huld und ihre Gnaden
Trösten jeden, doch zumeist
Ihn, der doppelt qualbeladen,
Ihn, den man den Dichter heißt.

Zeitgedichte

I
Doktrin

Schlage die Trommel und fürchte dich nicht,
Und küsse die Marketenderin!
Das ist die ganze Wissenschaft,
Das ist der Bücher tiefster Sinn.

Trommle die Leute aus dem Schlaf,
Trommle Reveilje mit Jugendkraft,
Marschiere trommelnd immer voran,
Das ist die ganze Wissenschaft.

Das ist die Hegelsche Philosophie,
Das ist der Bücher tiefster Sinn!
Ich hab sie begriffen, weil ich gescheit,
Und weil ich ein guter Tambour bin.

II
Adam der Erste

Du schicktest mit dem Flammenschwert
Den himmlischen Gendarmen,
Und jagtest mich aus dem Paradies,
Ganz ohne Recht und Erbarmen!

Ich ziehe fort mit meiner Frau
Nach andren Erdenländern;
Doch daß ich genossen des Wissens Frucht,
Das kannst du nicht mehr ändern.

Du kannst nicht ändern, daß ich weiß
Wie sehr du klein und nichtig,
Und machst du dich auch noch so sehr
Durch Tod und Donnern wichtig.

O Gott! wie erbärmlich ist doch dies
Consilium-abeundi!
Das nenne ich einen Magnifikus
Der Welt, ein Lumen-Mundi!

Vermissen werde ich nimmermehr
Die paradiesischen Räume;
Das war kein wahres Paradies –
Es gab dort verbotene Bäume.

Ich will mein volles Freiheitsrecht!
Find ich die g'ringste Beschränknis,
Verwandelt sich mir das Paradies
In Hölle und Gefängnis.

III

Warnung

Solche Bücher läßt du drucken!
Teurer Freund, du bist verloren!
Willst du Geld und Ehre haben,
Mußt du dich gehörig ducken.

Nimmer hätt ich dir geraten
So zu sprechen vor dem Volke,
So zu sprechen von den Pfaffen
Und von hohen Potentaten!

Teurer Freund, du bist verloren!
Fürsten haben lange Arme,
Pfaffen haben lange Zungen,
Und das Volk hat lange Ohren!

IV

An einen ehemaligen Goetheaner
(1832)

Hast du wirklich dich erhoben
Aus dem müßig kalten Dunstkreis,
Womit einst der kluge Kunstgreis
Dich von Weimar aus umwoben?

Gnügt dir nicht mehr die Bekanntschaft
Seiner Clärchen, seiner Gretchen?
Fliehst du Serlos keusche Mädchen
Und Ottiliens Wahlverwandtschaft?

Nur Germanien willst du dienen,
Und mit Mignon ist's vorbei heut,
Und du strebst nach größrer Freiheit
Als du fandest bei Philinen?

Für des Volkes Oberhoheit
Lünebürgertümlich kämpfst du,
Und mit kühnen Worten dämpfst du
Der Despoten Bundesroheit!

In der Fern hör ich mit Freude,
Wie man voll von deinem Lob ist,
Und wie du der Mirabeau bist
Von der Lüneburger Heide!

V
Geheimnis

Wir seufzen nicht, das Aug ist trocken,
Wir lächeln oft, wir lachen gar!
In keinem Blick, in keiner Miene,
Wird das Geheimnis offenbar.

Mit seinen stummen Qualen liegt es   5
In unsrer Seele blutgen Grund;
Wird es auch laut im wilden Herzen,
Krampfhaft verschlossen bleibt der Mund.

Frag du den Säugling in der Wiege,
Frag du die Toten in dem Grab,   10
Vielleicht daß diese dir entdecken
Was ich dir stets verschwiegen hab.

VI
Bei des Nachtwächters Ankunft zu Paris

»Nachtwächter mit langen Fortschrittsbeinen,
Du kommst so verstört einhergerannt!
Wie geht es daheim den lieben Meinen,
Ist schon befreit das Vaterland?«

Vortrefflich geht es, der stille Segen,   5
Er wuchert im sittlich gehüteten Haus,
Und ruhig und sicher, auf friedlichen Wegen,
Entwickelt sich Deutschland von innen heraus.

Nicht oberflächlich wie Frankreich blüht es,
Wo Freiheit das äußere Leben bewegt;   10
Nur in der Tiefe des Gemütes
Ein deutscher Mann die Freiheit trägt.

Der Dom zu Cöllen wird vollendet,
Den Hohenzollern verdanken wir das;
Habsburg hat auch dazu gespendet,
Ein Wittelsbach schickt Fensterglas.

Die Konstitution, die Freiheitsgesetze,
Sie sind uns versprochen, wir haben das Wort,
Und Königsworte, das sind Schätze,
Wie tief im Rhein der Niblungshort.

Der freie Rhein, der Brutus der Flüsse,
Er wird uns nimmermehr geraubt!
Die Holländer binden ihm die Füße,
Die Schwyzer halten fest sein Haupt.

Auch eine Flotte will Gott uns bescheren,
Die patriotische Überkraft
Wird rüstig rudern auf deutschen Galeeren;
Die Festungsstrafe wird abgeschafft.

Es blüht der Lenz, es platzen die Schoten,
Wir atmen frei in der freien Natur!
Und wird uns der ganze Verlag verboten,
So schwindet am Ende von selbst die Zensur.

VII

Der Tambourmajor

Das ist der alte Tambourmajor,
Wie ist er jetzt herunter!
Zur Kaiserzeit stand er in Flor,
Da war er glücklich und munter.

Er balanzierte den großen Stock, 5
Mit lachendem Gesichte;
Die silbernen Tressen auf seinem Rock,
Die glänzten im Sonnenlichte.

Wenn er mit Trommelwirbelschall
Einzog in Städten und Städtchen, 10
Da schlug das Herz im Widerhall
Den Weibern und den Mädchen.

Er kam und sah und siegte leicht,
Wohl über alle Schönen;
Sein schwarzer Schnurrbart wurde feucht 15
Von deutschen Frauentränen.

Wir mußten es dulden! In jedem Land,
Wo die fremden Eroberer kamen,
Der Kaiser die Herren überwand,
Der Tambourmajor die Damen. 20

Wir haben lange getragen das Leid,
Geduldig wie deutsche Eichen,
Bis endlich die hohe Obrigkeit
Uns gab das Befreiungszeichen.

Wie in der Kampfbahn der Auerochs 25
Erhuben wir unsere Hörner,
Entledigten uns des fränkischen Jochs
Und sangen die Lieder von Körner.

Entsetzliche Verse! Sie klangen ins Ohr
Gar schauderhaft den Tyrannen! 30
Der Kaiser und der Tambourmajor,
Sie flohen erschrocken von dannen.

Sie ernteten beide den Sündenlohn
Und nahmen ein schlechtes Ende.
Es fiel der Kaiser Napoleon
Den Britten in die Hände.

Wohl auf der Insel Sankt-Helena,
Sie marterten ihn gar schändlich;
Am Magenkrebse starb er da
Nach langen Leiden endlich.

Der Tambourmajor, er ward entsetzt
Gleichfalls von seiner Stelle.
Um nicht zu verhungern dient er jetzt
Als Hausknecht in unserm Hotelle.

Er heizt den Ofen, er fegt den Topf,
Muß Holz und Wasser schleppen.
Mit seinem wackelnd greisen Kopf
Keucht er herauf die Treppen.

Wenn mich der Fritz besucht, so kann
Er nicht den Spaß sich versagen,
Den drollig schlotternd langen Mann
Zu nergeln und zu plagen.

Laß ab mit Spöttelein, o Fritz!
Es ziemt Germanias Söhnen
Wohl nimmermehr mit schlechtem Witz
Gefallene Größe zu höhnen.

Du solltest mit Pietät, mich däucht,
Behandeln solche Leute;
Der Alte ist dein Vater vielleicht
Von mütterlicher Seite.

VIII
Entartung

Hat die Natur sich auch verschlechtert,
Und nimmt sie Menschenfehler an?
Mich dünkt die Pflanzen und die Tiere,
Sie lügen jetzt wie jedermann.

Ich glaub nicht an der Lilje Keuschheit.
Es buhlt mit ihr der bunte Geck,
Der Schmetterling; der küßt und flattert
Am End mit ihrer Unschuld weg.

Von der Bescheidenheit der Veilchen
Halt ich nicht viel. Die kleine Blum',
Mit den koketten Düften lockt sie,
Und heimlich dürstet sie nach Ruhm.

Ich zweifle auch, ob sie empfindet,
Die Nachtigall, das was sie singt;
Sie übertreibt und schluchzt und trillert
Nur aus Routine, wie mich dünkt.

Die Wahrheit schwindet von der Erde,
Auch mit der Treu ist es vorbei.
Die Hunde wedeln noch und stinken
Wie sonst, doch sind sie nicht mehr treu.

IX
Heinrich

Auf dem Schloßhof zu Canossa
Steht der deutsche Kaiser Heinrich,
Barfuß und im Büßerhemde,
Und die Nacht ist kalt und regnigt.

Droben aus dem Fenster lugen
Zwo Gestalten, und der Mondschein
Überflimmert Gregors Kahlkopf
Und die Brüste der Mathildis.

Heinrich, mit den blassen Lippen,
Murmelt fromme Paternoster;
Doch im tiefen Kaiserherzen
Heimlich knirscht er, heimlich spricht er:

»Fern in meinen deutschen Landen
Heben sich die starken Berge,
Und im stillen Bergesschachte
Wächst das Eisen für die Streitaxt.

Fern in meinen deutschen Landen
Heben sich die Eichenwälder,
Und im Stamm der höchsten Eiche
Wächst der Holzstiel für die Streitaxt.

Du, mein liebes treues Deutschland,
Du wirst auch den Mann gebähren,
Der die Schlange meiner Qualen
Niederschmettert mit der Streitaxt.«

X

Lebensfahrt

Ein Lachen und Singen! Es blitzen und gaukeln
Die Sonnenlichter. Die Wellen schaukeln
Den lustigen Kahn. Ich saß darin
Mit lieben Freunden und leichtem Sinn.

Der Kahn zerbrach in eitel Trümmer,
Die Freunde waren schlechte Schwimmer,
Sie gingen unter, im Vaterland;
Mich warf der Sturm an den Seinestrand.

Ich hab ein neues Schiff bestiegen,
Mit neuen Genossen; es wogen und wiegen
Die fremden Fluten mich hin und her –
Wie fern die Heimat! mein Herz wie schwer!

Und das ist wieder ein Singen und Lachen –
Es pfeift der Wind, die Planken krachen –
Am Himmel erlischt der letzte Stern –
Wie schwer mein Herz! die Heimat wie fern!

XI

Das neue Israelitische Hospital zu Hamburg

Ein Hospital für arme, kranke Juden,
Für Menschenkinder, welche dreifach elend,
Behaftet mit den bösen drei Gebresten,
Mit Armut, Körperschmerz und Judentume!

Das schlimmste von den dreien ist das letzte,
Das tausendjährige Familienübel,
Die aus dem Nil-Tal mitgeschleppte Plage,
Der altägyptisch ungesunde Glauben.

Unheilbar tiefes Leid! Dagegen helfen
Nicht Dampfbad, Dusche, nicht die Apparate
Der Chirurgie, noch all die Arzeneien,
Die dieses Haus den siechen Gästen bietet.

Wird einst die Zeit, die ewge Göttin, tilgen
Das dunkle Weh, das sich vererbt vom Vater
Herunter auf den Sohn, – wird einst der Enkel
Genesen und vernünftig sein und glücklich?

Ich weiß es nicht! Doch mittlerweile wollen
Wir preisen jenes Herz, das klug und liebreich
Zu lindern suchte, was der Lindrung fähig,
Zeitlichen Balsam träufelnd in die Wunden.

Der teure Mann! Er baute hier ein Obdach
Für Leiden, welche heilbar durch die Künste
Des Arztes, (oder auch des Todes!) sorgte
Für Polster, Labetrank, Wartung und Pflege –

Ein Mann der Tat, tat er was eben tunlich;
Für gute Werke gab er hin den Taglohn
Am Abend seines Lebens, menschenfreundlich,
Durch Wohltun sich erholend von der Arbeit.

Er gab mit reicher Hand – doch reichre Spende
Entrollte manchmal seinem Aug, die Träne,
Die kostbar schöne Träne, die er weinte
Ob der unheilbar großen Brüderkrankheit.

XII
Georg Herwegh

Mein Deutschland trank sich einen Zopf,
Und du, du glaubtest den Toasten!
Du glaubtest jedem Pfeifenkopf
Und seinen schwarz-rot-goldnen Quasten.

Doch als der holde Rausch entwich, 5
Mein teurer Freund, du warst betroffen –
Das Volk wie katzenjämmerlich,
Das eben noch so schön besoffen!

Ein schimpfender Bedientenschwarm,
Und faule Äpfel statt der Kränze – 10
An jeder Seite ein Gendarm,
Erreichtest endlich du die Grenze.

Dort bleibst du stehn. Wehmut ergreift
Dich bei dem Anblick jener Pfähle,
Die wie das Zebra sind gestreift, 15
Und Seufzer dringen aus der Seele:

»Aranjuez, in deinem Sand,
Wie schnell die schönen Tage schwanden,
Wo ich vor König Philipp stand
Und seinen uckermärkschen Granden. 20

Er hat mir Beifall zugenickt,
Als ich gespielt den Marquis Posa;
In Versen hab ich ihn entzückt,
Doch ihm gefiel nicht meine Prosa.«

XIII

Die Tendenz

Deutscher Sänger! sing und preise
Deutsche Freiheit, daß dein Lied
Unsrer Seelen sich bemeistre
Und zu Taten uns begeistre,
In Marseillerhymnenweise. 5

Girre nicht mehr wie ein Werther,
Welcher nur für Lotten glüht –
Was die Glocke hat geschlagen
Sollst du deinem Volke sagen,
Rede Dolche, rede Schwerter!

Sei nicht mehr die weiche Flöte,
Das idyllische Gemüt –
Sei des Vaterlands Posaune,
Sei Kanone, sei Kartaune,
Blase, schmettre, donnre, töte!

Blase, schmettre, donnre täglich,
Bis der letzte Dränger flieht –
Singe nur in dieser Richtung,
Aber halte deine Dichtung
Nur so allgemein als möglich.

XIV

Das Kind

Den Frommen schenkt's der Herr im Traum,
Weißt nicht wie dir geschah!
Du kriegst ein Kind und merkst es kaum,
Jungfrau Germania.

Es windet sich ein Bübelein
Von deiner Nabelschnur;
Es wird ein hübscher Schütze sein,
Als wie der Gott Amur.

Trifft einst in höchster Luft den Aar,
Und flög er noch so stolz,
Den doppelköpfigen sogar
Erreicht sein guter Bolz.

Doch nicht wie jener blinde Heid,
Nicht wie der Liebesgott,
Soll er sich ohne Hos und Kleid
Zeigen als Sanskülott.

Bei uns zu Land die Witterung,
Moral und Polizei
Gebieten streng, daß Alt und Jung
Leiblich bekleidet sei.

XV

Verheißung

Nicht mehr barfuß sollst du traben,
Deutsche Freiheit, durch die Sümpfe,
Endlich kommst du auf die Strümpfe,
Und auch Stiefeln sollst du haben!

Auf dem Haupte sollst du tragen
Eine warme Pudelmütze,
Daß sie dir die Ohren schütze
In den kalten Wintertagen.

Du bekommst sogar zu essen –
Eine große Zukunft naht dir! –
Laß dich nur vom welschen Satyr
Nicht verlocken zu Exzessen!

Werde nur nicht dreist und dreister!
Setz nicht den Respekt bei Seiten,
Vor den hohen Obrigkeiten
Und dem Herren Bürgermeister!

XVI
Der Wechselbalg

Ein Kind mit großem Kürbiskopf,
Hellblondem Schnurrbart, greisem Zopf,
Mit spinnig langen, doch starken Ärmchen,
Mit Riesenmagen, doch kurzen Gedärmchen, –
Ein Wechselbalg, den ein Korporal,
Anstatt des Säuglings, den er stahl,
Heimlich gelegt in unsre Wiege, –
Die Mißgeburt, die mit der Lüge,
Mit seinem geliebten Windspiel vielleicht,
Der alte Sodomiter gezeugt, –
Nicht brauch ich das Ungetüm zu nennen –
Ihr sollt es ersäufen oder verbrennen!

XVII
Der Kaiser von China

Mein Vater war ein trockner Taps,
Ein nüchterner Duckmäuser,
Ich aber trinke meinen Schnaps
Und bin ein großer Kaiser.

Das ist ein Zaubertrank! Ich hab's
Entdeckt in meinem Gemüte:
Sobald ich getrunken meinen Schnaps
Steht China ganz in Blüte.

Das Reich der Mitte verwandelt sich dann
In einen Blumenanger,
Ich selber werde fast ein Mann
Und meine Frau wird schwanger.

All überall ist Überfluß
Und es gesunden die Kranken;
Mein Hofweltweiser Confusius
Bekömmt die klarsten Gedanken.

Der Pumpernickel des Soldats
Wird Mandelkuchen – O Freude!
Und alle Lumpen meines Staats
Spazieren in Samt und Seide.

Die Mandarinenritterschaft,
Die invaliden Köpfe,
Gewinnen wieder Jugendkraft
Und schütteln ihre Zöpfe.

Die große Pagode, Symbol und Hort
Des Glaubens, ist fertig geworden;
Die letzten Juden taufen sich dort
Und kriegen den Drachen-Orden.

Es schwindet der Geist der Revolution
Und es rufen die edelsten Mantschu:
Wir wollen keine Konstitution,
Wir wollen den Stock, den Kantschu!

Wohl haben die Schüler Eskulaps
Das Trinken mir widerraten,
Ich aber trinke meinen Schnaps
Zum Besten meiner Staaten.

Und noch einen Schnaps, und noch einen Schnaps!
Das schmeckt wie lauter Manna!
Mein Volk ist glücklich, hat's auch den Raps
Und jubelt: Hoseanna!

XVIII
Kirchenrat Prometheus

Ritter Paulus, edler Räuber,
Mit gerunzelt düstren Stirnen
Schaun die Götter auf dich nieder,
Dich bedroht das höchste Zürnen,

Ob dem Raube, ob dem Diebstahl,
Den du im Olymp begangen –
Fürchte des Prometheus Schicksal,
Wenn dich Jovis Häscher fangen!

Freilich jener stahl noch Schlimmres,
Stahl das Licht, die Flammenkräfte,
Um die Menschheit zu erleuchten –
Du, du stahlest Schellings Hefte,

Just das Gegenteil des Lichtes,
Finsternis, die man betastet,
Die man greifen kann wie jene,
Die Egypten einst belastet.

XIX
An den Nachtwächter
(Bei späterer Gelegenheit)

Verschlechtert sich nicht dein Herz und dein Stil,
So magst du treiben jedwedes Spiel;
Mein Freund, ich werde dich nie verkennen,
Und sollt ich dich auch Herr Hofrat nennen.

Sie machen jetzt ein großes Geschrei,
Von wegen deiner Verhofräterei,
Vom Seinestrand bis an der Elbe
Hört ich seit Monden immer dasselbe:

Die Fortschrittsbeine hätten sich
In Rückschrittsbeine verwandelt – O, sprich,
Reitest du wirklich auf schwäbischen Krebsen?
Äugelst du wirklich mit fürstlichen Kebsen?

Vielleicht bist du müde und sehnst dich nach Schlaf.
Du hast die Nacht hindurch so brav
Geblasen, jetzt hängst du das Horn an den Nagel:
Mag tuten wer will für den deutschen Jan Hagel!

Du legst dich zu Bette und schließest zu
Die Augen, doch läßt man dich nicht in Ruh.
Vor deinem Fenster spotten die Schreier:
»Brutus, du schläfst? Wach auf, Befreier!«

Ach! so ein Schreier weiß nicht warum
Der beste Nachtwächter wird endlich stumm,
Es ahndet nicht so ein junger Maulheld,
Warum der Mensch am End das Maul hält.

Du fragst mich, wie es uns hier ergeht?
Hier ist es still, kein Windchen weht,
Die Wetterfahnen sind sehr verlegen,
Sie wissen nicht wohin sich bewegen ...

XX
Zur Beruhigung

Wir schlafen ganz wie Brutus schlief –
Doch jener erwachte und bohrte tief
In Cäsars Brust das kalte Messer;
Die Römer waren Tyrannenfresser.

5 Wir sind keine Römer, wir rauchen Tabak.
Ein jedes Volk hat seinen Geschmack,
Ein jedes Volk hat seine Größe;
In Schwaben kocht man die besten Klöße.

Wir sind Germanen, gemütlich und brav,
10 Wir schlafen gesunden Pflanzenschlaf,
Und wenn wir erwachen pflegt uns zu dürsten,
Doch nicht nach dem Blute unserer Fürsten.

Wir sind so treu wie Eichenholz,
Auch Lindenholz, drauf sind wir stolz;
15 Im Land der Eichen und der Linden
Wird niemals sich ein Brutus finden.

Und wenn auch ein Brutus unter uns wär,
Den Cäsar fänd er nimmermehr,
Vergeblich würd er den Cäsar suchen;
20 Wir haben gute Pfefferkuchen.

Wir haben sechsunddreißig Herrn,
(Ist nicht zu viel!) und einen Stern
Trägt jeder schützend auf seinem Herzen,
Und er braucht nicht zu fürchten die Iden des Märzen.

25 Wir nennen sie Väter, und Vaterland
Benennen wir dasjenige Land,
Das erbeigentümlich gehört den Fürsten;
Wir lieben auch Sauerkraut mit Würsten.

Wenn unser Vater spazieren geht,
Ziehn wir den Hut mit Pietät;
Deutschland, die fromme Kinderstube,
Ist keine römische Mördergrube.

XXI
Verkehrte Welt

Das ist ja die verkehrte Welt,
Wir gehen auf den Köpfen!
Die Jäger werden dutzendweis
Erschossen von den Schnepfen.

Die Kälber braten jetzt den Koch,
Auf Menschen reiten die Gäule;
Für Lehrfreiheit und Rechte des Lichts
Kämpft die katholische Eule.

Der Häring wird ein Sanskülott,
Die Wahrheit sagt uns Bettine,
Und ein gestiefelter Kater bringt
Den Sophokles auf die Bühne.

Ein Affe läßt ein Pantheon
Erbauen für deutsche Helden.
Der Maßmann hat sich jüngst gekämmt,
Wie deutsche Blätter melden.

Germanische Bären glauben nicht mehr
Und werden Atheisten;
Jedoch die französischen Papagein,
Die werden gute Christen.

Im uckermärkschen Moniteur
Da hat man's am tollsten getrieben:
Ein Toter hat dem Lebenden dort
Die schnödeste Grabschrift geschrieben.

25 Laßt uns nicht schwimmen gegen den Strom,
Ihr Brüder! Es hilft uns wenig!
Laßt uns besteigen den Templower Berg
Und rufen: es lebe der König!

XXII

Erleuchtung

Michel! fallen dir die Schuppen
Von den Augen? Merkst du itzt,
Daß man dir die besten Suppen
Vor dem Maule wegstibitzt?

5 Als Ersatz ward dir versprochen
Reinverklärte Himmelsfreud
Droben, wo die Engel kochen
Ohne Fleisch die Seligkeit!

Michel! wird dein Glaube schwächer
10 Oder stärker dein App'tit?
Du ergreifst den Lebensbecher
Und du singst ein Heidenlied!

Michel! fürchte nichts und labe
Schon hienieden deinen Wanst,
15 Später liegen wir im Grabe,
Wo du still verdauen kannst.

XXIII

Wartet nur

Weil ich so ganz vorzüglich blitze,
Glaubt Ihr, daß ich nicht donnern könnt!
Ihr irrt Euch sehr, denn ich besitze
Gleichfalls fürs Donnern ein Talent.

Es wird sich grausenhaft bewähren,
Wenn einst erscheint der rechte Tag;
Dann sollt Ihr meine Stimme hören,
Das Donnerwort, den Wetterschlag.

Gar manche Eiche wird zersplittern
An jenem Tag der wilde Sturm,
Gar mancher Palast wird erzittern
Und stürzen mancher Kirchenturm!

XXIV

Nachtgedanken

Denk ich an Deutschland in der Nacht,
Dann bin ich um den Schlaf gebracht,
Ich kann nicht mehr die Augen schließen,
Und meine heißen Tränen fließen.

Die Jahre kommen und vergehn!
Seit ich die Mutter nicht gesehn
Zwölf Jahre sind schon hingegangen;
Es wächst mein Sehnen und Verlangen.

Mein Sehnen und Verlangen wächst.
Die alte Frau hat mich behext,
Ich denke immer an die alte,
Die alte Frau, die Gott erhalte!

Die alte Frau hat mich so lieb,
Und in den Briefen, die sie schrieb,
Seh ich wie ihre Hand gezittert,
Wie tief das Mutterherz erschüttert.

Die Mutter liegt mir stets im Sinn.
Zwölf lange Jahre flossen hin,
Zwölf lange Jahre sind verflossen,
Seit ich sie nicht ans Herz geschlossen.

Deutschland hat ewigen Bestand,
Es ist ein kerngesundes Land,
Mit seinen Eichen, seinen Linden,
Werd ich es immer wiederfinden.

Nach Deutschland lechzt ich nicht so sehr,
Wenn nicht die Mutter dorten wär;
Das Vaterland wird nie verderben,
Jedoch die alte Frau kann sterben.

Seit ich das Land verlassen hab,
So viele sanken dort ins Grab,
Die ich geliebt – wenn ich sie zähle,
So will verbluten meine Seele.

Und zählen muß ich – Mit der Zahl
Schwillt immer höher meine Qual,
Mir ist als wälzten sich die Leichen
Auf meine Brust – Gottlob! sie weichen!

Gottlob! durch meine Fenster bricht
Französisch heitres Tageslicht;
Es kommt mein Weib, schön wie der Morgen,
Und lächelt fort die deutschen Sorgen.

Aus dem Umkreis der
Neuen Gedichte

Zu
Neuer Frühling

Zu Heines Lebzeiten nicht gedruckt

    »Augen, sterblich schöne Sterne!«
    Also mag das Liedchen klingen,
    Das ich einst in holder Ferne,
    In Toskana, hörte singen.

5   Eine kleine Dirne sang es,
    Die am Meere Netze strickte –
    Und an dieses Liedchen dacht ich,
    Als ich dich zuerst erblickte.

Zu
Verschiedene

Aus Der Salon. Erster Band *(1834) nicht in die* Neuen Gedichte *übernommen*

Träumereien

I

Mir träumte von einem schönen Kind,
Sie trug das Haar in Flechten;
Wir saßen unter der grünen Lind,
In blauen Sommernächten.

Wir hatten uns lieb und küßten uns gern, 5
Und kosten von Freuden und Leiden.
Es seufzten am Himmel die gelben Stern,
Sie schienen uns zu beneiden.

Ich bin erwacht und schau mich um,
Ich steh allein im Dunkeln. 10
Am Himmel droben, gleichgültig und stumm,
Seh ich die Sterne funkeln.

Angelique

IV

Wie entwickeln sich doch schnelle,
Aus der flüchtigsten Empfindung,
Leidenschaften ohne Grenzen
Und die zärtlichste Verbindung!

Täglich wächst zu dieser Dame
Meines Herzens tiefste Neigung,
Und daß ich in sie verliebt sei
Wird mir fast zur Überzeugung.

Schön ist ihre Seele. Freilich,
Das ist immer eine Meinung,
Sichrer bin ich von der Schönheit
Ihrer äußeren Erscheinung.

Diese Hüften! Diese Stirne!
Diese Nase! Die Entfaltung
Dieses Lächelns auf den Lippen!
Und wie gut ist ihre Haltung!

V

Ach, wie schön bist du, wenn traulich
Dein Gemüt sich mir erschließet,
Und von nobelster Gesinnung
Deine Rede überfließet!

Wenn du mir erzählst, wie immer
Du so groß und würdig dachtest,
Wie dem Stolze deines Herzens
Du die größten Opfer brachtest!

Wie man dich für Millionen
Nicht vermöchte zu erwerben –
Eh du dich für Geld verkauftest,
Lieber würdest du ja sterben!

Und ich steh vor dir und höre,
Und ich höre dich zu Ende;
Wie ein stummes Bild des Glaubens
Falt ich andachtsvoll die Hände –

VI

Fürchte nichts, geliebte Seele,
Übersicher bist du hier;
Fürchte nicht, daß man uns stehle,
Ich verriegle schon die Tür.

Wie der Wind auch wütend wehe, 5
Er gefährdet nicht das Haus;
Daß auch nicht ein Brand entstehe,
Lösch ich unsre Lampe aus.

Ach, erlaube daß ich winde
Meinen Arm um deinen Hals; 10
Man erkältet sich geschwinde
In Ermanglung eines Schals.

Clarisse

V

Jetzt verwundet, krank und leidend,
In den schönsten Sommertagen,
Trag ich wieder, Menschen meidend,
Nach dem Wald die bittern Klagen.

Die geschwätzgen Vögel schweigen 5
Mitleidvoll in meiner Nähe;
In den dunkeln Lindenzweigen
Seufzt es mit, bei meinem Wehe.

In dem Tal, auf grünem Platze,
Setz ich jammervoll mich nieder. 10
Katze, meine schöne Katze!
Jammert's aus den Bergen wieder.

Katze, meine schöne Katze,
Konntest du mich so verletzen,
Wie mit grimmer Tigertatze
Mir das arme Herz zerfetzen.

Dieses Herz war, ernst und trübe,
Längst verschlossen allem Glücke;
Ach, da traf mich neue Liebe,
Denn mich trafen deine Blicke.

Heimlich schienst du zu miauen:
Glaube nicht daß ich dich kratze,
Wage nur mir zu vertrauen,
Ich bin eine gute Katze.

— — — — —
— —

VI

Wälderfreie Nachtigallen
Singen wild und ohne Regel,
Besser müssen dir gefallen
Flatternde Kanarienvögel.

Diese gelben zahmen Dinger
Seh ich dich im Käfig füttern,
Und sie picken an den Finger,
Wenn sie deinen Zucker wittern.

Welch gemütlich zarte Szene!
Engel müssen drob sich freuen!
Und ich selbst muß eine Träne
Meiner tiefsten Rührung weihen.

VII

Es kommt der Lenz mit dem Hochzeitgeschenk,
Mit Jubel und Musizieren,
Das Bräutchen und den Bräutigam
Kommt er zu gratulieren.

Er bringt Jasmin und Röselein,
Und Veilchen und duftige Kräutchen,
Und Sellerie für den Bräutigam,
Und Spargel für das Bräutchen.

VIII

Schütz Euch Gott vor Überhitzung,
Allzustarke Herzensklopfung,
Allzuriechbarliche Schwitzung,
Und vor Magenüberstopfung.

Wie am Tage Eurer Hochzeit,
Sei die Liebe Euch erfreulich,
Wenn Ihr längst im Ehejoch seid,
Und Eur Leib, er sei gedeihlich.

IX

Jetzt kannst du mit vollem Recht,
Gutes Mädchen, von mir denken:
Dieser Mensch ist wirklich schlecht,
Mich sogar sucht er zu kränken –

Mich, die niemals ihm gesagt
Was im G'ringsten ihn beleidigt,
Und wo man ihn angeklagt
Leidenschaftlich ihn verteidigt –

Mich, die im Begriffe stand
Einstens ihn sogar zu lieben,
Hätt er's nicht zu überspannt,
Hätt er's nicht zu toll getrieben!

X

Wie du knurrst und lachst und brütest,
Wie du dich verdrießlich windest,
Wenn du, ohne selbst zu lieben,
Dennoch Eifersucht empfindest!

Nicht die duftig rote Rose
Willst du riechen oder küssen,
Nein, du schnüffelst an den Dornen,
Bis die Nase dir zerrissen.

Yolante und Marie

III

Vor der Brust die trikoloren
Blumen, sie bedeuten: frei,
Dieses Herz ist frei geboren,
Und es haßt die Sklaverei.

Königin Marie, die Vierte
Meines Herzens, höre jetzt:
Manche die vor dir regierte
Wurde schmählig abgesetzt.

Nach Erscheinen von Der Salon. Erster Band *(1834) in Zeitungen und Zeitschriften gedruckt, nicht in die* Neuen Gedichte *aufgenommen*

⟨Kitty⟩

Den Tag, den hab ich so himmlisch verbracht,
Den Abend verbracht ich so göttlich,
Der Wein war gut und Kitty war schön,
Und das Herz war unersättlich.

Die roten Lippen, die küßten so wild, 5
So stürmisch, so sinneverwirrend;
Die braunen Augen schauten mich an,
So zärtlich, so knisternd, so girrend!

Das hielt mich umschlungen, und nur mit List
Konnt ich entschlüpfen am Ende, 10
Ich hatte mit ihrem eigenen Haar
Ihr fest gebunden die Hände.

Unsre Seelen bleiben freilich
In platonischer Empfindung
Fest vereinigt; unzerstörbar
Ist die geistige Verbindung.

Ja, sogar im Trennungsfalle 5
Fänden sie doch leicht sich wieder;
Denn die Seelen haben Flügel,
Schnelles Schmetterlingsgefieder;

Und dabei sind sie unsterblich,
Und die Ewigkeit ist lange; 10
Und wer Zeit hat und wer suchet,
Findet, was er auch verlange.

Doch den Leibern, armen Leibern,
Wird die Trennung sehr verderblich,
Haben keine Flügel, haben
Nur zwei Beine und sind sterblich.

Das bedenke, schöne Kitty,
Sei vernünftig, klug und weise;
Bleib in Frankreich, bis zum Frühling,
Bis ich mit nach England reise.

Als die junge Rose blühte
Und die Nachtigall gesungen,
Hast du mich geherzt, geküsset,
Und mit Zärtlichkeit umschlungen.

Nun der Herbst die Ros' entblättert,
Und die Nachtigall vertrieben,
Bist du auch davon geflogen,
Und ich bin allein geblieben.

Lang und kalt sind schon die Nächte,
Sag, wie lange wirst du säumen?
Soll ich immer mich begnügen,
Nur vom alten Glück zu träumen?

Kitty stirbt! und ihre Wangen
Seh ich immer mehr erblassen.
Dennoch kurz vor ihrem Tode
Muß ich Ärmster sie verlassen.

Kitty stirbt! und kalt gebettet
Liegt sie bald im Kirchhofsgrunde.
Und sie weiß es! Doch für Andre
Sorgt sie bis zur letzten Stunde.

Sie verlangt, daß ich die Strümpfe
Nächsten Winter tragen solle,
Die sie selber mir gestrickt hat
Von der wärmsten Lämmerwolle.

Das gelbe Laub erzittert,
Es fallen die Blätter herab –
Ach, Alles, was hold und lieblich,
Verwelkt und sinkt ins Grab.

Die Wipfel des Waldes umflimmert
Ein schmerzlicher Sonnenschein;
Das mögen die letzten Küsse
Des scheidenden Sommers sein.

Mir ist, als müßt ich weinen
Aus tiefstem Herzensgrund;
Dies Bild erinnert mich wieder
An unsre Abschiedsstund.

Ich mußte dich verlassen,
Und wußte, du stürbest bald!
Ich war der scheidende Sommer,
Du warst der sterbende Wald.

An Jenny

Ich bin nun fünfunddreißig Jahr alt,
Und du bist fünfzehnjährig kaum ...
O Jenny, wenn ich dich betrachte,
Erwacht in mir der alte Traum!

Im Jahre achtzehnhundertsiebzehn
Sah ich ein Mädchen, wunderbar
Dir ähnlich an Gestalt und Wesen,
Auch trug sie ganz wie du das Haar.

Ich geh auf Universitäten,
Sprach ich zu ihr, ich komm zurück
In kurzer Zeit, erwarte meiner.
Sie sprach: du bist mein einzges Glück.

Drei Jahre schon hatt ich Pandekten
Studiert, als ich am ersten Mai,
Zu Göttingen, die Nachricht hörte:
Daß meine Braut vermählet sei.

Es war am ersten Mai! Der Frühling
Zog lachend grün durch Feld und Tal,
Die Vögel sangen, und es freute
Sich jeder Wurm im Sonnenstrahl.

Ich aber wurde blaß und kränklich,
Und meine Kräfte nahmen ab;
Der liebe Gott nur kann es wissen,
Was ich des Nachts gelitten hab.

Doch ich genas. Meine Gesundheit
Ist jetzt so stark wie 'n Eichenbaum ...
O Jenny, wenn ich dich betrachte,
Erwacht in mir der alte Traum!

Neue Gedichte

III

Auf dem Faubourg Saint-Marçeau
Lag der Nebel heute Morgen,
Spätherbstnebel, dicht und schwer,
Einer weißen Nacht vergleichbar.

Wandelnd durch die weiße Nacht,
Schaut ich mir vorübergleiten
Eine weibliche Gestalt,
Die dem Mondenlicht vergleichbar.

Ja sie war wie Mondenlicht
Leichthinschwebend, zart und zierlich;
Solchen schlanken Gliederbau
Sah ich hier in Frankreich niemals.

War es Luna selbst vielleicht,
Die sich heut bei einem schönen,
Zärtlichen Endymion
Des Quartier Latin verspätet?

Auf dem Heimweg dacht ich nach:
Warum floh sie meinen Anblick?
Hielt die Göttin mich vielleicht
Für den Sonnenlenker Phöbus?

*

Meine gute, liebe Frau,
Meine güt'ge Frau Geliebte,
Hielt bereit den Morgenimbiß,
Braunen Kaffee, weiße Sahne.

25   Und sie schenkt ihn selber ein,
     Scherzend, kosend, lieblich lächelnd.
     In der ganzen Christenheit
     Lächelt wohl kein Mund so lieblich!

     Ihrer Stimme Flötenton
30   Findet sich nur bei den Engeln,
     Oder allenfalls hienieden
     Bei den besten Nachtigallen.

     Wie die Hände lilienweiß!
     Wie das Haar sich träumend ringelt
35   Um das ros'ge Angesicht!
     Ihre Schönheit ist vollkommen.

     Heute nur bedünkt es mich, –
     Weiß nicht warum – ein bißchen schmäler
     Dürfte ihre Taille sein,
40   Nur ein kleines Bißchen schmäler.

Zu Heines Lebzeiten nicht gedruckt

Zu ⟨Angelique⟩

Es war einmal ein Teufel,
Ein Teufel gar und ganz;
Da kam eine kleine Äffin,
Die zog ihn an den Schwanz.

5   Sie zog und zog so lange,
    Ihm ward er wußt nicht wie;
    Er jauchzte und er brüllte,
    Er gab ihr drei Ecü.

(*Tirer la queue du Diable* heißt Geld verlangen.)

Zu ⟨Clarisse⟩

Mit deinen großen, allwissenden Augen
Schaust du mich an und du hast Recht:
Wie konnten wir zusammen taugen,
Da du so gut, und ich so schlecht!

Ich bin so schlecht und bitterblütig,   5
Und Spottgeschenke bring ich dar
Dem Mädchen, das so lieb und gütig,
Und ach! sogar aufrichtig war.

»O, du kanntest Köch und Küche,
Loch und Schliche, Tür und Tor,
Wo wir nur zusammen strebten,
Kamst du immer mir zuvor.

Jetzt heuratest du mein Mädchen,   5
Teurer Freund! das wird zu toll –
Toller ist es nur daß Ich dir
Dazu gratulieren soll!«

»O, die Liebe macht uns selig!
O, die Liebe macht uns reich!«
Also singt man tausendkehlig
In dem heilgen, röm'schen Reich.

Du, du fühlst den Sinn der Lieder,   5
Und sie klingen, teurer Freund,
Jubelnd dir im Herzen wieder,
Bis der große Tag erscheint:

Wo die Braut, mit roten Bäckchen,
Ihre Hand in deine legt,
Und der Vater mit den Säckchen,
Dir den Segen überträgt!

Säckchen voll mit Geld, unzählig,
Linnen, Betten, Silberzeug –
O, die Liebe macht uns selig,
O, die Liebe macht uns reich!

Der weite Boden ist überzogen
Mit Blumendecken, der grüne Wald,
Er wölbt sich hoch zu Siegesbogen,
Gefiederte Einzugmusik erschallt.

Es kommt der schöne Lenz geritten,
Sein Auge sprüht, die Wange glüht!
Ihr solltet ihn zur Hochzeit bitten,
Denn gerne weilt er wo Liebe blüht.

Zu ⟨Emma⟩

Welch ein zierlich Ebenmaß
In den hochgeschoßnen Gliedern!
Auf dem schlanken Hälschen wiegt sich
Ein bezaubernd kleines Köpfchen.

Reizend halb und halb auch rührend
Ist das Antlitz, wo sich mischen
Wollustblicke eines Weibes
Mit dem Lächeln eines Kindes!

Läg nur nicht auf deinen Schultern
Hie und da, wie dicker Schatten,
Etwas Erdenstaub, ich würde
Mit der Venus dich vergleichen,

Mit der Göttin Aphrodite,
Die der Meeresflut entstiegen,
Anmutblühend, Schönheitstrahlend,
Und, versteht sich, wohlgewaschen.

Kitty

Das Glück, das gestern mich geküßt,
Ist heute schon zerronnen.
Denn treue Liebe hab ich nie
Auf lange Zeit gewonnen.

Die Neugier hat wohl manches Weib
In meinen Arm gezogen;
Hat sie mir mal ins Herz geschaut,
Ist sie davon geflogen.

Die Eine lachte eh sie ging,
Die Andre tät erblassen;
Doch Kitty weinte bitterlich
Bevor sie mich verlassen.

Es läuft dahin die Barke,
Wie eine flinke Gemse.
Bald sind wir auf der Themse,
Bald sind wir im Regentsparke.

Da wohnet meine Kitty,
Mein allerliebstes Weibchen;
Es gibt kein weißeres Leibchen
Im West-End und in der City.

Schon meiner Ankunft gewärtig,
Füllt sie den Wasserkessel
Und rückt an den Herd den Sessel;
Den Tee den find ich fertig.

Augen, die ich längst vergessen
Wollen wieder mich verstricken
Wieder bin ich wie verzaubert
Von des Mädchens sanften Blicken.

Ihre Lippen küssen wieder
Mich in jene Zeit zurücke
Wo ich schwamm des Tags in Torheit
Und des Nachts in vollem Glücke.

Wär nur nicht die tiefe Grube
In dem Kinn, geliebtes Liebchen
Anno achtzehnhundertzwanzig
War dort nur ein leises Grübchen.

Mir redet ein die Eitelkeit
Daß du mich heimlich liebest,
Doch klügre Einsicht flüstert mir,
Daß du nur Großmut übest;

Daß du den Mann zu würd'gen strebst
Den Andre unterschätzen,
Daß du mir doppelt gütig bist,
Weil Andre mich verletzen.

Du bist so hold, du bist so schön!
So tröstlich ist dein Kosen!
Die Worte klingen wie Musik
Und duften wie die Rosen.

Du bist mir wie ein hoher Stern,
Der mich vom Himmel grüßet,
Und meine Erdennacht erhellt,
Und all mein Leid versüßet.

Es glänzt so schön die sinkende Sonne,
Doch schöner ist deiner Augen Schein.
Das Abendrot und deine Augen,
Sie strahlen mir traurig ins Herz hinein.

Das Abendrot bedeutet Scheiden
Und Herzensnacht und Herzensweh.
Bald fließet zwischen meinem Herzen
Und deinen Augen die weite See.

Er ist so herzbeweglich
Der Brief den sie geschrieben:
Sie werde mich ewig lieben,
Ewig, unendlich, unsäglich.

Sie ennuyiere sich täglich,
Ihr sei die Brust beklommen –
»Du mußt herüberkommen
Nach England, so bald als möglich.«

Zu
Romanzen

Zu Heines Lebzeiten nicht gedruckt

Parabolisch

Ein Jahrtausend schon und länger
Dulden wir uns brüderlich:
Du, du duldest, daß ich atme,
Daß du rasest dulde ich.

Freilich oft in dunklen Zeiten
Ward dir wunderlich zu Mut,
Und die liebefrommen Tätzchen
Färbtest du mit meinem Blut.

Jetzt wird unsre Freundschaft größer,
Und noch täglich nimmt sie zu; –
Denn ich selbst begann zu rasen,
Und ich werde fast wie Du.

Hochgesang der Marketenderin

Und die Husaren lieb ich sehr,
Ich liebe sehr dieselben,
Die roten und die blauen,
Die grünen und die gelben.

Und die Grenadiere lieb ich sehr,
Die großen Grenadiere,
Ich liebe sie ohn Unterschied,
Gemeine und Offiziere.

Die Kavallerie und die Infantrie,
Wie lieb ich diese Braven! 10
Auch hab ich bei der Attilerie
Gar manche Nacht — — —

Die Hexe

»Lieben Nachbarn, mit Vergunst!
Eine Hex, durch Zauberkunst,
Kann sich in ein Tier verwandeln,
Um die Menschen zu mißhandeln.

Eure Katz ist meine Frau; 5
Ich erkenne sie genau
Am Geruch, am Glanz der Augen,
Spinnen, Schnurren, Pfötchensaugen ...«

Der Nachbar und die Nachbarin,
Sie riefen: Jürgen, nimm sie hin! 10
Der Hofhund bellt: wau! wau!
Die Katze schreit: miau!

Zu Zeitgedichte

Zwischen 1842 und 1845 in Zeitschriften gedruckt

Neue Gedichte

I. Deutschland!

(Geschrieben im Sommer 1840)

Deutschland ist noch ein kleines Kind,
Doch die Sonne ist seine Amme;
Sie säugt es nicht mit stiller Milch,
Sie säugt es mit wilder Flamme.

5   Bei solcher Nahrung wächst man schnell
Und kocht das Blut in den Adern.
Ihr Nachbarskinder hütet Euch
Mit dem jungen Burschen zu hadern!

Er ist ein täppisches Rieselein,
10 Reißt aus dem Boden die Eiche,
Und schlägt Euch damit den Rücken wund
Und die Köpfe windelweiche.

Dem Siegfried gleicht er, dem edlen Fant,
Von dem wir singen und sagen;
15 Der hat, nachdem er geschmiedet sein Schwert,
Den Ambos entzwei geschlagen!

Ja, Du wirst einst wie Siegfried sein,
Und töten den häßlichen Drachen.
Heisa! wie freudig vom Himmel herab
20 Wird Deine Frau Amme lachen!

Du wirst ihn töten und seinen Hort,
Die Reichskleinodien, besitzen.
Heisa! wie wird auf Deinem Haupt
Die goldne Krone blitzen!

Lobgesänge auf König Ludwig

I

Das ist Herr Ludwig von Baierland,
Desgleichen gibt es wenig;
Das Volk der Bavaren verehrt in ihm
Den angestammelten König.

Er liebt die Kunst, und die schönsten Fraun
Die läßt er porträtieren;
Er geht in diesem gemalten Serail
Als Kunst-Eunuch spazieren.

Bei Regensburg läßt er erbaun
Eine marmorne Schädelstätte,
Und er hat höchstselbst für jeden Kopf
Verfertigt die Etikette.

»Wallhallagenossen«, ein Meisterwerk,
Worin er jedweden Mannes
Verdienste, Charakter und Taten gerühmt,
Von Teut bis Schinderhannes.

Nur Luther, der Dickkopf, fehlt in Wallhall,
Und es feiert ihn nicht der Wallhall-Wisch;
In Naturaliensammlungen fehlt
Oft unter den Fischen der Walfisch.

Herr Ludwig ist ein großer Poet,
Und singt er, so stürzt Apollo
Vor ihm auf die Knie und bittet und fleht:
Halt ein! ich werde sonst toll, O!

Herr Ludwig ist ein mutiger Held,
Wie Otto, das Kind, sein Söhnchen;
Der kriegte den Durchfall zu Athen,
Und hat dort besudelt sein Thrönchen.

Stirbt einst Herr Ludwig, so kanonisiert
Zu Rom ihn der heilige Vater –
Die Glorie paßt für ein solches Gesicht
Wie Manchetten für unseren Kater!

Sobald auch die Affen und Känguruhs
Zum Christentum sich bekehren,
Sie werden gewiß Sankt Ludewig
Als Schutzpatron verehren.

II

Herr Ludewig von Baierland,
Sprach seufzend zu sich selber:
Der Sommer weicht, der Winter naht,
Das Laub wird immer gelber.

Der Schelling und der Cornelius,
Sie mögen von dannen wandern;
Dem Einen erlosch im Kopf die Vernunft,
Die Phantasie dem Andern.

Doch daß man aus meiner Krone stahl
Die beste Perle, daß man
Mir meinen Turnkunstmeister geraubt,
Das Menschenjuwel, den Maßmann –

Das hat mich gebeugt, das hat mich geknickt,
Das hat mir die Seele zerschmettert:
Mir fehlt jetzt der Mann, der in seiner Kunst,
Den höchsten Pfahl erklettert!

Ich sehe die kurzen Beinchen nicht mehr,
Nicht mehr die platte Nase;
Er schlug wie ein Pudel frisch-fromm-fröhlich-frei,
Die Purzelbäume im Grase.

Nur altdeutsch verstand er, der Patriot,
Nur Jacob-Grimmisch und Zeunisch;
Fremdwörter blieben ihm immer fremd,
Griechisch zumal und lateinisch.

Er hat, ein vaterländisch Gemüt,
Nur Eichelkaffee getrunken,
Franzosen fraß er und Limburger Käs,
Nach letzterm hat er gestunken.

O, Schwager! gib mir den Maßmann zurück!
Denn unter den Gesichtern,
Ist sein Gesicht, was ich selber bin,
Als Dichter unter den Dichtern.

O Schwager! behalt den Cornelius,
Auch Schelling, (daß du den Rückert
Behalten kannst, versteht sich von selbst) –
Wenn nur der Maßmann zurückkehrt!

O, Schwager! begnüge Dich mit dem Ruhm,
Daß du mich verdunkelt heute;
Ich, der in Deutschland der erste war,
Ich bin nur noch der zweite ...

III

Zu München in der Schloßkapell
Steht eine schöne Madonne;
Sie trägt in den Armen ihr Jesulein,
Der Welt und des Himmels Wonne.

Als Ludewig von Baierland
Das Heiligenbild erblicket,
Da kniete er nieder andachtsvoll
Und stotterte selig verzücket:

»Maria, Himmelskönigin,
Du Fürstin sonder Mängel!
Aus Heilgen besteht dein Hofgesind
Und deine Diener sind Engel.

Geflügelte Pagen warten Dir auf,
Sie flechten dir Blumen und Bänder
Ins goldene Haar, sie tragen dir nach
Die Schleppe deiner Gewänder.

Maria, reiner Morgenstern,
Du Lilie sonder Makel,
Du hast so manches Wunder getan,
So manches fromme Mirakel –

O, laß aus deiner Gnaden Born,
Auch mir ein Tröpflein gleiten!
Gib mir ein Zeichen deiner Huld,
Der hochgebenedeiten!« –

Die Muttergottes bewegt sich alsbald,
Sichtbar bewegt sich ihr Mündchen,
Sie schüttelt ungeduldig das Haupt
Und spricht zu ihrem Kindchen:

»Es ist ein Glück, daß ich auf dem Arm
Dich trage und nicht mehr im Bauche,
Ein Glück, daß ich vor dem Versehn,
Mich nicht mehr zu fürchten brauche.

Hätt ich in meiner Schwangerschaft
Erblickt den häßlichen Toren,
Ich hätte gewiß einen Wechselbalg
Statt eines Gottes geboren.«

Der neue Alexander

I

Es ist ein König in Thule, der trinkt
Champagner, es geht ihm nichts drüber;
Und wenn er seinen Champagner trinkt,
Dann gehen die Augen ihm über.

Die Ritter sitzen um ihn her,
Die ganze historische Schule;
Ihm aber wird die Zunge schwer,
Es lallt der König von Thule:

»Als Alexander, der Griechenheld,
Mit seinem kleinen Haufen,
Erobert hatte die ganze Welt,
Da gab er sich ans Saufen.

Ihn hatten so durstig gemacht der Krieg
Und die Schlachten, die er geschlagen;
Er soff sich zu Tode nach dem Sieg,
Er konnte nicht viel vertragen.

Ich aber bin ein stärkerer Mann
Und habe mich klüger besonnen:
Wie jener endete fang ich an,
Ich hab mit dem Trinken begonnen.

Im Rausche wird der Heldenzug
Mir später weit besser gelingen;
Dann werde ich, taumelnd von Krug zu Krug,
Die ganze Welt bezwingen.«

II

Erster Feldzug

Da sitzt er und schwatzt, mit lallender Zung,
Der neue Alexander;
Den Plan der Welteroberung,
Den setzt er auseinander:

»Lothringen und Elsaß, das weiß ich längst,
Die fallen uns zu von selber;
Der Stute folgt am End der Hengst,
Es folgen der Kuh die Kälber.

Mich lockt die Champagne, das beßre Land,
Wo jene Reben sprießen,
Die lieblich erleuchten unsern Verstand
Und uns das Leben versüßen.

Hier soll sich erproben mein Kriegesmut,
Hier soll der Feldzug beginnen;
Es knallen die Pfropfen, das weiße Blut
Wird aus den Flaschen rinnen.

Hier wird mein junges Heldentum
Bis zu den Sternen moussieren!
Ich aber verfolge meinen Ruhm,
Ich will auf Paris marschieren.

Dort vor der Barriere mach ich halt, 45
Denn vor den Barriere-Pforten,
Da wird kein Octroi bezahlt
Für Wein von allen Sorten.«

III

»Mein Lehrer, mein Aristoteles,
Der war zuerst ein Pfäffchen 50
Von der französischen Kolonie,
Und trug ein weißes Beffchen.

Er hat nachher als Philosoph
Vermittelt die Extreme,
Und leider Gottes! hat er mich 55
Erzogen nach seinem Systeme.

Ich ward ein Zwitter, ein Mittelding,
Das weder Fleisch noch Fisch ist,
Das von den Extremen unsrer Zeit
Ein närrisches Gemisch ist. 60

Ich bin nicht schlecht, ich bin nicht gut,
Nicht dumm und nicht gescheute,
Und wenn ich gestern vorwärts ging,
So geh ich rückwärts heute.

Ein aufgeklärter Obskurant, 65
Und weder Hengst noch Stute!
Ja, ich begeistre mich zugleich
Für Sophokles und die Knute.

Herr Jesus ist meine Zuversicht,
Doch auch den Bachus nehme 70
Ich mir zum Tröster, vermittelnd stets
Die beiden Götterextreme.«

Unsere Marine
Nautisches Gedicht

Wir träumten von einer Flotte jüngst
Und segelten schon vergnüglich,
Hinaus aufs balkenlose Meer,
Der Wind war ganz vorzüglich.

Wir hatten unsren Fregatten schon
Die stolzesten Namen gegeben,
Prutz hieß die Eine, die Andre hieß
Hoffmann von Fallersleben.

Da schwamm der Kutter *Freiligrath*,
Darauf als Puppe die Büste
Des Mohrenkönigs, der wie ein Mond
(Versteht sich, ein schwarzer) grüßte.

Da kamen geschwommen ein *Gustav Schwab*,
Ein *Pfitzer*, ein *Kölle*, ein *Mayer*,
Auf jedem stand ein Schwabengesicht
Mit einer hölzernen Leier.

Da schwamm die *Birch-Pfeiffer*, eine Brick,
Sie trug am Fockmast das Wappen
Der deutschen Admiralität
Auf schwarz-rot-goldnen Lappen.

Wir kletterten keck am Bugspriet und Rah'n,
Wir trugen uns wie Matrosen,
Die Jacke kurz, der Hut beteert
Und weite Schifferhosen.

Gar mancher, der früher nur Tee genoß
Als wohlerzogner Eh'mann,
Der soff jetzt Rum und käute Tabak
Und fluchte, wie ein Seemann.

Seekrank ist Mancher geworden sogar
Und auf dem *Fallersleben*,
Dem alten Schiffprügel, hat Mancher sich
Gemütlich übergeben.

Wir träumten so schön, wir hatten *fast*
Schon eine Seeschlacht gewonnen,
Doch als die Morgensonne kam
Ist Traum und Flotte zerronnen.

Wir lagen noch immer im heimischen Bett
Mit ausgestreckten Knochen,
Wir rieben uns aus den Augen den Schlaf
Und haben gähnend gesprochen:

»Die Welt ist rund. Was nützt es am End
Zu schaukeln auf müßiger Welle,
Der Weltumsegler kömmt zuletzt
Zurück auf dieselbe Stelle.«

Die schlesischen Weber

Im düstern Auge keine Träne,
Sie sitzen am Webstuhl und fletschen die Zähne:
Deutschland, wir weben Dein Leichentuch,
Wir weben hinein den dreifachen Fluch –
    Wir weben, wir weben!

Ein Fluch dem Gotte, zu dem wir gebeten
In Winterskälte und Hungersnöten;
Wir haben vergebens gehofft und geharrt,
Er hat uns geäfft und gefoppt und genarrt –
    Wir weben, wir weben!

Ein Fluch dem König, dem König der Reichen,
Den unser Elend nicht konnte erweichen,
Der den letzten Groschen von uns erpreßt,
Und uns wie Hunde erschießen läßt –
  Wir weben, wir weben!

Ein Fluch dem falschen Vaterlande,
Wo nur gedeihen Schmach und Schande,
Wo jede Blume früh geknickt,
Wo Fäulnis und Moder den Wurm erquickt –
  Wir weben, wir weben!

Das Schiffchen fliegt, der Webstuhl kracht,
Wir weben emsig Tag und Nacht –
Altdeutschland, wir weben Dein Leichentuch,
Wir weben hinein den dreifachen Fluch,
  Wir weben, wir weben!

Zu Heines Lebzeiten nicht gedruckt

Testament

Ich mache jetzt mein Testament,
Es geht nun bald mit mir zu End.
Nur wundre ich mich, daß nicht schon längstens
Mein Herz gebrochen vor Gram und Ängsten.

Du aller Frauen Huld und Zier,
Luise! ich vermache dir
Zwölf alte Hemde und hundert Flöhe,
Und dreimal hunderttausend Flüche.

Dem guten Freund, der mit gutem Rat
Mir immer riet und nie was tat,
Jetzt als Vermächtnis, rat ich ihm selber:
Nimm eine Kuh und zeuge Kälber.

Wem geb ich meine Religion,
Den Glauben an Vater, Geist und Sohn?
Der Kaiser von China, der Rabbi von Posen,
Sie sollen beide darum losen.

Den deutschen Freiheits- und Gleichheitstraum,
Die Seifenblasen vom besten Schaum,
Vermach ich dem Zensor der Stadt Krähwinkel;
Nahrhafter freilich ist Pumpernickel.

Die Taten, die ich noch nicht getan,
Den ganzen Vaterlandsrettungsplan,
Nebst einem Rezept gegen Katzenjammer,
Vermach ich den Helden der Badischen Kammer.

Und eine Schlafmütz, weiß wie Kreid',
Vermach ich dem Vetter, der zur Zeit
Für die Heidschnuckenrechte so kühn geredet;
Jetzt schweigt er wie ein echter Römer.

Und ich vermache dem Sittenwart
Und Glaubensvogt zu Stuttegard
Ein paar Pistolen, (doch nicht geladen.)
Kann seiner Frau damit Furcht einjagen.

Ein treues Abbild von meinem Steiß
Vermach ich der schwäbischen Schule; ich weiß,
Ihr wolltet mein Gesicht nicht haben,
Nun könnt Ihr am Gegenteil Euch laben.

Zwölf Krüge Seidlitzer Wasser vermach
Ich dem edlen Dichtergemüt, das ach!
Seit Jahren leidet an Sangesverstopfung;
Ihn tröstete Liebe, Glaube und Hoffnung.

Und dieses ist ein Kodizill:
Für den Fall, daß Keiner annehmen will
Die erwähnten Legate, so sollen sie alle
Der römisch katholischen Kirche verfallen.

Du singst wie einst Tyrthäus sang
Von Heldenmut beseelet,
Doch hast du schlecht dein Publikum
Und deine Zeit gewählet.

5 Beifällig horchen sie dir zwar
Und loben schier begeistert:
Wie edel dein Gedankenflug
Wie du die Form bemeistert.

Sie pflegen auch beim Glase Wein
10 Ein Vivat dir zu bringen
Und manchen Schlachtgesang von dir
Lautbrüllend nachzusingen.

Der Knecht singt gern ein Freiheitslied
Des Abends in der Schenke;
15 Das fördert die Verdauungskraft
Und würzet die Getränke.

Herwegh, du eiserne Lerche,
Mit klirrendem Jubel steigst du empor
Zum heiligen Sonnenlichte!
Ward wirklich der Winter zunichte?
5 Steht wirklich Deutschland in Frühlingsflor?

Herwegh, du eiserne Lerche,
Weil du so himmelhoch dich schwingst
Hast du die Erde aus dem Gesichte
Verloren – Nur in deinem Gedichte
Blüht jener Lenz, den du besingst!   10

O Hoffmann, deutscher Brutus
Wie bist du mutig und kühn
Du setzest Läuse den Fürsten
In den Pelz, in den Hermelin

Und wen es jückt, der kratzt sich,   5
Sie kratzen sich endlich tot
Die sechsunddreißig Tyrannen
Und es endigt unsre Not.

O Hoffmann, deutscher Brutus,
Von Fallersleben genannt,   10
Mit deinem Ungeziefer
Befreist du das Vaterland.

Im lieben Deutschland daheime
Da wachsen viel Lebensbäume
Doch lockt die Kirsche noch so sehr
Die Vogelscheuche schreckt noch mehr.

Wir lassen uns wie Spatzen   5
Einschüchtern von Teufelsfratzen,
Wie auch die Kirsche lacht und blüht
Wir singen ein Entsagungslied:

Die Kirschen sind von außen rot
Doch drinnen steckt als Kern der Tod
Nur droben wo die Sterne
Gibt's Kirschen ohne Kerne.

Nach diesen sehnet ewiglich
Die arme deutsche Seele sich
Gott Vater, Gott Sohn, Gott heiliger Geist
Die unsere Seele lobt und preist.

Nur wo die Engel fliegen
Da wächst das ewge Vergnügen
Hier unten ist alles Sünd und Leid
Und saure Kirschen und Bitterkeit.

Die Eule studierte Pandekten
Kanonisches Recht und die Glossa
Und als sie kam nach Welschland
Sie frug: wo liegt Canossa?

Die alten matten Raben
Sie ließen die Flügel hängen
Sie sprachen das alte Canossa
Ist längstens untergegangen.

Wir möchten ein neues bauen
Doch fehlt dazu das Beste
Die Marmorblöcke, die Quadern,
Und die gekrönten Gäste.

Verstreute Gedichte
(1827–1844)

Zu Heines Lebzeiten gedruckt

Gedichte

II
Ramsgate

1.

»O, des liebenswürdigen Dichters,
Dessen Lieder uns entzücken!
Hätten wir ihn in der Nähe,
Seine Lippen zu beglücken!«

Während liebenswürdge Damen
Also liebenswürdig dachten,
Mußt ich, hundert Meil entfernt,
In der öden Fremde schmachten.

Und es hilft uns nichts im Norden,
Wenn im Süden schönes Wetter,
Und von zugedachten Küssen
Wird das magre Herz nicht fetter.

Der Berliner Musen-Almanach für 1830

Stieglitz

Singe nur fort, wir hören dich gern. Wie die treffliche
    Gattin
Liebe die Muse; sie liebt innig, wie jene, dich fast.

Chamisso

Bist du der Alte doch stets, des Pegasus kräftiger
    Tummler!
Nieder, wir bitten dich drum, reite die kreischende
    Zunft.

Leßmann

»Einsame Klage« – wozu? Wozu das »vergebliche
    Ringen«?
Bist ein lustger Gesell, klagst dich zum Jammrer
    umsonst.

Caroline

Machtest du bessere Vers' und empfändest du wahre
    Begeistrung,
Kämen an dicht'rischem Wert wenige Frauen dir
    gleich.

Werder

Strebend greifst du hinauf nach Sternen und
    funkelnden Sonnen;
Nimm dich indessen in Acht, daß du hier unten nicht
    fällst!

Maltitz

Luftig haschest du nicht nach Sternen und funkelnden
 Sonnen;
Um so fester dafür steht auf der Erde dein Fuß.

Veit

Rüstig ringst du und stark, und seh ich dein leiblich
 Gewicht an,   20
Flößt dein mächtiger Schwung tiefes Erstaunen mir
 ein.

Zu Heines Lebzeiten nicht gedruckt (Auswahl)

Kalte Herzen

Als ich dich zum ersten Male
In der Welt von Pappe sah,
Spieltest du in Gold und Seide
Shylocks Tochter: Jessica.

Klar und kalt war deine Stimme,   5
Kalt und klar war deine Stirne
Und du glichst, o Donna Clara,
Einer schönen Gletscherfirne.

Und der Jud verlor die Tochter,
Und der Christ nahm dich zum Weibe;   10
Armer Shylock, ärmrer Lorenz!
Und mir fror das Herz im Leibe.

Als ich dich zum andren Male
In vertrauter Nähe sah,
War ich dir der Don Lorenzo
Und du warst mir Jessica.

Und du schienst berauscht von Liebe
Und ich war berauscht von Weine,
Küßte trunken deine Augen,
Diese kalten Edelsteine.

Plötzlich ward mir Eh'standslüstern;
Hatte ich den Kopf verloren?
Oder war in deiner Nähe
Der Verstand mir nur erfroren?

Nach Sibirien, nach Sibirien!
Führte mich die Hochzeitsreise,
Einer Steppe glich das Eh'bett
Kalt und starr und grau von Eise.

In der Steppe lag ich einsam
Und mir froren alle Glieder,
Leise wimmern hört ich meine
Halberstarrten Liebeslieder.

Und ich darf ein schneeig Kissen
An das heiße Herz mir drücken
Amor klappern alle Zähne
Jessica kehrt mir den Rücken. –

*

Ach und diese armen Kinder,
Meine Lieder, meine Witze,
Werden sämtlich nun geboren
Mit erfrorner Nasenspitze!

Meine Muse hat den Schnupfen
– Musen sind sensible Tiere –
Und sie sagt mir: Lieber Heinrich
Laß mich ziehn, eh ich erfriere.

O, ihr kalten Liebestempel 45
Matt erwärmt von Pfennigskerzen
Warum zeigt mein Liebeskompaß
Nach dem Nordpol solcher Herzen?

Des Oberkirchners Töchterlein
Führt mich in die heiligen Hallen;
Ihr Haar war blond, ihr Wuchs war klein.
Ihr Tuch vom Halse gefallen.

Ich sah für einiger Groschen Preis 5
Die Gräber und Kreuze und Lichte
Im alten Dom; da ward mir heiß –
Ich sah in Elsbeths Gesichte.

Und schaute wieder hie und da
Die heiligen Kirchenmonstranzen, 10
Im Unterrock, Hallelujah!
Die Weiber am Fenster tanzen.

Des Oberkirchners Töchterlein
Blieb mit mir zusammen stehen;
Sie hat ein Augenpaar gar fein, 15
Darin habe ich Alles gesehen.

Des Oberkirchners Töchterlein
Führt mich aus den heiligen Hallen;
Ihr Hals war rot, ihr Mund war klein,
Ihr Tuch vom Busen gefallen. 20

Die Flucht

Die Meeresfluten blitzen,
Bestrahlt vom Mondenschein.
Im schwanken Kahne sitzen
Zwei Buhlen, die schiffen allein.

»Du wirst ja blaß und blasser,
Du Herzallerliebste mein!«
»Geliebter! dort rudert's im Wasser,
Mein Vater holt uns ein.«

»Wir wollen zu schwimmen versuchen,
Du Herzallerliebste mein.«
»Geliebter! ich hör ihn schon fluchen,
Ich höre ihn toben und schrein.«

»Halt nur den Kopf in der Höhe,
Du Herzallerliebste mein!«
»Geliebter! das Wasser, o Wehe,
Dringt mir in die Ohren hinein.«

»Es werden mir steif die Füße,
O Herzallerliebste mein!«
»Geliebter, der Tod muß süße
In deinen Armen sein.«

Die ungetreue Luise
Sie kam mit sanftem Geflüster.
Da saß der arme Ulrich
Die Kerzen die brannten so düster.

Sie koste und sie scherzte
Sie will ihn heiter machen ...
»Mein Gott! wie bist du verändert
Ich hör dich nicht mehr lachen!«

Sie koste und sie scherzte,
Zu seinen Füßen gelagert ... 10
»Mein Gott, wie deine Hände
So kalt und abgemagert!«

Sie koste und sie scherzte,
Doch mußte sie wieder stocken: ...
»Mein Gott, so grau wie Asche 15
Sind jetzo deine Locken!«

Es erklingt wie Liedestöne
Alles was ich denk und fühl
Ach! da hat der kleine schöne
Liebesgott die Hand im Spiel.

Der Maestro im Theater 5
Meines Herzens ist er jetzt,
Was ich fühl und denke hat er
Gleich schon in Musik gesetzt.

Im Mondenglanze ruht das Meer,
Die Wogen murmeln leise;
Mir wird das Herz so bang und schwer,
Ich denk der alten Weise,

Der alten Weise, die uns singt 5
Von den verlornen Städten,
Wo aus dem Meeresgrunde klingt
Glockengeläut und Beten –

Das Läuten und das Beten, wißt,
Wird nicht den Städten frommen, 10
Denn was einmal begraben ist,
Das kann nicht wiederkommen.

Jegliche Gestalt bekleidend,
Bin ich stets in deiner Nähe.
Aber immer bin ich leidend,
Und du tust mir immer wehe.

Wenn du, zwischen Blumenbeeten
Wandelnd in des Sommers Tagen,
Einen Schmetterling zertreten –
Hörst du mich nicht leise klagen?

Wenn du eine Rose pflückest,
Und mit kindischem Behagen
Sie entblätterst und zerstückest –
Hörst du mich nicht leise klagen?

Wenn bei solchem Rosenbrechen
Böse Dornen einmal wagen
In die Finger dich zu stechen –
Hörst du mich nicht leise klagen?

Hörst du nicht die Klagetöne
Selbst im Ton der eignen Kehle?
In der Nacht seufz ich und stöhne
Aus der Tiefe deiner Seele.

Mit dummen Mädchen, hab ich gedacht,
Nichts ist mit dummen anzufangen;
Doch als ich mich an die Klugen gemacht,
Da ist es mir noch schlimmer ergangen.

Die klugen waren mir viel zu klug,
Ihr Fragen machte mich ungeduldig,
Und wenn ich selber das Wichtigste frug,
Da blieben sie lachend die Antwort schuldig.

Sie tat so fromm, sie tat so gut,
Ich glaubte einen Engel zu lieben;
Sie schrieb die schönsten Briefe mir
Und konnte keine Blume betrüben.

In Bälde sollte Hochzeit sein,
Das hörten die lieben Verwandten,
Die Bertha war ein dummes Ding,
Denn sie folgte den Basen und Tanten.

Sie hielt nicht Treu, sie hielt nicht Schwur,
Ich habe es gern ihr vergeben;
Sie hätte in der Ehe sonst
Verbittert mir Lieben und Leben.

Denk ich nun an ein treulos Weib,
So denke an Bertha ich wieder,
Und habe nur noch einen Wunsch:
Sie komme recht glücklich nieder.

Soll ich dich als Held verehren,
So vergleich ich dich dem Tiere,
Dem der herrliche Homeros
Einst verglich den mutgen Ajax.

Soll ich dich als Gott verehren,
So vergleich ich dich dem Gotte
Hanumann, und ich vergleiche
Dich sogar dem Gott Anubis.

Wir müssen zugleich uns betrüben
Und lachen wenn wir schaun,
Daß sich die Herzen lieben
Und sich die Köpfe nicht traun.

Fühlst du mein süßes Liebchen
Wie liebend mein Herz bewegt,
Sie schüttelt das Köpfchen und flüstert
Gott weiß für wen es schlägt.

Wo wird einst des Wandermüden
Letzte Ruhestätte sein?
Unter Palmen in dem Süden?
Unter Linden an dem Rhein?

Werd ich wo in einer Wüste
Eingescharrt von fremder Hand?
Oder ruh ich an der Küste
Eines Meeres in dem Sand.

Immerhin mich wird umgeben
Gotteshimmel, dort wie hier,
Und als Totenlampen schweben
Nachts die Sterne über mir.

Vorworte

Vorwort

Zu: Reisebilder. Zweyter Theil. *2. Auflage (1831)*

Die »zweite Abteilung Nordsee« die, bei der ersten Auflage diesen Band eröffnete, habe ich bei der zweiten Auflage bereits dem ersten Bande einverleibt, ferner habe ich ein Dutzend Blätter aus der »dritten Abteilung Nordsee« in dieser neuen Auflage unterdrückt, und endlich sind hier die »Briefe aus Berlin« ganz ausgeschieden worden. Diese Ökonomie mag sich selber vertreten. Die Lücke, die dadurch in diesem Bande entstand, habe ich nicht mit einem Teile aus dem dritten Bande ergänzen wollen. Letzterer, der dritte Band der Reisebilder, hat nun einmal in seiner jetzigen Gestalt den Beifall meiner Freunde gewonnen, diese Gestalt scheint mir seine geistige Einheit zu bedingen, und ich möchte deshalb auch keine Zeile davon trennen, oder irgend sonst eine Veränderung, und sei sie noch so geringfügig, damit vornehmen. Die Lücke, die sich in diesem zweiten Bande bildete, suchte ich daher mit neuen Frühlingsliedern zu füllen. Ich übergebe sie um so anspruchsloser, da ich wohl weiß, daß Deutschland keinen Mangel hat an dergleichen lyrischen Gedichten. Außerdem ist es unmöglich in dieser Gattung etwas besseres zu geben, als schon von den älteren Meistern geliefert worden, namentlich von Ludwig Uhland, der die Lieder der Minne und des Glaubens so hold und lieblich hervorgesungen aus den Trümmern alter Burgen und Klosterhallen. Freilich, diese frommen und ritterlichen Töne, diese Nachklänge des Mittelalters, die noch unlängst in der Periode einer patriotischen Beschränktheit, von allen Seiten widerhallten, verwehen jetzt im Lärmen der neuesten Freiheitskämpfe, im Getöse einer allgemein europäischen Völkerverbrüderung, und im scharfen Schmerzjubel jener modernen Lieder, die keine katholische Harmonie der Gefühle erlügen wollen und vielmehr, jakobinisch unerbittlich, die Gefühle zerschneiden, der Wahrheit wegen. Es ist interessant zu beobachten, wie die eine von den beiden Liederarten je zuweilen von der anderen die äußere Form erborgt. Noch interessanter ist es, wenn in ein und demselben Dichterherzen sich beide Arten verschmelzen.

Ich weiß nicht ob die »Erato« des Freiherrn Franz von Gaudy und das »Skizzenbuch« von Franz Kugler schon die gebührende Anerkennung gefunden; beide Büchlein, die erst jüngst erschienen, haben mich so innig angesprochen, daß ich sie, in jedem Fall, ganz besonders rühmen muß.

Ich würde mich vielleicht noch weitläufig über deutsche Dichter aussprechen, aber einige andre Zeitgenossen, die jetzt damit beschäftigt sind, die Freiheit und Gleichheit in Europa zu begründen, nehmen zu sehr meine Aufmerksamkeit in Anspruch.

Paris den 20. Juni 1831

Heinrich Heine

Vorwort
zur zweiten Auflage
⟨*der* Neuen Gedichte⟩

(Geschrieben zu Paris im Oktober 1844)

Vor etwa vier Wochen haben diese »Neue Gedichte« die Presse verlassen, und fast gleichzeitig erschien im Einzeldruck das darin enthaltene Wintermärchen, »Deutschland« betitelt. Mein Verleger, der durch die großen Auflagen, die er von meinen Werken zu machen pflegt, dem Genius des Verfassers das ehrenvollste Vertrauen schenkt, widmete mir diesmal eine gesteigerte Huldigung, und er druckte von den »Neuen Gedichten« eine noch weit enthusiastischere Anzahl von Exemplaren. Vergebens stellte ich ihm vor, welcher bitteren Enttäuschung er sich dadurch aussetze, und ich gestand ihm, wie ich in authentischen Zeitungsblättern mit eignen Augen gelesen habe, daß meine Popularität sehr gesunken sei, daß ich von den jüngern Poeten des Tags ganz überflügelt worden, und daß ich überhaupt nur noch der Vergangenheit angehöre. Aber mein Verleger lächelte sonderbar und berief sich auf seine Handlungsbücher, worin der Absatz meiner Schriften tagtäglich mit trockner Gewissenhaftigkeit eingezeichnet wird, und diese erquicklichen und progressiven Zahlen bildeten eine Argumentation, die schwer zu widerlegen war. In diesem Augenblicke triumphiert der Mann ganz und gar über die Besorgnisse meiner Bescheidenheit, und er veranstaltet in verdoppelter Quantität eine zweite Auflage jener »Neuen Gedichte«. Leider kann ich, da ich jetzt wieder vom Druckort entfernt bin, den Druck nicht so streng überwachen, wie ich es bei der ersten Auflage getan. Nachträgliche Veränderungen habe ich mir nirgends erlaubt, welches ich ausdrücklich bemerke. Ich kann jedoch nicht umhin das Vorwort, welches den Einzeldruck des »Wintermärchens« begleitete, bis auf wenige Zeilen hier mitzuteilen; es ist datiert, »Hamburg, den 17. September 1844« und lautet wie folgt:

⟨*Folgt die gekürzte* Vorrede *zu* Deutschland. Ein Wintermärchen.⟩

Romanzero

Erstes Buch

Historien

Wenn man an dir Verrat geübt,
Sei du um so treuer;
Und ist deine Seele zu Tode betrübt,
So greife zur Leier.

Die Saiten klingen! Ein Heldenlied, 5
Voll Flammen und Gluten!
Da schmilzt der Zorn, und dein Gemüt
Wird süß verbluten.

Rhampsenit

Als der König Rhampsenit
Eintrat in die goldne Halle
Seiner Tochter, lachte diese,
Lachten ihre Zofen alle.

Auch die Schwarzen, die Eunuchen,
Stimmten lachend ein, es lachten
Selbst die Mumien, selbst die Sphinxe,
Daß sie schier zu bersten dachten.

Die Prinzessin sprach: Ich glaubte
Schon den Schatzdieb zu erfassen,
Der hat aber einen toten
Arm in meiner Hand gelassen.

Jetzt begreif ich, wie der Schatzdieb
Dringt in deine Schatzhauskammern,
Und die Schätze dir entwendet,
Trotz den Schlössern, Riegeln, Klammern.

Einen Zauberschlüssel hat er,
Der erschließet allerorten
Jede Türe, widerstehen
Können nicht die stärksten Pforten.

Ich bin keine starke Pforte
Und ich hab nicht widerstanden,
Schätzehütend diese Nacht
Kam ein Schätzlein mir abhanden.

So sprach lachend die Prinzessin
Und sie tänzelt im Gemache,
Und die Zofen und Eunuchen
Hoben wieder ihre Lache.

An demselben Tag ganz Memphis
Lachte, selbst die Krokodile
Reckten lachend ihre Häupter
Aus dem schlammig gelben Nile,

Als sie Trommelschlag vernahmen
Und sie hörten an dem Ufer
Folgendes Reskript verlesen
Von dem Kanzelei-Ausrufer:

Rhampsenit von Gottes Gnaden
König zu und in Ägypten,
Wir entbieten Gruß und Freundschaft
Unsern Vielgetreu'n und Liebden.

In der Nacht vom dritten zu dem
Vierten Junius des Jahres
Dreizehnhundertvierundzwanzig
Vor Christi Geburt, da war es,

Daß ein Dieb aus unserm Schatzhaus
Eine Menge von Juwelen
Uns entwendet; es gelang ihm
Uns auch später zu bestehlen.

Zur Ermittelung des Täters
Ließen schlafen wir die Tochter
Bei den Schätzen – doch auch jene
Zu bestehlen schlau vermocht er.

Um zu steuern solchem Diebstahl
Und zu gleicher Zeit dem Diebe
Unsre Sympathie zu zeigen,
Unsre Ehrfurcht, unsre Liebe,

Wollen wir ihm zur Gemahlin
Unsre einzge Tochter geben,
Und ihn auch als Thronnachfolger
In den Fürstenstand erheben.

Sintemal uns die Adresse
Unsres Eidams noch zur Stunde
Unbekannt, soll dies Reskript ihm
Bringen Unsrer Gnade Kunde.

So geschehn den dritten Jenner
Dreizehnhundert zwanzig sechs
Vor Christi Geburt. – Signieret
Von Uns: Rhampsenitus Rex.

Rhampsenit hat Wort gehalten,
Nahm den Dieb zum Schwiegersohne,
Und nach seinem Tode erbte
Auch der Dieb Ägyptens Krone.

Er regierte wie die Andern,
Schützte Handel und Talente;
Wenig, heißt es, ward gestohlen
Unter seinem Regimente.

Der weiße Elefant

Der König von Siam, Mahawasant
Beherrscht das halbe Indienland,
Zwölf Kön'ge, der große Mogul sogar,
Sind seinem Szepter tributar.

Alljährlich mit Trommeln, Posaunen und Fahnen
Ziehen nach Siam die Zinskarawanen;
Viel tausend Kamele, hochberuckte,
Schleppen die kostbarsten Landesprodukte.

Sieht er die schwerbepackten Kamele,
So schmunzelt heimlich des Königs Seele;   10
Öffentlich freilich pflegt er zu jammern,
Es fehle an Raum in seinen Schatzkammern.

Doch diese Schatzkammern sind so weit,
So groß und voller Herrlichkeit;
Hier überflügelt der Wirklichkeit Pracht   15
Die Märchen von Tausend und Eine Nacht.

»Die Burg des Indra« heißt die Halle,
Wo aufgestellt die Götter alle,
Bildsäulen von Gold, fein ziseliert,
Mit Edelsteinen inkrustiert.   20

Sind an der Zahl wohl dreißigtausend,
Figuren abenteuerlich grausend,
Mischlinge von Menschen- und Tier-Geschöpfen,
Mit vielen Händen und vielen Köpfen.

Im »Purpursaale« sieht man verwundert   25
Korallenbäume dreizehnhundert,
Wie Palmen groß, seltsamer Gestalt,
Geschnörkelt die Äste, ein roter Wald.

Das Estrich ist vom reinsten Kristalle
Und widerspiegelt die Bäume alle.   30
Fasanen vom buntesten Glanzgefieder
Gehn gravitätisch dort auf und nieder.

Der Lieblingsaffe des Mahawasant
Trägt an dem Hals ein seidenes Band,
Dran hängt der Schlüssel, welcher erschleußt   35
Die Halle, die man den Schlafsaal heißt.

Die Edelsteine vom höchsten Wert,
Die liegen wie Erbsen hier auf der Erd
Hochaufgeschüttet; man findet dabei
Diamanten so groß wie ein Hühnerei.

Auf grauen mit Perlen gefüllten Säcken
Pflegt hier der König sich hinzustrecken;
Der Affe legt sich zum Monarchen
Und beide schlafen ein und schnarchen.

Das Kostbarste aber von allen Schätzen
Des Königs, sein Glück, sein Seelenergötzen,
Die Lust und der Stolz von Mahawasant,
Das ist sein weißer Elefant.

Als Wohnung für diesen erhabenen Gast
Ließ bauen der König den schönsten Palast;
Es wird das Dach, mit Goldblech beschlagen,
Von lotosknäufigen Säulen getragen.

Am Tore stehen dreihundert Trabanten
Als Ehrenwache des Elefanten,
Und knieend mit gekrümmtem Rucken,
Bedienen ihn hundert schwarze Eunucken.

Man bringt auf einer güldnen Schüssel
Die leckersten Bissen für seinen Rüssel;
Er schlürft aus silbernen Eimern den Wein,
Gewürzt mit den süßesten Spezerei'n.

Man salbt ihn mit Ambra und Rosenessenzen,
Man schmückt sein Haupt mit Blumenkränzen;
Als Fußdecke dienen dem edlen Tier
Die kostbarsten Shawls aus Kaschimir.

Das glücklichste Leben ist ihm beschieden,
Doch niemand auf Erden ist zufrieden.
Das edle Tier, man weiß nicht wie,
Versinkt in tiefe Melancholie.

Der weiße Melancholikus
Steht traurig mitten im Überfluß.
Man will ihn ermuntern, man will ihn erheitern,
Jedoch die klügsten Versuche scheitern.

Vergebens kommen mit Springen und Singen
Die Bajaderen; vergebens erklingen
Die Zinken und Pauken der Musikanten,
Doch nichts erlustigt den Elefanten.

Da täglich sich der Zustand verschlimmert,
Wird Mahawasantes Herz bekümmert;
Er läßt vor seines Thrones Stufen
Den klügsten Astrologen rufen.

»Sterngucker, ich laß dir das Haupt abschlagen«,
Herrscht er ihn an, »kannst du mir nicht sagen
Was meinem Elefanten fehle,
Warum so verdüstert seine Seele?«

Doch jener wirft sich dreimal zur Erde,
Und endlich spricht er mit ernster Gebärde:
»O König, ich will dir die Wahrheit verkünden,
Du kannst dann handeln nach Gutbefinden.

Es lebt im Norden ein schönes Weib
Von hohem Wuchs und weißem Leib,
Dein Elefant ist herrlich, unleugbar,
Doch ist er nicht mit ihr vergleichbar.

Mit ihr verglichen, erscheint er nur
Ein weißes Mäuschen. Es mahnt die Statur
An Bimha, die Riesin, im Ramajana,
Und an der Epheser große Diana.

Wie sich die Gliedermassen wölben
Zum schönsten Bau! Es tragen dieselben
Anmutig und stolz zwei hohe Pilaster
Von blendend weißem Alabaster.

Das ist Gott Amors kolossale
Domkirche, der Liebe Kathedrale;
Als Lampe brennt im Tabernakel
Ein Herz, das ohne Falsch und Makel.

Die Dichter jagen vergebens nach Bildern,
Um ihre weiße Haut zu schildern;
Selbst Gautier ist dessen nicht capabel, –
O diese Weiße ist implacable!

Des Himalaya Gipfelschnee
Erscheint aschgrau in ihrer Näh';
Die Lilie, die ihre Hand erfaßt,
Vergilbt durch Eifersucht oder Kontrast.

Gräfin Bianka ist der Name
Von dieser großen weißen Dame;
Sie wohnt zu Paris im Frankenland,
Und diese liebt der Elefant.

Durch wunderbare Wahlverwandtschaft,
Im Traume machte er ihre Bekanntschaft,
Und träumend in sein Herze stahl
Sich dieses hohe Ideal.

Sehnsucht verzehrt ihn seit jener Stund,
Und er, der vormals so froh und gesund,
Er ist ein vierfüßiger Werther geworden,
Und träumt von einer Lotte im Norden.

Geheimnisvolle Sympathie! 125
Er sah sie nie und denkt an sie.
Er trampelt oft im Mondschein umher
Und seufzet: wenn ich ein Vöglein wär'!

In Siam ist nur der Leib, die Gedanken
Sind bei Bianka im Lande der Franken; 130
Doch diese Trennung von Leib und Seele
Schwächt sehr den Magen, vertrocknet die Kehle.

Die leckersten Braten widern ihn an,
Er liebt nur Dampfnudeln und Ossian;
Er hüstelt schon, er magert ab, 135
Die Sehnsucht schaufelt sein frühes Grab.

Willst du ihn retten, erhalten sein Leben,
Der Säugetierwelt ihn wiedergeben,
O König, so schicke den hohen Kranken
Direkt nach Paris, der Hauptstadt der Franken. 140

Wenn ihn alldort in der Wirklichkeit
Der Anblick der schönen Frau erfreut,
Die seiner Träume Urbild gewesen,
Dann wird er von seinem Trübsinn genesen.

Wo seiner Schönen Augen strahlen, 145
Da schwinden seiner Seele Qualen;
Ihr Lächeln verscheucht die letzten Schatten,
Die hier sich eingenistet hatten;

Und ihre Stimme, wie'n Zauberlied,
150 Löst sie den Zwiespalt in seinem Gemüt;
Froh hebt er wieder die Lappen der Ohren,
Er fühlt sich verjüngt, wie neugeboren.

Es lebt sich so lieblich, es lebt sich so süß
Am Seinestrand, in der Stadt Paris!
155 Wie wird sich dorten zivilisieren
Dein Elefant und amüsieren!

Vor allem aber, o König, lasse
Ihm reichlich füllen die Reisekasse,
Und gib ihm einen Kreditbrief mit
160 Auf Rothschild frères in der Rue Lafitte.

Ja, einen Kreditbrief von einer Million
Dukaten etwa; – der Herr Baron
Von Rothschild sagt von ihm alsdann:
Der Elefant ist ein braver Mann!«

165 So sprach der Astrolog, und wieder
Warf er sich dreimal zur Erde nieder.
Der König entließ ihn mit reichen Geschenken,
Und streckte sich aus, um nachzudenken.

Er dachte hin, er dachte her;
170 Das Denken wird den Königen schwer.
Sein Affe sich zu ihm niedersetzt,
Und beide schlafen ein zuletzt.

Was er beschlossen, das kann ich erzählen
Erst später; die indischen Mall'posten fehlen.
175 Die letzte, welche uns zugekommen,
Die hat den Weg über Suez genommen.

Schelm von Bergen

Im Schloß zu Düsseldorf am Rhein
Wird Mummenschanz gehalten;
Da flimmern die Kerzen, da rauscht die Musik,
Da tanzen die bunten Gestalten.

Da tanzt die schöne Herzogin, 5
Sie lacht laut auf beständig;
Ihr Tänzer ist ein schlanker Fant,
Gar höfisch und behendig.

Er trägt eine Maske von schwarzem Samt,
Daraus gar freudig blicket 10
Ein Auge, wie ein blanker Dolch,
Halb aus der Scheide gezücket.

Es jubelt die Fastnachtsgeckenschar,
Wenn jene vorüberwalzen.
Der Drickes und die Marizzebill 15
Grüßen mit Schnarren und Schnalzen.

Und die Trompeten schmettern drein,
Der närrische Brummbaß brummet,
Bis endlich der Tanz ein Ende nimmt
Und die Musik verstummet. 20

»Durchlauchtigste Frau, gebt Urlaub mir,
Ich muß nach Hause gehen –«
Die Herzogin lacht: Ich laß dich nicht fort,
Bevor ich dein Antlitz gesehen.

»Durchlauchtigste Frau, gebt Urlaub mir, 25
Mein Anblick bringt Schrecken und Grauen –«
Die Herzogin lacht: Ich fürchte mich nicht,
Ich will dein Antlitz schauen.

»Durchlauchtigste Frau, gebt Urlaub mir,
Der Nacht und dem Tode gehör ich –«
Die Herzogin lacht: Ich lasse dich nicht,
Dein Antlitz zu schauen begehr ich.

Wohl sträubt sich der Mann mit finsterm Wort,
Das Weib nicht zähmen kunnt er;
Sie riß zuletzt ihm mit Gewalt
Die Maske vom Antlitz herunter.

Das ist der Scharfrichter von Bergen! so schreit
Entsetzt die Menge im Saale
Und weichet scheusam – die Herzogin
Stürzt fort zu ihrem Gemahle.

Der Herzog ist klug, er tilgte die Schmach
Der Gattin auf der Stelle.
Er zog sein blankes Schwert und sprach:
Knie vor mir nieder, Geselle!

Mit diesem Schwertschlag mach ich dich
Jetzt ehrlich und ritterzünftig,
Und weil du ein Schelm, so nenne dich
Herr Schelm von Bergen künftig.

So ward der Henker ein Edelmann
Und Ahnherr der Schelme von Bergen.
Ein stolzes Geschlecht! es blühte am Rhein.
Jetzt schläft es in steinernen Särgen.

Valkyren

Unten Schlacht. Doch oben schossen
Durch die Luft auf Wolkenrossen
Drei Valkyren, und es klang
Schilderklirrend ihr Gesang:

Fürsten hadern, Völker streiten,
Jeder will die Macht erbeuten;
Herrschaft ist das höchste Gut,
Höchste Tugend ist der Mut.

Heisa! vor dem Tod beschützen
Keine stolzen Eisenmützen,
Und das Heldenblut zerrinnt
Und der schlechte Mann gewinnt.

Lorbeerkränze, Siegesbogen!
Morgen kommt er eingezogen,
Der den Bessern überwand
Und gewonnen Leut und Land.

Bürgermeister und Senator
Holen ein den Triumphator,
Tragen ihm die Schlüssel vor,
Und der Zug geht durch das Tor.

Hei! da böllert's von den Wällen,
Zinken und Trompeten gellen,
Glockenklang erfüllt die Luft,
Und der Pöbel Vivat! ruft.

Lächelnd stehen auf Balkonen
Schöne Fraun, und Blumenkronen
Werfen sie dem Sieger zu.
Dieser grüßt mit stolzer Ruh.

Schlachtfeld bei Hastings

Der Abt von Waltham seufzte tief,
Als er die Kunde vernommen,
Daß König Harold elendiglich
Bei Hastings umgekommen.

Zwei Mönche, Asgod und Ailrik genannt,
Die schickt' er aus als Boten,
Sie sollten suchen die Leiche Harolds
Bei Hastings unter den Toten.

Die Mönche gingen traurig fort
Und kehrten traurig zurücke:
»Hochwürdiger Vater, die Welt ist uns gram,
Wir sind verlassen vom Glücke.

Gefallen ist der beßre Mann,
Es siegte der Bankert, der schlechte,
Gewappnete Diebe verteilen das Land
Und machen den Freiling zum Knechte.

Der lausigste Lump aus der Normandie
Wird Lord auf der Insel der Briten;
Ich sah einen Schneider aus Bayeux, er kam
Mit goldnen Sporen geritten.

Weh dem, der jetzt ein Sachse ist!
Ihr Sachsenheilige droben
Im Himmelreich, nehmt euch in Acht,
Ihr seid der Schmach nicht enthoben.

Jetzt wissen wir, was bedeutet hat
Der große Komet, der heuer
Blutrot am nächtlichen Himmel ritt
Auf einem Besen von Feuer.

Bei Hastings in Erfüllung ging
Des Unsterns böses Zeichen,
Wir waren auf dem Schlachtfeld dort
Und suchten unter den Leichen.

Wir suchten hin, wir suchten her,
Bis alle Hoffnung verschwunden –
Den Leichnam des toten Königs Harold,
Wir haben ihn nicht gefunden.«

Asgod und Ailrik sprachen also;
Der Abt rang jammernd die Hände,
Versank in tiefe Nachdenklichkeit
Und sprach mit Seufzen am Ende:

»Zu Grendelfield am Bardenstein,
Just in des Waldes Mitte,
Da wohnet Edith Schwanenhals
In einer dürftgen Hütte.

Man hieß sie Edith Schwanenhals,
Weil wie der Hals der Schwäne
Ihr Nacken war; der König Harold,
Er liebte die junge Schöne.

Er hat sie geliebt, geküßt und geherzt,
Und endlich verlassen, vergessen.
Die Zeit verfließt; wohl sechzehn Jahr
Verflossen unterdessen.

Begebt euch, Brüder, zu diesem Weib
Und laßt sie mit euch gehen
Zurück nach Hastings, der Blick des Weibs
Wird dort den König erspähen.

Nach Waltham-Abtei hierher alsdann
Sollt ihr die Leiche bringen,
Damit wir christlich bestatten den Leib
Und für die Seele singen.«

Um Mitternacht gelangten schon
Die Boten zur Hütte im Walde:
»Erwache, Edith Schwanenhals,
Und folge uns alsbalde.

Der Herzog der Normannen hat
Den Sieg davon getragen,
Und auf dem Feld bei Hastings liegt
Der König Harold erschlagen.

Komm mit nach Hastings, wir suchen dort
Den Leichnam unter den Toten,
Und bringen ihn nach Waltham-Abtei,
Wie uns der Abt geboten.«

Kein Wort sprach Edith Schwanenhals,
Sie schürzte sich geschwinde
Und folgte den Mönchen; ihr greisendes Haar,
Das flatterte wild im Winde.

Es folgte barfuß das arme Weib
Durch Sümpfe und Baumgestrüppe.
Bei Tagesanbruch gewahrten sie schon
Zu Hastings die kreidige Klippe.

Der Nebel der das Schlachtfeld bedeckt
Als wie ein weißes Lailich,
Zerfloß allmählich; es flatterten auf
Die Dohlen und krächzten abscheulich.

Viel tausend Leichen lagen dort
Erbärmlich auf blutiger Erde,
Nackt ausgeplündert, verstümmelt, zerfleischt,
Daneben die Äser der Pferde.

Es wadete Edith Schwanenhals
Im Blute mit nackten Füßen;
Wie Pfeile aus ihrem stieren Aug
Die forschenden Blicke schießen.

Sie suchte hin, sie suchte her,
Oft mußte sie mühsam verscheuchen
Die fraßbegierige Rabenschar;
Die Mönche hinter ihr keuchen.

Sie suchte schon den ganzen Tag,
Es ward schon Abend – plötzlich
Bricht aus der Brust des armen Weibs
Ein geller Schrei, entsetzlich.

Gefunden hat Edith Schwanenhals
Des toten Königs Leiche.
Sie sprach kein Wort, sie weinte nicht,
Sie küßte das Antlitz, das bleiche.

Sie küßte die Stirne, sie küßte den Mund,
Sie hielt ihn fest umschlossen;
Sie küßte auf des Königs Brust
Die Wunde blutumflossen.

Auf seiner Schulter erblickt sie auch –
Und sie bedeckt sie mit Küssen –
Drei kleine Narben, Denkmäler der Lust,
Die sie einst hinein gebissen.

Die Mönche konnten mittlerweil'
Baumstämme zusammenfugen;
Das war die Bahre, worauf sie alsdann
Den toten König trugen.

Sie trugen ihn nach Waltham-Abtei,
Daß man ihn dort begrübe;
Es folgte Edith Schwanenhals
Der Leiche ihrer Liebe.

Sie sang die Totenlitanei'n
In kindisch frommer Weise;
Das klang so schauerlich in der Nacht –
Die Mönche beteten leise. –

Carl I.

Im Wald, in der Köhlerhütte sitzt
Trübsinnig allein der König;
Er sitzt an der Wiege des Köhlerkinds
Und wiegt und singt eintönig:

Eiapopeia, was raschelt im Stroh?
Es blöken im Stalle die Schafe –
Du trägst das Zeichen an der Stirn
Und lächelst so furchtbar im Schlafe.

Eiapopeia, das Kätzchen ist tot –
Du trägst auf der Stirne das Zeichen –
Du wirst ein Mann und schwingst das Beil,
Schon zittern im Walde die Eichen.

Der alte Köhlerglaube verschwand,
Es glauben die Köhlerkinder –
Eiapopeia – nicht mehr an Gott
Und an den König noch minder.

Das Kätzchen ist tot, die Mäuschen sind froh –
Wir müssen zu Schanden werden –
Eiapopeia – im Himmel der Gott
Und ich, der König auf Erden.

Mein Mut erlischt, mein Herz ist krank,
Und täglich wird es kränker –
Eiapopeia – du Köhlerkind
Ich weiß es, du bist mein Henker.

Mein Todesgesang ist dein Wiegenlied –
Eiapopeia – die greisen
Haarlocken schneidest du ab zuvor –
Im Nacken klirrt mir das Eisen.

Eiapopeia, was raschelt im Stroh –
Du hast das Reich erworben,
Und schlägst mir das Haupt vom Rumpf herab –
Das Kätzchen ist gestorben.

Eiapopeia, was raschelt im Stroh?
Es blöken im Stalle die Schafe.
Das Kätzchen ist tot, die Mäuschen sind froh –
Schlafe, mein Henkerchen, schlafe!

Maria Antoinette

Wie heiter im Tuilerienschloß
Blinken die Spiegelfenster,
Und dennoch dort am hellen Tag
Gehn um die alten Gespenster.

Es spukt im Pavillon de Flor
Maria Antoinette;
Sie hält dort morgens ihr Lever
Mit strenger Etikette.

Geputzte Hofdamen. Die meisten stehn,
Auf Tabourets andre sitzen;
Die Kleider von Atlas und Goldbrokat,
Behängt mit Juwelen und Spitzen.

Die Taille ist schmal, der Reifrock bauscht,
Darunter lauschen die netten
Hochhackigen Füßchen so klug hervor –
Ach, wenn sie nur Köpfe hätten!

Sie haben alle keinen Kopf,
Der Königin selbst manquieret
Der Kopf, und Ihro Majestät
Ist deshalb nicht frisieret.

Ja, sie, die mit turmhohem Toupet
So stolz sich konnte gebahren,
Die Tochter Maria Theresias,
Die Enkelin deutscher Cäsaren,

Sie muß jetzt spuken ohne Frisur
Und ohne Kopf, im Kreise
Von unfrisierten Edelfraun,
Die kopflos gleicherweise.

Das sind die Folgen der Revolution
Und ihrer fatalen Doktrine;
An allem ist schuld Jean Jaques Rousseau,
Voltaire und die Guillotine.

Doch sonderbar! es dünkt mich schier,
Als hätten die armen Geschöpfe
Gar nicht bemerkt wie tot sie sind
Und daß sie verloren die Köpfe.

Ein leeres Gespreize, ganz wie sonst,
Ein abgeschmacktes Scherwenzen –
Possierlich sind und schauderhaft
Die kopflosen Reverenzen. 40

Es knickst die erste Dame d'atour
Und bringt ein Hemd von Linnen;
Die zweite reicht es der Königin
Und beide knicksen von hinnen.

Die dritte Dam und die vierte Dam 45
Knicksen und niederknieen
Vor Ihrer Majestät, um Ihr
Die Strümpfe anzuziehen.

Ein Ehrenfräulein kommt und knickst
Und bringt das Morgenjäckchen; 50
Ein andres Fräulein knickst und bringt
Der Königin Unterröckchen.

Die Oberhofmeisterin steht dabei,
Sie fächert die Brust, die weiße,
Und in Ermanglung eines Kopfs 55
Lächelt sie mit dem Steiße.

Wohl durch die verhängten Fenster wirft
Die Sonne neugierige Blicke,
Doch wie sie gewahrt den alten Spuk,
Prallt sie erschrocken zurücke. 60

Pomare

I

Alle Liebesgötter jauchzen
Mir im Herzen, und Fanfare
Blasen sie und rufen: Heil!
Heil, der Königin Pomare!

Jene nicht von Otahaiti –
Missionärisiert ist jene –
Die ich meine, die ist wild,
Eine ungezähmte Schöne.

Zweimal in der Woche zeigt sie
Öffentlich sich ihrem Volke
In dem Garten Mabill, tanzt
Dort den Cancan, auch die Polke.

Majestät in jedem Schritte,
Jede Beugung Huld und Gnade,
Eine Fürstin jeder Zoll
Von der Hüfte bis zur Wade –

Also tanzt sie – und es blasen
Liebesgötter die Fanfare
Mir im Herzen, rufen: Heil!
Heil der Königin Pomare!

II

Sie tanzt. Wie sie das Leibchen wiegt!
Wie jedes Glied sich zierlich biegt!
Das ist ein Flattern und ein Schwingen,
Um wahrlich aus der Haut zu springen.

Sie tanzt. Wenn sie sich wirbelnd dreht
Auf einem Fuß, und stille steht
Am End mit ausgestreckten Armen,
Mag Gott sich meiner Vernunft erbarmen!

Sie tanzt. Derselbe Tanz ist das,
Den einst die Tochter Herodias
Getanzt vor dem Judenkönig Herodes.
Ihr Auge sprüht wie Blitze des Todes.

Sie tanzt mich rasend – ich werde toll –
Sprich, Weib, was ich dir schenken soll?
Du lächelst? Heda! Trabanten! Läufer!
Man schlage ab das Haupt dem Täufer!

III

Gestern noch fürs liebe Brot
Wälzte sie sich tief im Kot,
Aber heute schon mit Vieren
Fährt das stolze Weib spazieren.
In die seidnen Kissen drückt
Sie das Lockenhaupt, und blickt
Vornehm auf den großen Haufen
Derer, die zu Fuße laufen.

Wenn ich dich so fahren seh,
Tut es mir im Herzen weh!
Ach, es wird dich dieser Wagen
Nach dem Hospitale tragen,
Wo der grausenhafte Tod
Endlich endigt deine Not,
Und der Carabin mit schmierig
Plumper Hand und lernbegierig

Deinen schönen Leib zerfetzt,
Anatomisch ihn zersetzt –
Deine Rosse trifft nicht minder
Einst zu Montfaucon der Schinder.

IV

Besser hat es sich gewendet,
Das Geschick, das dich bedroht' –
Gott sei Dank, du hast geendet,
Gott sei Dank, und du bist tot.

In der Dachstub deiner armen,
Alten Mutter starbest du,
Und sie schloß dir mit Erbarmen
Deine schönen Augen zu.

Kaufte dir ein gutes Lailich,
Einen Sarg, ein Grab sogar.
Die Begräbnisfeier freilich
Etwas kahl und ärmlich war.

Keinen Pfaffen hört man singen,
Keine Glocke klagte schwer;
Hinter deiner Bahre gingen
Nur dein Hund und dein Friseur.

»Ach, ich habe der Pomare«,
Seufzte dieser, »oft gekämmt
Ihre langen schwarzen Haare,
Wenn sie vor mir saß im Hemd.«

Was den Hund betrifft, so rannt' er
Schon am Kirchhofstor davon,
Und ein Unterkommen fand er
Späterhin bei Ros' Pompon,

Ros' Pompon, der Provenzalin, 25
Die den Namen Königin
Dir mißgönnt und als Rivalin
Dich verklatscht mit niederm Sinn.

Arme Königin des Spottes,
Mit dem Diadem von Kot, 30
Bist gerettet jetzt durch Gottes
Ewge Güte, du bist tot.

Wie die Mutter, so der Vater
Hat Barmherzigkeit geübt,
Und ich glaube, dieses tat er, 35
Weil auch du so viel geliebt.

Der Apollogott

I

Das Kloster ist hoch auf Felsen gebaut,
Der Rhein vorüberrauschet;
Wohl durch das Gitterfenster schaut
Die junge Nonne und lauschet.

Da fährt ein Schifflein, märchenhaft 5
Vom Abendrot beglänzet;
Es ist bewimpelt von buntem Taft,
Von Lorbeern und Blumen bekränzet.

Ein schöner blondgelockter Fant
Steht in des Schiffes Mitte; 10
Sein goldgesticktes Purpurgewand
Ist von antikem Schnitte.

Zu seinen Füßen liegen da
Neun marmorschöne Weiber;
Die hochgeschürzte Tunika
Umschließt die schlanken Leiber.

Der Goldgelockte lieblich singt
Und spielt dazu die Leier;
Ins Herz der armen Nonne dringt
Das Lied und brennt wie Feuer.

Sie schlägt ein Kreuz, und noch einmal
Schlägt sie ein Kreuz, die Nonne;
Nicht scheucht das Kreuz die süße Qual,
Nicht bannt es die bittre Wonne.

II

Ich bin der Gott der Musika,
Verehrt in allen Landen;
Mein Tempel hat in Gräzia
Auf Mont-Parnaß gestanden.

Auf Mont-Parnaß in Gräzia,
Da hab ich oft gesessen
Am holden Quell Kastalia,
Im Schatten der Zypressen.

Vokalisierend saßen da
Um mich herum die Töchter,
Das sang und klang la-la, la-la!
Geplauder und Gelächter.

Mitunter rief tra-ra, tra-ra!
Ein Waldhorn aus dem Holze;
Dort jagte Artemisia,
Mein Schwesterlein, die Stolze.

Ich weiß es nicht, wie mir geschah:
Ich brauchte nur zu nippen
Vom Wasser der Kastalia,
Da tönten meine Lippen.   20

Ich sang – und wie von selbst beinah
Die Leier klang, berauschend;
Mir war, als ob ich Daphne sah,
Aus Lorbeerbüschen lauschend.

Ich sang – und wie Ambrosia   25
Wohlrüche sich ergossen,
Es war von einer Gloria
Die ganze Welt umflossen.

Wohl tausend Jahr aus Gräzia
Bin ich verbannt, vertrieben –   30
Doch ist mein Herz in Gräzia,
In Gräzia geblieben.

III

In der Tracht der Beguinen,
In dem Mantel mit der Kappe
Von der gröbsten schwarzen Serge,
Ist vermummt die junge Nonne.

Hastig längs des Rheines Ufern   5
Schreitet sie hinab die Landstraß,
Die nach Holland führt, und hastig
Fragt sie jeden, der vorbeikommt:

»Habt ihr nicht gesehn Apollo?
Einen roten Mantel trägt er,   10
Lieblich singt er, spielt die Leier,
Und er ist mein holder Abgott.«

Keiner will ihr Rede stehen,
Mancher dreht ihr stumm den Rücken,
Mancher glotzt sie an und lächelt,
Mancher seufzet: Armes Kind!

Doch des Wegs herangetrottet
Kommt ein schlottrig alter Mensch,
Fingert in der Luft, wie rechnend,
Näselnd singt er vor sich hin.

Einen schlappen Quersack trägt er,
Auch ein klein dreieckig Hütchen;
Und mit schmunzelnd klugen Äuglein
Hört er an den Spruch der Nonne:

»Habt ihr nicht gesehn Apollo?
Einen roten Mantel trägt er,
Lieblich singt er, spielt die Leier,
Und er ist mein holder Abgott.«

Jener aber gab zur Antwort
Während er sein Köpfchen wiegte
Hin und her, und gar possierlich
Zupfte an dem spitzen Bärtchen:

Ob ich ihn gesehen habe?
Ja, ich habe ihn gesehen
Oft genug zu Amsterdam,
In der deutschen Synagoge.

Denn er war Vorsänger dorten,
Und da hieß er Rabbi Faibisch,
Was auf Hochdeutsch heißt Apollo –
Doch mein Abgott ist er nicht.

Roter Mantel? Auch den roten
Mantel kenn ich. Echter Scharlach,
Kostet acht Florin die Elle,
Und ist noch nicht ganz bezahlt.

Seinen Vater Moses Jitscher 45
Kenn ich gut. Vorhautabschneider
Ist er bei den Portugiesen.
Er beschnitt auch Souveräne.

Seine Mutter ist Cousine
Meines Schwagers, und sie handelt 50
Auf der Gracht mit sauern Gurken
Und mit abgelebten Hosen.

Haben kein Pläsier am Sohne.
Dieser spielt sehr gut die Leier,
Aber leider noch viel besser 55
Spielt er oft Tarock und L'hombre.

Auch ein Freigeist ist er, aß
Schweinefleisch, verlor sein Amt,
Und er zog herum im Lande
Mit geschminkten Komödianten. 60

In den Buden, auf den Märkten,
Spielte er den Pickelhäring,
Holofernes, König David,
Diesen mit dem besten Beifall.

Denn des Königs eigne Lieder 65
Sang er in des Königs eigner
Muttersprache, tremulierend
In des Nigens alter Weise.

Aus dem Amsterdamer Spielhuis
Zog er jüngst etwelche Dirnen,
Und mit diesen Musen zieht er
Jetzt herum als ein Apollo.

Eine dicke ist darunter,
Die vorzüglich quiekt und grünzelt;
Ob dem großen Lorbeerkopfputz
Nennt man sie die grüne Sau.

Kleines Volk

In einem Pißpott kam er geschwommen,
Hochzeitlich geputzt, hinab den Rhein.
Und als er nach Rotterdam gekommen,
Da sprach er: »Juffräuken, willst du mich frein?

Ich führe dich, geliebte Schöne,
Nach meinem Schloß, ins Brautgemach;
Die Wände sind eitel Hobelspäne,
Aus Häckerling besteht das Dach.

Da ist es so puppenniedlich und nette,
Da lebst du wie eine Königin!
Die Schale der Walnuß ist unser Bette,
Von Spinnweb sind die Laken drin.

Ameiseneier gebraten in Butter
Essen wir täglich, auch Würmchengemüs,
Und später erb ich von meiner Frau Mutter
Drei Nonnenfürzchen, die schmecken so süß.

Ich habe Speck, ich habe Schwarten,
Ich habe Fingerhüte voll Wein,
Auch wächst eine Rübe in meinem Garten,
Du wirst wahrhaftig glücklich sein!«

Das war ein Locken und ein Werben!
Wohl seufzte die Braut: ach Gott! ach Gott!
Sie war wehmütig wie zum Sterben –
Doch endlich stieg sie hinab in den Pott.

Sind Christenleute oder Mäuse
Die Helden des Lieds? Ich weiß es nicht mehr.
Im Beverland hört ich die schnurrige Weise,
Es sind nun dreißig Jahre her.

Zwei Ritter

Crapülinski und Waschlapski,
Polen aus der Polackei,
Fochten für die Freiheit, gegen
Moskowiter-Tyrannei.

Fochten tapfer und entkamen
Endlich glücklich nach Paris –
Leben bleiben, wie das Sterben
Für das Vaterland, ist süß.

Wie Achilles und Patroklus,
David und sein Jonathan,
Liebten sich die beiden Polen,
Küßten sich: »Kochan! Kochan!«

Keiner je verriet den andern,
Blieben Freunde, ehrlich, treu,
Ob sie gleich zwei edle Polen,
Polen aus der Polackei.

Wohnten in derselben Stube,
Schliefen in demselben Bette;
Eine Laus und eine Seele,
Kratzten sie sich um die Wette.

Speisten in derselben Kneipe,
Und da keiner wollte leiden,
Daß der andre für ihn zahle,
Zahlte keiner von den beiden.

Auch dieselbe Henriette
Wäscht für beide edle Polen;
Trällernd kommt sie jeden Monat, –
Um die Wäsche abzuholen.

Ja, sie haben wirklich Wäsche,
Jeder hat der Hemden zwei,
Ob sie gleich zwei edle Polen,
Polen aus der Polackei.

Sitzen heute am Kamine,
Wo die Flammen traulich flackern;
Draußen Nacht und Schneegestöber
Und das Rollen von Fiakern.

Eine große Bowle Punsch,
(Es versteht sich, unverzückert,
Unversäuert, unverwässert)
Haben sie bereits geschlückert.

Und von Wehmut wird beschlichen
Ihr Gemüte; ihr Gesicht
Wird befeuchtet schon von Zähren,
Und der Crapülinski spricht:

»Hätt ich doch hier in Paris
Meinen Bärenpelz, den lieben
Schlafrock und die Katzfell-Nachtmütz,
Die im Vaterland geblieben!«

Ihm erwiderte Waschlapski:
»O du bist ein treuer Schlachzitz,
Denkest immer an der Heimat
Bärenpelz und Katzfell-Nachtmütz.

Polen ist noch nicht verloren,
Unsre Weiber, sie gebären,
Unsre Jungfraun tun dasselbe,
Werden Helden uns bescheren,

Helden, wie der Held Sobieski,
Wie Schelmufski und Uminski,
Eskrokewitsch, Schubiakski,
Und der große Eselinski.«

Das goldne Kalb

Doppelflöten, Hörner, Geigen
Spielen auf zum Götzenreigen,
Und es tanzen Jakobs Töchter
Um das goldne Kalb herum –
Brum – brum – brum –
Paukenschläge und Gelächter!

Hochgeschürzt bis zu den Lenden
Und sich fassend an den Händen,
Jungfraun edelster Geschlechter
Kreisen wie ein Wirbelwind
Um das Rind –
Paukenschläge und Gelächter!

Aron selbst wird fortgezogen
Von des Tanzes Wahnsinnwogen,
Und er selbst, der Glaubenswächter,
Tanzt im Hohenpriesterrock,
Wie ein Bock –
Paukenschläge und Gelächter!

König David

Lächelnd scheidet der Despot,
Denn er weiß, nach seinem Tod
Wechselt Willkür nur die Hände,
Und die Knechtschaft hat kein Ende.

Armes Volk! wie Pferd' und Farrn
Bleibt es angeschirrt am Karrn,
Und der Nacken wird gebrochen,
Der sich nicht bequemt den Jochen.

Sterbend spricht zu Salomo
König David: A propos,
Daß ich Joab dir empfehle,
Einen meiner Generäle.

Dieser tapfre General
Ist seit Jahren mir fatal,
Doch ich wagte den Verhaßten
Niemals ernstlich anzutasten.

Du, mein Sohn, bist fromm und klug,
Gottesfürchtig, stark genug,
Und es wird dir leicht gelingen,
Jenen Joab umzubringen.

König Richard

Wohl durch der Wälder einödige Pracht
Jagt ungestüm ein Reiter;
Er bläst ins Horn, er singt und lacht
Gar seelenvergnügt und heiter.

Sein Harnisch ist von starkem Erz,
Noch stärker ist sein Gemüte,
Das ist Herr Richard Löwenherz,
Der christlichen Ritterschaft Blüte.

Willkommen in England! rufen ihm zu
Die Bäume mit grünen Zungen –
Wir freuen uns, o König, daß du
Östreichischer Haft entsprungen.

Dem König ist wohl in der freien Luft,
Er fühlt sich wie neugeboren,
Er denkt an Östreichs Festungsduft –
Und gibt seinem Pferde die Sporen.

Der Asra

Täglich ging die wunderschöne
Sultanstochter auf und nieder
Um die Abendzeit am Springbrunn,
Wo die weißen Wasser plätschern.

Täglich stand der junge Sklave
Um die Abendzeit am Springbrunn,
Wo die weißen Wasser plätschern;
Täglich ward er bleich und bleicher.

Eines Abends trat die Fürstin
Auf ihn zu mit raschen Worten:
Deinen Namen will ich wissen,
Deine Heimat, deine Sippschaft!

Und der Sklave sprach: ich heiße
Mohamet, ich bin aus Yemmen,
Und mein Stamm sind jene Asra,
Welche sterben wenn sie lieben.

Himmelsbräute

Wer dem Kloster geht vorbei
Mitternächtlich, sieht die Fenster
Hell erleuchtet. Ihren Umgang
Halten dorten die Gespenster.

Eine düstre Prozession
Toter Ursulinerinnen;
Junge, hübsche Angesichter
Lauschen aus Kapuz und Linnen.

Tragen Kerzen in der Hand,
Die unheimlich blutrot schimmern;
Seltsam widerhallt im Kreuzgang
Ein Gewisper und ein Wimmern.

Nach der Kirche geht der Zug,
Und sie setzen dort sich nieder
Auf des Chores Buchsbaumstühle
Und beginnen ihre Lieder.

Litaneienfromme Weisen,
Aber wahnsinnwüste Worte;
Arme Seelen sind es, welche
Pochen an des Himmels Pforte.

»Bräute Christi waren wir,
Doch die Weltlust uns betörte,
Und da gaben wir dem Cäsar,
Was dem lieben Gott gehörte.

Reizend ist die Uniform
Und des Schnurrbarts Glanz und Glätte;
Doch verlockend sind am meisten
Cäsars goldne Epaulette.

Ach der Stirne, welche trug
Eine Dornenkrone weiland,
Gaben wir ein Hirschgeweihe –
Wir betrogen unsern Heiland.

Jesus, der die Güte selbst,
Weinte sanft ob unsrer Fehle,
Und er sprach: Vermaledeit
Und verdammt sei eure Seele!

Grabentstiegner Spuk der Nacht,
Müssen büßend wir nunmehre
Irre gehn in diesen Mauern –
Miserere! Miserere!

Ach, im Grabe ist es gut,
Ob es gleich viel besser wäre
In dem warmen Himmelreiche –
Miserere! Miserere!

Süßer Jesus, o vergib
Endlich uns die Schuld, die schwere,
Schließ uns auf den warmen Himmel –
Miserere! Miserere!«

Also singt die Nonnenschar,
Und ein längst verstorbner Küster
Spielt die Orgel. Schattenhände
Stürmen toll durch die Register.

Pfalzgräfin Jutta

Pfalzgräfin Jutta fuhr über den Rhein,
Im leichten Kahn, bei Mondenschein.
Die Zofe rudert, die Gräfin spricht:
»Siehst du die sieben Leichen nicht,
Die hinter uns kommen
Einhergeschwommen –
So traurig schwimmen die Toten!

Das waren Ritter voll Jugendlust –
Sie sanken zärtlich an meine Brust
Und schwuren mir Treue – Zur Sicherheit,
Daß sie nicht brächen ihren Eid,
Ließ ich sie ergreifen
Sogleich und ersäufen –
So traurig schwimmen die Toten!«

Die Zofe rudert, die Gräfin lacht.
Das hallt so höhnisch durch die Nacht!
Bis an die Hüfte tauchen hervor
Die Leichen und strecken die Finger empor,
Wie schwörend – Sie nicken
Mit gläsernen Blicken –
So traurig schwimmen die Toten!

Der Mohrenkönig

Ins Exil der Alpuxarren
Zog der junge Mohrenkönig;
Schweigsam und das Herz voll Kummer
Ritt er an des Zuges Spitze.

Hinter ihm auf hohen Zeltern
Oder auch in güldnen Sänften
Saßen seines Hauses Frauen;
Schwarze Mägde trägt das Maultier.

Hundert treue Diener folgen
Auf arabisch edlen Rappen;
Stolze Gäule, doch die Reiter
Hängen schlottrig in den Sätteln.

Keine Zymbel, keine Pauke,
Kein Gesangeslaut ertönte;
Nur des Maultiers Silberglöckchen
Wimmern schmerzlich in der Stille.

Auf der Höhe, wo der Blick
Ins Duero-Tal hinabschweift,
Und die Zinnen von Granada
Sichtbar sind zum letzten Male:

Dorten stieg vom Pferd der König
Und betrachtete die Stadt,
Die im Abendlichte glänzte,
Wie geschmückt mit Gold und Purpur.

Aber, Allah! Welch ein Anblick!
Statt des vielgeliebten Halbmonds,
Prangen Spaniens Kreuz und Fahnen
Auf den Türmen der Alhambra.

Ach, bei diesem Anblick brachen
Aus des Königs Brust die Seufzer,
Tränen überströmten plötzlich
Wie ein Sturzbach seine Wangen.

Düster von dem hohen Zelter
Schaut herab des Königs Mutter,
Schaut auf ihres Sohnes Jammer
Und sie schalt ihn stolz und bitter.

»Boabdil el Chico«, sprach sie,
»Wie ein Weib beweinst du jetzo
Jene Stadt, die du nicht wußtest
Zu verteidgen wie ein Mann.«

Als des Königs liebste Kebsin
Solche harte Rede hörte,
Stürzte sie aus ihrer Sänfte
Und umhalste den Gebieter.

»Boabdil el Chico«, sprach sie,
»Tröste dich, mein Heißgeliebter,
Aus dem Abgrund deines Elends
Blüht hervor ein schöner Lorbeer.

Nicht allein der Triumphator,
Nicht allein der sieggekrönte
Günstling jener blinden Göttin,
Auch der blutge Sohn des Unglücks,

Auch der heldenmütge Kämpfer,
Der dem ungeheuren Schicksal
Unterlag, wird ewig leben
In der Menschen Angedenken.«

»Berg des letzten Mohrenseufzers«
Heißt bis auf den heutgen Tag
Jene Höhe, wo der König
Sah zum letzten Mal Granada.

Lieblich hat die Zeit erfüllet,
Seiner Liebsten Prophezeiung,
Und des Mohrenkönigs Name
Ward verherrlicht und gefeiert.

Nimmer wird sein Ruhm verhallen,
Ehe nicht die letzte Saite
Schnarrend losspringt von der letzten
Andalusischen Gitarre.

Geoffroy Rudèl und Melisande von Tripoli

In dem Schlosse Blay erblickt man
Die Tapete an den Wänden,
So die Gräfin Tripolis
Einst gestickt mit klugen Händen.

Ihre ganze Seele stickte
Sie hinein, und Liebesträne
Hat gefeit das seidne Bildwerk,
Welches darstellt jene Szene:

Wie die Gräfin den Rudèl
Sterbend sah am Strande liegen,
Und das Urbild ihrer Sehnsucht
Gleich erkannt in seinen Zügen.

Auch Rudèl hat hier zum ersten
Und zum letzten Mal erblicket
In der Wirklichkeit die Dame,
Die ihn oft im Traum entzückat.

Über ihn beugt sich die Gräfin,
Hält ihn liebevoll umschlungen,
Küßt den todesbleichen Mund,
Der so schön ihr Lob gesungen!

Ach! der Kuß des Willkomms wurde
Auch zugleich der Kuß des Scheidens,
Und so leerten sie den Kelch
Höchster Lust und tiefsten Leidens.

In dem Schlosse Blay allnächtlich
Gibt's ein Rauschen, Knistern, Beben,
Die Figuren der Tapete
Fangen plötzlich an zu leben.

Troubadour und Dame schütteln
Die verschlafnen Schattenglieder,
Treten aus der Wand und wandeln
Durch die Säle auf und nieder.

Trautes Flüstern, sanftes Tändeln,
Wehmutsüße Heimlichkeiten,
Und postume Galantrie
Aus des Minnesanges Zeiten:

»Geoffroy! Mein totes Herz
Wird erwärmt von deiner Stimme,
In den längst erloschnen Kohlen
Fühl ich wieder ein Geglimme!«

»Melisande! Glück und Blume!
Wenn ich dir ins Auge sehe,
Leb ich auf – gestorben ist
Nur mein Erdenleid und Wehe.«

»Geoffroy! Wir liebten uns
Einst im Traume, und jetzunder
Lieben wir uns gar im Tode –
Gott Amur tat dieses Wunder!«

»Melisande! Was ist Traum?
Was ist Tod? Nur eitel Töne.
In der Liebe nur ist Wahrheit,
Und dich lieb ich, ewig Schöne.«

»Geoffroy! Wie traulich ist es
Hier im stillen Mondscheinsaale,
Möchte nicht mehr draußen wandeln
In des Tages Sonnenstrahle.«

»Melisande! teure Närrin,
Du bist selber Licht und Sonne,
Wo du wandelst, blüht der Frühling,
Sprossen Lieb und Maienwonne!«

Also kosen, also wandeln
Jene zärtlichen Gespenster
Auf und ab, derweil das Mondlicht
Lauschet durch die Bogenfenster.

Doch den holden Spuk vertreibend
Kommt am End die Morgenröte –
Jene huschen scheu zurück
In die Wand, in die Tapete.

Der Dichter Firdusi

I

Goldne Menschen, Silbermenschen!
Spricht ein Lump von einem Thoman,
Ist die Rede nur von Silber,
Ist gemeint ein Silberthoman.

Doch im Munde eines Fürsten,
Eines Schaches, ist ein Thoman
Gülden stets; ein Schach empfängt
Und er gibt nur goldne Thoman.

Also denken brave Leute,
Also dachte auch Firdusi,
Der Verfasser des berühmten
Und vergötterten Schach Nameh.

Dieses große Heldenlied
Schrieb er auf Geheiß des Schaches,
Der für jeden seiner Verse
Einen Thoman ihm versprochen.

Siebzehnmal die Rose blühte,
Siebzehnmal ist sie verwelkt,
Und die Nachtigall besang sie
Und verstummte siebzehnmal –

Unterdessen saß der Dichter
An dem Webstuhl des Gedankens,
Tag und Nacht, und webte emsig
Seines Liedes Riesenteppich –

Riesenteppich, wo der Dichter
Wunderbar hineingewebt
Seiner Heimat Fabelchronik,
Farsistans uralte Könge,

Lieblingshelden seines Volkes,
Rittertaten, Aventüren,
Zauberwesen und Dämonen,
Keck umrankt von Märchenblumen –

Alles blühend und lebendig,
Farbenglänzend, glühend, brennend,
Und wie himmlisch angestrahlt
Von dem heilgen Lichte Irans,

Von dem göttlich reinen Urlicht,
Dessen letzter Feuertempel,
Trotz dem Koran und dem Mufti,
In des Dichters Herzen flammte.

Als vollendet war das Lied,
Überschickte seinem Gönner
Der Poet das Manuskript,
Zweimalhunderttausend Verse.

In der Badestube war es,
In der Badestub zu Gasna,
Wo des Schaches schwarze Boten
Den Firdusi angetroffen –

Jeder schleppte einen Geldsack,
Den er zu des Dichters Füßen
Knieend legte, als den hohen
Ehrensold für seine Dichtung.

Der Poet riß auf die Säcke
Hastig, um am lang entbehrten
Goldesanblick sich zu laben –
Da gewahrt er mit Bestürzung

Daß der Inhalt dieser Säcke
Bleiches Silber, Silberthomans,
Zweimalhunderttausend etwa –
Und der Dichter lachte bitter.

Bitter lachend hat er jene
Summe abgeteilt in drei
Gleiche Teile, und jedwedem
Von den beiden schwarzen Boten

Schenkte er als Botenlohn
Solch ein Drittel und das dritte
Gab er einem Badeknechte,
Der sein Bad besorgt, als Trinkgeld.

Seinen Wanderstab ergriff er
Jetzo und verließ die Hauptstadt;
Vor dem Tor hat er den Staub
Abgefegt von seinen Schuhen.

II

»Hätt er menschlich ordinär
Nicht gehalten, was versprochen,
Hätt er nur sein Wort gebrochen,
Zürnen wollt ich nimmermehr.

Aber unverzeihlich ist,
Daß er mich getäuscht so schnöde
Durch den Doppelsinn der Rede
Und des Schweigens größre List.

Stattlich war er, würdevoll
Von Gestalt und von Gebärden,   10
Wenge glichen ihm auf Erden,
War ein König jeder Zoll.

Wie die Sonn am Himmelsbogen,
Feuerblicks, sah er mich an,
Er, der Wahrheit stolzer Mann –   15
Und er hat mich doch belogen.«

III

Schach Mahomet hat gut gespeist,
Und gut gelaunet ist sein Geist.

Im dämmernden Garten, auf purpurnem Pfühl,
Am Springbrunn sitzt er. Das plätschert so kühl.

Die Diener stehen mit Ehrfurchtsmienen;   5
Sein Liebling Ansari ist unter ihnen.

Aus Marmorvasen quillt hervor
Ein üppig brennender Blumenflor.

Gleich Odalisken anmutiglich
Die schlanken Palmen fächern sich.   10

Es stehen regungslos die Zypressen,
Wie himmelträumend, wie weltvergessen.

Doch plötzlich erklingt bei Lautenklang
Ein sanft geheimnisvoller Gesang.

Der Schach fährt auf, als wie behext –   15
Von wem ist dieses Liedes Text?

Ansari, an welchen die Frage gerichtet,
Gab Antwort: Das hat Firdusi gedichtet.

Firdusi? – rief der Fürst betreten –
Wo ist er? Wie geht es dem großen Poeten?

Ansari gab Antwort: In Dürftigkeit
Und Elend lebt er seit langer Zeit

Zu Thus, des Dichters Vaterstadt,
Wo er ein kleines Gärtchen hat.

Schach Mahomet schwieg, eine gute Weile,
Dann sprach er: Ansari, mein Auftrag hat Eile –

Geh nach meinen Ställen und erwähle
Dort hundert Maultiere und fünfzig Kamele.

Die sollst du belasten mit allen Schätzen,
Die eines Menschen Herz ergötzen,

Mit Herrlichkeiten und Raritäten,
Kostbaren Kleidern und Hausgeräten

Von Sandelholz, von Elfenbein,
Mit güldnen und silbernen Schnurrpfeiferein,

Kannen und Kelchen, zierlich gehenkelt,
Lepardenfellen, groß gesprenkelt,

Mit Teppichen, Shawls und reichen Brokaten,
Die fabriziert in meinen Staaten –

Vergiß nicht, auch hinzuzupacken
Glänzende Waffen und Schabracken,

Nicht minder Getränke jeder Art
Und Speisen, die man in Töpfen bewahrt,

Auch Konfitüren und Mandeltorten,
Und Pfefferkuchen von allen Sorten.

Füge hinzu ein Dutzend Gäule,
Arabischer Zucht, geschwind wie Pfeile,

Und schwarze Sklaven gleichfalls ein Dutzend,
Leiber von Erz, strapazentrutzend.

Ansari, mit diesen schönen Sachen
Sollst du dich gleich auf die Reise machen.

Du sollst sie bringen nebst meinem Gruß
Dem großen Dichter Firdusi zu Thus.

Ansari erfüllte des Herrschers Befehle,
Belud die Mäuler und Kamele

Mit Ehrengeschenken, die wohl den Zins
Gekostet von einer ganzen Provinz.

Nach dreien Tagen verließ er schon
Die Residenz, und in eigner Person,

Mit einer roten Führerfahne,
Ritt er voran der Karawane.

Am achten Tage erreichten sie Thus;
Die Stadt liegt an des Berges Fuß.

Wohl durch das West-Tor zog herein
Die Karawane mit Lärmen und Schrein.

Die Trommel scholl, das Kuhhorn klang,
Und lautaufjubelt Triumphgesang.

La Illa Il Allah! aus voller Kehle
Jauchzten die Treiber der Kamele.

Doch durch das Ost-Tor am andern End
Von Thus, zog in demselben Moment

Zur Stadt hinaus der Leichenzug,
Der den toten Firdusi zu Grabe trug.

Nächtliche Fahrt

Es wogte das Meer, aus dem dunklen Gewölk
Der Halbmond lugte scheu;
Und als wir stiegen in den Kahn,
Wir waren unsrer drei.

Es plätscher' im Wasser des Ruderschlags
Verdrossenes Einerlei;
Weißschäumende Wellen rauschten heran,
Bespritzten uns alle drei.

Sie stand im Kahn so blaß, so schlank,
Und unbeweglich dabei,
Als wär sie ein welsches Marmorbild,
Dianens Konterfei.

Der Mond verbirgt sich ganz. Es pfeift
Der Nachtwind kalt vorbei;
Hoch über unsern Häuptern ertönt
Plötzlich ein gellender Schrei.

Die weiße, gespenstische Möwe war's,
Und ob dem bösen Schrei,
Der schauerlich klang wie Warnungsruf,
Erschraken wir alle drei.

Bin ich im Fieber? Ist das ein Spuk
Der nächtlichen Phantasei?
Äfft mich ein Traum? Es träumet mir
Grausame Narretei.

Grausame Narretei! Mir träumt
Daß ich ein Heiland sei,
Und daß ich trüge das große Kreuz
Geduldig und getreu.

Die arme Schönheit ist schwer bedrängt,
Ich aber mache sie frei
Von Schmach und Sünde, von Qual und Not,
Von der Welt Unfläterei.

Du arme Schönheit, schaudre nicht
Wohl ob der bittern Arznei;
Ich selber kredenze dir den Tod,
Bricht auch mein Herz entzwei.

O Narretei, grausamer Traum,
Wahnsinn und Raserei!
Es gähnt die Nacht, es kreischt das Meer,
O Gott! o steh mir bei!

O steh mir bei, barmherziger Gott!
Barmherziger Gott Schaddey!
Da schollert's hinab ins Meer – O weh –
Schaddey! Schaddey! Adonay! –

Die Sonne ging auf, wir fuhren ans Land,
Da blühte und glühte der Mai!
Und als wir stiegen aus dem Kahn,
Da waren wir unsrer *zwei*.

Vitzliputzli

Präludium

Dieses ist Amerika!
Dieses ist die neue Welt!
Nicht die heutige, die schon
Europäisieret abwelkt –

Dieses ist die neue Welt!
Wie sie Christoval Kolumbus
Aus dem Ozean hervorzog.
Glänzet noch in Flutenfrische,

Träufelt noch von Wasserperlen,
Die zerstieben, farbensprühend,
Wenn sie küßt das Licht der Sonne.
Wie gesund ist diese Welt!

Ist kein Kirchhof der Romantik,
Ist kein alter Scherbenberg
Von verschimmelten Symbolen
Und versteinerten Perucken.

Aus gesundem Boden sprossen
Auch gesunde Bäume – keiner
Ist blasiert und keiner hat
In dem Rückgratmark die Schwindsucht.

Auf den Baumes-Ästen schaukeln
Große Vögel. Ihr Gefieder
Farbenschillernd. Mit den ernsthaft
Langen Schnäbeln und mit Augen,

Brillenartig schwarz umrändert,
Schaun sie auf dich nieder, schweigsam –
Bis sie plötzlich schrillend aufschrein
Und wie Kaffeeschwestern schnattern.

Doch ich weiß nicht, was sie sagen,
Ob ich gleich der Vögel Sprachen
Kundig bin wie Salomo,
Welcher tausend Weiber hatte,

Und die Vögelsprachen kannte,
Die modernen nicht allein,
Sondern auch die toten, alten,
Ausgestopften Dialekte.

Neuer Boden, neue Blumen!
Neue Blumen, neue Düfte!
Unerhörte, wilde Düfte,
Die mir in die Nase dringen,

Neckend, prickelnd, leidenschaftlich –
Und mein grübelnder Geruchsinn
Quält sich ab: Wo hab ich denn
Je dergleichen schon gerochen?

War's vielleicht auf Regentstreet,
In den sonnig gelben Armen
Jener schlanken Javanesin,
Die beständig Blumen kaute?

Oder war's zu Rotterdam,
Neben des Erasmi Bildsäul',
In der weißen Waffelbude
Mit geheimnisvollem Vorhang?

Während ich die neue Welt
Solcher Art verdutzt betrachte,
Schein ich selbst ihr einzuflößen
Noch viel größere Scheu – Ein Affe,

Der erschreckt ins Buschwerk forthuscht,
Schlägt ein Kreuz bei meinem Anblick,
Angstvoll rufend: »Ein Gespenst!
Ein Gespenst der alten Welt!«

Affe! fürcht dich nicht, ich bin
Kein Gespenst, ich bin kein Spuk;
Leben kocht in meinen Adern,
Bin des Lebens treuster Sohn.

Doch durch jahrelangen Umgang
Mit den Toten, nahm ich an
Der Verstorbenen Manieren
Und geheime Seltsamkeiten.

Meine schönsten Lebensjahre,
Die verbracht ich im Kiffhäuser,
Auch im Venusberg und andern
Katakomben der Romantik.

Fürcht dich nicht vor mir, mein Affe!
Bin dir hold, denn auf dem haarlos
Ledern abgeschabten Hintern
Trägst du Farben, die ich liebe.

Teure Farben! Schwarz-rot-goldgelb!
Diese Affensteißcouleuren,
Sie erinnern mich mit Wehmut
An das Banner Barbarossas.

I

Auf dem Haupt trug er den Lorbeer,
Und an seinen Stiefeln glänzten
Goldne Sporen – dennoch war er
Nicht ein Held und auch kein Ritter.

Nur ein Räuberhauptmann war er,
Der ins Buch des Ruhmes einschrieb,
Mit der eignen frechen Faust,
Seinen frechen Namen: Cortez.

Unter des Kolumbus Namen
Schrieb er ihn, ja dicht darunter,
Und der Schulbub auf der Schulbank
Lernt' auswendig beide Namen –

Nach dem Christoval Kolumbus,
Nennt er jetzt Fernando Cortez
Als den zweiten großen Mann
In dem Pantheon der Neuwelt.

Heldenschicksals letzte Tücke:
Unser Name wird verkoppelt
Mit dem Namen eines Schächers
In der Menschen Angedenken.

Wär's nicht besser, ganz verhallen
Unbekannt, als mit sich schleppen
Durch die langen Ewigkeiten
Solche Namenskameradschaft?

Messer Christoval Kolumbus
War ein Held, und sein Gemüte,
Das so lauter wie die Sonne,
War freigebig auch wie diese.

Mancher hat schon viel gegeben,
Aber jener hat der Welt
Eine ganze Welt geschenket,
Und sie heißt Amerika.

Nicht befreien konnt er uns
Aus dem öden Erdenkerker,
Doch er wußt ihn zu erweitern
Und die Kette zu verlängern.

Dankbar huldigt ihm die Menschheit,
Die nicht bloß europamüde,
Sondern Afrikas und Asiens
Endlich gleichfalls müde worden – –

Einer nur, ein einzger Held,
Gab uns mehr und gab uns Beßres
Als Kolumbus, das ist jener,
Der uns einen Gott gegeben.

Sein Herr Vater, der hieß Amram,
Seine Mutter hieß Jochebeth,
Und er selber, Moses heißt er,
Und er ist mein bester Heros.

Doch, mein Pegasus, du weilest
Viel zu lang bei dem Kolumbus –
Wisse, unser heutger Flugritt
Gilt dem g'ringern Mann, dem Cortez.

Breite aus den bunten Fittig,
Flügelroß! und trage mich
Nach der Neuwelt schönem Lande,
Welches Mexiko geheißen.

Trage mich nach jener Burg,
Die der König Montezuma
Gastlich seinen span'schen Gästen
Angewiesen zur Behausung.

Doch nicht Obdach bloß und Atzung,
In verschwenderischer Fülle,
Gab der Fürst den fremden Strolchen –
Auch Geschenke reich und prächtig,

Kostbarkeiten kluggedrechselt,
Von massivem Gold, Juwelen,
Zeugten glänzend von der Huld
Und der Großmut des Monarchen.

Dieser unzivilisierte,
Abergläubisch blinde Heide
Glaubte noch an Treu und Ehre
Und an Heiligkeit des Gastrechts.

Er willfahrte dem Gesuche,
Beizuwohnen einem Feste,
Das in ihrer Burg die Spanier
Ihm zu Ehren geben wollten –

Und mit seinem Hofgesinde,
Arglos, huldreich, kam der König
In das spanische Quartier,
Wo Fanfaren ihn begrüßten.

Wie das Festspiel war betitelt,
Weiß ich nicht. Es hieß vielleicht:
»Span'sche Treue!« doch der Autor
Nannt sich Don Fernando Cortez.

85 Dieser gab das Stichwort – plötzlich
Ward der König überfallen,
Und man band ihn und behielt ihn
In der Burg als eine Geisel.

Aber Montezuma starb,
90 Und da war der Damm gebrochen,
Der die kecken Abenteurer
Schützte vor dem Zorn des Volkes.

Schrecklich jetzt begann die Brandung –
Wie ein wild empörtes Meer
95 Tosten, rasten immer näher
Die erzürnten Menschenwellen.

Tapfer schlugen zwar die Spanier
Jeden Sturm zurück. Doch täglich
Ward berennt die Burg aufs neue,
100 Und ermüdend war das Kampfspiel.

Nach dem Tod des Königs stockte
Auch der Lebensmittel Zufuhr;
Kürzer wurden die Rationen,
Die Gesichter wurden länger.

105 Und mit langen Angesichtern
Sahn sich an Hispaniens Söhne,
Und sie seufzten und sie dachten
An die traute Christenheimat,

An das teure Vaterland,
110 Wo die frommen Glocken läuten,
Und am Herde friedlich brodelt
Eine Ollea-Potrida,

Dick verschmoret mit Garbanzos,
Unter welchen, schalkhaft duftend,
Auch wohl kichernd, sich verbergen
Die geliebten Knoblauchwürstchen.

Einen Kriegsrat hielt der Feldherr,
Und der Rückzug ward beschlossen;
In der nächsten Tagesfrühe
Soll das Heer die Stadt verlassen.

Leicht gelang's hineinzukommen
Einst durch List dem klugen Cortez,
Doch die Rückkehr nach dem Festland
Bot fatale Schwierigkeiten.

Mexiko, die Inselstadt,
Liegt in einem großen See,
In der Mitte, flutumrauscht:
Eine stolze Wasserfestung,

Mit dem Uferland verkehrend
Nur durch Schiffe, Flöße, Brücken,
Die auf Riesenpfählen ruhen;
Kleine Inseln bilden Furten.

Noch bevor die Sonne aufging
Setzten sich in Marsch die Spanier;
Keine Trommel ward gerühret,
Kein Trompeter blies Reveille.

Wollten ihre Wirte nicht
Aus dem süßen Schlafe wecken –
(Hunderttausend Indianer
Lagerten in Mexiko).

Doch der Spanier machte diesmal
Ohne seinen Wirt die Rechnung;
Noch frühzeitger aufgestanden
Waren heut die Mexikaner.

Auf den Brücken, auf den Flößen,
Auf den Furten harrten sie,
Um den Abschiedstrunk alldorten
Ihren Gästen zu kredenzen.

Auf den Brücken, Flößen, Furten,
Hei! da gab's ein toll Gelage!
Rot in Strömen floß das Blut
Und die kecken Zecher rangen –

Rangen Leib an Leib gepreßt,
Und wir sehn auf mancher nackten
Indianerbrust den Abdruck
Span'scher Rüstungsarabesken.

Ein Erdrosseln war's, ein Würgen,
Ein Gemetzel, das sich langsam,
Schaurig langsam, weiter wälzte,
Über Brücken, Flöße, Furten.

Die Indianer sangen, brüllten,
Doch die Spanier fochten schweigend;
Mußten Schritt für Schritt erobern
Einen Boden für die Flucht.

In gedrängten Engpaß-Kämpfen
Boten g'ringen Vorteil heute
Alt-Europas strenge Kriegskunst,
Feuerschlünde, Harnisch, Pferde.

Viele Spanier waren gleichfalls
Schwer bepackt mit jenem Golde, 170
Das sie jüngst erpreßt, erbeutet –
Ach, die gelbe Sündenlast

Lähmte, hemmte sie im Kampfe,
Und das teuflische Metall
Ward nicht bloß der armen Seele, 175
Sondern auch dem Leib verderblich.

Mittlerweile ward der See
Ganz bedeckt von Kähnen, Barken;
Schützen saßen drin und schossen
Nach den Brücken, Flößen, Furten. 180

Trafen freilich im Getümmel
Viele ihrer eignen Brüder,
Doch sie trafen auch gar manchen
Hochvortrefflichen Hidalgo.

Auf der dritten Brücke fiel 185
Junker Gaston, der an jenem
Tag die Fahne trug, worauf
Konterfeit die heilge Jungfrau.

Dieses Bildnis selber trafen
Die Geschosse der Indianer; 190
Sechs Geschosse blieben stecken
Just im Herzen – blanke Pfeile,

Ähnlich jenen güldnen Schwertern,
Die der Mater dolorosa
Schmerzenreiche Brust durchbohren 195
Bei Karfreitagsprozessionen.

Sterbend übergab Don Gaston
Seine Fahne dem Gonzalvo,
Der zu Tod getroffen gleichfalls
Bald dahin sank. – Jetzt ergriff

Cortez selbst das teure Banner,
Er, der Feldherr, und er trug es
Hoch zu Roß bis gegen Abend,
Wo die Schlacht ein Ende nahm.

Hundertsechzig Spanier fanden
Ihren Tod an jenem Tage;
Über achtzig fielen lebend
In die Hände der Indianer.

Schwer verwundet wurden viele,
Die erst später unterlagen.
Schier ein Dutzend Pferde wurde
Teils getötet, teils erbeutet.

Gegen Abend erst erreichten
Cortez und sein Heer das sichre
Uferland, ein Seegestade,
Karg bepflanzt mit Trauerweiden.

II

Nach des Kampfes Schreckenstag,
Kommt die Spuknacht des Triumphes;
Hunderttausend Freudenlampen
Lodern auf in Mexiko.

Hunderttausend Freudenlampen,
Waldharzfackeln, Pechkranzfeuer,
Werfen grell ihr Tageslicht
Auf Paläste, Götterhallen,

Gildenhäuser und zumal
Auf den Tempel Vitzliputzlis,
Götzenburg von rotem Backstein,
Seltsam mahnend an ägyptisch,

Babylonisch und assyrisch
Kolossalen Bauwerk-Monstren,
Die wir schauen auf den Bildern
Unsers Briten Henri Martin.

Ja, das sind dieselben breiten
Rampentreppen, also breit,
Daß dort auf und nieder wallen
Viele tausend Mexikaner,

Während auf den Stufen lagern
Rottenweis die wilden Krieger,
Welche lustig bankettieren,
Hochberauscht von Sieg und Palmwein.

Diese Rampentreppen leiten
Wie ein Zickzack, nach der Plattform,
Einem balustradenart'gen
Ungeheuern Tempeldach.

Dort auf seinem Thron-Altar
Sitzt der große Vitzliputzli,
Mexikos blutdürstger Kriegsgott.
Ist ein böses Ungetüm,

Doch sein Äußres ist so putzig,
So verschnörkelt und so kindisch,
Daß er trotz des innern Grausens
Dennoch unsre Lachlust kitzelt –

Und bei seinem Anblick denken
Wir zu gleicher Zeit etwa
An den blassen Tod von Basel
Und an Brüssels Mannke-Piß.

An des Gottes Seite stehen
Rechts die Laien, links die Pfaffen;
Im Ornat von bunten Federn
Spreizt sich heut die Klerisei.

Auf des Altars Marmorstufen
Hockt ein hundertjährig Männlein,
Ohne Haar an Kinn und Schädel;
Trägt ein scharlach Kamisölchen.

Dieses ist der Opfer-Priester,
Und er wetzet seine Messer,
Wetzt sie lächelnd, und er schielet
Manchmal nach dem Gott hinauf.

Vitzliputzli scheint den Blick
Seines Dieners zu verstehen,
Zwinkert mit den Augenwimpern
Und bewegt sogar die Lippen.

Auf des Altars Stufen kauern
Auch die Tempel-Musici,
Paukenschläger, Kuhhornbläser –
Ein Gerassel und Getute –

Ein Gerassel und Getute,
Und es stimmet ein des Chores
Mexikanisches Tedeum –
Ein Miaulen wie von Katzen –

Ein Miaulen wie von Katzen,
Doch von jener großen Sorte,
Welche Tigerkatzen heißen
Und statt Mäuse Menschen fressen!

Wenn der Nachtwind diese Töne
Hinwirft nach dem Seegestade,
Wird den Spaniern, die dort lagern,
Katzenjämmerlich zu Mute.

Traurig unter Trauerweiden,
Stehen diese dort noch immer,
Und sie starren nach der Stadt,
Die im dunkeln Seegewässer

Widerspiegelt, schier verhöhnend,
Alle Flammen ihrer Freude –
Stehen dort wie im Parterre
Eines großen Schauspielhauses,

Und des Vitzliputzli-Tempels
Helle Plattform ist die Bühne,
Wo zur Siegesfeier jetzt
Ein Mysterium tragiert wird.

»Menschenopfer« heißt das Stück.
Uralt ist der Stoff, die Fabel;
In der christlichen Behandlung
Ist das Schauspiel nicht so gräßlich.

Denn dem Blute wurde Rotwein,
Und dem Leichnam, welcher vorkam,
Wurde eine harmlos dünne
Mehlbreispeis transsubstituieret –

Diesmal aber, bei den Wilden,
War der Spaß sehr roh und ernsthaft
Aufgefaßt: Man speiste Fleisch
Und das Blut war Menschenblut.

Diesmal war es gar das Vollblut
Von Altchristen, das sich nie,
Nie vermischt hat mit dem Blute
Der Moresken und der Juden.

Freu dich, Vitzliputzli, freu dich,
Heute gibt es Spanier-Blut,
Und am warmen Dufte wirst du
Gierig laben deine Nase.

Heute werden dir geschlachtet
Achtzig Spanier, stolze Braten
Für die Tafel deiner Priester,
Die sich an dem Fleisch erquicken.

Denn der Priester ist ein Mensch,
Und der Mensch, der arme Fresser,
Kann nicht bloß vom Riechen leben
Und vom Dufte, wie die Götter.

Horch! die Todespauke dröhnt schon,
Und es kreischt das böse Kuhhorn!
Sie verkünden, daß heraufsteigt
Jetzt der Zug der Sterbemänner.

Achtzig Spanier, schmählich nackend,
Ihre Hände auf dem Rücken
Festgebunden, schleppt und schleift man
Hoch hinauf die Tempeltreppe.

Vor dem Vitzliputzli-Bilde
Zwingt man sie das Knie zu beugen
Und zu tanzen Possentänze,
Und man zwingt sie durch Torturen,

Die so grausam und entsetzlich,
Daß der Angstschrei der Gequälten
Überheulet das gesamte
Kannibalen-Charivari. –

Armes Publikum am See!
Cortez und die Kriegsgefährten
Sie vernahmen und erkannten
Ihrer Freunde Angstrufstimmen –

Auf der Bühne, grellbeleuchtet,
Sahen sie auch ganz genau
Die Gestalten und die Mienen –
Sahn das Messer, sahn das Blut –

Und sie nahmen ab die Helme
Von den Häuptern, knieten nieder,
Stimmten an den Psalm der Toten
Und sie sangen: De profundis!

Unter jenen, welche starben,
War auch Raimond de Mendoza,
Sohn der schönen Abbatissin,
Cortez' erste Jugendliebe.

Als er auf der Brust des Jünglings
Jenes Medaillon gewahrte,
Das der Mutter Bildnis einschloß,
Weinte Cortez helle Tränen –

Doch er wischt' sie ab vom Auge
Mit dem harten Büffelhandschuh,
Seufzte tief und sang im Chore
Mit den andern: Miserere!

III

Blasser schimmern schon die Sterne,
Und die Morgennebel steigen
Aus der Seeflut, wie Gespenster,
Mit hinschleppend weißen Laken.

Fest und Lichter sind erloschen
Auf dem Dach des Götzentempels,
Wo am blutgetränkten Estrich
Schnarchend liegen Pfaff und Laie.

Nur die rote Jacke wacht.
Bei dem Schein der letzten Lampe,
Süßlich grinsend, grimmig schäkernd,
Spricht der Priester zu dem Gotte:

»Vitzliputzli, Putzlivitzli,
Liebstes Göttchen Vitzliputzli!
Hast dich heute amüsieret,
Hast gerochen Wohlgerüche!

Heute gab es Spanierblut –
O das dampfte so app'titlich,
Und dein feines Leckernäschen
Sog den Duft ein, wollustglänzend.

Morgen opfern wir die Pferde,
Wiehernd edle Ungetüme,
Die des Windes Geister zeugten,
Buhlschaft treibend mit der Seekuh.

Willst du artig sein, so schlacht ich
Dir auch meine beiden Enkel,
Hübsche Bübchen, süßes Blut,
Meines Alters einzge Freude.

Aber artig mußt du sein,
Mußt uns neue Siege schenken –
Laß uns siegen, liebes Göttchen,
Putzlivitzli, Vitzliputzli!

O verderbé unsre Feinde,
Diese Fremden, die aus fernen
Und noch unentdeckten Ländern
Zu uns kamen übers Weltmeer –

Warum ließen sie die Heimat?
Trieb sie Hunger oder Blutschuld?
Bleib im Land und nähr dich redlich,
Ist ein sinnig altes Sprüchwort.

Was ist ihr Begehr? Sie stecken
Unser Gold in ihre Taschen,
Und sie wollen, daß wir droben
Einst im Himmel glücklich werden!

Anfangs glaubten wir, sie wären
Wesen von der höchsten Gattung,
Sonnensöhne, die unsterblich
Und bewehrt mit Blitz und Donner.

Aber Menschen sind sie, tötbar
Wie wir andre, und mein Messer
Hat erprobet heute Nacht
Ihre Menschensterblichkeit.

Menschen sind sie und nicht schöner,
Als wir andre, manche drunter
Sind so häßlich wie die Affen;
Wie bei diesen sind behaart

Die Gesichter, und es heißt
Manche trügen in den Hosen
Auch verborgne Affenschwänze –
Wer kein Aff, braucht keine Hosen.

Auch moralisch häßlich sind sie,
Wissen nichts von Pietät,
Und es heißt, daß sie sogar
Ihre eignen Götter fräßen!

O vertilge diese ruchlos
Böse Brut, die Götterfresser –
Vitzliputzli, Putzlivitzli,
Laß uns siegen, Vitzliputzli!« –

Also sprach zum Gott der Priester,
Und des Gottes Antwort tönt
Seufzend, röchelnd, wie der Nachtwind,
Welcher koset mit dem Seeschilf:

Rotjack, Rotjack, blutger Schlächter,
Hast geschlachtet viele Tausend,
Bohre jetzt das Opfermesser
In den eignen alten Leib.

Aus dem aufgeschlitzten Leib
Schlüpft alsdann hervor die Seele;
Über Kiesel, über Wurzel
Trippelt sie zum Laubfroschteiche.

Dorten hocket meine Muhme
Rattenkönigin – sie wird sagen:
»Guten Morgen, nackte Seele,
Wie ergeht es meinem Neffen?

Vitzliputzelt er vergnügt
In dem honigsüßen Goldlicht?
Wedelt ihm das Glück die Fliegen
Und die Sorgen von der Stirne?

Oder kratzt ihn Katzlagara,
Die verhaßte Unheilsgöttin
Mit den schwarzen Eisenpfoten,
Die in Otterngift getränket?«

Nackte Seele, gib zur Antwort:
Vitzliputzli läßt dich grüßen,
Und er wünscht dir Pestilenz
In den Bauch, Vermaledeite!

Denn du rietest ihm zum Kriege,
Und dein Rat, es war ein Abgrund –
In Erfüllung geht die böse,
Uralt böse Prophezeiung

Von des Reiches Untergang
Durch die furchtbar bärtgen Männer,
Die auf hölzernem Gevögel
Hergeflogen aus dem Osten.

Auch ein altes Sprüchwort gibt es:
Weiberwille, Gotteswille –
Doppelt ist der Gotteswille,
Wenn das Weib die Mutter Gottes.

Diese ist es, die mir zürnet,
Sie, die stolze Himmelsfürstin,
Eine Jungfrau sonder Makel,
Zauberkundig, wundertätig.

Sie beschützt das Spaniervolk,
Und wir müssen untergehen,
Ich, der ärmste aller Götter,
Und mein armes Mexiko.

Nach vollbrachtem Auftrag, Rotjack,
Krieche deine nackte Seele
In ein Sandloch – Schlafe wohl!
Daß du nicht mein Unglück schauest!

Dieser Tempel stürzt zusammen,
Und ich selber, ich versinke
In dem Qualm – nur Rauch und Trümmer –
Keiner wird mich wiedersehen.

Doch ich sterbe nicht; wir Götter
Werden alt wie Papageien,
Und wir mausern nur und wechseln
Auch wie diese das Gefieder.

Nach der Heimat meiner Feinde,
Die Europa ist geheißen,
Will ich flüchten, dort beginn ich
Eine neue Carrière.

Ich verteufle mich, der Gott
Wird jetzund ein Gott-sei-bei-uns;
Als der Feinde böser Feind,
Kann ich dorten wirken, schaffen.

Quälen will ich dort die Feinde,
Mit Phantomen sie erschrecken –
Vorgeschmack der Hölle, Schwefel
Sollen sie beständig riechen. 140

Ihre Weisen, ihre Narren
Will ich ködern und verlocken;
Ihre Tugend will ich kitzeln,
Bis sie lacht wie eine Metze.

Ja, ein Teufel will ich werden, 145
Und als Kameraden grüß ich
Satanas und Belial,
Astaroth und Belzebub.

Dich zumal begrüß ich, Lilis,
Sündenmutter, glatte Schlange! 150
Lehr mich deine Grausamkeiten
Und die schöne Kunst der Lüge!

Mein geliebtes Mexiko,
Nimmermehr kann ich es retten,
Aber rächen will ich furchtbar 155
Mein geliebtes Mexiko.

Zweites Buch

Lamentationen

Das Glück ist eine leichte Dirne,
Und weilt nicht gern am selben Ort;
Sie streicht das Haar dir von der Stirne
Und küßt dich rasch und flattert fort.

Frau Unglück hat im Gegenteile
Dich liebefest ans Herz gedrückt;
Sie sagt, sie habe keine Eile,
Setzt sich zu dir ans Bett und strickt.

Waldeinsamkeit

Ich hab in meinen Jugendtagen
Wohl auf dem Haupt einen Kranz getragen;
Die Blumen glänzten wunderbar,
Ein Zauber in dem Kranze war.

Der schöne Kranz gefiel wohl allen,
Doch der ihn trug hat manchem mißfallen;
Ich floh den gelben Menschenneid,
Ich floh in die grüne Waldeinsamkeit.

Im Wald, im Wald! da konnt ich führen
Ein freies Leben mit Geistern und Tieren;
Feen und Hochwild von stolzem Geweih
Sie nahten sich mir ganz ohne Scheu.

Sie nahten sich mir ganz ohne Zagnis,
Sie wußten das sei kein schreckliches Wagnis;
Daß ich kein Jäger, wußte das Reh,
Daß ich kein Vernunftmensch, wußte die Fee.

Von Feenbegünstigung plaudern nur Toren –
Doch wie die übrigen Honoratioren
Des Waldes mir huldreich gewesen, fürwahr
Ich darf es bekennen offenbar.

Wie haben mich lieblich die Elfen umflattert!
Ein luftiges Völkchen! das plaudert und schnattert!
Ein bißchen stechend ist der Blick,
Verheißend ein süßes, doch tödliches Glück.

Ergötzten mich mit Mai-Tanz und Mai-Spiel,
Erzählten mir Hofgeschichten, zum Beispiel:
Die skandalose Chronika
Der Königin Titania.

Saß ich am Bache, so tauchten und sprangen
Hervor aus der Flut, mit ihrem langen
Silberschleier und flatterndem Haar,
Die Wasserbacchanten, die Nixenschar.

Sie schlugen die Zither, sie spielten auf Geigen,
Das war der famose Nixen-Reigen;
Die Posituren, die Melodei,
War klingende, springende Raserei.

Jedoch zu Zeiten waren sie minder
Tobsüchtig gelaunt, die schönen Kinder;
Zu meinen Füßen lagerten sie,
Das Köpfchen gestützt auf meinem Knie.

Trällerten, trillerten welsche Romanzen,
Zum Beispiel das Lied von den drei Pomeranzen,
Sangen auch wohl ein Lobgedicht
Auf mich und mein nobeles Menschengesicht.

Sie unterbrachen manchmal das Gesinge
Lautlachend, und frugen bedenkliche Dinge,
Zum Beispiel: »Sag uns zu welchem Behuf
Der liebe Gott den Menschen schuf?

Hat eine unsterbliche Seele ein jeder
Von Euch? Ist diese Seele von Leder
Oder von steifer Leinwand? Warum
Sind Eure Leute meistens so dumm?«

Was ich zur Antwort gab, verhehle
Ich hier, doch meine unsterbliche Seele,
Glaubt mir's, ward nie davon verletzt,
Was eine kleine Nixe geschwätzt.

Anmutig und schalkhaft sind Nixen und Elfen;
Nicht so die Erdgeister, sie dienen und helfen
Treuherzig den Menschen. Ich liebte zumeist
Die, welche man Wichtelmännchen heißt.

Sie tragen Rotmäntelchen, lang und bauschig,
Die Miene ist ehrlich, doch bang und lauschig;
Ich ließ nicht merken, daß ich entdeckt,
Warum sie so ängstlich die Füße versteckt.

Sie haben nämlich Entenfüße
Und bilden sich ein, daß niemand es wisse.
Das ist eine tiefgeheime Wund,
Worüber ich nimmermehr spötteln kunnt.

Ach Himmel! wir alle gleich jenen Zwergen,
Wir haben ja alle etwas zu verbergen;
Kein Christenmensch, wähnen wir, hätte entdeckt,
Wo unser Entenfüßchen steckt.

Niemals verkehrt ich mit Salamandern,
Und über ihr Treiben erfuhr ich von andern
Waldgeistern sehr wenig. Sie huschten mir scheu
Des Nachts wie leuchtende Schatten vorbei.

Sind spindeldürre, von Kindeslänge,
Höschen und Wämmschen anliegend enge,
Von Scharlachfarbe, goldgestickt;
Das Antlitz kränklich, vergilbt und bedrückt.

Ein güldnes Krönlein, gespickt mit Rubinen,
Trägt auf dem Köpfchen ein jeder von ihnen;
Ein jeder von ihnen bildet sich ein,
Ein absoluter König zu sein.

Daß sie im Feuer nicht verbrennen, 85
Ist freilich ein Kunststück, ich will es bekennen;
Jedoch der unentzündbare Wicht,
Ein wahrer Feuergeist ist er nicht.

Die klügsten Waldgeister sind die Alräunchen,
Langbärtige Männlein mit kurzen Beinchen, 90
Ein fingerlanges Greisengeschlecht;
Woher sie stammen, man weiß es nicht recht.

Wenn sie im Mondschein kopfüber purzeln,
Das mahnt bedenklich an Pissewurzeln;
Doch da sie mir nur Gutes getan, 95
So geht mich nichts ihr Ursprung an.

Sie lehrten mir kleine Hexereien,
Feuer besprechen, Vögel beschreien,
Auch pflücken in der Johannisnacht
Das Kräutlein, das unsichtbar macht. 100

Sie lehrten mich Sterne und Zeichen deuten,
Sattellos auf dem Winde reiten,
Auch Runen-Sprüche, womit man ruft
Die Toten hervor aus ihrer Gruft.

Sie haben mir auch den Pfiff gelehrt, 105
Wie man den Vogel Specht betört,
Und ihm die Springwurz abgewinnt,
Die anzeigt, wo Schätze verborgen sind.

Die Worte, die man beim Schätzegraben
Hinmurmelt, lehrten sie mich, sie haben 110
Mir alles expliziert – umsonst!
Hab nie begriffen die Schatzgräberkunst.

Wohl hatt ich derselben nicht nötig dermalen,
Ich brauchte wenig, und konnt es bezahlen,
Besaß auch in Spanien manch luftiges Schloß,
Wovon ich die Revenüen genoß.

O, schöne Zeit! wo voller Geigen
Der Himmel hing, wo Elfenreigen
Und Nixentanz und Koboldscherz
Umgaukelt mein märchentrunkenes Herz!

O, schöne Zeit! wo sich zu grünen
Triumphespforten zu wölben schienen
Die Bäume des Waldes – ich ging einher,
Bekränzt, als ob ich der Sieger wär!

Die schöne Zeit, sie ist verschlendert,
Und alles hat sich seitdem verändert,
Und ach! mir ist der Kranz geraubt,
Den ich getragen auf meinem Haupt.

Der Kranz ist mir vom Haupt genommen,
Ich weiß es nicht, wie es gekommen;
Doch seit der schöne Kranz mir fehlt,
Ist meine Seele wie entseelt.

Es glotzen mich an unheimlich blöde
Die Larven der Welt! Der Himmel ist öde,
Ein blauer Kirchhof, entgöttert und stumm.
Ich gehe gebückt im Wald herum.

Im Walde sind die Elfen verschwunden,
Jagdhörner hör ich, Gekläffe von Hunden;
Im Dickicht ist das Reh versteckt,
Das tränend seine Wunden leckt.

Wo sind die Alräunchen? ich glaube, sie halten
Sich ängstlich verborgen in Felsenspalten.
Ihr kleinen Freunde, ich komme zurück,
Doch ohne Kranz und ohne Glück.

Wo ist die Fee mit dem langen Goldhaar, 145
Die erste Schönheit, die mir hold war?
Der Eichenbaum, worin sie gehaust,
Steht traurig entlaubt, vom Winde zerzaust.

Der Bach rauscht trostlos gleich dem Styxe;
Am einsamen Ufer sitzt eine Nixe, 150
Totblaß und stumm, wie 'n Bild von Stein,
Scheint tief in Kummer versunken zu sein.

Mitleidig tret ich zu ihr heran –
Da fährt sie auf und schaut mich an,
Und sie entflieht mit entsetzten Mienen, 155
Als sei ihr ein Gespenst erschienen.

Spanische Atriden

Am Hubertustag des Jahres
Dreizehnhundertdreiundachtzig,
Gab der König uns ein Gastmahl
Zu Segovia im Schlosse.

Hofgastmähler sind dieselben 5
Überall, es gähnt dieselbe
Souveräne Langeweile
An der Tafel aller Fürsten.

Prunkgeschirr von Gold und Silber,
Leckerbissen aller Zonen, 10
Und derselbe Bleigeschmack,
Mahnend an Lokustes Küche.

Auch derselbe seidne Pöbel,
Buntgeputzt und vornehm nickend,
Wie ein Beet von Tulipanen;
Nur die Saucen sind verschieden.

Und das ist ein Wispern, Sumsen,
Das wie Mohn den Sinn einschläfert,
Bis Trompetenstöße wecken
Aus der kauenden Betäubnis.

Neben mir, zum Glücke, saß
Don Diego Albuquerque,
Dem die Rede unterhaltsam
Von den klugen Lippen floß.

Ganz vorzüglich gut erzählte
Er die blutgen Hofgeschichten
Aus den Tagen des Don Pedro,
Den man »König Grausam« nannte.

Als ich frug, warum Don Pedro
Seinen Bruder Don Fredrego
Insgeheim enthaupten ließ,
Sprach mein Tischgenosse seufzend:

Sennor! glaubt nicht was sie klimpern
Auf den schlottrigen Gitarren,
Bänkelsänger, Maultiertreiber,
In Posaden, Kneipen, Schenken.

Glaubet nimmer, was sie faseln
Von der Liebe Don Fredregos,
Und Don Pedros schöner Gattin,
Donna Blanka von Bourbon.

Nicht der Eifersucht des Gatten,
Nur der Mißgunst eines Neidharts,
Fiel als Opfer Don Fredrego,
Calatravas Ordensmeister.

Das Verbrechen, das Don Pedro
Nicht verzieh, das war sein Ruhm,
Jener Ruhm, den Donna Fama
Mit Entzücken ausposaunte.

Auch verzieh ihm nicht Don Pedro
Seiner Seele Hochgefühle
Und die Wohlgestalt des Leibes,
Die ein Abbild solcher Seele.

Blühend blieb mir im Gedächtnis
Diese schlanke Heldenblume;
Nie vergeß ich dieses schöne
Träumerische Jünglingsantlitz.

Das war eben jene Sorte,
Die geliebt wird von den Feen,
Und ein märchenhaft Geheimnis
Sprach aus allen diesen Zügen.

Blaue Augen, deren Schmelz
Blendend wie ein Edelstein, –
Aber auch der stieren Härte
Eines Edelsteins teilhaftig.

Seine Haare waren schwarz,
Bläulich schwarz, von seltnem Glanze,
Und in üppig schönen Locken
Auf die Schulter niederfallend.

In der schönen Stadt Coimbra,
Die er abgewann den Mohren,
Sah ich ihn zum letzten Male
Lebend – unglückselger Prinz!

Eben kam er vom Alkanzor,
Durch die engen Straßen reitend;
Manche junge Mohrin lauschte
Hinterm Gitter ihres Fensters.

Seines Hauptes Helmbusch wehte
Frei galant, jedoch des Mantels
Strenges Calatrava-Kreuz
Scheuchte jeden Buhlgedanken.

Ihm zur Seite, freudewedelnd,
Sprang sein Liebling, Allan hieß er,
Eine Bestie stolzer Rasse,
Deren Heimat die Sierra.

Trotz der ungeheuern Größe,
War er wie ein Reh gelenkig,
Nobel war des Kopfes Bildung
Ob sie gleich dem Fuchse ähnlich.

Schneeweiß und so weich wie Seide
Flockten lang herab die Haare;
Mit Rubinen inkrustiert
War das breite goldne Halsband.

Dieses Halsband, sagt man, barg
Einen Talisman der Treue;
Niemals wich er von der Seite
Seines Herrn, der treue Hund.

O, der schauerlichen Treue!
Mir erbebet das Gemüte,
Denk ich dran, wie sie sich hier
Offenbart vor unsern Augen.

O, des schreckenvollen Tages!
Hier in diesem Saale war es,
Und wie heute saß ich hier
An der königlichen Tafel.

An dem obern Tafelende,
Dort, wo heute Don Henrico
Fröhlich bechert mit der Blume
Castilianscher Ritterschaft –

Jenes Tags saß dort Don Pedro,
Finster stumm, und neben ihm,
Strahlend stolz wie eine Göttin,
Saß Maria de Padilla.

Hier am untern End der Tafel,
Wo wir heut die Dame sehen,
Deren große Linnen-Krause
Wie ein weißer Teller aussieht –

Während ihr vergilbt Gesichtchen
Mit dem säuerlichen Lächeln
Der Zitrone gleichet, welche
Auf besagtem Teller ruht:

Hier am untern End der Tafel
War ein leerer Platz geblieben;
Eines Gasts von hohem Range
Schien der goldne Stuhl zu harren.

Don Fredrego war der Gast,
Dem der goldne Stuhl bestimmt war –
Doch er kam nicht – ach, wir wissen
Jetzt den Grund der Zögerung.

Ach, zur selben Stunde wurde
Sie vollbracht, die dunkle Untat,
Und der arglos junge Held
Wurde von Don Pedros Schergen

Hinterlistig überfallen,
Und gebunden fortgeschleppt
In ein ödes Schloßgewölbe,
Nur von Fackelschein beleuchtet.

Dorten standen Henkersknechte,
Dorten stand der rote Meister,
Der gestützt auf seinem Richtbeil,
Mit schwermütger Miene sprach:

Jetzt, Großmeister von San Jago,
Müßt Ihr Euch zum Tod bereiten,
Eine Viertelstunde sei
Euch bewilligt zum Gebete.

Don Fredrego kniete nieder,
Betete mit frommer Ruhe,
Sprach sodann: ich hab vollendet,
Und empfing den Todesstreich.

In demselben Augenblicke,
Als der Kopf zu Boden rollte,
Sprang drauf zu der treue Allan,
Welcher unbemerkt gefolgt war.

Er erfaßte, mit den Zähnen,
Bei dem Lockenhaar das Haupt,
Und mit dieser teuern Beute
Schoß er zauberschnell von dannen.

Jammer und Geschrei erscholl
Überall auf seinem Wege,
Durch die Gänge und Gemächer,
Treppen auf und Treppen ab.

Seit dem Gastmahl des Belsazar
Gab es keine Tischgesellschaft,
Welche so verstöret aussah
Wie die unsre in dem Saale,

Als das Ungetüm hereinsprang
Mit dem Haupte Don Fredregos,
Das er mit den Zähnen schleppte
An den träufend blutgen Haaren.

Auf den leer gebliebnen Stuhl,
Welcher seinem Herrn bestimmt war,
Sprang der Hund und, wie ein Kläger,
Hielt er uns das Haupt entgegen.

Ach, es war das wohlbekannte
Heldenantlitz, aber blässer,
Aber ernster, durch den Tod,
Und umringelt gar entsetzlich

Von der Fülle schwarzer Locken,
Die sich bäumten wie der wilde
Schlangen-Kopfputz der Meduse,
Auch wie dieser schreckversteinernd.

Ja, wir waren wie versteinert,
Sahn uns an mit starrer Miene
Und gelähmt war jede Zunge
Von der Angst und Etikette.

185 Nur Maria de Padilla
Brach das allgemeine Schweigen;
Händeringend, laut aufschluchzend,
Jammerte sie ahndungsvoll:

»Heißen wird es jetzt, ich hätte
190 Angestiftet solche Mordtat,
Und der Groll trifft meine Kinder,
Meine schuldlos armen Kinder!«

Don Diego unterbrach hier
Seine Rede, denn wir sahen,
195 Daß die Tafel aufgehoben
Und der Hof den Saal verlassen.

Höfisch fein von Sitten, gab
Mir der Ritter das Geleite,
Und wir wandelten selbander
200 Durch das alte Gotenschloß.

In dem Kreuzgang, welcher leitet
Nach des Königs Hundeställen,
Die durch Knurren und Gekläffe
Schon von fernher sich verkündgen,

205 Dorten sah ich, in der Wand
Eingemauert und nach außen
Fest mit Eisenwerk vergattert,
Eine Zelle wie ein Käfig.

Menschliche Gestalten zwo
Saßen drin, zwei junge Knaben;
Angefesselt bei den Beinen,
Hockten sie auf fauler Streu.

Kaum zwölfjährig schien der eine,
Wenig älter war der andre;
Die Gesichter schön und edel,
Aber fahl und welk von Siechtum.

Waren ganz zerlumpt, fast nackend
Und die magern Leibchen trugen
Wunde Spuren der Mißhandlung;
Beide schüttelte das Fieber.

Aus der Tiefe ihres Elends
Schauten sie zu mir empor,
Wie mit weißen Geisteraugen,
Daß ich schier darob erschrocken.

Wer sind diese Jammerbilder?
Rief ich aus, indem ich hastig
Don Diegos Hand ergriff,
Die gezittert, wie ich fühlte.

Don Diego schien verlegen,
Sah sich um, ob niemand lausche,
Seufzte tief und sprach am Ende,
Heitern Weltmannston erkünstelnd:

Dieses sind zwei Königskinder,
Früh verwaiset, König Pedro
Hieß der Vater, und die Mutter
War Maria de Padilla.

Nach der großen Schlacht bei Narvas,
Wo Henrico Transtamare
Seinen Bruder, König Pedro,
Von der großen Last der Krone

Und zugleich von jener größern
Last, die Leben heißt, befreite:
Da traf auch die Bruders Kinder
Don Henricos Siegergroßmut.

Hat sich ihrer angenommen,
Wie es einem Oheim ziemet,
Und im eignen Schlosse gab er
Ihnen freie Kost und Wohnung.

Enge freilich ist das Stübchen,
Das er ihnen angewiesen,
Doch im Sommer ist es kühlig,
Und nicht gar zu kalt im Winter.

Ihre Speis ist Roggenbrot,
Das so schmackhaft ist, als hätt es
Göttin Ceres selbst gebacken
Für ihr liebes Proserpinchen.

Manchmal schickt er ihnen auch
Eine Kumpe mit Garbanzos,
Und die Jungen merken dann,
Daß es Sonntag ist in Spanien.

Doch nicht immer ist es Sonntag,
Und nicht immer gibt's Garbanzos,
Und der Oberkoppelmeister
Regaliert sie mit der Peitsche.

Denn der Oberkoppelmeister,
Der die Ställe mit der Meute,
Sowie auch den Neffenkäfig
Unter seiner Aufsicht hat,

Ist der unglückselge Gatte
Jener sauren Zitronella
Mit der weißen Tellerkrause,
Die wir heut bei Tisch bewundert,

Und sie keift so frech, daß oft
Ihr Gemahl zur Peitsche greift –
Und hierher eilt und die Hunde
Und die armen Knaben züchtigt.

Doch der König hat mißbilligt
Solch Verfahren und befahl,
Daß man künftig seine Neffen
Nicht behandle wie die Hunde.

Keiner fremden Mietlingsfaust
Wird er ferner anvertrauen
Ihre Zucht, die er hinführo
Eigenhändig leiten will.

Don Diego stockte plötzlich,
Denn der Seneschall des Schlosses
Kam zu uns und frug uns
Höflich: ob wir wohlgespeist? – –

Der Ex-Lebendige

Brutus, wo ist dein Cassius,
Der Wächter, der nächtliche Rufer,
Der einst mit dir, im Seelenerguß
Gewandelt am Seine-Ufer?

Ihr schautet manchmal in die Höh,
Wo die dunklen Wolken jagen –
Viel dunklere Wolke war die Idee,
Die Ihr im Herzen getragen.

Brutus, wo ist dein Cassius?
Er denkt nicht mehr ans Morden!
Es heißt er sei am Neckarfluß
Tyrannenvorleser geworden.

Doch Brutus erwidert: du bist ein Tor,
Kurzsichtig wie alle Poeten –
Mein Cassius liest dem Tyrannen vor,
Jedoch um ihn zu töten.

Er liest ihm Gedichte von Matzerath
Ein Dolch ist jede Zeile!
Der arme Tyrann, früh oder spat,
Stirbt er vor Langeweile.

Der Ex-Nachtwächter

Mißgelaunt, sagt man, verließ er
Stuttgart an dem Neckarstrand,
Und zu München an der Isar
Ward er Schauspielintendant.

Das ist eine schöne Gegend
Ebenfalls, es schäumet hier
Geist- und phantasieerregend
Holder Bock, das beste Bier.

Doch der arme Intendante,
Heißt es, gehet dort herum
Melancholisch wie ein Dante,
Wie Lord Byron gloomy, stumm.

Ihn ergötzen nicht Komödien,
Nicht das schlechteste Gedicht,
Selbst die traurigsten Tragödien
Liest er – doch er lächelt nicht.

Manche Schöne möcht erheitern
Dieses gramumflorte Herz,
Doch die Liebesblicke scheitern
An dem Panzer, der von Erz.

Nannerl mit dem Riegelhäubchen
Girrt ihn an so muntern Sinns –
Geh ins Kloster, armes Täubchen,
Spricht er wie ein Dänenprinz.

Seine Freunde sind vergebens
Zu erlustgen ihn bemüht,
Singen: Freue dich des Lebens,
Weil dir noch dein Lämpchen glüht!

Kann dich nichts zum Frohsinn reizen
Hier in dieser hübschen Stadt,
Die an amüsanten Käuzen
Wahrlich keinen Mangel hat?

Zwar hat sie in jüngsten Tagen
Eingebüßt so manchen Mann,
Manchen trefflichen Choragen,
Den man schwer entbehren kann.

Wär der Maßmann nur geblieben!
Dieser hätte wohl am End
Jeden Trübsinn dir vertrieben
Durch sein Burzelbaumtalent.

Schelling, der ist unersetzlich!
Ein Verlust vom höchsten Wert!
War als Philosoph ergötzlich
Und als Mime hochgeehrt.

Daß der Gründer der Walhalla
Fortging und zurücke ließ
Seine Manuskripte alle,
Gleichfalls ein Verlust war dies!

Mit Corneljus ging verloren
Auch des Meisters Jüngerschaft;
Hat das Haar sich abgeschoren
Und im Haar war ihre Kraft.

Denn der kluge Meister legte
Einen Zauber in das Haar,
Drin sich sichtbar oft bewegte
Etwas das lebendig war.

Tot ist Görres, die Hyäne.
Ob des heiligen Offiz
Umsturz quoll ihm einst die Träne
Aus des Auges rotem Schlitz.

Dieses Raubtier hat ein Sühnchen
Hinterlassen, doch es ist
Nur ein giftiges Kaninchen,
Welches Nonnenfürzchen frißt.

Apropos! Der erzinfame
Pfaffe Dollingerius –
Das ist ungefähr sein Name –
Lebt er noch am Isarfluß?

Dieser bleibt mir unvergeßlich!
Bei dem reinen Sonnenlicht!
Niemals schaut ich solch ein häßlich
Armesünderangesicht.

Wie es heißt, ist er gekommen
Auf die Welt gar wundersam,
Hat den Afterweg genommen,
Zu der Mutter Schreck und Scham.

Sah ihn am Karfreitag wallen
In dem Zug der Prozession,
Von den dunkeln Männern allen
Wohl die dunkelste Person.

Ja, Monacho Monachorum
Ist in unsrer Zeit der Sitz
Der Virorum obscurorum,
Die verherrlicht Huttens Witz.

Wie du zuckst beim Namen Hutten!
Ex-Nachtwächter, wache auf!
Hier die Pritsche, dort die Kutten,
Und wie ehmals schlage drauf!

Geißle ihre Rücken blutig,
Wie einst tat der Ullerich;
Dieser schlug so rittermutig,
Jene heulten fürchterlich.

Der Erasmus mußte lachen
So gewaltig ob dem Spaß,
Daß ihm platzte in dem Rachen
Sein Geschwür und er genas.

Auf der Ebersburg desgleichen
Lachte Sickingen wie toll,
Und in allen deutschen Reichen
Das Gelächter widerscholl.

Alte lachten wie die Jungen –
Eine einzge Lache nur
War ganz Wittenberg, sie sungen
Gaudeamus igitur!

Freilich, klopft man faule Kutten,
Fängt man Flöh im Überfluß,
Und es mußte sich der Hutten
Manchmal kratzen vor Verdruß.

Aber alea est jacta!
War des Ritters Schlachtgeschrei,
Und er knickte und er knackte
Pulices und Klerisei.

Ex-Nachtwächter, Stundenrufer,
Fühlst du nicht dein Herz erglühn?
Rege dich am Isarufer,
Schüttle ab den kranken Spleen.

Deine langen Fortschrittsbeine,
Heb sie auf zu neuem Lauf –
Kutten grobe, Kutten feine,
Sind es Kutten, schlage drauf! 120

Jener aber seufzt, und seine
Hände ringend er versetzt:
Meine langen Fortschrittsbeine
Sind europamüde jetzt.

Meine Hühneraugen jücken, 125
Habe deutsche enge Schuh,
Und wo mich die Schuhe drücken
Weiß ich wohl – laß mich in Ruh!

Plateniden

Iliaden, Odysseen
Kündigst du uns prahlend an,
Und wir sollen in dir sehen
Deutscher Zukunft größten Mann.

Eine große Tat in Worten, 5
Die du einst zu tun gedenkst! –
O, ich kenne solche Sorten
Geistger Schuldenmacher längst.

Hier ist Rhodus, komm und zeige
Deine Kunst, hier wird getanzt! 10
Oder trolle dich und schweige
Wenn du heut nicht tanzen kannst.

Wahre Prinzen aus Genie-Land
Zahlen bar was sie verzehrt,
Schiller, Goethe, Lessing, Wieland 15
Haben nie Kredit begehrt.

Wollten keine Ovationen
Von dem Publico auf Pump,
Keine Vorschuß-Lorbeerkronen,
Rühmten sich nicht keck und plump.

Tot ist längst der alte Junker,
Doch sein Same lebt noch heut –
Oh, ich kenne das Geflunker
Künftiger Unsterblichkeit.

Das sind Platens echte Kinder,
Echtes Plateniden-Blut –
Meine teuern Hallermünder,
Oh, ich kenn euch gar zu gut!

Mythologie

Ja, Europa ist erlegen –
Wer kann Ochsen widerstehen?
Wir verzeihen auch Danäen –
Sie erlag dem goldnen Regen!

Semele ließ sich verführen –
Denn sie dachte: eine Wolke,
Ideale Himmelswolke,
Kann uns nicht kompromittieren.

Aber tief muß uns empören
Was wir von der Leda lesen –
Welche Gans bist du gewesen,
Daß ein Schwan dich konnt betören!

In Mathildens Stammbuch

Hier, auf gewalkten Lumpen, soll ich
Mit einer Spule von der Gans
Hinkritzeln ernsthaft halb, halb drollig,
Versifizierten Firlefanz –

Ich, der gewohnt mich auszusprechen
Auf deinem schönen Rosenmund,
Mit Küssen, die wie Flammen brechen
Hervor aus tiefstem Herzensgrund!

O Modewut! Ist man ein Dichter,
Quält uns die eigne Frau zuletzt
Bis man, wie andre Sangeslichter,
Ihr einen Reim ins Album setzt.

An die Jungen

Laß dich nicht kirren, laß dich nicht wirren
Durch goldne Äpfel in deinem Lauf!
Die Schwerter klirren, die Pfeile schwirren,
Doch halten sie nicht den Helden auf.

Ein kühnes Beginnen ist halbes Gewinnen,
Ein Alexander erbeutet die Welt!
Kein langes Besinnen! Die Königinnen
Erwarten schon knieend den Sieger im Zelt.

Wir wagen, wir werben! besteigen als Erben
Des alten Darius Bett und Thron.
O süßes Verderben! o blühendes Sterben!
Berauschter Triumphtod zu Babylon!

Der Ungläubige

Du wirst in meinen Armen ruhn!
Von Wonnen sonder Schranken
Erbebt und schwillt mein ganzes Herz
Bei diesem Zaubergedanken.

Du wirst in meinen Armen ruhn!
Ich spiele mit den schönen
Goldlocken! Dein holdes Köpfchen wird
An meine Schulter lehnen.

Du wirst in meinen Armen ruhn!
Der Traum will Wahrheit werden,
Ich soll des Himmels höchste Lust
Hier schon genießen auf Erden.

O, heilger Thomas! Ich glaub es kaum!
Ich zweifle bis zur Stunde,
Wo ich den Finger legen kann
In meines Glückes Wunde.

K.-Jammer

Diese graue Wolkenschar
Stieg aus einem Meer von Freuden;
Heute muß ich dafür leiden
Daß ich gestern glücklich war.

Ach, in Wermut hat verkehrt
Sich der Nektar! Ach, wie quälend
Katzen-Jammer, Hunde-Elend
Herz und Magen mir beschwert!

Zum Hausfrieden

Viele Weiber, viele Flöhe,
Viele Flöhe, vieles Jucken –
Tun sie heimlich dir ein Wehe,
Darfst du dennoch dich nicht mucken.

Denn sie rächen, schelmisch lächelnd, 5
Sich zur Nachtzeit – Willst du drücken
Sie ans Herze, lieberöchelnd,
Ach, da drehn sie dir den Rücken.

Jetzt wohin?

Jetzt wohin? Der dumme Fuß
Will mich gern nach Deutschland tragen;
Doch es schüttelt klug das Haupt
Mein Verstand und scheint zu sagen:

Zwar beendigt ist der Krieg, 5
Doch die Kriegsgerichte blieben,
Und es heißt, du habest einst
Viel Erschießliches geschrieben.

Das ist wahr, unangenehm
Wär mir das Erschossen-werden; 10
Bin kein Held, es fehlen mir
Die pathetischen Gebärden.

Gern würd ich nach England gehn,
Wären dort nicht Kohlendämpfe
Und Engländer – schon ihr Duft 15
Gibt Erbrechen mir und Krämpfe.

Manchmal kommt mir in den Sinn
Nach Amerika zu segeln,
Nach dem großen Freiheitstall,
Der bewohnt von Gleichheits-Flegeln –

Doch es ängstet mich ein Land,
Wo die Menschen Tabak käuen,
Wo sie ohne König kegeln,
Wo sie ohne Spucknapf speien.

Rußland, dieses schöne Reich,
Würde mir vielleicht behagen,
Doch im Winter könnte ich
Dort die Knute nicht ertragen.

Traurig schau ich in die Höh,
Wo viel tausend Sterne nicken –
Aber meinen eignen Stern
Kann ich nirgends dort erblicken.

Hat im güldnen Labyrinth
Sich vielleicht verirrt am Himmel,
Wie ich selber mich verirrt
In dem irdischen Getümmel. –

Altes Lied

Du bist gestorben und weißt es nicht,
Erloschen ist dein Augenlicht,
Erblichen ist dein rotes Mündchen,
Und du bist tot, mein totes Kindchen.

In einer schaurigen Sommernacht
Hab ich dich selber zu Grabe gebracht;
Klaglieder die Nachtigallen sangen,
Die Sterne sind mit zur Leiche gegangen.

Der Zug, der zog den Wald vorbei,
Dort widerhallt die Litanei;
Die Tannen, in Trauermänteln vermummet,
Sie haben Totengebete gebrummet.

Am Weidensee vorüber ging's,
Die Elfen tanzten inmitten des Rings;
Sie blieben plötzlich stehn und schienen
Uns anzuschaun mit Beileidsmienen.

Und als wir kamen zu deinem Grab,
Da stieg der Mond vom Himmel herab.
Er hielt eine Rede. Ein Schluchzen und Stöhnen,
Und in der Ferne die Glocken tönen.

Solidität

Liebe sprach zum Gott der Lieder,
Sie verlange Sicherheiten
Ehe sie sich ganz ergebe,
Denn es wären schlechte Zeiten.

Lachend gab der Gott zur Antwort:
Ja, die Zeiten sich verändern,
Und du sprichst jetzt wie ein alter
Wuchrer, welcher leiht auf Pfändern.

Ach, ich hab nur eine Leier,
Doch sie ist von gutem Golde.
Wie viel Küsse willst du borgen
Mir darauf, o meine Holde?

Alte Rose

Eine Rosenknospe war
Sie für die mein Herze glühte;
Doch sie wuchs, und wunderbar
Schoß sie auf in voller Blüte.

Ward die schönste Ros im Land,
Und ich wollt die Rose brechen,
Doch sie wußte mich pikant
Mit den Dornen fortzustechen.

Jetzt, wo sie verwelkt, zerfetzt
Und verklatscht von Wind und Regen –
Liebster Heinrich bin ich jetzt,
Liebend kommt sie mir entgegen.

Heinrich hinten, Heinrich vorn,
Klingt es jetzt mit süßen Tönen;
Sticht mich jetzt etwa ein Dorn,
Ist es an dem Kinn der Schönen.

Allzu hart die Borsten sind,
Die des Kinnes Wärzchen zieren –
Geh ins Kloster, liebes Kind,
Oder lasse dich rasieren.

Autodafé

Welke Veilchen, stäubge Locken,
Ein verblichen blaues Band,
Halb zerrissene Billette,
Längst vergessner Herzenstand –

In die Flammen des Kamines
Werf ich sie verdrossnen Blicks;
Ängstlich knistern diese Trümmer
Meines Glücks und Mißgeschicks.

Liebesschwüre, flatterhafte
Falsche Eide, in den Schlot
Fliegen sie hinauf – es kichert
Unsichtbar der kleine Gott.

Bei den Flammen des Kamines
Sitz ich träumend, und ich seh
Wie die Fünkchen in der Asche
Still verglühn – Gut Nacht – Ade!

Lazarus

I
Weltlauf

Hat man viel, so wird man bald
Noch viel mehr dazu bekommen.
Wer nur wenig hat, dem wird
Auch das Wenige genommen.

Wenn du aber gar nichts hast,
Ach, so lasse dich begraben –
Denn ein Recht zum Leben, Lump,
Haben nur die etwas haben.

II

Rückschau

Ich habe gerochen alle Gerüche
In dieser holden Erdenküche;
Was man genießen kann in der Welt,
Das hab ich genossen wie je ein Held!
Hab Kaffee getrunken, hab Kuchen gegessen,
Hab manche schöne Puppe besessen;
Trug seidne Westen, den feinsten Frack,
Mir klingelten auch Dukaten im Sack.
Wie Gellert ritt ich auf hohem Roß;
Ich hatte ein Haus, ich hatte ein Schloß.
Ich lag auf der grünen Wiese des Glücks,
Die Sonne grüßte goldigsten Blicks;
Ein Lorbeerkranz umschloß die Stirn,
Er duftete Träume mir ins Gehirn,
Träume von Rosen und ewigem Mai –
Es ward mir so selig zu Sinne dabei,
So dämmersüchtig, so sterbefaul –
Mir flogen gebratne Tauben ins Maul,
Und Englein kamen, und aus den Taschen
Sie zogen hervor Champagnerflaschen –
Das waren Visionen, Seifenblasen, –
Sie platzten – Jetzt lieg ich auf feuchtem Rasen,
Die Glieder sind mir rheumatisch gelähmt,
Und meine Seele ist tief beschämt.
Ach, jede Lust, ach, jeden Genuß
Hab ich erkauft durch herben Verdruß;
Ich ward getränkt mit Bitternissen
Und grausam von den Wanzen gebissen;
Ich ward bedrängt von schwarzen Sorgen,
Ich mußte lügen, ich mußte borgen
Bei reichen Buben und alten Vetteln –
Ich glaube sogar, ich mußte betteln.

Jetzt bin ich müd vom Rennen und Laufen,
Jetzt will ich mich im Grabe verschnaufen.
Lebt wohl! Dort oben, ihr christlichen Brüder, 35
Ja, das versteht sich, dort sehn wir uns wieder.

III

Auferstehung

Posaunenruf erfüllt die Luft,
Und furchtbar schallt es wider;
Die Toten steigen aus der Gruft,
Und schütteln und rütteln die Glieder.

Was Beine hat, das trollt sich fort, 5
Es wallen die weißen Gestalten
Nach Josaphat, dem Sammelort,
Dort wird Gericht gehalten.

Als Freigraf sitzet Christus dort
In seiner Apostel Kreise. 10
Sie sind die Schöppen, ihr Spruch und Wort
Ist minniglich und weise.

Sie urteln nicht vermummten Gesichts;
Die Maske läßt jeder fallen
Am hellen Tage des jüngsten Gerichts, 15
Wenn die Posaunen schallen.

Das ist zu Josaphat im Tal,
Da stehn die geladenen Scharen,
Und weil zu groß der Beklagten Zahl,
Wird hier summarisch verfahren. 20

Das Böcklein zur Linken, zur Rechten das Schaf,
Geschieden sind sie schnelle;
Der Himmel dem Schäfchen fromm und brav,
Dem geilen Bock die Hölle!

IV

Sterbende

Flogest aus nach Sonn und Glück,
Nackt und schlecht kommst du zurück.
Deutsche Treue, deutsche Hemde,
Die verschleißt man in der Fremde.

Siehst sehr sterbebläßlich aus,
Doch getrost, du bist zu Haus.
Warm wie an dem Flackerherde
Liegt man in der deutschen Erde.

Mancher leider wurde lahm
Und nicht mehr nach Hause kam –
Streckt verlangend aus die Arme,
Daß der Herr sich sein erbarme!

V

Lumpentum

Die reichen Leute, die gewinnt
Man nur durch platte Schmeichelein –
Das Geld ist platt, mein liebes Kind,
Und will auch platt geschmeichelt sein.

Das Weihrauchfaß, das schwinge keck
Vor jedem göttlich goldnen Kalb;
Bet an im Staub, bet an im Dreck,
Vor allem aber lob nicht halb.

Das Brot ist teuer dieses Jahr,
Jedoch die schönsten Worte hat
Man noch umsonst – Besinge gar
Mäzenas Hund, und friß dich satt!

VI

Erinnerung

Dem einen die Perle, dem andern die Truhe,
O Wilhelm Wisetzki, du starbest so fruhe –
Doch die Katze, die Katz ist gerettet.

Der Balken brach, worauf er geklommen,
Da ist er im Wasser umgekommen –
Doch die Katze, die Katz ist gerettet.

Wir folgten der Leiche, dem lieblichen Knaben,
Sie haben ihn unter Maiblumen begraben, –
Doch die Katze, die Katz ist gerettet.

Bist klug gewesen, du bist entronnen
Den Stürmen, hast früh ein Obdach gewonnen –
Doch die Katze, die Katz ist gerettet.

Bist früh entronnen, bist klug gewesen,
Noch eh du erkranktest, bist du genesen –
Doch die Katze, die Katz ist gerettet.

Seit langen Jahren, wie oft, o Kleiner,
Mit Neid und Wehmut gedenk ich deiner –
Doch die Katze, die Katz ist gerettet.

VII

Unvollkommenheit

Nichts ist vollkommen hier auf dieser Welt.
Der Rose ist der Stachel beigesellt;
Ich glaube gar, die lieben holden Engel
Im Himmel droben sind nicht ohne Mängel.

5 Der Tulpe fehlt der Duft. Es heißt am Rhein:
Auch Ehrlich stahl einmal ein Ferkelschwein.
Hätte Lucretia sich nicht erstochen,
Sie wär vielleicht gekommen in die Wochen.

Häßliche Füße hat der stolze Pfau.
10 Uns kann die amüsant geistreichste Frau
Manchmal langweilen wie die Henriade
Voltairs, sogar wie Klopstocks Messiade.

Die bravste, klügste Kuh kein Spanisch weiß,
Wie Maßmann kein Latein – Der Marmorsteiß
15 Der Venus von Canova ist zu glatte,
Wie Maßmanns Nase viel zu ärschig platte.

Im süßen Lied ist oft ein saurer Reim,
Wie Bienenstachel steckt im Honigseim.
Am Fuß verwundbar war der Sohn der Thetis,
20 Und Alexander Dumas ist ein Metis.

Der strahlenreinste Stern am Himmelzelt,
Wenn er den Schnupfen kriegt, herunterfällt.
Der beste Äpfelwein schmeckt nach der Tonne,
Und schwarze Flecken sieht man in der Sonne.

25 Du bist, verehrte Frau, du selbst sogar
Nicht fehlerfrei, nicht aller Mängel bar.
Du schaust mich an – du fragst mich was dir fehle?
Ein Busen, und im Busen eine Seele.

VIII
Fromme Warnung

Unsterbliche Seele, nimm dich in acht,
Daß du nicht Schaden leidest,
Wenn du aus dem Irdischen scheidest;
Es geht der Weg durch Tod und Nacht.

Am goldnen Tore der Hauptstadt des Lichts,
Da stehen die Gottes-Soldaten;
Sie fragen nach Werken und Taten,
Nach Namen und Amt fragt man hier nichts.

Am Eingang läßt der Pilger zurück
Die stäubigen, drückenden Schuhe –
Kehr ein, hier findest du Ruhe,
Und weiche Pantoffeln und schöne Musik.

IX
Der Abgekühlte

Und ist man tot, so muß man lang
Im Grabe liegen; ich bin bang,
Ja, ich bin bang, das Auferstehen
Wird nicht so schnell vonstatten gehen.

Noch einmal, eh mein Lebenslicht
Erlöschet, eh mein Herze bricht –
Noch einmal möcht ich vor dem Sterben
Um Frauenhuld beseligt werden.

Und eine Blonde müßt es sein,
Mit Augen sanft wie Mondenschein –
Denn schlecht bekommen mir am Ende
Die wild brünetten Sonnenbrände.

Das junge Volk voll Lebenskraft
Will den Tumult der Leidenschaft,
Das ist ein Rasen, Schwören, Poltern
Und wechselseitges Seelenfoltern!

Unjung und nicht mehr ganz gesund,
Wie ich es bin zu dieser Stund;
Möcht' ich noch einmal lieben, schwärmen
Und glücklich sein – doch ohne Lärmen.

X

Salomo

Verstummt sind Pauken, Posaunen und Zinken.
An Salomos Lager Wache halten
Die schwertgegürteten Engelgestalten,
Sechstausend zur Rechten, sechstausend zur Linken.

Sie schützen den König vor träumendem Leide,
Und zieht er finster die Brauen zusammen,
Da fahren sogleich die stählernen Flammen,
Zwölftausend Schwerter, hervor aus der Scheide.

Doch wieder zurück in die Scheide fallen
Die Schwerter der Engel. Das nächtliche Grauen
Verschwindet, es glätten sich wieder die Brauen
Des Schläfers, und seine Lippen lallen:

O Sulamith! das Reich ist mein Erbe,
Die Lande sind mir untertänig,
Bin über Juda und Israel König –
Doch liebst du mich nicht, so welk ich und sterbe.

XI
Verlorene Wünsche

Von der Gleichheit der Gemütsart
Wechselseitig angezogen
Waren wir einander immer
Mehr als uns bewußt gewogen.

Beide ehrlich und bescheiden,
Konnten wir uns leicht verstehen;
Worte waren überflüssig,
Brauchten uns nur anzusehen.

O wie sehnlich wünscht ich immer,
Daß ich bei dir bleiben könnte
Als der tapfre Waffenbruder
Eines dolce far niente.

Ja, mein liebster Wunsch war immer,
Daß ich immer bei dir bliebe!
Alles was dir wohlgefiele,
Alles tät ich dir zuliebe.

Würde essen was dir schmeckte
Und die Schüssel gleich entfernen,
Die dir nicht behagt. Ich würde
Auch Zigarren rauchen lernen.

Manche polnische Geschichte,
Die dein Lachen immer weckte,
Wollt ich wieder dir erzählen
In Judäas Dialekte.

Ja, ich wollte zu dir kommen,
Nicht mehr in der Fremde schwärmen –
An dem Herde deines Glückes
Wollt ich meine Kniee wärmen. – –

Goldne Wünsche! Seifenblasen!
Sie zerrinnen wie mein Leben –
Ach, ich liege jetzt am Boden,
Kann mich nimmermehr erheben.

Und Ade! sie sind zerronnen,
Goldne Wünsche, süßes Hoffen!
Ach, zu tödlich war der Faustschlag,
Der mich just ins Herz getroffen.

XII

Gedächtnisfeier

Keine Messe wird man singen,
Keinen Kadosch wird man sagen,
Nichts gesagt und nichts gesungen
Wird an meinen Sterbetagen.

Doch vielleicht an solchem Tage,
Wenn das Wetter schön und milde,
Geht spazieren auf Montmartre
Mit Paulinen Frau Mathilde.

Mit dem Kranz von Immortellen
Kommt sie mir das Grab zu schmücken,
Und sie seufzet: Pauvre homme!
Feuchte Wehmut in den Blicken.

Leider wohn ich viel zu hoch,
Und ich habe meiner Süßen
Keinen Stuhl hier anzubieten;
Ach! sie schwankt mit müden Füßen.

Süßes, dickes Kind, du darfst
Nicht zu Fuß nach Hause gehen;
An dem Barrière-Gitter
Siehst du die Fiaker stehen.   20

XIII
Wiedersehen

Die Geisblattlaube – Ein Sommerabend –
Wir saßen wieder wie ehmals am Fenster –
Der Mond ging auf, belebend und labend –
Wir aber waren wie zwei Gespenster.

Zwölf Jahre schwanden, seitdem wir beisammen   5
Zum letztenmale hier gesessen;
Die zärtlichen Gluten, die großen Flammen,
Sie waren erloschen unterdessen.

Einsilbig saß ich. Die Plaudertasche,
Das Weib hingegen schürte beständig   10
Herum in der alten Liebesasche.
Jedoch kein Fünkchen ward wieder lebendig.

Und sie erzählte: wie sie die bösen
Gedanken bekämpft, eine lange Geschichte,
Wie wackelig schon ihre Tugend gewesen –   15
Ich machte dazu ein dummes Gesicht.

Als ich nach Hause ritt, da liefen
Die Bäume vorbei in der Mondenhelle,
Wie Geister. Wehmütige Stimmen riefen –
Doch ich und die Toten, wir ritten schnelle.   20

XIV
Frau Sorge

In meines Glückes Sonnenglanz,
Da gaukelte fröhlich der Mückentanz.
Die lieben Freunde liebten mich
Und teilten mit mir brüderlich
Wohl meinen besten Braten
Und meinen letzten Dukaten.

Das Glück ist fort, der Beutel leer,
Und hab auch keine Freunde mehr;
Erloschen ist der Sonnenglanz,
Zerstoben ist der Mückentanz,
Die Freunde, so wie die Mücke,
Verschwinden mit dem Glücke.

An meinem Bett in der Winternacht
Als Wärterin die Sorge wacht.
Sie trägt eine weiße Unterjack,
Ein schwarzes Mützchen, und schnupft Tabak.
Die Dose knarrt so gräßlich,
Die Alte nickt so häßlich.

Mir träumt manchmal, gekommen sei
Zurück das Glück und der junge Mai
Und die Freundschaft und der Mückenschwarm –
Da knarrt die Dose – daß Gott erbarm,
Es platzt die Seifenblase –
Die Alte schneuzt die Nase.

XV
An die Engel

Das ist der böse Thanatos,
Er kommt auf einem fahlen Roß;
Ich hör den Hufschlag, hör den Trab,
Der dunkle Reiter holt mich ab –
Er reißt mich fort, Mathilden soll ich lassen, 5
O, den Gedanken kann mein Herz nicht fassen!

Sie war mir Weib und Kind zugleich,
Und geh ich in das Schattenreich,
Wird Witwe sie und Waise sein!
Ich laß in dieser Welt allein 10
Das Weib, das Kind das, trauend meinem Mute,
Sorglos und treu an meinem Herzen ruhte.

Ihr Engel in den Himmelshöhn,
Vernehmt mein Schluchzen und mein Flehn;
Beschützt, wenn ich im öden Grab, 15
Das Weib, das ich geliebet hab;
Seid Schild und Vögte Eurem Ebenbilde,
Beschützt, beschirmt mein armes Kind, Mathilde.

Bei allen Tränen, die Ihr je
Geweint um unser Menschenweh, 20
Beim Wort, das nur der Priester kennt
Und niemals ohne Schauder nennt,
Bei Eurer eignen Schönheit, Huld und Milde,
Beschwör ich Euch, Ihr Engel, schützt Mathilde.

XVI
Im Oktober 1849

Gelegt hat sich der starke Wind,
Und wieder stille wird's daheime;
Germania, das große Kind,
Erfreut sich wieder seiner Weihnachtsbäume.

5 Wir treiben jetzt Familienglück
Was höher lockt, das ist vom Übel
Die Friedensschwalbe kehrt zurück,
Die einst genistet in des Hauses Giebel.

Gemütlich ruhen Wald und Fluß,
10 Von sanftem Mondlicht übergossen;
Nur manchmal knallt's – Ist das ein Schuß? –
Es ist vielleicht ein Freund, den man erschossen.

Vielleicht mit Waffen in der Hand
Hat man den Tollkopf angetroffen,
15 (Nicht jeder hat so viel Verstand
Wie Flaccus, der so kühn davon geloffen).

Es knallt. Es ist ein Fest vielleicht,
Ein Feuerwerk zur Goethefeier! –
Die Sontag, die dem Grab entsteigt,
20 Begrüßt Raketenlärm – die alte Leier.

Auch Liszt taucht wieder auf, der Franz,
Er lebt, er liegt nicht blutgerötet
Auf einem Schlachtfeld Ungarlands;
Kein Russe, noch Kroat hat ihn getötet.

25 Es fiel der Freiheit letzte Schanz,
Und Ungarn blutet sich zu Tode –
Doch unversehrt blieb Ritter Franz,
Sein Säbel auch – er liegt in der Kommode.

Er lebt, der Franz, und wird als Greis
Vom Ungarkriege Wunderdinge
Erzählen in der Enkel Kreis –
»So lag ich und so führt ich meine Klinge!«

Wenn ich den Namen Ungarn hör,
Wird mir das deutsche Wams zu enge,
Es braust darunter wie ein Meer,
Mir ist als grüßten mich Trompetenklänge!

Es klirrt mir wieder im Gemüt
Die Heldensage, längst verklungen,
Das eisern wilde Kämpenlied –
Das Lied vom Untergang der Nibelungen.

Es ist dasselbe Heldenlos,
Es sind dieselben alten Mähren,
Die Namen sind verändert bloß,
Doch sind's dieselben »Helden lobebären«.

Es ist dasselbe Schicksal auch –
Wie stolz und frei die Fahnen fliegen,
Es muß der Held, nach altem Brauch,
Den tierisch rohen Mächten unterliegen.

Und diesmal hat der Ochse gar
Mit Bären einen Bund geschlossen –
Du fällst; doch tröste dich, Magyar,
Wir andre haben schlimmre Schmach genossen.

Anständge Bestien sind es doch,
Die ganz honnet dich überwunden;
Doch wir geraten in das Joch
Von Wölfen, Schweinen und gemeinen Hunden.

Das heult und bellt und grunzt – ich kann
Ertragen kaum den Duft der Sieger.
Doch still, Poet, das greift dich an –
Du bist so krank und schweigen wäre klüger.

XVII
Böses Geträume

Im Traume war ich wieder jung und munter –
Es war das Landhaus hoch am Bergesrand,
Wettlaufend lief ich dort den Pfad hinunter,
Wettlaufend mit Ottilien Hand in Hand.

5 Wie das Persönchen fein formiert! Die süßen
Meergrünen Augen zwinkern nixenhaft.
Sie steht so fest auf ihren kleinen Füßen,
Ein Bild von Zierlichkeit vereint mit Kraft.

Der Ton der Stimme ist so treu und innig,
10 Man glaubt zu schaun bis in der Seele Grund;
Und alles was sie spricht ist klug und sinnig;
Wie eine Rosenknospe ist der Mund.

Es ist nicht Liebesweh, was mich beschleichet,
Ich schwärme nicht, ich bleibe bei Verstand; –
15 Doch wunderbar ihr Wesen mich erweichet
Und heimlich bebend küß ich ihre Hand.

Ich glaub, am Ende brach ich eine Lilie,
Die gab ich ihr und sprach ganz laut dabei:
Heirate mich und sei mein Weib, Ottilie,
20 Damit ich fromm wie du und glücklich sei.

Was sie zur Antwort gab, das weiß ich nimmer,
Denn ich erwachte jählings – und ich war
Wieder ein Kranker, der im Krankenzimmer
Trostlos daniederliegt seit manchem Jahr. – –

XVIII
Sie erlischt

Der Vorhang fällt, das Stück ist aus,
Und Herrn und Damen gehn nach Haus.
Ob ihnen auch das Stück gefallen?
Ich glaub ich hörte Beifall schallen.
Ein hochverehrtes Publikum
Beklatschte dankbar seinen Dichter.
Jetzt aber ist das Haus so stumm,
Und sind verschwunden Lust und Lichter.

Doch horch! ein schollernd schnöder Klang
Ertönt unfern der öden Bühne; –
Vielleicht daß eine Saite sprang
An einer alten Violine.
Verdrießlich rascheln im Parterr
Etwelche Ratten hin und her,
Und alles riecht nach ranzgem Öle.
Die letzte Lampe ächzt und zischt
Verzweiflungsvoll und sie erlischt.
Das arme Licht war meine Seele.

XIX
Vermächtnis

Nun mein Leben geht zu End,
Mach ich auch mein Testament;
Christlich will ich drin bedenken
Meine Feinde mit Geschenken.

Diese würdgen, tugendfesten
Widersacher sollen erben
All mein Siechtum und Verderben,
Meine sämtlichen Gebresten.

>   Ich vermach euch die Koliken,
> 10 Die den Bauch wie Zangen zwicken,
>   Harnbeschwerden, die perfiden
>   Preußischen Hämorrhoiden.
>
>   Meine Krämpfe sollt ihr haben,
>   Speichelfluß und Gliederzucken,
> 15 Knochendarre in dem Rucken,
>   Lauter schöne Gottesgaben.
>
>   Kodizill zu dem Vermächtnis:
>   In Vergessenheit versenken
>   Soll der Herr eu'r Angedenken,
> 20 Er vertilge eu'r Gedächtnis.

XX

Enfant perdu

Verlorner Posten in dem Freiheitskriege,
Hielt ich seit dreißig Jahren treulich aus.
Ich kämpfte ohne Hoffnung, daß ich siege,
Ich wußte, nie komm ich gesund nach Haus.

5 Ich wachte Tag und Nacht – Ich konnt nicht schlafen,
Wie in dem Lagerzelt der Freunde Schar –
(Auch hielt das laute Schnarchen dieser Braven
Mich wach, wenn ich ein bißchen schlummrig war).

In jenen Nächten hat Langweil ergriffen
10 Mich oft, auch Furcht – (nur Narren fürchten nichts) –
Sie zu verscheuchen, hab ich dann gepfiffen
Die frechen Reime eines Spottgedichts.

Ja, wachsam stand ich, das Gewehr im Arme,
Und nahte irgendein verdächtger Gauch,
So schoß ich gut und jagt ihm eine warme,
Brühwarme Kugel in den schnöden Bauch.

Mitunter freilich mocht es sich ereignen,
Daß solch ein schlechter Gauch gleichfalls sehr gut
Zu schießen wußte – ach, ich kann's nicht leugnen –
Die Wunden klaffen – es verströmt mein Blut.

Ein Posten ist vakant! – Die Wunden klaffen –
Der eine fällt, die andern rücken nach –
Doch fall ich unbesiegt, und meine Waffen
Sind nicht gebrochen – Nur mein Herze brach.

Drittes Buch

Hebräische Melodien

O laß nicht ohne Lebensgenuß
Dein Leben verfließen!
Und bist du sicher vor dem Schuß,
So laß sie nur schießen.

Fliegt dir das Glück vorbei einmal, 5
So faß es am Zipfel.
Auch rat ich dir, baue dein Hüttchen im Tal
Und nicht auf dem Gipfel.

Prinzessin Sabbath

In Arabiens Märchenbuche
Sehen wir verwünschte Prinzen,
Die zu Zeiten ihre schöne
Urgestalt zurückgewinnen:

Das behaarte Ungeheuer
Ist ein Königsohn geworden;
Schmuckreich glänzend angekleidet,
Auch verliebt die Flöte blasend.

Doch die Zauberfrist zerrinnt,
Und wir schauen plötzlich wieder
Seine königliche Hoheit
In ein Ungetüm verzottelt.

Einen Prinzen solchen Schicksals
Singt mein Lied. Er ist geheißen
Israel. Ihn hat verwandelt
Hexenspruch in einen Hund.

Hund mit hündischen Gedanken,
Kötert er die ganze Woche
Durch des Lebens Kot und Kehricht,
Gassenbuben zum Gespötte.

Aber jeden Freitagabend,
In der Dämmrungstunde, plötzlich
Weicht der Zauber, und der Hund
Wird aufs neu ein menschlich Wesen.

Mensch mit menschlichen Gefühlen,
Mit erhobnem Haupt und Herzen,
Festlich, reinlich schier gekleidet,
Tritt er in des Vaters Halle.

»Sei gegrüßt, geliebte Halle
Meines königlichen Vaters!
Zelte Jakobs, Eure heilgen
Eingangspfosten küßt mein Mund!«

Durch das Haus geheimnisvoll
Zieht ein Wispern und ein Weben,
Und der unsichtbare Hausherr
Atmet schaurig in der Stille.

Stille! Nur der Seneschall,
(Vulgo Synagogendiener)
Springt geschäftig auf und nieder,
Um die Lampen anzuzünden.

Trostverheißend goldne Lichter,
Wie sie glänzen, wie sie glimmern!
Stolz aufflackern auch die Kerzen
Auf der Brüstung des Almemors.

Vor dem Schreine, der die Thora
Aufbewahret, und verhängt ist
Mit der kostbar seidnen Decke,
Die von Edelsteinen funkelt –

Dort an seinem Betpultständer
Steht schon der Gemeindesänger;
Schmuckes Männchen, das sein schwarzes
Mäntelchen kokett geachselt.

Um die weiße Hand zu zeigen,
Haspelt er am Halse, seltsam
An die Schläf den Zeigefinger,
An die Kehl den Daumen drückend.

Trällert vor sich hin ganz leise,
Bis er endlich lautaufjubelnd
Seine Stimm erhebt und singt:
Lecho Daudi Likras Kalle!

Lecho Daudi Likras Kalle –
Komm, Geliebter, deiner harret
Schon die Braut, die dir entschleiert
Ihr verschämtes Angesicht!

Dieses hübsche Hochzeitkarmen
Ist gedichtet von dem großen,
Hochberühmten Minnesinger
Don Jehuda ben Halevy.

In dem Liede wird gefeiert
Die Vermählung Israels
Mit der Frau Prinzessin Sabbath,
Die man nennt die stille Fürstin.

Perl und Blume aller Schönheit
Ist die Fürstin. Schöner war
Nicht die Königin von Saba,
Salomonis Busenfreundin,

Die, ein Blaustrumpf Äthiopiens,
Durch Esprit brillieren wollte,
Und mit ihren klugen Rätseln
Auf die Länge fatigant ward.

Die Prinzessin Sabbath, welche
Ja die personifizierte
Ruhe ist, verabscheut alle
Geisteskämpfe und Debatten.

Gleich fatal ist ihr die trampelnd
Deklamierende Passion,
Jenes Pathos, das mit flatternd
Aufgelöstem Haar einherstürmt.

Sittsam birgt die stille Fürstin
In der Haube ihre Zöpfe;
Blickt so sanft wie die Gazelle,
Blüht so schlank wie eine Addas.

Sie erlaubt dem Liebsten alles,
Ausgenommen Tabakrauchen –
»Liebster! rauchen ist verboten,
Weil es heute Sabbath ist.

Dafür aber heute Mittag
Soll dir dampfen, zum Ersatz,
Ein Gericht, das wahrhaft göttlich –
Heute sollst du Schalet essen!«

Schalet, schöner Götterfunken,
Tochter aus Elysium!
Also klänge Schillers Hochlied,
Hätt er Schalet je gekostet.

Schalet ist die Himmelspeise,
Die der liebe Herrgott selber
Einst den Moses kochen lehrte
Auf dem Berge Sinai,

Wo der Allerhöchste gleichfalls
All die guten Glaubenslehren
Und die heilgen zehn Gebote
Wetterleuchtend offenbarte.

Schalet ist des wahren Gottes
Koscheres Ambrosia,
Wonnebrot des Paradieses,
Und mit solcher Kost verglichen

Ist nur eitel Teufelsdreck
Das Ambrosia der falschen
Heidengötter Griechenlands,
Die verkappte Teufel waren.

Speist der Prinz von solcher Speise,
Glänzt sein Auge wie verkläret,
Und er knöpfet auf die Weste,
Und er spricht mit selgem Lächeln:

»Hör ich nicht den Jordan rauschen?
Sind das nicht die Brüsselbrunnen
In dem Palmental von Beth-El,
Wo gelagert die Kamele?

Hör ich nicht die Herdenglöckchen?
Sind das nicht die fetten Hämmel,
Die vom Gileath-Gebirge
Abendlich der Hirt herabtreibt?«

Doch der schöne Tag verflittert;
Wie mit langen Schattenbeinen
Kommt geschritten der Verwünschung
Böse Stund – Es seufzt der Prinz.

Ist ihm doch als griffen eiskalt
Hexenfinger in sein Herze.
Schon durchrieseln ihn die Schauer
Hündischer Metamorphose.

Die Prinzessin reicht dem Prinzen
Ihre güldne Nardenbüchse.
Langsam riecht er – Will sich laben
Noch einmal an Wohlgerüchen.

Es kredenzet die Prinzessin 145
Auch den Abschiedstrunk dem Prinzen –
Hastig trinkt er, und im Becher
Bleiben wenge Tropfen nur.

Er besprengt damit den Tisch,
Nimmt alsdann ein kleines Wachslicht, 150
Und er tunkt es in die Nässe,
Daß es knistert und erlischt.

Jehuda ben Halevy

I

»Lechzend klebe mir die Zunge
An dem Gaumen, und es welke
Meine rechte Hand, vergäß' ich
Jemals dein, Jerusalem –«

Wort und Weise, unaufhörlich 5
Schwirren sie mir heut im Kopfe,
Und mir ist als hört ich Stimmen,
Psalmodierend, Männerstimmen –

Manchmal kommen auch zum Vorschein
Bärte, schattig lange Bärte – 10
Traumgestalten, wer von euch
Ist Jehuda ben Halevy?

Doch sie huschen rasch vorüber;
Die Gespenster scheuen furchtsam
Der Lebendgen plumpen Zuspruch –
Aber ihn hab ich erkannt –

Ich erkannt ihn an der bleichen
Und gedankenstolzen Stirne,
An der Augen süßer Starrheit –
Sahn mich an so schmerzlich forschend –

Doch zumeist erkannt ich ihn
An dem rätselhaften Lächeln
Jener schön gereimten Lippen,
Die man nur bei Dichtern findet.

Jahre kommen und verfließen.
Seit Jehuda ben Halevy
Ward geboren, sind verflossen
Siebenhundertfünfzig Jahre –

Hat zuerst das Licht erblickt
Zu Toledo in Castilien,
Und es hat der goldne Tajo
Ihm sein Wiegenlied gelullet.

Für Entwicklung seines Geistes
Sorgte früh der strenge Vater,
Der den Unterricht begann
Mit dem Gottesbuch, der Thora.

Diese las er mit dem Sohne
In dem Urtext, dessen schöne,
Hieroglyphisch pittoreske,
Altcaldäische Quadratschrift

Herstammt aus dem Kindesalter
Unsrer Welt, und auch deswegen
Jedem kindlichen Gemüte
So vertraut entgegenlacht.

Diesen echten alten Text
Rezitierte auch der Knabe
In der uralt hergebrachten
Singsang-Weise, Tropp geheißen –

Und er gurgelte gar lieblich
Jene fetten Gutturalen,
Und er schlug dabei den Triller,
Den Schalscheleth, wie ein Vogel.

Auch den Targum Onkelos,
Der geschrieben ist in jenem
Plattjudäischen Idiom,
Das wir aramäisch nennen

Und zur Sprache der Propheten
Sich verhalten mag etwa
Wie das Schwäbische zum Deutschen –
Dieses Gelbveiglein-Hebräisch

Lernte gleichfalls früh der Knabe,
Und es kam ihm solche Kenntnis
Bald darauf sehr gut zustatten
Bei dem Studium des Talmuds.

Ja, frühzeitig hat der Vater
Ihn geleitet zu dem Talmud,
Und da hat er ihm erschlossen
Die Halacha, diese große

Fechterschule, wo die besten
Dialektischen Athleten
Babylons und Pumpeditthas
Ihre Kämpferspiele trieben.

Lernen konnte hier der Knabe
Alle Künste der Polemik;
Seine Meisterschaft bezeugte
Späterhin das Buch Cosari.

Doch der Himmel gießt herunter
Zwei verschiedne Sorten Lichtes:
Grelles Tageslicht der Sonne
Und das mildre Mondlicht – Also,

Also leuchtet auch der Talmud
Zwiefach, und man teilt ihn ein
In Halacha und Hagada.
Erstre nannt ich eine Fechtschul –

Letztre aber, die Hagada,
Will ich einen Garten nennen,
Einen Garten, hochphantastisch
Und vergleichbar jenem andern,

Welcher ebenfalls dem Boden
Babylons entsprossen weiland –
Garten der Semiramis,
Achtes Wunderwerk der Welt.

Königin Semiramis,
Die als Kind erzogen worden
Von den Vögeln, und gar manche
Vögeltümlichkeit bewahrte,

Wollte nicht auf platter Erde
Promenieren wie wir andern
Säugetiere, und sie pflanzte
Einen Garten in der Luft – 100

Hoch auf kolossalen Säulen
Prangten Palmen und Zypressen,
Goldorangen, Blumenbeete,
Marmorbilder, auch Springbrunnen,

Alles klug und fest verbunden 105
Durch unzählge Hängebrücken,
Die wie Schlingepflanzen aussahn
Und worauf sich Vögel wiegten –

Große, bunte, ernste Vögel,
Tiefe Denker, die nicht singen, 110
Während sie umflattert kleines
Zeisigvolk, das lustig trillert –

Alle atmen ein, beseligt,
Einen reinen Balsamduft,
Welcher unvermischt mit schnödem 115
Erdendunst und Mißgeruche.

Die Hagada ist ein Garten
Solcher Luftkindgrillen-Art,
Und der junge Talmudschüler,
Wenn sein Herze war bestäubet 120

Und betäubet vom Gezänke
Der Halacha, vom Dispute
Über das fatale Ei,
Das ein Huhn gelegt am Festtag,

Oder über eine Frage
Gleicher Importanz – der Knabe
Floh alsdann sich zu erfrischen
In die blühende Hagada,

Wo die schönen alten Sagen,
Engelmärchen und Legenden,
Stille Märtyrerhistorien,
Festgesänge, Weisheitsprüche,

Auch Hyperbeln, gar possierlich,
Alles aber glaubenskräftig,
Glaubensglühend – O, das glänzte,
Quoll und sproß so überschwenglich –

Und des Knaben edles Herze
Ward ergriffen von der wilden,
Abenteuerlichen Süße,
Von der wundersamen Schmerzlust

Und den fabelhaften Schauern
Jener seligen Geheimwelt,
Jener großen Offenbarung,
Die wir nennen Poesie.

Auch die Kunst der Poesie,
Heitres Wissen, holdes Können,
Welches wir die Dichtkunst heißen,
Tat sich auf dem Sinn des Knaben.

Und Jehuda ben Halevy
Ward nicht bloß ein Schriftgelehrter,
Sondern auch der Dichtkunst Meister,
Sondern auch ein großer Dichter.

Ja, er ward ein großer Dichter
Stern und Fackel seiner Zeit,
Seines Volkes Licht und Leuchte,
Eine wunderbare, große

Feuersäule des Gesanges,
Die der Schmerzenskarawane
Israels vorangezogen
In der Wüste des Exils.

Rein und wahrhaft, sonder Makel
War sein Lied, wie seine Seele –
Als der Schöpfer sie erschaffen,
Diese Seele, selbstzufrieden

Küßte er die schöne Seele,
Und des Kusses holder Nachklang
Bebt in jedem Lied des Dichters,
Das geweiht durch diese Gnade.

Wie im Leben, so im Dichten
Ist das höchste Gut die Gnade –
Wer sie hat, der kann nicht sündgen
Nicht in Versen, noch in Prosa.

Solchen Dichter von der Gnade
Gottes nennen wir Genie:
Unverantwortlicher König
Des Gedankenreiches ist er.

Nur dem Gotte steht er Rede,
Nicht dem Volke – In der Kunst,
Wie im Leben kann das Volk
Töten uns, doch niemals richten. –

II

Bei den Wassern Babels saßen
Wir und weinten, unsre Harfen
Lehnten an den Trauerweiden –
Kennst du noch das alte Lied?

Kennst du noch die alte Weise,
Die im Anfang so elegisch
Greint und sumset, wie ein Kessel,
Welcher auf dem Herde kocht?

Lange schon, jahrtausendlange
Kocht's in mir. Ein dunkles Wehe!
Und die Zeit leckt meine Wunde,
Wie der Hund die Schwären Hiobs.

Dank dir, Hund, für deinen Speichel –
Doch das kann nur kühlend lindern –
Heilen kann mich nur der Tod,
Aber, ach, ich bin unsterblich!

Jahre kommen und vergehen –
In dem Webstuhl läuft geschäftig
Schnurrend hin und her die Spule –
Was er webt, das weiß kein Weber.

Jahre kommen und vergehen,
Menschentränen träufeln, rinnen
Auf die Erde, und die Erde
Saugt sie ein mit stiller Gier –

Tolle Sud! Der Deckel springt –
Heil dem Manne, dessen Hand
Deine junge Brut ergreifet
Und zerschmettert an der Felswand.

Gott sei Dank! die Sud verdampfet
In dem Kessel, der allmählich
Ganz verstummt. Es weicht mein Spleen,
Mein westöstlich dunkler Spleen –

Auch mein Flügelrößlein wiehert
Wieder heiter, scheint den bösen
Nachtalp von sich abzuschütteln,
Und die klugen Augen fragen:

Reiten wir zurück nach Spanien
Zu dem kleinen Talmudisten,
Der ein großer Dichter worden,
Zu Jehuda ben Halevy?

Ja, er ward ein großer Dichter,
Absoluter Traumweltsherrscher
Mit der Geisterkönigskrone,
Ein Poet von Gottes Gnade,

Der in heiligen Sirventen,
Madrigalen und Terzinen,
Kanzonetten und Ghaselen
Ausgegossen alle Flammen

Seiner gottgeküßten Seele!
Wahrlich ebenbürtig war
Dieser Troubadour den besten
Lautenschlägern der Provence,

Poitous und der Guienne,
Roussillons und aller andern
Süßen Pomeranzenlande
Der galanten Christenheit.

Der galanten Christenheit
Süße Pomeranzenlande!
Wie sie duften, glänzen, klingen
In dem Zwielicht der Erinnrung!

Schöne Nachtigallenwelt!
Wo man statt des wahren Gottes
Nur den falschen Gott der Liebe
Und der Musen angebeten.

Klerici mit Rosenkränzen
Auf der Glatze, sangen Psalmen
In der heitern Sprache d'oc;
Und die Laien, edle Ritter,

Stolz auf hohen Rossen trabend,
Spintisierten Vers und Reime
Zur Verherrlichung der Dame,
Der ihr Herze fröhlich diente.

Ohne Dame keine Minne,
Und es war dem Minnesänger
Unentbehrlich eine Dame,
Wie dem Butterbrot die Butter.

Auch der Held, den wir besingen,
Auch Jehuda ben Halevy
Hatte seine Herzensdame;
Doch sie war besondrer Art.

Sie war keine Laura, deren
Augen, sterbliche Gestirne,
In dem Dome am Karfreitag
Den berühmten Brand gestiftet –

Sie war keine Chatelaine, 85
Die im Blütenschmuck der Jugend
Bei Turnieren präsidierte
Und den Lorbeerkranz erteilte –

Keine Kußrechtskasuistin
War sie, keine Doktrinärrin, 90
Die im Spruchkollegium
Eines Minnehofs dozierte –

Jene, die der Rabbi liebte,
War ein traurig armes Liebchen,
Der Zerstörung Jammerbildnis, 95
Und sie hieß Jerusalem.

Schon in frühen Kindestagen
War sie seine ganze Liebe;
Sein Gemüte machte beben
Schon das Wort Jerusalem. 100

Purpurflamme auf der Wange
Stand der Knabe, und er horchte
Wenn ein Pilger nach Toledo
Kam aus fernem Morgenlande

Und erzählte: wie verödet 105
Und verunreint jetzt die Stätte,
Wo am Boden noch die Lichtspur
Von dem Fuße der Propheten –

Wo die Luft noch balsamieret
Von dem ewgen Odem Gottes – 110
O des Jammeranblicks! rief
Einst ein Pilger, dessen Bart

Silberweiß hinabfloß, während
Sich das Barthaar an der Spitze
Wieder schwärzte und es aussah,
Als ob sich der Bart verjünge –

Ein gar wunderlicher Pilger
Mocht es sein, die Augen lugten
Wie aus tausendjährgem Trübsinn
Und er seufzt': »Jerusalem!

Sie, die volkreich heilge Stadt
Ist zur Wüstenei geworden,
Wo Waldteufel, Wehrwolf, Schakal
Ihr verruchtes Wesen treiben –

Schlangen, Nachtgevögel nisten
Im verwitterten Gemäuer;
Aus des Fensters luftgem Bogen
Schaut der Fuchs mit Wohlbehagen.

Hier und da taucht auf zuweilen
Ein zerlumpter Knecht der Wüste,
Der sein höckriges Kamel
In dem hohen Grase weidet.

Auf der edlen Höhe Zions,
Wo die goldne Veste ragte,
Deren Herrlichkeiten zeugten
Von der Pracht des großen Königs:

Dort, von Unkraut überwuchert,
Liegen nur noch graue Trümmer,
Die uns ansehn schmerzhaft traurig,
Daß man glauben muß, sie weinten.

Und es heißt, sie weinten wirklich
Einmal in dem Jahr, an jenem
Neunten Tag des Monats Ab –
Und mit tränend eignen Augen

Schaute ich die dicken Tropfen
Aus den großen Steinen sickern,
Und ich hörte weheklagen
Die gebrochnen Tempelsäulen.« – –

Solche fromme Pilgersagen
Weckten in der jungen Brust
Des Jehuda ben Halevy
Sehnsucht nach Jerusalem.

Dichtersehnsucht! ahnend, träumend
Und fatal war sie, wie jene,
Die auf seinem Schloß zu Blaye
Einst empfand der edle Vidam,

Messer Geoffroi Rudello,
Als die Ritter, die zurück
Aus dem Morgenlande kehrten,
Laut beim Becherklang beteuert:

Ausbund aller Huld und Züchten,
Perl und Blume aller Frauen,
Sei die schöne Melisande,
Markgräfin von Tripolis.

Jeder weiß, für diese Dame
Schwärmte jetzt der Troubadour;
Er besang sie, und es wurde
Ihm zu eng im Schlosse Blaye.

Und es trieb ihn fort. Zu Cette
Schiffte er sich ein, erkrankte
Aber auf dem Meer, und sterbend
Kam er an zu Tripolis.

Hier erblickt' er Melisanden
Endlich auch mit Leibesaugen,
Die jedoch des Todes Schatten
In derselben Stunde deckten.

Seinen letzten Liebessang
Singend, starb er zu den Füßen
Seiner Dame Melisande,
Markgräfin von Tripolis.

Wunderbare Ähnlichkeit
In dem Schicksal beider Dichter!
Nur daß jener erst im Alter
Seine große Wallfahrt antrat.

Auch Jehuda ben Halevy
Starb zu Füßen seiner Liebsten,
Und sein sterbend Haupt, es ruhte
Auf den Knien Jerusalems.

III

Nach der Schlacht bei Arabella,
Hat der große Alexander
Land und Leute des Darius,
Hof und Harem, Pferde, Weiber,

Elefanten und Dariken,
Kron und Szepter, goldnen Plunder,
Eingesteckt in seine weiten
Macedonschen Pluderhosen.

In dem Zelt des großen Königs,
Der entflohn um nicht höchstselbst
Gleichfalls eingesteckt zu werden,
Fand der junge Held ein Kästchen,

Eine kleine güldne Truhe,
Mit Miniaturbildwerken
Und mit inkrustierten Steinen
Und Kameen reich geschmückt –

Dieses Kästchen, selbst ein Kleinod
Unschätzbaren Wertes, diente
Zur Bewahrung von Kleinodien,
Des Monarchen Leibjuwelen.

Letztre schenkte Alexander
An die Tapfern seines Heeres,
Darob lächelnd, daß sich Männer
Kindisch freun an bunten Steinchen.

Eine kostbar schönste Gemme
Schickte er der lieben Mutter;
War der Siegelring des Cyrus,
Wurde jetzt zu einer Brosche.

Seinem alten Weltarschpauker
Aristoteles, dem sandt er
Einen Onyx für sein großes
Naturalienkabinett.

In dem Kästchen waren Perlen,
Eine wunderbare Schnur,
Die der Königin Atossa
Einst geschenkt der falsche Smerdis –

Doch die Perlen waren echt –
Und der heitre Sieger gab sie
Einer schönen Tänzerin
Aus Corinth, mit Namen Thais.

Diese trug sie in den Haaren,
Die bacchantisch aufgelöst,
In der Brandnacht, als sie tanzte
Zu Persepolis und frech

In die Königsburg geschleudert
Ihre Fackel, daß laut prasselnd
Bald die Flammenlohe aufschlug,
Wie ein Feuerwerk zum Feste.

Nach dem Tod der schönen Thais,
Die an einer babylonschen
Krankheit starb zu Babylon,
Wurden ihre Perlen dort

Auf dem Börsensaal vergantert.
Sie erstand ein Pfaff aus Memphis,
Der sie nach Ägypten brachte,
Wo sie später auf dem Putztisch

Der Cleopatra erschienen,
Die die schönste Perl zerstampft
Und mit Wein vermischt verschluckte,
Um Antonius zu foppen.

Mit dem letzten Omayaden
Kam die Perlenschnur nach Spanien,
Und sie schlängelte am Turban
Des Kalifen zu Corduva.

Abderam der Dritte trug sie
Als Brustschleife beim Turnier,
Wo er dreißig goldne Ringe
Und das Herz Zuleimas stach.

Nach dem Fall der Mohrenherrschaft
Gingen zu den Christen über
Auch die Perlen, und gerieten
In den Kronschatz von Castilien.

Die katholschen Majestäten
Spanscher Königinnen schmückten
Sich damit bei Hoffestspielen,
Stiergefechten, Prozessionen,

So wie auch Autodafés,
Wo sie auf Balkonen sitzend
Sich erquickten am Geruche
Von gebratnen alten Juden.

Späterhin gab Mendizabel,
Satans Enkel, diese Perlen
In Versatz, um der Finanzen
Defizit damit zu decken.

An dem Hof der Tuilerien
Kam die Schnur zuletzt zum Vorschein,
Und sie schimmerte am Halse
Der Baronin Salomon.

So erging's den schönen Perlen.
Minder abenteuerlich
Ging's dem Kästchen, dies behielt
Alexander für sich selber.

Er verschloß darin die Lieder
Des ambrosischen Homeros,
Seines Lieblings, und zu Häupten
Seines Bettes in der Nacht

Stand das Kästchen – schlief der König,
Stiegen draus hervor der Helden
Lichte Bilder, und sie schlichen
Gaukelnd sich in seine Träume.

Andre Zeiten, andre Vögel –
Ich, ich liebte weiland gleichfalls
Die Gesänge von den Taten
Des Peliden, des Odysseus.

Damals war so sonnengoldig
Und so purpurn mir zu Mute,
Meine Stirn umkränzte Weinlaub,
Und es tönten die Fanfaren

Still davon – gebrochen liegt
Jetzt mein stolzer Siegeswagen,
Und die Panther, die ihn zogen,
Sind verreckt, so wie die Weiber,

Die mit Pauk' und Zimbelklängen
Mich umtanzten, und ich selbst
Wälze mich am Boden elend,
Krüppelelend – still davon –

Still davon – es ist die Rede
Von dem Kästchen des Darius,
Und ich dacht in meinem Sinne:
Käm ich in Besitz des Kästchens,

Und mich zwänge nicht Finanznot
Gleich dasselbe zu versilbern,
So verschlösse ich darin
Die Gedichte unsres Rabbi –

Des Jehuda ben Halevy
Festgesänge, Klagelieder,
Die Ghaselen, Reisebilder
Seiner Wallfahrt – alles ließ ich

Von dem besten Zophar schreiben
Auf der reinsten Pergamenthaut,
Und ich legte diese Handschrift
In das kleine goldne Kästchen.

Dieses stellt ich auf den Tisch
Neben meinem Bett, und kämen
Dann die Freunde und erstaunten
Ob der Pracht der kleinen Truhe,

Ob den seltnen Basreliefen
Die so winzig, doch vollendet
Sind zugleich und ob den großen
Inkrustierten Edelsteinen

Lächelnd würd ich ihnen sagen:
Das ist nur die rohe Schale,
Die den bessern Schatz verschließet –
Hier in diesem Kästchen liegen

Diamanten, deren Lichter
Abglanz, Widerschein des Himmels,
Herzblutglühende Rubinen,
Fleckenlose Turkoasen,

Auch Smaragde der Verheißung,
Perlen, reiner noch als jene
Die der Königin Atossa
Einst geschenkt der falsche Smerdis,

Und die späterhin geschmücket
Alle Notabilitäten
Dieser mondumkreisten Erde,
Thaïs und Cleopatra,

Isispriester, Mohrenfürsten,
Auch Hispaniens Königinnen,
Und zuletzt die hochverehrte
Frau Baronin Salomon –

Diese weltberühmten Perlen,
Sie sind nur der bleiche Schleim
Eines armen Austertiers,
Das im Meergrund blöde kränkelt:

Doch die Perlen hier im Kästchen
Sind entquollen einer schönen
Menschenseele, die noch tiefer,
Abgrundtiefer als das Weltmeer –

Denn es sind die Tränenperlen
Des Jehuda ben Halevy,
Die er ob dem Untergang
Von Jerusalem geweinet –

Perlentränen, die verbunden
Durch des Reimes goldnen Faden,
Aus der Dichtkunst güldnen Schmiede
Als ein Lied hervorgegangen.

Dieses Perlentränenlied
Ist die vielberühmte Klage,
Die gesungen wird in allen
Weltzerstreuten Zelten Jakobs

An dem neunten Tag des Monats,
Der geheißen Ab, dem Jahrstag
Von Jerusalems Zerstörung
Durch den Titus Vespasianus.

Ja, das ist das Zionslied,
Das Jehuda ben Halevy
Sterbend auf den heilgen Trümmern
Von Jerusalem gesungen

Barfuß und im Büßerkittel
Saß er dorten auf dem Bruchstück
Einer umgestürzten Säule; –
Bis zur Brust herunter fiel

Wie ein greiser Wald sein Haupthaar,
Abenteuerlich beschattend
Das bekümmert bleiche Antlitz
Mit den geisterhaften Augen –

Also saß er und er sang,
Wie ein Seher aus der Vorzeit
Anzuschaun – dem Grab entstiegen
Schien Jeremias, der Alte –

Das Gevögel der Ruinen
Zähmte schier der wilde Schmerzlaut
Des Gesanges, und die Geier
Nahten horchend, fast mitleidig –

205 Doch ein frecher Sarazene
Kam desselben Wegs geritten,
Hoch zu Roß, im Bug sich wiegend
Und die blanke Lanze schwingend –

In die Brust des armen Sängers
210 Stieß er diesen Todesspeer,
Und er jagte rasch von dannen,
Wie ein Schattenbild beflügelt.

Ruhig floß das Blut des Rabbi,
Ruhig seinen Sang zu Ende
215 Sang er, und sein sterbeletzter
Seufzer war Jerusalem! – –

Eine alte Sage meldet,
Jener Sarazene sei
Gar kein böser Mensch gewesen,
220 Sondern ein verkappter Engel,

Der vom Himmel ward gesendet,
Gottes Liebling zu entrücken
Dieser Erde, und zu fördern
Ohne Qual ins Reich der Selgen.

225 Droben, heißt es, harrte seiner
Ein Empfang der schmeichelhaft
Ganz besonders für den Dichter,
Eine himmlische Sürprise.

Festlich kam das Chor der Engel
230 Ihm entgegen mit Musik,
Und als Hymne grüßten ihn
Seine eignen Verse, jenes

Synagogen-Hochzeitkarmen,
Jene Sabbath-Hymenäen,
Mit den jauchzend wohlbekannten   235
Melodieen – welche Töne!

Englein bliesen auf Hoboen,
Englein spielten Violine,
Andre strichen auch die Bratsche
Oder schlugen Pauk' und Zimbel.   240

Und das sang und klang so lieblich,
Und so lieblich in den weiten
Himmelsräumen widerhallt es:
Lecho Daudi Likras Kalle.

IV

Meine Frau ist nicht zufrieden
Mit dem vorigen Kapitel,
Ganz besonders in bezug
Auf das Kästchen des Darius.

Fast mit Bitterkeit bemerkt sie: 5
Daß ein Ehemann, der wahrhaft
Religiöse sei, das Kästchen
Gleich zu Gelde machen würde,

Um damit für seine arme
Legitime Ehegattin   10
Einen Kaschemir zu kaufen,
Dessen sie so sehr bedürfe.

Der Jehuda ben Halevy,
Meinte sie, der sei hinlänglich
Ehrenvoll bewahrt in einem   15
Schönen Futteral von Pappe

Mit chinesisch eleganten
Arabesken, wie die hübschen
Bonbonnièren von Marquis
Im Passage Panorama.

Sonderbar! – setzt sie hinzu –
Daß ich niemals nennen hörte
Diesen großen Dichternamen,
Den Jehuda ben Halevy.

Liebstes Kind, gab ich zur Antwort,
Solche holde Ignoranz,
Sie bekundet die Lakunen
Der französischen Erziehung,

Der Pariser Pensionate,
Wo die Mädchen, diese künftgen
Mütter eines freien Volkes,
Ihren Unterricht genießen –

Alte Mumien, ausgestopfte
Pharaonen von Ägypten,
Merovinger Schattenkönige,
Ungepuderte Perücken,

Auch die Zopfmonarchen Chinas,
Porzellanpagodenkaiser –
Alle lernen sie auswendig,
Kluge Mädchen, aber Himmel –

Fragt man sie nach großen Namen
Aus dem großen Goldzeitalter
Der arabisch-althispanisch
Jüdischen Poetenschule,

Fragt man nach dem Dreigestirn,　　　　　45
Nach Jehuda ben Halevy,
Nach dem Salomon Gabirol
Und dem Moses Iben Esra –

Fragt man nach dergleichen Namen,
Dann mit großen Augen schaun　　　　　50
Uns die Kleinen an – alsdann
Stehn am Berge die Ochsinnen.

Raten möcht ich dir, Geliebte,
Nachzuholen das Versäumte
Und hebräisch zu erlernen –　　　　　55
Laß Theater und Konzerte,

Widme einge Jahre solchem
Studium, du kannst alsdann
Im Originale lesen
Iben Esra und Gabirol　　　　　60

Und versteht sich den Halevy,
Das Triumvirat der Dichtkunst,
Das dem Saitenspiel Davidis
Einst entlockt die schönsten Laute.

Alcharisi – der, ich wette,　　　　　65
Dir nicht minder unbekannt ist,
Ob er gleich, französ'scher Witzbold,
Den Hariri überwitzelt

Im Gebiete der Makame,
Und ein Voltairianer war　　　　　70
Schon sechshundert Jahr vor Voltair' –
Jener Alcharisi sagte:

»Durch Gedanken glänzt Gabirol
Und gefällt zumeist dem Denker,
Iben Esra glänzt durch Kunst
Und behagt weit mehr dem Künstler –

Aber beider Eigenschaften
Hat Jehuda ben Halevy,
Und er ist ein großer Dichter
Und ein Liebling aller Menschen.«

Iben Esra war ein Freund
Und ich glaube auch ein Vetter
Des Jehuda ben Halevy,
Der in seinem Wanderbuche

Schmerzlich klagt, wie er vergebens
In Granada aufgesucht hat
Seinen Freund, und nur den Bruder
Dorten fand, den Medicus,

Rabbi Meyer, auch ein Dichter
Und der Vater jener Schönen,
Die mit hoffnungsloser Flamme
Iben Esras Herz entzunden –

Um das Mühmchen zu vergessen,
Griff er nach dem Wanderstabe,
Wie so mancher der Kollegen;
Lebte unstet, heimatlos.

Pilgernd nach Jerusalem,
Überfielen ihn Tartaren,
Die an einen Gaul gebunden
Ihn nach ihren Steppen schleppten.

Mußte Dienste dort verrichten,
Die nicht würdig eines Rabbi
Und noch wen'ger eines Dichters,
Mußte nämlich Kühe melken.

Einstens, als er unterm Bauche
Einer Kuh gekauert saß,
Ihre Euter hastig fingernd,
Daß die Milch floß in den Zuber –

Eine Position, unwürdig
Eines Rabbis, eines Dichters –
Da befiel ihn tiefe Wehmut
Und er fing zu singen an,

Und er sang so schön und lieblich,
Daß der Chan, der Fürst der Horde,
Der vorbei ging, ward gerühret
Und die Freiheit gab dem Sklaven.

Auch Geschenke gab er ihm,
Einen Fuchspelz, eine lange
Sarazenenmandoline
Und das Zehrgeld für die Heimkehr.

Dichterschicksal! böser Unstern,
Der die Söhne des Apollo
Tödlich nergelt, und sogar
Ihren Vater nicht verschont hat,

Als er hinter Daphnen laufend
Statt des weißen Nymphenleibes
Nur den Lorbeerbaum erfaßte,
Er, der göttliche Schlemihl!

Ja, der hohe Delphier ist
Ein Schlemihl, und gar der Lorbeer,
Der so stolz die Stirne krönet,
Ist ein Zeichen des Schlemihltums.

Was das Wort Schlemihl bedeutet,
Wissen wir. Hat doch Chamisso
Ihm das Bürgerrecht in Deutschland
Längst verschafft, dem Worte nämlich.

Aber unbekannt geblieben,
Wie des heilgen Niles Quellen,
Ist sein Ursprung; hab darüber
Nachgegrübelt manche Nacht.

In Berlin vor vielen Jahren
Wandt ich mich deshalb an unsern
Freund Chamisso, suchte Auskunft
Beim Dekane der Schlemihle.

Doch er konnt mich nicht befriedgen
Und verwies mich drob an Hitzig,
Der ihm den Familiennamen
Seines schattenlosen Peters

Einst verraten. Alsbald nahm ich
Eine Droschke und ich rollte
Zu dem Kriminalrat Hitzig,
Welcher ehmals Itzig hieß –

Als er noch ein Itzig war,
Träumte ihm, er säh geschrieben
An dem Himmel seinen Namen
Und davor den Buchstab H.

»Was bedeutet dieses H?«
Frug er sich – »etwa Herr Itzig
Oder Heilger Itzig? Heilger
Ist ein schöner Titel – aber 160

In Berlin nicht passend« – Endlich
Grübelnsmüd nannt er sich Hitzig,
Und nur die Getreuen wußten
In dem Hitzig steckt ein Heilger.

Heilger Hitzig! sprach ich also, 165
Als ich zu ihm kam, Sie sollen
Mir die Etymologie
Von dem Wort Schlemihl erklären.

Viel Umschweife nahm der Heilge,
Konnte sich nicht recht erinnern, 170
Eine Ausflucht nach der andern,
Immer christlich – Bis mir endlich,

Endlich alle Knöpfe rissen
An der Hose der Geduld,
Und ich anfing so zu fluchen, 175
So gottlästerlich zu fluchen,

Daß der fromme Pietist,
Leichenblaß und beineschlotternd,
Unverzüglich mir willfahrte
Und mir folgendes erzählte: 180

»In der Bibel ist zu lesen,
Als zur Zeit der Wüstenwanderung
Israel sich oft erlustigt
Mit den Töchtern Kanaans,

185 Da geschah es, daß der Pinhas
Sahe wie der edle Simri
Buhlschaft trieb mit einem Weibsbild
Aus dem Stamm der Kananiter,

Und alsbald ergriff er zornig
190 Seinen Speer und hat den Simri
Auf der Stelle totgestochen –
Also heißt es in der Bibel.

Aber mündlich überliefert
Hat im Volke sich die Sage,
195 Daß es nicht der Simri war,
Den des Pinhas Speer getroffen,

Sondern daß der Blinderzürnte,
Statt des Sünders, unversehens
Einen ganz Unschuldgen traf,
200 Den Schlemihl ben Zuri Schadday.« –

Dieser nun, Schlemihl I.,
Ist der Ahnherr des Geschlechtes
Derer von Schlemihl. Wir stammen
Von Schlemihl ben Zuri Schadday.

205 Freilich keine Heldentaten
Meldet man von ihm, wir kennen
Nur den Namen und wir wissen
Daß er ein Schlemihl gewesen.

Doch geschätzet wird ein Stammbaum
210 Nicht ob seinen guten Früchten,
Sondern nur ob seinem Alter –
Drei Jahrtausend zählt der unsre!

Jahre kommen und vergehen –
Drei Jahrtausende verflossen,
Seit gestorben unser Ahnherr,
Herr Schlemihl ben Zuri Schadday.

Längst ist auch der Pinhas tot –
Doch sein Speer hat sich erhalten,
Und wir hören ihn beständig
Über unsre Häupter schwirren.

Und die besten Herzen trifft er –
Wie Jehuda ben Halevy,
Traf er Moses Iben Esra
Und er traf auch den Gabirol –

Den Gabirol, diesen treuen
Gottgeweihten Minnesänger,
Diese fromme Nachtigall
Deren Rose Gott gewesen –

Diese Nachtigall, die zärtlich
Ihre Liebeslieder sang
In der Dunkelheit der gotisch
Mittelalterlichen Nacht!

Unerschrocken, unbekümmert
Ob den Fratzen und Gespenstern,
Ob dem Wust von Tod und Wahnsinn,
Die gespukt in jener Nacht –

Sie, die Nachtigall, sie dachte
Nur an ihren göttlich Liebsten,
Dem sie ihre Liebe schluchzte,
Den ihr Lobgesang verherrlicht! –

Dreißig Lenze sah Gabirol
Hier auf Erden, aber Fama
Ausposaunte seines Namens
Herrlichkeit durch alle Lande.

245 Zu Corduba, wo er wohnte,
War ein Mohr sein nächster Nachbar,
Welcher gleichfalls Verse machte
Und des Dichters Ruhm beneidet'.

Hörte er den Dichter singen,
250 Schwoll dem Mohren gleich die Galle
Und der Lieder Süße wurde
Bittrer Wermut für den Neidhart.

Er verlockte den Verhaßten
Nächtlich in sein Haus, erschlug ihn
255 Dorten und vergrub den Leichnam
Hinterm Hause in dem Garten.

Aber siehe! aus dem Boden,
Wo die Leiche eingescharrt war,
Wuchs hervor ein Feigenbaum
260 Von der wunderbarsten Schönheit.

Seine Frucht war seltsam länglich
Und von seltsam würzger Süße;
Wer davon genoß, versank
In ein träumerisch Entzücken.

265 In dem Volke ging darüber
Viel Gerede und Gemunkel,
Das am End zu den erlauchten
Ohren des Chalifen kam.

Dieser prüfte eigenzüngig
Jenes Feigenphänomen,
Und ernannte eine strenge
Untersuchungskommission.

Man verfuhr summarisch. Sechzig
Bambushiebe auf die Sohlen
Gab man gleich dem Herrn des Baumes,
Welcher eingestand die Untat.

Darauf riß man auch den Baum
Mit den Wurzeln aus dem Boden,
Und zum Vorschein kam die Leiche
Des erschlagenen Gabirol.

Diese ward mit Pomp bestattet
Und betrauert von den Brüdern;
An demselben Tage henkte
Man den Mohren zu Corduba.

(Fragment)

Disputation

In der Aula zu Toledo
Klingen schmetternd die Fanfaren;
Zu dem geistlichen Turnei
Wallt das Volk in bunten Scharen.

Das ist nicht ein weltlich Stechen,
Keine Eisenwaffe blitzet –
Eine Lanze ist das Wort,
Das scholastisch scharf gespitzet.

Nicht galante Paladins
Fechten hier, nicht Damendiener –
Dieses Kampfes Ritter sind
Kapuziner und Rabbiner.

Statt des Helmes tragen sie
Schabbesdeckel und Kapuzen;
Skapulier und Arbekanfes
Sind der Harnisch, drob sie trutzen.

Welches ist der wahre Gott?
Ist es der Hebräer starrer
Großer Eingott, dessen Kämpe
Rabbi Juda, der Navarrer?

Oder ist es der dreifaltge
Liebegott der Christianer,
Dessen Kämpe Frater Jose,
Gardian der Franziskaner?

Durch die Macht der Argumente,
Durch der Logik Kettenschlüsse
Und Zitate von Autoren,
Die man anerkennen müsse,

Will ein jeder Kämpe seinen
Gegner ad absurdum führen
Und die wahre Göttlichkeit
Seines Gottes demonstrieren.

Festgestellt ist: daß derjenge,
Der im Streit ward überwunden,
Seines Gegners Religion
Anzunehmen sei verbunden,

Daß der Jude sich der Taufe
Heilgem Sakramente füge,
Und im Gegenteil der Christ
Der Beschneidung unterliege. 40

Jedem von den beiden Kämpen
Beigesellt sind elf Genossen,
Die zu teilen sein Geschick
Sind in Freud und Leid entschlossen.

Glaubenssicher sind die Mönche 45
Von des Gardians Geleitschaft,
Halten schon Weihwasserkübel
Für die Taufe in Bereitschaft,

Schwingen schon die Sprengelbesen
Und die blanken Räucherfässer – 50
Ihre Gegner unterdessen
Wetzen die Beschneidungsmesser.

Beide Rotten stehn schlagfertig
Vor den Schranken in dem Saale,
Und das Volk mit Ungeduld 55
Harret drängend der Signale.

Unterm güldnen Baldachin
Und umrauscht vom Hofgesinde
Sitzt der König und die Köngin;
Diese gleichet einem Kinde. 60

Ein französisch stumpfes Näschen,
Schalkheit kichert in den Mienen,
Doch bezaubernd sind des Mundes
Immer lächelnde Rubinen.

Schöne, flatterhafte Blume –
Daß sich ihrer Gott erbarme –
Von dem heitern Seine-Ufer
Wurde sie verpflanzt, die arme,

Hierher in den steifen Boden
Der hispanischen Grandezza;
Weiland hieß sie Blanch' de Bourbon,
Donna Blanka heißt sie jetzo.

Pedro wird genannt der König,
Mit dem Zusatz der Grausame;
Aber heute, milden Sinnes,
Ist er besser als sein Name.

Unterhält sich gut gelaunt
Mit des Hofes Edelleuten;
Auch den Juden und den Mohren
Sagt er viele Artigkeiten.

Diese Ritter ohne Vorhaut
Sind des Königs Lieblingsschranzen,
Sie befehlgen seine Heere,
Sie verwalten die Finanzen.

Aber plötzlich Paukenschläge,
Und es melden die Trompeten,
Daß begonnen hat der Maulkampf,
Der Disput der zwei Athleten.

Der Gardian der Franziskaner
Bricht hervor mit frommem Grimme;
Polternd roh und widrig greinend
Ist abwechselnd seine Stimme.

In des Vaters und des Sohnes
Und des heilgen Geistes Namen
Exorzieret er den Rabbi,   95
Jakobs maledeiten Samen.

Denn bei solchen Kontroversen
Sind oft Teufelchen verborgen
In dem Juden, die mit Scharfsinn,
Witz und Gründen ihn versorgen.   100

Nun die Teufel ausgetrieben
Durch die Macht des Exorzismus,
Kommt der Mönch auch zur Dogmatik,
Kugelt ab den Katechismus.

Er erzählt, daß in der Gottheit   105
Drei Personen sind enthalten,
Die jedoch zu einer einzgen,
Wenn es passend, sich gestalten –

Ein Mysterium, das nur
Von demjen'gen wird verstanden,   110
Der entsprungen ist dem Kerker
Der Vernunft und ihren Banden.

Er erzählt: wie Gott der Herr
Ward zu Bethlehem geboren
Von der Jungfrau, welche niemals   115
Ihre Jungferschaft verloren;

Wie der Herr der Welt gelegen
In der Krippe, und ein Kühlein
Und ein Öchslein bei ihm stunden,
Schier andächtig, zwei Rindviehlein.   120

Er erzählte: wie der Herr
Vor den Schergen des Herodes
Nach Ägypten floh, und später
Litt die herbe Pein des Todes

Unter Pontio Pilato,
Der das Urteil unterschrieben,
Von den harten Pharisäern,
Von den Juden angetrieben.

Er erzählte: wie der Herr,
Der entstiegen seinem Grabe
Schon am dritten Tag, gen Himmel
Seinen Flug genommen habe;

Wie er aber, wenn es Zeit ist,
Wiederkehren auf die Erde
Und zu Josaphat die Toten
Und Lebendgen richten werde.

»Zittert, Juden!« rief der Mönch,
»Vor dem Gott, den ihr mit Hieben
Und mit Dornen habt gemartert
Den ihr in den Tod getrieben.

Seine Mörder, Volk der Rachsucht,
Juden, das seid ihr gewesen –
Immer meuchelt ihr den Heiland,
Welcher kommt, euch zu erlösen.

Judenvolk, du bist ein Aas,
Worin hausen die Dämonen;
Eure Leiber sind Kasernen
Für des Teufels Legionen.

Thomas von Aquino sagt es,
Den man nennt den großen Ochsen
Der Gelehrsamkeit, er ist
Licht und Lust der Orthodoxen.

Judenvolk, ihr seid Hyänen,
Wölfe, Schakals, die in Gräbern
Wühlen, um der Toten Leichnam'
Blutfraßgierig aufzustöbern.

Juden, Juden, Ihr seid Säue,
Paviane, Nashorntiere,
Die man nennt Rhinozerosse,
Krokodile und Vampire.

Ihr seid Raben, Eulen, Uhus,
Fledermäuse, Wiedehöpfe,
Leichenhühner, Basilisken,
Galgenvögel, Nachtgeschöpfe.

Ihr seid Vipern und Blindschleichen,
Klapperschlangen, giftge Kröten,
Ottern, Nattern – Christus wird
Eur verfluchtes Haupt zertreten.

Oder wollt Ihr, Maledeiten,
Eure armen Seelen retten?
Aus der Bosheit Synagoge
Flüchtet nach den frommen Stätten,

Nach der Liebe lichtem Dome,
Wo im benedeiten Becken
Euch der Quell der Gnade sprudelt –
Drin sollt Ihr die Köpfe stecken –

Wascht dort ab den alten Adam
Und die Laster, die ihn schwärzen;
Des verjährten Grolles Schimmel,
Wascht ihn ab von euren Herzen!

Hört ihr nicht des Heilands Stimme?
Euren neuen Namen rief er –
Lauset euch an Christi Brust
Von der Sünde Ungeziefer!

Unser Gott, der ist die Liebe,
Und er gleichet einem Lamme;
Um zu sühnen unsre Schuld
Starb er an des Kreuzes Stamme.

Unser Gott, der ist die Liebe,
Jesus Christus ist sein Namen;
Seine Duldsamkeit und Demut
Suchen wir stets nachzuahmen.

Deshalb sind wir auch so sanft,
So leutselig, ruhig, milde,
Hadern niemals, nach des Lammes,
Des Versöhners, Musterbilde.

Einst im Himmel werden wir
Ganz verklärt zu frommen Englein,
Und wir wandeln dort gottselig,
In den Händen Lilienstenglein.

Statt der groben Kutten tragen
Wir die reinlichsten Gewänder
Von Moußlin, Brokat und Seide,
Goldne Troddeln, bunte Bänder.

Keine Glatze mehr! Goldlocken
Flattern dort um unsre Köpfe;
Allerliebste Jungfraun flechten
Uns das Haar in hübsche Zöpfe.

Weinpokale wird es droben
Von viel weiterm Umfang geben,
Als die Becher sind hier unten,
Worin schäumt der Saft der Reben.

Doch im Gegenteil viel enger
Als ein Weibermund hienieden,
Wird das Frauenmündchen sein,
Das dort oben uns beschieden.

Trinkend, küssend, lachend wollen
Wir die Ewigkeit verbringen,
Und verzückt Halleluja,
Kyrie eleison singen.«

Also schloß der Christ. Die Mönchlein
Glaubten schon, Erleuchtung träte
In die Herzen, und sie schleppten
Flink herbei das Taufgeräte.

Doch die wasserscheuen Juden
Schütteln sich und grinsen schnöde.
Rabbi Juda, der Navarrer,
Hub jetzt an die Gegenrede:

»Um für deine Saat zu düngen
Meines Geistes dürren Acker,
Mit Mistkarren voll Schimpfwörter
Hast du mich beschmissen wacker.

So folgt jeder der Methode,
Dran er nun einmal gewöhnet,
Und anstatt dich drob zu schelten,
Sag ich Dank dir, wohlversöhnet.

Die Dreieinigkeitsdoktrin
Kann für unsre Leut nicht passen,
Die mit Regula-de-tri
Sich von Jugend auf befassen.

Daß in deinem Gotte drei,
Drei Personen sind enthalten
Ist bescheiden noch, sechstausend
Götter gab es bei den Alten.

Unbekannt ist mir der Gott,
Den ihr Christum pflegt zu nennen;
Seine Jungfer Mutter gleichfalls
Hab ich nicht die Ehr zu kennen.

Ich bedaure, daß er einst,
Vor etwa zwölfhundert Jahren,
Einge Unannehmlichkeiten
Zu Jerusalem erfahren.

Ob die Juden ihn getötet,
Das ist schwer jetzt zu erkunden,
Da ja das Corpus delicti
Schon am dritten Tag verschwunden.

Daß er ein Verwandter sei
Unsres Gottes, ist nicht minder
Zweifelhaft; so viel wir wissen
Hat der letztre keine Kinder.

Unser Gott ist nicht gestorben
Als ein armes Lämmerschwänzchen
Für die Menschheit, ist kein süßes
Philantröpfchen, Faselhänschen.

Unser Gott ist nicht die Liebe; 265
Schnäbeln ist nicht seine Sache,
Denn er ist ein Donnergott
Und er ist ein Gott der Rache.

Seines Zornes Blitze treffen
Unerbittlich jeden Sünder, 270
Und des Vaters Schulden büßen
Oft die späten Enkelkinder.

Unser Gott, der ist lebendig
Und in seiner Himmelshalle
Existieret er drauf los 275
Durch die Ewigkeiten alle.

Unser Gott, und der ist auch
Ein gesunder Gott, kein Mythos
Bleich und dünne wie Oblaten
Oder Schatten am Cocythos. 280

Unser Gott ist stark. In Händen
Trägt er Sonne, Mond, Gestirne;
Throne brechen, Völker schwinden,
Wenn er runzelt seine Stirne.

Und er ist ein großer Gott. 285
David singt: Ermessen ließe
Sich die Größe nicht, die Erde
Sei der Schemel seiner Füße.

Unser Gott liebt die Musik,
Saitenspiel und Festgesänge;
Doch wie Ferkelgrunzen sind
Ihm zuwider Glockenklänge.

Leviathan heißt der Fisch,
Welcher haust im Meeresgrunde;
Mit ihm spielet Gott der Herr
Alle Tage eine Stunde –

Ausgenommen an dem neunten
Tag des Monats Ab, wo nämlich
Eingeäschert ward sein Tempel;
An dem Tag ist er zu grämlich.

Des Leviathans Länge ist
Hundert Meilen, hat Floßfedern
Groß wie König Ok von Basan,
Und sein Schwanz ist wie ein Zedern.

Doch sein Fleisch ist delikat,
Delikater als Schildkröten,
Und am Tag der Auferstehung
Wird der Herr zu Tische beten

Alle frommen Auserwählten,
Die Gerechten und die Weisen –
Unsres Herrgotts Lieblingsfisch
Werden sie alsdann verspeisen,

Teils mit weißer Knoblauchbrühe,
Teils auch braun in Wein gesotten,
Mit Gewürzen und Rosinen,
Ungefähr wie Matelotten.

In der weißen Knoblauchbrühe
Schwimmen kleine Schäbchen Rettich –
So bereitet, Frater Jose,
Mundet dir das Fischlein, wett ich!   320

Auch die braune ist so lecker,
Nämlich die Rosinensauce,
Sie wird himmlisch wohl behagen
Deinem Bäuchlein, Frater Jose.

Was Gott kocht, ist gut gekocht!   325
Mönchlein, nimm jetzt meinen Rat an,
Opfre hin die alte Vorhaut
Und erquick dich am Leviathan.«

Also lockend sprach der Rabbi,
Lockend, ködernd, heimlich schmunzelnd,   330
Und die Juden schwangen schon
Ihre Messer wonnegrunzelnd,

Um als Sieger zu skalpieren
Die verfallenen Vorhäute,
Wahre spolia opima   335
In dem wunderlichen Streite.

Doch die Mönche hielten fest
An dem väterlichen Glauben
Und an ihrer Vorhaut, ließen
Sich derselben nicht berauben.   340

Nach dem Juden sprach aufs neue
Der katholische Bekehrer;
Wieder schimpft er, jedes Wort
Ist ein Nachttopf, und kein leerer.

345 Darauf repliziert der Rabbi
Mit zurückgehaltnem Eifer;
Wie sein Herz auch überkocht,
Doch verschluckt er seinen Geifer.

Er beruft sich auf die Mischna,
350 Kommentare und Traktate;
Bringt auch aus dem Tausves-Jontof
Viel beweisende Zitate.

Aber welche Blasphemie
Mußt er von dem Mönche hören!
355 Dieser sprach: der Tausves-Jontof
Möge sich zum Teufel scheren.

»Da hört alles auf, o Gott!«
Kreischt der Rabbi jetzt entsetzlich;
Und es reißt ihm die Geduld,
360 Rappelköpfig wird er plötzlich.

»Gilt nichts mehr der Tausves-Jontof,
Was soll gelten? Zeter! Zeter!
Räche, Herr, die Missetat,
Strafe, Herr, den Übeltäter!

365 Denn der Tausves-Jontof, Gott,
Das bist du! Und an dem frechen
Tausvesjontof-Leugner mußt du
Deines Namens Ehre rächen.

Laß den Abgrund ihn verschlingen,
370 Wie des Korah böse Rotte,
Die sich wider dich empört
Durch Emeute und Komplotte.

Donnre deinen besten Donner!
Strafe, o mein Gott, den Frevel –
Hattest du doch zu Sodoma
Und Gomorrha Pech und Schwefel!

Treffe, Herr, die Kapuziner,
Wie du Pharaon getroffen,
Der uns nachgesetzt, als wir
Wohl bepackt davon geloffen.

Hunderttausend Ritter folgten
Diesem König von Mizrayim,
Stahlbepanzert, blanke Schwerter
In den schrecklichen Jadayim.

Gott! da hast du ausgestreckt
Deine Jad, und samt dem Heere
Ward ertränkt, wie junge Katzen,
Pharao im Roten Meere.

Treffe, Herr, die Kapuziner,
Zeige den infamen Schuften,
Daß die Blitze deines Zorns
Nicht verrauchten und verpufften.

Deines Sieges Ruhm und Preis
Will ich singen dann und sagen,
Und dabei, wie Mirjam tat
Tanzen und die Pauke schlagen.«

In die Rede grimmig fiel
Jetzt der Mönch dem Zornentflammten:
»Mag dich selbst der Herr verderben,
Dich Verfluchten und Verdammten!

Trotzen kann ich deinen Teufeln,
Deinem schmutzgen Fliegengotte,
Luzifer und Belzebube
Belial und Astarothe.

405 Trotzen kann ich deinen Geistern,
Deinen dunkeln Höllenpossen,
Denn in mir ist Jesus Christus,
Habe seinen Leib genossen.

Christus ist mein Leibgericht,
410 Schmeckt viel besser als Leviathan
Mit der weißen Knoblauchsauce,
Die vielleicht gekocht der Satan.

Ach! anstatt zu disputieren,
Lieber möcht ich schmoren, braten
415 Auf dem wärmsten Scheiterhaufen
Dich und deine Kameraden.«

Also tost in Schimpf und Ernst
Das Turnei für Gott und Glauben,
Doch die Kämpen ganz vergeblich
420 Kreischen, schelten, wüten, schnauben.

Schon zwölf Stunden währt der Kampf,
Dem kein End ist abzuschauen;
Müde wird das Publikum
Und es schwitzen stark die Frauen.

425 Auch der Hof wird ungeduldig,
Manche Zofe gähnt ein wenig.
Zu der schönen Königin
Wendet fragend sich der König:

Sagt mir, was ist Eure Meinung?
Wer hat recht von diesen beiden?
Wollt Ihr für den Rabbi Euch
Oder für den Mönch entscheiden?

Donna Blanka schaut ihn an,
Und wie sinnend ihre Hände
Mit verschränkten Fingern drückt sie
An die Stirn und spricht am Ende:

Welcher recht hat, weiß ich nicht –
Doch es will mich schier bedünken,
Daß der Rabbi und der Mönch,
Daß sie alle beide stinken.

Noten

Noten

I

Zu Seite 485

Rhampsenit

»Des Königs Rhampsenitus Reichtum an Geld, sagten die ägyptischen Priester, sei so groß gewesen, daß ihn keiner der nachmaligen Könige überbieten, oder ihm nahe kommen konnte. Da er nun seine Schätze in Sicherheit aufbewahren wollte, habe er ein steinernes Gemach erbaut, das mit einer seiner Wände an den äußern Flügel seines Hauses stieß. Der Werkmeister davon habe nun, aus bösen Absichten, folgendes angestellt. Einen der Steine habe er so eingerichtet, daß er sich von zwei Männern oder von einem leicht aus der Wand heraus nehmen ließ. Und als dieses Gemach aufgeführt war, verwahrte der König seine Schätze darin. Nach Verlauf einiger Zeit berief nun der Baumeister, kurz vor seinem Lebensende, seine Söhne (deren er zwei hatte), und erzählte denselben, wie er für sie gesorgt, daß sie vollauf zu leben hätten, und den Kunstgriff, den er bei Erbauung des königlichen Schatzes angewendet habe; und nach genauer Beschreibung, wie der Stein herauszunehmen sei, gab er ihnen die Maße dazu, mit dem Bedeuten, wenn sie immer auf diese Acht hätten, würden sie Verwalter von den Schätzen des Königs sein. Darauf endigte er sein Leben; seine Söhne aber schoben das Werk nicht lange auf: sie gingen des Nachts zur Königsburg, fanden wirklich den Stein in dem Gebäude auf, konnten auch leicht damit umgehen, und nahmen eine Menge Schätze heraus. Als nun der König wieder einmal das Gemach öffnete, wunderte er sich, die Gefäße von den

Schätzen nicht voll zu sehen; wußte aber doch niemanden Schuld zu geben, da die Siegel (an der Türe) unversehrt waren, und das Gemach verschlossen. Doch als er bei zwei- und dreimaligem Öffnen die Schätze immer vermindert sah (denn die Diebe hörten nicht auf zu plündern), da machte er's also. Er ließ Schlingen verfertigen und legte sie um die Gefäße her, worin die Schätze waren. Da nun die Diebe kamen, wie zuvor, und einer hineinschlüpfte und an ein Gefäß ging, wurde er sogleich in der Schlinge gefangen. So wie er aber seine Not bemerkte, rief er sogleich seinem Bruder, gab ihm die Sache zu erkennen, und hieß denselben eiligst hereinschlüpfen, und ihm den Kopf abschneiden, damit er nicht, sähe man ihn und fände, wer er sei, denselben ebenfalls ins Verderben brächte. Dem schien das wohlgesprochen, und er befolgte es wirklich, paßte dann den Stein wieder in die Fuge und ging nach Hause mit dem Kopf seines Bruders. Wie es nun Tag ward und der König in das Gemach trat, wurde er ganz betroffen durch den Anblick von dem Leibe des Diebs, der ohne Kopf in der Schlinge stak, während das Gemach unbeschädigt war, ohne Eingang und ohne ein Schlupfloch nach außen. In dieser Verlegenheit soll er es nun also gemacht haben. Er hing den Leichnam des Diebes an der Mauer auf und stellte Wächter dazu, mit dem Befehl, falls sie einen weinen oder wehklagen sähen, den sollten sie ergreifen und zu ihm führen. Als nun der Leichnam aufgehängt war, soll es seiner Mutter arg gewesen sein. Sie sprach mit ihrem übriggebliebenen Sohne und gebot ihm, es zu veranstalten, wie er nur könne, daß er den Leib seines Bruders herunterkriege; und, wenn er das unterlassen wollte, drohte sie ihm, zum König zu gehen und anzuzeigen, daß er die Schätze habe. Als sich nun die Mutter so hart anließ gegen den übriggebliebenen Sohn, und alles, was er ihr sagte, vergeblich war, soll er folgenden Kunstgriff angewandt haben. Er schirrte Esel an, legte ihnen Schläuche voll Wein auf und trieb alsdann die Esel vor sich her; und als er an die Wache des aufgehängten Toten kam, so zog er drei oder vier aufgebundene Zipfel der Schläuche auf. Als nun der Wein auslief, schlug er sich vor den Kopf mit lautem Geschrei, als wisse er nicht, zu welchem Esel er sich zuerst wenden solle. Die Wächter aber sahen nicht sobald die Menge Wein, die auslief, als sie sämtlich mit Gefäßen in den Weg rannten, und den ausfließenden Wein als gute Beute einsammelten; worüber er sich zornig stellte und alle ausschalt. Da ihm aber die Wächter zuredeten, stellte er sich als werde er allmählig ruhiger und sein Zorn lasse nach; und zuletzt trieb er die Esel aus dem Wege und schirrte sie zurecht. Wie nun ein Wort das andere gab, auch der und jener seinen Spaß mit ihm hatte, und ihn zum Lachen brachte, gab er ihnen noch einen Schlauch dazu; und jetzt beschlossen sie, an Ort und Stelle sich zum Trinken zu legen, wollten auch ihn dabei haben und hießen ihn bleiben, um hier bei ihnen mitzutrinken, wozu er sich denn auch verstand und dablieb. Endlich als sie ihm beim Trinken herzlich schön taten, gab er ihnen noch einen zweiten Schlauch dazu. Da wurden die Wächter vom tüchtigen Zechen übermäßig betrunken, und, vom Schlaf überwältigt, streckten sie sich an derselben Stelle hin, wo sie getrunken hatten. Nun nahm er, da es schon tief in der Nacht war, den Leib des Bruders herunter, und schor auch noch allen Wächtern zum Schimpf den rechten Backenbart ab; legte dann den Leichnam auf die Esel und trieb sie nach Haus, nachdem er so, was ihm seine Mutter geboten, vollzogen hatte.

Der König soll es aber, als ihm gemeldet wurde, der Leichnam des Diebes sei entwendet, sehr arg empfunden haben; und da er durchaus ausfindig machen wollte, wer in aller Welt solches angestellt habe, soll er, was mir einmal nicht glaubwürdig ist, folgendes getan haben.

Er ließ seine Tochter in der Bude feil sitzen, und gab ihr auf, jeden ohne Unterschied anzunehmen; ehe sie aber zusammenkämen, müsse ihr jeder den klügsten und den sündlichsten Streich sagen, den er in seinem Leben ausgeführt, und wenn da einer die Geschichte mit dem Dieb erzähle, den solle sie ergreifen und nicht heraus lassen. Dies tat das Mädchen, wie es ihr vom Vater geboten war; der Dieb aber, der verstand, wo das hinaus wolle, beschloß, den König noch an Verschlagenheit zu übertreffen, und soll folgendes getan haben. Er schnitt den ganzen Arm vom frischen Leichnam bei der Schulter ab und nahm ihn unter dem Mantel mit. So ging er zur Tochter des Königs, und da sie ihn ebenso, wie die andern befragte, erzählte er ihr, als seinen sündlichsten Streich, daß er seinem Bruder, der im Schatz des Königs in eine Schlinge fiel, den Kopf abgeschnitten, und als den klügsten, daß er die Wächter trunken gemacht und den aufgehängten Leichnam seines Bruders heruntergenommen habe. Als sie das hörte, wollte sie ihn fassen; der Dieb aber streckte ihr im Dunkeln den Arm des Toten hin, worauf sie dann zugriff und ihn hielt, in der Meinung, seinen eigenen Arm festzuhalten; und nun ließ er denselben los und entwischte schnell zur Türe hinaus. Als nun auch dieses dem König hinterbracht wurde, ward er ganz betroffen über die Schlauigkeit und Kühnheit des Menschen. Zuletzt soll er aber in sämtliche Städte eine Verkündigung haben ausgehen lassen, mit Gewährung von Straflosigkeit, und mit großen Versprechungen, wenn er sich vor sein Angesicht stellen würde. Dem habe der Dieb getraut und sich ihm gestellt; und Rhampsenitus habe ihn höchlich bewundert, ja ihm jene Tochter zur Hausfrau gegeben, als dem allergescheitesten Menschen; wiefern er nämlich die Ägyptier über alle andere setzte, und ihn über die Ägyptier.«

(Herodots Geschichte, zweites Buch, 121. Kapitel.)

II

Zu Seite 497

Schlachtfeld bei Hastings

Sépulture du roi Harold

»Deux moines saxons, Asgod et Ailrik, députés par l'abbé de Waltham, demandèrent et obtinrent de transporter dans leur église les restes de leur bienfaiteur. Ils allèrent à l'amas des corps dépouillés d'armes et de vêtements, les examinèrent avec soin l'un après l'autre, et ne reconnurent point celui qu'ils cherchaient, tant ses blessures l'avaient défiguré. Tristes, et désespérant de réussir seuls dans cette recherche, ils s'adressèrent à une femme que Harold, avant d'être roi, avait entretenue comme maîtresse, et la prièrent de se joindre à eux. Elle s'appelait Edithe, et on la surnommait la Belle au cou de cygne. Elle consentit à suivre les deux moines, et fut plus habile qu'eux à découvrir le cadavre de celui qu'elle avait aimé.«

(p. 348 de l'Histoire de la conquête de l'Angleterre par les Normands, par Aug. Thierry.)

III

Zu Seite 592

Erinnerung

»Auch der kleine Wilhelm liegt dort (auf dem Kirchhofe) und daran bin ich schuld. Wir waren Schulkameraden im Franziskanerkloster (zu Düsseldorf) und spielten auf jener Seite desselben, wo zwischen steinernen

Mauern die Düssel fließt, und ich sagte: »Wilhelm, hol doch das Kätzchen, das eben hineingefallen« – und lustig stieg er hinab auf das Brett, das über dem Bach lag, riß das Kätzchen aus dem Wasser, fiel aber selbst hinein, und als man ihn herauszog, war er naß und tot. – Das Kätzchen hat noch lange Zeit gelebt.«

(Heinrich Heines Reisebilder, zweiter Teil, Kapitel VI, Seite 119.)

IV

Zu Seite 614

Jehuda ben Halevy

»Das Lied, das der Levit Jehuda gesungen, – ist als Prachtdiadem um der Gemeinde Haupt geschlungen, – als Perlenschnur hält es ihren Hals umrungen. – Er, des Sangestempels Säul und Schaft, – weilend in den Hallen der Wissenschaft, – der Gewaltige, der Liedesspeerschwinger, – der die Riesen des Gesanges hingestreckt, ihr Sieger und Bezwinger. – Seine Lieder nehmen den Weisen den Dichtermut, – fast schwindet vor ihnen Assaphs und Jeduthans Kraft und Glut, – und der Korachiten Gesang – däucht zu lang. – Er drang in der Dichtkunst Speicher und plünderte die Vorräte, – und entführte die herrlichsten Geräte, – er ging hinaus und schloß das Tor, daß keiner nach ihm es betrete. – Und denen, die folgen den Spuren seines Ganges, – zu erlernen die Kunst seines Sanges, – nicht seines Siegeswagens Staub zu erreichen gelang es. – Alle Sänger führen im Munde sein Wort, – und küssen seiner Füße Ort. – Denn in der künstlichen Rede Werke – zeigt sich seiner Sprache Kraft und Stärke. – Mit seinen Gebeten reißt er die Herzen hin, sie überwindend, – in seinen Liebesliedern mild wie der Tau, und wie feurige Kohlen zündend, – und in seinen Klagetönen – läßt er strömen die Wolke der Tränen, – in den Briefen und Schriften, die er verfaßt, – ist alle Poesie eingefaßt.«

(Rabbi Salomo Al-Charisi über
Rabbi Jehuda Halevy.)

Nachwort zum
Romanzero

Ich habe dieses Buch Romanzero genannt, weil der Romanzenton vorherrschend in den Gedichten, die hier gesammelt. Mit wenigen Ausnahmen schrieb ich sie während der letzten drei Jahre, unter mancherlei körperlichen Hindernissen und Qualen. Gleichzeitig mit dem Romanzero lasse ich in derselben Verlagshandlung ein Büchlein erscheinen, welches »Der Doktor Faust, ein Tanzpoem, nebst kuriosen Berichten über Teufel, Hexen und Dichtkunst« betitelt ist. Ich empfehle solches einem verehrungswürdigen Publiko, das sich gern ohne Kopfanstrengung über dergleichen Dinge belehren lassen möchte; es ist eine leichte Goldarbeit, worüber gewiß mancher Grobschmied den Kopf schütteln wird. Ich hegte ursprünglich die Absicht, dieses Produkt dem Romanzero einzuverleiben, was ich aber unterließ, um nicht die Einheit der Stimmung, die in letzterem waltet und gleichsam sein Kolorit bildet, zu stören. Jenes Tanzpoem schrieb ich nämlich im Jahre 1847, zu einer Zeit, wo mein böses Siechtum bereits bedenklich vorgeschritten war, aber doch noch nicht seine grämlichen Schatten über mein Gemüt warf. Ich hatte damals noch etwas Fleisch und Heidentum an mir, und ich war noch nicht zu dem spiritualistischen Skelette abgemagert, das jetzt seiner gänzlichen Auflösung entgegenharrt. Aber existiere ich wirklich noch? Mein Leib ist so sehr in die Krümpe gegangen, daß schier nichts übrig geblieben als die Stimme, und mein Bett mahnt mich an das tönende Grab des Zauberers Merlinus, welches sich im Walde Brozeliand in der Bretagne befindet, unter hohen Eichen, deren Wipfel wie grüne Flammen gen Himmel lodern. Ach, um diese Bäume und ihr frisches Wehen be-

neide ich dich, Kollege Merlinus, denn kein grünes Blatt
rauscht herein in meine Matratzengruft zu Paris, wo ich
früh und spat nur Wagengerassel, Gehämmer, Gekeife
und Klaviergeklimper vernehme. Ein Grab ohne Ruhe,
der Tod ohne die Privilegien der Verstorbenen, die kein
Geld auszugeben und keine Briefe oder gar Bücher zu
schreiben brauchen – das ist ein trauriger Zustand. Man
hat mir längst das Maß genommen zum Sarg, auch zum
Nekrolog, aber ich sterbe so langsam, daß solches nach-
grade langweilig wird, für mich wie für meine Freunde.
Doch Geduld, alles hat sein Ende. Ihr werdet eines Mor-
gens die Bude geschlossen finden, wo euch die Puppen-
spiele meines Humors so oft ergötzten.

Was soll aber, wenn ich tot bin, aus den armen Hans-
würsten werden, die ich seit Jahren bei jenen Darstellun-
gen employiert hatte? Was soll z. B. aus Maßmann wer-
den? Ungern verlaß ich ihn, und es erfaßt mich schier
eine tiefe Wehmut, wenn ich denke an die Verse:

    Ich sehe die kurzen Beinchen nicht mehr,
    Nicht mehr die platte Nase;
    Er schlug wie ein Pudel, frisch, fromm, fröhlich, frei,
    Die Purzelbäume im Grase.

Und er versteht Latein. Ich habe freilich in meinen
Schriften so oft das Gegenteil behauptet, daß niemand
mehr meine Behauptung bezweifelte, und der Ärmste
ein Stichblatt der allgemeinen Verhöhnung ward. Die
Schulbuben frugen ihn, in welcher Sprache der Don
Quixote geschrieben sei? und wenn mein armer Maß-
mann antwortete: in spanischer Sprache – erwiderten
sie, er irre sich, derselbe sei lateinisch geschrieben und
das käme ihm so spanisch vor. Sogar die eigene Gattin
war grausam genug, bei häuslichen Mißverständnissen
auszurufen, sie wundere sich, daß ihr Mann sie nicht
verstehe, da sie doch Deutsch und kein Latein gespro-

Nachwort zum Romanzero

chen habe. Die Maßmännische Großmutter, eine Wäscherin von unbescholtener Sittlichkeit und die einst für Friedrich den Großen gewaschen, hat sich über die Schmach ihres Enkels zu Tode gegrämt; der Onkel, ein wackerer altpreußischer Schuhflicker, bildete sich ein, die ganze Familie sei schimpfiert und vor Verdruß ergab er sich dem Trunk.

Ich bedaure, daß meine jugendliche Unbesonnenheit solches Unheil angerichtet. Die würdige Waschfrau kann ich leider nicht wieder ins Leben zurückrufen, und den zartfühlenden Oheim, der jetzt zu Berlin in der Gosse liegt, kann ich nicht mehr des Schnapses entwöhnen; aber ihn selbst, meinen armen Hanswurst Maßmann, will ich in der öffentlichen Meinung wieder rehabilitieren, indem ich alles was ich über seine Lateinlosigkeit, seine lateinische Impotenz, seine »magna linguae romanae ignorantia« jemals geäußert habe, feierlich widerrufe.

So hätte ich denn mein Gewissen erleichtert. Wenn man auf dem Sterbebette liegt, wird man sehr empfindsam und weichselig, und möchte Frieden machen mit Gott und der Welt. Ich gestehe es, ich habe manchen gekratzt, manchen gebissen, und war kein Lamm. Aber glaubt mir, jene gepriesenen Lämmer der Sanftmut würden sich minder frömmig gebärden, besäßen sie die Zähne und die Tatzen des Tigers. Ich kann mich rühmen, daß ich mich solcher angebornen Waffen nur selten bedient habe. Seit ich selbst der Barmherzigkeit Gottes bedürftig, habe ich allen meinen Feinden Amnestie erteilt; manche schöne Gedichte, die gegen sehr hohe und sehr niedrige Personen gerichtet waren, wurden deshalb in vorliegender Sammlung nicht aufgenommen. Gedichte, die nur halbweg Anzüglichkeiten gegen den lieben Gott selbst enthielten, habe ich mit ängstlichstem Eifer den Flammen überliefert. Es ist besser, daß die Verse brennen, als der Versifex. Ja, wie mit der Kreatur, habe ich auch mit dem Schöpfer Frieden gemacht, zum größten Ärgernis meiner aufgeklärten Freunde, die mir Vorwürfe machten über dieses Zurückfallen in den alten Aberglauben, wie sie meine Heimkehr zu Gott zu nennen beliebten. Andere, in ihrer Intoleranz, äußerten sich noch herber. Der gesamte hohe Klerus des Atheismus hat sein Anathema über mich ausgesprochen, und es gibt fanatische Pfaffen des Unglaubens, die mich gerne auf die Folter spannten, damit ich meine Ketzereien bekenne. Zum Glück stehen ihnen keine andern Folterinstrumente zu Gebote als ihre Schriften. Aber ich will auch ohne Tortur alles bekennen. Ja, ich bin zurückgekehrt zu Gott, wie der verlorene Sohn, nachdem ich lange Zeit bei den Hegelianern die Schweine gehütet. War es die Misère, die mich zurücktrieb? Vielleicht ein minder miserabler Grund. Das himmlische Heimweh überfiel mich und trieb mich fort durch Wälder und Schluchten, über die schwindlichsten Bergpfade der Dialektik. Auf meinem Wege fand ich den Gott der Pantheisten, aber ich konnte ihn nicht gebrauchen. Dies arme träumerische Wesen ist mit der Welt verwebt und verwachsen, gleichsam in ihr eingekerkert, und gähnt dich an, willenlos und ohnmächtig. Um einen Willen zu haben, muß man eine Person sein, und, um ihn zu manifestieren, muß man die Ellbogen frei haben. Wenn man nun einen Gott begehrt, der zu helfen vermag – und das ist doch die Hauptsache – so muß man auch seine Persönlichkeit, seine Außerweltlichkeit und seine heiligen Attribute, die Allgüte, die Allweisheit, die Allgerechtigkeit usw. annehmen. Die Unsterblichkeit der Seele, unsre Fortdauer nach dem Tode, wird uns alsdann gleichsam mit in den Kauf gegeben, wie der schöne Markknochen, den der Fleischer, wenn er mit seinen Kunden zufrieden ist, ihnen unentgeltlich in den Korb schiebt. Ein solcher schöner Markknochen wird in der französischen Küchensprache »la réjouissance« genannt, und man kocht damit ganz vorzügliche Kraftbrühen, die für einen armen schmachtenden Kranken sehr stärkend und labend sind. Daß ich eine solche »réjouissance« nicht ablehnte und sie mir vielmehr mit Behagen zu Gemüte führte, wird jeder fühlende Mensch billigen.

Ich habe vom Gott der Pantheisten geredet, aber ich kann nicht umhin zu bemerken, daß er im Grunde gar kein Gott ist, sowie überhaupt die Pantheisten eigentlich nur verschämte Atheisten sind, die sich weniger vor der Sache, als vor dem Schatten, den sie an die Wand wirft, vor dem Namen, fürchten. Auch haben die meisten in Deutschland während der Restaurationszeit mit dem lieben Gotte dieselbe funfzehnjährige Komödie gespielt, welche hier in Frankreich die konstitutionellen Royalisten, die größtenteils im Herzen Republikaner waren, mit dem Königtume spielten. Nach der Julius-Revolution ließ man jenseits wie diesseits des Rheines die Maske fallen. Seitdem, besonders aber nach dem Sturz Ludwig Philipps, des besten Monarchen der jemals die konstitutionelle Dornenkrone trug, bildete sich hier in Frankreich die Meinung: daß nur zwei Regierungsformen, das absolute Königtum und die Republik, die Kritik der Vernunft oder der Erfahrung aushielten, daß man eins von beiden wählen müsse, daß alles dazwischen liegende Mischwerk unwahr, unhaltbar und verderblich sei. In derselben Weise tauchte in Deutschland die Ansicht auf, daß man wählen müsse zwischen der Religion und der Philosophie, zwischen dem geoffenbarten Dogma des Glaubens und der letzten Konsequenz des Denkens, zwischen dem absoluten Bibelgott und dem Atheismus.

Je entschiedener die Gemüter, desto leichter werden sie das Opfer solcher Dilemmen. Was mich betrifft, so kann ich mich in der Politik keines sonderlichen Fortschritts rühmen; ich verharrte bei denselben demokratischen Prinzipien, denen meine früheste Jugend huldigte und für die ich seitdem immer flammender erglühte. In der Theologie hingegen muß ich mich des Rückschreitens beschuldigen, indem ich, was ich bereits oben gestanden, zu dem alten Aberglauben, zu einem persönlichen Gotte, zurückkehrte. Das läßt sich nun einmal nicht vertuschen, wie es mancher aufgeklärte und wohlmeinende Freund versuchte. Ausdrücklich widersprechen muß ich jedoch dem Gerüchte, als hätten mich meine Rückschritte bis zur Schwelle irgend einer Kirche oder gar in ihren Schoß geführt. Nein, meine religiösen Überzeugungen und Ansichten sind frei geblieben von jeder Kirchlichkeit; kein Glockenklang hat mich verlockt, keine Altarkerze hat mich geblendet. Ich habe mit keiner Symbolik gespielt und meiner Vernunft nicht ganz entsagt. Ich habe nichts abgeschworen, nicht einmal meine alten Heidengötter, von denen ich mich zwar abgewendet, aber scheidend in Liebe und Freundschaft. Es war im Mai 1848, an dem Tage, wo ich zum letzten Male ausging, als ich Abschied nahm von den holden Idolen, die ich angebetet in den Zeiten meines Glücks. Nur mit Mühe schleppte ich mich bis zum Louvre, und ich brach fast zusammen, als ich in den erhabenen Saal trat, wo die hochgebenedeite Göttin der Schönheit, Unsere liebe Frau von Milo, auf ihrem Postamente steht. Zu ihren Füßen lag ich lange und ich weinte so heftig, daß sich dessen ein Stein erbarmen mußte. Auch schaute die Göttin mitleidig auf mich herab, doch zugleich so trostlos als wollte sie sagen: siehst Du denn nicht, daß ich keine Arme habe und also nicht helfen kann?

Ich breche hier ab, denn ich gerate in einen larmoyanten Ton, der vielleicht überhand nehmen kann, wenn ich bedenke, daß ich jetzt auch von Dir, teurer Leser, Abschied nehmen soll. Eine gewisse Rührung beschleicht mich bei diesem Gedanken; denn ungern trenne ich mich von Dir. Der Autor gewöhnt sich am Ende an sein Publikum, als wäre es ein vernünftiges Wesen. Auch Dich

Nachwort zum Romanzero

scheint es zu betrüben, daß ich Dir Valet sagen muß; Du bist gerührt, mein teurer Leser, und kostbare Perlen fallen aus Deinen Tränensäckchen. Doch beruhige Dich, wir werden uns wiedersehen in einer besseren Welt, wo ich Dir auch bessere Bücher zu schreiben gedenke. Ich setze voraus, daß sich dort auch meine Gesundheit bessert und daß mich Swedenborg nicht belogen hat. Dieser erzählt nämlich mit großer Zuversicht, daß wir in der andern Welt das alte Treiben, ganz wie wir es in dieser Welt getrieben, ruhig fortsetzen, daß wir dort unsere Individualität unverändert bewahren, und daß der Tod in unserer organischen Entwickelung gar keine sonderliche Störung hervorbringe. Swedenborg ist eine grundehrliche Haut und glaubwürdig sind seine Berichte über die andere Welt, wo er mit eigenen Augen die Personen sah, die auf unserer Erde eine Rolle gespielt. Die meisten, sagt er, blieben unverändert und beschäftigen sich mit denselben Dingen, mit denen sie sich auch vormals beschäftigt; sie blieben stationär, waren veraltet, rococo, was sich mitunter sehr lächerlich ausnahm. So z. B. unser teurer Doktor Martinus Luther war stehen geblieben bei seiner Lehre von der Gnade, über die er während dreihundert Jahren tagtäglich dieselben verschimmelten Argumente niederschrieb – ganz in derselben Weise wie der verstorbene Baron Ekstein, der während zwanzig Jahren in der Allgemeinen Zeitung einen und denselben Artikel drucken ließ, den alten jesuitischen Sauerteig beständig wiederkäuend. Aber, wie gesagt, nicht alle Personen, die hienieden eine Rolle gespielt, fand Swedenborg in solcher fossilen Erstarrung; sie hatten im Guten wie im Bösen ihren Charakter weidlich ausgebildet in der anderen Welt, und da gab es sehr wunderliche Erscheinungen. Helden und Heilige dieser Erde waren dort zu Lumpen und Taugenichtsen herabgesunken, während auch das Gegenteil stattfand. So z. B. stieg dem heiligen Antonius der

Hochmut in den Kopf, als er erfuhr, welche ungeheure Verehrung und Anbetung ihm die ganze Christenheit zollt, und er, der hienieden den furchtbarsten Versuchungen widerstanden, ward jetzt ein ganz impertinenter Schlingel und liederlicher Galgenstrick, der sich mit seinem Schweine um die Wette in den Kot wälzt. Die keusche Susanne brachte der Dünkel ihrer Sittlichkeit, die sie unbesiegbar glaubte, gar schmählich zu Falle, und sie, die einst den Greisen so glorreich widerstanden, erlag der Verlockung des jungen Absalon, Sohn Davids. Die Töchter Lots hingegen hatten sich im Verlauf der Zeit sehr vertugendhaftet und gelten in der andern Welt für Muster der Anständigkeit; der Alte verharrte leider bei der Weinflasche.

So närrisch sie auch klingen, so sind doch diese Nachrichten ebenso bedeutsam wie scharfsinnig. Der große skandinavische Seher begriff die Einheit und Unteilbarkeit unserer Existenz, sowie er auch die unveräußerlichen Individualitätsrechte des Menschen ganz richtig erkannte und anerkannte. Die Fortdauer nach dem Tode ist bei ihm kein idealer Mummenschanz, wo wir neue Jacken und einen neuen Menschen anziehen; Mensch und Kostüm bleiben bei ihm unverändert. In der anderen Welt des Swedenborg werden sich auch die armen Grönländer behaglich fühlen, die einst, als die dänischen Missionäre sie bekehren wollten, an diese die Frage richteten: ob es im christlichen Himmel auch Seehunde gäbe? auf die verneinende Antwort erwiderten sie betrübt: der christliche Himmel passe alsdann nicht für Grönländer, die nicht ohne Seehunde existieren könnten.

Wie sträubt sich unsere Seele gegen den Gedanken des Aufhörens unserer Persönlichkeit, der ewigen Vernichtung! Der horror vacui, den man der Natur zuschreibt, ist vielmehr dem menschlichen Gemüte angeboren. Sei getrost, teurer Leser, es gibt eine Fortdauer nach dem

Tode, und in der anderen Welt werden wir auch unsere Seehunde wiederfinden.

Und nun, lebe wohl, und wenn ich Dir etwas schuldig bin, so schicke mir Deine Rechnung. –

Geschrieben zu Paris, den 30. September 1851.

Heinrich Heine

Aus dem Umkreis des
Romanzero

Zu Heines Lebzeiten gedruckt

Schloßlegende

Zu Berlin, im alten Schlosse,
Sehen wir, aus Stein gemetzt,
Wie ein Weib mit einem Rosse
Sodomitisch sich ergötzt.

Und es heißt: daß jene Dame
Die erlauchte Mutter ward
Unsres Fürstenstamms; der Same
Schlug fürwahr nicht aus der Art.

Ja, fürwahr, sie hatten wenig
Von der menschlichen Natur!
Und an jedem Preußenkönig
Merkte man die Pferdespur.

Das Brutale in der Rede,
Das Gelächter ein Gewieher,
Stallgedanken, und das öde
Fressen – jeder Zoll ein Tier!

Du allein, du des Geschlechtes
Jüngster Sprößling, fühlst und denkst
Wie ein Mensch, du hast ein echtes
Christenherz, und bist kein Hengst.

Michel nach dem März

So lang ich den deutschen Michel gekannt,
War er ein Bärenhäuter;
Ich dachte im März, er hat sich ermannt
Und handelt fürder gescheuter.

Wie stolz erhob er das blonde Haupt
Vor seinen Landesvätern!
Wie sprach er – was doch unerlaubt –
Von hohen Landesverrätern.

Das klang so süß zu meinem Ohr
Wie märchenhafte Sagen,
Ich fühlte, wie ein junger Tor,
Das Herz mir wieder schlagen.

Doch als die schwarz-rot-goldne Fahn,
Der alt germanische Plunder,
Aufs neu erschien, da schwand mein Wahn
Und die süßen Märchenwunder.

Ich kannte die Farben in diesem Panier
Und ihre Vorbedeutung:
Von deutscher Freiheit brachten sie mir
Die schlimmste Hiobszeitung.

Schon sah ich den Arndt, den Vater Jahn –
Die Helden aus andern Zeiten
Aus ihren Gräbern wieder nahn
Und für den Kaiser streiten.

Die Burschenschaftler allesamt
Aus meinen Jünglingsjahren,
Die für den Kaiser sich entflammt,
Wenn sie betrunken waren.

             Ich sah das sündenergraute Geschlecht
30   Der Diplomaten und Pfaffen,
             Die alten Knappen vom römischen Recht,
             Am Einheitstempel schaffen –

             Derweil der Michel geduldig und gut
             Begann zu schlafen und schnarchen,
35   Und wieder erwachte unter der Hut
             Von vierunddreißig Monarchen.

                           Festgedicht

             Beeren-Meyer! Meyer-Beer!
             Welch ein Lärm! was ist der Mär?
             Willst Du wirklich jetzt gebären
             Und den Heiland uns bescheren,
5   Der verheißen, der versprochen?
             Kommst Du wirklich in die Wochen?
             Das ersehnte Meisterstück
             Dreizehnjähriger Kolik,
             Kommt das Schmerzenskind am End,
10   Das man Jan von Leiden nennt?

             Nein, es ist nicht mehr Erfindung
             Der Journale, die Entbindung
             Ist vollbracht, sie ist geschehen!
             Überstanden sind die Wehen,
15   Der verehrte Wöchner liegt
             Mit verklärtem Angesicht,
             In dem angstbeträntem Bette.
             Eine warme Serviette
             Legt ihm Gouin auf den Bauch,
20   Welcher schlaff wie'n leerer Schlauch ...
             Doch die Kindbettzimmerstille
             Unterbricht ein laut Gebrülle

Plötzlich – es erschmettern hell
Die Posaunen, Israel
Ruft mit tausend Stimmen: Heil!   25
(Unbezahlt zum größten Teil)
Heil dem Meister, der uns teuer!
Heil dem großen Beeren-Meyer!
Heil dem großen Meyer-Beer!
Der, nach Nöten lang und schwer,   30
Der, nach langen schweren Nöten,
Uns geboren den Propheten!

Aus dem Jubilanten-Chor
Tritt ein junger Mann hervor,
Der gebürtig ist aus Preußen   35
Und Herr Brandus ist geheißen.
Sehr bescheiden ist die Miene,
(Ob ihn gleich ein Beduine,
Ein berühmter Rattenfänger,
Sein Musikverlagsvorgänger   40
Eingeschult in jeden Rummel)
Er ergreifet eine Trummel,
Paukt drauf los im Siegesrausche,
Wie einst Mirjam tat als Mausche
Eine große Schlacht gewann,   45
Und er hebt zu singen an:

»Genialer Künstlerschweiß
Hat bedächtig, tropfenweis,
Im Behälter sich gesammelt,
Der mit Planken fest verrammelt –   50
Nun die Schleuße aufgezogen,
Bricht hervor in stolzen Wogen
Das Gewässer – Gottes Wunder!
's ist ein großer Strom jetzunder,
Ja, ein Strom des ersten Ranges,   55
Wie der Euphrat, wie der Ganges,

Wo an palmigen Gestaden
Elephantenkälber baden –
Wie der Rheinstrom bei Schaffhausen,
Wo Kaskaden schäumen, brausen,
Und Berliner Studiosen
Gaffend stehen, mit feuchten Hosen –
Wie die Weichsel, wo da hausen
Edle Polen und sich lausen,
Singend ihre Heldenleiden
Bei des Ufers Trauerweiden –
Ja, er ist fast wie ein Meer,
Wie das rote, wo das Heer
Pharaonis mußt ersaufen,
Während wir hindurch gelaufen,
Trocknen Fußes, mit der Beute –
Welche Tiefe! welche Breite!
Hier, auf diesem Erden-Globus
Gibt's kein schönres Wasser-Opus!
Es ist hochsublim poetisch,
Urtitanisch majestätisch,
Groß wie Gott und die Natur,
Und ich hab die Partitur.«

Zu Heines Lebzeiten nicht gedruckt

Aus der Druckvorlage zum Romanzero *nachträglich ausgeschieden*

Diesseits und jenseits des Rheins

Sanftes Rasen, wildes Kosen,
Tändeln mit den glühnden Rosen,
Holde Lüge, süßer Dunst,
Die Veredlung roher Brunst,
Kurz, der Liebe heitre Kunst – 5
Da seid Meister Ihr, Franzosen!

Aber wir verstehn uns baß,
Wir Germanen, auf den Haß.
Aus Gemütes Tiefen quillt er,
Deutscher Haß! Doch riesig schwillt er, 10
Und mit seinem Gifte füllt er
Schier das Heidelberger Faß.

Lebewohl

Hatte wie ein Pelikan
Dich mit eignem Blut getränket,
Und du hast mir jetzt zum Dank
Gall und Wermut eingeschenket.

Böse war es nicht gemeint, 5
Und so heiter blieb die Stirne;
Leider mit Vergeßlichkeit
Angefüllt ist dein Gehirne.

Nun leb wohl – Du merkst es kaum,
Daß ich weinend von dir scheide.
Gott erhalte, Törin, dir
Flattersinn und Lebensfreude!

Morphine

Groß ist die Ähnlichkeit der beiden schönen
Jünglingsgestalten, ob der eine gleich
Viel blässer als der andre, auch viel strenger,
Fast möcht ich sagen viel vornehmer aussieht
Als jener andre, welcher mich vertraulich
In seine Arme schloß – Wie lieblich sanft
War dann sein Lächeln und sein Blick wie selig!
Dann mocht es wohl geschehn, daß seines Hauptes
Mohnblumenkranz auch meine Stirn berührte
Und seltsam duftend allen Schmerz verscheuchte
Aus meiner Seel – doch solche Linderung
Sie dauert kurze Zeit, genesen gänzlich
Kann ich nur dann, wenn seine Fackel senkt
Der andre Bruder, der so ernst und bleich. –
Gut ist der Schlaf, der Tod ist besser – freilich
Das Beste wäre, nie geboren sein.

Gedichte. 1853 und 1854

I
Ruhelechzend

Laß bluten deine Wunden, laß
Die Tränen fließen unaufhaltsam –
Geheime Wollust schwelgt im Schmerz,
Und Weinen ist ein süßer Balsam.

Verwundet dich nicht fremde Hand,
So mußt du selber dich verletzen;
Auch danke hübsch dem lieben Gott,
Wenn Zähren deine Wangen netzen.

Des Tages Lärm verhallt, es steigt
Die Nacht herab mit langen Flören.
In ihrem Schoße wird kein Schelm,
Kein Tölpel deine Ruhe stören.

Hier bist du sicher vor Musik,
Vor des Piano-Fortes Folter,
Und vor der großen Oper Pracht
Und schrecklichem Bravourgepolter.

Hier wirst du nicht verfolgt, geplagt
Vom eitlen Virtuosenpacke
Und vom Genie Giacomos
Und seiner Weltberühmtheitsclaque.

O Grab, du bist das Paradies
Für pöbelscheue, zarte Ohren –
Der Tod ist gut, doch besser wär's,
Die Mutter hätt uns nie geboren.

II
Im Mai

Die Freunde, die ich geküßt und geliebt,
Die haben das Schlimmste an mir verübt.
Mein Herze bricht; doch droben die Sonne,
Lachend begrüßt sie den Monat der Wonne.

Es blüht der Lenz. Im grünen Wald
Der lustige Vogelgesang erschallt,
Und Mädchen und Blumen, sie lächeln jungfräulich –
O schöne Welt, du bist abscheulich!

Da lob ich mir den Orcus fast;
Dort kränkt uns nirgends ein schnöder Kontrast;
Für leidende Herzen ist es viel besser
Dort unten am stygischen Nachtgewässer.

Sein melancholisches Geräusch,
Der Stymphaliden ödes Gekreisch,
Der Furien Singsang, so schrill und grell,
Dazwischen des Cerberus' Gebell –

Das paßt verdrießlich zu Unglück und Qual –
Im Schattenreich, dem traurigen Tal,
In Proserpinens verdammten Domänen,
Ist alles im Einklang mit unseren Tränen.

Hier oben aber, wie grausamlich
Sonne und Rosen stechen sie mich!
Mich höhnt der Himmel, der bläulich und mailich –
O schöne Welt, du bist abscheulich!

III
Leib und Seele

Die arme Seele spricht zum Leibe:
Ich laß nicht ab von dir, ich bleibe
Bei dir – Ich will mit dir versinken
In Tod und Nacht, Vernichtung trinken!
Du warst ja stets mein zweites Ich,
Das liebevoll umschlungen mich,
Als wie ein Festkleid von Satin,
Gefüttert weich mit Hermelin –
Weh mir! jetzt soll ich gleichsam nackt,
Ganz ohne Körper, ganz abstrakt,
Hinlungern als ein selges Nichts
Dort oben in dem Reich des Lichts,
In jenen kalten Himmelshallen,
Wo schweigend die Ewigkeiten wallen
Und mich angähnen – sie klappern dabei
Langweilig mit ihren Pantoffeln von Blei.
O das ist grauenhaft; o bleib,
Bleib bei mir, du geliebter Leib!
Der Leib zur armen Seele spricht:
O tröste dich und gräm dich nicht!
Ertragen müssen wir in Frieden
Was uns vom Schicksal ward beschieden.
Ich war der Lampe Docht, ich muß
Verbrennen; du, der Spiritus,
Wirst droben auserlesen sein
Zu leuchten als ein Sternelein
Vom reinsten Glanz – Ich bin nur Plunder,
Materie nur, wie morscher Zunder
Zusammensinkend, und ich werde,
Was ich gewesen, eitel Erde.
Nun lebe wohl und tröste dich!
Vielleicht auch amüsiert man sich

Im Himmel besser als du meinst.
Siehst du den großen Bären einst
(Nicht Meyer-Bär) im Sternensaal, 35
Grüß ihn von mir viel tausendmal!

IV
Rote Pantoffeln

Gar böse Katze, so alt und grau,
Sie sagte, sie sei eine Schustersfrau;
Auch stand vor ihrem Fenster ein Lädchen,
Worin Pantoffeln für junge Mädchen,
Pantöffelchen von Maroquin, 5
Von Safian und von Satin,
Von Samt mit goldnen Borden garniert
Und buntgeblümten Bändern verziert.
Am lieblichsten dort zu schauen war
Ein scharlachrotes Pantöffelchenpaar; 10
Es hat mit seiner Farbenpracht
Gar manchem Dirnchen ins Herz gelacht.

Eine junge weiße Edelmaus,
Die ging vorbei dem Schusterhaus,
Kehrt wieder um, dann blieb sie stehn, 15
Tät nochmals durch das Fenster sehn –
Sprach endlich: Ich grüß Euch, Frau Kitze, Frau Katze,
Gar schöne rote Pantöffelchen hat Sie;
Sind sie nicht teuer, ich kauf sie Euch ab,
Sagt mir wie viel ich zu zahlen hab. 20

Die Katze rief: Mein Jüngferlein,
Ich bitte gehorsamst, treten Sie ein,
Geruhen Sie mein Haus zu beehren
Mit Dero Gegenwart; es verkehren

25 Mit mir die allerschönsten Madel
    Und Herzoginnen, der höchste Adel –
    Die Töffelchen will ich wohlfeil lassen –
    Doch laßt uns sehn, ob sie Euch passen –
    Ach, treten Sie ein und nehmen Sie Platz –

30 So flötet die boshaft listige Katz,
    Und das weiße, unerfahrene Ding
    In die Mördergrub, in die Falle ging –
    Auf eine Bank setzt sich die Maus
    Und streckt ihr kleines Beinchen aus,
35 Um anzuprobieren die roten Schuhe –
    Sie war ein Bild von Unschuld und Ruhe –
    Da packt sie plötzlich die böse Katze
    Und würgt sie mit der grimmigen Tatze,
    Und beißt ihr ab das arme Köpfchen,
40 Und spricht: Mein liebes, weißes Geschöpfchen,
    Mein Mäuschen, du bist mausetot!
    Jedoch die Pantöffelchen scharlachrot,
    Die will ich stellen auf deine Gruft;
    Und wenn die Weltposaune ruft
45 Zum jüngsten Tanz, o weiße Maus,
    Aus deinem Grab steigst du heraus,
    Ganz wie die andern, und sodann
    Ziehst du die roten Pantöffelchen an.

Moral

50 Ihr weißen Mäuschen, nehmt euch in acht,
    Laßt euch nicht ködern von weltlicher Pracht!
    Ich rat euch, lieber barfuß zu laufen,
    Als bei der Katze Pantoffeln zu kaufen.

V

Babylonische Sorgen

Mich ruft der Tod – Ich wollt, o Süße,
Daß ich dich in einem Wald verließe,
In einem jener Tannenforsten,
Wo Wölfe heulen, Geier horsten
Und schrecklich grunzt die wilde Sau, 5
Des blonden Ebers Ehefrau.

Mich ruft der Tod – Es wär noch besser,
Müßt ich auf hohem Seegewässer
Verlassen dich, mein Weib, mein Kind,
Wenn gleich der tolle Nordpolwind 10
Dort peitscht die Wellen, und aus den Tiefen
Die Ungetüme, die dort schliefen,
Haifisch' und Krokodile, kommen
Mit offnem Rachen emporgeschwommen –

Glaub mir, mein Kind, mein Weib, Mathilde, 15
Nicht so gefährlich ist das wilde,
Erzürnte Meer und der trotzige Wald,
Als unser jetziger Aufenthalt!
Wie schrecklich auch der Wolf und der Geier,
Haifische und sonstige Meerungeheuer: 20
Viel grimmere, schlimmere Bestien enthält
Paris, die leuchtende Hauptstadt der Welt,
Das singende, springende, schöne Paris,
Die Hölle der Engel, der Teufel Paradies –
Daß ich dich hier verlassen soll, 25
Das macht mich verrückt, das macht mich toll!

Mit spöttischem Sumsen mein Bett umschwirrn
Die schwarzen Fliegen; auf Nas und Stirn
Setzen sie sich – fatales Gelichter!
Etwelche haben wie Menschengesichter, 30

Auch Elefantenrüssel daran,
Wie Gott Ganesa in Hindostan. – –
In meinem Hirne rumort es und knackt,
Ich glaube, da wird ein Koffer gepackt,
Und mein Verstand reist ab – o wehe –
Noch früher als ich selber gehe.

VI

Das Sklavenschiff

1

Der Superkargo Mynheer van Koek
Sitzt rechnend in seiner Kajüte;
Er kalkuliert der Ladung Betrag
Und die probabeln Profite.

»Der Gummi ist gut, der Pfeffer ist gut,
Dreihundert Säcke und Fässer;
Ich habe Goldstaub und Elfenbein –
Die schwarze Ware ist besser.

Sechshundert Neger tauschte ich ein
Spottwohlfeil am Senegalflusse.
Das Fleisch ist hart, die Sehnen sind stramm,
Wie Eisen vom besten Gusse.

Ich hab zum Tausche Branntewein,
Glasperlen und Stahlzeug gegeben;
Gewinne daran achthundert Prozent,
Bleibt mir die Hälfte am Leben.

Bleiben mir Neger dreihundert nur
Im Hafen von Rio Janeiro,
Zahlt dort mir hundert Dukaten per Stück
Das Haus Gonzales Perreiro.« 20

Da plötzlich wird Mynheer van Koek
Aus seinen Gedanken gerissen;
Der Schiffschirurgius tritt herein,
Der Doktor van der Smissen.

Das ist eine klapperdürre Figur, 25
Die Nase voll roter Warzen –
Nun, Wasserfeldscherer, ruft van Koek,
Wie geht's meinen lieben Schwarzen?

Der Doktor dankt der Nachfrage und spricht:
»Ich bin zu melden gekommen, 30
Daß heute Nacht die Sterblichkeit
Bedeutend zugenommen.

Im Durchschnitt starben täglich zwei,
Doch heute starben sieben,
Vier Männer, drei Frauen – Ich hab den Verlust 35
Sogleich in die Kladde geschrieben.

Ich inspizierte die Leichen genau;
Denn diese Schelme stellen
Sich manchmal tot, damit man sie
Hinabwirft in die Wellen. 40

Ich nahm den Toten die Eisen ab;
Und wie ich gewöhnlich tue,
Ich ließ die Leichen werfen ins Meer
Des Morgens in der Fruhe.

45 Es schossen alsbald hervor aus der Flut
Haifische, ganze Heere,
Sie lieben so sehr das Negerfleisch;
Das sind meine Pensionäre.

Sie folgten unseres Schiffes Spur,
50 Seit wir verlassen die Küste;
Die Bestien wittern den Leichengeruch,
Mit schnupperndem Fraßgelüste.

Es ist possierlich anzusehn,
Wie sie nach den Toten schnappen!
55 Die faßt den Kopf, die faßt das Bein,
Die andern schlucken die Lappen.

Ist alles verschlungen, dann tummeln sie sich
Vergnügt um des Schiffes Planken
Und glotzen mich an, als wollten sie
60 Sich für das Frühstück bedanken.«

Doch seufzend fällt ihm in die Red
Van Koek: Wie kann ich lindern
Das Übel? wie kann ich die Progression
Der Sterblichkeit verhindern?

65 Der Doktor erwidert: »Durch eigne Schuld
Sind viele Schwarze gestorben;
Ihr schlechter Odem hat die Luft
Im Schiffsraum so sehr verdorben.

Auch starben viele durch Melancholie,
70 Dieweil sie sich tödlich langweilen;
Durch etwas Luft, Musik und Tanz
Läßt sich die Krankheit heilen.«

Da ruft van Koek: »Ein guter Rat!
Mein teurer Wasserfeldscherer
Ist klug wie Aristoteles, 75
Des Alexanders Lehrer.

Der Präsident der Sozietät
Der Tulpenveredlung im Delfte
Ist sehr gescheit, doch hat er nicht
Von Eurem Verstande die Hälfte. 80

Musik! Musik! Die Schwarzen solln
Hier auf dem Verdecke tanzen.
Und wer sich beim Hopsen nicht amüsiert,
Den soll die Peitsche kuranzen.«

2

Hoch aus dem blauen Himmelszelt
Viel tausend Sterne schauen,
Sehnsüchtig glänzend, groß und klug,
Wie Augen von schönen Frauen.

Sie blicken hinunter in das Meer, 5
Das weithin überzogen
Mit phosphorstrahlendem Purpurduft;
Wollüstig girren die Wogen.

Kein Segel flattert am Sklavenschiff,
Es liegt wie abgetakelt; 10
Doch schimmern Laternen auf dem Verdeck,
Wo Tanzmusik spektakelt.

Die Fiedel streicht der Steuermann,
Der Koch, der spielt die Flöte,
Ein Schiffsjung schlägt die Trommel dazu, 15
Der Doktor bläst die Trompete.

Wohl hundert Neger, Männer und Fraun,
Sie jauchzen und hopsen und kreisen
Wie toll herum; bei jedem Sprung
Taktmäßig klirren die Eisen.

Sie stampfen den Boden mit tobender Lust,
Und manche schwarze Schöne
Umschlingt wollüstig den nackten Genoß –
Dazwischen ächzende Töne.

Der Büttel ist maître des plaisirs,
Und hat mit Peitschenhieben
Die lässigen Tänzer stimuliert,
Zum Frohsinn angetrieben.

Und Dideldumdei und Schnedderedeng!
Der Lärm lockt aus den Tiefen
Die Ungetüme der Wasserwelt,
Die dort blödsinnig schliefen.

Schlaftrunken kommen geschwommen heran
Haifische, viele hundert;
Sie glotzen nach dem Schiff hinauf,
Sie sind verdutzt, verwundert.

Sie merken, daß die Frühstückstund
Noch nicht gekommen, und gähnen,
Aufsperrend den Rachen; die Kiefer sind
Bepflanzt mit Sägezähnen.

Und Dideldumdei und Schnedderedeng –
Es nehmen kein Ende die Tänze.
Die Haifische beißen vor Ungeduld
Sich selber in die Schwänze.

Ich glaube, sie lieben nicht die Musik, 45
Wie viele von ihrem Gelichter.
Trau keiner Bestie, die nicht liebt
Musik! sagt Albions großer Dichter.

Und Schnedderedeng und Dideldumdei –
Die Tänze nehmen kein Ende. 50
Am Fockmast steht Mynheer van Koek
Und faltet betend die Hände:

»Um Christi willen verschone, o Herr,
Das Leben der schwarzen Sünder!
Erzürnten sie dich, so weißt du ja, 55
Sie sind so dumm wie die Rinder.

Verschone ihr Leben um Christi will'n,
Der für uns alle gestorben!
Denn bleiben mir nicht dreihundert Stück,
So ist mein Geschäft verdorben.« 60

VII
Affrontenburg

Die Zeit verfließt, jedoch das Schloß,
Das alte Schloß mit Turm und Zinne
Und seinem blöden Menschenvolk,
Es kommt mir nimmer aus dem Sinne.

Ich sehe stets die Wetterfahn, 5
Die auf dem Dach sich rasselnd drehte.
Ein jeder blickte scheu hinauf,
Bevor er nur den Mund auftäte.

Wer sprechen wollt, erforschte erst
Den Wind, aus Furcht, es möchte plötzlich
Der alte Brummbär Boreas
Anschnauben ihn nicht sehr ergötzlich.

Die Klügsten freilich schweigen ganz –
Denn ach, es gab an jenem Orte
Ein Echo, das im Widerklatsch
Boshaft verfälschte alle Worte.

Inmitten im Schloßgarten stand
Ein sphinxgezierter Marmorbronnen,
Der immer trocken war, obgleich
Gar manche Träne dort geronnen.

Vermaledeiter Garten! Ach,
Da gab es nirgends eine Stätte,
Wo nicht mein Herz gekränkt ward,
Wo nicht mein Aug geweinet hätte.

Da gab's wahrhaftig keinen Baum,
Worunter nicht Beleidigungen
Mir zugefügt worden sind,
Von feinen und von groben Zungen.

Die Kröte, die im Gras gelauscht,
Hat alles mitgeteilt der Ratte,
Die ihrer Muhme Viper gleich
Erzählt, was sie vernommen hatte.

Die hat's gesagt dem Schwager Frosch –
Und solcherweis erfahren konnte
Die ganze schmutzge Sippschaft stracks
Die mir erwiesenen Affronte.

Des Gartens Rosen waren schön,
Und lieblich lockten ihre Düfte;
Doch früh hinwelkend starben sie
An einem sonderbaren Gifte.

Zu Tod ist auch erkrankt seitdem
Die Nachtigall, der edle Sprosser,
Der jenen Rosen sang sein Lied; –
Ich glaub, vom selben Gift genoß er.

Vermaledeiter Garten! Ja,
Es war, als ob ein Fluch drauf laste;
Manchmal am hellen lichten Tag
Mich dort Gespensterfurcht erfaßte.

Mich grinste an der grüne Spuk,
Er schien mich grausam zu verhöhnen,
Und aus den Taxusbüschen drang
Alsbald ein Ächzen, Röcheln, Stöhnen.

Am Ende der Allee erhob
Sich die Terrasse, wo die Wellen
Der Nordsee, zu der Zeit der Flut,
Tief unten am Gestein zerschellen.

Dort schaut man weit hinaus ins Meer.
Dort stand ich oft in wilden Träumen.
Brandung war auch in meiner Brust –
Das war ein Tosen, Rasen, Schäumen –

Ein Schäumen, Rasen, Tosen war's,
Ohnmächtig gleichfalls wie die Wogen,
Die kläglich brach der harte Fels,
Wie stolz sie auch herangezogen.

Mit Neid sah ich die Schiffe ziehn
Vorüber nach beglückten Landen –
Doch mich hielt das verdammte Schloß
Gefesselt in verfluchten Banden.

VIII

Zum Lazarus

1

Laß die heilgen Parabolen,
Laß die frommen Hypothesen –
Suche die verdammten Fragen
Ohne Umschweif uns zu lösen.

Warum schleppt sich blutend, elend,
Unter Kreuzlast der Gerechte,
Während glücklich als ein Sieger
Trabt auf hohem Roß der Schlechte?

Woran liegt die Schuld? Ist etwa
Unser Herr nicht ganz allmächtig?
Oder treibt er selbst den Unfug?
Ach, das wäre niederträchtig.

Also fragen wir beständig,
Bis man uns mit einer Handvoll
Erde endlich stopft die Mäuler –
Aber ist das eine Antwort?

2

Es hatte mein Haupt die schwarze Frau
Zärtlich ans Herz geschlossen;
Ach! meine Haare wurden grau,
Wo ihre Tränen geflossen.

Sie küßte mich lahm, sie küßte mich krank,
Sie küßte mir blind die Augen;
Das Mark aus meinem Rückgrat trank
Ihr Mund mit wildem Saugen.

Mein Leib ist jetzt ein Leichnam, worin
Der Geist ist eingekerkert –
Manchmal wird ihm unwirsch zu Sinn,
Er tobt und rast und berserkert.

Ohnmächtige Flüche! Dein schlimmster Fluch
Wird keine Fliege töten.
Ertrage die Schickung, und versuch
Gelinde zu flennen, zu beten.

3

Wie langsam kriechet sie dahin,
Die Zeit, die schauderhafte Schnecke!
Ich aber, ganz bewegunglos
Blieb ich hier auf demselben Flecke.

In meine dunkle Zelle dringt
Kein Sonnenstrahl, kein Hoffnungsschimmer;
Ich weiß, nur mit der Kirchhofsgruft
Vertausch ich dies fatale Zimmer.

Vielleicht bin ich gestorben längst;
Es sind vielleicht nur Spukgestalten
Die Phantasien, die des Nachts
Im Hirn den bunten Umzug halten.

Es mögen wohl Gespenster sein,
Altheidnisch göttlichen Gelichters;
Sie wählen gern zum Tummelplatz
Den Schädel eines toten Dichters. –

Die schaurig süßen Orgia,
Das nächtlich tolle Geistertreiben,
Sucht des Poeten Leichenhand
Manchmal am Morgen aufzuschreiben.

4

Einst sah ich viele Blumen blühen
An meinem Weg; jedoch zu faul,
Mich pflückend nieder zu bemühen,
Ritt ich vorbei auf stolzem Gaul.

Jetzt, wo ich todessiech und elend,
Jetzt, wo geschaufelt schon die Gruft,
Oft im Gedächtnis höhnend, quälend,
Spukt der verschmähten Blumen Duft.

Besonders eine feuergelbe
Viole brennt mir stets im Hirn.
Wie reut es mich, daß ich dieselbe
Nicht einst genoß, die tolle Dirn.

Mein Trost ist: Lethes Wasser haben
Noch jetzt verloren nicht die Macht,
Das dumme Menschenherz zu laben
Mit des Vergessens süßer Nacht.

5

Ich sah sie lachen, sah sie lächeln,
Ich sah sie ganz zu Grunde gehn;
Ich hört ihr Weinen und ihr Röcheln,
Und habe ruhig zugesehn.

Leidtragend folgt ich ihren Särgen,
Und bis zum Kirchhof ging ich mit;
Hernach, ich will es nicht verbergen,
Speist' ich zu Mittag mit App'tit.

Doch jetzt auf einmal mit Betrübnis
Denk ich der längstverstorbnen Schar;
Wie lodernd plötzliche Verliebnis,
Stürmt's auf im Herzen wunderbar!

Besonders sind es Julchens Tränen,
Die im Gedächtnis rinnen mir;
Die Wehmut wird zu wildem Sehnen,
Und Tag und Nacht ruf ich nach ihr! – –

Oft kommt zu mir die tote Blume
Im Fiebertraum; alsdann zumut
Ist mir, als böte sie postume
Gewährung meiner Liebesglut.

O zärtliches Phantom, umschließe
Mich fest und fester, deinen Mund
Drück ihn auf meinen Mund – versüße
Die Bitternis der letzten Stund!

6

Du warst ein blondes Jungfräulein, so artig,
So niedlich und so kühl – vergebens harrt ich
Der Stunde, wo dein Herze sich erschlösse,
Und sich daraus Begeisterung ergösse –

Begeisterung für jene hohen Dinge,
Die zwar Verstand und Prosa achten g'ringe,
Für die jedoch die Edlen, Schönen, Guten
Auf dieser Erde schwärmen, leiden, bluten.

Am Strand des Rheins, wo Rebenhügel ragen,
Ergingen wir uns einst in Sommertagen.
Die Sonne lachte; aus den liebevollen
Kelchen der Blumen Wohlgerüche quollen.

Die Purpurnelken und die Rosen sandten
Uns rote Küsse, die wie Flammen brannten.
Im kümmerlichsten Gänseblümchen schien
Ein ideales Leben aufzublühn.

Du aber gingest ruhig neben mir,
Im weißen Atlaskleid, voll Zucht und Zier,
Als wie ein Mädchenbild gemalt von Netscher;
Ein Herzchen im Korsett wie'n kleiner Gletscher.

7

Vom Schöppenstuhle der Vernunft
Bist du vollständig freigesprochen;
Das Urtel sagt: die Kleine hat
Durch Tun und Reden nichts verbrochen.

Ja, stumm und tatlos standest du,
Als mich verzehrten tolle Flammen –
Du schürtest nicht, du sprachst kein Wort,
Und doch muß dich mein Herz verdammen.

In meinen Träumen jede Nacht
Klagt eine Stimme, die bezüchtet
Des bösen Willens dich, und sagt,
Du habest mich zugrund gerichtet.

Sie bringt Beweis und Zeugnis bei,
Sie schleppt ein Bündel von Urkunden;
Jedoch am Morgen, mit dem Traum,
Ist auch die Klägerin verschwunden.

Sie hat in meines Herzens Grund
Mit ihren Akten sich geflüchtet –
Nur eins bleibt im Gedächtnis mir,
Das ist: ich bin zugrund gerichtet.

8

Ein Wetterstrahl, beleuchtend plötzlich
Des Abgrunds Nacht, war mir dein Brief;
Er zeigte blendend hell, wie tief
Mein Unglück ist, wie tief entsetzlich.

Selbst dich ergreift ein Mitgefühl!
Dich, die in meines Lebens Wildnis
So schweigsam standest, wie ein Bildnis,
Das marmorschön und marmorkühl.

O Gott, wie muß ich elend sein!
Denn sie sogar beginnt zu sprechen,
Aus ihrem Auge Tränen brechen,
Der Stein sogar erbarmt sich mein!

Erschüttert hat mich, was ich sah!
Auch du erbarm dich mein und spende
Die Ruhe mir, o Gott, und ende
Die schreckliche Tragödia.

9

Die Gestalt der wahren Sphinx
Weicht nicht ab von der des Weibes;
Faselei ist jener Zusatz
Des betatzten Löwenleibes.

Todesdunkel ist das Rätsel
Dieser wahren Sphinx. Es hatte
Kein so schweres zu erraten
Frau Jokastens Sohn und Gatte.

Doch zum Glücke kennt sein eignes
Rätsel nicht das Frauenzimmer;
Spräch es aus das Lösungswort,
Fiele diese Welt in Trümmer.

10

Es sitzen am Kreuzweg drei Frauen,
Sie grinsen und spinnen,
Sie seufzen und sinnen;
Sie sind gar häßlich anzuschauen.

Die erste trägt den Rocken,
Sie dreht die Fäden,
Befeuchtet jeden;
Deshalb ist die Hängelippe so trocken.

Die zweite läßt tanzen die Spindel;
Das wirbelt im Kreise,
In drolliger Weise;
Die Augen der Alten sind rot wie Zindel.

Es hält die dritte Parze
In Händen die Schere,
Sie summt Miserere;
Die Nase ist spitz, drauf sitzt eine Warze.

O spute dich und zerschneide
Den Faden, den bösen,
Und laß mich genesen
Von diesem schrecklichen Lebensleide!

11

Mich locken nicht die Himmelsauen
Im Paradies, im selgen Land;
Dort find ich keine schönre Frauen
Als ich bereits auf Erden fand.

Kein Engel mit den feinsten Schwingen
Könnt mir ersetzen dort mein Weib;
Auf Wolken sitzend Psalmen singen,
Wär auch nicht just mein Zeitvertreib.

O Herr! ich glaub, es wär das beste,
Du ließest mich in dieser Welt;
Heil' nur zuvor mein Leibgebreste,
Und sorge auch für etwas Geld.

Ich weiß, es ist voll Sünd und Laster
Die Welt; jedoch ich bin einmal
Gewöhnt, auf diesem Erdpechpflaster
Zu schlendern durch das Jammertal.

Genieren wird das Weltgetreibe
Mich nie, denn selten geh ich aus;
In Schlafrock und Pantoffeln bleibe
Ich gern bei meiner Frau zu Haus.

Laß mich bei ihr! Hör ich sie schwätzen,
Trinkt meine Seele die Musik
Der holden Stimme mit Ergötzen.
So treu und ehrlich ist ihr Blick!

Gesundheit nur und Geldzulage
Verlang ich, Herr! O laß mich froh
Hinleben noch viel schöne Tage
Bei meiner Frau im statu quo!

IX
Die Libelle

Es tanzt die schöne Libelle
Wohl auf des Baches Welle;
Sie tanzt daher, sie tanzt dahin,
Die schimmernde, flimmernde Gauklerin.

Gar mancher junge Käfer-Tor
Bewundert ihr Kleid von blauem Flor,
Bewundert des Leibchens Emaille
Und auch die schlanke Taille.

Gar mancher junge Käfer-Tor
Sein bißchen Käfer-Verstand verlor;
Die Buhlen sumsen von Lieb und Treu,
Versprechen Holland und Brabant dabei.

Die schöne Libelle lacht und spricht:
»Holland und Brabant brauch ich nicht,
Doch sputet Euch, Ihr Freier,
Und holt mir ein Fünkchen Feuer.

Die Köchin kam in Wochen,
Muß selbst mein Süpplein kochen;
Die Kohlen des Herdes erloschen sind –
Holt mir ein Fünkchen Feuer geschwind.«

Kaum hat die Falsche gesprochen das Wort,
Die Käfer flatterten eilig fort.
Sie suchen Feuer, und lassen bald
Weit hinter sich den Heimatwald.

Sie sehen Kerzenlicht, ich glaube
In einer erleuchteten Gartenlaube;
Und die Verliebten, mit blindem Mut
Stürzen sie sich in die Kerzenglut.

Knisternd verzehrten die Flammen der Kerzen
Die Käfer und ihre liebenden Herzen;
Die einen büßten das Leben ein,
Die andern nur die Flügelein.

O wehe dem Käfer, welchem verbrannt
Die Flügel sind! Im fremden Land
Muß er wie ein Wurm am Boden kriechen,
Mit feuchten Insekten, die häßlich riechen.

Die schlechte Gesellschaft, hört man ihn klagen,
Ist im Exil die schlimmste der Plagen.
Wir müssen verkehren mit einer Schar
Von Ungeziefer, von Wanzen sogar,

Die uns behandeln als Kameraden,
Weil wir im selben Schmutze waten –
Drob klagte schon der Schüler Virgils,
Der Dichter der Hölle und des Exils.

Ich denke mit Gram an die bessere Zeit,
Wo ich mit beflügelter Herrlichkeit
Im Heimat-Äther gegaukelt,
Auf Sonnenblumen geschaukelt,

Aus Rosenkelchen Nahrung sog
Und vornehm war, und Umgang pflog
Mit Schmetterlingen von adligem Sinn,
Und mit der Zikade, der Künstlerin –

Jetzt sind meine armen Flügel verbrannt;
Ich kann nicht zurück ins Vaterland,
Ich bin ein Wurm, und ich verrecke
Und ich verfaule im fremden Drecke.

O, daß ich nie gesehen hätt
Die Wasserfliege, die blaue Kokett
Mit ihrer feinen Taille –
Die schöne, falsche Kanaille!

X

Himmelfahrt

Der Leib lag auf der Totenbahr,
Jedoch die arme Seele war,
Entrissen irdischem Getümmel,
Schon auf dem Wege nach dem Himmel.

Dort klopft' sie an die hohe Pforte,
Und seufzte tief und sprach die Worte:
Sankt Peter, komm und schließe auf!
Ich bin so müde vom Lebenslauf –
Ausruhen möcht ich auf seidnen Pfühlen
Im Himmelreich, ich möchte spielen
Mit lieben Englein Blindekuh
Und endlich genießen Glück und Ruh!

Man hört Pantoffelgeschlappe jetzund,
Auch klirrt es wie ein Schlüsselbund,
Und aus einem Gitterfenster am Tor
Sankt Peters Antlitz schaut hervor.

Er spricht: »Es kommen die Vagabunde,
Zigeuner, Polacken und Lumpenhunde,
Die Tagediebe, die Hottentotten –
Sie kommen einzeln und in Rotten,
Und wollen in den Himmel hinein
Und Engel werden und selig sein.
Holla! Holla! Für Galgengesichter
Von eurer Art, für solches Gelichter

Sind nicht erbaut die himmlischen Hallen – 25
Ihr seid dem leidigen Satan verfallen.
Fort, fort von hier! und trollt euch schnelle
Zum schwarzen Pfuhle der ewigen Hölle« –

So brummt der Alte, doch kann er nicht
Im Polterton verharren, er spricht 30
Gutmütig am Ende die tröstenden Worte:
»Du arme Seele, zu jener Sorte
Halunken scheinst du nicht zu gehören –
Nu! Nu! Ich will deinen Wunsch gewähren,
Weil heute mein Geburtstag just 35
Und mich erweicht barmherzige Lust –
Nenn mir daher die Stadt und das Reich,
Woher du bist; sag mir zugleich,
Ob du vermählt warst? – Ehliches Dulden
Sühnt oft des Menschen ärgste Schulden; 40
Ein Ehmann braucht nicht in der Hölle zu schmoren,
Ihn läßt man nicht warten vor Himmelstoren.«

Die Seele antwortet: Ich bin aus Preußen,
Die Vaterstadt ist Berlin geheißen.
Dort rieselt die Spree, und in ihr Bette 45
Pflegen zu wässern die jungen Kadette;
Sie fließt gemütlich über, wenn's regent –
Berlin ist auch eine schöne Gegend!
Dort bin ich Privatdozent gewesen,
Und hab über Philosophie gelesen – 50
Mit einem Stiftsfräulein war ich vermählt,
Doch hat sie oft entsetzlich krakeelt,
Besonders wenn im Haus kein Brot –
Drauf bin ich gestorben und bin jetzt tot.

Sankt Peter rief: »O weh! o weh! 55
Die Philosophie ist ein schlechtes Metier.
Wahrhaftig, ich begreife nie,
Warum man treibt Philosophie.

```
         Sie ist langweilig und bringt nichts ein,
60       Und gottlos ist sie obendrein;
         Da lebt man nur in Hunger und Zweifel,
         Und endlich wird man geholt vom Teufel.
         Gejammert hat wohl deine Xantuppe
         Oft über die magre Wassersuppe
65       Woraus niemals ein Auge von Fett
         Sie tröstend angelächelt hätt –
         Nun sei getrost, du arme Seele!
         Ich habe zwar die strengsten Befehle,
         Jedweden, der sich je im Leben
70       Mit Philosophie hat abgegeben,
         Zumalen mit der gottlos deutschen,
         Ich soll ihn schimpflich von hinnen peitschen –
         Doch mein Geburtstag, wie gesagt,
         Ist eben heut, und fortgejagt
75       Sollst du nicht werden, ich schließe dir auf
         Das Himmelstor, und jetzo lauf
         Geschwind herein –

                             Jetzt bist du geborgen!
         Den ganzen Tag, vom frühen Morgen
80       Bis abends spät, kannst du spazieren
         Im Himmel herum, und träumend flanieren
         Auf edelsteingepflasterten Gassen.
         Doch wisse, hier darfst du dich nie befassen
         Mit Philosophie; du würdest mich
85       Kompromittieren fürchterlich –
         Hörst du die Engel singen, so schneide
         Ein schiefes Gesicht verklärter Freude –
         Hat aber gar ein Erzengel gesungen,
         Sei gänzlich von Begeistrung durchdrungen,
90       Und sag ihm, daß die Malibran
         Niemals besessen solchen Sopran –
         Auch applaudiere immer die Stimm
         Der Cherubim und der Seraphim,
```

Vergleiche sie mit Signor Rubini,
Mit Mario und Tamburini – 95
Gib ihnen den Titel von Exzellenzen
Und knickre nicht mit Reverenzen.
Die Sänger, im Himmel wie auf Erden,
Sie wollen alle geschmeichelt werden –
Der Weltkapellenmeister hier oben, 100
Er selbst sogar, hört gerne loben
Gleichfalls seine Werke, er hört es gern
Wenn man lobsinget Gott dem Herrn,
Und seinem Preis und Ruhm ein Psalm
Erklingt im dicksten Weihrauchqualm. 105

Vergiß mich nicht. Wenn dir die Pracht
Des Himmels einmal Langweile macht,
So komm zu mir; dann spielen wir Karten.
Ich kenne Spiele von allen Arten,
Vom Lanzknecht bis zum König Pharo. 110
Wir trinken auch – Doch apropos!
Begegnet dir von ungefähr
Der liebe Gott, und fragt dich: woher
Du seiest? so sage nicht aus Berlin,
Sag lieber aus München oder aus Wien.« 115

XI

Die Wahlverlobten

Du weinst und siehst mich an, und meinst,
Daß du ob meinem Elend weinst –
Du weißt nicht, Weib! dir selber gilt
Die Trän, die deinem Aug entquillt.

O, sage mir, ob nicht vielleicht
Zuweilen dein Gemüt beschleicht
Die Ahnung, die dir offenbart,
Daß Schicksalswille uns gepaart?
Vereinigt, war uns Glück hienieden,
Getrennt, nur Untergang beschieden.

Im großen Buche stand geschrieben,
Wir sollten uns einander lieben.
Dein Platz, er sollt an meiner Brust sein,
Hier wär erwacht dein Selbstbewußtsein;
Ich hätt dich aus dem Pflanzentume
Erlöst, emporgeküßt, o Blume,
Empor zu mir, zum höchsten Leben –
Ich hätt dir eine Seel gegeben.

Jetzt, wo gelöst die Rätsel sind,
Der Sand im Stundenglas verrinnt –
O weine nicht, es mußte sein –
Ich scheide, und du welkst allein;
Du welkst, bevor du noch geblüht,
Erlöschest, eh du noch geglüht;
Du stirbst, dich hat der Tod erfaßt,
Bevor du noch gelebet hast.

Ich weiß es jetzt. Bei Gott! du bist es,
Die ich geliebt. Wie bitter ist es,
Wenn im Momente des Erkennens
Die Stunde schlägt des ewgen Trennens!
Der Willkomm ist zu gleicher Zeit
Ein Lebewohl! Wir scheiden heut
Auf immerdar. Kein Wiedersehn
Gibt es für uns in Himmelshöhn.
Die Schönheit ist dem Staub verfallen,
Du wirst zerstieben, wirst verhallen.
Viel anders ist es mit Poeten;
Die kann der Tod nicht gänzlich töten.

Uns trifft nicht weltliche Vernichtung,
Wir leben fort im Land der Dichtung, 40
In Avalun, dem Feenreiche –
Leb wohl auf ewig, schöne Leiche!

XII

Der Philanthrop

Das waren zwei liebe Geschwister,
Die Schwester war arm, der Bruder war reich.
Zum Reichen sprach die Arme:
Gib mir ein Stückchen Brot.

Zur Armen sprach der Reiche: 5
»Laß mich nur heut in Ruh.
Heut geb ich mein jährliches Gastmahl
Den Herren vom großen Rat.

Der eine liebt Schildkrötensuppe,
Der andre Ananas, 10
Der dritte ißt gern Fasanen
Mit Trüffeln von Perigord.

Der Vierte speist nur Seefisch,
Der Fünfte verzehrt auch Lachs,
Der Sechste, der frißt alles, 15
Und trinkt noch mehr dazu.«

Die arme, arme Schwester
Ging hungrig wieder nach Haus;
Sie warf sich auf den Strohsack
Und seufzte tief und starb. 20

Wir müssen alle sterben!
Des Todes Sense trifft
Am End den reichen Bruder,
Wie er die Schwester traf.

Und als der reiche Bruder
Sein Stündlein kommen sah,
Da schickt' er zum Notare
Und macht' sein Testament.

Beträchtliche Legate
Bekam die Geistlichkeit,
Die Schulanstalten, das große
Museum für Zoologie.

Mit edlen Summen bedachte
Der große Testator zumal
Die Judenbekehrungsgesellschaft
Und das Taubstummen-Institut.

Er schenkte eine Glocke
Dem neuen Sankt-Stephansturm;
Die wiegt fünfhundert Zentner
Und ist vom besten Metall.

Das ist eine große Glocke
Und läutet spat und früh;
Sie läutet zum Lob und Ruhme
Des unvergeßlichen Manns.

Sie meldet mit eherner Zunge,
Wie viel er Gutes getan
Der Stadt und seinen Mitbürgern
Von jeglicher Konfession.

Du großer Wohltäter der Menschheit!
Wie im Leben, soll auch im Tod
Jedwede deiner Wohltaten
Verkünden die große Glock!

Das Leichenbegängnis wurde
Gefeiert mit Prunk und Pracht;
Es strömte herbei die Menge,
Und staunte ehrfurchtsvoll.

Auf einem schwarzen Wagen,
Der gleich einem Baldachin
Mit schwarzen Straußfederbüscheln
Gezieret, ruhte der Sarg.

Der strotzte von Silberblechen
Und Silberstickerein;
Es machte auf schwarzem Grunde
Das Silber den schönsten Effekt.

Den Wagen zogen sechs Rosse,
In schwarzen Decken vermummt;
Die fielen gleich Trauermänteln
Bis zu den Hufen hinab.

Dicht hinter dem Sarge gingen
Bediente in schwarzer Livree,
Schneeweiße Schnupftücher haltend
Vor dem kummerroten Gesicht.

Sämtliche Honoratioren
Der Stadt, ein langer Zug
Von schwarzen Paradekutschen,
Wackelte hinten nach.

> In diesem Leichenzuge,
> Versteht sich, befanden sich auch
> Die Herren vom hohen Rate,
> Doch waren sie nicht komplett.

> Es fehlte jener, der gerne
> Fasanen mit Trüffeln aß;
> War kurz vorher gestorben
> An einer Indigestion.

XIII

Die Launen der Verliebten

(Eine wahre Geschichte, nach ältern Dokumenten wiedererzählt und aufs neue in schöne deutsche Reime gebracht)

> Der Käfer saß auf dem Zaun, betrübt;
> Er hat sich in eine Fliege verliebt.

> Du bist, o Fliege meiner Seele,
> Die Gattin, die ich auserwähle.

> Heirate mich und sei mir hold!
> Ich hab einen Bauch von eitel Gold.

> Mein Rücken ist eine wahre Pracht;
> Da flammt der Rubin, da glänzt der Smaragd.

> O daß ich eine Närrin wär!
> Ein'n Käfer nehm ich nimmermehr.

> Mich lockt nicht Gold, Rubin und Smaragd;
> Ich weiß, daß Reichtum nicht glücklich macht.

Nach Idealen schwärmt mein Sinn,
Weil ich eine stolze Fliege bin. –

Der Käfer flog fort mit großem Grämen; 15
Die Fliege ging ein Bad zu nehmen.

Wo ist denn meine Magd die Biene,
Daß sie beim Waschen mich bediene;

Daß sie mir streichle die feine Haut,
Denn ich bin eines Käfers Braut. 20

Wahrhaftig, ich mach eine große Partie;
Viel schöneren Käfer gab es nie.

Sein Rücken ist eine wahre Pracht;
Da flammt der Rubin, da glänzt der Smaragd.

Sein Bauch ist gülden, hat noble Züge; 25
Vor Neid wird bersten gar manche Schmeißfliege.

Spute dich, Bienchen, und frisier mich,
Und schnüre die Taille und parfümier mich;

Reib mich mit Rosenessenzen, und gieße
Lavendelöl auf meine Füße, 30

Damit ich gar nicht stinken tu,
Wenn ich in des Bräutgams Armen ruh.

Schon flirren heran die blauen Libellen,
Und huldigen mir als Ehrenmamsellen.

Sie winden mir in den Jungfernkranz 35
Die weiße Blüte der Pomeranz.

Viel Musikanten sind eingeladen,
Auch Sängerinnen, vornehme Zikaden.

Rohrdommel und Horniß, Bremse und Hummel,
Die sollen trompeten und schlagen die Trummel;

Sie sollen aufspielen zum Hochzeitfest –
Schon kommen die bunt beflügelten Gäst,

Schon kommt die Familie, geputzt und munter;
Gemeine Insekten sind viele darunter.

Heuschrecken und Wespen, Muhmen und Basen,
Sie kommen heran – Die Trompeten blasen.

Der Pastor Maulwurf im schwarzen Ornat,
Da kommt er gleichfalls – es ist schon spat.

Die Glocken läuten, bim-bam, bim-bam –
Wo bleibt mein liebster Bräutigam? – –

Bim-bam, bim-bam, klingt Glockengeläute,
Der Bräutgam aber flog fort ins Weite.

Die Glocken läuten, bim-bam, bim-bam –
Wo bleibt mein liebster Bräutigam?

Der Bräutigam hat unterdessen
Auf einem fernen Misthaufen gesessen.

Dort blieb er sitzen sieben Jahr,
Bis daß die Braut verfaulet war.

XIV
Mimi

Bin kein sittsam Bürgerkätzchen,
Nicht im frommen Stübchen spinn ich.
Auf dem Dach, in freier Luft,
Eine freie Katze bin ich.

Wenn ich sommernächtlich schwärme,   5
Auf dem Dache, in der Kühle,
Schnurrt und knurrt in mir Musik,
Und ich singe was ich fühle.

Also spricht sie. Aus dem Busen
Wilde Brautgesänge quellen,   10
Und der Wohllaut lockt herbei
Alle Katerjunggesellen.

Alle Katerjunggesellen,
Schnurrend, knurrend, alle kommen,
Mit Mimi zu musizieren,   15
Liebelechzend, lustentglommen.

Das sind keine Virtuosen,
Die entweiht jemals für Lohngunst
Die Musik, sie blieben stets
Die Apostel heilger Tonkunst.   20

Brauchen keine Instrumente,
Sie sind selber Bratsch und Flöte;
Eine Pauke ist ihr Bauch,
Ihre Nasen sind Trompeten.

Sie erheben ihre Stimmen   25
Zum Konzert gemeinsam jetzo;
Das sind Fugen, wie von Bach
Oder Guido von Arezzo.

Das sind tolle Symphonien,
Wie Capricen von Beethoven
Oder Berlioz, der wird
Schnurrend, knurrend, übertroffen.

Wunderbare Macht der Töne!
Zauberklänge sonder Gleichen!
Sie erschüttern selbst den Himmel
Und die Sterne dort erbleichen.

Wenn sie hört die Zauberklänge,
Wenn sie hört die Wundertöne,
So verhüllt ihr Angesicht
Mit dem Wolkenflor Selene.

Nur das Lästermaul, die alte
Primadonna Philomele
Rümpft die Nase, schnupft und schmäht
Mimis Singen – kalte Seele!

Doch gleichviel! Das musiziert,
Trotz dem Neide der Signora,
Bis am Horizont erscheint
Rosig lächelnd Fee Aurora.

XV

Guter Rat

Laß dein Grämen und dein Schämen!
Werbe keck und fordre laut,
Und man wird sich dir bequemen,
Und du führest heim die Braut.

Wirf dein Gold den Musikanten,
Denn die Fiedel macht das Fest;
Küsse deine Schwiegertanten,
Denkst du gleich: Hol euch die Pest!

Rede gut von einem Fürsten
Und nicht schlecht von einer Frau;
Knickre nicht mit deinen Würsten,
Wenn du schlachtest eine Sau.

Ist die Kirche dir verhaßt, Tor,
Desto öfter geh hinein;
Zieh den Hut ab vor dem Pastor,
Schick ihm auch ein Fläschchen Wein.

Fühlst du irgendwo ein Jücken,
Kratze dich als Ehrenmann;
Wenn dich deine Schuhe drücken,
Nun, so zieh Pantoffeln an.

Hat versalzen dir die Suppe
Deine Frau, bezähm die Wut,
Sag ihr lächelnd: Süße Puppe,
Alles was du kochst, ist gut.

Trägt nach einem Shawl Verlangen
Deine Frau, so kauf ihr zwei;
Kauf ihr Spitzen, goldne Spangen
Und Juwelen noch dabei.

Wirst du diesen Rat erproben,
Dann, mein Freund! genießest du
Einst das Himmelreich dort oben,
Und du hast auf Erden Ruh.

XVI

Erinnerung an Hammonia

Waisenkinder, zwei und zwei,
Wallen fromm und froh vorbei,
Tragen alle blaue Röckchen,
Haben alle rote Bäckchen –
O, die hübschen Waisenkinder!

Jeder sieht sie an gerührt,
Und die Büchse klingeliert;
Von geheimen Vaterhänden
Fließen ihnen reiche Spenden –
O, die hübschen Waisenkinder!

Frauen, die gefühlvoll sind,
Küssen manchem armen Kind
Sein Rotznäschen und sein Schnütchen,
Schenken ihm ein Zuckerdütchen –
O, die hübschen Waisenkinder!

Schmuhlchen wirft verschämten Blicks
Einen Taler in die Büchs –
Denn er hat ein Herz – und heiter
Schleppt er seinen Zwerchsack weiter.
O, die hübschen Waisenkinder!

Einen goldnen Louisdor
Gibt ein frommer Herr; zuvor
Guckt er in die Himmelshöhe,
Ob der liebe Gott ihn sähe?
O, die hübschen Waisenkinder!

Litzenbrüder, Arbeitsleut,
Hausknecht, Küper, feiern heut;
Werden manche Flasche leeren
Auf das Wohlsein dieser Gören –
O, die hübschen Waisenkinder! 30

Schutzgöttin Hammonia
Folgt dem Zug incognita,
Stolz bewegt sie die enormen
Massen ihrer hintern Formen –
O, die hübschen Waisenkinder! 35

Vor dem Tor, auf grünem Feld,
Rauscht Musik im hohen Zelt,
Das bewimpelt und beflittert;
Dorten werden abgefüttert
Diese hübschen Waisenkinder. 40

Sitzen dort in langer Reih,
Schmausen gütlich süßen Brei,
Torten, Kuchen, leckre Speischen,
Und sie knuspern wie die Mäuschen,
Diese hübschen Waisenkinder. 45

Leider kommt mir in den Sinn
Jetzt ein Waisenhaus, worin
Kein so fröhliches Gastieren;
Gar elendig lamentieren
Dort Millionen Waisenkinder. 50

Die Montur ist nicht egal,
Manchem fehlt das Mittagsmahl;
Keiner geht dort mit dem andern,
Einsam, kummervoll dort wandern
Viel Millionen Waisenkinder. 55

XVII
Schnapphahn und Schnapphenne

Derweilen auf dem Lotterbette
Mich Lauras Arm umschlang – der Fuchs,
Ihr Herr Gemahl, aus meiner Buchs
Stibitzt er mir die Bankbillete.

5 Da steh ich nun mit leeren Taschen!
War Lauras Kuß gleichfalls nur Lug?
Ach! Was ist Wahrheit? Also frug
Pilat und tät die Händ sich waschen.

Die böse Welt, die so verdorben,
10 Verlaß ich bald, die böse Welt.
Ich merke, hat der Mensch kein Geld,
So ist der Mensch schon halb gestorben.

Nach euch, ihr ehrlich reinen Seelen,
Die ihr bewohnt das Reich des Lichts,
15 Sehnt sich mein Herz. Dort braucht ihr nichts,
Und braucht deshalb auch nicht zu stehlen.

XVIII
Jung-Katerverein für Poesie-Musik

Der philharmonische Katerverein
War auf dem Dache versammelt
Heut Nacht – doch nicht aus Sinnenbrunst;
Da ward nicht gebuhlt und gerammelt.

5 Es paßt kein Sommernachtshochzeitstraum,
Es passen nicht Lieder der Minne
Zur Winterjahrzeit, zu Frost und Schnee;
Gefroren war jede Rinne.

Auch hat überhaupt ein neuer Geist
Der Katzenschaft sich bemeistert;
Die Jugend zumal, der Jung-Kater ist
Für höheren Ernst begeistert.

Die alte frivole Generation
Verröchelt; ein neues Bestreben,
Ein Katzenfrühling der Poesie
Regt sich in Kunst und Leben.

Der philharmonische Katerverein,
Er kehrt zur primitiven
Kunstlosen Tonkunst jetzt zurück,
Zum schnauzenwüchsig Naiven.

Er will die Poesiemusik,
Rouladen ohne Triller,
Die Instrumental- und Vokalpoesie,
Die keine Musik ist, will er.

Er will die Herrschaft des Genies,
Das freilich manchmal stümpert,
Doch in der Kunst oft unbewußt
Die höchste Staffel erklimpert.

Er huldigt dem Genie, das sich
Nicht von der Natur entfernt hat,
Sich nicht mit Gelehrsamkeit brüsten will
Und wirklich auch nichts gelernt hat.

Dies ist das Programm des Katervereins,
Und voll von diesem Streben
Hat er sein erstes Winterkonzert
Heut nacht auf dem Dache gegeben.

Doch schrecklich war die Exekution
Der großen Idee, der pompösen –
Häng dich, mein teurer Berlioz,
Daß du nicht dabei gewesen!

Das war ein Charivari, als ob
Einen Kuhschwanzhopsaschleifer
Plötzlich aufspielten, branntweinberauscht,
Drei Dutzend Dudelsackpfeifer.

Das war ein Tauhu-Wauhu, als ob
In der Arche Noä anfingen
Sämtliche Tiere unisono
Die Sündflut zu besingen.

O, welch ein Krächzen und Heulen und Knurrn,
Welch ein Miaun und Gegröhle!
Die alten Schornsteine stimmten ein
Und schnauften Kirchenchoräle.

Zumeist vernehmbar war eine Stimm,
Die kreischend zugleich und matte
Wie einst die Stimme der Sontag war,
Als sie keine Stimme mehr hatte.

Das tolle Konzert! Ich glaube, es ward
Ein großes Tedeum gesungen,
Zur Feier des Siegs, den über Vernunft
Der frechste Wahnsinn errungen.

Vielleicht auch ward vom Katerverein
Die große Oper probieret,
Die Ungarns größter Pianist
Für Charenton komponieret.

Es hat bei Tagesanbruch erst 65
Der Sabbat ein Ende genommen;
Eine schwangere Köchin ist dadurch
Zu früh in die Wochen gekommen.

Die sinnebetörte Wöchnerin
Hat ganz das Gedächtnis verloren; 70
Sie weiß nicht mehr, wer der Vater ist
Des Kindes, das sie geboren.

War es der Peter? War es der Paul?
Sag, Lise, wer ist der Vater?
Die Lise lächelt verklärt und spricht: 75
O Liszt du himmlischer Kater! ...

XIX
Hans ohne Land

Leb wohl, mein Weib, sprach Hans ohne Land,
Mich rufen hohe Zwecke;
Ein andres Waidwerk harret mein,
Ich schieße jetzt andre Böcke.

Ich laß dir mein Jagdhorn zurück, du kannst 5
Mit Tuten, wenn ich entfernet,
Die Zeit vertreiben; du hast ja zu Haus
Das Posthorn blasen gelernet.

Ich laß dir auch meinen Hund zurück,
Daß er die Burg behüte; 10
Mich selbst bewache mein deutsches Volk
Mit pudeltreuem Gemüte.

Sie bieten mir an die Kaiserkron,
Die Liebe ist kaum zu begreifen;
Sie tragen mein Bild in ihrer Brust
Und auf den Tabakspfeifen.

Ihr Deutschen seid ein großes Volk,
So simpel und doch so begabet!
Man sieht euch wahrhaftig nicht an, daß ihr
Das Pulver erfunden habet.

Nicht Kaiser, Vater will ich euch sein,
Ich werde euch glücklich machen –
O schöner Gedanke! er macht mich so stolz,
Als wär ich die Mutter der Gracchen.

Nicht mit dem Verstand, nein, mit dem Gemüt
Will ich mein Volk regieren;
Ich bin kein Diplomatikus
Und kann nicht politisieren.

Ich bin ein Jäger, ein Mensch der Natur,
Im Walde aufgewachsen
Mit Gemsen und Schnepfen, mit Rehbock und Sau,
Ich mache nicht Worte, nicht Faxen.

Ich ködre durch keine Proklamation,
Durch keinen gedruckten Lockwisch;
Ich sage: Mein Volk, es fehlt der Lachs,
Begnüge dich heut mit dem Stockfisch.

Gefall ich dir nicht als Kaiser, so nimm
Den ersten besten Lausangel.
Ich habe zu essen auch ohne dich,
Ich litt in Tirol nicht Mangel.

So red ich; doch jetzt, mein Weib, leb wohl!
Ich kann nicht länger weilen;
Des Schwiegervaters Postillon
Erwartet mich schon mit den Gäulen.

Reich mir geschwind die Reisemütz 45
Mit dem schwarz-rot-goldnen Bande –
Bald siehst du mich mit dem Diadem
Im alten Kaisergewande.

Bald schaust du mich in dem Pluvial,
Dem Purpurtalar, dem schönen, 50
Den weiland dem Kaiser Otto geschenkt
Der Sultan der Sarazenen.

Darunter trag ich die Dalmatika,
Worin gestickt mit Juwelen
Ein Zug von fabelhaftem Getier, 55
Von Löwen und Kamelen.

Ich trage die Stola auf der Brust,
Die ist gezieret bedeutsam
Mit schwarzen Adlern im gelben Grund;
Die Tracht ist äußerst kleidsam. 60

Leb wohl! Die Nachwelt wird sagen, daß ich
Verdiente, die Krone zu tragen –
Wer weiß? Die Nachwelt wird vielleicht
Halt gar nichts von mir sagen.

XX
Erinnerung aus
Krähwinkels Schreckenstagen

Wir Bürgermeister und Senat,
Wir haben folgendes Mandat
Stadtväterlichst an alle Klassen
Der treuen Bürgerschaft erlassen.

Ausländer, Fremde, sind es meist,
Die unter uns gesät den Geist
Der Rebellion. Dergleichen Sünder,
Gottlob! sind selten Landeskinder.

Auch Gottesleugner sind es meist;
Wer sich von seinem Gotte reißt,
Wird endlich auch abtrünnig werden
Von seinen irdischen Behörden.

Der Obrigkeit gehorchen, ist
Die erste Pflicht für Jud und Christ.
Es schließe jeder seine Bude
Sobald es dunkelt, Christ und Jude.

Wo ihrer drei beisammen stehn,
Da soll man auseinander gehn.
Des Nachts soll niemand auf den Gassen
Sich ohne Leuchte sehen lassen.

Es liefre seine Waffen aus
Ein jeder in dem Gildenhaus;
Auch Munition von jeder Sorte
Wird deponiert am selben Orte.

Wer auf der Straße räsoniert,
Wird unverzüglich füsiliert;
Das Räsonieren durch Gebärden
Soll gleichfalls hart bestraft werden.

Vertrauet Eurem Magistrat,
Der fromm und liebend schützt den Staat 30
Durch huldreich hochwohlweises Walten;
Euch ziemt es, stets das Maul zu halten.

XXI

Die Audienz

(Eine alte Fabel)

Ich laß nicht die Kindlein, wie Pharao,
Ersäufen im Nilstromwasser;
Ich bin auch kein Herodestyrann,
Kein Kinderabschlachtenlasser.

Ich will, wie einst mein Heiland tat, 5
Am Anblick der Kinder mich laben;
Laß zu mir kommen die Kindlein, zumal
Das große Kind aus Schwaben.

So sprach der König; der Kämmerer lief,
Und kam zurück und brachte 10
Herein das große Schwabenkind,
Das seinen Diener machte.

Der König sprach: Du bist wohl ein Schwab?
Das ist just keine Schande.
Geraten! erwidert der Schwab, ich bin 15
Geboren im Schwabenlande.

Stammst du von den sieben Schwaben ab?
Frug jener. Ich tu abstammen
Nur von einem einzgen, erwidert der Schwab,
Doch nicht von allen zusammen. 20

Der König frug ferner: Sind dieses Jahr
Die Knödel in Schwaben geraten?
Ich danke der Nachfrag, antwortet der Schwab,
Sie sind sehr gut geraten.

25 Habt ihr noch große Männer? frug
Der König. Im Augenblicke
Fehlt es an großen, erwidert der Schwab,
Wir haben jetzt nur dicke.

Hat Menzel, frug weiter der König, seitdem
30 Noch viel Maulschellen erhalten?
Ich danke der Nachfrag, erwidert der Schwab,
Er hat noch genug an den alten.

Der König sprach: Du bist nicht so dumm,
Als wie du aussiehst, mein Holder.
35 Das kommt, erwidert der Schwab, weil mich
In der Wiege vertauscht die Kobolder.

Der König sprach: Es pflegt der Schwab
Sein Vaterland zu lieben –
Nun sage mir, was hat dich fort
40 Aus deiner Heimat getrieben?

Der Schwabe antwortet: Tagtäglich gab's
Nur Sauerkraut und Rüben;
Hätt meine Mutter Fleisch gekocht,
So wär ich dort geblieben.

45 Erbitte dir eine Gnade, sprach
Der König. Da kniete nieder
Der Schwabe und rief: O geben Sie, Sire,
Dem Volke die Freiheit wieder!

Der Mensch ist frei, es hat die Natur
Ihn nicht geboren zum Knechte –
O geben Sie, Sire, dem deutschen Volk
Zurück seine Menschenrechte!

Der König stand erschüttert tief –
Es war eine schöne Szene; –
Mit seinem Rockärmel wischte sich
Der Schwab aus dem Auge die Träne.

Der König sprach endlich: Ein schöner Traum! –
Leb wohl, und werde gescheiter;
Und da du ein Somnambülericht,
So geb ich dir zwei Begleiter,

Zwei sichre Gendarmen, die sollen dich
Bis an die Grenze führen –
Leb wohl! ich muß zur Parade gehn,
Schon hör ich die Trommel rühren.

So hat die rührende Audienz
Ein rührendes Ende genommen.
Doch ließ der König seitdem nicht mehr
Die Kindlein zu sich kommen.

XXII

Kobes I.

Im Jahre achtundvierzig hielt,
Zur Zeit der großen Erhitzung,
Das Parlament des deutschen Volks
Zu Frankfurt seine Sitzung.

Damals ließ auch auf dem Römer dort
Sich sehen die weiße Dame,
Das unheilkündende Gespenst;
Die Schaffnerin ist sein Name.

Man sagt, sie lasse sich jedesmal
Des Nachts auf dem Römer sehen,
So oft einen großen Narrenstreich
Die lieben Deutschen begehen.

Dort sah ich sie selbst um jene Zeit
Durchwandeln die nächtliche Stille
Der öden Gemächer, wo aufgehäuft
Des Mittelalters Gerülle.

Die Lampe und ein Schlüsselbund
Hielt sie in den bleichen Händen;
Sie schloß die großen Truhen auf
Und die Schränke an den Wänden.

Da liegen die Kaiserinsignia,
Da liegt die goldne Bulle,
Das Szepter, die Krone, der Apfel des Reichs
Und manche ähnliche Schrulle.

Da liegt das alte Kaiserornat,
Verblichen purpurner Plunder,
Die Garderobe des deutschen Reichs,
Verrostet, vermodert jetzunder.

Die Schaffnerin schüttelt wehmütig das Haupt
Bei diesem Anblick, doch plötzlich
Mit Widerwillen ruft sie aus:
Das alles stinkt entsetzlich!

Das alles stinkt nach Mäusedreck,
Das ist verfault und verschimmelt,
Und in dem stolzen Lumpenkram
Das Ungeziefer wimmelt.

Wahrhaftig, auf diesem Hermelin,
Dem Krönungsmantel, dem alten,
Haben die Katzen des Römerquartiers
Ihr Wochenbett gehalten.

Da hilft kein Ausklopfen! Daß Gott sich erbarm
Des künftigen Kaisers! Mit Flöhen
Wird ihn der Krönungsmantel gewiß
Auf Lebenszeit versehen.

Und wisset, wenn es den Kaiser juckt,
So müssen die Völker sich kratzen –
O Deutsche! Ich fürchte, die fürstlichen Flöh,
Die kosten Euch manchen Batzen.

Jedoch wozu noch Kaiser und Flöh?
Verrostet ist und vermodert
Das alte Kostüm – Die neue Zeit
Auch neue Röcke fodert.

Mit Recht sprach auch der deutsche Poet
Zum Rotbart im Kyffhäuser:
»Betracht ich die Sache ganz genau,
So brauchen wir gar keinen Kaiser!«

Doch wollt ihr durchaus ein Kaisertum,
Wollt ihr einen Kaiser küren,
Ihr lieben Deutschen! laßt euch nicht
Von Geist und Ruhm verführen.

Erwählet kein Patrizierkind,
Erwählet einen vom Plebse,
Erwählt nicht den Fuchs und nicht den Leu,
Erwählt den dümmsten der Schöpse.

65 Erwählt den Sohn Colonias,
Den dummen Kobes von Cöllen;
Der ist in der Dummheit fast ein Genie,
Er wird sein Volk nicht prellen.

Ein Klotz ist immer der beste Monarch,
70 Das zeigt Aesop in der Fabel;
Er frißt uns arme Frösche nicht,
Wie der Storch mit dem langen Schnabel.

Seid sicher, der Kobes wird kein Tyrann,
Kein Nero, kein Holofernes;
75 Er hat kein grausam antikes Herz,
Er hat ein weiches, modernes.

Der Krämerstolz verschmähte dies Herz,
Doch an die Brust des Heloten
Der Werkstatt warf der Gekränkte sich
80 Und ward die Blume der Knoten.

Die Brüder der Handwerksburschenschaft
Erwählten zum Sprecher den Kobes;
Er teilte mit ihnen ihr letztes Stück Brot,
Sie waren voll seines Lobes.

85 Sie rühmten, daß er nie studiert
Auf Universitäten,
Und Bücher schrieb aus sich selbst heraus,
Ganz ohne Fakultäten.

Ja, seine ganze Ignoranz
Hat er sich selbst erworben;
Nicht fremde Bildung und Wissenschaft
Hat je sein Gemüt verdorben.

Gleichfalls sein Geist, sein Denken blieb
Ganz frei vom Einfluß abstrakter
Philosophie – Er blieb er selbst!
Der Kobes ist ein Charakter.

In seinem schönen Auge glänzt
Die Träne, die stereotype;
Und eine dicke Dummheit liegt
Beständig auf seiner Lippe.

Er schwätzt und flennt und flennt und schwätzt,
Worte mit langen Ohren!
Eine schwangere Frau, die ihn reden gehört,
Hat einen Esel geboren.

Mit Bücherschreiben und Stricken vertreibt
Er seine müßigen Stunden;
Es haben die Strümpfe, die er gestrickt,
Sehr großen Beifall gefunden.

Apoll und die Musen muntern ihn auf,
Sich ganz zu widmen dem Stricken –
Sie erschrecken, sooft sie in seiner Hand
Einen Gänsekiel erblicken.

Das Stricken mahnt an die alte Zeit
Der Funken. Auf ihren Wachtposten
Standen sie strickend – die Helden von Köln,
Sie ließen die Eisen nicht rosten.

Wird Kobes Kaiser, so ruft er gewiß
Die Funken wieder ins Leben.
Die tapfere Schar wird seinen Thron
Als Kaisergarde umgeben.

Wohl möcht ihn gelüsten, an ihrer Spitz
In Frankreich einzudringen,
Elsaß, Burgund und Lothringerland
An Deutschland zurückzubringen.

Doch fürchtet nichts, er bleibt zu Haus;
Hier fesselt ihn friedliche Sendung,
Die Ausführung einer hohen Idee,
Des Cölner Doms Vollendung.

Ist aber der Dom zu Ende gebaut,
Dann wird sich der Kobes erbosen
Und mit dem Schwerte in der Hand
Zur Rechenschaft ziehn die Franzosen.

Er nimmt ihnen Elsaß und Lothringen ab,
Das sie dem Reiche entwendet,
Er zieht auch siegreich nach Burgund –
Sobald der Dom vollendet.

Ihr Deutsche! bleibt ihr bei eurem Sinn,
Wollt ihr durchaus einen Kaiser,
So sei es ein Karnevalskaiser von Cöln
Und Kobes der Erste heiß' er!

Die Gecken des Cölner Faschingvereins,
Mit klingelnden Schellenkappen,
Die sollen seine Minister sein;
Er trage den Strickstrumpf im Wappen.

Der Drickes sei Kanzler, und nenne sich 145
Graf Drickes von Drickeshausen;
Die Staatsmätresse Marizebill,
Die soll den Kaiser lausen.

In seiner guten, heilgen Stadt Cöln
Wird Kobes residieren – 150
Und hören die Cölner die frohe Mär,
Sie werden illuminieren.

Die Glocken, die eisernen Hunde der Luft,
Erheben ein Freudengebelle,
Und die heilgen drei Kön'ge aus Morgenland 155
Erwachen in ihrer Kapelle.

Sie treten hervor mit dem Klappergebein,
Sie tänzeln vor Wonne und springen.
Halleluja und Kyrie
Eleison hör ich sie singen. – – 160

So sprach das weiße Nachtgespenst,
Und lachte aus voller Kehle;
Das Echo scholl so schauerlich
Durch alle die hallenden Säle.

XXIII
Epilog

Unser Grab erwärmt der Ruhm.
Torenworte! Narrentum!
Eine beßre Wärme gibt
Eine Kuhmagd, die verliebt
Uns mit dicken Lippen küßt
Und beträchtlich riecht nach Mist.
Gleichfalls eine beßre Wärme
Wärmt dem Menschen die Gedärme,
Wenn er Glühwein trinkt und Punsch
Oder Grog nach Herzenswunsch
In den niedrigsten Spelunken,
Unter Dieben und Halunken,
Die dem Galgen sind entlaufen,
Aber leben, atmen, schnaufen,
Und beneidenswerter sind,
Als der Thetis großes Kind –
Der Pelide sprach mit Recht:
Leben wie der ärmste Knecht
In der Oberwelt ist besser,
Als am stygischen Gewässer
Schattenführer sein, ein Heros,
Den besungen selbst Homeros.

Aus dem Umkreis der
Gedichte. 1853 und 1854

Zu Heines Lebzeiten gedruckt

Lied der Marketenderin
(Aus dem Dreißigjährigen Krieg)

Und die Husaren lieb ich sehr,
Ich liebe sehr dieselben;
Ich liebe sie ohne Unterschied,
Die blauen und die gelben.

Und die Musketiere lieb ich sehr,
Ich liebe die Musketiere,
Sowohl Rekrut als Veteran,
Gemeine und Offiziere.

Die Kavallerie und die Infanterie,
Ich liebe sie alle, die Braven;
Auch hab ich bei der Artillerie
Gar manche Nacht geschlummert.

Ich liebe den Deutschen, ich lieb den Franzos,
Den Welschen und Niederländschen,
Ich liebe den Schwed, den Böhm und Spanjol,
Ich lieb in ihnen den Menschen.

Gleichviel von welcher Heimat, gleichviel
Von welchem Glaubensbund ist
Der Mensch, er ist mir lieb und wert,
Wenn nur der Mensch gesund ist.

Das Vaterland und die Religion,
Das sind nur Kleidungstücke –
Fort mit der Hülle! daß ich ans Herz
Den nackten Menschen drücke.

Ich bin ein Mensch und der Menschlichkeit 25
Geb ich mich hin mit Freude;
Und wer nicht gleich bezahlen kann,
Für den hab ich die Kreide.

Der grüne Kranz vor meinem Zelt,
Der lacht im Licht der Sonne; 30
Und heute schenk ich Malvasier
Aus einer frischen Tonne.

Das Hohelied

Des Weibes Leib ist ein Gedicht,
Das Gott der Herr geschrieben
Ins große Stammbuch der Natur,
Als ihn der Geist getrieben.

Ja, günstig war die Stunde ihm, 5
Der Gott war hoch begeistert;
Er hat den spröden, rebellischen Stoff
Ganz künstlerisch bemeistert.

Fürwahr, der Leib des Weibes ist
Das Hohelied der Lieder; 10
Gar wunderbare Strophen sind
Die schlanken, weißen Glieder.

O, welche göttliche Idee
Ist dieser Hals, der blanke,
Worauf sich wiegt der kleine Kopf, 15
Der lockige Hauptgedanke!

Der Brüstchen Rosenknospen sind
Epigrammatisch gefeilet;
Unsäglich entzückend ist die Zäsur,
Die streng den Busen teilet.

Den plastischen Schöpfer offenbart
Der Hüften Parallele;
Der Zwischensatz mit dem Feigenblatt
Ist auch eine schöne Stelle.

Das ist kein abstraktes Begriffspoem!
Das Lied hat Fleisch und Rippen,
Hat Hand und Fuß; es lacht und küßt
Mit schöngereimten Lippen.

Hier atmet wahre Poesie!
Anmut in jeder Wendung!
Und auf der Stirne trägt das Lied
Den Stempel der Vollendung.

Lobsingen will ich dir, o Herr,
Und dich im Staub anbeten!
Wir sind nur Stümper gegen dich,
Den himmlischen Poeten.

Versenken will ich mich, o Herr,
In deines Liedes Prächten;
Ich widme seinem Studium
Den Tag mitsamt den Nächten.

Ja, Tag und Nacht studier ich dran,
Will keine Zeit verlieren;
Die Beine werden mir so dünn –
Das kommt vom vielen Studieren.

Aus der Druckvorlage zu Gedichte. 1853 und 1854 *nachträglich ausgeschieden und zu Heines Lebzeiten nicht gedruckt*

Simplizissimus I.

Der eine kann das Unglück nicht,
Der andre nicht das Glück verdauen.
Durch Männerhaß verdirbt der eine,
Der andre durch die Gunst der Frauen.

Als ich dich sah zum erstenmal,
War fremd dir alles galante Gehöfel;
Es deckten die plebejischen Hände
Noch nicht Glacéhandschuhe von Rehfell.

Das Röcklein, das du trugest, war grün
Und zählte schon sehr viele Lenze;
Die Ärmel zu kurz, zu lang die Schöße
Erinnernd an Bachstelzenschwänze.

Du trugest ein Halstuch, das der Mama
Als Serviette gedienet hatte;
Noch wiegte sich nicht dein Kinn so vornehm
In einer gestickten Atlaskrawatte.

Die Stiefel sahen so ehrlich aus,
Als habe Hans Sachs sie fabriziert;
Noch nicht mit gleißend französischem Firnis,
Sie waren mit deutschem Tran geschmieret.

Nach Bisam und Moschus rochest du nicht,
Am Halse hing noch keine Lorgnette,
Du hattest noch keine Weste von Sammet
Und keine Frau und goldne Kette.

Aus dem Umkreis der Gedichte. 1853 und 1854

25 Du trugest dich zu jener Zeit
    Ganz nach der allerneusten Mode
    Von Schwäbisch-Hall – Und dennoch damals
    War deines Lebens Glanzperiode.

    Du hattest Haare auf dem Kopf,
30 Und unter den Haaren, groß und edel,
    Wuchsen Gedanken – aber jetzo
    Ist kahl und leer dein armer Schädel.

    Verschwunden ist auch der Lorbeerkranz,
    Der dir bedecken könnte die Glatze –
35 Wer hat dich so gerauft? Wahrhaftig,
    Siehst aus wie eine geschorene Katze!

    Die goldnen Dukaten des Schwiegerpapas,
    Des Seidenhändlers, sind auch zerronnen –
    Der Alte klagt: bei der deutschen Dichtkunst
40 Habe er keine Seide gesponnen.

    Ist das der Lebendige, der die Welt
    Mit all ihren Knödeln, Dampfnudeln und Würsten
    Verschlingen wollte, und in den Hades
    Verwies den Pückler-Muskau, den Fürsten?

45 Ist das der irrende Ritter, der einst,
    Wie jener andre, der Manchaner,
    Absagebriefe schrieb an Tyrannen,
    Im Stile der kecksten Terzianer?

    Ist das der Generalissimus
50 Der deutschen Freiheit, der Gonfaloniere
    Der Emanzipation, der hoch zu Rosse
    Einherritt vor seinem Freischarenheere?

Der Schimmel, den er ritt, war weiß,
Wie alle Schimmel, worauf die Götter
Und Helden geritten, die längst verschimmelt: 55
Begeistrung jauchzte dem Vaterlandsretter.

Er war ein reitender Virtuos,
Ein Liszt zu Pferde, ein somnambüler
Marktschreier, Hansnarr, Philistergünstling,
Ein miserabler Heldenspieler!   60

Als Amazone ritt neben ihm
Die Gattin mit der langen Nase;
Sie trug auf dem Hut eine kecke Feder,
Im schönen Auge blitzte Ekstase.

Die Sage geht, es habe die Frau   65
Vergebens bekämpft den Kleinmut des Gatten,
Als Flintenschüsse seine zarten
Unterleibsnerven erschüttert hatten.

Sie sprach zu ihm: »Sei jetzt kein Has,
Entmemme dich deiner verzagten Gefühle,   70
Jetzt gilt es zu siegen oder zu sterben –
Die Kaiserkrone steht auf dem Spiele.

Denk an die Not des Vaterlands
Und an die eignen Schulden und Nöten.
In Frankfurt laß ich dich krönen, und Rothschild   75
Borgt dir wie andren Majestäten.

Wie schön der Mantel von Hermelin
Dich kleiden wird! Das Vivatschreien,
Ich hör es schon; ich seh auch die Mädchen,
Die weißgekleidet dir Blumen streuen« –   80

Vergebliches Mahnen! Antipathien
Gibt es, woran die Besten siechen.
Wie Goethe nicht den Rauch des Tabaks,
Kann unser Held kein Pulver riechen.

Die Schüsse knallen – der Held erblaßt,
Er stottert manche unsinnige Phrase,
Er phantasiert gelb – die Gattin
Hält sich das Tuch vor der langen Nase.

So geht die Sage – Ist sie wahr?
Wer weiß es? Wir Menschen sind nicht vollkommen.
Sogar der große Horazius Flaccus
Hat in der Schlacht Reißaus genommen.

Das ist auf Erden des Schönen Los!
Die Feinen gehn unter, ganz wie die Plumpen;
Ihr Lied wird Makulatur, sie selber,
Die Dichter, werden am Ende Lumpen.

Erlauschtes

»O kluger Jekef, wie viel hat dir
Der lange Christ gekostet,
Der Gatte deines Töchterleins?
Sie war schon ein bißchen verrostet.

Du zahltest sechzigtausend Mark?
Du zahltest vielleicht auch siebzig?
Ist nicht zu viel für Christenfleisch –
Dein Töchterlein war so schnippisch.

Ich bin ein Schlemihl! Wohl doppelt so viel
Hat man mir abgenommen,
Und hab für all mein schönes Geld
Nur Schund, nur Schofel bekommen.«

Der kluge Jekef lächelt so klug,
Und spricht wie Nathan der Weise:
»Du gibst zu viel und zu rasch, mein Freund,
Und du verdirbst uns die Preise.

Du hast nur dein Geschäft im Kopf,
Denkst nur an Eisenbahne;
Doch ich bin ein Müßiggänger, ich geh
Spazieren und brüte Plane.

Wir überschätzen die Christen zu sehr,
Ihr Wert hat abgenommen;
Ich glaube, für hunderttausend Mark
Kannst du einen Papst bekommen.

Ich hab für mein zweites Töchterlein
Jetzt einen Bräutgam in Petto,
Der ist Senator und mißt sechs Fuß,
Hat keine Cousinen im Ghetto.

Nur vierzigtausend Mark Kurant
Geb ich für diesen Christen;
Die Hälfte der Summe zahl ich komptant,
Den Rest verzinst in Fristen.

Mein Sohn wird Bürgermeister einst,
Trotz seinem hohen Rücken;
Ich setz es durch – der Wantram soll
Sich vor meinem Samen bücken.

Mein Schwager, der große Spitzbub, hat
Mir gestern zugeschworen:
Du kluger Jekef, es geht an dir
Ein Taillerand verloren.«

Das waren die Worte, die mir einst,
Als ich spazieren gegangen
Zu Hamburg auf dem Jungfernstieg,
Ans Ohr vorüberklangen.

Lyrischer Nachlaß

Bimini

Prolog

Wunderglaube, blaue Blume,
Die verschollen jetzt, wie prachtvoll
Blühte sie im Menschenherzen
Zu der Zeit von der wir singen.

Wunderglaubenszeit! Ein Wunder
War sie selbst. So viele Wunder
Gab es damals, daß der Mensch
Sich nicht mehr darob verwundert

Wie im kühlsten Werkeltagslicht
Der Gewohnheit sah der Mensch
Manchmal Dinge, Wunderdinge
Welche überflügeln konnten

In der Tollheit selbst die tollsten
Fabeleien in Legenden
Frommer hirnverbrannter Mönche
Und in alten Ritterbüchern.

Eines Morgens, bräutlich blühend,
Tauchte aus des Ozeanes
Blauen Fluten ein Meerwunder,
Eine ganze neue Welt –

Eine neue Welt mit neuen
Menschensorten, neuen Bestien,
Neuen Bäumen, Blumen, Vögeln
Und mit neuen Weltkrankheiten!

Unterdessen unsre alte
Unsre eigne alte Welt
Umgestaltet ganz verwandelt
Wunderbarlich wurde sie

Durch Erfindnisse des Geistes
Des modernen Zaubergeistes
Durch die Schwarzkunst Berthold Schwarzes
Und die noch viel schlimmre Schwarzkunst

Eines Mainzer Teufelbanners
So wie auch durch die Magie
Welche waltet in den Büchern
Die von bärtgen Hexenmeistern

Aus Byzanz und aus Egypten
Uns gebracht und hübsch verdolmetscht –
Buch der Schönheit heißt das eine,
Buch der Wahrheit heißt das andre.

Beide aber hat Gott selber
Abgefaßt in zwei verschiednen
Himmelsprachen und er schrieb sie
Wie wir glauben, eigenhändig

Durch die kleine Zitternadel
Die des Seemanns Wünschelrute
Fand derselbe damals auch
Einen Weg nach India,

Nach der langgesuchten Heimat
Der Gewürze, wo sie sprießen
Schier in liederlicher Fülle
Manchmal gar am Boden ranken

Die phantastischen Gewächse
Kräuter, Blumen, Stauden, Bäume,
Die des Pflanzenreiches Adel
Oder Kronjuwelen sind,

Jene seltnen Spezereien,
Mit geheimnisvollen Kräften,
Die den Menschen oft genesen
Öfter auch erkranken machen –

Jenachdem sie mischt die Hand
Eines klugen Apothekers
Oder eines dummen Ungars
Aus dem ... Banat

Als sich nun die Gartenpforte
Indias erschloß – balsamisch
Wogend jetzt ein Meer von Weihrauch
Eine Sündflut von wollustig

Ungeheuerlichen Düften,
Sinnberauschend, sinnbetäubend
Strömte plötzlich in das Herz
In das Herz der alten Welt.

Wie gepeitscht von Feuerbränden
Flammenruten, in der Menschen
Adern raste jetzt das Blut,
Lechzend nach Genuß und Gold –

Doch das Gold allein blieb Losung,
Denn durch Gold, den gelben Kuppler
Kann sich jeder leicht verschaffen
Alle irdischen Genüsse.

Gold war jetzt das erste Wort
Das der Spanier sprach, beim Eintritt
In des Indianers Hütte –
Erst nachher frug er nach Wasser.

Mexiko und Peru sahen 85
Dieses Golddursts Orgia,
Cortez und Pizarro wälzten
Goldbesoffen sich im Golde

I

Männer wie Columbus, Cortes,
Und Pizarro und Bilbao,
Habt ihr in der Schul auswendig
Schon gelernt. Ihr kennt sie gut.

Wenig oder gar nicht kennt ihr 5
Ihren Zeit- und Zunftgenossen
Jenen Wasserabenteurer
Namens Juan Ponce de Leon

Welcher Florida entdeckte
Aber jahrelang vergebens 10
Aufgesucht die Wunderinsel
Seiner Sehnsucht, Bimini.

Bimini! bei deines Namens
Holdem Klang, in meiner Brust
Pochen die scheintoten Wünsche 15
Die dort eingesargt zu frühe –

Auch entschlafne Jugendträume
Schlagen die bestäubten Wimpern
Wieder auf und schaun mich an
Fast befremdet, fast mitleidig – 20

Während aus der Wahnsinntiefe
Der Erinnerung herauftönt
Wie ein Jauchzen und ein Schluchsen
Von totwunden Nachtigallen, –

Und dazwischen klingen Flöten
Und Schalmeien, Tanzmusik,
Nachhall längstverschollner Lenze,
Melancholisch überlustig.

Bimini – mich selbst erfaßt
Tolles Sehnen und ich schüttle
Mich so stürmisch, daß die Nähte
Meiner Narrenjacke platzen.

Hilf mir Muse, kluge Bergfee
Des Parnasses, Gottestochter,
Steh mir bei jetzt und bewähre
Die Magie der edlen Dichtkunst –

Zeige daß du hexen kannst
Und verwandle flugs mein Lied
In ein Schiff, ein Zauberschiff
Das mich bringt nach Bimini.

Kaum hab ich das Wort gesprochen
Geht mein Wunsch schon in Erfüllung,
Und vom Stapel des Gedankens
Läuft herab das Zauberschiff.

Wer will mit nach Bimini?
Steiget ein, Ihr Herrn und Damen
Wind und Wetter dienend bringet
Euch mein Schiff nach Bimini.

Leidet Ihr am Zipperlein?
Edle Herren? Schöne Damen
Habt Ihr auf der weißen Stirn
Schon ein Rünzelchen entdecket?

Folget mir nach Bimini –
Dorten werdet Ihr genesen
Von den schändlichen Gebresten;
Hydropathisch ist die Kur!

Fürchtet nichts, Ihr Herrn und Damen,
Sehr solide ist mein Schiff
Aus Trochäen stark wie Eichen
Sind gezimmert Kiel und Planken.

Fantasie sitzt an dem Steuer,
Gute Laune bläht die Segel
Schiffsjung ist der Witz, der flinke,
Ob Verstand an Bord? Ich weiß nicht!

Meine Rahen sind Metaphern
Die Hyperbel ist mein Mastbaum
Schwarz-rot-gold ist meine Flagge,
Fabelfarben der Romantik –

Trikolore Barbarossas,
Wie ich weiland sie gesehen
Im Kyffhäuser und zu Frankfurt
In dem Dome von Sankt Paul.

In dem Meer der Märchenwelt,
In dem blauen Märchenweltmeer,
Zieht mein Schiff, mein Zauberschiff
Seine träumerischen Furchen –

Funkenstäubend, mir voran,
In dem wogenden Azur
Plätschert, tummelt sich ein Heer
Von großkopfigen Delphinen –

Und auf ihrem Rücken reiten
Meine Wasserpostillione,
Amoretten, die pausbäckig
Auf bizarren Muschelhörnern

Schallende Fanfaren blasen –
Aber horch! da unten klingt
Aus der Meerestiefe plötzlich
Ein Gekicher und Gelächter?

Ach, ich kenne diese Laute,
Diese süßmokanten Stimmen –
Das sind schnippische Undinen
Nixen, welche skeptisch spötteln

Über mich, mein Narrenschiff,
Meine Narrenpassagiere,
Über meine Narrenfahrt,
Nach der Insel Bimini.

II

Einsam auf dem Strand von Cuba
Vor dem stillen Wasserspiegel,
Steht ein Mensch und er betrachtet
In der Flut sein Konterfei.

Dieser Mensch ist alt, doch spanisch
Kerzensteif ist seine Haltung.
Halb seemännisch, halb soldatisch
Ist sein wunderlicher Anzug.

Weite Fischerhosen bauschen
Unter einem Rock von gelber
Elendshaut; von reichgesticktem
Goldstoff ist das Bandelier

Daran hängt die obligate
Lange Klinge von Toledo,
Und vom grauen Filzhut wehen
Blutrot keck die Hahnenfedern

Sie beschatten melancholisch
Ein verwittert Greisenantlitz
Welches Zeit und Zeitgenossen
Übel zugerichtet haben.

Mit den Runzeln die das Alter
Und Strapazen eingegraben
Kreuzen sich fatale Narben
Schlechtgeflickter Säbelhiebe.

Eben nicht mit sonderlichem
Wohlgefallen scheint der Greis
In dem Wasser zu betrachten
Sein bekümmert Spiegelbildnis.

Wie abwehrend streckt er manchmal
Seine beiden Hände aus,
Schüttelt dann das Haupt, und seufzend
Spricht er endlich zu sich selber:

Ist das Juan Ponce de Leon,
Der als Page an dem Hofe
Von Don Gomez trug die stolze
Schleppe der Alkadentochter?

Schlank und luftig war der Fant,
Und die goldnen Locken spielten
Um das Haupt das voll von Leichtsinn
Und von rosigen Gedanken.

Alle Damen von Sevillia
Kannten seines Pferdes Hufschlag
Und sie flogen rasch ans Fenster
Wenn er durch die Straßen ritt.

Rief der Reiter seinen Hunden,
Mit der Zung am Gaumen schnalzend,
Dann durchdrang der Laut die Herzen
Hocherrötend schöner Frauen.

Ist das Juan Ponce de Leon
Der ein Schreck der Mohren war
Und als wären's Distelköpfe
Niederhieb die Turbanhäupter?

Auf dem Blachfeld vor Granada
Und im Angesicht des ganzen
Christenheers hat Don Gonzalvo
Mir den Ritterschlag erteilet.

An dem Abend jenes Tages,
In dem Zelte der Infantin
Tanzte ich, beim Klang der Geigen
Mit des Hofes schönen Damen.

Aber weder Klang der Geigen
Noch Gekose schöner Damen
Habe ich gehört am Abend
Jenes Tages – Wie ein Füllen

Stampfte ich des Zeltes Boden
Und vernahm nur das Geklirre
Nur das liebliche Geklirre
Meiner ersten goldnen Sporen.

Mit den Jahren kam der Ernst
Und der Ehrgeiz und ich folgte
Dem Columbus auf der zweiten
Großen Weltentdeckungsreise.

Treusam blieb ich ihm ergeben
Diesem andern großen Christoph
Der das Licht des Heils getragen
Zu den Heiden durch das Wasser.

Ich vergesse nicht die Milde
Seines Blickes. Schweigsam litt er
Klagte nur des Nachts den Sternen
Und den Wellen seine Leiden.

Als der Admiral zurückging
Nach Hispanien, nahm ich Dienste
Bei Ojeda und ich schiffte
Mit ihm aus auf Abenteuer

Don Ojeda war ein Ritter
Von der Fußzeh bis zur Scheitel,
Keinen bessern zeigte weiland
König Artus Tafelrunde

Fechten, fechten war die Wollust
Seiner Seele. Heiter lachend
Focht er gegen wilde Rotten
Die ihn zahllos oft umzingelt.

Als ihn traf ein giftger Wurfspieß
Nahm er stracks ein glühend rotes
Eisen, brannte damit aus
Seine Wunde, heiter lachend.

Einst bis an die Hüfte watend
Durch Moräste, deren Ausgang
Unbekannt, aufs Gratewohl
Ohne Speise, ohne Wasser

Hatten wir schon dreizig Tage
Uns dahingeschleppt, von hundert
Zwanzig Mann, schon achtzig
Waren auf dem Marsch verschmachtet –

Und der Sumpf ward immer tiefer
Und wir jammerten verzweifelnd –
Doch Ojeda sprach uns Mut ein,
Unverzagt und heiter lachend.

Später ward ich Waffenbruder
Des Bilbao – dieser Held,
Der so mutig wie Ojeda
War kriegskundger in Entwürfen.

Alle Adler des Gedankens
Nisteten in seinem Haupte,
Und in seinem Herzen herrlich
Strahlte Großmut wie die Sonne.

Ihm verdankt die Krone Spaniens
Hundert Königtümer, größer
Als Europa und viel reicher
Als Venezia und Flandern.

Zur Belohnung für die hundert
Königtümer die viel größer
Als Europa und viel reicher
Als Venezia und Flandern –

Gab man ihm ein hänfen Halsband, 125
Einen Strick; gleich einem Sünder
Ward Bilbao auf dem Marktplatz
Sankt Sebastiens gehenkt.

Kein so ritterlicher Degen,
Auch von gringerm Heldensinn, 130
Doch ein Feldherr sonder gleichen
War der Cortez, Don Fernando.

In der winzigen Armada
Welche Mexiko erobert
Nahm ich Dienste – die Strapazen 135
Fehlten nicht bei diesem Feldzug.

Dort gewann ich sehr viel Gold
Aber auch das gelbe Fieber –
Ach! ein gutes Stück Gesundheit
Ließ ich bei den Mexikanern. 140

Mit dem Golde hab ich Schiffe
Ausgerüstet. Meinem eignen
Stern vertrauend hab ich endlich
Hier entdeckt die Insel Cuba

Die ich jetzo guberniere 145
Für Juanna von Castilien
Und Fernand von Arragon
Die mir aller höchst gewogen

Habe nun erlangt wonach
Stets die Menschen gierig laufen:
Fürstengunst und Ruhm und Würden,
Auch den Calatrava Orden.

Bin Statthalter, ich besitze
Wohl an hunderttausend Pesos,
Gold in Barren, Edelsteine
Säcke voll der schönsten Perlen –

Ach beim Anblick dieser Perlen
Werd ich traurig, denn ich denke
Besser wär's ich hätte Zähne,
Zähne wie in meiner Jugend –

Jugendzähne! mit den Zähnen
Ging verloren auch die Jugend –
Denk ich dran, schmachvoll ohnmächtig
Knirsch ich mit den morschen Stummeln.

Jugendzähne, nebst der Jugend,
Könnt ich Euch zurückerkaufen,
Gerne gäbe ich dafür
Alle meine Perlensäcke.

Alle meine Edelsteine,
All mein Gold, an hunderttausend
Pesos wert und obendrein
Meinen Calatrava-Orden –

Nehmt mir Reichtum, Ruhm und Würden,
Nennt mich nicht mehr Exzellenze,
Nennt mich lieber junger Maulaff
Junger Gimpel, Bengel Rotznas!

Hochgebenedeite Jungfrau
Hab Erbarmen mit dem Toren
Der sich schamhaft heimlich abzehrt
Und verbirgt sein eitles Elend.   180

Jungfrau! dir allein enthüll ich
Mein Gemüte, dir gestehend
Was ich nimmermehr gestünde
Einem Heilgen in dem Himmel –

Diese Heilgen sind ja Männer,   185
Und, Caracho! auch im Himmel
Soll kein Mann mitleidig lächeln
Über Juan Ponce de Leon.

Du, o Jungfrau, bist ein Weib,
Und obgleich unwandelbar   190
Deine unbefleckte Schönheit,
Weiblich klugen Sinnes fühlst du

Was er leidet, der vergänglich
Arme Mensch wenn seines Leibes
Edle Kraft und Herrlichkeit   195
Dorrt und hinwelkt bis zum Zerrbild!

Ach, viel glücklicher als wir
Sind die Bäume, die gleichzeitig
Einer und derselbe Herbstwind
Ihres Blätterschmucks entkleidet –   200

Alle stehen kahl im Winter,
Und da gibt's kein junges Bäumchen
Dessen grünes Laub verhöhnte
Die verwelkten Waldgenossen.

Ach! bei uns den Menschen, lebt
Jeder seine eigne Jahrzeit;
Während bei dem einen Winter
Ist es Frühling bei dem andern –

Und der Greis fühlt doppelt schmerzlich
Seine Ohnmacht bei dem Anblick
Jugendlicher Überkräfte –
Hochgebenedeite Jungfrau!

Rüttle ab von meinen Gliedern
Dieses winterliche Alter,
Das mit Schnee bedeckt mein Haupt
Und mein Blut gefrieren macht –

Sag der Sonne, daß sie wieder
Glut in meine Adern gieße
Sag dem Lenze daß er wecke
In der Brust die Nachtigallen –

Ihre Rosen gib sie wieder
Meinen Wangen, gib das Goldhaar
Wieder meinem Haupt, o Jungfrau –
Gib mir meine Jugend wieder.

Als Don Juan Ponce de Leon
Vor sich hinsprach solcherlei
Plötzlich in die beiden Hände
Drückte er sein Antlitz schmerzhaft

Und er schluchste und er weinte
So gewaltig und so stürmisch
Daß die hellen Tränengüsse
Troffen durch die magern Finger.

III

Auf dem Festland bleibt der Ritter
Treu den alten Seemannsbräuchen
Und wie einst auf seinem Schiffe
Schläft er nachts in einem Hamak.

Auch die Wellenschlagbewegung
Die so oft ihn eingeschläfert
Will der Ritter nicht entbehren
Und er läßt den Hamak schaukeln.

Dies Geschäft verrichtet Janka,
Alte Indianerin,
Die vom Ritter die Muskitos
Abwehrt mit dem Pfauenwedel.

Während sie die luftge Wiege
Mit dem greisen Kinde schaukelt
Lullt sie eine märchenhafte
Alte Weise ihrer Heimat.

Liegt ein Zauber in dem Singsang?
Oder in des Weibes Stimme,
Die so flötend wie Gezwitscher
Eines Zeisigs und sie singt.

Kleiner Vogel Kolibri
Führe uns nach Bimini;
Fliege du voran wir folgen
In bewimpelten Pirogen.

Kleines Fischchen Brididi
Führe uns nach Bimini;
Schwimme du voran wir folgen
Rudernd mit bekränzten Stangen.

Auf der Insel Bimini
Blüht die ewge Frühlingswonne
Und die goldnen Lerchen jauchzen
Im Azur ihr Tirili.

Schlanke Blumen überwuchern
Wie Savannen dort den Boden,
Leidenschaftlich sind die Düfte
Und die Farben üppig brennend.

Große Palmenbäume ragen
Draus hervor, mit ihren Fächern
Wehen sie den Blumen unten
Schattenküsse, holde Kühle.

Auf der Insel Bimini
Quillt die allerliebste Quelle
Aus dem teuren Wunderborn
Fließt das Wasser der Verjüngung.

So man eine welke Blume
Netzet mit etwelchen Tropfen
Dieses Wassers, blüht sie auf
Und sie prangt in frischer Schöne.

So man ein verdorrtes Reis
Netzet mit etwelchen Tropfen
Dieses Wassers, treibt es wieder
Neue Knospen, lieblich grünend.

Trinkt ein Greis von jenem Wasser
Wird er wieder jung; das Alter
Wirft er von sich wie ein Käfer
Abstreift seine Raupenhülle.

Mancher Graukopf der zum blonden
Jüngling sich getrunken hatte
Schämte sich zurückzukehren
Als Gelbschnabel in die Heimat –

Manches Mütterchen insgleichen
Die sich wieder jung geschlückert
Wollte nicht nach Hause gehen
Als ein junges Ding von Dirnlein –

Und die guten Leutchen blieben
Immerdar in Bimini;
Glück und Lenz hielt sie gefesselt
In dem ewgen Jugendlande.

Nach dem ewgen Jugendlande
Nach dem Eiland Bimini
Geht mein Sehnen und Verlangen;
Lebet wohl, Ihr lieben Freunde!

Alte Katze Mimili
Alter Haushahn Kikriki
Lebet wohl, wir kehren nie,
Nie zurück von Bimini.

Also sang das Weib. Der Ritter
Horcht dem Liede schlummertrunken;
Manchmal nur, als wie im Traume
Lallt er kindisch: Bimini.

IV

Heiter überstrahlt die Sonne
Golf und Strand der Insel Cuba;
In dem blauen Himmel hängen
Heute lauter Violinen.

Rotgeküßt vom kecken Lenze,
In dem Mieder von Smaragden,
Bunt geputzt, wie eine Braut
Blüht und glüht die schöne Insel.

Auf dem Strande farbenschillernd
Wimmelt Volk von jedem Stande,
Jedem Alter, doch die Herzen
Pochen wie vom selben Pulsschlag.

Denn derselbe Trostgedanke
Hat sie alle gleich ergriffen
Gleichbeseligt – Er bekundet
Sich im stillen Freudezittern

Einer alten Beguine,
Die sich an den Krücken hinschleppt
Und den Rosenkranz abkugelnd
Ihre Paternoster murmelt -

Es bekundet sich derselbe
Trostgedanken in dem Lächeln
Der Signora, die auf güldnem
Palankin getragen wird

Und im Munde eine Blume
Kokettiert mit dem Hidalgo,
Der die Schnurrbartzipfel kräuselnd,
Fröhlich ihr zur Seite wandelt –

Wie auf dem Gesicht der steifen
Soldateske, zeigt die Freude
Sich im klerikalen Antlitz,
Das sich menschlich heut entrunzelt –

Wie vergnügt der dünne Schwarzrock
Sich die Hände reibt! Wie fröhlich!
Wie der feiste Kapuziner
Streichelt froh sein Doppelkinn!

Selbst der Bischof der gewöhnlich
Griesgram aussieht, wenn er Messe
Lesen soll, weil dann sein Frühstück
Eingen Aufschub leiden muß –

Selbst der Bischof schmunzelt freudig,
Freudig glänzen die Karbunkeln
Seiner Nase und im Festschmuck
Wackelt er einher vergnüglich

Unterm Purpurbaldachin,
Eingeräuchert von Chorknaben,
Und gefolgt von Clericis
Die mit Goldbrokat bedeckt sind

Und goldgelbe Sonnenschirme
Über ihre Köpfe halten,
Kolossalen Champignons
Welche wandeln schier vergleichbar

Nach dem hohen Gottestische
Geht der Zug, nach dem Altare,
Welcher unter freiem Himmel
Hier am Meeresstrand errichtet.

Und verzieret ward mit Blumen,
Heilgenbildchen, Palmen, Bändern
Silbernem Gerät, Goldflittern,
Und Wachskerzen lustig funkelnd –

Seine Eminenz der Bischof
Hält das Hochamt hier am Meere,
Und mit Weihe und Gebet
Will er hier den Segen sprechen

Über jene kleine Flotte,
Welche auf der Reede schaukelnd
Im Begriff ist abzusegeln
Nach der Insel Bimini.

Ja die Schiffe dort sie sind es
Welche Juan Ponce de Leon
Ausgerüstet und bemannt
Um die Insel aufzusuchen

Wo das Wasser der Verjüngung
Lieblich sprudelt – von dem Ufer
Viele tausend Segenswünsche
Folgen ihm, dem Menschheitsretter

Ihm dem edlen Weltwohltäter –
Hofft doch jeder daß der Ritter
Bei der Rückkehr einst auf Kuba
Ihm ein Fläschchen Jugend mitbringt –

Mancher schlückert schon im Geiste
Solche Labung, und sie schaukeln
Sich vor Wonne, wie die Schiffe
Die dort ankern auf der Reede.

Es besteht aus fünf Fahrzeugen
Die Flottille – eine große
Karavelle, zwei Feluken
Und zwei kleine Brigantinen

Admiralschiff ist die große
Karavelle und die Flagge
Zeigt die Wappen von Castillien
Arragonien und Leon.

Einer Lauberhütte gleich
Ist sie ausgeschmückt mit Maien,
Blumenkränzen und Girlanden
Und mit flatternd bunten Wimpeln

Frau Speranze heißt das Schiff
Und am Hinterteil als Puppe
Steht der Donna Konterfei
Lebensgroß skulptiert aus Eichholz

Und bemalt mit ganz vorzüglich
Wohlgefirnißten Couleuren
Welche Wind und Wetter trotzen,
Eine stattliche Figura.

Ziegelrot ist das Gesichte,
Ziegelrot ist Hals und Busen
Der aus grünem Mieder quillt;
Auch des Rockes Farb ist grün.

Grün ist auch des Hauptes Kranz
Pechschwarz ist das Haar, die Augen
Und die Brauen gleichfalls pechschwarz.
In der Hand hält sie ein Anker.

Die Armada der Flottille
Sie besteht etwa aus hundert
Achtzig Mann, darunter sind
Nur sechs Weiber und sechs Priester.

Achtzig Mann und eine Dame
Sind an Bord der Karavelle
Welche Juan Ponce de Leon
Selbst befehligt. Caca heißt

Jene Dame – ja die alte
Caca ist jetzt eine Dame
Heißt Senora Juanita
Seit der Ritter sie erhoben

Zur Großfliegenwedelmeistrin,
Oberhamakschaukeldame,
Und Mundschenkin künftger Jugend
Auf der Insel Bimini.

Als Symbol des Amtes hält sie
In der Hand ein Goldpokal,
Trägt auch eine hochgeschürzte
Tunika wie eine Hebe.

Kostbarliche Brüßler Kanten,
Perlenschnüre, viele Dutzend
Decken spöttisch die verwelckten
Braunen Reitze der Senora

Rokoko-anthropophagisch
Karaibisch Pompadour
Hebet sich der Haarwulstkopfputz,
Der gespickt ist mit unzählgen

Vögelein, die groß wie Käfer,
Durch des prächtigen Gefieders
Farbenschmelz wie Blumen aussehn
Die formiert aus Edelsteinen

Diese närrische Frisur 145
Von Gevögel paßt vortrefflich
Zu der Kaka wunderliches
Papagoyenvogelantlitz

Seitenstück zu dieser Fratze
Bildet Juan Ponce de Leon, 150
Welcher zuversichtlich glaubend
An die baldige Verjüngung

Sich im voraus schon geworfen
Ins Kostüm der lieben Jugend
Und sich bunt herausgeputzt 155
In der Geckentracht der Mode:

Schnabelschuhn mit Silberglöcklein
Wie'n Gelbschnabel und geschlitzte
Hosen wo das rechte Bein
Rosafarben während grün 160

Grüngestreift das linke Bein –
Wohlgepuffte Atlasjacke
Kurzer Mantel, keck geachselt –
Ein Barett mit drei Straußfedern –

Also ausstaffiert, in Händen 165
Eine Laute haltend, tänzelt
Auf und ab der Admiral
Und erteilt die Schiffsbefehle:

Er befiehlt daß man die Anker
Lichten soll, im Augenblicke,
Wo des Hochamts Ende melden
Von dem Strande die Signale

Er befiehlt, daß bei der Abfahrt
Die Kanonen aller Schiffe
Mit drei Dutzend Ehrenschüssen
Kuba salutieren sollten –

Er befiehlt – und lacht und dreht sich
Auf dem Absatz wie ein Kreisel –
Bis zur Trunkenheit berauscht ihn
Süßer Hoffnung toller Traumtrank –

Und er kneift die armen Saiten
Seiner Laute daß sie wimmern
Und mit altgebrochner Stimme
Meckert er die Singsangworte

Kleiner Vogel Kolibri,
Kleines Fischchen Brididi,
Fliegt und schwimmt voraus und zeiget
Uns den Weg nach Bimini

V

Juan Ponce de Leon wahrlich
War kein Tor, kein Faselante
Als er unternahm die Irrfahrt
Nach der Insel Bimini.

Ob der Existenz der Insel
Hegt er niemals einen Zweifel –
Seiner alten Kaka Singsang
War ihm Bürgschaft und Gewähr

Mehr als andre Menschenkinder
Wundergläubig ist der Seemann;
Hat er doch vor Augen stets
Flammendgroß die Himmelswunder

Während ihn umrauscht beständig
Die geheimnisvolle Meerflut,
Deren Schoß entstiegen weiland
Donna Venus Aphrodite

In den folgenden Trochäen
Werden wir getreu berichten,
Wie der Ritter viel Strapazen
Ungemach und Drangsal ausstand –

Ach anstatt von altem Siechtum
Zu genesen ward der Ärmste
Heimgesucht von vielen neuen
Leibesübeln und Gebresten –

Während er die Jugend suchte
Ward er täglich noch viel älter
Und verrunzelt, abgemergelt
Kam er endlich in das Land

In das stille Land wo schaurig
Unter schattigen Zypressen
Fließt ein Flüßlein dessen Wasser
Gleichfalls wundertätig heilsam –

Lethe heißt das gute Wasser!
Trink daraus und du vergißt
All dein Leiden – ja vergessen
Wirst du was du je gelitten –

Gutes Wasser! gutes Land!
Wer dort angelangt, verläßt es
Nimmermehr – denn dieses Land
Ist das wahre Bimini.

Bei dem Tempelsturm von Quito
Lopez Vacca stahl die Sonne,
Die zwölf Zentner Goldes wog;
Doch dieselbe Nacht verlor er

Sie im Würfelspiele wieder,
Und im Volke blieb das Sprichwort:
Das ist Lopez, der die Sonne
Hat verspielt vor Sonnenaufgang.

Hei! das waren große Spieler,
Große Diebe, Meuchelmörder,
(Ganz vollkommen ist kein Mensch.)
Doch sie taten Wundertaten,

In der Zeit des Wunderglaubens
Taten auch die Menschen Wunder;
Wer Unmögliches geglaubt,
Konnt Unmögliches verrichten.

Nur der Tor war damals Zweifler,
Die verständgen Leute glaubten;
Vor den Tageswundern beugte
Gläubig tief sein Haupt der Weise.

Seltsam! Aus des Wunderglaubens
Wunderzeit klingt mir im Sinne
Heut beständig die Geschichte
Von Don Juan Ponce de Leon

Der in fabelhafter Irrfahrt
Jahrelang in allen Meeren
Aufgesucht die teure Insel
Seiner Sehnsucht: Bimini!

Bimini bei deines Namens
Holdem Laut in meiner Brust
Bebt das Herz und die verstorbnen
Jugendträume sie erwachen –

Welke Kränze auf den Häuptern
Schauen sie mich an wehmütig –
Ihr seid tot und ich bin tot –
Ward vergiftet – böses Fieber!

Und ich schaudre wild zusammen
Und ich schüttle mich vor Zorn
Also heftig daß die Nähte
Meiner Narrenjacke platzen –

Doch am Ende muß ich lachen,
Denn mich dünket Papageien
Kreischten drollig und zugleich
Melancholisch: Bimini!

Muse, edle Nekromantin,
Durch die Hexerei der Dichtkunst,
Schaffe mir ein Zauberschiff
Das mich bringt nach Bimini

Dichterwünschen folgt Erfüllung
Und vom Werfte des Gedankens
Wird zu mir herabbugsiert
Pfeilschnell das begehrte Schiff.

Vorredenentwurf zu einer französischen Fassung von Bimini

Lappland bildet die äußerste Spitze der russischen Besitzungen im Norden und die vornehmen oder wohlhabenden Lappländer welche an der Schwindsucht leiden, pflegen nach Sankt Petersburg zu reisen um hier die Annehmlichkeiten eines südlichen Klimas zu genießen. Bei manchen dieser kranken Exulanten gesellen sich dann zu dem physischen Siechtum auch wohl die moralischen Krankheiten der europäischen Zivilisation, mit welcher sie in Kontakt kommen. Sie beschäftigen sich jetzt mit Politik und Religion. Die Lektüre der *Soirées de St-Petersbourg* die sie für ein nützliches Handbuch hielten, für einen *Guide* dieser Hauptstadt, belehrt sie daß der Stützpunkt der bürgerlichen Gesellschaft der Henker sei; doch die Reaktion bleibt nicht aus und von der *Bouracratie* des *De-Maistre* springen sie über zum herbsten *Communismus*, sie erklären alle Rentiere und Seehunde als Staatseigentum. Sie lesen Hegel und werden Atheisten, doch bei zunehmenden Rückgratschmerzen lenken sie wieder gelinde ein und schlagen über in weinerlichen Pietismus, werden Mucker, wo nicht gar Anhänger der Sions-Mutter. Dem französischen Leser sind diese zwei Religionssekten vielleicht wenig bekannt, in Deutschland sind sie es leider desto mehr in Deutschland, ihrer eigentlichen Heimat. Die Mucker herrschen vorzüglich in den östlichen Provinzen der preußischen Monarchie, wo die höchsten Beamten zu ihnen gehörten: sie huldigen der Lehre, daß es nicht hinreichend sei sein Leben ohne Sünde zu verbringen, sondern daß man auch mit der Sünde gekämpft und ihr widerstanden haben müsse; der Sieger, und sei er auch mit Sündenwunden bedeckt, wäre gottgefälliger als der unverwundete Rekrut der Tugend der nie in der Schlacht gewesen. Deshalb in ihren Zusammenkünften, oder auch in einem *tête à tête* von Personen beider Geschlechter, suchen sie sich wechselseitig, durch wollüstige Betastungen zur Sünde zu reizen, doch sie widerstehen allen Anfechtungen der Sünde – Ist es nicht der Fall, je nun, so werden ein andermal die Angriffe, das ganze Manöver, wiederholt.

Die Sekte von der Sionsmutter hatte ihren Hauptsitz in einer westpreußischen Provinz, nämlich im Wuppertale des Großherzogtum Berg und das Prinzip ihrer Lehre hat eine gewisse Hegelsche Färbung. Es beruht auf der Idee: nicht der einzelne Mensch, sondern die ganze Menschheit sei Gott, der Sohn Gottes, der erwartete Heiland unserer Zeit, der sogenannte Sion, könne daher nicht von einem einzelnen Menschen, sondern er könne nur von der ganzen Menschheit gezeugt werden, und seine Gebärerin die Zionsmutter, müsse daher nicht von einem einzelnen Menschen sondern von der Gesamtheit der Menschen von der Menschheit befruchtet werden. Diese Idee einer Befruchtung durch die Gesamtheit der Menschen suchte nun die Zionsmutter so nahe als möglich zu verwirklichen, sie substituierte ihr die Vielheit der Menschen und es entstand eine mystische Poliandrie welcher die preußische Regierung durch Gendarmen ein Ende machte.

Die Zionsmutter im Wuppertale war eine vierzigjährige, bläßliche und krankhafte Person. Sie verschwand vom Schauplatz und ihre Mission ist gewiß auf eine andre übergegangen – Wer weiß die Sionsmutter lebt vielleicht hier unter uns zu Paris und wir, die wir ihre heilige Aufgabe nicht kennen, verlästern sie und ihren Eifer für das Heil der Menschheit.

Unter die Krankheiten, denen die Lappländer ausgesetzt sind, welche nach Petersburg kommen, um die Milde eines südlichen Klimas zu genießen gehört auch die Poesie. Einer solchen Kontagion verdanken wir das nachstehende Gedicht, dessen Verfasser ein junger Lappländer ist, der wegen Rückenmarkschwindsucht nach Petersburg emigrierte und dort vor geraumer Zeit gestorben. Er hatte viel Talent, war befreundet mit den ausgezeichnetsten Geistern der Hauptstadt und beschäftigte sich viel mit deutscher Philosophie, die ihn bis an den Rand des Atheismus brachte. Durch die besondere Gnade des Himmels ward er aber noch zeitig aus dieser Seelengefahr gerettet, er kam noch vor seinem Tode zur Erkenntnis Gottes, was seine Unglaubensgenossen sehr skandalisierte: der ganze hohe Klerus des Atheismus schrie Anathem über den Renegaten der Gottlosigkeit. Unterdessen aber nahmen seine körperlichen Leiden zu, seine Finanzen nahmen ab, und die wenigen Rentiere, welche sein Vermögen ausmachten, waren bald bis zum letzten aufgegessen. Im Hospitale, dem letzten Asyl des Poeten, sprach er zu einem der zwei Freunde, die ihm treu geblieben: Leb wohl! Ich verlasse diese Erde wo das Geld und die Intrige zur Alleinherrschaft gelangt. Nur eins tat mir weh: ich sah daß man durch Geld und Intrige auch den Ruhm eines Genies erlangen kann, als solches gefeiert werden kann nicht bloß von einer kleinen Anzahl Unmündiger, sondern von den Begabtesten, von der ganzen Zeitgenossenschaft und bis zum äußersten Winkel der Welt. In diesem Augenblick klang unter den Fenstern des Hospitals ein Leierkasten dudelnd »Das Gold ist eine Chimäre« die berühmte Melodie von Meyerbeer – Der Kranke lächelte, verhüllte das Haupt und starb.

Zeitgedichte

Antwort

Es ist der rechte Weg, den du betreten,
Doch in der Zeit magst du dich weidlich irren;
Das sind nicht Düfte von Muskat und Myrrhen,
Die jüngst aus Deutschland mir verletzend wehten.

Wir dürfen nicht Victoria trompeten, 5
So lang noch Säbel tragen unsre Sbirren;
Mich ängstet, wenn die Vipern Liebe girren
Und Wolf und Esel Freiheitslieder flöten. – –
. . . .

Vermittlung

Du bist begeistert, du hast Mut –
Auch das ist gut!
Doch kann man mit Begeistrungsschätzen
Nicht die Besonnenheit ersetzen.

Der Feind, ich weiß es, kämpfet nicht 5
Für Recht und Licht –
Doch hat er Flinten und nicht minder
Kanonen, viele Hundertpfünder.

Nimm ruhig dein Gewehr zur Hand –
Den Hahn gespannt – 10
Und ziele gut – wenn Leute fallen,
Mag auch dein Herz vor Freude knallen.

Die Briten zeigten sich sehr rüde
Und ungeschliffen als Regicide.
Schlaflos hat König Carl verbracht
In Whitehall seine letzte Nacht.
Vor seinem Fenster sang der Spott
Und ward gehämmert an seinem Schafott.

Viel höflicher nicht die Franzosen waren.
In einem Fiaker haben diese
Den Ludwig Capet zum Richtplatz gefahren;
Sie gaben ihm keine Calèche de Remise,
Wie nach der alten Etikette
Der Majestät gebühret hätte.

Noch schlimmer erging's der Marie-Antoinette,
Denn sie bekam nur eine Charette;
Statt Chambelan und Dame d'Atour
Ein Sansculotte mit ihr fuhr.
Die Witwe Capet hob höhnisch und schnippe
Die dicke habsburgische Unterlippe.

Franzosen und Briten sind von Natur
Ganz ohne Gemüt; Gemüt hat nur
Der Deutsche, er wird gemütlich bleiben
Sogar im terroristischen Treiben.
Der Deutsche wird die Majestät
Behandeln stets mit Pietät.

In einer sechsspännigen Hofkarosse,
Schwarz panaschiert und beflort die Rosse,
Hoch auf dem Bock, mit der Trauerpeitsche,
Der weinende Kutscher – so wird der deutsche
Monarch einst nach dem Richtplatz kutschiert
Und untertänigst guillotiniert

Epilog
zum Loblied auf den *celeberrimo maestro Fiascomo*

Die Neger berichten: der König der Tiere,
Der Löwe, wenn er erkrankt ist, kuriere
Sich dadurch, daß er einen Affen zerreißt,
Und ihn mit Haut und Haar verspeist.

Ich bin kein Löwe, ich bin kein König
Der Tiere, doch wollt ich erproben ein wenig
Das Neger-Rezept – ich schrieb dies Poem,
Und ich befinde mich besser seitdem.

Jammertal

Der Nachtwind durch die Luken pfeift,
Und auf dem Dachstublager
Zwei arme Seelen gebettet sind;
Sie schauen so blaß und mager.

Die eine arme Seele spricht:
Umschling mich mit deinen Armen,
An meinen Mund drück fest deinen Mund,
Ich will an dir erwarmen.

Die andere arme Seele spricht:
Wenn ich in dein Auge sehe,
Verschwindet mein Elend, der Hunger, der Frost
Und all mein Erdenwehe.

Sie küßten sich viel, sie weinten noch mehr,
Sie drückten sich seufzend die Hände,
Sie lachten manchmal und sangen sogar,
Und sie verstummten am Ende.

Am Morgen kam der Commissär,
Und mit ihm kam ein braver
Chirurgus, welcher konstatiert
Den Tod der beiden Kadaver.

Die strenge Wittrung, erklärte er,
Mit Magenleere vereinigt,
Hat beider Ableben verursacht, sie hat
Zum mindesten solches beschleunigt.

Wenn Fröste eintreten, setzt' er hinzu,
Sei höchst notwendig Verwahrung
Durch wollene Decken; er empfahl
Gleichfalls gesunde Nahrung.

Streiche von der Stirn den Lorbeer
Der zu lang herunterbammelt
Und vernimm mit freiem Ohr, Beer,
Was dir meine Lippe stammelt.

Ja, nur stammeln, stottern kann ich
Trete vor den großen Mann ich,
Dessen hoher Genius
Ist ein wahrer Kunstgenuß,
Dessen Ruhm ein Meisterstück ist
Und kein Zufall, nicht ein Glück ist
Das im Schlafe ohne Müh
Manchem kömmt, er weiß nicht wie
Wie z. B. jener Rotznas
Dem Rossini oder Mozart
Nein der Meister der uns teuer
Unser lieber Beeren-Meyer
Darf sich rühmen er erschuf
Selber seines Namens Ruf,

Durch die Macht der Willenskraft,
Durch des Denkens Wissenschaft, 20
Durch politisches Gespinste
Und die feinsten Rechenkünste –
Und sein König, sein Protektor
Hat zum Generaldirektor
Sämtlicher Musikanstalten 25
Ihn ernannt und mit Gewalten
Ausgerüstet,
Die ich heute untertänigst
Ehrfurchtsvoll in Anspruch nehme

Die Menge tut es

»Die Pfannekuchen, die ich gegeben bisher für
Drei Silbergroschen, ich geb sie nunmehr für
Zwei Silbergroschen; die Menge tut es.«

Nie löscht als wäre sie gegossen in Bronze
Mir im Gedächtnis jene Annonce 5
Die einst ich las im Intelligenz-Blatt
Der intelligenten Borussenhauptstadt!

Borussenhauptstadt, mein liebes Berlin
Dein Ruhm wird blühen ewig grihn
Alswie die Beeme deiner Linden. 10
Leiden sie immer noch an Winden?
Wie geht's dem Tiergarten? Gibt's dort noch ein Tier
Das ruhig trinkt sein blondes Bier,
Mit der blonden Gattin in den Hütten,
Wo kalte Schale und fromme Sitten? 15

Borussenhauptstadt, Berlin, was machst du?
Ob welchem Eckensteher lachst du?

Zu meiner Zeit gab's noch kein Nannte,
Es haben damals nur gewitzelt
Der Herr Wisotzki und der bekannte
Kronprinz der jetzt auf dem Throne sitzelt.
Es ist ihm seitdem der Spaß vergangen
Und den Kopf mit der Krone läßt er hangen.
Ich habe ein *faible* für diesen König
Ich glaube, wir sind uns ähnlich ein wenig.
Ein vornehmer Geist, hat viel Talent.
Auch ich, ich wäre ein schlechter Regent.
Wie mir ist auch zuwider ihm
Die Musik, das edle Ungetüm,
Aus diesem Grunde proniert auch er,
Den Musikverderber, den Meyerbeer.
Der König bekam von ihm kein Geld
Wie fälschlich behauptet die böse Welt.
Man lügt so viel! Auch keinen Dreier
Kostet der König dem Bärenmeyer.
Derselbe dirigiert für ihn
Die große Oper zu Berlin
Und dort auch er, der edle Mensch
Wird nur bezahlt *en monnaie de singe*,
Mit Titel und Würden – das ist gewiß
Er arbeitet dort für den *Roi de Prusse*.

Denk ich an Berlin, auch vor mir steht
Sogleich die Universität.
Dort reiten vorüber die roten Husaren
Mit klingendem Spiel, Trompetenfanfaren –
Es dringen die soldatesken Töne
Bis in die Aula der Musensöhne.
Wie geht es dort den Professoren
Mit mehr oder minder langen Ohren?
Wie geht es dem elegant geleckten
Süßlichen Troubadour der Pandekten,
Dem Savigny? Die holde Person
Vielleicht ist sie längst gestorben schon –

Ich weiß es nicht – Ihr dürft's mir entdecken,
Ich werde nicht zu sehr erschrecken –
Auch Lott' ist tot! die Sterbestunde
Sie schlägt für Menschen wie für Hunde,
Zumal für Hunde jener Zunft
Die immer angebellt die Vernunft
Und gern zu einem römischen Knechte
Den deutschen Freiling machen möchte.

Und der Maßman mit der platten Nas,
Hat Maßman noch nicht gebissen ins Gras?
Ich will es nicht wissen, O sagt es mir nicht
Wenn er verreckt – ich würde weinen
O mag es noch lange im Lebenslicht
Hintrippeln auf seinen kurzen Beinchen
Das Wurzelmännchen, das Alräunchen
Mit dem Hängwanst! O diese Figur
War mein Lieblingskreatur
So lange Zeit – ich sehe sie noch
So klein sie war, sie soff wie ein Loch
Mit seinen Schülern, die vom Bier entzügelt
Den armen Turnmeister am Ende geprügelt,
Und welche Prügel! die jungen Helden,
Sie wollten beweisen daß rohe Kraft
Und Flegeltum noch nicht erschlafft
Beim Enkel von Hermann und Thusnelden!
Die ungewaschnen germanischen Hände,
Sie schlugen so gründlich, das nahm kein Ende.
Zumal in den Steiß die vielen Fußtritte –
Und das arme Leder geduldig litte.
Ich kann, rief ich, dir nicht versagen
All meine Bewunderung, wie kannst du ertragen
So viele Prügel, du bist ein Brutus!
Doch Maßman sprach: die Menge tut es.

Doch apropos: wie sind geraten
In diesem Jahr die Teltower Rüben
Und saure Gurken in meiner lieben
Borussenstadt? Und die Literaten,
Befinden sie sich noch frisch und munter?
Und ist noch immer kein Genie darunter?
Jedoch wozu ein Genie? Wir laben
Uns besser an frommen bescheidenen Gaben,
Auch sittliche Menschen haben ihr Gutes –
Zwölf machen ein Dutzend – die Menge tut es.

Und wie geht's in Berlin den Leutenants
Der Garde? haben sie noch ihre Arroganz,
Und ihre enggeschnürte Taille?
Schwadronieren sie noch von Kanaille?
Ich rate Euch, nehmt Euch in acht,
Es bricht noch nicht, jedoch es kracht;
Und es ist das Brandenburger Tor
Noch immer so groß und weit wie zuvor,
Und man könnt Euch auf einmal zum Tor
                         hinausschmeißen,
Euch alle mitsamt dem Prinzen von Preußen –
Die Menge tut es.

Fabeln

König Langohr I.

Bei der Königswahl, wie sich versteht,
Hatten die Esel die Majorität,
Und es wurde ein Esel zum König gewählt.
Doch hört, was jetzt die Chronik erzählt:
Der gekrönte Esel bildete sich 5
Jetzt ein, daß er einem Löwen glich;

Er hing sich um eine Löwenhaut,
Und brüllte wie ein Löwe so laut.
Er pflegte Umgang nur mit Rossen –
Das hat die alten Esel verdrossen. 10
Bulldoggen und Wölfe waren sein Heer,
Drob murrten die Esel noch viel mehr.
Doch als er den Ochsen zum Kanzler erhoben,
Vor Wut die Esel rasten und schnoben.
Sie drohten sogar mit Revolution! 15
Der König erfuhr es und stülpte die Kron
Sich schnell aufs Haupt, und wickelte schnell
Sich in sein mutiges Löwenfell.
Dann ließ er vor seines Thrones Stufen
Die malkontenten Esel rufen, 20
Und hat die folgende Rede gehalten:

Hochmögende Esel, ihr jungen und alten!
Ihr glaubt daß ich ein Esel sei
Wie ihr, ihr irrt euch, ich bin ein Leu;
Das sagt mir jeder an meinem Hofe, 25
Von der Edeldame bis zur Zofe.
Mein Hofpoet hat ein Gedicht
Auf mich gemacht, worin er spricht:

»Wie angeboren dem Kamele
Der Buckel ist, ist deiner Seele
Die Großmut des Löwen angeboren –
Es hat dein Herz keine langen Ohren!«
So singt er in seiner schönsten Strophe,
Die jeder bewundert an meinem Hofe.
Hier bin ich geliebt; die stolzesten Pfauen
Wetteifern, mein königlich Haupt zu krauen.
Die Künste beschütz ich; man muß gestehn,
Ich bin zugleich August und Mäcen.
Ich habe ein schönes Hoftheater;
Die Heldenrollen spielt ein Kater.
Die Mimin Mimi, die holde Puppe,
Und zwanzig Möpse bilden die Truppe.
Ich hab eine Maler-Akademie
Gestiftet für Affen von Genie.
Als ihren Direktor hab ich in petto,
Den Raphael des Hamburger Ghetto,
Lehmann vom Dreckwall, zu engagieren;
Er soll mich auch selber porträtieren.

Ich hab eine Oper, ich hab ein Ballett,
Wo halb entkleidet und ganz kokett
Gar allerliebste Vögel singen
Wo höchst talentvolle Flöhe springen.
Kapellenmeister ist Meyer-Bär,
Der musikalische Millionär;
Jetzt schreibt der große Bären-Meyer
Ein Festspiel zu meiner Vermählungsfeier.
Ich selber übe die Tonkunst ein wenig,
Wie Friedrich der Große, der Preußenkönig.
Er blies die Flöte, ich schlage die Laute
Und manches schöne Auge schaute
Sehnsüchtig mich an, wenn ich mit Gefühl
Geklimpert auf meinem Saitenspiel.

Mit Freude wird einst die Königin
Entdecken, wie musikalisch ich bin!
Sie selbst ist eine vollkommene Stute
Von hoher Geburt, vom reinsten Blute.
Sie ist eine nahe Anverwandte
Von Don Quixotes Rozinante;
Ihr Stammbaum bezeugt, daß sie nicht minder
Verwandt mit dem Bayard der Heymonskinder;
Sie zählt auch unter ihren Ahnen
Gar manchen Hengst, der unter den Fahnen
Gottfrieds von Bouillon gewiehert hat,
Als dieser erobert die heilige Stadt.
Vor allem aber durch ihre Schöne
Glänzt sie! Wenn sie schüttelt die Mähne,
Und wenn sie schnaubt mit den rosigen Nüstern,
Jauchzt auf mein Herz, entzückt und lüstern –
Sie ist die Blume und Krone der Mähren,
Und wird mir einen Kronerben bescheren.
Ihr seht, verknüpft mit dieser Verbindung
Ist meiner Dynastie Begründung.
Mein Name wird nicht untergehn,
Wird ewig in Clios Annalen bestehn.
Die hohe Göttin wird von mir sagen,
Daß ich ein Löwenherz getragen
In meiner Brust, daß ich weise und klug
Regiert, und auch die Laute schlug.

Hier rülpste der König, doch unterbrach er
Nicht lange die Rede und weiter sprach er:

Hochmögende Esel, ihr jungen und alten!
Ich werd euch meine Gunst erhalten,
So lang ihr derselben würdig seid.
Zahlt eure Steuern zur rechten Zeit
Und wandelt stets der Tugend Bahn,
Wie weiland eure Väter getan,

Die alten Esel! Sie trugen zur Mühle
Geduldig die Säcke; denn ihre Gefühle,
Sie wurzelten tief in der Religion,
Sie wußten nichts von Revolution –
Kein Murren entschlüpfte der dicken Lippe,
Und an der Gewohnheit frommen Krippe
Fraßen sie friedlich ihr tägliches Heu!
Die alte Zeit, sie ist vorbei.
Ihr neueren Esel seid Esel geblieben,
Doch ohne Bescheidenheit zu üben.
Ihr wedelt kümmerlich mit dem Schwanz,
Doch drunter lauert die Arroganz.
Ob eurer albernen Miene hält
Für ehrliche Esel euch die Welt;
Ihr seid unehrlich und boshaft dabei,
Trotz eurer demütigen Eselei.
Steckt man euch Pfeffer in den Steiß,
Sogleich erhebt ihr des Eselgeschreis
Entsetzliche Laute! Ihr möchtet zerfleischen
Die ganze Welt, und könnt nur kreischen.
Unsinniger Jähzorn, der alles vergißt!
Ohnmächtige Wut, die lächerlich ist!
Eur dummes Gebreie, es offenbart
Wie viele Tücken jeder Art,
Wie ganz gemeine Schlechtigkeit
Und blöde Niederträchtigkeit
Und Gift und Galle und Arglist sogar
In der Eselshaut verborgen war.

Hier rülpste der König, doch unterbrach er
Nicht lange die Rede und weiter sprach er:

Hochmögende Esel, ihr jungen und alten!
Ihr seht, ich kenne euch! Ungehalten,
Ganz allerhöchst ungehalten bin ich,
Daß ihr so schamlos-widersinnig

Verunglimpft habt mein Regiment.
Auf eurem Eselsstandpunkt könnt
Ihr nicht die großen Löwen-Ideen
Von meiner Politik verstehen.
Nehmt euch in acht! In meinem Reiche   135
Wächst manche Buche und manche Eiche,
Woraus man die schönsten Galgen zimmert,
Auch gute Stöcke. Ich rat euch, bekümmert
Euch nicht ob meinem Schalten und Walten!
Ich rat euch, ganz das Maul zu halten!   140
Die Räsoneure, die frechen Sünder,
Die laß ich öffentlich stäupen vom Schinder;
Sie sollen im Zuchthaus Wolle kratzen.
Wird einer gar von Aufruhr schwatzen,
Und Straßen entpflastern zur Barrikade   145
Ich laß ihn henken ohne Gnade.
Das hab ich euch, Esel, einschärfen wollen!
Jetzt könnt ihr euch nach Hause trollen.

Als diese Rede der König gehalten,
Da jauchzten die Esel, die jungen und alten;   150
Sie riefen einstimmig: I-A! I-A!
Es lebe der König! Hurrah! Hurrah!

Die Wanderratten

Es gibt zwei Sorten Ratten
Die hungrigen und satten
Die satten bleiben vergnügt zu Haus,
Die hungrigen aber wandern aus

Sie wandern viel tausend Meilen   5
Ganz ohne Rasten und Weilen
Gradaus in ihrem grimmigen Lauf
Nicht Wind noch Wetter hält sie auf.

Sie klimmen wohl über die Höhen
Sie schwimmen wohl durch die Seen,
Gar mancher ersäuft oder bricht das Genick,
Die Lebenden lassen die Toten zurück

Es haben diese Käuze
Gar fürchterliche Schnäuze
Sie tragen die Köpfe geschoren egal
Ganz radikal, ganz rattenkahl

Die radikale Rotte
Weiß nichts von einem Gotte.
Sie lassen nicht taufen ihre Brut
Die Weiber sind Gemeindegut.

Der sinnliche Rattenhaufen
Er will nur fressen und saufen,
Er denkt nicht während er säuft und frißt,
Daß unsre Seele unsterblich ist.

So eine wilde Ratze
Die fürchtet nicht Hölle nicht Katze,
Sie hat kein Gut, sie hat kein Geld
Und wünscht aufs neue zu teilen die Welt.

Die Wanderratten, O wehe!
Sie sind schon in der Nähe,
Sie rücken heran, ich höre schon
Ihr Pfeifen, die Zahl ist Legion.

O wehe! wir sind verloren
Sie sind schon vor den Toren!
Der Bürgermeister und Senat,
Sie schütteln die Köpfe und keiner weiß Rat.

Die Bürgerschaft greift zu den Waffen,
Die Glocken läuten die Pfaffen.
Gefährdet ist das Palladium
Des sittlichen Staats, das Eigentum.

Nicht Glockengeläute, nicht Pfaffengebete
Nicht hochwohlweise Senatsdekrete
Auch nicht Kanonen, viel Hundertpfünder,
Sie helfen euch heute, ihr lieben Kinder.

Heut helfen euch nicht die Wortgespinste
Der abgelebten Redekünste.
Man fängt nicht Ratten mit Syllogismen
Sie springen über die feinsten Sophismen

Im hungrigen Magen Eingang finden
Nur Suppenlogik mit Knödelgründen
Nur Argumente von Rinderbraten
Begleitet mit Göttinger Wurst-Zitaten.

Ein schweigender Stockfisch in Butter gesotten
Behaget den radikalen Rotten
Viel besser als ein Mirabeau
Und alle Redner seit Cicero.

Pferd und Esel

Auf eisernen Schienen, so schnell wie der Blitz,
Dampfwagen und Dampfkutschen,
Mit dem schwarzbewimpelten Rauchfangmast,
Praßlend vorüberrutschen.

Der Troß kam einem Gehöft vorbei,
Wo über die Hecke guckte
Langhalsig ein Schimmel; neben ihm stand
Ein Esel, der Disteln schluckte.

Mit stierem Blick sah lange das Pferd
Dem Zuge nach. Es zittert
An allen Gliedern, und seufzt und spricht:
Der Anblick hat mich erschüttert!

Wahrhaftig, wär ich nicht von Natur
Bereits gewesen ein Schimmel,
Erbleichend vor Schrecken wär mir die Haut
Jetzt weiß geworden; o Himmel!

Bedroht ist das ganze Pferdegeschlecht
Von schrecklichen Schicksalsschlägen.
Obgleich ein Schimmel, schau ich doch
Einer schwarzen Zukunft entgegen.

Uns Pferde tötet die Konkurrenz
Von diesen Dampfmaschinen –
Zum Reiten, zum Fahren wird sich der Mensch
Des eisernen Viehes bedienen.

Und kann der Mensch zum Reiten uns,
Zum Fahren uns entbehren –
Ade der Hafer! Ade das Heu!
Wer wird uns dann ernähren?

Des Menschen Herz ist hart wie Stein;
Der Mensch gibt keinen Bissen
Umsonst. Man jagt uns aus dem Stall,
Wir werden verhungern müssen.

Wir können nicht borgen und stehlen nicht,
Wie jene Menschenkinder,
Auch schmeicheln nicht wie der Mensch und der Hund –
Wir sind verfallen dem Schinder.

So klagte das Roß, und seufzte tief.
Der Langohr unterdessen
Hat mit der gemütlichsten Seelenruh
Zwei Distelköpfe gefressen. 40

Er leckte die Schnauze mit der Zung,
Und gemütlich begann er zu sprechen:
Ich will mir wegen der Zukunft nicht
Schon heute den Kopf zerbrechen.

Ihr stolzen Rosse seid freilich bedroht 45
Von einem schrecklichen Morgen.
Für uns bescheidne Esel jedoch
Ist keine Gefahr zu besorgen.

So Schimmel wie Rappen, so Schecken wie Fuchs,
Ihr seid am Ende entbehrlich; 50
Uns Esel jedoch ersetzt Hans Dampf
Mit seinem Schornstein schwerlich.

Wie klug auch die Maschinen sind,
Welche die Menschen schmieden,
Dem Esel bleibt zu jeder Zeit 55
Sein sicheres Dasein beschieden.

Der Himmel verläßt seine Esel nicht,
Die ruhig im Pflichtgefühle,
Wie ihre frommen Väter getan,
Tagtäglich traben zur Mühle. 60

Das Mühlrad klappert, der Müller mahlt,
Und schüttet das Mehl in die Säcke;
Das trag ich zum Bäcker, der Bäcker backt,
Und der Mensch frißt Bröde und Wecke.

In diesem uralten Naturkreislauf
Wird ewig die Welt sich drehen,
Und ewig unwandelbar wie die Natur,
Wird auch der Esel bestehen.

Moral

Die Ritterzeit hat aufgehört,
Und hungern muß das stolze Pferd.
Dem armen Luder, dem Esel aber
Wird niemals fehlen sein Heu und Haber.

Aus der Zopfzeit
Fabel

Zu Kassel waren zwei Ratten,
Die nichts zu essen hatten.

Sie sahen sich lange hungrig an;
Die eine Ratte zu wispern begann:

Ich weiß einen Topf mit Hirsebrei,
Doch leider steht eine Schildwach dabei;

Sie trägt kurfürstliche Uniform,
Und hat einen Zopf der ist enorm;

Die Flinte ist geladen mit Schrot,
Und wer sich naht, den schießt sie tot.

Die andere Ratte knistert
Mit ihren Zähnchen und wispert:

Des Kurfürsten Durchlaucht sind gescheit,
Er liebt die gute alte Zeit,

Die Zeit der alten Chatten,
Die lange Zöpfe hatten.

Durch ihre Zöpfe die Chatten
Wetteiferten mit den Ratten.

Der Zopf ist aber das Sinnbild nur
Des Schwanzes, den uns verlieh die Natur;

Wir auserwählten Geschöpfe,
Wir haben natürliche Zöpfe.

O Kurfürst, liebst du die Chatten,
So liebst du auch die Ratten;

Gewiß für uns dein Herze klopft,
Da wir schon von der Natur bezopft.

O gib, du edler Philozopf,
O gib uns frei den Hirsetopf,

O gib uns frei den Topf mit Brei,
Und löse ab die Schildwach dabei.

Für solche Huld, für solchen Brei,
Wir wollen dir dienen mit Lieb und Treu.

Und stirbst du einst, auf deinem Grab
Wir schneiden uns traurig die Schwänze ab,

Und flechten sie um dein Haupt als Kranz;
Dein Lorbeer sei ein Rattenschwanz!

Die Wahl-Esel

Die Freiheit hat man satt am End,
Und die Republik der Tiere
Begehrte, daß ein einzger Regent
Sie absolut regiere.

Jedwede Tiergattung versammelte sich,
Wahlzettel wurden geschrieben;
Parteisucht wütete fürchterlich,
Intrigen wurden getrieben.

Das Komitee der Esel ward
Von Alt-Langohren regieret;
Sie hatten die Köpfe mit einer Kokard,
Die schwarz-rot-gold, verzieret.

Es gab eine kleine Pferdepartei,
Doch wagte sie nicht zu stimmen;
Sie hatte Angst vor dem Geschrei
Der Alt-Langohren, der grimmen.

Als einer jedoch die Kandidatur
Des Rosses empfahl, mit Zeter
Ein Alt-Langohr in die Rede ihm fuhr,
Und schrie: Du bist ein Verräter!

Du bist ein Verräter, es fließt in dir
Kein Tropfen vom Eselsblute;
Du bist kein Esel, ich glaube schier,
Dich warf eine welsche Stute.

Du stammst vom Zebra vielleicht, die Haut
Sie ist gestreift zebräisch;
Auch deiner Stimme näselnder Laut
Klingt ziemlich ägyptisch-hebräisch.

Und wärst du kein Fremdling, so bist du doch nur
Verstandesesel, ein kalter;
Du kennst nicht die Tiefen der Eselsnatur,
Dir klingt nicht ihr mystischer Psalter.

Ich aber versenkte die Seele ganz
In jenes süße Gedösel;
Ich bin ein Esel, in meinem Schwanz
Ist jedes Haar ein Esel.

Ich bin kein Römling, ich bin kein Slav;
Ein deutscher Esel bin ich,
Gleich meinen Vätern. Sie waren so brav,
So pflanzenwüchsig, so sinnig.

Sie spielten nicht mit Galanterei
Frivole Lasterspiele;
Sie trabten täglich, frisch-fromm-fröhlich-frei,
Mit ihren Säcken zur Mühle.

Die Väter sind nicht tot! Im Grab
Nur ihre Häute liegen,
Die sterblichen Hüllen. Vom Himmel herab
Schaun sie auf uns mit Vergnügen.

Verklärte Esel im Gloria-Licht!
Wir wollen euch immer gleichen
Und niemals von dem Pfad der Pflicht
Nur einen Fingerbreit weichen.

O welche Wonne, ein Esel zu sein!
Ein Enkel von solchen Langohren!
Ich möcht es von allen Dächern schrein:
Ich bin als ein Esel geboren.

Der große Esel, der mich erzeugt,
Er war von deutschem Stamme;
Mit deutscher Eselsmilch gesäugt
Hat mich die Mutter, die Mamme.

Ich bin ein Esel, und will getreu,
Wie meine Väter, die Alten,
An der alten, lieben Eselei,
Am Eseltume halten.

Und weil ich ein Esel, so rat ich euch,
Den Esel zum König zu wählen;
Wir stiften das große Eselreich,
Wo nur die Esel befehlen.

Wir alle sind Esel! I-A! I-A!
Wir sind keine Pferdeknechte.
Fort mit den Rossen! Es lebe, Hurrah!
Der König vom Eselsgeschlechte!

So sprach der Patriot. Im Saal
Die Esel Beifall rufen.
Sie waren alle national,
Und stampften mit den Hufen.

Sie haben des Redners Haupt geschmückt
Mit einem Eichenkranze.
Er dankte stumm, und hochbeglückt
Wedelt' er mit dem Schwanze.

Duelle

Zwei Ochsen disputierten sich
Auf einem Hofe fürchterlich.
Sie waren beide zornigen Blutes
Und in der Hitze des Disputes
Hat einer von ihnen, zornentbrannt
Den andern einen Esel genannt.
Da Esel ein Tusch ist bei den Ochsen
So mußten die beiden John Bulle sich boxen.

Auf selbigem Hofe zu selbiger Zeit
Gerieten auch zwei Esel in Streit,
Und heftig stritten die beiden Langohren
Bis einer so sehr die Geduld verloren
Daß er ein wildes I-A ausstieß
Und den andern einen Ochsen hieß.
Ihr wißt ein Esel fühlt sich touchiert
Wenn man ihn Ochse tituliert.
Ein Zweikampf folgte, die beiden stießen
Sich mit den Köpfen, mit den Füßen
Gaben sich manchen Tritt in den Podex
Wie es gebietet der Ehre Codex.

Und die Moral? Ich glaub es gibt Fälle
Wo unvermeidlich sind die Duelle;
Es muß sich schlagen der Student
Den man einen dummen Jungen nennt.

Der tugendhafte Hund

Ein Pudel, der mit gutem Fug
Den schönen Namen Brutus trug,
War vielberühmt im ganzen Land
Ob seiner Tugend und seinem Verstand.
Er war ein Muster der Sittlichkeit,
Der Langmut und Bescheidenheit.
Man hörte ihn loben, man hörte ihn preisen,
Als einen vierfüßigen Nathan den Weisen.

Er war ein wahres Hundejuwel!
So ehrlich und treu! eine schöne Seel!
Auch schenkte sein Herr in allen Stücken
Ihm volles Vertrauen, er konnte ihn schicken
Sogar zum Fleischer. Der edle Hund
Trug dann einen Hängekorb im Mund,
Worin der Metzger das schöngehackte
Rindfleisch, Schaffleisch, auch Schweinefleisch
          packte –
Wie lieblich und lockend das Fett gerochen,
Der Brutus berührte keinen Knochen,
Und ruhig und sicher, mit stoischer Würde,
Trug er nach Hause die kostbare Bürde.

Doch unter den Hunden wird gefunden
Auch eine Menge von Lumpenhunden –
Wie unter uns – gemeine Köter,
Tagdiebe, Neidharte, Schwerenöter,
Die ohne Sinn für sittliche Freuden
Im Sinnenrausch ihr Leben vergeuden!
Verschworen hatten sich solche Racker
Gegen den Brutus, der treu und wacker
Mit seinem Korb im Maule nicht
Gewichen von dem Pfad der Pflicht –

Und eines Tages als er kam
Vom Fleischer und seinen Rückweg nahm
Nach Hause, da ward er plötzlich von allen
Verschworenen Bestien überfallen;
Da ward ihm der Korb mit dem Fleisch
                              entrissen, 35
Da fielen zu Boden die leckersten Bissen,
Und fraßbegierig über die Beute
Warf sich die ganze hungrige Meute –
Brutus sah anfangs dem Schauspiel zu,
Mit philosophischer Seelenruh, 40
Doch als er sah, daß solchermaßen
Sämtliche Hunde schmausten und fraßen,
Da nahm er auch an der Mahlzeit teil
Und speiste selbst eine Schöpsenkeul –

Moral 45

Auch du, mein Brutus, auch du, du frißt?
So ruft wehmütig der Moralist.
Ja böses Beispiel kann verführen;
Und ach! gleich allen Säugetieren,
Nicht ganz und gar vollkommen ist 50
Der tugendhafte Hund – er frißt!

Fabel

Es saß ein brauner Wanzerich
Auf einem Pfennig und spreizte sich
Wie ein Rentier und sprach: »Wer Geld hat
Auch Ehr und Ansehn in der Welt hat.

Wer Geld hat ist auch lieblich und schön –
Es kann kein Weib mir widerstehn;
Die Weiber erbleichen schon und zittern
Sobald sie meinen Odem wittern.

Ich habe manche Sommernacht
Im Bett der Königin zugebracht;
Sie wälzte sich auf ihren Matratzen
Und mußte sich beständig kratzen.«

Ein lustiger Zeisig, welcher gehört
Die prahlende Worte, war drob empört;
Im heiteren Unmut sein Schnäbelein schliff er
Und auf das Insekt ein Spottlied pfiff er.

Gemein und schmutzig der Wanzerich
Wie Wanzen pflegen rächte er sich;
Er sagte daß ihm der Zeisig grollte
Weil er kein Geld ihm borgen wollte.

Und die Moral? Der Fabulist
Verschweigt sie heute mit klugem Zagen,
Denn mächtig verbündet in unseren Tagen
Das reiche Ungeziefer ist.
Es sitzt mit dem Geldsack unter dem Arsch
Und trommelt siegreich den Dessauer Marsch.

Zum
Lazarus

Von Heine selbst zugeordnet

»Nicht gedacht soll seiner werden«
Aus dem Mund der armen alten
Esther Wolf hört ich die Worte
Die ich treu im Sinn behalten.

Ausgelöscht sein aus der Menschen
Angedenken hier auf Erden –
Ist die Blume der Verwünschung!
Nicht gedacht soll seiner werden.

Herz, mein Herz, ström aus die Fluten
Deiner Klagen und Beschwerden,
Doch von ihm sei nie die Rede –
Nicht gedacht soll seiner werden.

Nicht gedacht soll seiner werden,
Nicht im Liede, nicht im Buche –
Dunkler Hund im dunklen Grabe
Du verfaulst mit meinem Fluche!

Selbst am Auferstehungstage,
Wenn geweckt von den Fanfaren
Der Posaunen, schlotternd wallen
Zum Gericht die Totenscharen,

Und alldort der Engel abliest
Vor den göttlichen Behörden
Alle Namen der Geladnen –
Nicht gedacht soll seiner werden!

Zum Lazarus

Erstorben ist in meiner Brust
Jedwede weltlich eitle Lust,
Erstorben ist mir auch darin
Die Liebe und der Haß, der Sinn
Für eigne wie für fremde Not –
Und in mir lebt nur noch der Tod!

Der Vorhang fällt, das Stück ist aus,
Und gähnend wandelt jetzt nach Haus
Mein liebes deutsches Publikum.
Die guten Leutchen sind nicht dumm;
Das speist jetzt ganz vergnügt zu Nacht,
Und trinkt sein Schöppchen, singt und lacht –

Er hatte recht, der edle Heros,
Der weiland sprach im Buch Homeros:
Der kleinste lebendige Philister
Zu Stukkert am Neckar, viel glücklicher ist er,
Als ich, der Pelide, der tote Held,
Der Schattenfürst in der Unterwelt.

Ich habe verlacht, bei Tag und bei Nacht,
So Männer wie Frauenzimmer;
Ich habe große Dummheiten gemacht –
Die Klugheit bekam mir noch schlimmer.

Die Magd ward schwanger und gebar –
Wozu das viele Gewimmer?
Wer nie im Leben töricht war,
Ein Weiser war er nimmer.

Wer ein Herz hat und im Herzen
Liebe trägt ist überwunden
Schon zur Hälfte, und so lieg ich
Jetzt geknebelt und gebunden.

Wenn ich sterbe wird die Zunge
Ausgeschnitten meiner Leiche;
Denn sie fürchten, redend käm ich
Wieder aus dem Schattenreiche.

Stumm verfaulen wird der Tote
In der Gruft, und nie verraten
Werd ich die an mir verübten
Lächerlichen Freveltaten.

Die Söhne des Glückes beneide ich nicht
Ob ihrem Leben, beneiden
Will ich sie nur ob ihrem Tod,
Dem schmerzlos raschen Verscheiden.

Im Prachtgewand, das Haupt bekränzt
Und Lachen auf der Lippe
Sitzen sie froh beim Lebensbankett –
Da trifft sie jählings die Hippe.

Im Festkleid und mit Rosen geschmückt,
Die noch wie lebend blühten
Gelangen in das Schattenreich
Fortunas Favoriten.

Nie hatte Siechtum sie entstellt,
Sind Tote von guter Miene
Und huldreich empfängt sie an ihrem Hof
Zarewna Proserpine.

Wie sehr muß ich beneiden ihr Los!
Schon sieben Jahr mit herben
Qualvollen Gebresten wälz ich mich
20 Am Boden und kann nicht sterben!

O Gott, verkürze meine Qual
Damit man mich bald begrabe;
Du weißt ja, daß ich kein Talent
Zum Martyrtume habe.

25 Ob deiner Inkonsequenz, o Herr,
Erlaube daß ich staune:
Du schufest den fröhlichsten Dichter und raubst
Ihm jetzt seine gute Laune

Der Schmerz verdumpft den heitern Sinn
30 Und macht mich melancholisch;
Nimmt nicht der traurige Spaß ein End,
So werd ich am Ende katholisch.

Ich heule dir dann die Ohren voll
Wie andre gute Christen –
35 O Miserere! Verloren geht
Der beste der Humoristen!

Nachts, erfaßt vom wilden Geiste,
Streck ich die geballten Fäuste
Drohend aus – jedoch erschlafft
Sinkt der Arm, mir fehlt die Kraft.

5 Leib und Seele sind gebrochen,
Und ich sterbe ungerochen.
Auch kein Blutsfreund zornentflammt,
Übernimmt das Rächeramt.

Ach! Blutsfreunde sind es eben
Welche mir den Tod gegeben.
Und die schnöde Meucheltat
Ward verübet durch Verrat.

Siegfried gleich dem hürnen Recken
Wußten sie mich hinzustrecken –
Leicht erspäht Familienlist,
Wo der Held verwundbar ist.

Wenn sich die Blutegel vollgesogen,
Man streut auf ihren Rücken bloß
Ein bißchen Salz, und sie fallen ab –
Doch dich, mein Freund, wie werd ich dich los?

Mein Freund, mein Gönner, mein alter Blutsauger,
Wo find ich für dich das rechte Salz?
Du hast mir liebreich ausgesaugt
Den letzten Tropfen Rückgratschmalz.

Auch bin ich seitdem so abgemagert
Ein ausgebeutet armes Skelett –
Du aber schwollest stattlich empor
Die Wänglein sind rot, das Bäuchlein ist fett.

O Gott, schick mir einen braven Banditen,
Der mich ermordet mit raschem Stoß –
Nur diesen langweilgen Blutegel nicht;
Der langsam saugt – wie werd ich ihn los?

Zum Lazarus

Mir lodert und wogt im Hirn eine Flut
Von Wäldern, Bergen und Fluren;
Aus dem tollen Wust tritt endlich hervor
Ein Bild mit festen Konturen.

Das Städtchen das mir im Sinne schwebt
Ist Godesberg, ich denke.
Dort wieder unter dem Lindenbaum
Sitz ich vor der alten Schenke.

Der Hals ist mir trocken, als hätt ich verschluckt
Die untergehende Sonne.
Herr Wirt! Herr Wirt! eine Flasche Wein
Aus eurer besten Tonne.

Es fließt der holde Rebensaft
Hinunter in meine Seele
Und löscht bei dieser Gelegenheit
Den Sonnenbrand der Kehle.

Und noch eine Flasche, Herr Wirt, ich trank
Die erste in schnöder Zerstreuung,
Ganz ohne Andacht! Mein edler Wein
Ich bitte dich drob um Verzeihung.

Ich sah hinauf nach dem Drachenfels,
Der hochromantisch beschienen
Vom Abendrot, sich spiegelt im Rhein
Mit seinen Burgruinen.

Ich horchte dem fernen Winzergesang
Und dem kecken Gezwitscher der Finken –
So trank ich zerstreut und an den Wein
Dacht ich nicht während dem Trinken.

Jetzt aber steck ich die Nase ins Glas,
Und ernsthaft zuvor beguck ich
Den Wein den ich schlucke, manchmal auch
Ganz ohne zu gucken, schluck ich.

Doch sonderbar! Während dem Schlucken wird mir
Zu Sinne als ob ich verdoppelt,
Ein andrer armer Schlucker sei
Mit mir zusammengekoppelt.

Der sieht so krank und elend aus
So bleich und abgemergelt.
Gar schmerzlich verhöhnend schaut er mich an,
Wodurch er mich seltsam nergelt.

Der Bursche behauptet er sei ich selbst,
Wir wären nur eins wir beide,
Wir wären ein einziger armer Mensch,
Der jetzt am Fieber leide.

Nicht in der Schenke von Godesberg,
In einer Krankenstube
Des fernen Paris befänden wir uns –
Du lügst du bleicher Bube.

Du lügst, ich bin so gesund und rot
Wie eine blühende Rose,
Auch bin ich stark, nimm dich in acht,
Daß ich mich nicht erbose.

Er zuckt die Achsel und seufzt: O Narr!
Das hat meinen Zorn entzügelt;
Und mit dem verdammten zweiten Ich
Hab ich mich endlich geprügelt.

Doch sonderbar jedweder Puff,
Den ich dem Burschen erteile
Empfinde ich am eignen Leib,
Und ich schlage mir Beule auf Beule.

Bei dieser fatalen Balgerei
Ward wieder der Hals mir trocken,
Und will ich rufen nach Wein den Wirt,
Die Worte im Munde stocken.

Mir schwinden die Sinne und traumhaft hör ich
Von Kataplasmen reden
Auch von der Mixtur – ein Eßlöffel voll –
Zwölf Tropfen stündlich in jeden.

Für eine Grille – keckes Wagen! –
Hab ich das Leben eingesetzt
Und nun das Spiel verloren jetzt,
Mein Herz du darfst dich nicht beklagen.

Die Sachsen sagen: »Minschenwille
Ist Minschen-Himmelrik« – Ich gab
Das Leben hin, jedoch ich hab
Verwirklicht meines Lebens Grille!

Die Seligkeit die ich empfunden
Darob war nur von kurzer Frist
Doch wer von Wonne trunken ist
Der rechnet nicht nach eitel Stunden

Wo Seligkeit ist Ewigkeit
Hier lodern alle Liebesflammen
In eine einzge Glut zusammen;
Hier gibt es weder Raum noch Zeit

Mein Tag war heiter, glücklich meine Nacht.
Mir jauchzte stets mein Volk, wenn ich die Leier
Der Dichtkunst schlug. Mein Lied war Lust
                             und Feuer,
Hat manche schöne Gluten angefacht.

Noch blüht mein Sommer, dennoch eingebracht
Hab ich die Ernte schon in meine Scheuer –
Und jetzt soll ich verlassen was so teuer,
So lieb und teuer mir die Welt gemacht!

Der Hand entsinkt das Saitenspiel. In Scherben
Zerbricht das Glas, das ich so fröhlich eben
An meine übermütgen Lippen preßte.

O Gott! wie häßlich bitter ist das Sterben!
O Gott! wie süß und traulich läßt sich leben
In diesem traulich süßen Erdenneste!

Ganz entsetzlich ungesund
Ist die Erde, und zugrund,
Ja, zugrund muß alles gehn,
Was hienieden groß und schön.

Sind es alten Wahns Phantasmen,
Die dem Boden als Miasmen
Stumm entsteigen und die Lüfte
Schwängern mit dem argen Gifte?

Holde Frauenblumen, welche
Kaum erschlossen ihre Kelche
Den geliebten Sonnenküssen,
Hat der Tod schon fortgerissen.

Helden, trabend hoch zu Roß,
Trifft unsichtbar das Geschoß;
Und die Kröten sich beeifern,
Ihren Lorbeer zu begeifern.

Was noch gestern stolz gelodert,
Das ist heute schon vermodert;
Seine Leier mit Verdruß
Bricht entzwei der Genius.

O wie klug sind doch die Sterne!
Halten sich in sichrer Ferne
Von dem bösen Erdenrund,
Das so tödlich ungesund.

Kluge Sterne wollen nicht
Leben, Ruhe, Himmelslicht
Hier einbüßen, hier auf Erden,
Und mit uns elendig werden –

Wollen nicht mit uns versinken
In den Twieten, welche stinken,
In dem Mist, wo Würmer kriechen,
Welche auch nicht lieblich riechen –

Wollen immer ferne bleiben
Vom fatalen Erdentreiben,
Von dem Klüngel und Geruddel,
Von dem Erdenkuddelmuddel.

Mitleidsvoll aus ihrer Höhe
Schaun sie oft auf unser Wehe;
Eine goldne Träne fällt
Dann herab auf diese Welt.

Die Liebe begann im Monat März,
Wo mir erkrankte Sinn und Herz.
Doch als der Mai, der grüne, kam
Ein Ende all mein Trauern nahm

Es war am Nachmittag um drei,
Wohl auf der Moosbank der Einsiedelei
Die hinter der Linde liegt versteckt,
Da hab ich ihr mein Herz entdeckt.

Die Blumen dufteten. Im Baum
Die Nachtigall sang, doch hörten wir kaum
Ein einziges Wort von ihrem Gesinge –
Wir hatten zu reden viel wichtige Dinge.

Wir schwuren uns Treue bis in den Tod.
Die Stunden schwanden, das Abendrot
Erlosch. Doch saßen wir lange Zeit
Und weinten in der Dunkelheit.

Ich seh im Stundenglase schon
Den kargen Sand zerrinnen.
Mein Weib, du engelsüße Person!
Mich reißt der Tod von hinnen.

Er reißt mich aus deinem Arm, mein Weib,
Da hilft kein Widerstehen
Er reißt die Seele aus dem Leib –
Sie will vor Angst vergehen.

Er jagt sie aus dem alten Haus,
Wo sie so gerne bliebe.
Sie zittert und flattert – wo soll ich hinaus?
Ihr ist wie dem Floh im Siebe.

Das kann ich nicht ändern, wie sehr ich mich sträub,
Wie sehr ich mich winde und wende;
Der Mann und das Weib, die Seel und der Leib,
Sie müssen sich trennen am Ende.

Den Strauß, den mir Mathilde band
Und lächelnd brachte, mit bittender Hand
Weis ich ihn ab – Nicht ohne Grauen
Kann ich die blühenden Blumen schauen.

Sie sagen mir, daß ich nicht mehr
Dem schönen Leben angehör,
Daß ich verfallen dem Totenreiche,
Ich arme unbegrabne Leiche.

Wenn ich die Blumen rieche, befällt
Mich heftiges Weinen – Von dieser Welt
Voll Schönheit und Sonne, voll Lust und Lieben,
Sind nur die Tränen mir geblieben.

Wie glücklich war ich wenn ich sah
Den Tanz der Ratten der Opera –
Jetzt hör ich schon das fatale Geschlürfe
Der Kirchhofsratten und Grab-Maulwürfe.

O Blumendüfte, ihr ruft empor
Ein ganzes Ballett, ein ganzes Chor
Von parfümierten Erinnerungen –
Das kommt auf einmal herangesprungen,

Mit Kastagnetten und Zimbelklang
In flittrigen Röckchen, die nicht zu lang,
Doch all ihr Tändeln und Kichern und Lachen
Es kann mich nur noch verdrießlicher machen!

Fort mit den Blumen! Ich kann nicht ertragen 25
Die Düfte die von alten Tagen
Mir boshaft erzählt viel holde Schwänke –
Ich weine wenn ich derselben gedenke –

Ich war, o Lamm, als Hirt bestellt
Zu hüten dich auf dieser Welt.
Hab dich mit meinem Brot geätzt,
Mit Wasser aus dem Born geletzt.
Wenn kalt der Wintersturm gelärmt 5
Hab ich dich an der Brust erwärmt.
Hier hielt ich fest dich angeschlossen
Wenn Regengüsse sich ergossen
Und Wolf und Waldbach um die Wette
Geheult im dunkeln Felsenbette. 10
Du bangtest nicht, hast nicht gezittert
Selbst wenn den höchsten Tann zersplittert
Der Wetterstrahl – in meinem Schoß
Du schliefest still und sorgenlos.

Mein Arm wird schwach, es schleicht herbei 15
Der blasse Tod! Die Schäferei,
Das Hirtenspiel, es hat ein Ende.
O Gott ich leg in deine Hände
Zurück den Stab – behüte du
Mein armes Lamm, wenn ich zur Ruh 20
Bestattet bin – und dulde nicht
Daß irgendwo ein Dorn sie sticht –
O schütz ihr Vließ vor Dornenhecken
Und auch vor Sümpfen, die beflecken,
Laß überall zu ihren Füßen 25
Das allerbeste Futter sprießen
Und laß sie schlafen sorgenlos,
Wie einst sie schlief in meinem Schoß!

Wie schön er ist, so qualvoll auch,
Mit seinen Feuerbränden,
Ist dieses Lebens Fiebertraum –
Laß bald, o Gott, ihn enden.

Erschließe mir das Schattenland!
Ich will die Lippe dort nässen
Mit jener Flut die kühlend schenkt
Ein ewiges Vergessen

Vergessen wird alles – die Liebe allein
Vergißt man nicht im Tode!
Das Märchen vom Lethestrand ersann
Ein griechisch liebloser Rhapsode.

Guter Rat

Gib ihren wahren Namen immer
In deiner Fabel ihren Helden.
Wagst du es nicht, ergeht's dir schlimmer
Zu deinem Eselbilde melden
Sich gleich ein Dutzend graue Toren –
Das sind ja meine langen Ohren
Ruft jeder, dieses gräßlich grimme
Gebreie ist ja meine Stimme –
Der Esel bin ich! obgleich nicht genannt
Erkennt mich doch mein Vaterland,
Mein Vaterland Germania!
Der Esel bin ich! I-A! I-A!
Hast einen Dummkopf schonen wollen
Und zwölfe sind es die dir grollen.

Thematisch mit dem Lazarus-*Zyklus verwandt, aber nicht von Heine selbst zugeordnet*

Ein Sonett

Sie küßten mich mit ihren falschen Lippen,
Sie haben mir kredenzt den Saft der Reben
Und haben mich dabei mit Gift vergeben –
Das taten mir die Magen und die Sippen.

Es schmilzt das Fleisch von meinen armen Rippen,
Ich kann mich nicht vom Siechbett mehr erheben,
Arglistig stahlen sie mein junges Leben,
Das taten mir die Magen und die Sippen.

Ich bin ein Christ – wie es im Kirchenbuche
Bescheinigt steht – deshalb, bevor ich sterbe,
Will ich euch fromm und brüderlich verzeihen.

Es wird mir sauer – ach! mit meinem Fluche
Möcht ich weit lieber euch vermaladeien:
Daß euch der Herr verdamme und verderbe.

Orpheisch

In stillen Nächten denk ich oft,
Du solltest mal dem Schattenreich entsteigen,
Und lösen alle Rätsel mir
Und mich von deiner Unschuld überzeugen.

Ich harre dein – o komme bald!
Und kommst du nicht, so steig ich selbst zur Hölle,
Daß ich alldort vor Satanas
Und allen Teufeln dich zur Rede stelle.

Ich komme und wie Orpheus einst
Trotz ich der Unterwelt und ihren Schrecken –
Ich finde dich, und wolltest du
Im tiefsten Höllenpfuhle dich verstecken.

Hinunter jetzt ins Land der Qual,
Wo Händeringen nur und Zähneklappen –
Ich reiße dir die Larve ab,
Der angeprahlten Großmut Purpurlappen – –

Celimene

Glaube nicht, daß ich aus Dummheit
Dulde deine Teufeleien;
Glaub auch nicht ich sei ein Herrgott,
Der gewohnt ist zu verzeihen.

Deine Nücken, deine Tücken,
Hab ich freilich still ertragen.
Andre Leut an meinem Platze
Hätten längst dich totgeschlagen.

Schweres Kreuz! gleichviel, ich schlepp es!
Wirst mich stets geduldig finden –
Wisse, Weib, daß ich dich liebe
Um zu büßen meine Sünden.

Ja, du bist mein Fegefeuer,
Doch aus deinen schlimmen Armen
Wird geläutert mich erlösen
Gottes Gnade und Erbarmen.

Stunden, Tage, Ewigkeiten
Sind es, die wie Schnecken gleiten;
Diese grauen Riesenschnecken
Ihre Hörner weit ausrecken.

Manchmal in der öden Leere,
Manchmal in dem Nebelmeere
Strahlt ein Licht, das süß und golden,
Wie die Augen meiner Holden.

Doch im selben Nu zerstäubet
Diese Wonne, und mir bleibet
Das Bewußtsein nur, das schwere,
Meiner schrecklichen Misère.

Die Liebesgluten, die so lodernd flammten,
Wo gehn sie hin wenn unser Herz verglommen?
Sie gehn dahin woher sie einst gekommen,
Zur Hölle, wo sie braten die Verdammten.

Geleert hab ich nach Herzenswunsch
Der Liebe Kelch, ganz ausgeleert
Das ist ein Trank der uns verzehrt
Wie flammendheißer Cognacpunsch.
Da lob ich mir die laue Wärme
Der Freundschaft, jedes Seelenweh
Stillt sie, erquickend die Gedärme
Wie eine fromme Tasse Tee.

Es geht am End, es ist kein Zweifel,
Der Liebe Glut sie geht zum Teufel.
Sind wir einmal von ihr befreit
Beginnt für uns die beßre Zeit
Das Glück der kühlen Häuslichkeit.
Der Mensch genießet dann die Welt,
Die immer lacht fürs liebe Geld,
Er speist vergnügt sein Leibgericht
Und in den Nächten wälzt er nicht
Schlaflos sein Haupt, er ruhet warm
In seiner treuen Gattin Arm.

Mittelalterliche Rohheit
Weicht dem Aufschwung schöner Künste:
Instrument moderner Bildung
Ist vorzüglich das Klavier.

Auch die Eisenbahnen wirken
Heilsam aufs Familienleben,
Sintemal sie uns erleichtern
Die Entfernung von der Sippschaft.

Wie bedaur ich daß die Darre
Meines Rückgratmarks mich hindert,
Lange Zeit noch zu verweilen
In dergleichen Fortschrittswelt!

Es kommt der Tod – jetzt will ich sagen
Was zu verschweigen ewiglich
Mein Stolz gebot: für dich, für dich,
Es hat mein Herz für dich geschlagen.

Der Sarg ist fertig, sie versenken
Mich in die Gruft. Da hab ich Ruh
Doch du, doch du, Maria, du
Wirst weinen oft und mein gedenken.

Du ringst sogar die schönen Hände –
O tröste dich – das ist das Los,
Das Menschenlos, was gut und groß
Und schön das nimmt ein schlechtes Ende

Gedichte an die Mouche

Dich fesselt mein Gedankenbann
Und was ich dachte, was ich sann
Das mußt du denken, mußt du sinnen –
Kannst meinem Geiste nicht entrinnen.

Ein gar subtiler Spiritus
Ist dieser Geist, ein Dominus
Im Geisterheer vom höchsten Range;
Ihn ehrt sogar die Muhme Schlange.

Stets weht dich an sein süßer Hauch
Und wo du bist, da ist er auch
Du bist sogar im Bett nicht sicher
Vor seinem Kusse und Gekicher.

Mein Leib liegt tot im Grab, jedoch
Mein Geist er ist lebendig noch
Und wohnt gleich einem Hauskobolde
In deinem Herzchen, meine Holde.

Vergönn das traute Nestchen ihm,
Du wirst nicht los das Ungetüm,
Du wirst nicht los den kleinen Schnapphahn,
Und flöhest du bis China, Japan!

Denn überall wohin du reist
Sitzt ja im Herzchen dir mein Geist
Hier träumt er seine tollsten Träume
Hier schlägt er seine Burzelbäume.

Hörst du? Er musizieret jetzt –
Die Flöh in deinem Hemd ergetzt
So sehr sein Saitenspiel und Singen,
Daß sie vor Wonne hochaufspringen.

Laß mich mit glühnden Zangen kneipen,
Laß grausam schinden mein Gesicht;
Laß mich mit Ruten peitschen, stäupen,
Doch warten, warten laß mich nicht!

Laß mit Torturen aller Arten
Verrenken, brechen mein Gebein –
Doch laß mich nicht vergebens warten,
Denn Warten ist die schlimmste Pein!

Den ganzen Nachmittag bis sechse
Hab gestern ich umsonst geharrt –
Umsonst – du kamest nicht, o Hexe,
So daß ich schier wahnsinnig ward!

Die Ungeduld hielt mich umringelt
Wie Schlangen, jeden Augenblick
Fuhr ich empor wenn man geklingelt –
Doch kamst du nicht, ich fiel zurück!

Du kamest nicht – ich rase, schnaube,
Und Satanas raunt mir ins Ohr:
Die holde Lotosblum, ich glaube
Mokiert sich deiner, alter Tor!

Wahrhaftig wir beide bilden
Ein kurioses Paar
Die Liebste ist schwach auf den Beinen
Der Liebhaber lahm sogar.

Sie ist ein leidendes Kätzchen
Und er ist krank wie ein Hund;
Ich glaube im Kopfe sind beide
Nicht sonderlich gesund.

             Sie sei eine Lotosblume
10   Bildet die Liebste sich ein;
             Doch er, der blasse Geselle,
             Vermeint der Mond zu sein.

             Vertraut sind ihre Seelen,
             Doch jedem von beiden bleibt fremd
15   Was bei dem andern befindlich
             Wohl zwischen Seel und Hemd!

             Die Lotosblume erschließet
             Ihr Kelchlein im Mondenlicht;
             Doch statt des befruchtenden Lebens
20   Empfängt sie nur ein Gedicht!

Es träumte mir von einer Sommernacht
Wo bleich verwittert in dem Mondenglanze
Bauwerke lagen, Reste alter Pracht
Ruinen aus der Zeit der Renaissance.

5   Nur hie und da mit dorisch ernstem Knauf
    Hebt aus dem Schutt sich einzeln eine Säule
    Und schaut zum Firmament hinauf
    Als ob sie spotte seiner Donnerkeile.

    Gebrochen an dem Boden liegen rings
10 Portale, Giebeldächer mit Skulpturen
    Wo Mensch und Tier vermischt, Centaur und Sphinx,
    Satyr, Chimäre, Fabelzeitfiguren.

    Auch manches Frauenbild von Stein liegt hier
    Unkrautumwuchert in dem hohen Grase;
15 Die Zeit, die schlimmste Syphilis, hat ihr
    Geraubt ein Stück der edlen Nymphennase.

Es steht ein offner Marmor-Sarkophag
Ganz unverstümmelt unter den Ruinen,
Und gleichfalls unversehrt im Sarge lag
Ein toter Mann mit leidend sanften Mienen – 20

Karyatiden mit gerecktem Hals
Scheinen mühsam das Monument zu halten;
An beiden Seiten sah man ebenfalls
Viel basreliefgemeißelte Gestalten.

Hier sah man des Olympos Herrlichkeit 25
Mit seinen liederlichen Heidengöttern;
Adam und Eva stehn dabei, sind beid
Versehn mit keuschem Schurz von Feigenblättern.

Hier sah man Trojas Untergang und Brand
Paris und Helena, auch Hektor sah man, 30
Moses und Aaron gleich daneben stand,
Auch Judith, Holofern und Haman.

Desgleichen war zu sehn der Gott Amour
Phöbus Apoll, Vulkanus und Frau Venus,
Pluto und Proserpine und Merkur, 35
Gott Bachus mit Priapus und Silenus.

Daneben stand der Esel Barlaams,
(Der Esel war zum Sprechen gut getroffen)
Dort sah man auch die Prüfung Abrahams
Und Loth, der mit den Töchtern sich besoffen. 40

Hier war zu schaun der Tanz Herodias
Das Haupt des Täufers trägt man auf der Schüssel;
Die Hölle sah man hier und Satanas,
Und Petrus mit dem großen Himmelsschlüssel.

45 Abwechselnd wieder sah man hier skulptiert
Des geilen Jovis Brunst und Freveltaten,
Wie er als Schwan die Leda hat verführt,
Die Danae als Regen von Dukaten.

Hier war zu sehn Dianas wilde Jagd,
50 Ihr folgen hochgeschürzte Nymphen, Doggen;
Hier sah man Herkules in Frauentracht
Die Spindel drehend, hielt im Arm den Rocken.

Daneben ist der Sinai zu sehn
Am Berg steht Israel mit seinen Ochsen;
55 Man schaut den Herrn als Kind im Tempel stehn,
Und disputieren mit den Orthodoxen.

Die Gegensätze sind hier grell gepaart:
Des Griechen Lustsinn und der Gottgedanke
Judäas! Und in Arabeskenart
60 Um beide schlingt das Efeu seine Ranke.

Doch wunderbar! derweilen solcherlei
Bildwerke träumend ich betrachtet habe
Wird plötzlich mir zu Sinn, ich selber sei
Der tote Mann im schönen Marmorgrabe.

65 Zu Häupten aber meiner Ruhestätt
Stand eine Blume rätselhaft gestaltet,
Die Blätter schwefelgelb und violett,
Doch wilder Liebreiz in der Blume waltet.

Das Volk nennt sie die Blume der Passion
70 Und sagt, sie sei dem Schädelberg entsprossen,
Als man gekreuzigt hat den Gottessohn,
Und dort sein welterlösend Blut geflossen.

Blutzeugnis, heißt es, gebe diese Blum
Und alle Marterinstrumente welche
Den Henkern dienten bei dem Martyrtum
Trage sie konterfeit in ihrem Kelche.

Ja, alle Requisiten der Passion
Sähe man hier, die ganze Folterkammer,
Zum Beispiel, Geißel, Stricke, Dornenkron,
Das Kreuz, den Kelch, Nägel und Hammer.

Solch eine Blum an meinem Grabe stand,
Sich über meinen Leichnam niederbeugend
Wie Frauentrauer, küßt sie mir die Hand,
Küßt Stirne mir und Augen trostlos schweigend.

Doch Zauberei des Traumes! Seltsamlich
Die Blume der Passion, die schwefelgelbe
Verwandelt in ein Frauenbildnis sich –
Und das ist sie, die Liebste, ja dieselbe.

Du warst die Blume, du, geliebtes Kind
An deinen Küssen mußt ich dich erkennen –
So zärtlich keine Blumenlippen sind,
So feurig keine Blumentränen brennen!

Geschlossen war mein Aug, doch angeblickt
Hat meine Seel beständig dein Gesichte;
Du sahst mich an, beseligt und verzückt
Und geisterhaft beglänzt vom Mondenlichte.

Wir sprachen nicht. Jedoch mein Herz vernahm
Was du verschwiegen dachtest im Gemüte –
Das ausgesprochne Wort ist ohne Scham,
Das Schweigen ist der Liebe keusche Blüte.

Und wie beredsam dieses Schweigen ist!
Man sagt sich alles ohne Metaphoren,
Ganz ohne Feigenblatt, ganz ohne List
Des Silbenfalls, des Wohllauts der Rhetoren.

105 Lautloses Zwiegespräch! man glaubt es kaum,
Wie bei dem stummen zärtlichen Geplauder,
So schnell die Zeit verstreicht im schönen Traum
Der Sommernacht, gewebt aus Lust und Schauder!

Was wir gesprochen? frag es niemals, ach!
110 Den Glühwurm frag was er den Gräsern glimmert?
Die Welle frage was sie rauscht im Bach?
Frage den Westwind was er weht und wimmert?

Frag was er strahlet der Karfunkelstein?
Frag was sie düfteln, Nachtviol und Rosen?
115 Doch frage nie wovon im Mondenschein
Die Marterblume und ihr Toter kosen!

Ich weiß es nicht wie lange ich genoß
In meiner schlummerkühlen Marmortruhe
Den schönen Friedenstraum – Ach, es zerfloß
120 Die Wonne meiner ungestörten Ruhe!

O Tod! mit deiner Grabesstille, du,
Nur du kannst uns die beste Wollust geben –
Den Krampf der Leidenschaft, Lust ohne Ruh
Gibt uns für Glück das albern blöde Leben!

125 Doch wehe mir! Es schwand die Seligkeit,
Als draußen plötzlich sich ein Lärm erhoben,
Es war ein scheltend, stampfend wüster Streit –
Ach! meine Blum verscheuchte dieses Toben.

Ja draußen sich erhob mit wildem Grimm
Ein Zanken, ein Gekeife, ein Gekläffe!
Ich glaubte zu erkennen manche Stimm –
Es waren meines Grabmals Basreliefe.

Spukt in dem Stein der alte Glaubenswahn?
Und disputieren diese Marmorschemen?
Der Schreckensruf des grimmen Waldgotts Pan
Wetteifert wild mit Mosis Anathemen.

O dieser Streit wird endgen nimmermehr,
Stets wird die Wahrheit hadern mit dem Schönen,
Stets wird geschieden sein der Menschheit Heer
In zwei Partein, Barbaren und Helenen.

Das fluchte, schimpfte! gar keine Ende nahm's
Mit dieser Kontroverse, der langweilgen!
Da war zumal der Esel Barlaams,
Der überschrie die Götter und die Heilgen.

Mit diesem I-A! I-A! dem Gewiehr
Dem rülpsend ekelhaften Mißlaut brachte
Mich zur Verzweiflung fast das dumme Tier –
Ich selbst zuletzt schrie auf – und ich erwachte.

Worte! Worte! keine Taten!
Niemals Fleisch, geliebte Puppe,
Immer Geist und keinen Braten,
Keine Knödel in der Suppe!

Doch vielleicht ist dir zuträglich
Nimmermehr die Lendenkraft
Welche galoppieret täglich
Auf dem Roß der Leidenschaft

Ja, ich fürchte fast, es riebe
Zartes Kind, dich endlich auf
Jene wilde Jagd der Liebe
Amors *steeple race* Wettlauf

Viel gesunder glaub ich schier
Ist für dich ein kranker Mann
Als Liebhaber, der gleich mir
Kaum ein Glied bewegen kann

Deshalb unsrem Herzensbund
Liebste, widme deine Triebe
Solches ist dir sehr gesund,
Eine Art Gesundheitsliebe.

Vermischte Gedichte

Für das Album von Elisabeth Friedländer

Ich seh dich an und glaub es kaum –
Es war ein schöner Rosenbaum –
Die Düfte stiegen mir lockend zu Häupten,
Daß sie mir zuweilen das Hirn betäubten –
Es blüht hervor die Erinnerung –
Ach! damals war ich närrisch und jung –
Jetzt bin ich alt und närrisch – Ein Stechen
Fühl ich im Aug – Nun muß ich sprechen
In Reimen sogar – es wird mir schwer,
Das Herz ist voll, der Kopf ist leer!

Du kleine Cousinenknospe! es zieht
Bei deinem Anblick durch mein Gemüt
Gar seltsame Trauer, in seinen Tiefen
Erwachen Bilder die lange schliefen –
Sirenenbilder, sie schlagen auf
Die lachenden Augen, sie schwimmen herauf
Lustplätschernd – Die Schönste der Schar
Die gleicht dir selber auf ein Haar! –

Das ist der Jugend Frühlingstraum –
Ich seh dich an und glaub es kaum!
Das sind die Züge der teuren Sirene,
Das sind die Blicke, das sind die Töne –
Sie hat ein süßkrötiges Stimmelein,
Bezaubernd die Herzen groß und klein –
Die Schmeicheläuglein spielen ins Grüne,
Meerwunderlich mahnend an Delphine –
Ein bißchen spärlich die Augenbrau'n,
Doch hochgewölbt und anzuschaun

    Wie anmutstolze Siegesbogen –
30 Auch Grübchenringe, lieblich gezogen,
    Dicht unter dem Aug, in den rosigen Wänglein –
    Doch leider weder Menschen noch Englein
    Sind ganz vollkommen – Das herrlichste Wesen
    Hat seine Fehler, wie wir lesen
35 In allen Märchen. Herr Lusignan,
    Der einst die schönste Meerfee gewann,
    Hat doch an ihr, in manchen Stunden,
    Den heimlichen Schlangenschwanz gefunden.

                    Warnung

    Verletze nicht durch kalten Ton
    Den Jüngling, welcher dürftig, fremd,
    Um Hülfe bittend, zu dir kömmt –
    Er ist vielleicht ein Göttersohn.

5   Siehst du ihn wieder einst, sodann
    Die Gloria sein Haupt umflammt;
    Den strengen Blick, der dich verdammt,
    Dein Auge nicht ertragen kann.

    Ewigkeit! wie bist du lang
    Länger noch als tausend Jahr
    Tausend Jahre brat ich schon,
    Ach! Und ich bin noch nicht gar.

5   Ewigkeit! wie bist du lang
    Länger noch als 1000 Jahr,
    Und der Satan kommt am End
    Frißt mich auf mit Haut und Haar.

Der Helfer

Du frohlockst, Plantagenet, und glaubst
Daß du die letzte Hoffnung uns raubst,
Weil deine Knechte ein Grabmal fanden,
Worauf der Name »Arthur« gestanden.

Arthur ist nicht gestorben, es barg
Nicht seinen Leichnam der steinerne Sarg.
Ich selber sah ihn vor wenig Tagen
Lebendigen Leibes im Walde jagen.

Er trug ein Kleid von grünem Samt,
Die Lippe lacht, das Auge flammt.
Er kam mit seinen Jagdgenossen
Einhergeritten auf stolzen Rossen.

Wie allgewaltig sein Hüfthorn schallt,
Trara – trara – durch Tal und Wald!
Die Zauberklänge, die Wundertöne,
Sie sind verständlich für Kornwalls Söhne.

Sie melden, die Zeit ist noch nicht da,
Doch kommt sie bald – Trara – trara! –
Und König Arthur mit seinen Getreuen,
Wird von den Normannen das Land befreien.

Rationalistische Exegese

Nicht *von* Raben, nein *mit* Raben
Wurde Elias ernähret –
Also ohne Wunder haben
Wir die Stelle uns erkläret.

Ja, anstatt gebratner Tauben,
Gab man ihm gebratne Raben,
Wie wir deren selbst mit Glauben
Zu Berlin gespeiset haben.

Unbequemer neuer Glauben!
Wenn sie uns den Herrgott rauben,
Hat das Fluchen auch ein End –
Himmel – Herrgott – Sakrament!

Wir entbehren leicht das Beten,
Doch das Fluchen ist vonnöten
Wenn man gegen Feinde rennt –
Himmel – Herrgott – Sakrament!

Nicht zum Lieben, nein, zum Hassen,
Sollt ihr uns den Herrgott lassen,
Weil man sonst nicht fluchen könnt –
Himmel – Herrgott – Sakrament!

Beine hat uns zwei gegeben
Gott der Herr, um fortzustreben,
Wollte nicht daß an der Scholle
Unsre Menschheit kleben solle.
Um ein Stillstandsknecht zu sein
Gnügte uns ein einzges Bein.

Augen gab uns Gott ein Paar
Daß wir schauen rein und klar;
Um zu glauben was wir lesen,
Wär *ein* Auge gnug gewesen.

Gott gab uns die Augen beide,
Daß wir schauen und begaffen
Wie er hübsch die Welt erschaffen
Zu des Menschen Augenweide.
Doch beim Gaffen in den Gassen
Sollen wir die Augen brauchen
Und uns dort nicht treten lassen
Auf die armen Hühneraugen,
Die uns ganz besonders plagen
Wenn wir enge Stiefel tragen.

Gott versah uns mit zwei Händen,
Daß wir doppelt Gutes spenden
Nicht um doppelt zuzugreifen
Und die Beute aufzuhäufen
In den großen Eisentruhn,
Wie gewisse Leute tun –
(Ihren Namen auszusprechen
Dürfen wir uns nicht erfrechen, –
Hängen würden wir sie gern
Doch sie sind so große Herrn.
Philanthropen, Ehrenmänner,
Manche sind auch unsre Gönner,
Und man macht aus deutschen Eichen
Keine Galgen für die Reichen.)

Gott gab uns nur eine Nase,
Weil wir zwei in einem Glase
Nicht hineinzubringen wüßten,
Und den Wein verschlappern müßten.

Gott gab uns nur *einen* Mund,
Weil zwei Mäuler ungesund.
Mit dem einen Maule schon
Schwätzt zu viel der Erdensohn.
Wenn er doppeltmäulig wär
Fräß und lög er auch noch mehr.

45 Hat er jetzt das Maul voll Brei
Muß er schweigen unterdessen,
Hätt er aber Mäuler zwei
Löge er sogar beim Fressen.

Mit zwei Ohren hat versehn
50 Uns der Herr. Vorzüglich schön
Ist dabei die Symmetrie.
Sind nicht ganz so lang wie die,
So er unsern grauen, braven
Kameraden anerschaffen.
55 Ohren gab uns Gott die beiden
Um von Mozart, Gluck und Haiden,
Meisterstücke anzuhören –
Gäb es nur Tonkunst-Kolik
Und Hämerhoidal-Musik
60 Von dem großen Meyerbeer,
Schon *ein* Ohr hinlänglich wär.

Als zur blonden Teutolinde
Ich in solcher Weise sprach,
Seufzte sie und sagte: ach!
65 Grübeln über Gottes Gründe,
Kritisieren unsern Schöpfer,
Ach! das ist als ob der Topf
Klüger sein wollt als der Töpfer!
Doch der Mensch fragt stets: warum?
70 Wenn er sieht daß etwas dumm
Freund ich hab dir zugehört,
Und du hast mir gut erklärt
Wie zum weisesten Behuf
Gott dem Menschen zwiefach schuf
75 Augen, Ohren, Arm' und Bein'
Während er ihm gab nur ein
Exemplar von Nas und Mund –
Doch nun sage mir den Grund:

Gott der Schöpfer der Natur,
Warum schuf er einfach nur
Das skabrose Requisit
Das der Mann gebraucht damit
Er fortpflanze seine Rasse
Und zugleich sein Wasser lasse
Teurer Freund, ein Duplikat
Wäre wahrlich hier vonnöten
Um Funktionen zu vertreten
Die so wichtig für den Staat
Wie fürs Individuum,
Kurz fürs ganze Publikum –
Zwei Funktionen die so greulich
Und so schimpflich und abscheulich
Mit einander kontrastieren,
Und die Menschheit sehr blamieren.
Eine Jungfrau von Gemüt
Muß sich schämen wenn sie sieht
Wie ihr höchstes Ideal
Wird entweiht so trivial!
Wie der Hochaltar der Minne
Wird zur ganz gemeinen Rinne!
Psyche schaudert denn der kleine
Gott Amur der Finsternis
Er verwandelt sich beim Scheine
Ihrer Lamp – in Mankepiß.

Also Teutolinde sprach
Und ich sagte ihr: Gemach!
Unklug wie die Weiber sind,
Du verstehst nicht liebes Kind
Gottes Nützlichkeitssystem.
Sein Ökonomie-Problem
Ist daß wechselnd die Maschinen
Jeglichem Bedürfnis dienen,
Den profanen wie dem heilgen,
Den pikanten wie langweilgen –

	Alles wird simplifiziert,
115	Klug ist alles kombiniert:
	Was dem Menschen dient zum Seichen
	Damit schafft er seinesgleichen
	Auf demselben Dudelsack
120	Spielt dasselbe Lumpenpack.
	Feine Pfote, derbe Patsche
	Fiddelt auf derselben Bratsche.
	Durch dieselben Dämpfe, Räder
	Springt und singt und gähnt ein jeder
125	Und derselbe Omnibus
	Fährt uns nach dem Tartarus.

An Eduard G.

Du hast nun Titel, Ämter, Würden, Orden,
Hast Wappenschild mit panaschiertem Helm,
Du bist vielleicht auch Exzellenz geworden –
Für mich jedoch bist du ein armer Schelm.

5 Mir imponieret nicht der Seelenadel
Den du dir anempfunden sehr geschickt,
Obgleich er glänzt wie eine Demantnadel
Die des Philisters weißes Brusthemd schmückt.

O Gott! ich weiß, in deiner goldbetreßten
10 Hofuniform, gar kümmerlich, steckt nur
Ein nackter Mensch, behaftet mit Gebresten,
Ein seufzend Ding, die arme Kreatur.

Ich weiß, bedürftig, wie die andern alle,
Bist du der Atzung, kackst auch jedenfalls
15 Wie sie – deshalb mit dem Gemeinplatzschwalle
Von Hochgefühlen bleibe mir vom Hals.

An meinen Bruder Max

Max, du kehrst zurück nach Rußlands
Steppen – doch ein großer Kuhschwanz
Ist für dich die Welt: Pläsier
Bietet jede Schenke hier.

Du ergreifst die nächste Grethe
Und beim Klange der Trompete
Und der Pauke – dumdumdum –
Trampelst du mit ihr herum.

Wo dir winken große Humpen
Läßt du gleichfalls dich nicht lumpen,
Und wenn du des Bachus voll
Reimst du Lieder wie Apoll.

Immer hast du ausgeübet
Luthers Wahlspruch: wer nicht liebet
Wein und Weiber und Gesang,
Bleibt ein Narr sein lebelang.

Möge, Max, das Glück bekränzen
Stets dein Haupt und dir kredenzen
Täglich seinen Festpokal
In des Lebens Kuhschwanzsaal!

Citronia

Das war in jener Kinderzeit,
Als ich noch trug ein Flügelkleid
Und in die Kinderschule ging,
Wo ich das Abc anfing –
Ich war das einzge kleine Bübchen
In jenem Vogelkäfigstübchen.

Ein Dutzend Mädchen, allerliebst
Wie Vöglein haben dort gepiepst,
Gezwitschert und getiriliert,
Auch ganz erbärmlich buchstabiert.
Frau Hindermans im Lehnstuhl saß,
Die Brille auf der langen Nas,
(Ein Eulenschnabel war's vielmehr.)

Das Köpflein wackelnd hin und her,
Und in der Hand die Birkenrut,
Womit sie schlug die kleine Brut,
Das weinend kleine arme Ding,
Das harmlos einen Fehl beging –
Das Röcklein wurde aufgehoben
Nach hinten, und die kleinen Globen,
Die dort sich wölben rührend schön,
Manchmal wie Rosen anzusehn,
Manchmal wie Liljen, wie die gelben
Violen manchmal, ach! dieselben
Sie wurden von der alten Frau
Geschlagen bis sie braun und blau!
Mißhandelt und beschimpft zu werden,
Das ist des Schönen Los auf Erden.

Citronia hab ich genannt
Das wunderbare Zauberland,
Das ich einst bei der Hindermans
Erblickt im goldnen Sonnenglanz –
Es war so zärtlich ideal,
Zitronenfarbig und oval,
So anmutvoll und freundlich mild
Und stolz empört zugleich – dein Bild,
Du erste Blüte meiner Minne!
Es kam mir niemals aus dem Sinne.
Das Kind ward Jüngling und jetzunder
Bin ich ein Mann sogar – O Wunder,

Der goldne Traum der Kinderzeit
Taucht wieder auf in Wirklichkeit!
Was ich gesucht die Kreuz und Quer,
Es wandelt leiblich vor mir her,
Ich hauche ein der holden Nähe 45
Gewürzten Odem – doch, o wehe!
Ein Vorhang von schwarzbrauner Seide
Raubt mir die süße Augenweide!
Der dumme Lappen, der so dünne
Wie das Gewebe einer Spinne, 50
Verhüllet mir die Gloria
Des Zauberlands Citronia!
Ich bin wie König Tantalus,
Mich lockt und neckt zugleich Genuß:
Der Trunk, wonach die Lippen dürsten 55
Entgleitet mir wie jenem Fürsten;
Die Frucht, die ich genösse gern,
Sie ist mir nah und doch so fern!
Ein Fluch dem Wurme, welcher spann
Die Seide, und ein Fluch dem Mann, 60
Dem Weber, welcher wob den Taft,
Woraus der dunkle, schauderhaft
Infame Vorhang ward gemacht,
Der mir verfinstert alle Pracht
Und allen goldnen Sonnenglanz 65
Citronias, des Zauberlands!

Manchmal, mit toller Fieberglut,
Faßt mich ein Wahnsinnübermut –
O die verwünschte Scheidewand!
Es treibt mich dann mit kecker Hand 70
Die seidne Hülle abzustreifen,
Nach meinem nackten Glück zu greifen –
Jedoch aus allerlei Rücksichten
Muß ich auf solche Tat verzichten; –

Auch ist dergleichen Dreistigkeit
Nicht mehr im Geiste unsrer Zeit –
Es heiligt jetzt der Sitte Kodex
Die Unantastbarkeit des Podex.

Nachwort

Unverblümt an andern Orten
Werdet ihr in klaren Worten
Später ganz ausführlich lesen
Was Citronia gewesen.
Unterdes, wer ihn versteht,
Einen Meister nie verrät –
Wißt ihr doch, daß jede Kunst
Ist am End ein blauer Dunst.

Was war jene Blume, welche
Weiland mit dem blauen Kelche
So romantisch süß geblüht
In des Ofterdingen Lied?

War's vielleicht die blaue Nase
Seiner mitschwindsüchtgen Base,
Die im Adelsstifte starb?
Mag vielleicht von blauer Farb
Ein Strumpfband gewesen sein,
Das beim Hofball fiel vom Bein
Einer Dame – Firlefanz!
Honny soit qui mal y pense!

Welcher Frevel! Freund! Abtrünnig
Wirst du deiner fetten Hanne,
Und du liebst jetzt jene spinnig
Dürre, magre Marianne!

Läßt man sich vom Fleische locken,
Das ist immer noch verzeihlich;
Aber Buhlschaft mit den Knochen,
Diese Sünde ist abscheulich!

Das ist Satans böse Tücke,
Er verwirret unsre Sinne!
Wir verlassen eine Dicke,
Und wir nehmen eine Dünne!

Eduard

Panaschierter Leichenwagen,
Schwarzbehängte Trauerpferde!
Ihm, den sie zu Grabe tragen,
Glückte nichts auf dieser Erde.

War ein junger Mann. Er hätte
Gern wie andre sich erquicket
An dem irdischen Bankette,
Doch es ist ihm nicht geglücket.

Lieblich ward ihm eingeschenket
Der Champagner, perlenschäumend;
Doch er saß, das Haupt gesenkt,
Melancholisch ernst und träumend.

Manchmal ließ er in den Becher
Eine stille Träne fließen,
Während rings umher die Zecher
Ihre Lust erschallen ließen.

Nun geh schlafen! Viel freudsamer
Wachst du auf in Himmelssälen,
Und kein Weltrausch-Katzenjammer
Wird dich dort wie andre quälen.

Hab eine Jungfrau nie verführet
Mit Liebeswort, mit Schmeichelei,
Ich hab auch nie ein Weib berühret
Wußt ich daß sie vermählet sei.

Wahrhaftig, wenn es anders wäre
Mein Name, er verdiente nicht
Zu strahlen in dem Buch der Ehre;
Man dürft mir spucken ins Gesicht.

Am Himmel Sonne Mond und Stern
Sie zeugen von der Macht des Herrn
Und schaut des Frommen Aug nach oben
Den Schöpfer wird er preisen, loben.

Ich brauche nicht so hoch zu gaffen,
Auf Erden schon find ich genung
Kunstwerke welche Gott erschaffen
Die würdig der Bewunderung.

Ja, lieben Leute erdenwärts
Senkt sich bescheidentlich mein Blick
Und findet hier das Meisterstück
Der Schöpfung: unser Menschenherz.

Wie herrlich auch der Sonne Pracht
Wie lieblich auch in stiller Nacht
Das Mondenlicht, der Sterne Glanz,
Wie strahlend der Kometen Schwanz –

Die Himmelslichter allesamt
Sie sind nur eitel Pfennigskerzen
Vergleich ich sie mit jenem Herzen
Das in der Brust des Menschen flammt –

Das ist die Welt in Miniatur,
Hier gibt es Berge, Wald und Flur,
Einöden auch mit wilden Bestjen
Die oft das arme Herz belästgen –

Hier stürzen Bäche, rauschen Flüsse,
Hier gähnen Gründe, Felsabschüsse,
Viel bunte Gärten, grüne Rasen
Wo Lämmlein oder Esel grasen

Hier gibt's Fontänen welche springen
Derweilen arme Nachtigallen
Um schönen Rosen zu gefallen
Sich an den Hals die Schwindsucht singen

Auch an Abwechslung fehlt es nicht
Heut ist das Wetter warm und licht
Doch morgen schon ist herbstlich kalt
Und nebelgrau die Flur, der Wald.

Die Bäume sie entlauben sich,
Die Winde stürmen fürchterlich
Und endlich flockt herab der Schnee
Zu Eis erstarret Fluß und See.

Jetzt aber gibt es Winterspiele
Vermummt erscheinen die Gefühle,
Ergeben sich dem Mummenschanz
Und dem berauschten Maskentanz –

Freilich inmitten dieser Freuden
Beschleicht sie oft geheimes Leiden
Trotz Mummenschanz und Tanzmusik
Sie seufzen nach verlornem Glück –

Da plötzlich kracht's – erschrecke nicht
Es ist das Eis, das jetzo bricht,
Die Rinde schmilzt, die frostig glatte,
Die unser Herz umschlossen hatte –

Entweichen muß, was kalt und trübe,
Es kehrt zurück, o Herrlichkeit
Der Lenz, die schöne Jahreszeit,
Geweckt vom Zauberstab der Liebe!

Groß ist des Herren Gloria
Hier unten groß wie in der Höh.
Ich singe ihm ein Kyrie
Eleison und Halleluja.

Er schuf so schön, er schuf so süß
Das Menschenherze und er blies
Hinein des eignen Odems Geist,
Des Odems welcher Liebe heißt.

Fort mit der Lyra Griechenlands
Fort mit dem liederlichen Tanz
Der Musen, fort, in frömmern Weisen
Will ich den Herrn der Schöpfung preisen.

Fort mit der Heiden Musika
Davidis frommer Harfenklang
Begleite meinen Lobgesang!
Mein Psalm ertönt: Halleluja!

Anhang

Zu dieser Ausgabe

Diese Ausgabe enthält, abgesehen von einigen Gelegenheitsversen, den Gesamtbestand der Heineschen Lyrik. Sie orientiert sich an den vier vom selben Herausgeber in Reclams Universal-Bibliothek bearbeiteten Einzelbänden (RUB 2231; 2241; 2250; 2251). Die Texte sind mit den dort gedruckten identisch; auch der Sachkommentar wurde beibehalten. Lediglich die Ausführungen zur Entstehungsgeschichte der einzelnen Sammlungen und ihrer Teile sind hier gestrafft worden:

Die Entstehungszeiten und -hintergründe der zu Lebzeiten Heines gedruckten Bände und ihrer Teile werden geschlossen erläutert. Für verstreut gedruckte, nicht in die Sammlungen aufgenommene Texte wird jeweils der Erstdruck angeführt. Bei ungedruckt gebliebenen Gedichten, die sich aber bestimmten Teilen des gedruckten Werks zuordnen lassen, ergibt sich die Entstehungszeit aus dieser Zuordnung. Lediglich im Fall der unter »Lyrischer Nachlaß« zusammengefaßten Gedichte ist für jedes einzelne Gedicht die Entstehungszeit angegeben.

Für detaillierte Information ist auf die einzelnen Universal-Bibliotheks-Bände zu verweisen, wo die Entstehungszeit und der Erstdruck jedes einzelnen Textes angeführt werden.

Grundlage für jede Heine-Edition ist der Stand der Heine-Forschung, wie er mit der jetzt geschlossen vorliegenden Düsseldorfer Historisch-kritischen Heine-Ausgabe erreicht ist. Im einzelnen wurden für den vorliegenden Band folgende Teile dieser Ausgabe herangezogen:

Heinrich Heine. Historisch-kritische Gesamtausgabe der Werke. Hrsg. von Manfred Windfuhr. Bd. 1–16. Hamburg: Hoffmann und Campe, 1971–97. [Zit. als: DHA.]

Bd. 1: Buch der Lieder. Bearb. von Pierre Grappin. 1975.
Bd. 2: Neue Gedichte. Bearb. von Elisabeth Genton. 1983.
Bd. 3: Romanzero. Gedichte. 1853 und 1854. Lyrischer Nachlaß. Bearb. von Frauke Bartelt und Alberto Destro. 1992.

Für alle weiterführenden Informationen wie Entstehungs-, Druck- und Rezeptionsgeschichte, Lesarten und Sachanmerkungen sei auf diese Bände hingewiesen.

Darüber hinaus wurden die bereits vorliegenden Bände der Heine-Säkularausgabe verglichen:

Heinrich Heine. Säkularausgabe. Werke, Briefwechsel, Lebenszeugnisse. Hrsg. von den Nationalen Forschungs- und Gedenkstätten der klassischen deutschen Literatur in Weimar und dem Centre National de la Recherche Scientifique in Paris. Bd. 1 ff. Berlin / Paris: Akademie Verlag / Ed. du CNRS, 1970 ff. [Zit. als: HSA.]

- Bd. 1: Gedichte. 1812–1827. Text. Bearb. von Hans Böhm. 1979. – Kommentar. Bearb. von Hans Böhm. 1982.
- Bd. 2: Gedichte. 1827–1844 und Versepen. Text. Bearb. von Irmgard Möller und Hans Böhm. 1979. – Kommentar. Teilbd. 1: Gedichte 1827–1844. Bearb. von Irmgard Möller unter Mitarb. von Hans Böhm. 1994.
- Bd. 3: Gedichte. 1845–1856. Text. Bearb. von Helmut Brandt und Renate Francke. 1986.

Nach den Bänden 20 ff. der HSA werden hier Heines Briefe und die Briefe an ihn zitiert. Die Briefdaten ermöglichen die Auffindung der Zitatstellen.

Buch der Lieder

Zur Textgestalt

Die maßgebliche Textausgabe des *Buchs der Lieder* ist die 5. Auflage der Sammlung, erschienen wie ihre Vorgänger bei Hoffmann und Campe in Hamburg im Jahre 1844. Es ist die letzte Textstufe, an deren Entstehen Heine noch aktiv mitgewirkt hat (zu den einzelnen Auflagen des *Buchs der Lieder* vgl. S. 874 f.). Während seines Hamburg-Aufenthaltes im Sommer 1844 las er direkt im Verlag die Fahnenkorrekturen. Auch das hat ohne Zweifel dazu beigetragen, daß der Druck sehr sorgfältig und mit nur minimalen Druckfehlern ausgeführt wurde. Jede Ausgabe des *Buchs der Lieder* – so auch die hier vorliegende – muß vom Text der 5. Auflage ausgehen.

Ein Fehler, der offenbar auf den Verlag Hoffmann und Campe zurückging, führte im Anfangsteil der Sammlung allerdings zu einigen vom Autor selbst nicht erkannten Textverderbnissen. Für die ersten drei Druckbögen, die die *Traumbilder* und die *Lieder* aus den *Jungen Leiden* umfassen, wurde der Text der 2. Auflage als Druckvorlage verwendet, während der Rest auf die 3. Auflage zurückgeht. Da die 3. Auflage die letzte von Heine selbst korrigierte war – die 4. Auflage ist ein unveränderter Nachdruck der 3. –, war sie in der Tat die maßgebliche Vorlage. Für die drei ersten Bogen gingen so die Korrekturen verloren, die Heine beim Übergang von der 2. zur 3. Auflage vorgenommen hatte. In Übereinstimmung mit der Entscheidung der Düsseldorfer Historisch-kritischen Heine-Ausgabe (DHA) wird der dadurch bedingte Rückschritt in der Textentwicklung für unsere Ausgabe wieder aufgehoben. Die Korrekturen werden nachgetragen.

In Ergänzung zum Text der 5. Auflage versammelt die vorliegende Ausgabe Gedichte, die im Umkreis des *Buchs der Lieder* und seiner Zyklen gedruckt wurden. Ungedruckte Gedichte aus dieser Zeit werden hier nicht wiedergegeben. Die gedruckten Texte verteilen sich im wesentlichen auf zwei Gruppen: 1. Solche, die in Einzeldrucken vorlagen, aber nicht für die ersten geschlossenen Abdrucke der Zyklen berücksichtigt wurden; 2. solche, die aus den Erstdrucken der geschlossenen Zyklen dann nicht ins *Buch der Lieder* übernommen wurden.

Lediglich in einem Fall wurde aus dem *Lyrischen Intermezzo* ein in der Erstausgabe des *Buchs der Lieder* gedrucktes Gedicht von der 2. Auflage an ganz ausgeschieden (Nr. XXXVII, S. 257). Vier Gedichte, die für die *Heimkehr*-Version der 2. Auflage der *Reisebilder* von 1830 neu entstanden waren, wurden auch später nicht mehr ins *Buch der Lieder* übernommen (S. 268–270).

Als Textgrundlage wurden in Übereinstimmung mit der DHA in der Regel die spätesten von Heine selbst noch korrigierten Fassungen gewählt.

Entstehung

Um die Textgeschichte transparenter zu machen, wird hier ein chronologisch geordnetes Verzeichnis der entstehungs- und druckgeschichtlich relevanten Separatdrucke zu den Gedichten des *Buchs der Lieder* vorangestellt. Drucke in Zeitschriften, Almanachen o. ä. wurden nicht erfaßt.

1822 Gedichte von H. Heine. Berlin: Maurer.
1823 Lyrisches Intermezzo. – In: Tragödien, nebst einem lyrischen Intermezzo, von H. Heine. Berlin: Dümmler.
1826 Die Heimkehr. (1823–1824). – In: Reisebilder von H. Heine. Erster Theil. Hamburg: Hoffmann und Campe. S. 1–80; 81 bis 110.
1826 Die Harzreise. 1824. – In: Reisebilder von H. Heine. Erster Theil. Hamburg: Hoffmann und Campe. S. 111–260.
1826 Die Nordsee. 1825. Erste Abtheilung. – In: Reisebilder von H. Heine. Erster Theil. Hamburg: Hoffmann und Campe. S. 262–300.
1827 Die Nordsee. 1826. Zweite Abtheilung. – In: Reisebilder von H. Heine. Zweiter Theil. Hamburg: Hoffmann und Campe. S. 1–40.
1827 Buch der Lieder von H. Heine. Hamburg: Hoffmann und Campe.
1830 Die Heimkehr. (1823–1824). – In: Reisebilder von H. Heine. Erster Theil. Zweyte Auflage. Hamburg: Hoffmann und Campe. S. 1–84.
1830 Die Nordsee. (1825–1826). – In: Reisebilder von H. Heine.

Buch der Lieder

von

H. Heine.

Hamburg
bei Hoffmann und Campe.
1827.

Erster Theil. Zweyte Auflage. Hamburg: Hoffmann und Campe. S. 240–318.
1837 Buch der Lieder von H. Heine. Zweite Auflage. Hamburg: Hoffmann und Campe.
1839 Buch der Lieder von H. Heine. Dritte Auflage. Hamburg: Hoffmann und Campe.
1840 Die Heimkehr. (1823–1824). – In: Reisebilder von H. Heine. Erster Theil. Dritte Auflage. Hamburg: Hoffmann und Campe.
1844 Buch der Lieder von H. Heine. Fünfte Auflage. Hamburg. Hoffmann und Campe.

»Einige Freunde dringen drauf, daß ich eine auserlesene Gedichtesammlung, chronologisch geordnet und streng gewählt, herausgeben soll, und glauben, daß sie eben so populär wie die Bürgersche, Göthesche, Uhlandsche u.s.w. werden wird.« Als Heine das am 16. November 1826 an seinen Freund Friedrich Merckel schreibt, beginnt er gerade auf der Erfolgswelle zu schwimmen, die das Erscheinen seines ersten *Reisebilder*-Bandes kurz zuvor ausgelöst hat; seine Verbindung zum ebenfalls noch aufstrebenden Verleger Julius Campe ist ganz frisch. Heine sieht eine Chance, auch auf jenem Gebiet, das ihm immer noch das Zentrum der Literatur ist, dem der Lyrik, seine eher bescheidenen Anfänge hinter sich zu lassen und zu wirklicher ›Popularität‹ vorzustoßen. Sein Plan hat dabei durchaus etwas Verwegenes: Er will das deutsche Publikum nicht etwa mit einem Band brandneuer Gedichte erobern, sondern aus seiner bereits erschienenen Lyrik einen Band zusammenstellen, »der Anfang und Ende meines lyrischen Jugendlebens enthält« (an Karl August Varnhagen, 24. Oktober 1826). Für einen Autor von noch nicht 30 Jahren ist solch eine Sammelausgabe ohne Zweifel recht ungewöhnlich, aber Heine setzte seinen Plan mit dem *Buch der Lieder* ein Jahr später in die Tat um.

In welchem Maße er recht hatte, wenn er von dem dann erschienenen Buch als von einer bloßen »Gesammtausgabe meiner bekannten Gedichte« (an Moses Moser, 30. Oktober 1827) spricht, enthüllt sich allerdings erst dem, der die einzelnen Schritte der Veröffentlichungsgeschichte genauer zu verfolgen in der Lage ist. Hier hilft ein Blick in die Entstehungsgeschichten, die wir zu jedem Zyklus der Sammlung gesondert erarbeitet haben. Sie zeigen zunächst, daß alle fünf Untergruppen des *Buchs der Lieder* zuvor bereits im Rahmen selbständiger Buchpublikationen auf dem Markt waren, daß darüber hinaus ein ganz erheblicher Teil bereits in Zeitungen, Zeitschriften, Almanachen etc. vorabgedruckt wurde. Im Fall des *Lyrischen Intermezzos* trifft letzteres für 74 % der Gedichte zu, im Fall der *Heimkehr* immerhin noch für 57 %. Man kann den mokanten Tonfall Campes hier gut verstehen, wenn er am 15. Dezember 1826 schreibt: »Sie sagen, lieber Heine! daß Buch würde überraschen, wodurch? Haben Sie denn soviel Ungedrucktes noch was dazu kommen soll?« Die Frage war rein rhetorischer Natur, denn Campe ermahnt den Autor, jetzt nicht die Zeit mit Gedichten »zu vergeuden«, wo er sie besser zur Fortführung der *Reisebilder* anwenden solle. Was der offenbar auch tat, denn das *Buch der Lieder* enthält schließlich lediglich sieben bis dahin ungedruckte Gedichte, die aber allesamt bereits früher entstanden sind. Heines Hauptarbeit bestand in der Umarbeitung, Streichung, Zu- und Umordnung des Vorhandenen. Hier sollen in aller gebotenen Kürze diese Bearbeitungsprozesse für die Zyklen des *Buchs der Lieder* nachgezeichnet werden.

Junge Leiden

Diese Abteilung enthält Gedichte aus der allerersten lyrischen Schaffensphase Heines. Die Entstehungszeit liegt zwischen 1815/16 – von dorther datieren einige der *Traumbilder* – und 1821. Terminus ante quem ist der Band *Gedichte*, der im November 1821 unter der Jahreszahl 1822 im Verlag Friedrich Maurer in Berlin erschien. Er enthielt bereits alle später in die *Jungen Leiden* aufgenommenen Gedichte. Dieser Band fußt seinerseits in für Heines Verhältnisse nur ungewöhnlich geringem Maß auf bereits veröffentlichtem Material. Einen größeren Posten Gedichte hatte Heine 1821 im Berliner *Gesellschafter* unterbringen können, einer Zeitung, die von Friedrich Wilhelm Gubitz betreut wurde, der Heine auch den Verlag vermittelte und später mit ihm in Verbindung blieb. Einige Texte erschienen zeitgleich bzw. kurz nach Auslieferung der *Gedichte*, waren aber bereits früher eingereicht worden.

Die *Gedichte* gliedern sich in die Abteilungen *Traumbilder*, *Minnelieder*, *Romanzen*, *Sonette* und *Vermischte Gedichte* sowie *Übersetzungen aus Lord Byrons Werken*. Hatte es bereits auf dem Weg von den Erstdrucken zu den *Gedichten* eine Fülle von textlichen Veränderungen gegeben, so wurden die *Gedichte* ihrerseits beim Übergang zum *Buch der Lieder* nochmals gründlich überarbeitet. Die *Übersetzungen* fielen gänzlich weg, die Untergruppe *Vermischte Gedichte* wurde aufgelöst und aus *Minneliedern* wurden *Lieder*. Insgesamt 18 Stücke vom ursprünglichen Bestand der *Gedichte* wurden ganz ausgeschieden (s. S. 234–248): 8 aus der Gruppe *Sonette*, 5 aus den *Minneliedern*, 2 aus den *Romanzen*, 3 aus den *Vermischten Gedichten*. Die Motive für diese Streichungen sind wohl unterschiedlich: Bei den Sonetten, die durchweg Widmungsgedichte sind, wurden einige Texte (an A. W. Schlegel, an J. B. Rousseau) schlicht aus persönlichen Gründen gestrichen; dabei fiel mit *Die Nacht auf dem Drachenfels. An Friz v. B.* auch der einzige Text aus der Sammlung, der offen ein brisantes politisches Thema anspricht. Bei den *Minneliedern* mag die gelegentlich stark altertümelnde Diktion den Ausschlag für die Streichung gegeben haben. Das dürfte auch eines der Motive für die zahlreichen Änderungen sein, die Heine in den Texten vornahm. An erster Stelle steht dabei allerdings das offenkundige Bestreben, sprachlich-stilistische Mängel, metrische Verstöße, ungenaue oder unschöne Reime etc. auszumerzen. Betroffen davon sind insbesondere die Gruppen *Traumbilder* und *Romanzen*, während die *Lieder* und die *Sonette* mit weniger textlichen Eingriffen auskommen. Manche Stücke, wie z. B. *Don Ramiro*, sind im Vergleich zum Erstdruck kaum wiederzuerkennen, wobei allerdings zu bedenken ist, daß dieser Text als *Romanze vom Rodrigo* zu jenen sechs Gedichten gehörte, mit denen Heine 1817 unter dem Anagramm »Sy Freudhold Riesenharf« in der Zeitschrift *Hamburgs Wächter* vor der deutschen Öffentlichkeit debütierte. Andere Gedichte kommen, wie das berühmte *Die Grenadiere*, mit winzigen Änderungen aus oder bleiben unverändert. Auffällig und ebenfalls in Richtung *Intermezzo* weisend ist bei den beiden ersten Gruppen der Verzicht auf Gedichttitel zugunsten einer schlichten Numerierung.

Lyrisches Intermezzo

Auch die Fassung des Zyklus *Lyrisches Intermezzo* im *Buch der Lieder* hat nur ein gänzlich neues Gedicht aufzuweisen (Nr. I). Darüber hinaus gibt es lediglich drei Nummern (XVII–XIX), die nicht bereits im Band *Tragödien, nebst einem lyrischen Intermezzo* enthalten waren; und dieser Band seinerseits wiederum setzt sich zu zwei Dritteln aus bereits früher publizierten Texten zusammen. Unter diesen Einzeldrucken fallen einige größere Gruppen auf: die im Taschenbuch *Aurora* erschienenen *Siebzehn Lieder* oder die *Vierzehn Lieder* aus dem *Gesellschafter*. An die Redaktionen eingereicht hat Heine diese Texte zwischen Oktober 1821 und November 1822. In diesem Zeitraum liegt die Hauptentstehungszeit der Gedichte des *Intermezzo*, womit sich Heines eigene Angabe auf dem Zwischentitel zum Zyklus: »1822–23«, als Irrtum erweist, den er im übrigen später in der französischen Ausgabe *Poèmes et légendes* korrigiert. Dort heißt es zum *Intermezzo* korrekt: »Ecrit en 1821–22«.

Den wesentlichen Arbeitsschritt, der im Zyklus *Lyrisches Intermezzo* steckt, leistete Heine bereits beim Übergang von den Kleingruppen der Zeitschriften- und Almanach-Drucke zum Band *Tragödien*. Er liegt diesmal weniger in den textlichen Änderungen als in der Neukomposition der bereits vorliegenden Textmenge. Heine ließ die druckgeschichtlich vorgegebenen Blöcke keineswegs beisammen, sondern baute aus dem Vorhandenen völlig neue Konstellationen auf, die dann aus dem *Tragödien*-Band mit minimalen Auslassungen und Umstellungen ins *Buch der Lieder* übernommen wurden.

Das Manuskript zu seinem neuen Buch scheint Heine seit September 1822 fertig gehabt zu haben: Karl Immermann beschreibt er am 24. Dezember 1822 den Inhalt wie folgt: »Dieses Buch wird meine kleine maliziös-sentimentale Lieder, ein bildervolles südliches Romanzendrama und eine sehr kleine nordisch düstre Tragödie enthalten.« In dem dann Anfang April 1823 im Verlag Dümmler herausgebrachten Band steht der Gedichtzyklus zwischen den Tragödien *Almansor* und *Ratcliff*, deren Rang Heine im übrigen sehr hoch einschätzte, höher als den der Gedichte. »[...] sie [die Dramen] sind sehr gut, besser als meine Gedichtesammlung, die keinen Schuß Pulver werth ist«, heißt es am 10. April 1823 an Friedrich

Steinmann mit deutlichem Understatement. Denn Heine war es in Wahrheit mit jenem von ihm völlig korrekt als »maliziös-sentimental« beschriebenen Ton gelungen, einen ganz eigenständigen Platz in der deutschen Lyrik zu erobern, den er in der Folge weiter ausbauen sollte. Seine Absicht gerade beim *Lyrischen Intermezzo* – das ergibt sich aus einer Reihe von brieflichen Äußerungen aus dieser Zeit – war offenbar einerseits die möglichst vollkommene Rekonstruktion des »sentimentalen« Volksliedertons. Bereits seit den Einzelveröffentlichungen laufen die Texte unter dem Gattungsnamen »Lieder«. Andererseits wird der Volksliedton aber in ›maliziöser‹ Absicht als Rekonstrukt erkennbar, wird ihm ein kritischer Stachel eingepflanzt, der den schmerzhaften Abstand zur Realität bewußt hält. Über das Liebesleid als einziges Thema des Zyklus schreibt Heine am 10. Juni 1823 an Immermann: »Ich will Ihnen gern eingestehen den Hauptfehler meiner Poesien, durch dessen Vorwurf Sie mich wahrscheinlich zu verletzen glauben: – es ist die große Einseitigkeit die sich in meinen Dichtungen zeigt, indem sie alle nur Variazionen desselben kleinen Themas sind.«

Es war oben schon die Rede davon, daß das *Intermezzo* sich auf dem Weg aus dem *Tragödien*-Band ins *Buch der Lieder* nicht sehr erheblich verändert hat. Zwei Änderungen sind vor allem erwähnenswert: Zum einen veränderten sich die in Verse gefaßte Widmung an den Onkel und Gönner Salomon Heine in einige Prosasätze, die dann von der zweiten Auflage des *Buchs der Lieder* (1837) an auch entfallen; zum andern ist bei drei der fünf nicht übernommenen Gedichte (s. S. 255 f.) ein Motiv für die Streichung anzunehmen, das Heine in späterer Zeit sehr stark beeinflußt hat: die Selbstzensur. Die ursprünglichen Stücke XII, XIV und XVIII hatten wohl einen zu freien Ton, den Heine auch sonst in seiner großen Liedersammlung zu vermeiden suchte.

Die Heimkehr

Auch dieser umfangreichste Zyklus des *Buchs der Lieder* besitzt ähnliche Strukturen wie die vorhergehenden. Ein großer Teil der Gedichte erschien zunächst in Vorabdrucken, wobei für die *Heimkehr* insbesondere der Zyklus *Dreiunddreißig Gedichte von H. Heine*, der zwischen dem 26. und 31. März 1824 im Berliner *Ge-*

sellschafter erschien, gewissermaßen die Keimzelle bildet. Auffällig ist dann, daß Heine, als er den *Heimkehr*-Zyklus mit seinen 88 Nummern und 5 Einzelgedichten zusammenstellt, im ersten Teil unverhältnismäßig viel mehr bereits gedruckte Gedichte unterbrachte als im zweiten.

Am 19. Dezember 1825 hatte Heine im Brief an seinen Freund Moses Moser zum ersten Mal von dem Projekt eines neuen Gedichtzyklus gesprochen:

»Ich habe nemlich Lust nächsten Ostern unter dem Titel ›Wanderbuch, 1ter Theil‹ folgende Piezen drucken zu lassen:

1.° Ein neues Intermezzo, etwa 80 kleine Gedichte, meist Reisebilder, und wovon Du schon 33 kennst,
2.° Die Harzreise, die Du dieser Tage im Gesellschafter schon sehen wirst, aber nicht vollständig
3.° Das Dir bekannte Memoir über Polen, völlig umgearbeitet und bevorwortet
4.° Die Seebilder, [...].«

Weiter entwickelt Heine im selben Brief die Idee, das *Lyrische Intermezzo* und jenes »neue Intermezzo« gemeinsam in einem Band unter dem Titel »das neue Intermezzo« herauszubringen. »Dieses Büchlein würde ein höchstoriginelles Ganze bilden, und viele Gönner finden. Es wär ein Buch das nicht so leicht seines Gleichen fände.« »Intermezzo« ist für Heine zu so etwas wie einem Markenzeichen geworden. Auch seine neue Sammlung soll also im Stile des *Lyrischen Intermezzos* gehalten sein, in jener »lyrisch maliziösen zweystrophigen Manier«, wie es im Brief an Moser heißt, die inzwischen beim Publikum bereits als Heine-spezifisch eingeführt ist. Über eine wichtige Quelle dieses auch für die folgenden Dichter-Generationen so anregenden ›Heine-Tons‹ gibt ein Brief Heines an den Dichter Wilhelm Müller vom 7. Juni 1826 Aufschluß:

»Ich bin groß genug, Ihnen offen zu bekennen, daß mein kleines Intermezzo-Metrum nicht blos zufällige Ähnlichkeit mit Ihrem gewöhnlichen Metrum hat, sondern daß es wahrscheinlich seinen geheimsten Tonfall Ihren Liedern verdankt, indem es die lieben Müller'schen Lieder waren, die ich zu eben der Zeit kennen lernte, als ich das Intermezzo schrieb. Ich habe sehr früh schon das deutsche Volkslied auf mich einwirken lassen, späterhin, als ich in Bonn studirte, hat mir August Schlegel viel metrische Geheimnisse aufgeschlossen, aber ich glaube erst in Ihren Liedern den reinen Klang und die wahre Einfachheit, wonach ich immer strebte, gefunden zu haben. Wie rein, wie klar sind Ihre Lieder und sämmtlich sind es Volkslieder. In meinen Gedichten hingegen ist nur die Form einigermaßen volksthümlich, der Inhalt gehört der conventionnellen Gesellschaft. Ja, ich bin groß genug, es sogar bestimmt zu wiederholen, und Sie werden es mal öffentlich ausgesprochen finden, daß mir durch die Lecture Ihrer 77 Gedichte zuerst klar geworden, wie man aus den alten, vorhandenen Volksliedformen neue Formen bilden kann, die ebenfalls volksthümlich sind, ohne daß man nöthig hat, die alten Sprachholperigkeiten und Unbeholfenheiten nachzuahmen.«

Der Brief an Müller war Begleitbrief zum im Mai 1826 ausgelieferten ersten Band der *Reisebilder*, in dem *Die Heimkehr* zum erstenmal gedruckt erscheint. Sie bildet den Auftakt zu diesem Band, in den weiter *Die Harzreise* und *Die Nordsee. Erste Abteilung* Aufnahme gefunden haben. Der Inhalt entspricht in etwa dem bereits 1825 geplanten »Wanderbuch«, das erst unter dem Einfluß des Verlegers Campe in die nüchternen *Reisebilder* umgetauft wurde. Und vor dem Hintergrund des »Wanderbuchs« ist wohl auch der Titel *Heimkehr* zu sehen, der andererseits aber durchaus zeitgenössische Entsprechungen hat (z. B. bei Uhland) und natürlich auch auf eine thematische Komponente des Zyklus verweist. Als Motto war dem Abdruck in den *Reisebildern* ein Immermann-Zitat vorangestellt, gewidmet war er der Freundin Friederike (Rahel) Varnhagen von Ense.

Für die erste Auflage des *Buchs der Lieder* ging Heine von der Zyklusgestalt aus, die mit dem ersten *Reisebilder*-Band vorlag, nahm aber noch eine Reihe von Korrekturen vor. Vor allem schied er sechs Gedichte aus. Er schreibt dazu: »[...] ich habe nemlich [...] diejenigen ausgeschieden, die den Schwachen im Lande als anstößig erscheinen könnten und ersetzte sie aufs Tugendhafteste« (an Karl August Varnhagen, 16. Juni 1830). Es handelt sich dabei um sechs in der Tat erotisch-witzige Texte, die in dieser Ausgabe im Text-Anhang erscheinen (S. 266–268). Die *Heimkehr*-Fassung des *Buchs der Lieder* hat in der Folgezeit dann ihre Gestalt bewahrt.

Die *Heimkehr* der *Reisebilder* änderte beim Übergang zur zweiten Auflage der *Reisebilder* von 1830 noch einmal gründlich ihre Gestalt, z. T. angestoßen durch das inzwischen erschienene *Buch der Lieder*, z. T. aber auch ganz unabhängig davon. Im »Vorwort« zu dieser Neuauflage schreibt Heine dazu:

»Einige Gedichte, die in der ersten Auflage dieses Buches den Schluß der Heimkehr bildeten, durften dieser zweyten Auflage um so eher entzogen werden, da sie den Einklang des Buches mehr störten als förderten, und außerdem in einer neueren Gesammtausgabe meiner Gedichte zu finden sind. In letzterer, ›Buch der Lieder von H. Heine. Hamburg, bey Hoffmann und Campe. 1827.‹ erlaubte ich mir weder eine spätere Nachfeile, noch irgend eine Abweichung von der chronologischen Ordnung, so daß darin die frühesten Anfänge und letzten Ausbildungen jener Gedichte, die seitdem als eine Art Volkslieder der neueren Gesellschaft so mannigfach nachgeklungen, bequem und belehrsam zu überschauen sind.

Hamburg, den 24. Juny 1830. Heinrich Heine.«

Es fehlen die fünf großen Gedichte des Anhangs, vier Texte, die zum ersten Mal 1827 im *Buch der Lieder* auftauchen, werden integriert, insgesamt bleiben aber vier Texte in der *Reisebilder*-Fassung, die ins *Buch der Lieder* nicht aufgenommen sind. Sie erscheinen in unserer Ausgabe im Text-Anhang (S. 268–270).

Aus der Harzreise

Schon als Heine zum erstenmal über den Plan zu seinem Prosa-*Reisebild* berichtet, schreibt er auch über darin eingelegte Gedichte: »Es sollen auch Verse darin vorkommen die Dir gefallen, schöne, edle Gefühle und dergl. Gemüthskericht« (an Moses Moser, 25. Oktober 1824). Als der Text dann im Januar/Februar 1826 im Berliner *Gesellschafter* erscheint, sind fünf Gedichte darin enthalten, hier noch ohne Titel. Im ersten *Reisebilder*-Band von 1826 kommt dann noch ein Gedicht hinzu (»Steiget auf, ihr alten Träume!«), das allerdings ab der zweiten Auflage bereits wieder ausgeschieden wird. Die Gedichte erhalten jetzt Überschriften. Im *Buch der Lieder* erscheinen die fünf Texte, die dann auch in den weiteren Auflagen des Prosatextes enthalten sind. Allerdings nimmt Heine in der folgenden Zeit an beiden Textgruppen unabhängig voneinander Korrekturen vor, so daß auch in diesem Fall wie bei der *Heimkehr* zwei separate Überlieferungen entstehen.

Im übrigen bleiben die Urteile Heines über seine *Harzreise*-Gedichte enthusiastisch. »Sie enthält viel Schönes, besonders eine neue

Sorte Verse« (an Moses Moser, 11. Januar 1825). »Die Verse in meiner Harzreise sind eine ganz neue Sorte und wunderschön« (an Friederike Robert, 15. Mai 1825). »[...] die Verse darin sind göttlich« (an Rudolf Christiani, 26. Mai 1825).

In der Ökonomie des *Buchs der Lieder* bilden die in der Tat vom *Intermezzo*-Ton deutlich unterschiedenen Texte den Puffer zu den folgenden freien Rhythmen der *Nordsee*-Gedichte.

Die Nordsee

Die beiden abschließenden Teilzyklen des *Buchs der Lieder* lassen, anders als die ganz überwiegende Mehrzahl der übrigen Gedichte, direkt einen biographischen Hintergrund erkennen. Denn ohne Heines Begeisterung für die Nordsee und seine verschiedenen Aufenthalte an der Küste in den Jahren 1823, 1825 und 1826 wären diese Gedichte nicht denkbar. Waren die poetischen Ergebnisse des Aufenthaltes in Cuxhaven bzw. Ritzebüttel vom Juli 1823 noch in die *Dreiunddreißig Gedichte* und damit in die *Heimkehr* eingeflossen, so führte der Aufenthalt auf Norderney vom August und September 1825 zu neuen Ergebnissen. Am 19. Dezember dieses Jahres spricht Heine in dem bereits erwähnten Brief an Moser erstmals von seinen »Seebildern«, womit der erste Zyklus der *Nordsee* gemeint ist. Die Gedichte dürften demnach zwischen August und Dezember 1825 entstanden sein.

Von Anfang an verband sich die See für Heine mit Befreiung, Entspannung, Erholung, womit in einem ganz konkreten Sinn Befreiung von körperlichen Leiden, in einem übertragenen Sinn Befreiung von gesellschaftlichen Zwängen und Einschränkungen wie persönlich-privaten Qualen und Ängsten gemeint ist, die Heine gerade nach der im Juni 1825 vollzogenen Taufe zu schaffen machten. Er selbst spricht von diesem Abschnitt seiner Biographie als von einer Zeit, »wo wieder der Bürgerkrieg in meiner Brust ausgebrochen ist, alle Gefühle sich empören – für mich, wider mich, wider die ganze Welt« (an Moses Moser, 19. Dezember 1825). Dieses zwischen Trotz und Resignation schwankende Gefühl läßt sich in *Nordsee I* durchaus erkennen.

Als die Gedichte dann im Mai 1826 im ersten *Reisebilder*-Band gedruckt erscheinen, heißt der Titel des Zyklus: *Die Nordsee. 1825.*

Erste Abtheilung. Hier deutet sich bereits an, daß eine Fortsetzung fest eingeplant war. Es dauerte allerdings bis zur nächsten direkten Begegnung mit dem Meer im Sommer 1826, bis Heines poetische Phantasie erneut produktiv wurde. Wieder war Norderney sein Aufenthaltsort und wieder ist seine Stimmung einerseits gelöst, andererseits niedergeschlagen: »Es ist hier sehr amüsant. Wellengeräusche, schöne Frauen, gutes Essen und göttliche Ruhe. Dennoch fühl' ich mich sehr niedergedrückt.« (An Friedrich Merckel, 28. Juli 1826.)

An seinen Verleger Campe schreibt er am 28. Juli 1826: »Das Meer war so wild, daß ich oft zu versaufen glaubte. Aber dies wahlverwandte Element thut mir nichts Schlimmes. Es weiß recht gut, daß ich noch toller seyn kann. Und dann, bin ich nicht der Hofdichter der Nordsee? – Sie weiß auch, daß ich noch eine zweyte Abtheilung zu schreiben habe.« Rückblickend heißt es am 14. Oktober 1826 an Moser: »Die See war mein einziger Umgang – und ich habe nie einen besseren gehabt. – Nächte am Meer; wunderherrlich, groß. [...] Große Natureindrücke müssen unsre Seele erweitern wie wir den ganzen großen Menschen fassen können.« Im Herbst 1826, bei seiner Familie in Lüneburg, hat Heine den zweyten Zyklus dann ausgearbeitet. Am 6. Oktober sind bereits »acht große Seebilder geschrieben, höchst originell, vielleicht von nicht allzugroßem Werth, aber doch immer bemerkenswerth« (an Friedrich Merckel). Und tatsächlich steigert sich die Originalität der Texte dieses zweiten Teils noch einmal gegenüber dem ersten: Das Thema wird weiter, kühner aufgefaßt, es wird in historische, mythische, kosmische Beziehungen gestellt, dementsprechend weitet sich die Form. Etwa Anfang November 1826 dürfte Teil 2 der *Nordsee* im wesentlichen fertig gewesen sein. Heine hat jetzt die Absicht, ihn an die Spitze des zweyten *Reisebilder*-Bandes zu stellen. Im April 1827 wird dieser Band ausgeliefert.

Während *Nordsee I* auf dem Weg von den *Reisebildern* zum *Buch der Lieder* nur geringfügige Korrekturen erfuhr, fielen die Eingriffe in *Nordsee II* doch recht gravierend aus. Der Zyklus umfaßte im *Reisebilder*-Band noch zwölf Texte, die im *Buch der Lieder* auf zehn zusammenschmolzen. Gedicht X (*Seekrankheit*; s. S. 273) wurde ausgeschieden, wofür wohl die für die Lyrik-Sammlung ungewöhnliche politische Satire den Ausschlag gab; die Nummern VIII und IX (*Phoenix*, *Echo*) wurden zu einem Text zusammengezogen (Nr. VIII: *Phoenix*).

Auch für die beiden *Nordsee*-Zyklen entwickelt sich in der Folge eine zweigleisige Textgeschichte. Sie gehören einerseits zum *Buch der Lieder*, anderseits bilden sie von der zweiten Auflage an den Abschluß des ersten *Reisebilder*-Bandes, dort in abweichender textlicher Überlieferung. Für seine Gesamtausgabe plante Heine zeitweilig eine Herauslösung aus dem *Buch der Lieder* zugunsten eines geschlossenen Abschnittes *Die Nordsee* mit den beiden lyrischen Zyklen und dem Prosatext *Nordsee III* aus den *Reisebildern*. Doch gab er diesen Plan wieder auf, und im übrigen kam die deutsche Gesamtausgabe zu Heines Lebzeiten dann ja ohnehin nicht mehr zustande.

Die Ausgaben des *Buchs der Lieder*

Im Winter 1826/27 arbeitete Heine in Hamburg und Lüneburg intensiv an *Nordsee II* und am zweiten *Reisebilder*-Band. Am 31. März übersandte er das erste Exemplar an Salomon Heine; bereits am 12. April verließ er Hamburg dann in Richtung London. Doch noch vor seiner Abreise brachte er das Projekt der Gedichtausgabe auf den Weg. So war es möglich, daß bereits vor Heines Rückkehr nach Hamburg (19. September) die ersten Exemplare fertig ausgedruckt werden konnten. Heines literarischer ›Agent‹ während seiner Abwesenheit war sein Hamburger Freund Friedrich Merckel. Er überwachte die Drucklegung und verhandelte mit dem Verleger, der im übrigen, nachdem *Reisebilder II* unter Dach und Fach war, seinen jungen Starautor ermuntert hatte, den gerade erworbenen Ruf zu nutzen. Merckel war von Anfang an Heines Vertrauter in Sachen *Buch der Lieder* und hatte bereits während Heines Aufenthalt in Lüneburg 1826 in dessen Auftrag mit Campe Verhandlungen geführt. In einem Brief vom 16. November 1826 an den Freund spricht Heine vom Liederbuch gar als von »*unserem* Buch«. Vor seiner Abreise wird Heine die Einzelheiten genau festgelegt und mit Merckel abgesprochen haben. Er selbst nahm sich für seinen England-Aufenthalt vor, eine Vorrede zu schreiben. Insbesondere Campe drängte und ermahnte ihn immer wieder, dieses Projekt auch auszuführen, doch blieben seine Bitten ohne Resonanz und die Erstausgabe des *Buchs der Lieder* ohne Vorrede. Sie wurde schließlich, ohne daß Heine von London aus in irgendeiner Form in die Herstellung einzugreifen versucht hätte, bei Campes Bruder

Friedrich in Nürnberg in einer Auflage von 2000 Exemplaren ausgedruckt. Der Titel *Buch der Lieder* wird im übrigen erstmals von Campe in einem Brief an Heine vom 16. Juni 1827 erwähnt. Vorher spricht Heine selbst immer nur von seinen ›Gedichten‹ oder ›Liedern‹. Die Anlehnung an Goethes orientalisierende Titelgebungen im *West-östlichen Divan* (*Buch der Liebe*, *Buch der Sprüche*, *Buch des Unmuts* etc.) ist unverkennbar. Bezeugt ist Heines große Verehrung gerade für dieses Goethesche Spätwerk, dem er in der *Romantischen Schule* ein hymnisches Denkmal gesetzt hat.

Der Absatz der Gedichtsammlung war zunächst miserabel. Der Verleger schreibt am 12. Juli 1833 an seinen Autor: »Der Vorrath von diesen 2000 [Exemplaren der ersten Auflage] ist bis auf circa 800 geschmolzen, und seit 2 Jahren beginnt das Buch erst regelmäßig, durch wiederholte Versendung mit den Reisebildern, gangbar zu werden. So geht es mit Gedichten. [...] In 7 Jahren sind inclusive der Verschenkten 1200 Exp. abgegangen.« Das bedeutet, daß erst nach der französischen Juli-Revolution von 1830 und nach Heines mehr oder weniger freiwilliger Emigration nach Frankreich im Mai 1831 sein Lyrikbuch in Deutschland populär zu werden begann. Man darf vermuten, daß das auch in Deutschland nach 1830 erstarkende Selbstbewußtsein eines liberalen Bürgertums Träger dieser langsam, aber stetig anschwellenden Popularitätswoge war. »Ihr Buch geht nach den Universitäten, an junge Männer und derg. – die kein Geld haben«, schrieb Campe im oben zitierten Brief.

Sein anfänglicher Ärger über das *Buch der Lieder* wich ab 1835/36 dem immer dringender werdenden Wunsch, eine zweite Auflage herauszubringen. Heine blockt zunächst ab. Er benutzt das Projekt als taktisches Druckmittel gegen den Verleger in der Auseinandersetzung um Zensur- und Honorarfragen sowie um eine Gesamtausgabe seiner Schriften. Als dieser Plan mit einem Vertragsabschluß realisiert scheint – im Rahmen der Gesamtausgabe soll das *Buch der Lieder* als Band 1 erscheinen –, gibt der Autor endlich grünes Licht für eine zweite unveränderte Auflage. Er schreibt am 13. April 1837 an Campe: »Jetzt scheint es mir unrathsam, dem Buch der Lieder einen neuen Titel zu geben und durch spätere Zumischung seinen einheitlichen Charakter, dem er vielleicht einen Theil des Succes verdankt, zu benehmen.« Er will nur Druckfehler korrigieren und wünscht eine nicht zu große Auflage, um weitere Neuauflagen zu ermöglichen. Bereits am 3. Mai 1837 schickt Heine die versprochene Liste mit Korrekturen an den Verlag, die z. T. erheblich über die bloße Druckfehlerverbesserung hinausgeht. An drei Stellen hat dann noch die Zensur in Texte eingegriffen, was Heine erst zwei Jahre später empört zur Kenntnis nimmt. Am 17. Mai folgt das Vorwort. Im Oktober 1837 erschien dann die zweite Auflage in 1500 Exemplaren.

In den folgenden Jahren entstand der Plan eines Fortsetzungsbandes zum *Buch der Lieder*, der aus äußeren, dann aber wohl zunehmend auch inneren Gründen nicht zur Ausführung kam (vgl. Entstehung der *Neuen Gedichte*). Inzwischen war der Verkauf erst richtig in Schwung gekommen. Bereits am 10. Januar 1839 erbittet Campe die Erlaubnis, eine dritte Auflage zu drucken. Heine antwortet postwendend (23. Januar) und verspricht umgehend einige Druckfehlerkorrekturen und »einige Worte Vorrede, vielleicht in metrischer Form«. Mit Schreiben vom 20. Februar erfüllt er dieses Versprechen und ermahnt zu sorgfältigem Druck: »Sie wissen wie viel ich auf meine Interpunkzion halte, und sehen Sie mahl, wie liederlich ist diese beim Druck berücksichtigt. Bey einem Buche wie dieses, sollte dem Drucker jedes Comma heilig seyn.« Im August 1839 wird die dritte Auflage ausgeliefert.

An der vierten Auflage, die im August 1841 ausgedruckt wurde, hat der Autor nicht mitarbeiten können. Zwar interpretierte er Campes Ankündigung als »Manifestazion des eigentlichen Publikums, das an Zeitungsintriguen gegen mich weder Teil nahm noch Gefallen fand«, und kündigt eine weitere Vorrede an (an Julius Campe, 11. März 1841), doch nimmt ihn in der Folge die Auseinandersetzung um seine »Denkschrift« über Ludwig Börne derart in Anspruch, daß es schließlich im Brief vom 23. August 1841 an Campe heißt: »So möge denn immerhin die 4te Aufl. des Buchs der Lieder ohne Vorwort in die Welt gehen. Geben Sie das Buch unverzüglich aus, und lassen Sie gleich auf der Stelle die Annonce wo möglich aus einer guten Feder, in die dortigen Blätter drucken. Versteht sich, daß in dieser Annonce nur Reinliterarisches gesagt werde –«. Der weitsichtige Campe hatte für diese ›Hausrezension‹ bereits seinen Autor Friedrich Hebbel gewonnen. Diesmal mahnt Campe schon nach nur einem Jahr eine Neuauflage an. Das *Buch der Lieder* ist, wie der Verleger am 2. Mai 1843 schreibt, »das Einzige, was seinen Gang geht [...] dagegen geht es mit den prosaischen Sachen flau, wie Sie aus dem 2ten Reisebilderbande sehen«. Aus irgendwelchen Gründen kommt die Neuauflage des *Buchs der Lieder* dann während Heines Hamburg-Aufenthalt von 1843 nicht auf die Tagesordnung. Erst bei seinem zweiten und zugleich letzten Deutschland-Besuch im Sommer 1844 nimmt der Autor sich persönlich des Neudrucks seines derzeit berühmtesten Buches an. Die Korrekturarbeit wurde sehr sorgfältig ausgeführt, es finden sich nur ganz wenige Druckfehler. Lediglich ein Versehen, das wohl auf die Druckerei zurückgeht, führte am Anfang der *Jungen Leiden* zu einigen Textverderbnissen: Die ersten drei Bogen, *Traumbilder* und *Lieder* enthaltend, gehen auf den Text der zweiten Auflage zurück, während der gesamte Rest auf der dritten Auflage basiert. Da die fünfte Auflage die einzige ist, an der Heine persönlich mitwirken konnte und die auch für die folgenden Auflagen stets als Grundlage diente, ist sie als so etwas wie eine ›Ausgabe letzter Hand‹ anzusehen und muß auch heutigen Drucken des *Buchs der Lieder* zugrunde gelegt werden. Ihr folgten zu Heines Lebzeiten noch die Auflagen 6 (1847) bis 13 (1855), die textgeschichtlich ohne Bedeutung sind, aber bereits das Ausmaß des Triumphes ankündigen, den das Buch in der zweiten Jahrhunderthälfte feiern sollte.

Kommentar

Vorreden

8,16 *ins Exil:* Heine war im Mai 1831 nach Paris übersiedelt.
8,37 *jene Briefe:* Rahel. Ein Buch des Andenkens für ihre Freunde, Berlin 1834.
9,11 *die Sage jener anderen Rahel:* vgl. Jer. 31,15 f.
10,6 *Paganini:* 1830 hat Heine ein Konzert des berühmten Geigenvirtuosen Niccolò Paganini (1782–1840) in Hamburg gehört und dieses Erlebnis 1837 in den *Florentinischen Nächten* literarisch verarbeitet.
10,26 *mein erzwungenes Schweigen:* Am 10. Dezember 1835 wurde den Autoren des sogenannten ›Jungen Deutschland‹ (Heinrich Heine, Karl Gutzkow, Heinrich Laube, Ludolf Wienbarg, Theodor Mundt) per Beschluß des Deutschen Bundestages ein Berufsverbot erteilt. Herstellung und Verbreitung aller bereits erschie-

nenen und aller zukünftigen Schriften wurden verboten, weil diese, so der Text des Verbotsbeschlusses, es unternähmen, »die christliche Religion auf die frechste Weise anzugreifen, die bestehenden sozialen Verhältnisse herabzuwürdigen und alle Zucht und Sittlichkeit zu zerstören«. Zwar wurde der Beschluß nicht in allen Bundesstaaten und nicht in voller Schärfe angewandt, dennoch hatten die vier in Deutschland ansässigen Autoren empfindlich darunter zu leiden. Heine, der sich in einem offenen Brief *An die hohe Bundesversammlung* über das Verbot beschwerte, spürte die Folgen in den nächsten Jahren ebenfalls an den eingeschränkten Möglichkeiten zur Publikation.

11,3 f. *In einem Stücke von Raimund:* Ferdinand Raimund, *Das Mädchen aus der Feenwelt oder: Der Bauer als Millionär* (1826).

11,26 *Schlegel:* s. die Erläuterung zu *An A. W. v. Schlegel*, S. 894.

11,27 *Chamisso:* Adelbert von Ch. (1781–1838) gehörte zur Gruppe der zweiten Romantikergeneration. Bekannt wurde seine Erzählung *Peter Schlemihls wundersame Geschichte* (1814). Heine schätzte Chamisso, und dieser seinerseits bewies im Jahre 1837, als diese Vorrede entstand, Charakterstärke, als er als Herausgeber des *Deutschen Musenalmanachs* gegen den Widerstand seines Mitherausgebers Gustav Schwab und der gesamten schwäbischen Dichterschule durchsetzte, daß Heines Porträt im *Musenalmanach* erschien.

11,29 *Tieck:* Ludwig T. (1773–1853), romantischer Dichter; als solcher von Heine geschätzt, später häufig satirisch angegriffen.

11,30 *Strohmian:* Name des Hundes in Tiecks Novelle *Der blonde Eckbert* (1797).

11,31 *Muntsche:* Name des Hundes in Tiecks Erzählung *Eigensinn und Laune* (1836).

15,16 *Marsyas:* Figur der griechischen Mythologie. Als geschickter Flötenspieler forderte er Apollo zu einem Wettkampf heraus, wurde von diesem besiegt und bei lebendigem Leibe gehäutet.

Buch der Lieder · Kommentar

Junge Leiden

Traumbilder

19 I

2 *Myrten und Resede:* Liebessymbole.

27 VII

7 *Larven:* Gemeint sind Gespenster.
20 *Frau Amme:* Sowohl im *Wintermärchen* (Caput XIV) wie in den *Memoiren* schreibt Heine über seine eigne, aus dem Münsterland stammende Amme, sie habe viele Märchen, Volkslieder und Gespenstergeschichten gekannt.

30 VIII

61 f. *Rinaldo Rinaldini, Schinderhanno, Orlandini:* Rinaldo Rinaldini, Orlando Orlandini, Titelhelden zweier Räuberromane von Christian August Vulpius (1762–1827); Schinderhannes, Anführer einer berüchtigten Räuberbande, 1803 hingerichtet.
63 *Carlo Moor:* Karl Moor, Figur aus Schillers *Räubern* (1781).
91 *Mortimer:* Figur aus Schillers *Maria Stuart* (1800).
111 f. *Smollis/Fiduzit:* Gruß beim Bruderschafttrinken in der Studentensprache; verballhornt aus lat. »sis mihi mollis« (sei mir angenehm) und »fiducia sit« (sei zuversichtlich).
165 f. Die beiden Schlußverse zeigen eine gewisse Nähe zur Ballade *Der Totentanz* von Goethe und zu Uhlands *Der Schäfer*.

36 IX

Das Gedicht zeigt motivische Verwandtschaft mit Goethes Ballade *Die Braut von Korinth*.

37 X

5 *Das ... Meister:* Anspielung auf Goethes Ballade *Der Zauberlehrling*.

Lieder

39 II
10 *Horen:* Göttinnen der Jahreszeiten.

42 VI

4 *Europa:* Der antiken Mythologie zufolge war Europa eine Königstochter.
19 *Eris:* Göttin der Zwietracht, indirekt eine der Urheberinnen des Trojanischen Krieges.

Romanzen

46 III. Zwei Brüder

Das Gedicht knüpft an die Sage von den zwei feindlichen Brüdern an, die sich um die beiden Burgruinen Liebenstein und Herrenberg am Rhein bei Boppard rankt.

50 VI. Die Grenadiere

Die französische Fassung ist überschrieben: *Les Deux Grenadiers*, ein Titel, den auch eine Ballade des französischen Dichters Pierre-Jean de Béranger (1780–1857) trägt. Heines Text ist bis heute in Frankreich ausgesprochen populär.

7 *das große Heer:* »La Grande Armée«, mit der Napoleon 1812 in Rußland einfiel und vernichtend geschlagen wurde. In der ersten Auflage hieß es noch »das tapfere Heer«, was sicher unter dem Einfluß der französischen Redewendung aufgegeben wurde.
17–20 vgl. die 6. Strophe in Herders Ballade *Edward:*
»Und was soll werden dein Weib und Kind?
　　Edward! Edward!
Und was soll werden dein Weib und Kind,
　　Wann du gehst über Meer? – O!
Die Welt ist groß, laß sie betteln drin,
　　Mutter! Mutter!
Die Welt ist groß, laß sie betteln drin,
　　Ich seh sie nimmermehr – O!«

Heine zitiert diese Ballade auch in seiner Tragödie *William Ratcliff*.

51 VII. Die Botschaft

4 *König Dunkans:* Ein Lord Dunkan wird auch in Heines Tragödie *William Ratcliff* erwähnt.

52 VIII. Die Heimführung

Das Gedicht knüpft an die Tradition der Schauerballade an, wie sie in Deutschland von Bürgers *Lenore* (1774) begründet wurde.

52 IX. Don Ramiro

Das Gedicht zeigt Anklänge an die Romanze *Donna Clara und Don Gayferos* von Friedrich de la Motte Fouqué, die Heine schätzte.

58 X. Belsatzar

Belsazar war ältester Sohn und Mitregent des letzten Herrschers des neubabylonischen Reiches, Nabunaid (556–539 v. Chr.). Seine Mutter war eine Tochter Nebukadnezars. Nach der Besetzung Babylons durch die Perser wurde Belsazar ermordet.

Als Quellen für dieses Gedicht kommt zum einen der biblische Bericht in Frage (Buch Daniel, 5. Kap.), zum andern eine Version derselben Geschichte aus der jüdischen Tradition in einer am Sederabend gesungenen Hymne. Gekannt hat Heine auch Byrons Gestaltung des Stoffes in dem Gedicht *Vision of Belshazzar* aus dem Zyklus *Hebrew Melodies*.

61 XIII. Der wunde Ritter

1 *Ich weiß eine alte Kunde:* Anklang an die Eröffnungszeilen bekannter mittelalterlicher Literaturdenkmäler wie *Hildebrandslied* oder *Nibelungenlied*.

64 XVI. An eine Sängerin

Dieses Gedicht ist gerichtet an die Sängerin Karoline Stern, die mit den Heines bekannt war und 1818 in Düsseldorf auftrat.

15 *Ronzisvall:* Bei Roncesvalles in den spanischen Pyrenäen soll der Tradition zufolge der Nachhutkampf zwischen dem Heer Karls des Großen und den einheimischen Basken stattgefunden haben, bei dem der Ritter Roland, von Ganelon verraten, nach heldenhaftem Kampf fiel (vgl. auch *Atta Troll*, Caput II).

17 *Degen:* Im Zuge der Ritterromantik kam dieses mittelalterliche Wort für »Held«, »Kriegsmann« wieder in den neuhochdeutschen Wortschatz.

65 XVII. Das Lied von den Dukaten
20 *Manichäer:* studentensprachlich für »Gläubiger«.

Sonette

69 An A. W. v. Schlegel

Heine hat während seiner Bonner Studienzeit bei August Wilhelm Schlegel studiert und ist auch in persönlichen Kontakt zu ihm getreten. Über sein damaliges Verhältnis zu dem berühmten Frühromantiker, der mit ihm zusammen Heines Gedichte korrigiert hat, gibt ein *Nachwort* Auskunft, das dem Erstdruck dieses Sonetts im *Gesellschafter* angehängt war:

»Die in der ›Neuen Berliner Monatschrift für Philosophie und Literatur‹ enthaltenen und im ›Conversations-Blatte‹ und im ›Literaturblatt des Morgenblatts‹ zum Theil wieder abgedruckten, von manchen Leuten seelenvergnügt belächelten Ausfälle wider den großen Meister, bewogen den Verfasser zum Abdruck obiger Sonette. Sie entstanden vorigen Sommer in Bonn, wo der Verfasser den Gefeyerten in seiner vollen Kraft, Herrlichkeit und Rüstigkeit sah. Der Geist desselben hat wahrlich nicht gealtert. Der hat keine Ruhe, behaglich auf dem Welt-Elephanten zu sitzen! – Ob der Verfasser jener bitteren Ausfälle mit Recht oder mit Unrecht wider die politische Tendenz der jetzigen Bestrebungen Schlegels eifere, mag hier unentschieden bleiben: Doch hätte er nie die Achtung außer Augen setzen dürfen, die dem literarischen Reformator durchaus nicht versagt werden kann. Was das Sanskrit-Studium selbst betrifft, so wird über den Nutzen desselben die Zeit entscheiden. Portugiesen, Holländer und Engländer haben lange Zeit Jahr aus Jahr ein auf ihren großen Schiffen die Schätze Indiens nach Hause geschleppt; wir Deutsche hatten immer das Zusehen. Aber die geistigen Schätze Indiens sollen uns nicht entgehen. *Schlegel, Bopp, Humboldt, Frank* u.s.w. sind unsere jetzigen Ostindien-Fahrer; *Bonn* und *München* werden gute Faktoreyen seyn.   H.«

Später spricht Heine stets kritisch über Schlegel; geradezu vernichtend sind die Äußerungen in der *Romantischen Schule*. Vgl. auch die Bemerkung in der Vorrede zur zweiten Auflage des *Buchs der Lieder*. Im *Atta Troll* heißt es in der Vorrede über den Vordenker der ›Romantischen Schule‹, Heine habe in dieser Schule seine »besten Jugendjahre verbracht und dann den Schulmeister verprügelt«.

1 *Im Reifrockputz:* Anspielung auf die französisierende Dichtung des Rokoko.

69 An meine Mutter, B. Heine

Heines Mutter Betty van Geldern (1771–1859) war eine der zentralen Bezugspersonen seines gesamten Lebens. In seinen Werken tritt sie vielfach auf, so in den *Memoiren* und in *Deutschland. Ein Wintermärchen*. Auch das berühmte Gedicht *Nachtgedanken* (»Denk ich an Deutschland ...«) redet die Mutter an.

71 An H. S.

[Titel] *H. S.:* Heinrich Straube (1794–1844), Studienkollege Heines in Göttingen, Mitherausgeber der spätromantischen Zeitschrift *Die Wünschelruthe*.
6 *frommen Dom:* meint den Dom zu Köln.

71 Fresko-Sonette an Christian S.

[Titel] *Fresko-Sonette:* ›Al fresco‹ geschrieben sind diese Gedichte insofern, als sie mit Entschiedenheit und sicherer Hand, ohne langes Abwägen entworfen sind, ähnlich den Wandmalereien auf den nassen Putz, bei denen es ebenfalls auf Schnelligkeit und Sicherheit ankam, weil keine Korrekturen möglich waren.
Christian S.: Christian Sethe (1798–1857), gehörte zu Heines Düsseldorfer Freunden.

71 I

1/8 *Klötzen / Götzen:* folgt einer Verbindung in Luthers Übersetzung von Jes. 45,20.
2 *außen goldig ... inwendig Sand:* Anspielung auf das Goldene Kalb (2. Mose 32,20).
9/12 *Eiche / Rohr:* vgl. La Fontaines Fabel *Le chêne et le roseau* (nach Äsop). Die Eiche ist bei Heine Symbol für Dauerhaftigkeit und für Deutschland.

75 VIII

2 *Pudeln:* Pudel, in der Studentensprache der Pedell bzw. der Universitätsdiener.

Lyrisches Intermezzo

79 Prolog

Dieses Gedicht diente als Einlage in Heines Tragödie *Almansor*. Dort singt es der Harfner, dessen Gesang drei Zeilen vor Schluß von Kämpfen unterbrochen wird.

83 IX

Um 1820 war Indien ein Modethema in der deutschen Literatur. Heine ist mit dem Stoff während seiner Bonner und Berliner Studienjahre in Berührung gekommen.

84 X

Quelle für dieses und andere Indien-Gedichte war die Übersetzung der *Sakuntala* des Kalidasa durch Georg Forster (1791), die Heine kannte.

1 *Lotosblume:* die Lotosblume als lichtempfindliche, scheue Nachtblume.

84 XI

5 *Bildnis:* die um 1440 gemalte Verkündigung von Stefan Lochner. Mehrere Jugendgedichte Heines sprechen die Madonna als Inbegriff verehrungswürdiger Weiblichkeit an (vgl. auch *Florentinische Nächte*).

86 XIV

Kanzonen, Terzinen, Stanzen und Sonette als Formen der Kunstdichtung, die den von Heine bevorzugten volkstümlichen Formen gegenüberstehen.

86 XVI

9 *Basilisken:* Basilisk, Fabeltier, das mit seinen Blicken töten kann.

87 XVII

1 *die Wellenschaumgeborene:* Aphrodite, die Göttin der Liebe und der Schönheit.

95 XXXIV

10 *Papillote:* (frz.) Papierhülse, die als Lockenwickler benutzt wurde.

96 XXXVII

1 *Philister:* nüchterne, prosaische, ganz dem Nützlichen verhaftete Menschen, ohne Sinn für wahre Schönheit und Poesie.

103 L

Literarische Zirkel, die sich zum Tee trafen, waren im damaligen Deutschland verbreitet. Zwei der berühmtesten dieser Salons, die der Rahel Varnhagen und der Elise von Hohenhausen in Berlin, kannte Heine aus eigener Anschauung.

9 *Domherr:* bei den Katholiken Mitglied des Domkapitels; im protestantischen Bereich ein Ehrentitel, der mit einer Rente verbunden war.

104 LIII

Dieses Gedicht parodiert das dreistrophige Volkslied *Wenn ich ein Vöglein wär* aus *Des Knaben Wunderhorn*, dessen erste Strophe lautet:

> Wenn ich ein Vöglein wär,
> Und auch zwei Flüglein hätt,
> Flög ich zu dir;
> Weils aber nicht kann sein,
> Bleib ich allhier.

13/15 *Gimpel:* Dompfaff; Dummkopf, einfältiger Liebhaber.

106 LVI

10 *Zypressen:* Zypresse, Metapher für Abschied und Tod.

109 LXII

4 *Armesünderblum:* die Wegwarte, die an Wegen vor der Stadt wuchs, wo man im Mittelalter die Selbstmörder begrub; deshalb auch Blume der unglücklichen Liebe.

112 LXV

8 *Heidelberger Faß:* das Riesenfaß im Heidelberger Schloß.
15 *heilge Christoph:* Steinfigur im Kölner Dom; in der ersten Fassung wurde noch die Figur aus dem Dom zu Münster erwähnt.

Die Heimkehr

115 II

Zur literarischen Figur wurde die Loreley durch ein Gedicht Clemens Brentanos, zuerst gedruckt als Einlage in seinem Roman *Godwi* (1802). In der lokalen Überlieferung war der Felsen bei Bacharach zunächst wegen seines Echos bekannt, ohne eine sonderlich bedeutende Rolle zu spielen. Auch sein Name (»lei« ›Felsen‹, »Luren« »lauern‹, »Lurlei‹ ›Felsen, wo man – auf das Echo – lauert‹) leitet sich von dieser Tradition her. Nachdem Brentano den Anstoß gegeben hatte, erschien die Geschichte von der verführerischen Jungfrau Loreley dann auch in den lokalen Sagensammlungen, so z. B. in dem von Aloys Schreiber herausgegebenen *Handbuch für Reisende am Rhein*, dessen zweite Auflage von 1818 Heine während seiner Bonner Zeit gelesen hat. Hier findet sich eine Reihe von Elementen vorgeprägt, die Heine in seine Gestaltung des Stoffes übernahm. Bekannt wurde auch die Gedicht-Version *Der Lurleyfels* des Grafen Otto Heinrich von Loeben.

116 III

Heines Bruder Max schreibt in seinen Erinnerungen: »Die ganze Beschreibung in diesem Gedicht paßt genau auf die damalige Localität des Lüneburger Walles«. In Lüneburg wohnte die Familie Heine seit 1822.

118 VI

Das Gedicht entstand nach einem Familientreffen anläßlich der Hochzeit von Heines Schwester Charlotte in Hamburg am 22. Juni 1823.

121 IX

1 *Der Mond ist aufgegangen:* Anfangsvers von Matthias Claudius' *Abendlied*.

121 X

2 *Wasserhosen:* vom Wirbelwind hochgerissene Wassersäulen.

125 XV

Die Strophen 1 und 2 sind eine Umdichtung des Volksliedes *Müllers Abschied* aus *Des Knaben Wunderhorn*, dessen erste Strophe lautet:
> Da droben auf jenem Berge,
> Da steht ein goldnes Haus,
> Da schauen wohl alle Frühmorgen
> Drei schöne Jungfrauen heraus;
> Die eine, die heißet Elisabeth,
> Die andre Bernharda mein,
> Die dritte, die will ich nicht nennen,
> Die sollt mein eigen sein.

125 XVI

3 *Die Stadt mit ihren Türmen:* Der biographische Bezug auf Hamburg und damit auf Heines Jugendliebe zu seiner Kusine Amalie Heine, den bisherige Kommentare stets vermuten, ist nicht zwingend. Allerdings hat Hamburg drei Türme im Wappen.

129 XXIV

1 *Atlas:* einer der aufständischen Titanen im Kampf gegen die Götter, der zur Strafe das Himmelsgewölbe tragen muß.

134 XXXIII

Heine kommentiert dieses Gedicht ironisch in einem Brief an seinen Freund Rudolf Christiani vom 6. Dezember 1825: »Folgendes famose Lied machte ich gestern abend. Ist es nicht wunderschön? [...] kennst Du in der ganzen deutschen Literatur ein besseres Lied?«

135 XXXV

Der Teufel dieses Gedichts ist ein »verbürgerlichter Mephisto« (DHA I,2,918). Der Bezug zu Goethes *Faust*-Dichtung wird durch den Knittelvers angedeutet.

10 *Sanskrit:* Sprache der altindischen Dichtung. Heine hörte bei Franz Bopp in Berlin 1821/22 eine Vorlesung »Sanskrit-Sprache und Literatur«.
Hegel: Heine lernte den berühmten Philosophen (1770–1831), bei dem er in Berlin studierte, auch persönlich kennen.

11 *Fouqué:* Heines Beziehung zu dem spätromantischen Dichter Friedrich de la Motte Fouqué (1777–1843) war gespalten (vgl. auch *Junge Leiden, Romanzen* IX).

14 *Hekate:* antike Göttin des Spuks und des Zaubers. Hier ist eine Zeitschrift gleichen Titels gemeint, die 1823 von dem Dramatiker und Kritiker Adolf Müllner herausgegeben wurde. In der *Hekate* war eine kritische Rezension der *Tragödien, nebst einem lyrischen Intermezzo* erschienen. Als Müllner später einen Verriß der *Reisebilder* schrieb, meinte Heine in bezug auf dieses Gedicht: »Dieser Mann kann doch nur verletzen und hat gewiß geglaubt, *mein Teufel* bezöge sich auf ihn« (an Merckel, 16. 11. 1826).

136 XXXVIII

Zum Hintergrund dieses Gedichts vgl. Heines Bericht über seine eigene Kindheit in den *Memoiren* und in *Ideen. Das Buch Le Grand*. Für das hier angesprochene Kind könnte Heines Schwester Charlotte Modell gestanden haben.

140 XLII

5 *Gattern:* (niederrheinisch) Gackern.

141 XLV

Das Gedicht ist eine Persiflage der damaligen Indien-Mode, der Heine zeitweilig selbst gehuldigt hat (vgl. *Lyrisches Intermezzo* IX f.).

1 *König Wiswamitra:* Gestalt aus dem altindischen Epos *Ramayana*. Seine Geschichte kannte Heine aus einer Übersetzung von

Franz Bopp: Wiswamitra raubt dem Einsiedler Wasischta dessen Wunderkuh, die in der Lage ist, alle irdischen Güter hervorzubringen. Er wird besiegt, muß 1000 Jahre Buße tun und wird dabei selbst zum Weisen und Einsiedler.

142 XLVI

1 *Herz, mein Herz:* Anspielung auf den Anfang von Goethes Gedicht *Neue Liebe, neues Leben*: »Herz, mein Herz, was soll das geben? / Was bedränget dich so sehr?«

147 LVIII

Das Gedicht ist gegen die von Heine auch später stets bekämpfte akademische Philosophie und gegen das Systemdenken insgesamt gerichtet (vgl. dazu auch die »Schülerszene« in Goethes *Faust*).

148 LXII

Der Kehrreim dieses Gedichts spielt auf den in Goethes Gedicht *Nachtgesang* an.

150 LXV

Bezieht sich auf Heines Lüneburger Freund Rudolf Christiani (1797–1858).

150 LXVI

7 *Kardinal:* Getränk aus Weißwein, Orangenschalen und Zucker.
15 *Freund Eugen:* Eugen von Breza (1802–60), ein polnischer Adliger und Studienkollege Heines. Auf seine Einladung hin unternahm Heine seine Reise durch Polen (vgl. *Über Polen*); ihm ist die erste Fassung von *Intermezzo* XLIII gewidmet.
19 *Hedwigskirch:* Berlins katholische Kathedrale.
20 *Mamsell Meyer:* Berliner Kaffeehaus.

153 LXVIII

4 *Schwager:* Postillion, Postkutscher.

155 LXXIV

1 *die blauen Husaren:* Anspielung auf die zeitweise in Düsseldorf stationierten Husaren des ersten westfälischen Husarenregiments.

157 LXXIX

Das Gedicht nimmt die Literaturkritiker aufs Korn. In einem Brief an Rudolf Christiani vom 24. Mai 1824 schreibt Heine zunächst über die Reaktionen auf seine Gedichte, sie würden »zu dem Himmel erhoben als das extra-Neueste unserer Literatur, und dann wieder bis in den Koth herabkritisirt als geistlose Verirrung der Zeit« und teilt dem Freund dann den Text dieses Gedichts mit.

158 LXXX

1 *Wällen Salamankas:* in der Studentensprache der Promenadenwall in Göttingen.
14 *Einst wird man mich relegieren:* Anspielung auf die tatsächliche Relegation Heines von der Universität Göttingen im Januar 1821 infolge einer Duellaffäre.

160 LXXXIV

Dieses Gedicht ist das einzige mit einem direkten Zeitbezug im *Buch der Lieder.* Im Zuge der sogenannten ›Demagogenverfolgungen‹, die durch die Karlsbader Beschlüsse von 1819 ausgelöst wurden, waren insbesondere die Burschenschaften behördlichen Verfolgungen ausgesetzt. Im März 1824 kam es in Halle in größerem Umfang zu Verurteilungen von Studenten; Heine besuchte die Stadt auf seiner Harzwanderung im September 1824.

6 *ein großer Riese:* gemeint ist Roland, der Vertreter der Kaisermacht, die aber den jungen Patrioten auch keinen Schutz bietet.

162 Götterdämmerung

[Titel] *Götterdämmerung:* in der germanischen Mythologie der Kampf der Götter mit den feindlichen Mächten und der Untergang der Erde. Heine greift u. a. auf Motive aus der *Edda* zurück.
9 *Nankinhosen:* Nanking: dünner Baumwollstoff, meist gelb oder gestreift.

61/66 *Riesensöhne / schwarze Zwerge:* Gestalten der germanischen Mythologie, die sich hier mit antiken und christlichen Vorstellungen vermischt.

165 Ratcliff

Das Gedicht steht in Zusammenhang mit Heines Tragödie *William Ratcliff*. In der Tragödie tötet die Titelfigur die geliebte Maria, da sie ihm ihre Liebe verweigert.
21 *Margreth:* auch in Heines Tragödie die Dienerin der Hauptfigur.
104 f. *Wie wußtest Du ... Liedern:* vgl. *Lyrisches Intermezzo* XVIII und XIX.

168 Donna Clara

Zu diesem Gedicht schreibt Heine am 6. November 1823 an Moses Moser: »Das ganze der Romanze ist eine Scene aus meinem eignen Leben, bloß der Thiergarten wurde in den Garten des Alkaden verwandelt, Baronesse in Señora, und ich selbst in einen heiligen Georgen oder gar Apoll!«
2 *Alkaden:* Alkalde, Ortsrichter, Bürgermeister.

171 Almansor

Steht in Zusammenhang mit der vier Jahre vorher entstandenen Tragödie gleichen Titels. Das Thema war 1825 für Heine auch wegen seiner eigenen Taufe wieder höchst aktuell.
[Titel] *Almansor:* (arab.) svw.: der Verteidiger.
1 *Corduva:* lateinische Form von Córdoba. Die Stadt erlebte ihre Glanzzeit unter den Arabern im 10. und 11. Jh. Die Hauptmoschee, an der Stelle eines Janustempels erbaut und später in eine christliche Kathedrale verwandelt, war die früheste Kultstätte der Mauren auf spanischem Boden.

175 Die Wallfahrt nach Kevlaar

Dem Erstdruck dieses Gedichts im *Gesellschafter* folgte eine Anmerkung, die auch in die *Reisebilder*-Version übernommen wurde:
»Der Stoff dieses Gedichtes ist nicht ganz mein Eigenthum. Es entstand durch Erinnerung an die rheinische Heimath. – Als ich ein

kleiner Knabe war, und im Franziskaner-Kloster zu Düsseldorf die erste Dressur erhielt und dort zuerst buchstabiren und stillsitzen lernte, saß ich oft neben einem andern Knaben, der mir immer erzählte: wie seine Mutter ihn nach Kevlaar (im Geldernschen) mitgenommen, wie sie dort einen wächsernen Fuß für ihn geopfert, und wie sein eigener schlimmer Fuß dadurch geheilt sey. Mit diesem Knaben traf ich wieder zusammen in der obersten Klasse des Gymnasiums, und als wir, im Philosophen-Collegium bey Rektor Schallmayer nebeneinander saßen, erinnerte er mich lachend an jene Mirakel-Erzählung, setzte aber doch etwas ernsthaft hinzu: jetzt würde er der Muttergottes ein wächsernes *Herz* opfern. Ich hörte später, er habe damals an einer unglücklichen Liebschaft laborirt, und lange vernahm ich dann nichts mehr von ihm. – Vor einigen Jahren, als ich zwischen Bonn und Godesberg am Rhein spatzieren ging, hörte ich in der Ferne die wohlbekannten Kevlaar-Lieder: ›Gelobt sey'st du, Maria!‹, und als die Prozession näher kam, bemerkte ich unter den Wallfahrtern meinen Schulkameraden mit seiner alten Mutter. Diese führte ihn. Er aber sah sehr blaß und krank aus.

Berlin, den 16ten des Maymonds 1822.   *H. Heine*«

Aus der Harzreise

181 Prolog

3 *Embrassieren:* frz. *embrasser,* ›umarmen, küssen‹.

189 Der Hirtenknabe

6 *Weiche Schmeichler, rotbekreuzt:* Träger des preußischen Roten Adlerordens.

190 Die Ilse

[Titel] *Ilse:* Fluß im Harz.
 2 *Ilsenstein:* Felskuppe am Fuße des Brockens; vgl. die Schilderungen in der *Harzreise.*
 15 *Kaiser Heinrich:* Hier fließen Erinnerungen an die deutschen Könige bzw. Kaiser Heinrich I., IV., V. zusammen, die sich häufig in Goslar und im Harz aufhielten.

Die Nordsee

Erster Zyklus

197 III. Sonnenuntergang

Dieses erste der mythologischen Gedichte der beiden Zyklen gibt die Art an, in der hier der Mythos mit bürgerlichen Vorstellungen gekreuzt wird.
13 *Luna:* römische Mondgöttin.
  Sol: römischer Sonnengott.

198 IV. Die Nacht am Strande

12 *Edda:* Sammlung altnordischer Lieder aus dem 13. Jh. Die Brüder Grimm hatten diese Sammlung wieder ins Bewußtsein gehoben und damit die Grundlage für die Beschäftigung mit den Sagen und Mythen der germanischen Welt gelegt (s. auch das Gedicht *Götterdämmerung*).

201 V. Poseidon

Das ganze Gedicht ist vielfach mit der *Odyssee* des Homer verbunden, die V. 8 erwähnt wird. Dort ist Poseidon derjenige, der Odysseus feindlich gesinnt ist und seine Heimfahrt auf vielfache Weise verzögert. Heines Homer-Lektüre während der Entstehungszeit der *Nordsee* ist bezeugt. Er las die Übersetzung von Johann Heinrich Voss, worauf einige der in diesem Gedicht verwendeten Epitheta (»meerdurchrauscht«, »seelenbekümmert«, »schilfbekränzt«) zurückgehen.
16 *Sohn des Laertes:* Odysseus.
21 *Riesenhöhlen und Nymphenarmen:* Anspielung auf Abenteuer des Odysseus: die Befreiung aus der Höhle des Zyklopen Polyphem und die Trennung von der in ihn verliebten Nymphe Kalypso bzw. der Zauberin Kirke.
22 *kimmerische Nacht:* Ins Land der Kimmerier gelangt Odysseus auf der Suche nach dem Eingang zum Hades; es ist das Ende der Welt, wo nie die Sonne scheint.
41 *Priamos' heiliger Feste:* Troja; Redewendung aus der *Odyssee*.

42 f. *Kein ... Polyphemos:* Um zu entkommen, blendete Odysseus den einäugigen Zyklopen.
45 *Pallas Athene:* die Schutzgöttin der Griechen im Trojanischen Krieg und des Odysseus im besonderen.
50 *Amphitrite:* Gattin Poseidons und Tochter des Nereus, deren Töchter, die Nereiden, für ihre Schönheit und Zartheit berühmt waren. In der antiken Überlieferung ist Amphitrite ganz und gar kein »plumpes Fischweib«.

202 VI. Erklärung

14 *Agnes:* reiner Rollenname ohne biographischen Hintergrund.

206 VIII. Sturm

11 *der Schaumentstiegenen:* Aphrodite, Göttin der Liebe und der Fruchtbarkeit, aus dem Schaum des Meeres geboren.
12 *Großmutter der Liebe:* Eros, der Gott der Liebe, ist der Sohn Aphrodites, und diese ist eine Tochter des Meeres.

208 X. Seegespenst

17 *steinerne Kaiserbilder:* schmückten die Fassade des alten Hamburger Rathauses. Auch sonst enthält dieses Gedicht einige Hamburg-Anspielungen.

212 XII. Frieden

Nach V. 43 folgt im Erstdruck:
> Hättest du doch dies Traumbild ersonnen,
> Was gäbest du drum,
> Geliebtester!
> Der du in Kopf und Lenden so schwach,
> Und im Glauben so stark bist,
> Und die Dreifaltigkeit ehrest in Einfalt,
> Und den Mops und das Kreuz und die Pfote
> Der hohen Gönnerin täglich küssest,
> Und dich hinaufgefrömmelt hast
> Zum Hofrat und dann zum Justizrat,
> Und endlich zum Rate bei der Regierung,
> In der frommen Stadt,
> Wo der Sand und der Glauben blüht,

> Und der heiligen Sprea geduldiges Wasser
> Die Seelen wäscht und den Tee verdünnt –
> Hättest du doch dies Traumbild ersonnen,
> Geliebtester!
> Du trügest es, höheren Ortes, zu Markt,
> Dein weiches, blinzelndes Antlitz
> Verschwämme ganz in Andacht und Demut,
> Und die Hocherlauchte,
> Verzückt und wonnebebend,
> Sänke betend mit dir aufs Knie,
> Und ihr Auge, selig strahlend,
> Verhieße dir eine Gehaltszulage
> Von hundert Talern Preußisch Kurant,
> Und du stammeltest händefaltend:
> Gelobt sei Jesu Christ!

Gehört zur Gruppe der religiösen Gedichte, zu denen Heine auch durch seine inneren Schwierigkeiten mit der eigenen Taufe angeregt wurde.

Die Nordsee

Zweiter Zyklus

214 I. Meergruß

1 *Thalatta! Thalatta!:* (griech.) Das Meer! Das Meer! Nach Xenophons *Anabasis* IV,7 begrüßten die von den Persern geschlagenen Griechen mit diesem Freudenruf das Schwarze Meer. Heine verwendete den Hinweis auf die Xenophon-Stelle in der *Reisebilder*-Version der *Nordsee* als Motto für die zweite Abteilung.

216 II. Gewitter

5 *Kronions:* Kronion: Zeus, der Sohn des Kronos.
9 *Die Boreas selber gezeugt:* Der Nordwind zeugte als Hengst mit zwölf Stuten des reichen Erichthonios zwölf Fohlen, die über die Wellen galoppieren.
12 f. *Wie Schattenleichen . . . Kahn:* Tote, die nicht richtig begraben oder nicht mit der nötigen Münze, dem Obolus, versorgt waren,

mußten am Eingang zum Hades als Schatten schweben und wurden von Charon, dem Fährmann, der die Toten über den Styx, den Fluß der Unterwelt, brachte, nicht übergesetzt.
16 *Äolus:* der Beherrscher der Winde.
21 *Bussole:* Kompaß.
24/25 *Kastor / Polydeukes:* Die Dioskuren Kastor und Pollux wurden als Schutzpatrone der Seeleute und Retter im Sturm betrachtet.

218 IV. Untergang der Sonne

Hier hat Heine, die griechische Mythologie frei variierend, die Sonne weiblich werden lassen und den Meergott Okeanos zum alten Mann gemacht.

220 V. Der Gesang der Okeaniden

[Titel] *Okeaniden:* Wassernymphen aus der Nachkommenschaft des Okeanos. Sie ähneln in ihren Eigenschaften den Nereiden, zu denen Thetis gehört, die »silberfüßig« genannt wurde, weil ihre Füße von Meerschaum bedeckt waren.
56 *Peleus-Gattin:* Thetis, heiratete einen Menschen, Peleus, und gebar ihm den Achilles.
62 *Nioben:* Niobe: thebanische Königin, deren Mutterstolz von Artemis und Apollo grausam bestraft wurde; sie selbst wurde versteinert.
69 *hohe Titane:* Prometheus.
80 *Atlas:* der Himmelsträger (s. *Heimkehr* XXIV).

223 VI. Die Götter Griechenlands

Wie bereits in Schillers gleichnamiger Elegie geht es um die Abfolge von antiken und christlichen Göttern.
16 *Pantheon:* Tempel aller Götter.
19 *Kronion:* Zeus, der Sohn des Kronos.
27 *Hekatomben:* Massenopfer an Vieh.
32 *Jupiter Parricida:* Vatermörder Jupiter. Jupiter stieß im Verlauf der Titanenkämpfe seinen Vater Kronos vom Thron.
33 *Juno:* Gattin Jupiters.
42 *Pallas Athene:* Tochter des Zeus.
45 *Aphrodite:* Göttin der Liebe.

52 *Venus Libitina:* Libitina, die Göttin der Bestattung, wurde in Rom häufig mit Venus, der Liebesgöttin, gleichgesetzt. Dadurch entstand eine merkwürdige Verbindung von Tod und Liebe.
54 *Ares:* Kriegsgott, Sohn des Zeus.
58 *Hephaistos:* der hinkende Gatte der Aphrodite, Gott des Feuers.
60 *Heben:* Hebe: Göttin der Jugend und Mundschenk an der Göttertafel.
80 *ambrosisches Recht:* Ambrosia ist die Speise der Götter, die ihnen die Unsterblichkeit sichert.

226 VIII. Der Phönix

[Titel] *Phönix:* sagenhafter Vogel, der, wenn er sich alt fühlt, sich selbst verbrennt und aus der Asche verjüngt wieder emporsteigt.

227 IX. Im Hafen

6 *Römerglas:* Anspielung auf den persischen Becher Dschemschids, in dem sich die Geheimnisse der Welt spiegeln.
11 *Türken und Griechen:* der griechische Unabhängigkeitskrieg gegen die Türken dauerte von 1821 bis 1829.
  Hegel und Gans: Hegel, s. Kommentar zu *Heimkehr* XXXV. Mit dem Hegel-Anhänger Eduard Gans (1798–1839), der seit 1820 an der Berliner Universität Philosophie lehrte, war Heine befreundet.
18 *Rose von Schiras:* Schiras: Geburtsort des persischen Dichters Hafis, in dessen Werk die Rose als Bild für die Geliebte eine große Rolle spielt.
20 *Rose von Saron:* Im Hohen Lied des Alten Testamentes (Kap. 2,1) erscheint Sulamith als »Rose von Saron«.
22 *Ros im Ratskeller zu Bremen:* Name für das Hauptfaß im Bremer Ratskeller, das den berühmten Rosewein, z. Zt. Heines ein 200 Jahre alter Rüdesheimer, enthielt. Auch die Ausgestaltung des entsprechenden Kellerschiffes nimmt das Rosenmotiv auf.
40 *zwölf Apostel:* Im ›Apostelzimmer‹ des Ratskellers lagerten zwölf nach den zwölf Aposteln benannte Fässer.
46 *Leviten:* jüdische Tempeldiener, die das Heiligtum bewachen.
47 *Herodes:* König von Judäa (37 v. Chr. – 4 n. Chr.), bekannt für seine aufwendige und grausame Herrschaft.
54 *Beth El:* Haus Gottes; der Ort, wo Jakob seinen Traum von der Himmelsleiter hatte.

55 *Hebron:* Ort in Israel mit dem Grab Abrahams.
66 *Nase des Weltgeists:* ironische Anspielung auf Hegels Begriff des Weltgeistes, der letzter Movens der Geschichte sein sollte.

Aus dem Umkreis des *Buchs der Lieder*

Zu *Junge Leiden*

233 Das Bild

Erstdruck: Der Zuschauer. Nr. 78. 30. 6. 1821.

4 *Houwald-Spinarosa:* Das Gedicht richtet sich gegen den Dramatiker Ernst von Houwald (1778–1845) und sein Drama *Das Bild*, dessen Held den Namen Spinarosa trägt.

233 Hört zu, ihr deutschen Männer, Mädchen, Frauen ...

Erstdruck: Der Zuschauer. Nr. 82. 10. 7. 1821.

14 *Sachsenhäuser:* Bewohner des Frankfurter Stadtteils Sachsenhausen auf dem linken Mainufer.

234 Bamberg und Würzburg

Erstdruck: Der Zuschauer. Nr. 93. 4. 8. 1821.

4 *Fürsten:* Fürst Alexander von Hohenlohe-Waldenburg-Schillingsfürst, ein katholischer Priester aus Bamberg; trat dort als Wunderheiler auf.
14 *Neun Dramen:* Joseph von Auffenberg (1798–1857), eine Art Wunderkind des Theaters, hatte zwischen 1819 und 1821 neun Dramen geschrieben und beim Drucker Goebhardt in Würzburg veröffentlicht.

234 Die Weihe

Dem Text dieses und der folgenden Gedichte dieser Gruppe (aus *Gedichte*, 1822, nicht ins *Buch der Lieder* übernommen) liegt in Anlehnung an die Entscheidung der DHA als Druckvorlage ein von Heine durchkorrigiertes Handexemplar der *Gedichte* von 1822 zugrunde, das sich heute im Heine-Institut, Düsseldorf, befindet. Die darin vorgenommenen eigenhändigen Korrekturen Heines wurden für unsere Textgestaltung berücksichtigt.

243 An den Hofrat Georg S. in Göttingen

Georg Sartorius von Waltershausen (1765–1828) war Professor für Geschichte und Politik in Göttingen und wurde von Heine sehr geschätzt.

243 An J. B. R.

An den Bonner Studienfreund Johann Baptist Rousseau (1802–67), der selbst als Autor und Herausgeber auftrat.

245 Die Nacht auf dem Drachenfels

Gewidmet dem Bonner Studienfreund Friedrich von Beughem. Anlaß war eine studentische Maifeier 1820 auf dem Drachenfels.

245 An Friz St.

Gewidmet dem Bonner Kommilitonen Friedrich Steinmann (1801 bis 1875).

246 An Franz v. Z.

Abschiedsode an den Düsseldorfer Schulfreund Franz von Zuccalmaglio (1800–1873).
28 *Sänger im Norderland:* Friedrich Gottlieb Klopstock (1724–1803), dessen Grab in Ottensen Heine direkt nach seiner Ankunft 1816 in Hamburg besuchte.

Zu Lyrisches Intermezzo

249 Sohn der Torheit! träume immer ...

Erstdruck: Der Zuschauer. Nr. 3. 5. 1. 1822.

252 Ja, Freund, hier unter den Linden ...

Erstdruck: Briefe aus Berlin. Erster Brief. – In: Rheinisch-Westfälischer Anzeiger. 1822. Beilage: Kunst und Wissenschaftsblatt. Nr. 6 und 7. 8. und 15. 2. 1822.
1 *unter den Linden:* Berliner Prachtstraße und Stadtpromenade.

253 Aucassin und Nicolette

Erstdruck: Der Zuschauer. Nr. 32. 14. 3. 1822.
Aucassin und Nicolette war der Titel einer Oper, deren Libretto von Johann Ferdinand Koreff (1783–1851) stammt, einem Arzt und Literaten, der zum E.-T.-A.-Hoffmann-Kreis gehörte und für den Heine sich sehr interessierte. Das Libretto fußt auf Episoden aus höfischen Abenteuerromanen und führt den Helden Aucassin und seine geliebte Nicolette in den Konflikt zwischen Moslems und Christen, u. a. auch nach Karthago. Mit diesem Thema beschäftigt sich auch Heines Tragödie *Almansor.*

253 Siebzehn Lieder von H. Heine. X

Erstdruck: Aurora. Taschenbuch für 1823. S. 166 f.

254 Vierzehn Lieder von H. Heine. XIV

Erstdruck: Der Gesellschafter. Nr. 161. 9. 10. 1822.

Zu Die Heimkehr

258 Kleine Gedichte von H. III

Erstdruck: Rheinblüthen. Taschenbuch auf das Jahr 1825. S. 347.

258 Burleskes Sonett

Erstdruck: Agrippina. Nr. 44. 9. 4. 1824.

259 Lieder von ***e

Erstdruck: Agrippina. Nr. 89 (Lieder 1–7) und 90 (Lieder 8–11). 23. und 25. 7. 1824.

Aus diesem Zyklus wurden lediglich die Nrn. 3, 8 und 11 als Nr. XXX, XXV und LXXX in *Die Heimkehr* aufgenommen. Die Nrn. 1, 5, 6, 7 und 10 wurden später nicht wieder verwendet. Dagegen fand Nr. 2 Wiederverwendung in den *Neuen Gedichten* von 1844 im Zyklus *Verschiedene* als Nr. I der Gruppe *Emma*; Nr. 4 ging als *Altes Lied* in die Abteilung *Lamentationen* des *Romanzero* von 1851 ein; und Nr. 9 erschien als Nr. VI (Altes Kaminstück) in der Abteilung *Zur Ollea* der *Neuen Gedichte*.

260 2

Dieses Gedicht ist inspiriert durch die indische Sage von Bagiratha aus dem Epos *Ramayana* (s. auch S. 943).

263 Etwas für den hinkenden Vetter

Erstdruck: Rheinische Flora. Nr. 64. 23. 4. 1825.

Angespielt wird auf den Vortragskünstler Theodor von Sydow (1770–1850).

263 Wenn junge Herzen brechen ...

Erstdruck: Heines sämtliche Werke. Hrsg. von A. Strodtmann. Supplementband. Hamburg 1869. S. 3.
Druckvorlage: Handschrift im Heine-Institut, Düsseldorf.

264 Erinnerung

Erstdruck: Rheinische Flora. Nr. 126. 12. 8. 1826.

Bei der Angabe »Übersetzt aus dem Englischen« handelt es sich um eine Fiktion. Im Hintergrund steht Heines Besuch der Frankfurter Messe im Jahre 1815.
17 *Zeil:* Hauptgeschäftsstraße in Frankfurt.
23 *Braunen:* ältere Form für Brauen.

268 X (Auf den Wolken ruht der Mond ...)

Dieses sowie die drei folgenden Gedichte entstanden nach Erscheinen der ersten Auflage des *Buchs der Lieder* 1827 und fanden dann erstmals 1830 Aufnahme in den *Heimkehr*-Zyklus in der zweiten Auflage des ersten *Reisebilder*-Bandes. Heine behielt sie auch für die folgenden Auflagen der *Reisebilder*-Version bei, übernahm sie jedoch nicht in spätere Auflagen des *Buchs der Lieder*.

Zu *Die Nordsee*

273 X. Seekrankheit
- 8 *Vater Loth:* vgl. 1. Mose 19,30–38.
- 52 *Schneckenversammlung:* Anspielung auf den Frankfurter Bundestag.

Neue Gedichte

Zur Textgestalt

Ihre endgültige Gestalt haben Heines *Neue Gedichte* mit der 3. Auflage von 1852 (D²) erreicht. Der dort enthaltene Textbestand liegt, selbstverständlich ohne das Drama *William Ratcliff*, auch dieser Ausgabe zugrunde.

Was die Wahl der Druckvorlage angeht, so haben die beiden Historisch-kritischen Ausgaben, gemäß ihren abweichenden Editionsprinzipien, unterschiedliche Entscheidungen getroffen. Die Düsseldorfer Ausgabe (DHA) greift für die dort erschienenen Texte auf die 1. Auflage der *Neuen Gedichte* von 1844 (D¹) zurück, korrigiert diese allenfalls unter Rückgriff auf die handschriftliche Druckvorlage. Der Text dieser 1. Auflage entstand unter persönlicher Aufsicht Heines, der die Druckfahnen in Hamburg Korrektur lesen konnte. Das bedeutet insbesondere auch für die Interpunktion, auf die Heine großen Wert legte und die er teilweise in der Absicht einsetzte, ein sinnverstärkendes Lesen zu ermöglichen, einen hohen Grad an Zuverlässigkeit.

Die Heine-Säkularausgabe (HSA) legt dagegen mit D² die letzte Auflage zugrunde, an der Heine noch nachweislich mitgewirkt hat. Zwar hat D² (teilweise auch bereits die 2. Auflage von 1844) einige kleinere Druckversehen aus D¹ korrigiert, doch hat das der Verleger, nicht Heine veranlaßt. Dieser hat zwar in Absprache mit Campe den Textbestand der Auflage neu geordnet, die Korrektur von D² aber nicht persönlich vorgenommen oder auch nur überwacht. Im Gegenzug enthält D² einige neue Druckfehler, die D¹ noch nicht hatte; insbesondere aber erhebliche Eingriffe in die Interpunktion, die ausschließlich auf das Konto des Verlages bzw. des Setzers gehen.

Gerade der letzte Punkt hat den Herausgeber dazu bewogen, für diese Ausgabe der grundsätzlichen Entscheidung der DHA zu folgen und für die dort gedruckten Gedichte den Text von D¹, für die restlichen selbstverständlich den von D² zugrunde zu legen. Allerdings wird nicht, wie in der DHA, zugunsten der handschriftlichen Druckvorlage eingegriffen, sondern der von offenkundigen Fehlern bereinigte integrale Text von D^1 bzw., für die erst 1852 hinzugekommenen Gedichte, von D^2 gegeben.

Zusätzlich zum Textbestand der *Neuen Gedichte* sind hier einige Texte aus dem Umkreis dieser Sammlung abgedruckt. Sie unterteilen sich in die beiden Hauptgruppen der zu Heines Lebzeiten gedruckten und der nicht gedruckten Gedichte. Für die erste Gruppe, die aus Texten gebildet wird, die entweder aus dem 1. *Salon*-Band von 1834 oder aus verstreuten Zeitschriftendrucken nicht in die *Neuen Gedichte* übernommen wurden, wobei sehr unterschiedliche Gründe eine Rolle spielten, wurde jeweils der Erstdruck zugrunde gelegt. Für die ungedruckten Gedichte, von denen hier eine bedeutende Auswahl mitgeteilt wird, wurden die handschriftlichen Fassungen herangezogen.

Entstehung

Um dem Leser vorab eine Orientierung zu ermöglichen, soll hier ein Verzeichnis der für die Entstehungs- und Druckgeschichte relevanten Separatdrucke vorangestellt werden:

1831 Neuer Frühling. In: Reisebilder von H. Heine. Zweyter Theil. Zweyte Auflage. Hamburg: Hoffmann und Campe. S. 251–307 [so auch in den folgenden drei Auflagen der *Reisebilder*].
1834 Gedichte ⟨Aus: Verschiedene⟩. In: Der Salon von H. Heine. Erster Band. Hamburg: Hoffmann und Campe. S. 143–204.
1835 Frühlingslieder ⟨Neuer Frühling⟩. In: Der Salon von H. Heine. Zweiter Band. Hamburg: Hoffmann und Campe. S. 285–330.
1837 ⟨Der Tannhäuser⟩. In: Der Salon von H. Heine. Dritter Band. Hamburg: Hoffmann und Campe. S. 265–279.
1840 Katharina ⟨Aus: Verschiedene⟩. In: Der Salon von H. Heine. Vierter Band. Hamburg: Hoffmann und Campe. S. 113–127. ⟨Aus: Romanzen⟩. In: ebd. S. 129–150.
1844 Neue Gedichte von H. Heine. Hamburg: Hoffmann und Campe.
1844 Neue Gedichte von H. Heine. Zweite Auflage. Hamburg: Hoffmann und Campe.

Neue Gedichte

von

H. Heine.

Hamburg,
bei Hoffmann und Campe.
1844.

Paris, chez J. J. Dubochet & Cie., rue de Seine, 33.

1852 Neue Gedichte von Heinrich Heine. Dritte, veränderte Auflage. Hamburg: Hoffmann und Campe.
1853 Neue Gedichte von Heinrich Heine. Vierte Auflage. Hamburg: Hoffmann und Campe.

Der »Nachtrag zum Buch der Lieder«

Heine war, zumal als Lyriker, kein Schnell- und Vielschreiber. Das Verseschreiben ging ihm, ganz gegen den ersten Anschein, durchaus nicht leicht von der Hand, war vielmehr, wie die Manuskripte ausweisen, harte Arbeit. Für einen Berufsschriftsteller ist eine solche Arbeitsweise nicht unproblematisch, und es ist nur zu verständlich, daß der Autor, hatte er endlich einige Texte fertiggestellt, diese auch möglichst rasch zu verkaufen suchte. Das führte zu der für Heine typischen Praxis, Einzelgedichte, kleinere Gedichtgruppen oder -zyklen zunächst in Zeitungen und Zeitschriften zu vermarkten, sie später dann in den *Reisebilder*- oder *Salon*-Bänden noch einmal zu verwenden und schließlich in Lyriksammlungen zusammenzufassen. Auf diese Weise war 1827 das *Buch der Lieder* zustande gekommen, eine »Gesammtausgabe meiner bekannten Gedichte«, wie er schreibt (an Moser, 30. Oktober 1827), die »Anfang und Ende meines lyrischen Jugendlebens enthält« (an Varnhagen, 24. Oktober 1826) (im einzelnen dazu siehe S. 874 ff.).

Es sollte 17 Jahre dauern, bis er mit den *Neuen Gedichten* eine zweite solche Sammelausgabe folgen lassen konnte. Verschiedene Faktoren waren für diesen großen zeitlichen Abstand verantwortlich. Dazu zählten zunächst Heines persönliche Lebensumstände: Schon das Erscheinen des *Buchs der Lieder* fiel in eine Phase der Unruhe, als Heine nach dem Abschluß des Studiums auf der Suche nach einer möglichen Position in der deutschen Gesellschaft war. Die Übersiedlung nach Paris im Mai 1831, aus der erst auf die Dauer eine Emigration wurde, führte ihn dann in ganz andere Zusammenhänge, die wiederum ein neues Selbstverständnis auch als Autor nach sich zogen. Heine sah sich jetzt eher als Kämpfer für den Fortschritt, auch als Mittler zwischen Deutschen und Franzosen, nicht mehr so sehr als Lyriker. Die ästhetische Diskussion im Deutschland der dreißiger Jahre, als das Junge Deutschland und mit ihm die Kunst der Prosa das Feld beherrschten, ging an ihm, den die junge Generation und die Polizei zum Anführer der Bewegung ausgerufen hatten, nicht spurlos vorüber.

Dennoch, obwohl Heines lyrische Produktion gegenüber den zwanziger Jahren deutlich zurückging, hatte er doch nie aufgehört, Gedichte zu schreiben und zu publizieren, und schon seit den frühen dreißiger Jahren gab es im Briefwechsel mit dem Verleger Julius Campe auch Äußerungen bezüglich eines neuen Lyrikbandes. Als Heine 1838 dann schließlich das komplette Manuskript zu dem neuen Gedichtband, der »Nachtrag zum Buch der Lieder« heißen sollte, zusammengestellt und am 25. April 1838 an den Verleger übersandt hatte, scheiterte das Projekt an Auseinandersetzungen zwischen Heine auf der einen und Campe und seinen literarischen Beratern auf der anderen Seite.

Der Inhalt des geplanten Bandes läßt sich, bis auf wenige Stellen, mit einiger Sicherheit rekonstruieren. Die überlieferten Manuskriptseiten zu den *Neuen Gedichten*, heute verstreut über Bibliotheken und Sammlungen in der ganzen Welt, tragen eine Paginierung, die aus dieser Arbeitsstufe herrührt und es ermöglicht, Zusammenhang und Abfolge der Texte wiederherzustellen. An einzelnen Stellen ist kein Manuskript überliefert; dort ist man auf eine Erschließung angewiesen, was insbesondere für den Zyklus *Kitty* nicht ohne Spekulation abgeht. DHA und HSA kommen hier in bezug auf die Gedichte VI und VII zu unterschiedlichen Ergebnissen.

Nach der Rekonstruktion durch die DHA sollte der Band folgende Texte enthalten:

Neuer Frühling

(In der Fassung der *Reisebilder* II. 2. Auflage. 1831)

In der Fremde

I–II
III (heute *Katharina* IX)
IV (heute *In der Fremde* III)

Tragödie

I–III

Seraphine

I–XV

Angelique

I–III
IV (heute Anhang)
V (heute Anhang)
VI (heute Anhang)
VII–VIII

Diane

I–III

Hortense

I–II
III (heute *Hortense* VI)

Clarisse

I–IV
V–X (heute alle Anhang)

Emma

I (heute *Emma* III)
II (heute *Emma* IV)
III (heute Anhang)
IV (heute *Emma* VI)

Yolante und Marie

I–II
III (heute vielleicht *Angelique* IV)
IV–V (heute *Yolante und Marie* III–IV)
VI (heute *Hortense* III)
VII (heute *Katharina* VIII)

Schöpfungslieder

I–V

Kitty

I (heute *Katharina* III)
II (heute *Katharina* IV)
III (heute *Angelique* V)
IV–VI (heute Anhang)
VII (heute *Katharina* I)
VIII–XII (heute Anhang)

Olympe

I (heute *Katharina* II)
II (heute *Katharina* V)
III (heute vielleicht *Katharina* VI)
IV (heute *Katharina* VII)
V (heute *Romanzen* IX und Anhang)
VI (heute *Angelique* VI)
VII (heute *Angelique* IX)

Buch des Unmuths

I (heute *Hortense* V)
II (heute *Romanzen* I)
III (heute Anhang)
IV (heute *Clarisse* IV)
V (heute *Zeitgedichte* V)
VI (heute *Romanzen* XIX)
VII (heute Anhang)
VIII (heute *Zeitgedichte* IV)
IX (heute *Zeitgedichte* III)
X (heute Anhang)

Der Tannhäuser

Ratcliff

Der jungdeutsche Skandalautor Karl Gutzkow, der für den Verlag Hoffmann und Campe die Zeitschrift *Telegraph für Deutschland* herausgab, spielte in der Affaire um das Scheitern von Heines Plänen zu einem »Nachtrag zum Buch der Lieder« eine sehr zweideutige Rolle. Bereits bevor er das Manuskript kannte, ließ Gutzkow in den *Telegraphen* eine kurze Sensationsmeldung einrücken, die an dem zu erwartenden Gedichtband die Polemik gegen die schwäbische Dichterschule – in dem als Nachwort geplanten *Schwabenspiegel* – hervorhob. Heine ärgerte sich über diese Indiskretion und beschwerte sich brieflich bei seinem Verleger. Das nächste Hindernis schuf die Zensur: Am geplanten Druckort Darmstadt wurde zunächst das Imprimatur verweigert, worauf Campe in bewährter

Manier auf eine andere Druckerei auswich, die in Grimma in Thüringen lag. Am 9. August 1838 teilte er Heine mit, er sei bereit, mit dem Druck zu beginnen, legte zugleich aber einen Brief Gutzkows bei, in dem dieser ausführlich zu Heines Gedichtband Stellung nimmt und dem Autor von einer Veröffentlichung dringend abrät. Gutzkows Brief zielt ganz überwiegend auf die ›Unsittlichkeit‹ der *Verschiedenen* und gipfelt in der Warnung: »durch diesen Nachtrag ruinieren Sie Ihre Stellung so, daß selbst Ihre Freunde die Feder niederlegen und sich bescheiden müssen.« Heine antwortete Gutzkow am 23. August 1838 mit einem eindeutigen Bekenntnis zu seinen Gedichten, war sich aber bereits im klaren darüber, daß er den Druck zu diesem Zeitpunkt wohl oder übel würde zurückstellen müssen. Die zentrale Stelle seines Briefes geht auf den Unsittlichkeitsvorwurf ein und lautet: »Ein eigentliches Urtheil können nur wenige über diese Gedichte aussprechen, da ihnen der Stoff selbst, die abnormen Amouren in einem Welttollhaus, wie Paris ist, unbekannt sind. Nicht die Moralbedürfnisse irgend eines verheuratheten Bürgers in einem Winkel Deutschlands, sondern die Autonomie der Kunst kommt hier in Frage. Mein Wahlspruch bleibt: Kunst ist der Zweck der Kunst, wie Liebe der Zweck der Liebe, und gar das Leben selbst der Zweck des Lebens ist.« Heines Verhältnis zu Gutzkow entwickelte sich, als die Serie der Indiskretionen nicht endete, in der Folge ungünstig. Ihr Streit wurde 1839 von Heine in seinem Text *Schriftstellernöte* schließlich öffentlich gemacht.

Davon unberührt blieben bis ins Jahr 1841 hinein weitere Pläne Heines und Campes zur Veröffentlichung des »Nachtrags zum Buch der Lieder«, die Anfang 1839 sogar wieder kurz vor dem Abschluß zu stehen schienen. Aber der katastrophale Zustand, in dem das Manuskript aus der Druckerei in Grimma zurückkam, sowie andere Arbeiten, insbesondere die am *Börne*-Buch, hielten Heine davon ab, den »Nachtrag« abzuschließen. Am 4. Oktober 1841 stellte er dem Verleger erneut den 2. Band des Liederbuches in Aussicht, »aber in ganz anderer Gestalt als früher projektirt«. Anfang 1842 löste er sich dann endgültig von der Vorstellung, einen Nachfolgeband zum *Buch der Lieder* geben zu wollen, und zielte entschieden in Richtung auf eine ganz eigenständige Gedichtsammlung, die *Neuen Gedichte*.

Der Druck der *Neuen Gedichte* von 1844

Im Brief an Campe vom 28. Februar 1842 wird deutlich, daß Heine sich von dem früheren Projekt getrennt hat und in eine neue Arbeitsphase eingetreten ist: »Die Gedichte werde ich nicht sobald herausgeben, da ich im Zuge bin die schwachen durch neue und bessere zu ersetzen. [...] Ich bin überzeugt, daß ich jetzt meine besten lyrischen Produkte geben kann.« Damals arbeitete Heine am Versepos *Atta Troll. Ein Sommernachtstraum*, das genau wie das 1843/1844 entstandene *Deutschland. Ein Wintermärchen* als Teil des ins Auge gefaßten Lyrikbandes eine Rolle spielte. Heines Neuansatz hatte ohne Zweifel auch mit der Umorientierung der Lyrik-Szene in Deutschland zu tun, wo Anfang der 1840er Jahre die politische Poesie das Feld beherrschte. Autoren wie August Heinrich Hoffmann von Fallersleben und Franz Dingelstedt, beide wie Heine bei Campe unter Vertrag, oder Georg Herwegh feierten damals sensationelle Erfolge beim Publikum und der Kritik (s. S. 933 ff.).

Während seiner ersten Deutschland-Reise nach der Übersiedlung nach Paris haben Autor und Verleger 1843 in Hamburg dann offenbar auch die Pläne hinsichtlich des zweiten Gedichtbandes vertieft und konkretisiert. Nach seiner Rückkehr schrieb Heine aus Paris am 29. Dezember 1843 an Campe: »Zur Ausstattung meiner ›neuen Gedichte‹ (das ist des Buchs Titel) werde ich alles mögliche aufbieten und nächste Woche gehe ich schon ans Redigiren und Ordnen.« Zunächst stand jedoch die Arbeit am *Wintermärchen* im Vordergrund, das Heine dann auch dazu bestimmte, mit in den *Neuen Gedichten* zu erscheinen, einerseits natürlich, um über 20 Bogen Buchumfang zu gelangen und dadurch die Vorzensur umgehen zu können, andererseits aber auch, um so ein zusätzliches Publikum für den Gesamtband zu gewinnen. Anfang Juni 1844 ging das Gesamtmanuskript an Campe ab zusammen mit einem Brief, in dem Heine noch einmal feststellt, daß er sich in keinem Fall auf eine Zensur des *Wintermärchens* einlassen und gegebenenfalls lieber das gesamte Projekt zurückziehen möchte. Campe war von dem Manuskript nicht recht überzeugt, witterte Schwierigkeiten und sah insbesondere keine sonderlichen Marktchancen. Heine las dann im August während seines zweiten Hamburg-Besuchs (22. Juli bis 10. Oktober 1844) die Druckbogen der *Neuen Gedichte* Korrektur, so daß das Buch ohne Zeitverzug am 25. September 1844, also noch während

Heines Deutschlandaufenthalt, erscheinen konnte. Als kleine ironische Pointe sei angefügt, daß Heine während dieses Aufenthaltes auch die 5. Auflage des *Buchs der Lieder* noch einmal gründlich korrigierte und auf das Erscheinen vorbereitete, so daß auf diese Weise die *Neuen Gedichte* schließlich doch zu einer Art 2. Band oder ›Nachtrag‹ zum *Buch der Lieder* wurden.

Schon bald nach dem Erscheinen begann für den Verleger der Kampf mit der Zensur. Da einerseits die Nachfrage nach dem Buch – für ein Buch Heines – sehr gut, andererseits sicher mit einem baldigen Verbot zu rechnen war, ließ Campe, um die Behörden zu irritieren, schon parallel zur Auslieferung der ersten Auflage diverse Zweitauflagen herstellen, teils textidentische Titelauflagen, teils papiersparende Neudrucke, die als 2. Auflage gekennzeichnet waren. Im Oktober 1844 erschien dann eine 2. Auflage mit einem Vorwort, das Campe mit Heine wohl noch in Hamburg vereinbart hatte (sie hätte eigentlich 3. Auflage heißen müssen, doch hätte der Verleger sich damit selbst geschadet, weil sein Bemühen um Unterlaufen des behördlichen Verbots dadurch offenkundig geworden wäre). Insgesamt wurden von den *Neuen Gedichten* ca. 5000 Exemplare verkauft, eine Zahl, die zwar weit hinter den Zahlen anderer Vormärzlyriker wie Herwegh oder Hoffmann von Fallersleben zurückblieb, für Heine, nach den Mißerfolgen der *Salon*-Bände und des *Ludwig Börne*, aber einen achtbaren Erfolg darstellte.

Dabei muß man zugleich bedenken, daß der Aufnahme des neuen Gedichtbandes gravierende Hindernisse im Wege standen. Zum einen hatte Heine einen großen Teil des politisch interessierten Publikums gegen sich aufgebracht: die Republikaner und liberalen Demokraten durch Kritik, deren Argumente im *Börne*-Buch kulminieren, und natürlich die National-Liberalen, die er ständig mit Spott und Häme überzog. Zum anderen bestanden im bürgerlichen Publikum, wie Gutzkow richtig prophezeit hatte, große Vorbehalte gegen die erotischen Gedichte. Heine traf mit den *Neuen Gedichten* insgesamt tatsächlich nicht ins Zentrum des Publikumsinteresses.

Wurde dieses Interesse andererseits durch den Skandal wieder etwas angeheizt, so hatten doch dessen Folgen eindeutig negative Auswirkungen auf die Rezeption der Gedichtsammlung. Hatte es schon im Vorfeld der Veröffentlichung Bestrebungen der Zensurbehörden gegeben, den Druck zu verbieten, was an der Tatsache gescheitert war, daß das Buch mit seinen 421 Seiten deutlich über der Grenze von 320 Seiten lag, wo die Vorzensur von Druckwerken aufhörte, so wurden die Behörden selbstverständlich unmittelbar nach Erscheinen aktiv. Die DHA hat eine Liste aller behördlichen Maßnahmen, soweit heute noch rekonstruierbar, gegen die *Neuen Gedichte* in den Monaten direkt nach deren Erscheinen zusammengestellt (DHA II,259–261). Aus dieser Aufstellung geht hervor, daß Preußen, als Führungsmacht in Fragen der Zensur besonders streng und einflußreich, das Buch bereits am 4. Oktober 1844, also nur 9 Tage nach Erscheinen, vorläufig verbot und am 11. Oktober die übrigen Bundesregierungen zum Verbot aufforderte. Dieser Aufforderung folgten noch im Oktober die Staaten Hamburg, Hessen, Hessen-Nassau, Braunschweig, Holstein und Lauenburg und Schleswig sowie die Städte Frankfurt, Bückeburg, Lübeck und Stuttgart. In vielen Buchhandlungen, insbesondere auf preußischem Gebiet, wurden vorhandene Exemplare konfisziert. Wenn die Strategie der preußischen Regierung, die Verbreitung der Gedichte auf diese Weise zu blockieren, nicht aufging, so hatte das einerseits mit der Schwerfälligkeit der Behörden zu tun, die vom Verbot bis zur Durchführung einige Zeit brauchten, andererseits mit der Findigkeit des in dieser Hinsicht bereits routinierten Verlegers, der die Lücken, die die Verwaltung ihm bot, geschickt zu nutzen wußte. Letztlich hat ihm das in diesem Fall allerdings ein Totalverbot aller seiner Verlagsprodukte in Preußen eingetragen, eine zwar ehrenvolle, aber dem geschäftstüchtigen Campe sehr ungelegene Auszeichnung.

Mehr als die direkte Verbotskampagne hat der Verbreitung der *Neuen Gedichte* der Einsatz indirekter Mittel seitens der Behörden geschadet, insbesondere der massive Druck auf die Zeitungen und Zeitschriften, in denen über das Buch kaum, weder im positiven noch im negativen Sinn, gesprochen werden konnte. Die Zahl der Rezensionen ist erstaunlich gering; auch kleinere Meldungen und Notizen, die die Aufmerksamkeit und das Interesse hätten wecken können, erschienen kaum. Eine wirkliche Diskussion der literarischen Öffentlichkeit in Deutschland fand über diesen Gedichtband Heines, anders als noch beim *Buch der Lieder* oder später beim *Romanzero*, nicht statt.

Die dritte Auflage von 1852

Das änderte sich auch nicht, als 1852 die 3. Auflage der *Neuen Gedichte* erschien, für die Heine eine Reihe von Veränderungen im Textbestand vornahm. Als Ausgabe letzter Hand bietet sie das heute und auch für unsere Edition gültige Textcorpus. Wichtigste Veränderungen waren die Wiederaufnahme des Zyklus *Diana* in die *Verschiedenen*, wo auch noch ein siebtes *Schöpfungslied* hinzukam; die Hinzufügung der Gruppe *Zur Ollea*, der Austausch des *Wintermärchens* gegen *William Ratcliff* und, schon dadurch nötig geworden, eine neue Vorrede, die sich ausschließlich mit diesem bereits 1821/22 entstandenen Jugenddrama beschäftigt. Die Anregung zur Neuauflage und zu diesen Veränderungen ging während der Druckvorbereitung des *Romanzero* im Herbst 1851 vom Verleger Campe aus. Dieser wollte einerseits vom Interesse, das der neue Gedichtband wecken würde, für den alten mitprofitieren, andererseits war die 2. Auflage in den sieben Jahren seit Erscheinen weitgehend verkauft. Heine folgte den Vorschlägen und Wünschen des Verlegers, auch wenn er, aufgrund seiner angegriffenen Gesundheit, die Überarbeitung nicht gleichzeitig mit der Arbeit an dem neuen Band vornehmen konnte. So erschien die 3. Auflage der *Neuen Gedichte* erst einige Monate nach dem *Romanzero*, aber, wie Campe es wünschte, ohne das *Wintermärchen*, das er separat vermarkten wollte. Heine selbst war mit dem neuen Aussehen des Bandes allerdings von Anfang an nicht recht zufrieden. Er schrieb darüber am 27. Oktober 1853 an Campe: »Das Buch sieht verdammt kahl aus ohne das Wintermärchen. Wir haben uns da vergallopirt.«

Abschließend sei die mehr als nur äußerliche Nähe der maßgeblichen 3. Auflage der *Neuen Gedichte* zum *Romanzero* noch einmal besonders betont. Zusammen mit dem von Anfang an bestehenden geistigen Zusammenhang der Sammlung zum vorausgehenden *Buch der Lieder* unterstreicht sie die nicht nur zeitliche, sondern auch thematische und stilistische Mittelstellung der *Neuen Gedichte* in Heines Lyrik. Sie hängen teilweise sehr deutlich mit der früheren bzw. späteren Sammlung zusammen und haben doch ihren ganz eigenen Ton.

Neuer Frühling

Heine hat im *Neuen Frühling* die unmittelbar nach Abschluß des *Buchs der Lieder* entstandene Lyrik zusammengefaßt: Im September 1827 waren die ersten Exemplare des Liederbuches auf den Markt gekommen; Heine selbst kam am 19. September aus London zurück. Ende 1827 und Anfang 1828 entstanden dann bereits mehrere Gruppen neuer Gedichte, deren erste in dem im Herbst 1828 erschienenen *Taschenbuch für Damen auf das Jahr 1829* zum Druck gelangte, und zwar bereits unter dem Gesamttitel *Neuer Frühling*. Diese Prägung erscheint bei Heine zuerst im Gedicht XLVI der *Heimkehr*, wo es heißt:

> Herz, mein Herz, sei nicht beklommen,
> Und ertrage dein Geschick,
> Neuer Frühling gibt zurück,
> Was der Winter dir genommen.

Im übertragenen Sinne spricht Heine darüber hinaus in *Heimkehr* XLIII von einem »neuen Liederfrühling«, der dereinst aus dem »geheilten Herzen« sprießen werde.

Im Herbst/Winter 1830 wurde Heine in Hamburg durch den Komponisten Albert Methfessel (1785–1869), den er seit längerem kannte und schätzte, angeregt, den Faden weiterzuspinnen. Er schrieb darüber am 30. November 1830 an Karl August Varnhagen von Ense, zunächst mit Bezug auf eine Auseinandersetzung mit seinem Verleger Campe: »In der Aufgeregtheit der Zeit und des eigenen Schaffens konnte ich auf meinen Vortheil nicht wie ich sonst Acht haben, ich fürchte ich werde noch mehr betrogen als ich jetzt weiß. Das wird alles vorübergehn, ein neuer Frühling wird kommen, und damit ich ihn dann ganz genießen kann, ungestört, so mache ich jetzt die Frühlingslieder, die dazu gehören. 3 dutzend habe ich in dieser schlimmen Zeit gemacht, auf Veranlassung eines hiesigen Musikers, der etwas Neues komponiren wollte (A. Methfessel). Ich hoffe sie Ihnen neu Jahr mittheilen zu können.« Noch in Hamburg scheint er den Zyklus abgeschlossen zu haben. Dabei machte insbesondere die Abfolge der Texte, wie aus einer Reihe überlieferter Sammelhandschriften hervorgeht, erhebliche Mühe: Heine hat die zunächst geschaffenen Zusammenhänge wieder aufgelöst und die Arrangements verändert. Aus der Arbeit am *Buch der Lieder* wie dann später auch am *Romanzero* ist bekannt, welche Bedeutung Heine der Anordnung beimaß und welche Sorgfalt er deshalb darauf verwandte. Die endgültige Form erhielt der Zyklus erst in Paris, wohin Heine im Mai 1831 übersiedelt war. Inzwischen hatte er den Plan gefaßt, den *Neuen Frühling* in der Neuauflage des 2. Bandes der *Reisebilder* zu publizieren, aus dem er die *Briefe aus Berlin* und *Nordsee* II entfernt hatte. Im Juni 1831 ging das Manuskript an die Druckerei, wobei Heine den Drucker strengstens ermahnte, bei jedem Gedicht eine neue Seite anzufangen und unbedingt die Interpunktion des Manuskriptes einzuhalten. Im Vorwort zu *Reisebilder* II, das mit »Paris den 20. Juny 1831« unterschrieben ist, stellte er den Zyklus auf die Grenze zwischen dem Ton anspruchsloser Natur- und Minnelyrik im Stile Uhlands und dem »scharfen Schmerzjubel jener modernen Lieder, die keine katholische Harmonie der Gefühle erlügen wollen und vielmehr, jakobinisch unerbittlich, die Gefühle zerschneiden, der Wahrheit wegen«. Im Blick auf seine eigene Schreibart fährt Heine fort: »Es ist interessant zu beobachten, wie die eine von den beiden Liederarten je zuweilen von der anderen die äußere Form erborgt. Noch interessanter ist es, wenn in ein und demselben Dichterherzen sich beide Arten verschmelzen.« (s. S. 477 f.)

1834 griff Heine bei der Zusammenstellung von *Salon* II wieder auf den *Neuen Frühling* zurück. Er wies den Verleger an für den Fall, daß der Band die 20 Bogen, die nötig waren, um die Vorzensur zu umgehen, nicht erreichte, den Zyklus unter Auslassung des letzten Gedichts vollständig abzudrucken. Sehr zu Heines Ärger brach der Druck aber nach Gedicht Nr. XXXVII ab, woran offenbar allein die Druckerei die Schuld trug.

Die öffentliche Resonanz auf den *Neuen Frühling* war überwiegend positiv. Zu Recht sahen die Rezensenten in diesem Zyklus eine Fortsetzung des aus dem *Buch der Lieder* bekannten Stils, einen Bezug, den Heine selbst ebenfalls stets betont hat. Noch in der *Vorrede* zur 5. Auflage des *Buchs der Lieder* von 1844 schreibt er über die *Neuen Gedichte*, sie seien »eine Sammlung poetischer Erzeugnisse, die wohl als der zweite Teil des *Buchs der Lieder*« betrachtet werden können, eine Feststellung, die für das Verständnis *beider* Sammlungen bedeutsam ist und sie auf genau jener Grenze situiert, die Heine in der oben zitierten Stelle aus der *Reisebilder*-Vorrede beschreibt.

Verschiedene

Paris, wohin Heine im Mai 1831 übersiedelt war, bedeutete für ihn in vieler Hinsicht, auch in lyrischer, einen Neuanfang. Mit der Redaktion des *Neuen Frühling* schließt er seine Jugendlyrik ab und stellt sich den veränderten Erfahrungen in der Großstadt. Der Blick auf die Entstehungsdaten zeigt, daß das relativ bald nach seiner Ankunft geschah. Bereits im Januar 1832 hat Heine 10 Gedichte der *Verschiedenen* dem *Morgenblatt* zum Abdruck angeboten, die jedoch nicht angenommen wurden.

Der erste größere Komplex von 21 Gedichten gelangte dann zwischen Januar und März 1833 zum Druck, und zwar ausgerechnet in der erzkonservativen Berliner Zeitschrift *Der Freimüthige*. Neben einem Prolog und einem Epilog enthielt dieser Abdruck Texte unter den Zyklen-Titeln *Seraphine* (5), *Hortense* (4), *Clarisse* (4), *Angelique* (3) und *Diane* (3). Der Redakteur der Zeitschrift, Willibald Alexis, ein preußentreuer Romancier und Übersetzer, schickte dem Abdruck eine kleine Notiz voraus, in der er die Gedichte als erste Anzeichen für Heines Abkehr vom Liberalismus interpretiert. Diese Notiz wie überhaupt die Tatsache, daß Heine-Gedichte im *Freimüthigen* erschienen, führte im liberalen Lager zu einem Sturm der Entrüstung und entsprechender Aufregung im Blätterwald. Heine, der die Texte dem befreundeten Verleger Schlesinger auf dessen Wunsch hin überlassen hatte und gar nicht wußte, wo sie gedruckt wurden, erfuhr erst durch den jungdeutschen Autor Heinrich Laube von der Affäre, griff aber nicht ein.

Der nächste Schritt in der Entstehungsgeschichte bestand in der Zusammenstellung von 56 Einzelgedichten für den 1. *Salon*-Band von 1834. Hier begannen die *Verschiedenen* schon langsam Kontur anzunehmen: *Seraphine* und *Tragödie* haben bereits ihre endgültige Gestalt erreicht, *Yolante und Marie* sowie die *Schöpfungslieder* liegen weitgehend vor, die anderen Zyklen sind in Umrissen zu erkennen; *Emma*, *Friedrike* und *Katharina* allerdings fehlen noch ganz.

In den Jahren 1835 und 1836 erschienen einzelne Gedichtgruppen in Zeitungen und Zeitschriften, die bedeutendste im Mai 1835 im *Morgenblatt*. Der 3. Band des *Salon* von 1837 enthielt den *Tannhäuser*, der später zwischen die Zyklen der *Verschiedenen* gesetzt wurde.

Dann konzentrierte Heine sich zunächst auf das Projekt einer Buchausgabe seiner neuen Gedichte, das 1838 bis zum fertigen Manuskript gediehen ist. Nach der Rekonstruktion dieses Manuskripts in der DHA (s. S. 931) enthielt die Abteilung *Verschiedene*, die diesen Obertitel allerdings noch nicht trug, dort insgesamt 82 Texte, wovon 68 bis dahin in *Salon* I und den Zeitschriftendrucken veröffentlicht waren.

Der Druck von 1838 scheiterte (s. S. 918 ff.), und Heine gab in den folgenden Jahren einige der bis dahin noch nicht gedruckten Gedichte an verschiedene Herausgeber, schrieb auch noch ein paar neue hinzu, woraus sich u. a. der Zyklus *Katharina* gestaltete, der im 4. *Salon*-Band von 1840 zum Druck kam. Damit lag der Textbestand der *Verschiedenen* bis auf zwei erst 1844 geschriebene Gedichte aus dem *Emma*-Zyklus und das siebte *Schöpfungslied*, das 1852 im Zuge der 3. Auflage der *Neuen Gedichte* hinzukam, geschlossen vor. Und doch bedurfte es noch eines sehr intensiven Arbeitsprozesses, bis die Abteilung *Verschiedene* endlich die in den *Neuen Gedichten* veröffentlichte Gestalt erreicht hatte. Diese Arbeit bestand jedoch nicht mehr im Schreiben neuer Texte, sondern im Arrangieren des Vorhandenen. Dabei spielte Heine diesmal auf zwei Ebenen: Zum einen ging es darum, die Zyklen überhaupt erst aus dem vorliegenden Material zu bilden; zum anderen darum, ihre endgültige Reihenfolge festzulegen.

Insgesamt 20 Gedichte aus dem Gesamtbestand von 81 Einzeltexten der Kleinzyklen (ohne *Tannhäuser*) im Manuskript von 1838 werden von Heine schlichtweg aussortiert. 19 davon sind hier im Anhang gedruckt, ein Text ging in die Gruppe der *Romanzen* über. Da die Kleinzyklen 1844 73 Einzelgedichte umfassen, ergibt sich neben der Schnittmenge von 61 Texten eine zweite Menge von weiteren 32 Gedichten, die nur entweder zum einen oder anderen Textbestand gehörten.

Das Problem der Anordnung der Zyklen insgesamt stellte sich für Heine selbstverständlich deshalb in jedem Fall anders, weil das Umfeld sich jeweils änderte: Im *Salon* I von 1834 stehen die Gedichte zwischen *Französische Maler* und *Aus den Memoiren des Herren von Schnabelewopski*; im Manuskript für die geplante Ausgabe werden sie eingerahmt vom *Neuen Frühling* und einer »Buch des Unmuths« überschriebenen Gruppe; in den *Neuen Gedichten* von 1844 steht dann vorweg der *Neue Frühling*, es folgen die *Romanzen*, *Zeitgedichte* und *Wintermärchen*. Heine, der sich selbst als

»Meister der Anordnung« rühmte (an Campe, 12. August 1852), mußte auf diese Veränderungen reagieren. Die Abfolge der Zyklen in den drei unterschiedlichen Fassungen ist der Übersicht S. 931 zu entnehmen.

Was sofort auffällt, ist der Wechsel der beiden tragisch gestimmten Zyklen *In der Fremde* und *Tragödie* vom Anfang ans Ende der Gruppe. Bis *Clarisse* bleibt die Zyklenabfolge dann relativ konstant; danach ergeben sich gravierende Unterschiede. Eine sorgfältige Interpretation der Texte hätte die Veränderungen in Zu- und Anordnung sicher mitzubedenken.

Heines *Verschiedene* haben allerdings kaum sorgfältige Leser gefunden. Er selbst hatte bereits in der Vorrede zu *Salon* I gemutmaßt: »Die Scheinheiligen von allen Farben werden über manches Gedicht in diesem Buche wieder sehr tief seufzen – aber es kann ihnen nichts mehr helfen. Ein zweites, ›nachwachsendes Geschlecht‹ hat eingesehen, daß all mein Wort und Lied aus einer großen, gottfreudigen Frühlingsidee emporblühte, die wo nicht besser, doch wenigstens eben so respektabel ist, wie jene triste, modrige Aschermittwochsidee, die unser schönes Europa trübselig entblumt und mit Gespenstern und Tartüffen bevölkert hat.«

Es sollte allerdings noch einige Zeit dauern, bis jenes hier beschworene »nachwachsende Geschlecht« die Gedichte der *Verschiedenen* ohne Vorurteil zu lesen verstand. Zunächst lösten sie einen allgemeinen Aufschrei der Entrüstung aus allen ideologischen Lagern aus und waren für lange Zeit ein wesentlicher Grund für die vielfältigen Angriffe auf Heines Person. Selbstverständlich spielte das Mißverständnis dieser Texte als Erlebnislyrik und der Rückbezug auf seine Biographie dabei die entscheidende Rolle.

Romanzen

Die Form der Romanze hat Heine zeitlebens fasziniert, von den frühesten Veröffentlichungen bis zur späten Sammlung mit dem Titel *Romanzero*. Als Darstellung einer kleinen Geschichte in Form eines Liedes hatte sich die Romanze in Deutschland im 18. Jahrhundert schnell verbreitet, war aber auch bald vielfältigen Variationen ausgesetzt. So öffnet sich die Form auch bei Heine sehr unterschied-

Neue Gedichte · Entstehung

Der Salon I (1834)	Manuskript 1838	Neue Gedichte, 1844/52
Abschied Träumereyen I–III	In der Fremde I–IV	
Tragödie I–III	Tragödie I–III	
Seraphine I–XV	Seraphine I–XV	Seraphine I–XV
Angelique I–VIII	Angelique I–VIII	Angelique I–IX
Diane I–III	Diane I–III	Diana I–III ⟨Fehlt 1. Aufl. 1844, 1852 wieder aufgenommen⟩
Erfahrung Hortense I–II	Hortense I–III	Hortense I–VI
Clarisse I–X	Clarisse I–X	Clarisse I–V
Yolante und Marie I–VI	Emma I–IV	Yolante und Marie I–IV
Der Schöpfer I–IV	Yolante und Marie I–VIII	Emma I–VI
	Schöpfungslieder I–V	Der Tannhäuser
	Kitty I–XII	Schöpfungslieder I–VI (1852: VII)
	Olympe I–VII	Friedrike I–III
	Der Tannhäuser	Katharina I–IX
		In der Fremde I–III
		Tragödie I–III

lichen Tonlagen und Inhalten, hat unterschiedliche Längen und Metren. Man kann das, wie in der Forschung geschehen, als »Entkonventionalisierung« interpretieren; man kann allerdings auch unterstellen, Heine habe die Unschärfe des Begriffs benutzt, um darunter Gedichte von z. T. sehr unterschiedlicher Art zusammenzufassen.

Die Gruppe baute sich vor allem nach 1838 auf – im Manuskript von 1838, das nur drei Gedichte der *Romanzen* enthielt, ist sie noch nicht vorgesehen. Nach der Veröffentlichung zweier größerer Zyklen in der *Zeitung für die elegante Welt*, deren Herausgeber Gustav Kühne Heine wegen seiner Unterstützung in verschiedenen publizistischen Fehden verpflichtet war, faßte Heine im 4. Band des *Salon* von 1840 eine Gruppe von 9 Gedichten unter dem Obertitel *Romanzen* zusammen, wobei er 8 bereits vorliegende und ein neu geschriebenes verwendete. Im ersten Halbjahr 1842 erschienen dann abermals in der *Eleganten Welt* zwei weitere, später den *Romanzen* zugeschlagene Zyklen. Aber erst im Zuge der Vorbereitung der *Neuen Gedichte* erhält die Gruppe ihre endgültige Gestalt und umfaßt jetzt 24 Nummern. Fünf Gedichte wurden neu hinzugeschrieben, u. a. *Romanzen* II–V, was bereits deutlich macht, daß auch in diesem Fall Heines Hauptarbeit im Arrangieren des Vorhandenen bestand.

Zur Ollea

Diese Gruppe ist eine reine Verlegenheitslösung für das Problem, daß die 3. Auflage der *Neuen Gedichte*, die auf Wunsch des Verlegers anstelle des *Wintermärchens* das kürzere Jugenddrama *William Ratcliff* enthalten sollte und schließlich auch enthielt, nicht mehr den Umfang von 20 Bogen erreichte und damit von der Vorzensur betroffen gewesen wäre. Der auf das spanische Nationalgericht Olla potrida, eine Art Fleischeintopf, anspielende Titel spiegelt den zufälligen Charakter der Zusammenstellung treffend. Campe hatte Heine am 19. August 1851 darum gebeten, einige Texte aus dem *Romanzero*, an dessen Abschluß der Autor damals gerade arbeitete, für die 3. Auflage der *Neuen Gedichte* abzuzweigen. Nach einigen Schwierigkeiten kommt Heine diesem Wunsch schließlich nach und schickt seinem Verleger am 21. Oktober »den beifolgenden Cyklus [...], der Ollea überschrieben ist, und zwischen den Romanzen und den Zeitgedichten, gedruckt werden soll. Er besteht zum größten

Theil aus Gedichten, die ich im Romanzero nicht aufgenommen habe«.

Lediglich 3 der 10 Gedichte der Gruppe hatten bereits früher Verwendung gefunden; der überwiegende Teil ist erst nach 1844 entstanden. So erhalten die *Neuen Gedichte*, die über den Zyklus *Neuer Frühling* bereits in direkter Verbindung zum *Buch der Lieder* stehen, jetzt auch eine Gedichtgruppe, die eine Beziehung zur späten Lyrik des *Romanzero* herstellt und die Mittelstellung von Heines 2. Gedichtband unterstreicht.

Zeitgedichte

Der überwiegende Teil der Gedichte dieser Gruppe stammt aus den Jahren zwischen 1841 und 1844; lediglich vier Texte (*Warnung*, *An einen ehemaligen Goetheaner*, *Geheimnis*, *Heinrich*) sind früher entstanden. Das hat Gründe, die vor allem in den allgemeinen Entwicklungen der Lyrik in Deutschland in dieser Zeit zu suchen sind. Anfang der vierziger Jahre des 19. Jahrhunderts brach eine Welle politischer Lyrik über Deutschland herein, die zugleich eine sehr breitenwirksame Form politischer Öffentlichkeit darstellte. Sie wurde ausgelöst durch verschiedene Ereignisse wie den Thronwechsel in Preußen von 1840, die deutsch-französische Krise aus demselben Jahr, insbesondere aber durch den enormen inneren Druck, der sich unter der reaktionären Politik der Führungsmächte Preußen und Österreich aufgebaut hatte und mit Polizei und Zensur nur mehr mühsam gebändigt werden konnte. Die Gedichtbände von August Heinrich Hoffmann von Fallersleben (*Unpolitische Lieder*, 1840), Franz Dingelstedt (*Lieder eines kosmopolitischen Nachtwächters*, 1841) und Georg Herwegh (*Gedichte eines Lebendigen*, 1842) markieren die Höhepunkte dieser Entwicklung, der sich in kürzester Zeit eine Fülle weiterer Autoren anschloß. Kennzeichnend für diese Art der Lyrik war einerseits ihr starker rhetorischer Anteil und damit ihre Neigung zum Pathos und die gefährliche Nähe zur Phrase; andererseits ein deutsch-nationaler Zungenschlag, der damals zwar selbstverständlich einen oppositionellen, gegen die Zersplitterung Deutschlands gerichteten Impetus besitzt, gleichzeitig aber auch immer ins Borniert-Nationalistische abzugleiten droht.

Heine war über diese Entwicklungen auf dem deutschen Lyrikmarkt insofern stets bestens informiert, als Julius Campe mit Hoffmann von Fallersleben und Dingelstedt gleich zwei der ›Zugpferde‹ unter Vertrag hatte und seinem eigentlichen Hauptautor Heine brieflich immer wieder die enormen Verkaufserfolge dieser beiden vor Augen hielt und ihn so zumindest indirekt anstachelte, sich dem Trend anzuschließen. Campe wurde dabei unterstützt von Heinrich Laube, einem Heine gut befreundeten Autor und Herausgeber, der 1842 die Redaktion der *Zeitung für die elegante Welt* übernahm und Heine ermahnte, er solle den Imageverlust, den er durch seinen *Ludwig Börne* unter der deutschen Leserschaft erlitten habe, durch zeitbezogene Versdichtung ausgleichen.

Als Heine sich dann schließlich tatsächlich auf diese Art Literatur einließ, geschah das gleich in sehr intensiver und ausführlicher Weise. Im Zeitraum zwischen 1841 und 1844 entstanden neben den *Zeitgedichten* und ihrem Umkreis die beiden Versepen *Atta Troll. Ein Sommernachtstraum* und *Deutschland. Ein Wintermärchen*, die beide als Beiträge zur sogenannten ›Tendenzpoesie‹ geschrieben wurden. In ihnen drücken sich die beiden hauptsächlichen inhaltlichen Aspekte aus, die Heine verfolgte. Von Anfang an hatte er das Treiben der deutschen ›Freiheitsdichter‹ mit einer gehörigen Portion Skepsis verfolgt. Was ihn störte, war der ästhetische Dilettantismus einerseits, der Mangel an dichterischem Vermögen, das Prosaische (Hoffmanns Gedichte nannte er »gereimte Zeitungsartikel«) wie das Bombastische der Verse; andererseits jenes »Schwärmen ins Blaue hinein«, jener »nutzlose Enthusiasmusdunst, der sich mit Todesverachtung in einen Ocean von Allgemeinheiten stürzte«, wie es in der Vorrede zum *Atta Troll* heißt (DHA IV,10).

Heines eigener Ansatz entsteht deshalb einerseits aus der kritischen Distanz zur zeitgenössischen Tendenzpoesie, indem er sich direkt mit ihren Protagonisten oder mit ihren Formen und Ausdrucksmitteln auseinandersetzt; er ist andererseits inhaltlich bestimmt von radikaler, unversöhnlicher Kritik an den bestehenden Verhältnissen in Preußen und an den Repräsentanten des Preußentums, vor allem dem Preußenkönig selbst, verwirft alle nationalistisch verengten Lösungen und entwickelt im Blick auf die Menschenrechte eine eigene Form von Patriotismus (siehe Vorwort zur 2. Auflage der *Neuen Gedichte*).

Der Zyklus der *Zeitgedichte* – der Begriff war in den vierziger Jahren sehr verbreitet und meint bei Heine ganz allgemein Gedichte mit zeitbezogenem Inhalt – baute sich in der Publikationsgeschichte langsam und stetig auf. Zunächst war es insbesondere die *Zeitung für die elegante Welt* unter ihren Redakteuren Gustav Kühne und dann, ab Herbst 1842, Heinrich Laube, in der erste Gruppen der Gedichte erschienen. Schließlich nutzte Heine auch die deutsche Exilpresse in Paris, zuerst die von Karl Marx und Arnold Ruge herausgegebenen *Deutsch-Französischen Jahrbücher*, später den von Marx mitgeprägten *Vorwärts!*, um politische Gedichte, darunter auch einige besonders radikale, zum Abdruck zu bringen. Als er schließlich eine nur aus 19 Texten bestehende Gruppe von Zeitgedichten für die *Neuen Gedichte* zusammenstellte und an Campe schickte, bemängelte dieser, sie seien »der Zahl nach dürftig und sämmtlich schon bekannt also *nichts Neues* bringend« (Campe an Heine, 10. Juli 1844). Heine füllt daraufhin mit Gedichten aus dem *Vorwärts!* und mit einem ungedruckten Gedicht (Nr. XXIII) auf, wobei Campe allerdings eines der *Vorwärts!*-Gedichte (*Der neue Alexander*) als »zu grell« ablehnt. Andere Gedichte wie *Die schlesischen Weber* oder *Lobgesänge auf König Ludwig* hat Heine gar nicht erst für den Abdruck vorgeschlagen, wohl wissend, daß die deutsche Zensur ihm hier ohnehin keine Chance lassen würde; wieder andere, insbesondere personalsatirische Gedichte wie *Herwegh, du eiserne Lerche* hat er möglicherweise aus persönlichen Rücksichten zurückgehalten. Am Ende kam die Gruppe der *Zeitgedichte* auf dieselbe Zahl von 24 Gedichten wie die Gruppe der *Romanzen*, die in der 1. Auflage ja noch direkt vor den *Zeitgedichten* plaziert waren. Das Abschlußgedicht der Gruppe (*Nachtgedanken*) leitete zugleich über zum ursprünglich folgenden *Wintermärchen*.

Es war unvermeidlich, daß insbesondere die *Zeitgedichte* Heine von Anfang an in Konflikt mit den Behörden brachten. Bereits die erste in der *Zeitung für die elegante Welt* gedruckte Gruppe konnte nur um einen Text verstümmelt erscheinen. Beim vollständigen Verbot der Produktion des Verlages Hoffmann und Campe spielten die politischen Gedichte selbstverständlich eine wichtige Rolle. 1843 trug die Veröffentlichung der *Lobgesänge auf König Ludwig* in den *Deutsch-Französischen Jahrbüchern* Heine gar einen veritablen Haftbefehl und ein Ausweisungsersuchen der preußischen Regierung an Frankreich ein. Der Haftbefehl sollte später noch unangenehme Folgen haben, als Heine in Berlin einen Arzt konsultieren wollte und nicht nach Preußen einreisen durfte.

Im Gegensatz zur Aufnahme durch die Behörden fällt die Rezeption der politischen Lyrik durch die deutsche Öffentlichkeit nicht nur ablehnend aus. Vor allem die Heine in den dreißiger Jahren und dann besonders nach seinem *Börne*-Buch sehr reserviert gegenüberstehende radikalere Linke aus Junghegelianern und Frühsozialisten entdeckt die Aussagekraft dieses Autors auch für die eigene Position. Arnold Ruge, der Heines angebliche ›Standpunktlosigkeit‹ früher scharf angegriffen hatte, druckt jetzt als Herausgeber Texte von ihm ab; Karl Marx bewundert Heine nicht nur als Dichter, er wählt ihn zugleich als stilistisches Vorbild für die eigene Prosa.

Kommentar

Neuer Frühling

281 Prolog

12 *Kampf der Zeit:* Anspielung auf die Juli-Revolution von 1830 in Frankreich.

282 III

6 *Philomele:* Bezeichnung für die Nachtigall.

284 VI

Das durch die bereits drei Jahre nach dem Erstdruck erschienene Vertonung Felix Mendelssohn Bartholdys berühmt gewordene Gedicht ist eine Kontrafaktur des Volksliedes *An einen Boten* aus der Sammlung *Des Knaben Wunderhorn*, dessen Text lautet: »Wenn du zu meim Schätzel kommst, / Sag: ich laß sie grüßen; / Wenn sie fraget: wie mirs geht? / Sag: auf beyden Füßen. / Wenn sie fraget: ob ich krank? / Sag: ich sey gestorben; / Wenn sie an zu weinen fangt, / Sag: ich käme morgen.« Heines Jugendfreund Johann Baptist Rousseau veröffentlichte am 25. Februar 1840 in der Zeitschrift *Omnibus zwischen Rhein und Niemen* eine angebliche 3. Strophe zu Heines Gedicht, die die Verse des Volksliedes direkt aufgreift: »Fragt sie, was es Neues gibt, / Sag ihr: gutes Wetter; / Fragt sie, wie es mir ergeht, /

Sag: ich werde fetter.« Vgl. auch die *Wunderhorn*-Parodie in Heines *Buch der Lieder* (*Lyrisches Intermezzo*, LIII).

285 IX

1 *Im Anfang war die Nachtigall:* Anspielung auf Joh. 1,1: »Im Anfang war das Wort«.
2 *Züküht!:* In *Jorinde und Joringel* aus den Märchen der Brüder Grimm singt die in eine Nachtigall verwandelte Jorinde »zicküth, zicküth«.

286 X

8 *Lilje:* Sinnbild der Unschuld und des Stolzes.

287 XII

1 *ich sehne mich nach Tränen:* vgl. *Der Tannhäuser*, V. 26: »Ich sehne mich nach Tränen«.

288 XV

Vgl. Heines *Lyrisches Intermezzo* X (»Die Lotosblume ängstigt«).

290 XVIII

1, 5, 7 *blauen:* Die Farbe Blau steht allgemein für Romantik (»Blaue Blume«).

293 XXVI

Dieses und das folgende Gedicht könnten aufgrund der Szenerie auf das Haus von Heines Onkel Salomon in Ottensen bei Hamburg und damit auf Heines unglückliche Liebe zu dessen Tochter Amalie anspielen.

295 XXIX

Das Gedicht ist angeregt durch das Lied *Edelkönigs-Kinder* aus *Des Knaben Wunderhorn* mit den Anfangsversen: »Es waren zwei Edelkönigs-Kinder, / Die beiden die hatten sich lieb«. Als weitere Quelle kommt die Ballade *Lenardo und Blandine* von Gottfried August Bürger in Betracht, die Heine bereits im Zusammenhang mit dem 8. *Traumbild* herangezogen hatte.

296 XXXI

9–12 *Sieh ... unter Linden:* Den hier entwickelten Gedanken greift Heine im 3. Buch der *Romantischen Schule* wieder auf.

297 XXXII

Heine hat dieses Gedicht später noch einmal in den *Elementargeistern* verwendet.

302 XLII

Dieses Gedicht schrieb Heine am 9. November 1827 unter sein Porträt, das Ludwig Emil Grimm in Kassel von ihm gezeichnet hat, als er auf dem Weg nach München war. Für den Druck des Porträts blieben nur die beiden ersten Zeilen im Faksimile stehen.

8 *regent:* (niederrheinisch) regnet.

303 XLIV

Heine hatte seine Italienreise wegen der Nachricht von der schweren Erkrankung seines Vaters vorzeitig abgebrochen und war im Januar 1829 bei der Familie in Hamburg angekommen. Aus dieser Stimmung entstand das Gedicht direkt nach seiner Ankunft.

Verschiedene

Seraphine

308 III

5 *Der Haifisch ... Roche:* In *Aus den Memoiren des Herren von Schnabelewopski* (1. Buch, 1. Kapitel) schreibt Heine über die »tollsten Haifische und Schwertfische der Leidenschaft«, die aus seiner Seele auftauchen.

309 VI

Nach V. 20 folgen im Zeitschriften-Erstdruck wie im Salon *zwei weitere Strophen:*

> Aus meinen Augen grüßt sie dich,
> Mit brennendem Verlangen;
> Aus meinem Munde strahlt sie dir
> Erröten auf die Wangen.
>   O, weine nicht, laß an mein Herz
> Dein liebes Herz erwarmen;
> Ich und die Sonne liegen dir
> Glückselig in den Armen.

310 VII

Das Gedicht entwirft die Vision einer neuen ›Kirche‹, deren Evangelium die Versöhnung von Geist und Materie ist, die Überwindung des »Zweierlei« (V. 5). Inspiriert wurde Heine dabei von seiner ersten Begegnung mit der Lehre des Saint-Simonismus im Winter 1830/31, deren zentrale Aussage für ihn eben die Ablehnung der christlichen Leibfeindlichkeit, der »Leiberquälerei« (V. 7) ist, die »den Menschen vielmehr schon auf dieser Erde beseligen möchte, und die sinnliche Welt ebenso heilig achtet wie die geistige« (*Französische Maler*). Der Saint-Simonismus war einer der Gründe, warum Heine im Mai 1831 nach Paris reiste.

1 *Auf diesem Felsen:* vgl. Mt. 16,18: »Du bist Petrus, und auf diesem Felsen will ich bauen meine Gemeine«.
3 *dritten neuen Testament:* Von einem Dritten Testament nach dem Alten und dem Neuen spricht bereits Lessing in seiner Schrift *Erziehung des Menschengeschlechts*, worauf Heine im Lessing-Abschnitt seiner *Romantischen Schule* ausdrücklich hinweist.
15 *Gott ist alles was da ist:* Diese Formel wurde vom geistigen Führer der Saint-Simonisten, Prosper Enfantin, geprägt und von Heine vielfach übernommen; sie variiert die pantheistische Formel des Spinoza: »Alles was ist, ist in Gott«.

311 VIII

6 f. *Meereswellen, / Die wie Orgelpfeifen:* Der Vergleich der Wellengeräusche mit Orgelmusik findet sich bei Heine auch in den »Helgoländer Briefen« des *Börne*-Buches und in *Aus den Memoiren des Herren von Schnabelewopski*.
15 *groß wie Sonnen:* vgl. *Die Bergidylle* aus der *Harzreise*, V. 189: »Und die Sterne, groß wie Sonnen«.

312 X

In ähnlicher Weise wie hier wird die Sonnenuntergangsstimmung in der Brocken-Szene der *Harzreise* karikiert.

312 XI

Im Hintergrund dieses Gedichts könnte die Sage vom Fliegenden Holländer stehen, die Heine in *Aus den Memoiren des Herren von Schnabelewopski* weiter ausführt.

Angelique

314 I

1–4 *Nun ... meinem Kummer:* Anspielung auf das *Buch der Lieder*, wo es überwiegend um Beispiele unerfüllter Liebe geht.
5–8 *Daß ... angerichtet:* Zwar wurde der Heine-Ton insbesondere des *Lyrischen Intermezzos* aus dem *Buch der Lieder* auch zur Entstehungszeit dieses Gedichts (ca. 1832) schon imitiert, allerdings schwappte die große Woge der Heine-Epigonen erst in der zweiten Jahrhunderthälfte über Deutschland herein.

315 III

5 *braungestreifte Lüge:* Anspielung auf die Farbe des Kleides der Angesprochenen. In der *Reise von München nach Genua* schreibt Heine über eine Trienterin, sie trage auf ihrem »antik edlen Leib ein Kleid von braungestreiftem Kattun«.

316 V

Eine ähnliche Verbindung von Liebesthematik und Deutschlandkritik findet sich in den *Neuen Gedichten* auch in: *In der Fremde* III, *Anno 1839*, *Nachtgedanken*.

317 VII

10 *kapabel:* (frz.): im Stande.
12 *Robert-le-Diable:* Oper von Giacomo Meyerbeer (1791–1864) nach einem Libretto von Eugène Scribe (1791–1861), die am 21. November 1831 in Paris uraufgeführt wurde, einen sen-

sationellen Erfolg hatte und noch viele Jahre auf dem Programm der Pariser Oper stand. Heine, der mit Meyerbeer in einem zunächst freundschaftlichen, später zwiespältigen Verhältnis stand, hat verschiedentlich auf dieses berühmt-berüchtigte Werk angespielt.

318 IX

19 *Aschenkreuz:* In der katholischen Kirche erhalten die Gläubigen am Aschermittwoch ein Kreuz von geweihter Asche auf die Stirne. Der Priester spricht dazu, in Anlehnung an Gen. 3,19, die Worte: »Gedenke, Mensch, daß du Staub bist und zu Staub werden wirst.«

319 Diana

In verschiedenen Werken Heines spielt die Göttin Diana eine Rolle, z. B. im *Atta Troll.* Hier scheint er sich aber insbesondere auf das ›kolossale‹ Standbild der Diana in Ephesus, das wegen seiner Größe berühmt war, zu beziehen.

319 II

3 *in der Wiege ... erdrückt:* Herakles erwürgte in der Wiege zwei junge Schlangen.
10 *Faubourg Saint-Denis:* Pariser Vergnügungsviertel.
12 *Louis:* Louisdor, frz. Währungseinheit.

320 III

4 *Bologna:* Ende November 1828 war Heine in Bologna gewesen und hatte dort auf der Piazza Nettuno den Brunnen von Giovanni da Bologna (1524–1608) gesehen.

Hortense

320 I

Im *Salon* ist dieses Gedicht mit *Erfahrung* überschrieben und steht zwischen den Zyklen *Diane* und *Hortense.*

1–4 *Ehmals ... vorbestimmt:* Vielleicht denkt Heine hier an das Gebot des Talmud, den Ehepartner eines Kindes bereits 40 Tage vor der Geburt festzulegen.

321 II

9 *Göttin der Gelegenheit:* Figur aus den Fabeln des Phädrus.

321 III

5 *Montmorençis:* Montmorency ist ein Ausflugsort nordöstlich von Paris, den Heine verschiedentlich besucht hat. Er war berühmt als Wohnort von Rousseau; beliebt waren zu Heines Zeit Eselsritte dorthin.

322 IV

16 *kluge Muhme:* So nennt die Schlange sich selbst; vgl. Goethes *Faust* I, wo Mephisto im »Prolog im Himmel« seine »Muhme, die berühmte Schlange« erwähnt. In diesem Gedicht ist die Schlange dann allerdings die Muhme (d. i. Tante) der angeredeten Eva.

323 V

3 f. *die Worte ... bitter:* vgl. die Sprüche Salomos 5,3 und 4: »Denn die Lippen der Hure sind süße wie Honigseim, und ihre Kehle ist glätter, denn Öl; aber hernach ist bitter wie Wermut«.
12 *alten Buche:* Das Alte Testament.
Nach V. 20 folgen im Erstdruck noch zwei Strophen:
    Nimmer werden auferstehen
    Meines Frühlings Nachtigallen,
    Selbst das Echo ihrer Lieder
    Wird im Herzen mir verhallen.
        Auf die letzten welken Blumen,
        Auf die letzten güldnen Flitter
        Meines Glückes schau ich nieder
        Kummervoll! Das Weib ist bitter!

Clarisse

324 II

7 f. *Willst du ... verlieben:* vgl. *Ideen. Das Buch Le Grand:* »Madame, wenn man von mir geliebt sein will, muß man mich en canaille behandeln.« (DHA VI,180)

Yolante und Marie

327 II

9–12 *Es gleicht . . . sei:* Der französische Philosoph Jean Buridan (14. Jh.) beschreibt einen Esel, der sich zwischen zwei Heubündeln nicht entscheiden kann und verhungert.

327 III

4 *bespitzet:* soviel wie »leicht alkoholisiert«.

Emma

328 I

1–8 *Es steht . . . Himmelshöh:* Im indischen Epos *Ramayana*, das von August Wilhelm Schlegel ins Deutsche übersetzt worden war (*Die Herabkunft der Göttin Ganga*, 1820), bewegt Bhagirata durch Bußübungen, wie etwa das regungslose Ausharren in ausgestreckter Stellung, den Gott Schiwa dazu, Wasser vom Himmel zu schicken und so die in Asche verwandelten Söhne des Königs Sagur wieder zum Leben zu erwecken.

332 Der Tannhäuser

Entstehung: Zwischen Februar und Oktober 1836 niedergeschrieben; für die beiden ersten Teile wurde der Text des Erstdrucks (*Salon* III, 1837, am Ende der *Elementargeister*) in die späteren Ausgaben unverändert übernommen; lediglich im satirischen 3. Teil veränderte der Autor den Text.

Heine kannte den Tannhäuser-Stoff bereits seit den zwanziger Jahren und spielte verschiedentlich darauf an. Den Anstoß zur poetischen Ausgestaltung gab zum einen die Liebesbeziehung zu seiner späteren Frau Crecence Eugénie Mirat, die er dann Mathilde nannte. Obwohl das Verhältnis für ihn aufgrund des Bildungsgefälles und der sehr unterschiedlichen Interessen äußerst schwierig sein mußte und seine Freunde ihm von einer Verbindung abrieten, schlug Mathilde ihn wie Tannhäuser in ihren Zauberbann und fesselte ihn im Venusberg. Zum andern führen die Ereignisse um das Bundestagsverbot gegen das Junge Deutschland vom Dezember 1835 Heine zu einer kritischen Beschäftigung mit deutschen Zuständen und Verhältnissen, was sich im satirischen letzten Teil des Gedichts niedergeschlagen hat.

3 *Tannhäuserlied:* Es gab verschiedene Ausgestaltungen des Sagenstoffes, u. a. auch eine Version in *Des Knaben Wunderhorn*, die Heine kannte. Tannhäuser war ein mittelhochdeutscher Minnesänger aus dem 13. Jh., der erst später selbst zum Mittelpunkt einer poetischen Erzählung wurde.
28 *Dornen:* Anspielung auf die Dornenkrone Christi.
65 *Papst Urban:* Urban IV. war Papst von 1261 bis 1264.
181–184 Diese Strophe fehlt im Druck in *Salon* III.
188 *sechsunddreißig Monarchen:* Damals bestand der Deutsche Bund aus 35 erblichen Monarchien und 4 Freien Städten; Heine spricht auch sonst immer von 36 Staaten, vielleicht in Anlehnung an die französische Wendung »trente six figurative«, was eine unbestimmte Menge kennzeichnet.
189 *Dichterschul:* Die schwäbischen Dichter um Ludwig Uhland: Gustav Schwab, Justinus Kerner, Karl Mayer, Gustav Pfizer u. a., werden von jetzt an von Heine häufig satirisch vorgeführt als Beispiele für deutsche Unbedarftheit, Beschränktheit und poetische Talentlosigkeit. Die Schwaben ihrerseits haben diese Polemik z. T. provoziert. 1838 verfaßte Heine mit dem zunächst als Nachwort zum geplanten »Nachtrag zum Buch der Lieder« gedachten *Schwabenspiegel* eine Art Generalabrechnung mit dieser Gruppe; im Zuge dieser Arbeit hat er auch den Text dieser Strophe neu und schärfer gefaßt. Im *Salon* III lautet er:

In Schwaben besah ich die Dichterschul,
Doch tuts der Mühe nicht lohnen;
Hast du den größten von ihnen besucht,
Gern wirst du die kleinen verschonen.

192 *Fallhütchen:* Mit wulstigen Gummiringen um den Kopf von Kleinkindern suchte man diese vor den Folgen von Stürzen zu schützen.
193 *Schabbes:* Sabbat, Samstag.
194 *Schalet:* jüdische Sabbatspeise, besteht aus Bohnensuppe mit Fleisch, gelegentlich auch Pudding mit Äpfeln.
197 *Hund:* Anspielung auf den romantischen Dichter Ludwig Tieck (1773–1853), der seit 1819 in Dresden lebte und sich mehrfach in reaktionärer Weise über die jungdeutsche Literatur

geäußert hatte; vgl. auch das Vorwort zur 2. Auflage des *Buchs der Lieder*, wo Heine Tieck ebenfalls mit einem Hund vergleicht.
204 *Eckermann:* Johann Peter Eckermann (1792–1854) hatte 1836, vier Jahre nach Goethes Tod, seine *Gespräche mit Goethe* veröffentlicht. Hier bezieht Heine sich auf Eckermanns *Beiträge zur Poesie mit besonderer Hinweisung auf Goethe* (1823). Er hat ihn verschiedentlich verspottet, so in der *Romantischen Schule* und in *Reise von München nach Genua*.
207 *Gans:* Eduard Gans (1798–1839) war Rechtsgelehrter an der Berliner Universität und mit Heine seit dessen Berliner Zeit bekannt. Heine spottet hier über die ausgeprägt laute Stimme von Gans. Vorlesungen über die »Geschichte der neuesten Zeit [...]«, die Gans seit 1828 in Berlin hielt, fanden eine große Zuhörerschaft, wurden aber bereits 1830 verboten.
209 *Göttingen:* Heine greift die Göttingen-Kritik der *Harzreise* wieder auf; auch dort wurde die unfruchtbare, trockene Stubengelehrsamkeit Göttingens verspottet.
213–216 *Zu Celle ... Peitsche:* Im Zuge der Unruhen von 1831 an der Göttinger Universität waren viele der daran Beteiligten im Celler Zuchthaus inhaftiert und vielfach zu langjährigen Haftstrafen verurteilt worden.
220 *Fleeten:* Kanäle in der Stadt.
225–228 In der *Salon*-Fassung hatte diese letzte Strophe noch geheißen:
    Zu Hamburg, in der guten Stadt,
    Soll keiner mich wiederschauen!
    Ich bleibe jetzt im Venusberg,
    Bei meiner schönen Frauen.
Mit der Neufassung weist Heine bereits auf *Deutschland. Ein Wintermärchen* hinüber, das in den *Neuen Gedichten* ja enthalten war.
228 *begegent:* niederrheinische Form, vgl. *Neuer Frühling* XLII, V. 8: regent.

Schöpfungslieder

342 V

8 *Alles wie gemalt:* Ironisiert wird, wie im ganzen Gedicht, die naive Verwechslung von Natur und Kunst; vgl. auch diese Bemerkung mehrfach in *Die Bäder von Lucca*, wo Heine sie dem komischen Helden Gumpelino in den Mund legt.

343 VII

Dieses Gedicht wurde dem Zyklus erst in der 3. Auflage der *Neuen Gedichte* von 1852 hinzugefügt; es scheint von Heines eigener Krankheit angeregt.

345 Friedrike

Durch das Stichwort *Berlin* gleich in der Anfangszeile des Zyklus wird die Assoziation zu Heines Berliner Bekannten Friederike Robert (1795–1832) hergestellt, die er wegen ihrer Schönheit verehrte (vgl. V. 14 von Nr. I des Zyklus) und deren literarisches Urteil er schätzte. Zusammen mit dem Ehepaar Robert hat Heine sich Anfang der zwanziger Jahre in Berlin auch für die indische Kultur begeistert, wobei er hier wie auch sonst (vgl. *Lyrisches Intermezzo* IX und X) insbesondere aus dem Schauspiel *Sakuntala* von Kalidasa (Ende 4. / Anfang 5. Jh. n. Chr.) schöpfte, das er in der Übersetzung (1791) Georg Forsters kannte.

345 I

1 *Verlaß Berlin:* Heine selbst war am 19. Mai 1823 aus Berlin abgereist.
2 *dünnen Tee:* In den literarischen Salons Berlins war Tee das gängige Getränk; vgl. das Gedicht *Lyrisches Intermezzo* L.
6 *Ambrablüten:* Die besonders wohlriechenden Blüten des Ambrabaumes sind dem Liebesgott geweiht.
11 *Indras Burg:* Himmelsburg des Gewittergottes Indra.

345 II

7 *Kokilas Singen:* Kokila ist ein besonders schön singender indischer Nachtvogel; eine Kuckucksart.
9 *Gott Kama:* Gott der Begierde, Liebesgott.
12 *Wassant:* Frühling.

346 III

3 *Banianenhaine:* Der Banianenbaum ist ein bengalischer Feigenbaum.
5 *Mein Pferd:* vgl. Shakespeare, *König Richard III.*, IV,4: »Ein Pferd! Ein Pferd! Mein Reich fürn gutes Pferd!«
13 *Gandarven:* himmlische Heerscharen.

Katharina

348 III

1 *Merlin:* Der Magier aus dem Artus-Sagenkreis wurde von seiner treulosen Geliebten mit dem eigenen Zauber, den er ihr unvorsichtigerweise verraten hatte, gebannt.
2 *Nekromant:* Geisterbeschwörer.

349 IV

9 *Kappen:* wie V. 11 »Kolben« Insignien des Narrentums.

351 VII

27 *Magdalenen:* Maria Magdalena, vgl. Lk. 7,36–50.

352 VIII

8 *England:* Heine hielt sich vom 14. April bis 16. August 1827 in England auf. Dort entstanden die ersten Gedichte seines *Kitty*-Zyklus, dem dieses Gedicht später zugestellt wurde (s. S. 969 ff.).

352 IX

10 *Eichen:* Genau wie *Nachtigallen* (V. 14) stehen sie für Deutschland; hier weist dieses Gedicht bereits hinüber in den anschließenden Zyklus *In der Fremde*.

354 In der Fremde

Der Zyklus spiegelt Heines Exilsituation; nachdem er unter dem Titel *Träumereien* in *Salon* I den Zyklus der *Verschiedenen* noch eröffnete, rückte er 1844 ans Ende, was dem Thema zusätzlich Gewicht verleiht.

354 II

17 *Mutter ... Schwester:* Betty Heine und Charlotte Embden, geb. Heine; beide tauchen häufig als Figuren in Heines melancholischen Deutschland-Beschwörungen auf.
19 f. Im *Salon*-Druck lauteten diese Verse:
   Ich glaube gar du denkst, mein Bester,
   An -----------.
Dahinter steckt eine Anspielung auf Heines Jugendliebe, die er mit dem Landhaus des Onkels assoziiert (s. die folgende Strophe).
22 *Gartens:* Anspielung auf den Garten bei Salomon Heines Landhaus in Ottensen bei Hamburg; vgl. auch *Neuer Frühling* XXVI.

Tragödie

356 II

Als Bezugstext, auf den Heine in seiner redaktionellen Bemerkung anspielt, ist ein von Anton von Zuccalmaglio am 25. Januar 1825 in der *Rheinischen Flora* veröffentlichtes Gedicht anzusehen, das dieser, wie er schreibt, im »Bergischen aus dem Munde des Volks aufgeschrieben«, für die Publikation aber, wie damals üblich, bereits leicht bearbeitet hatte. Es ist überschrieben mit *Volkslied* und lautet:
   Es fiel ein Reif in der Frühlingsnacht
   Wohl über die schönen Blaublümelein,
   Sie sind verwelket, verdorret.
      Ein Jüngling hatt' ein Mägdlein lieb;
   Sie flohen gar heimlich von Hause fort,
   Es wußt' nicht Vater noch Mutter.
      Sie sind gewandert hin und her,
   Sie haben gehabt weder Glück noch Stern,
   Sie sind verdorben, gestorben.
      Auf ihrem Grab blau Blümlein blühn,
   Umschlingen sich zart, wie sie im Grab,
   Der Reif sie nicht welket, nicht dörret.

Romanzen

361 II. Frühlingsfeier

Adonis ist eine Gestalt der griechischen Mythologie: Der göttlich schöne Jüngling wird von Aphrodite geliebt und vom eifersüchtigen Zeus in einen Kampf mit einem Stier bzw. Eber verwickelt. Aphrodite findet ihn verblutend unter Blumen. Sie erhält von Zeus die Erlaubnis, mit Adonis jeweils im Frühling auf dem Olymp zusammenzutreffen. Der Adonis-Mythos wurde in der Folge Teil des Aphrodite-Kultes, wobei beide Elemente eine Rolle spielten: die Trauer über Tod und Verlust und die Freude über die ›Wiederauferstehung‹ nach dem Tod. In der Handschrift schwankt Heine denn auch beim Titel des Gedichts zwischen »Todtenfeyer« und »Frühlingsfeyer«.

362 III. Childe Harold

Lord Byron war am 19. April 1824 in Griechenland an Malaria gestorben; seine Leiche wurde zu Schiff nach England überführt. Heine hat der Tod des verehrten Dichters erschüttert, wie verschiedene briefliche Zeugnisse belegen (z. B. an Friederike Robert, 27. Mai 1824: »der Tod meines Vetters zu Missolunghi hat mich tief betrübt«). Er selbst galt den Zeitgenossen vielfach als ein »deutscher Byron«.

[Titel] *Childe Harold: Childe Harold's Pilgrimage* (1812) ist Byrons Hauptwerk, das oft mit Heines *Reisebildern* in Verbindung gebracht wurde; Heine hat 1819 Teile des 1. Gesanges übersetzt.

363 IV. Die Beschwörung

4 *Zwang der Hölle:* Höllenzwang hießen einige Bücher mit Zauber-Beschreibungen aus dem 16./17. Jahrhundert; vgl. Heines Erläuterungen zu seinem Ballett *Der Doktor Faust.*
10 *Leiche der schönsten Frauen:* In ähnlicher Weise läßt Faust sich bei Goethe von Mephisto Helena herbeizaubern.

364 V. Aus einem Briefe

In der ersten Fassung wird dem Text durch szenische Anweisungen am Anfang und am Schluß ein zusätzlicher Zeitbezug gegeben. Es heißt dort einleitend: »›Was gehn dich meine Blicke an!‹ Ein Mysterium in einem Aufzuge. Personen: Sie, Eine Sonne. Er, Ein erblindender Adler. Chor der Frösche. Chor der Affen. Chor der Maulwürfe. Das Stück spielt während des Guizotschen Ministeriums 1841.«

Am Schluß fehlt in der Erstfassung die Einlassung des Glühwürmchens, dafür heißt es:

> Ein krankes Nachtlämpchen tritt auf,
> Denkt an die Asche von Napoleon
> Und erlischt, ohne ein Wort zu sagen.
> Man hört in der Ferne eine traurige
> Musik von Meyerbeer oder Halevy.
> Der Vorhang fällt
> (NB. ohne sich zu beschädigen.)

François Guizot (1787–1874) war nach dem Rücktritt von Louis-Adolphe Thiers als Ministerpräsident diesem im Amt gefolgt. Für Heine verkörperte er damals im Gegensatz zum Liberalismus seines Vorgängers die Interessen des Großbürgertums. Thiers hatte auch die Überführung der Asche Napoleons von St. Helena nach Paris initiiert, die Realisierung dieses Plans, mit dem er die Hoffnung auf ein neues Selbstbewußtsein des französischen Volkes verband, aber nicht mehr im Amt erlebt. Unter Guizot wurde die Leichenfeier vom 15. Dezember 1840 dann ein eher unspektakuläres Ereignis. Heine schrieb damals im *Lutezia*-Artikel vom 11. Januar 1841: »Der Kaiser ist todt. Mit ihm starb der letzte Held nach altem Geschmack, und die neue Philisterwelt athmet auf, wie erlöst von einem glänzenden Alp.« Genau diese Philisterwelt wird in Gestalt der Tiermasken in diesem Gedicht kritisiert.

365 VI. Unstern

[Titel] *Unstern:* bedeutet soviel wie Unglück.
1–4 *Der Stern ... Mist:* vgl. *Lyrisches Intermezzo* LIX, V. 1–4: »Es fällt ein Stern herunter / Aus seiner funkelnden Höh! / Das ist der Stern der Liebe, / Den ich dort fallen seh.«

366 VII. Anno 1829

Über den Titel hat Heine dieses und das folgende Gedicht aufeinander bezogen. Der am Ende von Heines deutscher Zeit in Hamburg entstandene Text formuliert ein weiteres Mal Kritik am Krämerwesen des Hamburger Bürgertums (vgl. ähnliche Kritik in *Aus den*

Memoiren des Herren von Schnabelewopski oder *Ideen. Das Buch Le Grand*).
13–16 Diese Strophe fehlt im Erstdruck; sie entstand erst in Frankreich zwischen 1840 und 1844.

367   VIII. Anno 1839

Das Gedicht versammelt einige der gängigen Stereotypen über den Unterschied zwischen ›französisch‹ und ›deutsch‹, die Heine hier zwar ironisch ausbreitet, die andererseits sein Werk durchziehen und die er insgesamt bestätigt. Der Text zeigt eine große Nähe zum gestrichenen ursprünglichen Eingangscaput von *Deutschland. Ein Wintermärchen.*

368   IX. In der Frühe

Zum Erstdruck dieses Textes und der ursprünglichen Textgestalt vgl. S. 440 und 971.
 1 *Faubourg Saint-Marçeau:* Arbeitervorstadt in Paris.
13 *Luna:* die Mondgöttin.
15 *Endymion:* in der griechischen Mythologie Liebhaber der Mondgöttin.
16 *Quartièr Latin:* Pariser Studentenviertel.

369   X. Ritter Olaf

Der Plot vom Bräutigam, der zunächst zur Heirat gezwungen und dann unmittelbar nach der Hochzeit hingerichtet wird, war durch Friedrich Wilhelm Schellings Gedicht *Die letzten Worte des Pfarrers zu Drottning auf Seeland* aus dem Jahre 1802 im romantischen Deutschland verbreitet. Heine erweitert die Geschichte um die soziale Komponente, indem er den König die Exekution aus Standesdünkel betreiben läßt, während bei Schelling die Motive völlig im dunkeln bleiben.
30 *Eidam:* altertümlich für Schwiegersohn.

372   XI. Die Nixen

Quelle für dieses Gedicht war eine Sage, die Wilhelm Grimm in seinen *Altdänischen Heldenliedern* unter dem Titel *Elfenhöh* veröffentlichte. Heine hatte diese Geschichte bereits ausführlich in den

Elementargeistern referiert und dort, entsprechend der Vorlage, den gefährlichen Charakter der Nixen betont, die den fortgesetzten Schlaf des Ritters als Gefühlskälte deuten und ihn umzubringen drohen. Im Gedicht werden aus den nordischen Nixen eher anakreontische Nymphen.

7 *Fant:* junger, leichtsinniger Bursche.
11 *Bandelier:* Schultergurt für Pulver und Patronen.

373   XII. Bertrand de Born

[Titel] *Bertrand de Born:* Bertran de Born (ca. 1140 – vor 1215) war ein Troubadour aus dem Périgord. Zu Zeiten König Heinrichs II. von England (Regierungszeit: 1154–1189), zu dessen Reich große Teile von Frankreich gehörten, mischte er sich in Familienangelegenheiten des Königs ein, verlor dessen Gunst, gewann sie später aber zurück. Heine bezieht sich mit seinem Text auf die gleichnamige umfangreiche Ballade von Ludwig Uhland, der er eine kurzgefaßte Kontrafaktur gegenüberstellt.
6 f. *Löwin des Plantagenets / Die Tochter:* Mathilde, Tochter des aus der Plantagenet-Dynastie stammenden Heinrich II., war mit dem Welfenkönig Heinrich dem Löwen verheiratet. Heinrich II. selbst hatte Eleonore von Poitou zur Frau. Heine scheint diese beiden Figuren hier nicht recht auseinanderzuhalten.
7 *die beiden Söhne:* Heinrich und Richard (Löwenherz), Söhne Heinrichs II.

374   XIII. Frühling

5–8 *Das knospet ... Kränze:* Anklänge an die 3. Strophe von Goethes Gedicht *Schäfers Klagelied,* wo es heißt: »Da stehet von schönen Blumen / Die ganze Wiese so voll. / Ich breche sie, ohne zu wissen, / Wem ich sie geben soll.«

374   XIV. Ali Bey

5 *Odalisken/Houris:* Haremsdienerinnen bzw. Gespielinnen im Paradies.

375   XV. Psyche

Nach der Sage durfte Psyche ihren Gemahl nie bei Licht sehen. Als sie schließlich dieses Gebot übertritt, sieht sie beim Schein der

Lampe den Liebesgott Cupido. Der Gott erwacht und flieht. Nach langer Prüfung wird ihr verziehen und sie im Olymp mit Cupido vermählt.

9 *Achtzehnhundertjährge:* Anspielung auf das Christentum und dessen Sexualfeindlichkeit.

376 XVI. Die Unbekannte

3 *Tuileriengarten:* Park des Königsschlosses in Paris.
9–12 Diese Strophe fehlt in der 3. Auflage der *Neuen Gedichte* von 1852.
22 *Laura:* Petrarca besang in seinem *Canzoniere* die vergebliche Liebe zu einer Frau, die er Laura nannte.

377 XVII. Wechsel

16 *Klopstocks himmlisches Gedicht:* Anspielung auf das Versepos *Messias* von Friedrich Gottlob Klopstock (1724–1803), das Heine, aber auch vielen anderen wie Lessing oder Jean Paul, als Inbegriff der Langeweile gilt.

378 XIX. Klagelied eines altdevtschen Jünglings

Im Erstdruck in der Zeitschrift *Agrippina* vom 1. August 1824 folgt nach der letzten Strophe die Bemerkung: »(In diesem Volksliede, das noch nirgends abgedruckt ist, mußte ich einige Veränderungen machen, ohne welche dasselbe nicht mitteilbar war. H. Heine)«. Lieder, in denen Methoden der Zwangsrekrutierung besungen wurden, kursierten viele; auf ein solches mag Heine sich beziehen.

6 *Knöcheln:* Würfeln.

380 XXI. Frau Mette

Die Anregung zu diesem Gedicht entnahm Heine der Ballade *Das goldene Hörnlein* aus Wilhelm Grimms *Altdänischen Heldenliedern, Balladen und Märchen* (1811).

382 XXII. Begegnung

Quelle für dieses Gedicht ist die Sage Nr. 51, *Tanz mit dem Wassermann*, aus den *Deutschen Sagen* der Brüder Grimm (Berlin 1816–1818). In *De l'Allemagne* hatte Heine 1835 eine französische Übersetzung dieser Sage eingerückt. In den *Elementargeistern* hatte er sich 1836 erneut ausführlich mit den Nixen-Sagen beschäftigt.

10 *Neckenlilje:* Kennzeichen des männlichen Nixes oder Wassermanns (nach der schwedischen Form: »näck«).

383 XXIII. König Harald Harfagar

Heine greift hier, wie bereits für *Bertrand de Born*, den Stoff einer Uhland-Ballade auf (*Harald*).

[Titel] *Harald Harfagar:* ein norwegischer König aus dem 10. Jh. Der Zuname bedeutet soviel wie »Schönhaar« (s. V. 13).

385 Unterwelt

Der Zyklus entstand bald nach Heines Heirat am 31. August 1841; in der Parodie der mythologischen Vorgänge spiegeln sich auch eigene Erfahrungen und Befürchtungen hinsichtlich des ehelichen Zusammenlebens.

385 I

2 *Pluto:* Der Herrscher der Unterwelt hatte Proserpina aus dem Schutz ihrer Mutter Ceres entführt und zu seiner Frau gemacht.
10 *Cerberus:* der die Unterwelt bewachende dreiköpfige Hund.
14 *Sisiphus:* Er war der Sage nach dazu verdammt, einen Felsen auf den Berg zu bringen, der kurz vor dem Gipfel jedesmal herunterrollte.
15 *Danaiden:* Die 50 Töchter des Danaos mußten als Strafe Wasser in ein durchlöchertes Faß schöpfen.

385 II

9 *Lemuren:* Seelen der Verstorbenen.
15 *Styx:* Grenzfluß zur Unterwelt.
16 *Charon:* Fährmann auf dem Styx.

386 III

9–44 »*Ist* . . . *Blick*«: Heine zitiert hier aus Schillers Gedicht *Klage der Ceres* die Verse 1–36.
15 *Zephyrs:* Zephir: milder Westwind.
18 *Oreade:* Waldnymphe.

23 *Titan:* die Sonne.
31 *Orkus:* Unterwelt.

387 IV

19 *Schöpsen:* Schöps: Hammel, hier für Dummkopf.
23 *Lethe:* Wasser des Vergessens.

Zur Ollea

391 I. Maultiertum

Quelle ist vielleicht eine Illustration von Grandville zu einer Fabel von La Fontaine *Das Maultier, das sich seiner Abstammung rühmt*. Das Bild zeigt ein Maultier, das auf Stammbäume mit Wappen und Ahnenreihen weist. Daß Heine mit seinem Maultier ganz konkret auf den Preußenkönig Friedrich Wilhelm IV. zielt, zeigen die Parallelen dieses Gedichts zum Gedicht *König Langohr I.* aus dem Umkreis des *Romanzero*.

9 *Bucephal:* Pferd Alexanders des Großen.
15 *Gottfried von Bouillon:* Führer des 1. Kreuzzuges, 1099 Eroberer Jerusalems.
17 *Roß-Bayard:* Rinaldos Pferd in Ariosts *Rasendem Roland*.
27 *Wardein:* Wächter, Hüter.

392 II. Symbolik des Unsinns

21 *Schuster:* Die Kritik an der Drei und damit an der Trinitätsvorstellung des Christentums wird hier und im folgenden von Handwerkern vorgenommen. In den *Geständnissen* schreibt Heine, daß, als er sah, wie »Schmierlappen von Schuster- und Schneidergesellen [...] die Existenz Gottes zu läugnen sich unterfingen« (DHA XV,30), er selbst sich vom Atheismus abwandte.
27 *Dianendienst:* Der Halbmond gehört traditionell zu den Attributen der Göttin Diana.
28 *Sabäer:* Südarabischer Volksstamm aus Saba, der einem besonderen Sternenkult huldigte.
29 *Schibboleth:* (hebr.) Erkennungszeichen.

Nach V. 44 in der Handschrift:
>   Gott Vater, Gott Sohn und Gott heilger Geist!
>   Ich dulde Euretwegen,
>   Wie grinsend skeptisch tritt der Hohn
>   Mir allenthalben entgegen!
>   Wie elend bin ich geworden!
>   Welch eine kalte Hölle ist
>   Der skeptische, kritische Norden!
>   Von diesem kritischen Schnüffeln ist
>   Mein Herze krank geworden.
>   Gott Vater, Gott Sohn und Gott heilger Geist!
>   Bringt mich nach wärmeren Zonen,
>   Nach meinem arabischen Vaterland,
>   Der Heimat der Kaffeebohnen –
>   Wo Palmen rauschen und vor dem Zelt
>   Die adligen Rosse schnaufen,
>   Wo singend sich der Phönix verbrennt
>   Auf würzigem Scheiterhaufen –

394   III. Hoffart

1 *Gudel von Gudelsfeld:* Der Vorname Gudel taucht bei Heine in *Die Bäder von Lucca* und im *Wintermärchen* in Zusammenhang mit einer Hamburger Prostituierten (Gudel von Dreckwall) auf.

395   IV. Wandere!

9–12 Im Erstdruck (*Album. Originalpoesien*, hrsg. von H. Püttmann, Borna 1847, S. 141) lautet diese Strophe abweichend:
>   Doch weiter! weiter! Laß hinter Dir
>   Die Menschensorgen liegen,
>   Ersteige den Berg, das Luftrevier,
>   Wo stolze Adler fliegen.

398   VII. Sehnsüchtelei

11 *Meister Hämmerling:* Name für den Tod.

398   VIII. Helena

Diesen Text machte Heine 1851 zum Motto für seinen *Doktor Faust*. In diesem Umkreis ist er zu verstehen.

399 IX. Kluge Sterne

[Titel] *Kluge Sterne:* vgl. diese Formulierung bereits in *Frau Mette*, V. 16.

Zeitgedichte

403 I. Doktrin

[Titel] *Doktrin:* Lehre, hier im Sinne einer auf einer Theorie beruhenden Verhaltenslehre.
1 *Trommel:* Die Trommel als Bild der Revolution erscheint bei Heine insbesondere in *Ideen. Das Buch Le Grand* aus den *Reisebildern*.
2 *Marketenderin:* So hieß die die Soldatenheere begleitende Schankfrau.
9 *Hegelsche Philosophie:* für Heine der Endpunkt der Entwicklung des deutschen Idealismus. In *Zur Geschichte der Religion und Philosophie in Deutschland* schlägt er eine politische Interpretation dieser Philosophie vor.

403 II. Adam der Erste

Als Motiv taucht die Vertreibung aus dem Paradies häufiger bei Heine auf, z. B. in *Hortense* IV in den *Verschiedenen*. Die besondere Ausprägung vom Paradies, das durch ein Verbot seinen paradiesischen Charakter verliert, fand Heine im Gedicht *Wir wollen es nicht haben* aus dem 2. Teil der *Unpolitischen Lieder* von Hoffmann von Fallersleben.

[Titel] *Adam der Erste:* In der französischen Fassung lautet er *Adam le Ier Exilé*; der Zusatz »der Erste« deutet an, daß der biblische Adam lediglich der erste in einer langen Kette von für ihre Freiheitsliebe Verfolgten und Vertriebenen war.
14 *Consilium-abeundi:* universitäre Strafe: Verweis von der Universität.
15 *Magnifikus:* Hoheit, vielleicht Anspielung auf Magnifizenz, was den Rektor einer Universität meint.
16 *Lumen-Mundi:* (lat.) Licht der Welt; Anrede der Apostel in der Bergpredigt, vgl. Mt. 5,14.

404 III. Warnung

Ursprünglich hatte Heine diese Verse 1829 als Einleitung der 1. Fassung des 7. Kapitels der *Bäder von Lucca* konzipiert und sie als Zusammenfassung des mahnenden Briefes zum 2. *Reisebilder*-Band hingestellt. Er schreibt dort weiter: »Ich pflege sonst nichts zu fürchten, die Pfaffen begnügen sich an meinem guten Namen zu nagen und glauben auf diese Weise der Macht meines Wortes entgegenzuwirken; vor dummen Fürsten schütze ich mich, indem ich nie mein Fuß auf ihr Gebiet setze und ihnen dadurch keine Gelegenheit zu dummen Streichen gebe« (DHA VII,417).

405 IV. An einen ehemaligen Goetheaner

Mit dem Lüneburger Juristen Rudolf Christiani (1797–1858) freundete Heine sich bei seinem Lüneburg-Aufenthalt 1823 an. Schon damals charakterisiert er ihn als »rasenden Göthianer« (an Christiani, 24. 5. 1824) und damit zugleich als politisch konservativen Zeitgenossen. Deshalb überraschte Heine die Tatsache, daß Christiani 1831 Mitglied der 2. Kammer der Hannoverschen Ständeversammlung wurde und dort entschieden liberale Positionen vertrat. Im Sommer 1832 wurde er durch Campe brieflich auf das mannhafte Auftreten seines alten Freundes u. a. gegen die reaktionären Bundestagsbeschlüsse aufmerksam gemacht und verfaßte als Reaktion auf diese Nachricht im August 1832 dieses Gedicht, das er über Campe auch an den Adressaten gelangen ließ.

 3 *Kunstgreis:* Goethe war am 22. März 1832, also viereinhalb Monate vor der Entstehung des Textes, verstorben.
 6–12 *Clärchen, Gretchen, Serlo, Ottiliens, Mignon, Philinen:* Die Namen verweisen auf Gestalten Goethescher Werke: Clärchen auf *Egmont*, Gretchen auf *Faust*, Serlo, Mignon, Philine auf *Wilhelm Meisters Lehrjahre* und Ottilie auf *Die Wahlverwandtschaften*.
 13–16 Der Erstdruck (*Unterhaltungsblatt für Stadt und Land* 13, 28. März 1833) hat hier einen abweichenden Text:
   Freiheit! – Gleichheit! – Bürgertümlich
   Kämpfst Du für des Volkes Hoheit
   Gegen feudalistische Rohheit,
   Das ist schätzbar, das ist rühmlich.
 19 f. *Mirabeau bist / Von der Lüneburger Heide:* Diese Prägung

wurde in der zeitgenössischen Presse vielfältig aufgegriffen und zur Charakterisierung Christianis eingesetzt.

20 In einer Handschrift folgen auf die letzte Strophe weitere sechs Verse:
>Die Philister, die Beschränkten,
>Diese Geistig Eingeengten,
>Darf man nie und nimmer necken.
>Aber weite, kluge Herzen
>Wissen stets in unsren Scherzen
>Lieb und Freundschaft zu entdecken.

406 V. Geheimnis

Dieses Gedicht war ursprünglich wohl als Liebesgedicht konzipiert, entwickelt aber im Kontext der *Zeitgedichte* eine zusätzliche politische Dimension.

406 VI. Bei des Nachtwächters Ankunft zu Paris

Das Gedicht ist an den Vormärzlyriker Franz Dingelstedt (1814–1881) gerichtet, dessen bei Hoffmann und Campe 1841 herausgekommene *Lieder eines kosmopolitischen Nachtwächters* Heine bald nach Erscheinen durch den Verleger übermittelt erhielt. Neben Hoffmann von Fallersleben und Herwegh gehörte Dingelstedt zu den herausragenden Vertretern der Tendenzlyrik. Er hatte im Herbst 1841 Deutschland verlassen, auch um den durch seine Gedichte ausgelösten Folgen auszuweichen, und war als Korrespondent für Cotta nach Paris gegangen. Dort lernte er Heine persönlich kennen und wurde von diesem durchaus geschätzt. Das Gedicht knüpft direkt an die Nachtwächterrolle der Dingelstedtschen Gedichte an, ist aber keineswegs als eine unmittelbare Ironisierung von dessen Position zu lesen. Es wurde zu einem der am intensivsten rezipierten Zeitgedichte, das zunächst als Flugblatt kursierte, später häufig als Musterbeispiel für ironische politische Dichtung herangezogen wurde.

13 f. *Dom zu Cöllen / Hohenzollern:* Anfang der 1840er Jahre setzte sich insbesondere der gerade auf den Thron gestiegene Preußenkönig Friedrich Wilhelm IV. für die Vollendung des Dombaus ein. Er legte am 4. September 1842 auch den Grundstein für den Weiterbau.

15 *Habsburg:* Der österreichische Kaiser Ferdinand I. spendete 8000 Gulden.
16 *Wittelsbach:* Ludwig I. von Bayern stiftete 1842/43 die Verglasung des südlichen Seitenschiffs, die 1848 fertig wurde.
17 *Konstitution:* Seit 1815 gab es das Verfassungsversprechen des Preußenkönigs Friedrich Wilhelm III., das auch von seinem Sohn nicht eingelöst wurde.
20 *Niblungshort:* Der Schatz der Nibelungen wurde der Sage nach im Rhein versenkt.
21 *Der freie Rhein, der Brutus der Flüsse:* Der Dichter Niklas Becker hatte 1841 aus Anlaß der deutsch-französischen Krise um die sogenannte »Rheingrenze« ein berühmt gewordenes Lied verfaßt, das mit den Versen begann: »Sie sollen ihn nicht haben, / Den freien deutschen Rhein«. Heine verspottet diese Verse, die eine ganze Welle patriotischer Lyrik lostraten, im *Atta Troll* und im *Wintermärchen.* – Als freier Fluß müßte der Rhein zugleich, wie Brutus, der Julius Caesar ermordete, Bild des Kampfes gegen die despotische Obrigkeit sein. Die seine Freiheit verteidigenden Dichter betonen aber im Gegenteil ihre Loyalität zur Obrigkeit (zum Brutus-Topos vgl. *Zeitgedichte* XX, *Zur Beruhigung*).
25 *Flotte:* Im Zuge der nationalen Begeisterungswelle im Umfeld des Thronwechsels von 1840 kam auch die Idee einer starken deutschen Seestreitkraft wieder ins Gespräch.
31 *der ganze Verlag verboten:* Am 8. Dezember 1841 wurden alle Erzeugnisse des Verlages Hoffmann und Campe in Preußen pauschal verboten.

407   VII. Der Tambourmajor

Mit dem Trommler Le Grand aus *Ideen. Das Buch Le Grand* hatte Heine diese emblematische Figur der Französischen Revolution bereits früher ausgearbeitet. Die Rückerinnerung ist angeregt durch die Überführung und Beisetzung der sterblichen Überreste Napoleons in Paris Anfang 1841.

3 *Kaiserzeit:* 1804–14 nannte Napoleon sich Kaiser.
13 *Er kam und sah und siegte:* Caesar soll nach der Schlacht bei Zela (47 v. Chr.) gesagt haben: »Veni, vidi, vici« (ich kam, sah und siegte).
28 *Lieder von Körner:* Über die Kriegslieder Theodor Körners

(1791–1813) macht Heine sich häufiger lustig, so z. B. in den *Briefen aus Berlin* (vgl. DHA VI,195).

410 VIII. Entartung

In einer Handschrift trug dieses Gedicht den Titel »Weltverschlimmerung«.

410 IX. Heinrich

Eine erste dreistrophige Version dieses Gedichtes erschien bereits am 31. August 1822 im Berliner *Zuschauer*; am 20. Dezember 1839 druckte die *Zeitung für die elegante Welt* dann eine vierstrophige Fassung. Schließlich erweiterte Heine das Gedicht für den Abdruck in den *Neuen Gedichten* auf sechs Strophen. Es stellt am Beispiel des Bußgangs ins oberitalienische Canossa im Januar 1077, mit dem Kaiser Heinrich IV. Absolution und Unterstützung durch Papst Gregor VII. im Investiturstreit mit den deutschen Fürsten erreichte, die Frage nach dem Verhältnis von staatlicher und kirchlicher Macht in Deutschland.

8 *Mathildis:* Die Burg Canossa bei Parma war im Besitz der Gräfin Mathildis. Heine spielt gegen die historische Überlieferung auf eine erotische Beziehung des Papstes zur Gräfin an.

411 X. Lebensfahrt

Heine trug dieses Gedicht in das Stammbuch des dänischen Dichters Hans Christian Andersen ein.

6 *Freunde:* Gemeint sind die Weggefährten aus den 1820er Jahren in Deutschland, die sich entweder angepaßt hatten bzw. übergelaufen waren, wie z. B. Wolfgang Menzel, oder die gestorben waren wie Karl Immermann.
10 *mit neuen Genossen:* Hier sind einerseits wohl Angehörige der neuen Generation von Dichtern und Theoretikern in Deutschland wie Dingelstedt, Herwegh, Ruge, vielleicht auch Marx, andererseits aber sicher auch die französischen Freunde gemeint.

412 XI. Das neue Israelitische Hospital zu Hamburg

Im Andenken an seine 1837 verstorbene Frau Betty stiftete der Bankier Salomon Heine (1767–1844) 1839 in Hamburg ein neues jüdisches Krankenhaus. Es wurde am 7. September 1843 der jüdischen Gemeinde übergeben. Heine, der wenige Wochen später zu seinem 1. Deutschland-Besuch in Hamburg eintraf, verstand sich damals sehr gut mit dem Millionärs-Onkel, der ja auch seine eigene Versorgung zu einem wichtigen Teil absicherte. Das Gedicht entstand während des Aufenthalts in Hamburg.

7 *Nil-Tal:* Anspielung auf den Auszug aus Ägypten (Ex. 12–14).

413   XII. Georg Herwegh

Das Gedicht bezieht Stellung zu einem Ereignis, das 1842 in Deutschland große Beachtung fand. Georg Herwegh, der Verfasser der im Mai 1841 im Schweizer Exil erschienenen *Gedichte eines Lebendigen*, war im Herbst 1842 auf einer Reise durch Deutschland von der national-liberalen Opposition begeistert gefeiert worden. Schließlich wurde er im November auch von Friedrich Wilhelm IV. empfangen. Wegen der Veröffentlichung seines Briefes an den König wurde er dann jedoch im Dezember aus Preußen ausgewiesen und von der Polizei bis an die Grenze gebracht (s. V. 11 f.). Heines öffentliche Auseinandersetzung mit Herwegh, dem er bereits früher das Gedicht *Herwegh, du eiserne Lerche* gewidmet hatte (s. S. 461), setzte sich nach Erscheinen der *Neuen Gedichte* fort. Zwischen 1843 und 1848 lebte Herwegh ebenfalls im Pariser Exil; bereits Ende 1841 hatten beide Dichter sich persönlich kennengelernt.

1 *trank sich einen Zopf:* Studentenausdruck für »sich betrinken«.
3 *Pfeifenkopf:* Die Pfeife wird von Heine häufig als Sinnbild der Burschenschaften und ihres kleinkarierten Nationalismus gebraucht.
15 *Zebra sind gestreift:* Die Grenzpfähle waren schwarz-weiß, in den Farben Preußens, gestreift.
17 *Aranjuez:* In der spanischen Residenz Aranjuez spielt die berühmte Szene aus Schillers *Don Carlos* (III,10), in welcher der Marquis Posa von König Philipp II. »Gedankenfreiheit« fordert. Heine spielt im folgenden auf diese Szene an. Die beiden Zeitschriftendrucke des Gedichts im *Wandsbecker Intelligenz-Blatt* vom 20. Oktober 1843 und den *Humoristischen Blättern* vom 23. Mai 1844 hatten jeweils das Schillersche Motto: »Sire, geben Sie Gedankenfreiheit.«
18 *Wie schnell ... schwanden:* vgl. die Eröffnungsverse des *Don Carlos*: »Die schönen Tage in Aranjuez / Sind nun zu Ende ...«

20 *ukkermärkschen Granden:* ironische Bezeichnung für den preußischen Hof; die Uckermark ist der nördliche Teil der Mark Brandenburg.
23 f. *In Versen ... Prosa:* Der Überlieferung zufolge soll Friedrich Wilhelm IV. Herweghs Gedichte trotz ihrer politischen Richtung geschätzt haben; seinen Brief, vor allem dessen Veröffentlichung, hat er dann nicht mehr akzeptiert.

414 XIII. Die Tendenz

[Titel] *Tendenz:* meint ein unscharfes ideologisches Programm, in dem sich z. B., wie hier ironisch angeprangert, nationalistische und liberale Elemente verbinden können. Für Heine war der Begriff negativ besetzt.
5 *Marseillerhymnenweise:* Die Marseillaise (frz. Nationalhymne), entstanden während der Französischen Revolution 1792.
7 *Lotten:* Lotte ist die Angebetete Werthers in Goethes Roman *Die Leiden des jungen Werthers* (1774).
8 *Was die Glocke hat geschlagen:* So lautet ein Vers aus dem traditionellen Lied des Nachtwächters (»Hört Ihr Herrn und laßt Euch sagen«).
10 *Rede Dolche:* vgl. Shakespeares *Hamlet* (III,2): »Nur reden will ich Dolche, keine brauchen«.
17 *Bis der letzte Dränger flieht:* In der 1. Druckvorlage stand noch: »Bis die Tyrannei entflieht«. Der Zensor ersetzte »Tyrannei« durch »letzte Druck«; für den Buchdruck entschied Heine sich dann für die heutige Fassung.

415 XIV. Das Kind

[Titel] *Das Kind:* Mit dem neugeborenen Deutschland ist das Preußen nach dem Regierungsantritt Friedrich Wilhelms IV. gemeint, der zunächst liberale Hoffnungen nährte, von Anfang an aber auch deutlich machte, daß seine Zugeständnisse enge Grenzen haben würden.
1 *Den Frommen ... im Traum:* vgl. die Redensart: »Den Seinen schenkts der Herr im Schlaf!« Hier bezogen auf die Deutschen, die zu den politischen Veränderungen selbst nichts beitrugen.
9 *Aar:* Der Adler ist das Wappentier Preußens.
11 *doppelköpfigen:* Der doppelköpfige Adler ist das Wappentier Österreichs.

16 *Sanskülott:* Die Sansculotten waren Angehörige einer radikalen Partei der Französischen Revolution. Das Spiel mit der wörtlichen Übersetzung aus dem Französischen (die Ohne-Hosen) dient hier zur ironischen Verdeutlichung, daß im neuen Deutschland radikale Positionen nicht erlaubt sein werden.

416   XV. Verheißung

Vgl. die Bemerkungen zum vorigen Gedicht.

417   XVI. Der Wechselbalg

Dieses und das folgende Gedicht spitzen die Deutschland-Kritik auf eine Preußen-Kritik zu; der Wechselbalg ist eine Allegorie Preußens.

[Titel] *Wechselbalg:* Ein Wechselbalg entsteht nach dem Volksaberglauben, indem ein Dämon ein Neugeborenes mit einem auf magische Weise gezeugten Kind vertauscht. Heines Beschreibung hält sich ziemlich genau an die überlieferten Attribute solcher Mißgeschöpfe. Auch die Möglichkeiten, sich vom Wechselbalg zu befreien (V. 12: »ersäufen oder verbrennen«), entsprechen der Tradition.

10 *Der alte Sodomiter:* Anspielung auf Friedrich II. (1712–1786), der ein großer Hundeliebhaber war und über den Sodomiegerüchte kursierten. In anderer Weise kommt Heine im Gedicht *Schloßlegende* auf dieses Thema zurück.

417   XVII. Der Kaiser von China

Das Gedicht ist eine Personalsatire auf Friedrich Wilhelm IV. von Preußen, dessen Neigung zu Überschwang und Redseligkeit von vielen Zeitgenossen geschildert wird. China als Symbol der Despotie wurde im 19. Jh. vielfach auf Preußen angewandt, z. B. auch in den Karikaturen Daumiers.

3 *trinke meinen Schnaps:* Friedrich Wilhelm IV. galt im Gegensatz zu seinem in jeder Hinsicht nüchterneren Vater (V. 1) als trinkfreudig.

11 f. *fast ein Mann ... schwanger:* Die Kinderlosigkeit des Königs war Anlaß zu Spott über seine Impotenz in mehrfacher Hinsicht.

15 *Hofweltweiser Confusius:* Der ironische Verweis auf den chine-

sischen Denker Konfutse zielt auf den idealistischen Philosophen Friedrich Wilhelm Schelling (1775–1854), der 1841 nach Berlin berufen wurde und zum persönlichen Kreis um den Preußen-König gehörte.
21 *Mandarinenritterschaft:* Anspielung auf die erzkonservative preußische Ritterschaft.
25 *Die große Pagode:* der Kölner Dom, dessen Weiterbau von Friedrich Wilhelm IV. entscheidend gefördert wurde (s. *Zeitgedichte* IV).
28 *Drachen-Orden:* 1843 erneuerte Friedrich Wilhelm IV. die Tradition des Schwanenordens der Hohenzollern von 1440 und öffnete ihn für einen großen Personenkreis, prinzipiell auch für die Juden.
30 *Mantschu:* Der Verweis auf das in China seinerzeit die Führungsschicht stellende Volk der Mandschu meint die konservative Ratgeberkamarilla des Königs, die diesen in seiner Restaurationspolitik bestärkte.
32 *Kantschu:* kurze Peitsche aus geflochtenen Riemen; der Entwurf zum preußischen Strafgesetzbuch von 1843 sah in verschiedenen Fällen noch die Prügelstrafe vor.

419   XVIII. Kirchenrat Prometheus

Im Wintersemester 1841/42 hielt Schelling (s. Kommentar zu vorigem Gedicht) in Berlin Vorlesungen über »Philosophie der Offenbarung«, die von dem Theologieprofessor und Kirchenrat Heinrich Paulus (1761–1851) nach einer Mitschrift zusammen mit einem umfangreichen Kommentar im Frühjahr 1843 herausgegeben wurden. Schelling klagte gegen diese Veröffentlichung wegen Verletzung des Urheberrechts, konnte sich aber mit seiner Klage nicht durchsetzen.

[Titel] *Prometheus:* Prometheus stahl den Göttern das Feuer und wurde zur Strafe an einen Felsen gekettet.
16 *Egypten:* vgl. Ex. 10,22.

419   XIX. An den Nachtwächter

Vgl. Zeitgedicht VI (*Bei des Nachtwächters Ankunft zu Paris*) und Kommentar. – Heines Verhältnis zu Dingelstedt hatte sich während dessen Aufenthalt in Paris freundschaftlich gestaltet. Mitte 1842 ging Dingelstedt dann zunächst nach Wien, später an den württembergischen Hof nach Stuttgart, wo er als Bibliothekar und Vorleser beim König den Titel eines Hofrates erhielt. Das führte zu heftigen öffentlichen Reaktionen insbesondere auf seiten der ehemaligen Mitstreiter; Heines Tonart ist im Vergleich dazu sehr moderat.

12 *Kebsen:* Kebse: Nebenfrau, Mätresse. Die Presse dichtete Dingelstedt ein Verhältnis zur Favoritin des württembergischen Königs an.

20 *Brutus:* vgl. Kommentar zu folgendem Gedicht.

421 XX. Zur Beruhigung

1 *Brutus:* Hauptverschwörer gegen den an den Iden des März (V. 24), d. h. am 13.–15. Tag des römischen Monats, im Jahre 44 v. Chr. ermordeten Julius Caesar.

8 *In Schwaben kocht man die besten Klöße:* Heine vergleicht wiederholt die Kunst der konservativ-betulichen schwäbischen Dichterschule mit der Zubereitung von Mehlklößen.

10 *Pflanzenschlaf:* Die politische Verwendung dieses Begriffs kannte Heine aus der Debatte zwischen dem konservativen Kritiker Wolfgang Menzel und Ludwig Börne.

21 *sechsunddreißig Herrn:* vgl. Kommentar zu *Der Tannhäuser* V. 188 (s. S. 944).

22 *Stern:* Orden.

422 XXI. Verkehrte Welt

Der Topos der Verkehrten Welt ist bereits in der Antike verbreitet und wurde insbesondere in der Barockliteratur wieder aufgegriffen. Ludwig Tieck schrieb ein Drama mit diesem Titel.

9 *Der Häring wird ein Sanskülott:* Der von Heine häufig verspottete Autor Willibald Alexis (d. i. Wilhelm Häring, 1798–1871) machte Anfang der 1840er Jahre eine liberale Kehre. Die ›Sansculotten‹ (frz.: ohne Hosen) waren radikale Anhänger der Französischen Revolution.

10 *Die Wahrheit sagt uns Bettine:* Bettina von Arnim (1785–1859) hatte sich 1843 mit der Publikation von *Dies Buch gehört dem König* direkt für soziale Gerechtigkeit engagiert.

11 f. *gestiefelter Kater ... Bühne:* Ludwig Tieck, der Verfasser des Dramas *Der gestiefelte Kater*, inszenierte 1841/42 an Berliner Bühnen u. a. Sophokles' *Antigone*.

13 f. *Ein ... Helden:* Anspielung auf König Ludwig I. von Bayern und dessen 1842 eingeweihte Walhalla bei Regensburg.

15 *Maßmann:* Ferdinand M. (1797–1874), Germanist und Turner, für Heine Inkarnation aller deutschen Untugenden und deshalb sein Lieblingsfeind.
17 f. *Germanische ... Atheisten:* Anspielung auf die junghegelianischen Religionskritiker wie Ludwig Feuerbach und Bruno Bauer.
21 *Im uckermärkischen Moniteur:* in Anlehnung an das französische Regierungsblatt *Le Moniteur Universel* Anspielung auf das preußische Amtsblatt *Preußische Allgemeine Zeitung*.
23 f. *Ein Toter ... geschrieben:* In der *Preußischen Allgemeinen Zeitung* erschien am 20. Mai 1844 eine anonyme Polemik gegen Teil 2 der *Gedichte eines Lebendigen* von Georg Herwegh.
27 *Templower Berg:* Tempelhofer Berg, heute Kreuzberg in Berlin. Dort stand eine Siegessäule als Erinnerung an den Sieg über Napoleon.

423 XXII. Erleuchtung

1 *Michel:* Die Figur des deutschen Michel taucht bei Heine bereits in den 1830er Jahren auf; ›Michellieder‹ waren innerhalb der politischen Lyrik sehr verbreitet.
12 *Heidenlied:* Titel eines Gedichtes aus Georg Herweghs *Gedichte eines Lebendigen*.

424 XXIII. Wartet nur

1 f. *Weil ich ... könnt:* Die Abfolge von Blitz und Donner im Sinne des Verhältnisses von Gedanke und Tat verwendet Heine häufig, besonders pointiert im Schlußabschnitt von *Zur Geschichte der Religion und Philosophie in Deutschland*, wo der Zusammenhang von philosophischer Reflexion und revolutionärem Umsturz in dieses Bild gefaßt wird.

424 XXIV. Nachtgedanken

Das Gedicht leitet in den *Neuen Gedichten* über zu *Deutschland. Ein Wintermärchen*, mit dem es eine Reihe von Motiven verbindet.
6 *Mutter:* Heines Mutter Betty Heine (1771–1859) lebte damals in Hamburg.
7 *Zwölf Jahre:* Das Gedicht entstand Anfang 1843, vor der ersten

Deutschland-Reise Heines nach seiner Übersiedlung nach Paris im Mai 1831.
21 f. Diese Verse lauten abweichend im Erstdruck (*Zeitung für die elegante Welt*, 9. August 1843):
> Deutschland ist kerngesund. Es steht
> So fest! Und käm ich noch so spät,

25 f. Der Erstdruck hat hier:
> Ich lechzte nicht nach Wiederkehr,
> Wenn nicht die Mutter dorten wär;

39 *mein Weib:* Am 31. August 1841 hatte Heine Crescence Eugénie (Augustine Crescentia) Mirat (1815–83) geheiratet, mit der er seit langem zusammenlebte.

Aus dem Umkreis der *Neuen Gedichte*

Die Gedichte werden jeweils den Zyklen zugeordnet, in deren Umkreis sie entstanden. Angegeben werden die Erstdrucke zu Lebzeiten des Autors. Wenn diese Angabe unterbleibt, bedeutet dies, daß das Gedicht ungedruckt geblieben ist. Für weitere Hinweise zur Entstehung vgl. die Reclam-Ausgabe der *Neuen Gedichte* (Universal-Bibliothek. 2241.) bzw. Bd. 2 der DHA.

Zu *Neuer Frühling*

429 »Augen, sterblich schöne Sterne!«

1 *Augen ... Sterne:* Anfangszeile eines italienischen Volksliedes, das Heine in *Die Bäder von Lucca* im Original zitiert.

Zu *Verschiedene*

430–435

Die Gedichte bis einschließlich dem *Yolante und Marie* zugeordneten sind sämtlich im Abdruck der *Verschiedenen* im *Salon* I von 1834 enthalten.

Neue Gedichte · Kommentar

432 Clarisse V

Die überarbeitete Handschrift hat abweichende Fassungen der Strophen 5 und 6 und verzichtet auf die eine 7. Strophe andeutenden Zensurstriche:

> Sprachest einst mit sanften Blicken:
> Fürchte nicht, daß ich dich kratze,
> Will mit Liebe dich beglücken,
> Ich bin eine gute Katze! – –
>   Wie im Waldesgrün am Tage,
> Klag ich Nachts in dunkler Kammer,
> Mir verstummet meine Klage
> Und mein großer Katzenjammer.

436 ⟨Kitty⟩

Entstehung: 1833/34 stellte Heine unter dem Titel *Kitty* einen Zyklus von 12 Gedichten für den ihm befreundeten Musiker Ferdinand Hiller zusammen. Die Sammelhandschrift, die sich erhalten hat, trägt die Überschrift: »Kitty. Närrische Worte von Heinrich Heine. Noch närrischere Musik von Ferdinand Hiller. Geschrieben im Jahr 1834« (= H¹). Aus dem Kompositionsplan wurde nichts, jedoch brachte Heine 8 Texte aus seinem Zyklus im Rahmen einer insgesamt 10 Texte umfassenden Gruppe unter dem Titel »Gedichte von H. Heine« am 21. und 23. Mai 1835 im *Morgenblatt* zum Druck (= D¹). Das Manuskript zum geplanten »Nachtrag zum Buch der Lieder« von 1838 enthielt ebenfalls einen *Kitty*-Zyklus, der aber nicht mehr mit dem aus H¹ identisch ist und über dessen Zusammensetzung an zwei Stellen Unsicherheit besteht (= H²; s. S. 970). Einzelne Gedichte aus *Kitty* gelangten dann im *Salon* IV in den Zyklus *Katharina* (I, II, VII aus H¹) bzw. in den *Neuen Gedichten* in die Zyklen *Angelique* (III aus H¹) und *Hortense* (IX aus H¹). Aus den verbliebenen Gedichten stellte Heine nach Meinung der HSA (II K 1, 516 f.) nochmals einen Zyklus unter dem Titel *Kitty* zusammen (H³). Adolf Strodtmann publizierte schließlich im Supplementband zu seiner Heine-Ausgabe ebenfalls einen *Kitty*-Zyklus (= d), für den die DHA (II, 789–791) eine heute verschollene Sammelhandschrift ansetzt, die möglicherweise über die bei Strodtmann gedruckten hinaus noch weitere Gedichte enthielt. Drei Gedichte aus dem *Kitty*-Komplex (*Kitty* IV, VIII und XII), zwei davon bis dahin ungedruckt, erschienen dann 1847 in den Wiener *Sonntagsblättern*.

Einen Überblick über die Zusammenhänge innerhalb und zwischen den einzelnen relevanten Überlieferungsträgern gewährt die folgende Tabelle:

H¹	D¹	H²	H³	d
Kitty	Gedichte	Kitty	Kitty	Kitty
I. Ich liebe solche weiße Glieder	I	–		(1. Augen, die ich längst)
II. Du liegst mir gern im Arme	III	II		(2. Mir redet ein die Eitelkeit)
III. Wenn ich, beseligt	IV	III		(3. Es glänzt so schön)
IV. Den Tag den hab ich	–	⟨IV⟩	I	
V. Unsere Seelen bleiben freilich	V	⟨V⟩		
VI. Das Glück, das gestern	–	⟨VI⟩		6
VII. Ein jeder hat	VII	–		
VIII. Als die junge Rose	–	VIII	II	
IX. In meinen Tagesträumen	VI	⟨IX. Es ist so herzbeweglich⟩	⟨III. Es ist so herzbeweglich⟩	(4. Es ist so herzbeweglich)
X. Es läuft dahin die Barke	–	⟨X⟩	IV	5
XI. Kitty stirbt	VIII	⟨XI⟩		
XII. Das gelbe Laub	IX	XII		

Festzuhalten bleibt, daß Heine selbst keinen Zyklus mit dem Titel *Kitty* zum Druck gebracht hat. Trotzdem sind in unserer Ausgabe, abweichend vom sonstigen Verfahren und dem Beispiel der DHA folgend, die diesem Komplex entstammenden Gedichte in der durch die allererste Sammelhandschrift (H¹) vorgegebenen Ordnung zusammengestellt, obwohl drei der fünf Texte 1835 und zwei erst 1847 erschienen sind. Gleichzeitig wird im Druck auf die Wiedergabe der Titel der Textgrundlage verzichtet.

438 An Jenny

Erstdruck: Mitternachtszeitung. Nr. 4. 5. 1. 1836.

In der Handschrift heißt es V. 27 *Emma* statt *Jenny*; deshalb könnte man, mit der DHA, eine Zuordnung zum *Emma*-Zyklus vorschlagen.
Heine spielt ab Str. 2 offenbar auf seine Jugendliebe zu Amalie Heine an, der Tochter seines Onkels Salomon Heine. Allerdings sind die anschließenden biographischen Details in allen Punkten ungenau. Brieflich rühmt er sich, mit diesem Gedicht »Jahreszahlen und Datum« in die Poesie eingeführt zu haben (an Laube, 27. 9. 1835).

440 Auf dem Faubourg Saint-Marçeau

Erstdruck: Album der Boudoirs. 1838. S. 52 f.

Im Manuskript zum »Nachtrag zum Buch der Lieder« von 1838 war dieses Gedicht Nr. V. im später aufgegebenen *Olympe*-Zyklus. Für die *Neuen Gedichte* hat Heine den ersten Teil des zweiteiligen Gedichts dann als Nr. IX. den *Romanzen* zugeschlagen (s. S. 368 der vorliegenden Ausgabe und den Kommentar).

⟨Zu *Angelique*⟩

441 Es war einmal ein Teufel

8 *Ecu:* frz.: Taler.
[Anm.] *Tirer la queue du Diable:* auch soviel wie sich in der Klemme befinden.

Zu *Romanzen*

447 Parabolisch

Heine teilte dieses Gedicht zuerst mit im Brief an Moses Moser vom 25. Oktober 1824. Dort trägt es den Titel *An Edom!* Bei der Zusammenstellung des Manuskripts zum »Nachtrag zum Buch der Lieder« von 1838 übernahm Heine den Text wenig verändert als Nr. III für die Abteilung »Buch des Unmuts«, die eine Reihe von später in die *Romanzen* aufgenommenen Texte enthielt.

Das Gedicht entstand während des Quellenstudiums zum *Rabbi von Bacherach* und wurde vor allem angeregt durch die Lektüre von Jacques Basnages *Histoire des juifs* von 1716.

Zu *Zeitgedichte*

449 Deutschland!

Erstdruck: Zeitung für die elegante Welt. Nr. 11. 15. 1. 1842.

Der Text erinnert in vielem an den Schlußabschnitt von *Zur Geschichte der Religion und Philosophie in Deutschland* (DHA VIII,118 f.), wo Heine in ähnlicher Weise die Berserkerkräfte eines zur politischen Revolution erweckten deutschen Volkes herausstreicht.

12 *windelweiche:* In der Handschrift heißt es »wickelweiche«; es ist nicht auszuschließen, daß die Veränderung auf den Redakteur der *Eleganten*, Gustav Kühne, zurückgeht.

450 Lobgesänge auf König Ludwig

Erstdruck: Deutsch-Französische Jahrbücher. Hrsg. von Arnold Ruge und Karl Marx. 1. und 2. Lieferung. Paris 1844. S. 41–44.

Bald nach der Rückkehr von seiner Deutschland-Reise 1843 verfaßte Heine diese scharfe Satire auf den Bayernkönig Ludwig I., die er im Brief an den Verleger vom 29. Dezember 1843 als »das sanglanteste, was ich je geschrieben« bezeichnet. Bei Übersendung der Druckbogen schrieb er dann an denselben Adressaten, der Text werde »den hohen Herren Schrecken einjagen – denn sie sehen wessen ich fähig bin, wenn ich will«. (An Campe, 20. Februar 1844) Die öffentlichen Reaktionen waren unterschiedlich, überwiegend ableh-

450 I

4 *angestammelten König:* Anspielung auf den Sprachfehler des Königs und auf den Anfangsvers eines seiner Gedichte: »Biedres Volk, in angestammter Treue«.
5–6 *Er... porträtieren:* Ludwig I. hatte tatsächlich den Plan, für die Münchner Residenz eine Galerie mit Porträts der schönsten Frauen aller Zeiten anzulegen.
9–12 *Bei... Etikette:* Anspielung auf die Walhalla und die von Ludwig selbst geschriebenen Kurzbiographien aller dort aufgenommenen Deutschen (*Walhalla's Genossen*, 1842).
21 *Herr Ludwig ist ein großer Poet:* Die dilettantischen Versuche des Königs erschienen als *Gedichte des Königs Ludwig von Bayern* in 4 Teilen zwischen 1829 und 1847.
25–28 *Herr Ludwig... Thrönchen:* Ludwigs Sohn Otto I. war seit 1832 König von Griechenland. 1843 wurde er von der konstitutionellen Partei entmachtet.

451 II

41 *Der Schelling und der Cornelius:* Der Philosoph Friedrich Wilhelm Schelling (1775–1854) folgte genauso wie der Maler Peter Cornelius (1783–1867) 1841 der Berufung durch Friedrich Wilhelm IV. nach Berlin.
48 *Maßmann:* Vgl. Kommentar zu *Zeitgedichte XXI: Verkehrte Welt*, V. 15. Maßmann war ebenfalls 1842 von München nach Berlin geholt worden.
58 *Jacob-Grimmisch und Zeunisch:* Jacob Grimm (1785–1863), Germanist in Berlin und Verfasser der *Deutschen Grammatik*; Johann August Zeune (1778–1853), Germanist in Berlin, Erforscher des *Nibelungenliedes*.
65 *Schwager:* Friedrich Wilhelm IV. von Preußen war mit der Schwester Ludwigs I. verheiratet.

453 III

111 *Wechselbalg:* s. *Zeitgedichte XVI: Der Wechselbalg.*

454 Der neue Alexander

Erstdruck: Vorwärts! Pariser Deutsche Zeitschrift. Nr. 48. 15. 6. 1844 (Teile I und II); Nr. 56. 13. 7. 1844 (Teil III; dort ohne die Ziffer, dafür mit der wiederholten Überschrift »Der neue Alexander«).

Wegen Bedenken des Verlegers Campe wurde diese Satire auf den Preußenkönig nicht in die *Neuen Gedichte* aufgenommen. Vor allem der 3. Teil des Gedichts wurde in deutschen Emigrantenzeitschriften häufig nachgedruckt.

1 *König in Thule:* Anspielung auf das Goethesche Lied aus *Faust I.* Thule steht hier für Preußen.
6 *historische Schule:* Die Vertreter der erzkonservativen sog. ›Historischen Rechtsschule‹ hatten am preußischen Hof enormen Einfluß. Ihr Führer Karl von Savigny (1779–1861), den Heine wiederholt angriff, bekleidete ab 1842 einen Ministerposten.
9 *Alexander, der Griechenheld:* Alexander der Große (356–323 v. Chr.) stieß auf seinen Eroberungszügen bis nach Indien vor.
12 *Saufen:* Dieses Motiv im Zusammenhang mit dem Preußenkönig bereits im Zeitgedicht *Der Kaiser von China*.

455 II

45–48 *Dort ... Sorten:* Innerhalb der Stadtgrenzen (*barrières*) war in Frankreich bei Genuß von Wein eine Steuer (*octroi*) fällig, die man umgehen konnte, wenn man vor dem Tor einkehrte.

456 III

49 *Mein Lehrer, mein Aristoteles:* Alexander der Große wurde von Aristoteles unterrichtet; die Preußenprinzen waren seit 1810 von Friedrich Ancillon (1767–1837), dem vormaligen Prediger der französischen Hugenotten-Gemeinde in Berlin, erzogen worden.
54 *Vermittelt die Extreme:* Ancillon ließ 1828/31 ein Werk unter dem Titel *Zur Vermittlung der Extreme in den Meinungen* erscheinen.
69 *Herr Jesus ist meine Zuversicht:* Anspielung auf das Kirchenlied *Jesus, meine Zuversicht*.

457 Unsere Marine. Nautisches Gedicht

Erstdruck: Jahreszeiten. Hamburger Neue Mode-Zeitung. 4. Jg. 2. Bd. (Juli–Dezember) 1845. Sp. 1721 ff.

Das Gedicht wurde vom Pariser Korrespondenten der *Jahreszeiten*, Heinrich Börnstein, mit folgender Bemerkung eingeleitet: »Pariser Korrespondenzen erwähnten im Frühlinge dieses Jahres eines neuen Gedichtes von Heinrich Heine, das unter seinen Freunden hier handschriftlich circulire und den Titel ›die deutsche Flotte‹ trage. [...] Abgesehen davon, daß es noch in Deutschland ungekannt und eben so geistreich, als originell ist, hat es noch dadurch ein besonderes Interesse, daß es die dichterische Trilogie der deutschen Flotte vervollständigt. Unsere beiden besten Dichter, Herwegh und Freiligrath, haben die deutsche Flotte besungen, nun kommt der ironische Heine und diese drei Gedichte, chronologisch geordnet und neben einander gestellt, geben eine höchst lehrreiche Geschichte der neuesten deutschen Illusionen. [...]«

Heines Gedicht ist ausgelöst durch die allgemeine Begeisterung für die Idee einer deutschen (preußischen) Seestreitkraft zu Anfang der 1840er Jahre. Diese Idee war Teil jener nach dem Regierungsantritt Friedrich Wilhelms IV. und der deutsch-französischen Krise ausgelösten patriotischen Welle, auf der auch die politische Lyrik nach oben geschwemmt wurde. Ferdinand Freiligrath (1810–76), der ein Jahr später mit der Veröffentlichung der Lyriksammlung *Ein Glaubensbekenntnis* entschieden mit dem ihn bis dahin hofierenden System brach, hatte sich im August 1843 mit seinem Sonettenzyklus *Flotten-Träume* noch für die Pläne des Preußenkönigs engagiert und dabei ernsthaft die Benennung der Schiffe nach Vertretern des deutschen Geisteslebens angeregt. Dieses Gedicht war der konkrete Ansatzpunkt für Heines ironischen Kommentar.

1 *träumten:* Anspielung auf Freiligraths Gedichttitel. Auch Heine hatte in einer früheren Reinschrift den Titel »Flottentraum« eingesetzt.

7 *Prutz:* Robert P. (1816–72), liberaler Schriftsteller.

8 *Hoffmann von Fallersleben:* s. Entstehung *Zeitgedichte*.

9–12 *Da ... grüßte:* Freiligraths Gedicht *Der Mohrenkönig* mit dem verunglückten Bild des dunklen Mondes in hellen Wolken nimmt bereits der *Atta Troll* satirisch aufs Korn.

13 f. *Schwab / Pfitzer / Kölle / Mayer:* Gustav Schwab (1792–1850), Gustav Pfizer (1807–90), Friedrich von Kölle (1781–1848), Karl

Mayer (1786–1870) gehörten zur sog. »Schwäbischen Dichterschule«, die Heine immer wieder verspottete (vgl. im vorliegenden Band *Der Tannhäuser; Schwabenspiegel*).
17 *Birch-Pfeiffer:* Charlotte B.-Pf. (1800–68), bekannte Schauspielerin, Autorin und Prinzipalin.
20 *scharz-rot-goldnem Lappen:* Die burschenschaftlichen Farben waren bei Freiligrath Zeichen freiheitlicher Gesinnung, bei Heine nur mehr Ausdruck nationalistischer Beschränkung.

458 Die schlesischen Weber

Erstdruck: Vorwärts! Pariser Deutsche Zeitschrift. Nr. 55. 10.7.1844 (dort unter dem Titel: Die armen Weber).
Druckvorlage: Album. Originalpoesien. Hrsg. von H. Püttmann. Borna 1847. S. 145 f. Dort mit dem Zusatz: »(Vom Dichter revidirt.)«.
Dieses Gedicht wurde ausgelöst durch die Berichte über die Weberaufstände im schlesischen Peterswaldau und Langenbielau am 4./5. Juni 1844 und deren blutige Niederschlagung. Der Text kursierte in der *Vorwärts*-Fassung als Flugblatt in Deutschland, u.a. unter dem Titel *Weberlied*, und wurde zu einem der wichtigen Bezugstexte der deutschen Arbeiterbewegung im In- und Ausland. Seine Verbreitung wurde von den Behörden mit scharfen Mitteln zu verhindern versucht. Insgesamt war dieses Gedicht sicher einer der wirkungsmächtigsten Heineschen Texte überhaupt.
Für den rhetorischen Aufbau knüpft Heine an eine patriotische Parole von 1813 aus den Befreiungskriegen an: »Mit Gott für König und Vaterland!«
21–25 Diese Strophe fehlt in der Textfassung des *Vorwärts*-Druckes und dem darauf zurückgehenden Überlieferungsstrang.

459 Testament

Das Gedicht gehörte zum Manuskript für den geplanten »Nachtrag zum Buch der Lieder« von 1838, wurde daraus aber nicht in die *Neuen Gedichte* von 1844 übernommen. Mit dem Gedicht *Vermächtnis* aus dem *Romanzero* griff Heine das Thema später wieder auf.
Heines satirisches Dichtertestament hat gewisse Ähnlichkeiten mit François Villons (1431? – nach 1463) *Grand Testament*; Villon

war in den dreißiger Jahren des 19. Jh.s in Frankreich wiederentdeckt worden.

8 *Flüche:* Die DHA (II,870) spekuliert darüber, ob hier als Reimwort auf »Flöhe« vielleicht »Gonorrhoe« hatte stehen sollen.
15 *Kaiser von China, der Rabbi von Posen:* Als Vertreter des Aberglaubens und der Gegenaufklärung; China steht hier wohl noch nicht für Preußen.
24 *Helden der Badischen Kammer:* Die nach 1830 gewählte 2. Kammer des Badischen Landtages galt unter Deutschlands Oppositionellen als Hort des Liberalismus. Wie sich bald zeigte, war sie aber völlig der Willkür der Fürsten ausgeliefert.
26 *Vetter:* Gemeint ist Rudolf Christiani (vgl. Kommentar zu *Zeitgedichte* IV), der seit 1833 mit Heines Cousine Charlotte Heine verheiratet war.
29 f. *Sittenwart ... zu Stuttegard:* Diese Verse zielen auf den Stuttgarter Literaturkritiker Wolfgang Menzel (1798–1873), der 1835 maßgeblich das Verbot gegen die Schriftsteller des Jungen Deutschland ausgelöst hatte. Heine forderte ihn 1837 durchaus ernsthaft zu einem Duell auf Pistolen, was Menzel aber ablehnte.
33–36 *Ein treues ... laben:* Anspielung auf die Affäre um den *Deutschen Musenalmanach* von 1836; als sie davon hörten, daß dieser Ausgabe das Porträt Heines vorangestellt werden sollte, zogen sich die Schwäbischen Dichter von der Mitarbeit zurück.
37 *Seidlitzer Wasser:* Mineralwasser mit abführender Wirkung.
38 *edlen Dichtergemüt:* Anspielung auf Ludwig Uhland (1787–1862), der seit den 1810er Jahren kaum mehr literarisch produktiv war.
41 *Kodizill:* Fachterminus der Rechtssprache für eine letztwillige Verfügung ohne direkten Adressaten.

461 Du singst wie einst Tyrthäus sang

Das Gedicht ist an einen deutschen Vormärzdichter gerichtet und bringt, ähnlich wie *Zeitgedichte* XIII, die Vorbehalte Heines gegen die »Tendenzpoesie« auf den Punkt (s. Entstehung *Zeitgedichte*). In der Literatur wird als direktes Vorbild für den hier angeredeten Dichter meist Hoffmann von Fallersleben genannt.

1 *Tyrthäus:* altgriechischer Liederdichter (7. Jh. v. Chr.) und Verfasser von Schlachtgesängen.

461 Herwegh, du eiserne Lerche

Als erste Reaktion auf Georg Herweghs Sammlung *Gedichte eines Lebendigen. 1. Teil* vom Mai 1841 der freundlichste Text Heines über den Dichter-Kollegen (vgl. dagegen *Zeitgedichte* XII), dem er in der 2. Jahreshälfte 1841 auch persönlich begegnete.

462 O Hoffmann, deutscher Brutus

Heinrich Hoffmann von Fallersleben (1798–1874), den Heine nur flüchtig aus dem Studium kannte, war wegen seiner *Unpolitischen Lieder* 1842 aus seinem Amt als Germanistikprofessor entlassen worden. Heines Urteil über seine Gedichte ist durchgängig negativ; er nannte sie »spottschlecht« und »schlechte Späßchen um Philister zu amüsieren bei Bier und Tabak« (28. Februar 1842 an Campe).

7 *sechsunddreißig Tyrannen:* Anspielung auf die deutschen Einzelstaaten, deren Zahl Heine meist mit 36 angibt (vgl. z. B. *Der Tannhäuser,* V. 188 und Kommentar).

463 Die Eule studierte Pandekten

Das Gedicht ist im Entwurfsstadium stecken geblieben; die V. 7–12 sind gestrichen und nicht durch neuen Text ersetzt worden. Zum Verständnis vgl. insgesamt *Zeitgedichte* IX.

1 *Eulen:* genau wie die Raben (V. 5) Symbole des Obskurantismus; sie stehen hier zusammen mit Canossa für die katholische Herrschaft.
Pandekten: Sammlungen von Auszügen aus dem alten römischen Recht.
2 *Kanonisches Recht:* »Corpus iuris canonici« mit dem Kirchenrecht.
Glossa: rechtswissenschaftlicher Terminus für Gesetzesauslegungen.
3 *Welschland:* Italien.

Verstreute Gedichte (1827–1844)

464 O, des liebenswürdigen Dichters

Erstdruck: Taschenbuch für Damen auf das Jahr 1829. Stuttgart/Tübingen. S. 67.

Dort erschienen *Gedichte von H. Heine* 1828, die in drei Untergruppen gegliedert waren. Unser Text ist Nr. 1 der 2. Untergruppe mit dem Titel *Ramsgate*; als Nr. 2 fungiert *Yolante und Marie* II, als 3. *Neuer Frühling* XLIII. Im Juli/August 1827 hielt Heine sich für zwei Wochen im englischen Seebad Ramsgate auf. Der Obertitel hat mit unserem Text, der bereits Ende 1829 entstand, aber keine direkte Beziehung. Das Gedicht wurde veranlaßt durch einen Kommentar im *Mitternachtsblatt für gebildete Stände*, Nr. 108, 4. 9. 1826, der Heine als Liebling der Damen rühmt.

465 Der Berliner Musen-Almanach für 1830

Erstdruck: Der Gesellschafter. Beilage Nr. 207. 28. 12. 1829. – S. 1047.

Heine schickte die Verse am 13. Oktober 1829 aus Hamburg an den Berliner Freund Moses Moser mit der Bemerkung: »Wie gefallen Dir einliegende Verse, die ich auf den Musenalmanach gemacht, mehr aus nonchalanter Selbstpersiflage als um unsere kleinen Freunde zu stacheln!«

Der *Berliner Musen-Almanach für das Jahr 1830* enthielt Beiträge von insgesamt 23 Autoren, von denen Heine eine ganze Reihe persönlich bekannt war. Er selbst hatte eine Teilnahme an dem Unternehmen abgelehnt. Seine Distichen beziehen sich auf die Veröffentlichung des jeweils angesprochenen Autors.

1 *Stieglitz:* Heinrich S. (1801–49) und seine Frau Charlotte (1800 bis 1834) waren mit Heine zeitweilig recht eng befreundet. Sie wurde berühmt, als sie das Leben nahm, um ihren Gatten zu poetischer Leistung zu stimulieren.

4 *Chamisso:* Der Dichter Adelbert von Ch. (1781–1831) wurde von Heine sehr geschätzt.

7 *Leßmann:* Daniel L. (1794–1831) gehörte ebenfalls zu Heines Berliner Freundeskreis.

10 *Caroline:* Das Pseudonym ist schwer zu lüften. Berühmt war unter diesem Namen Caroline de la Motte Fouqué (1775–1831),

die Frau des ebenfalls am *Musen-Almanach* beteiligten Romantikers.
13 *Werder:* Karl W. (1806–93) war Schüler Hegels und gehörte zum Kreis um Rahel und Karl August Varnhagen.
16 *Maltitz:* Friedrich Apollonius von M. (1795–1870) war Heine im Varnhagen-Salon begegnet.
19 *Veit:* Moritz V. (1808–64) war der Sohn des mit Heine gut bekannten Philipp Veit.

466 Kalte Herzen

4 *Shylocks Tochter: Jessica:* Figur aus Shakespeares Stück *Der Kaufmann von Venedig*; vgl. auch Heines Charakteristik der Jessica in *Shakespeares Mädchen und Frauen*.
25 *Nach Sibirien, nach Sibirien!:* vgl. das Lied *Nach Sevilla, nach Sevilla* aus Brentanos *Ponce de Leon*.

Vorworte

477 Vorwort [zu: Reisebilder. 2. Teil. 2. Auflage (1831)]

Druckvorlage: Reisebilder von H. Heine. Zweyter Theil. Zweyte Auflage. Hamburg: Hoffmann und Campe 1831. S. V–VIII.

Dieses Vorwort war der erste Prosatext, den Heine in Paris verfaßte; da er sich ganz überwiegend auf den *Neuen Frühling* bezieht, erscheint sein Abdruck an dieser Stelle sinnvoll.

477,12 *der dritte Band der Reisebilder:* Er erschien 1829 und enthielt den ersten Teil der italienischen Reisebilder.
478,9 *Gaudy:* Franz von Gaudys (1800–40) Lyriksammlung *Erato* von 1829 steht in der Heine-Nachfolge.
Kugler: Das *Skizzenbuch* (1830) von Franz Kugler (1808–1858) enthielt neben Gedichten auch Zeichnungen und Kompositionen. Heine war mit Kugler persönlich bekannt und wurde von diesem gezeichnet.
478,15 f. *einige andere Zeitgenossen:* wohl Anspielung auf die Saint-Simonisten, zu denen Heine direkt nach seiner Ankunft in Paris im Mai 1831 Kontakt suchte.

478 Vorwort zur zweiten Auflage

Druckvorlage: Neue Gedichte. 2. Auflage. Hamburg: Hoffmann und Campe 1844, S. I–XII. S. IV–XII enthalten das Vorwort zu: *Deutschland. Ein Wintermärchen.* (Hier nicht mit abgedruckt.)

Zu den Umständen der 2. Auflage der *Neuen Gedichte* im einzelnen s. S. 922 f.

Romanzero

Zur Textgestalt

Die maßgebliche Ausgabe ist der 1. Druck von 1851, der den genauen Titel trägt: »Romanzero von Heinrich Heine, Hamburg: Hoffmann und Campe, 1851«. Der Schmutztitel lautet: »Gedichte von H. Heine, Dritter Band: Romanzero«. Dieser 1. Druck – es erschienen im selben Jahr weitere Drucke (s. Entstehung) – wurde von Heine sehr sorgfältig korrigiert, wie die überlieferten Druckfahnen ausweisen. Gleichwohl hat die Druckerei nicht alle Wünsche des Autors erfüllt, vor allem hinsichtlich der Orthographie, wo Heine in einigen Fällen an der damals bereits veralteten y-Schreibung festhalten wollte (z. B. beim Verb »seyn«). Die späteren Drucke greifen vielfach in die Texte ein, insbesondere bei der Interpunktion, und sind deshalb für die Textherstellung ohne Relevanz. Einige Fehler im Text lassen sich durch den Vergleich mit den Handschriften erkennen.

Entstehung

Die Entstehungs- und Druckgeschichte des *Romanzero* ist ganz wesentlich geprägt von zwei Faktoren, die Heines Leben und seine Arbeit seit der Mitte der 40er Jahre vor allem bestimmten: die fortschreitende Verschlechterung seines Gesundheitszustands sowie das Bemühen um die finanzielle Versorgung und Absicherung seiner Frau Mathilde. Nach der geplatzten Hoffnung auf eine größere Erbschaft aus dem Besitz des Onkels Salomon blieben Heine als verzinsliches Kapital einzig seine literarischen Werke. Schon Mitte 1846 legte er deshalb dem Verleger Julius Campe den Plan zu einer Gesamtausgabe vor und drängte auf deren Realisierung. Campe reagierte zurückhaltend. Heine schrieb einige Briefe im erregten Ton, in denen er dem Verleger unter anderem vorwarf, er warte auf seinen Tod als »fördernde Reklame«. Das führte 1848 zum einseitigen Abbruch der Korrespondenz durch Campe: bis ins Jahr 1851 beantwortete er keinen Brief seines Autors mehr, der sich nun in

Romanzero

von

Heinrich Heine.

———

Hamburg.
Hoffmann und Campe.
1851.

Umschlag der Erstausgabe des *Romanzero* (1851)

einer sehr ungünstigen Verhandlungsposition befand und durch unbeirrtes Fortsetzen des Briefwechsels seinen Gesichtsverlust so gering wie möglich zu halten versuchte.

Das Gesamtausgaben-Projekt und sein Scheitern hatte insofern Einfluß auf den *Romanzero*, als Heine die Gedichte, die nach Erscheinen der *Neuen Gedichte* 1844 neu entstanden, zunächst zur Ergänzung bzw. Abrundung des Gedichtteils innerhalb der Ausgabe vorgesehen hatte. Erst mit der fortschreitenden Gewißheit, daß eine solche Ausgabe vorerst nicht zustande kam, und mit der wachsenden Zahl neuer Texte ist dann von der Möglichkeit einer separaten Ausgabe die Rede. Auch hier spielt der finanzielle Aspekt sofort wieder eine Rolle: Ein Besucher machte Heine im September 1850 den Vorschlag, seinen neuen Lyrikband auf Subskription herauszubringen, und versprach ihm eine Menge Geld. Heine mochte sich mit dieser Idee nicht anfreunden, benutzte das Angebot in der Folge aber, um Campe aus der Reserve zu locken, gab es doch eine vertragliche Absprache, derzufolge er diesem jedes neue Buch zu dem Preis überlassen mußte, den ihm ein anderer Verleger geboten hatte. Schließlich fingierte er Campe gegenüber gar einen Vorschuß, den ihm angeblich sein Bruder Gustav Heine von einem Wiener Verleger besorgt haben sollte. All diese Finten hätten aber wohl nichts geholfen, wenn Campe sich nicht am Ende selbst entschieden hätte, die Beziehung nach dreijähriger Unterbrechung wieder anzuknüpfen.

Der andere Umstand, der das neue Gedichtbuch von allem Anfang an begleitete, war der sich stetig verschlechternde Gesundheitszustand Heines. Am 8. Juli 1848 hatte er Campe noch angekündigt, er werde dem Band *Neue Gedichte* innerhalb der Gesamtausgabe auch »die letzten versificirten Blutstropfen meiner Muse« einfügen. Der hier spielerisch angesprochene Zusammenhang von Blut und Schmerzen mit den damals geschriebenen Texten blieb später bestehen: »Nur zwey Tröstungen sind mir geblieben und sitzen kosend an meinem Bette: meine französische Hausfrau und die deutsche Muse. Ich knittele sehr viel Verse, und es sind manche darunter, die wie Zauberweisen meine Schmerzen kirren, wenn ich sie für mich hin summe« (an Campe, 15. Januar 1849). »Ich habe viel und mitunter große Gedichte gemacht, die ich kaum leserlich mit Bleistift aufs Papier kritzle. Wenn ich sie aber aus dieser Form nothdürftigst korrekt diktiren soll, so ist das bey dem leidenden Zustand meiner Augen eine gräßlich peinigende Operation, die, wie begreiflich, meinen

Nerven nicht sehr zuträglich ist. Es ist also im wahren Sinn des Wortes mein versifiziertes Lebensblut, was ich solchermaßen gebe« (an Campe, 16. November 1849). »... die dritte Säule meines lyrischen Ruhms wird vielleicht ebenfalls von gutem Marmor, wonicht gar von besserem Stoffe sein« (an Campe, 28. September 1850).

Am 19. Juli 1851 kam Campe schließlich nach Paris, um Heine zu besuchen. Die Begegnung verlief in einer sehr freundschaftlichen Atmosphäre, die beiden waren sich, was den Verlag des neuen Lyrikbandes betrifft, sehr schnell in allen Punkten einig. Schon am 24. September wurde ein Vertrag unterzeichnet, der Heine die Rekordsumme von 6.000 Mark Banko (heute ca. DM 80.000) für den neuen Band einbrachte. Der Krankheitszustand des Dichters war nicht ohne Eindruck auf Campe geblieben und hatte seine Großzügigkeit ohne Zweifel beflügelt. Campe findet zusammen mit Heine den Titel *Romanzero* für die neue Sammlung, bedingt sich aus, daß die Sammlung keine irgendwie anstößigen Stücke enthalten solle, und reist am 10. Juli ab. In den folgenden Wochen bis zum 27. August, als Gustav Heine das Manuskript zum *Romanzero* aus Paris nach Hamburg mitnimmt, arbeitet Heine intensiv an einigen zusätzlichen Texten, insbesondere aber an verschiedenen Neu- und Umordnungsplänen der vorhandenen Gedichte. Später schreibt er Campe wegen dieser Anstrengung, er sei »ein großer Meister der Anordnung« (12. August 1852).

Bei Campes Besuch dürfte der Band weitgehend fertig gewesen sein. Heines Angabe aus dem *Nachwort zum Romanzero*: »Mit wenigen Ausnahmen schrieb ich sie während der letzten drei Jahre«, trifft dabei zu: Der überwiegende Teil der Texte entstand in den Jahren 1848–51. Zwar sind 11 der 64 Gedichte des *Romanzero* bereits vor 1848 im Druck erschienen, und zwei weitere ungedruckte lassen sich mit Sicherheit ebenfalls nach 1847 datieren. Doch bleibt die Tatsache bestehen, daß Heine, ganz im Gegensatz zum *Buch der Lieder* und den *Neuen Gedichten*, die kaum Ungedrucktes enthalten, mit dem *Romanzero* einen Band wirklicher Novitäten auf den Markt brachte.

Gerade dieser Umstand erklärt ohne Zweifel auch die besonderen Schwierigkeiten, die Heine mit der Abrundung des Gesamtmanuskriptes hatte, d. h. mit der endgültigen Auswahl der Gedichte ebenso wie mit ihrer Anordnung. Zwar lassen sich die verschiedenen Arbeitsgänge seiner Änderungs- und Ordnungsversuche nicht mehr vollständig rekonstruieren (s. dazu DHA III,432–441). Immerhin kann man einen Umorganisationsprozeß verfolgen, den Heine im September 1851 an den *Lamentationen* vornahm: Dort schied er sechs Texte aus und sandte zunächst zwölf neue, dann noch ein weiteres neues Gedicht als Ersatz an Campe, wovon aber nur elf (das sind die Texte von *Mythologie* bis *Autodafé*) berücksichtigt wurden (*Die schlesischen Weber* lehnte Campe aus politischen Gründen ab, *Symbolik des Unsinns* traf zu spät im Verlag ein). Einige der ausgeschiedenen Texte benutzte Heine dann 1851, als zur Auffüllung der 3. Auflage der *Neuen Gedichte* der Zyklus *Zur Ollea* zusammengestellt wurde.

Auffällig sind auch die häufigen Titeländerungen noch in der Reinschrift (vgl. die Erläuterungen). Gerade hier wird allerdings auch deutlich, daß im *Romanzero* eben nicht, wie im *Buch der Lieder* oder den *Neuen Gedichten*, mehr oder weniger nur bereits gedruckte Texte erschienen, deren Textgestalt sich in gewisser Weise bereits bewährt hatte, sondern überwiegend bis dahin ungedruckte Gedichte, für die Heine sich in seiner Entscheidung schwerer tat. Das gilt auch für die Anordnung: Hatte er in den früheren Gedichtbänden zumindest bereits bestimmte Anordnungsmuster in ihrer Wirkung ausprobieren und in der erneuten Zusammenstellung diese Wirkung berücksichtigen können, so mußte er beim *Romanzero* unmittelbar eine Festlegung treffen. Entsprechend häufig wechselten manche Stücke und Zyklen ihren Platz, was sich an den verschiedenen Ordnungszahlen auf den erhaltenen Manuskriptblättern nachvollziehen läßt.

Das Manuskript der Reinschrift, das Campe am 1. September 1851 in Händen hielt, bestand aus den drei Büchern des *Romanzero*, dem zunächst als viertes Buch der Text des Balletts vom *Doktor Faust* angehängt war. Noch im Laufe des Septembers verabschiedeten sich Autor und Verlag von dieser Zusammenstellung und entschieden sich, den *Doktor Faust* separat herauszubringen. Der Text-Verlust wurde durch einige in die *Lamentationen* eingeschobene Gedichte und durch die *Noten* und das eigentlich als Vorwort geplante *Nachwort* ausgeglichen. Denn Druck und Korrektur des *Romanzero* liefen derart zügig und störungsfrei ab, daß die Vorrede, die Heine erst am 30. September an Campe schicken konnte, am Ende als *Nachwort* abgedruckt werden mußte: der Druck war bereits zu weit fortgeschritten. Campe wollte den Band unbedingt noch im Herbst ausliefern, »wenn die ersten Oefen zu knistern beginnen«, wie er an Heine schrieb (19. August 1851). Dabei zog er alle Register seiner verlegerischen Erfahrung, um diesen Gedichten, die er selbst sehr schätzte, auch zum merkantilen Erfolg zu verhelfen: »verlassen Sie sich darauf, daß ich buchhändlerisch ebenfalls ein Meisterstück liefern werde« (an Heine, September 1851). Als besonderen äußeren Anreiz, den auch Heine guthieß, ließ er den Maler Georg Spiller von Hauenschild einen modernen Umschlag für das Buch entwerfen.

Und in der Tat war der Erfolg des *Romanzero* auf dem Buchmarkt überwältigend. Der Verleger ließ wegen der hohen Zahl von Vorbestellungen im Zeitraum von zwei Monaten (Ende Oktober bis Anfang Dezember) vier Auflagen drucken: drei Auflagen der Ausgabe im Oktavformat, die, da so schnell hintereinander gedruckt, gar nicht erst als 1., 2. und 3. Auflage gekennzeichnet wurden, und eine Auflage im Miniaturformat. Das bedeutete eine Gesamtauflage in der für Lyrikbände ganz und gar ungewöhnlichen Höhe von 20 000 Exemplaren. Die Auslieferung an die Buchhändler erfolgte zwischen dem 23. und 28. Oktober 1851. Allerdings brachte das Verbot des Buchs in Österreich, Preußen, Bayern, Württemberg und anderen Staaten sowie eine nicht sehr freundliche Kritik die gewaltige Nachfrage relativ schnell zum Stillstand. Die Buchhändler schützten, wie Campe an Heine schreibt, Angst vor Beschlagnahmung vor und sandten die bereits fest bestellten Exemplare teilweise an ihn zurück (Brief an Heine, August 1852). Trotzdem dürfte Campe im ersten Jahr mindestens 8000 Exemplare abgesetzt und insgesamt ein gutes Geschäft gemacht haben; den Rest der hohen Auflage hat er bis spätestens 1859 verkauft, als die 4. Auflage des *Romanzero* erschien, also in einem nicht allzu großen Zeitraum.

Kommentar

Historien

Der Erwartung des Gesamttitels *Romanzero* entspricht diese Abteilung noch am ehesten. Sie enthält Gedichte im epischen Ton, die historische bzw. mythologische Geschehnisse zum Inhalt haben. Der Titel *Historien* erinnert an das gleichnamige Geschichts-Werk Herodots, das Heine kannte und aus dem er gleich das erste Gedicht schöpft. Heine vermittelt in diesen Eröffnungstexten seiner Sammlung einen universal ausgerichteten Geschichtspessimismus, der zur Folie wird für die folgenden Gruppen.

484 ⟨Motto⟩

1 *Wenn ... geübt:* Dieser Vers ist eine Anspielung auf den Erbschaftsstreit Heines mit seinem Vetter Carl Heine, der nach dem Tod des Onkels Salomo im Dezember 1844 begann.
8 *süß verbluten:* vgl. *Deutschland. Ein Wintermärchen*, Cap. I, V. 12: »Recht angenehm verblute«.

485 Rhampsenit

Die Geschichte geht zurück auf eine Erzählung in Herodots *Historien* (II,121), die Heine allerdings insofern variiert, als er die Königstochter vor den Liebeskünsten des Diebes kapitulieren läßt, während bei Herodot der König seine Tochter ins Bordell schickt, um dort den Dieb zu fangen. In den *Noten* zum *Romanzero* druckt Heine den Herodot-Text in der deutschen Übersetzung durch Adolf Schöll (Stuttgart 1828).

Die groteske Ebene des Gedichts wird in den Anachronismen greifbar: Obwohl »Vor Christi Geburt« (44,67) schreitet die Zeit von 1324 nach 1326 fort.

487 Der weiße Elefant

Das Gedicht ist ein »Spaßgedicht auf eine wohlbekannte Dame des hiesigen Hofes« (Heine an Campe, 15. Oktober 1851), die Gräfin Kalergis, geb. Nesselrode, mit der Heine bekannt war. Sie verkehrte zwischen 1848 und 1854 in den Kreisen der Pariser Bohème. Théo-

phile Gautier besang sie (sehr viel ernsthafter als Heine) 1849 in seinem Gedicht *Symphonie en blanc majeur.*
[Titel] Albino-Elefanten stellten im Orient eine enorme Kostbarkeit dar.
1 *Siam:* alter Name für das heutige Thailand.
  Mahawasant: kein historischer Name.
17 *Indra:* Gott des sichtbaren Himmels, eine sehr hohe Gottheit der altindischen Mythologie.
95 *Bimha:* Heine wirft hier einige Namen der indischen Mythologie durcheinander: Ein männlicher Bhimas erscheint in der *Mahabharata,* aber nicht im Epos *Ramayana.*
96 *Epheser große Diana:* die berühmte Kolossalstatue der Diana in Ephesus.
105–112 *Die Dichter ... Kontrast:* ironische Anspielung auf das Gedicht *Symphonie en blanc majeur* von Théophile Gautier (1811–72), mit dem Heine befreundet war.
113 *Bianka:* von ital. *bianca* ›weiß‹.
128 *wenn ich ein Vöglein wär!:* Das Volkslied mit diesem Anfang hatte Heine bereits in *Lyrisches Intermezzo* LIII (*Buch der Lieder*) parodiert.
134 *Ossian:* Gedichtsammlung, von James Macpherson (1736–96) als altschottische Sammlung des Barden Ossian fingiert. Sie steht für eine düster-melancholische, genußfeindliche Kunst und spielt in Goethes *Werther* (s. V. 133) eine Rolle.
174 *Mall'posten:* von frz. *malle poste,* ›Postsendungen‹.

494 Schelm von Bergen

Der Sagenstoff war Heine spätestens seit 1821 bekannt, als er ein Gedicht gleichen Titels von Wilhelm Smets in seiner Rezension des *Rheinisch-westfälischen Musenalmanaches auf das Jahr 1821* lobend hervorhob.
[Titel] Die Schelme von Bergen waren ein urkundlich belegtes hessisches Ministerialengeschlecht. Ihr Stammsitz war Bergen unweit von Frankfurt. Die Verlegung der Geschichte nach Düsseldorf führt zu Glaubwürdigkeitsproblemen, da nicht anzunehmen ist, daß der Scharfrichter aus der Frankfurter Gegend in Düsseldorf sofort erkannt wird. Heine schlägt aber so den Bogen zu seiner eigenen Begegnung mit des »Scharfrichters Töchterlein«, dem roten Sephchen, in den Düsseldorfer Jugendtagen,

die er in den *Memoiren* schildert und der er große Bedeutung für seine Persönlichkeitsentwicklung beilegt: sie weckte in ihm »zwei Passionen«: »die Liebe zu schönen Frauen und die Liebe für die französische Revoluzion« (DHA XV,99).
7 *Fant:* von ital. *fante* ›Bursche, leichtfertiger Mensch‹.
15 *Drickes / Marrizebill:* Figuren des rheinischen Karneval: Drickes aus ›Hendrick‹ steht für hochdt. ›Heinrich‹, Marizzebill für ›Maria Sibylle‹.
47 *Schelm:* Das Wort bedeutet hier ebenso Henker als ›ehrloser Mann‹ wie ›Schalk‹.

496 Valkyren

[Titel] Die Walküren gehören in der nordischen Mythologie zum Gefolge Odins. Sie verkünden den Kämpfern in der Schlacht ihren nahen Tod.
12 *der schlechte Mann gewinnt:* eines der zentralen Motive der späten Gedichte Heines, vgl. *Schlachtfeld bei Hastings,* V. 13 f.; *Im Oktober 1849,* V. 47 f.; *Zum Lazarus. 1,* V. 7 f.

497 Schlachtfeld bei Hastings

Wie der unter II. in den *Noten* abgedruckte Auszug zeigt, wurde Heine durch Augustin Thierrys *Histoire de la conquête de l'Angleterre par les Normands, de ses causes et de ses suites jusqu'à nos jours, en Angleterre, en Ecosse, en Irlande et sur le continent,* 3 Bde., Paris 1825, angeregt, die er sich im Januar 1849 ausgeliehen hat.
[Titel] In der berühmten Schlacht des Jahres 1066 besiegte Wilhelm (später mit dem Beinamen »der Eroberer« belegt), den unehelichen Sohn des Normannenherzogs Robert II., den angelsächsischen König Harold II., der in der Schlacht fiel. Die Normannen vertrieben in der Folge die eingesessene angelsächsische Oberschicht und teilten deren Ländereien unter sich auf.
1 *Abt von Waltham:* In der Abtei Waltham, nahe bei Hastings, liegt Harold II. begraben.
19 *Bayeux:* Stadt in der Normandie, wo auch zu Heines Zeit bereits der berühmte Teppich mit der Darstellung der Schlachtereignisse ausgestellt war.
26 *der große Komet:* Der Halleysche Komet war 1066 zu sehen; sein Erscheinen ist auch in Thierrys Darstellung erwähnt.
41 *Grendelfield:* kein historischer Name.

43 *Edith Schwanenhals:* Ihre Geschichte fand Heine in seiner Quelle vorgebildet (s. *Noten,* II, S. 669).
82 *Lailich:* (mhd.) Leinentuch.

501 Carl I.

Erstdruck: Album. Originalpoesien. Hrsg. von Hermann Püttmann. Borna 1847. S. 143 f.; dort unter dem Titel: Das Wiegenlied. Die Verbindung zwischen dem Herausgeber Püttmann und Heine wurde von Karl Marx Mitte 1845 hergestellt. Das *Album,* eine Sammlung sozialkritischer und politischer Vormärzlyrik, wurde sofort nach Erscheinen von der Zensur verboten; der Herausgeber lebte damals bereits im Schweizer Exil (s. auch Anm. zu *Die schlesischen Weber,* S. 976).

[Titel] Die Beschäftigung mit dem Schicksal des 1649 enthaupteten englischen Königs Karl I. zieht sich durch Heines gesamtes Werk, wobei schon früh immer auch die Figur von Karls Henker miteinbezogen wird (vgl. die Rezension von Wolfgang Menzels *Die deutsche Literatur* von 1828 oder *Über die französische Bühne,* 3. Brief von 1837).

5 *Eiapopeia, . . .:* Heine selbst verweist als Quelle auf ein altes französisches Wiegenlied, dessen Eingangsverse in der deutschen Version lauten: »Eiapopeia, was rappelt im Stroh? / 's Kätzchen ist gstorben, das Mäusche ist froh.«

13 *Köhlerglaube:* dumpfe, unbefragte Gläubigkeit, auch Unwissenheit oder Borniertheit.

21 *Mein . . . krank:* Der Vers klingt an Gretchens Klage in *Faust I* an: »Meine Ruh ist hin / Mein Herz ist schwer« (V. 3374 f.).

502 Maria Antoinette

Der französische König Ludwig XVI. (geb. 1754) wurde am 21. Januar, seine Frau Marie-Antoinette (geb. 1755) am 16. Oktober 1793 in Paris hingerichtet.

1 *Tuilerienschloß:* Königsschloß in Paris.
5 *Pavillon de Flor:* Blumenpavillon, Teil des Tuilerienschlosses.
7 *Lever:* Zeremonie der Morgentoilette.
10 *Tabourets:* Schemel, Hocker.
18 *manquieret:* von frz. *manquer* ›fehlen‹, parodiert hier zugleich die Hofsprache.
21 *Toupet:* modische Hochfrisur des 18. Jh.s

23 f. *Die Tochter ... Cäsaren:* Marie-Antoinette war die Tochter von Kaiser Franz I. und Maria Theresia von Österreich.
38 *Scherwenzen:* scharwenzeln, sich liebedienerisch drehen und wenden.
40 *Reverenzen:* Hofknickse.
41 *Dame d'atour:* Hofdame, die beim Ankleiden behilflich ist; frz. *atours* ›Kleidung, Putz‹.

505 Pomare

[Titel] *Pomare:* Name der Königin von Tahiti (seit 1842 französische Kolonie), die sich heftig gegen die christliche Missionierung ihrer Bevölkerung wehrte. Der Name Pomare wurde dann 1844 auf eine Pariser Tänzerin übertragen, die mit bürgerlichem Namen Elise Sergent hieß (1825–46). Es gibt vielfältige Berichte über ihre mitreißenden Tänze in den großen Pariser Tanzlokalen wie dem »Mabille« (I, V. 11) oder der »Grand Chaumière«. Die Modetänze dieser Zeit waren die Polka und der Cancan (I, V. 12).

505 I

15 *Eine Fürstin jeder Zoll:* ironisches Zitat aus Shakespeares *King Lear* (IV,6): »Jeder Zoll ein König«.

505 II

10 *die Tochter Herodias:* Die Geschichte vom Tanz der Salome vor Herodes, von dem sie dafür den Kopf Johannes' des Täufers forderte, ist bei Mt. 14,6 ff. überliefert. Heine fügte der Geschichte im *Atta Troll* als Motiv der Salome für ihren Wunsch die unerwiderte Liebe zu Johannes hinzu und begründete so eine neu akzentuierte und äußerst folgenreiche Überlieferungstradition.

506 III

9–20 *Wenn ... Schinder:* Die Strophe bestand im Erstdruck im *Album* lediglich aus 8 Versen. Sie wurde für den *Romanzero*-Druck überarbeitet. Dabei entstanden die V. 13–18 aus den beiden Versen: »Wo der Carabin zuletzt / Deinen schönen Leib zerfetzt.« Vgl. die Reflexion bezüglich eines Lustspiels über das Grisettenwesen in Paris in *Über die französische Bühne,* 2. Brief,

wo Heine schreibt: »aber ... wenn ich heimlich bedenke wo dergleichen Lustspiel in der Wirklichkeit endet, nemlich in den Gossen der Prostituzion, in den Hospitälern von St. Lazare, auf den Tischen der Anatomie, wo der Carabin nicht selten seine ehemalige Liebesgefährtinn belehrsam zerschneiden sieht« (DHA XII,239).
15 *Carabin:* Medizinstudent.
20 *Montfaucon:* Schlachthof vor den Toren von Paris.

507 IV

5 f. *In ... du:* Die Todesumstände sind von Heine erfunden.
9 *Lailich:* (mhd.) Leinentuch.
13 f. *Keinen ... schwer:* vgl. dazu den Anfang des Nachlaßgedichts »Keine Messe wird man singen, / Keinen Kadosch wird man sagen, / Nichts gesagt und nichts gesungen, / Wird an meinen Sterbetagen.«
24 *Ros' Pompon:* Ebenfalls eine bekannte Tänzerin im Paris der 40er Jahre; mit Pomare eng befreundet und keineswegs von dem von Heine hier unterstellten »niederm Sinn«. Sie veröffentlichte Memoiren, in denen auch über Pomares Schicksal berichtet wird.

Der Apollogott

508 I

9 *Fant:* von ital. *fante* ›Bursche, leichtfertiger Mensch‹.
14 *Neun marmorschöne Weiber:* die neun Musen, die zum Gefolge Apollos gehören.

509 II

4 *Mont-Parnaß:* ironische Wort-Verbindung zwischen dem klassischen Parnaß-Gebirge, das in der Antike als Sitz Apollos und der Musen galt, und dem Pariser Vergnügungsviertel Montparnasse.
7 *Quell Kastalia:* Quelle zu Füßen des Parnaß-Gebirges, deren Wasser nach der griechischen Mythologie dichterische Inspiration verlieh.
15 *Artemisia:* Artemis (Diana), Apollos Zwillingsschwester, die Göttin der Jagd.

23 f. *Mir war ... lauschend:* Die Nymphe Daphne verwandelte sich, um Apollos Nachstellungen zu entgehen, in einen Lorbeerstrauch.
25 *Ambrosia:* Speise der griechischen Götter.

510 III

1 *Beguinen:* Beginen; Frauen, die sich zu klosterähnlichen, aber gelübdefreien Gemeinschaften zusammenschlossen; vor allem im 13. und 14. Jh. verbreitet.
3 *Serge:* grober Stoff.
18 *Kommt ein schlottrig alter Mann:* Hier wird die Karikatur eines Juden gezeichnet.
36 *in der deutschen Synagoge:* Die mitteleuropäischen (Aschkenasim) und iberischen Juden (Sephardim) besuchten unterschiedliche Synagogen (s. auch V. 47: »bei den Portugiesen«).
38 *Rabbi Faibisch:* aus hellenistischer Zeit stammende Hebräisierung des Namens Phöbus (Apollo).
43 *Florin:* von ital. *fiorino* ›Gulden‹.
45 *Jitscher:* jiddisch für: Jude.
48 *beschnitt auch Souveräne:* ironisches Spiel mit der Doppelbedeutung der Wörter ›Souverän‹ und ›beschneiden‹. ›Souverän‹ ist einerseits der Herrscher, der in Europa selbstverständlich nicht beschnitten wurde; es verweist andererseits auf den ›Sovereign‹, eine englische Goldmünze, deren ›Beschneidung‹ als Betrug zu werten wäre.
56 *Tarock und L'hombre:* alte Kartenspiele.
62 *Pickelhäring:* Harlekin bzw. Hanswurst.
68 *Nigens:* Niggun: die mit Tremolo gesungene Vortragsmelodie der Gebete in der Synagoge.
69 *Spielhuis:* kann hier sowohl ›Spielhölle‹, ›Lokal, wo Musik gemacht wird‹ oder auch ›Bordell‹ bedeuten.

513 Kleines Volk

8 *Häckerling:* Häcksel, klein geschnittenes Stroh.
16 *Nonnenfürzchen:* rheinischer Ausdruck für ein Gebäck.
24 Hier folgte in einer Widmungshandschrift vom 8. Januar 1848 eine zusätzliche Strophe, die Heine nicht in den *Romanzero* übernahm:

> Ja in den Pißpott stieg sie hinunter,
> Und in ihr Schicksal ergab sie sich dann.
> Erst hinter Wesel ward sie munter
> Und zärtlich umschlang sie den teuren Mann.

27 *Beverland:* Landstrich in den Niederlanden oder in Niedersachsen.

514 Zwei Ritter

1 *Crapülinski und Waschlapski:* frz. *crapule* ›Lump, Schurke‹; ›Waschlappen‹, umgangssprachlich für ›Feigling‹.
4 *Moskowiter-Tyrannei:* Die polnische Erhebung wurde von den russischen Besatzern am 7. September 1831 blutig niedergeschlagen. Ein Flüchtlingsstrom ergoß sich durch Deutschland in Richtung Frankreich und Amerika. Die Polen wurden den deutschen Liberalen zur Inkarnation des Freiheitsstrebens der unterdrückten Völker. Gegen diese Vorstellung wendet sich Heines Gedicht.
7 f. *Leben ... süß:* ironische Zuspitzung der Horaz-Verse »Süß und ehrenvoll ist es, für das Vaterland zu sterben.« (*Oden*, III,2,13)
12 *Kochan:* poln. *kocham* ›Ich liebe dich‹.
37 *Bowle Punsch:* Schale mit Punsch, d. h. Branntwein mit Zitrone, Zucker und Wasser. Da dieser ›Punsch‹ aber »unverzückert / Unversäuert, unverwässert« ist, handelt es sich um Branntwein pur.
50 *Schlachzitz:* poln. *schlachcic,* ›Angehöriger des Kleinadels‹.
53 *Polen ist noch nicht verloren:* Anfangszeile des Dombrowski-Marsches von 1797, der später zur polnischen Nationalhymne wurde.
57 *Sobieski:* Johann III. Sobieski spielte 1683 bei der Befreiung Wiens von den Türken eine Rolle.
58 *Schelmufski und Uminski:* Schelmufski ist Held des gleichnamigen Schelmenromans von Christian Reuter aus dem Jahre 1696; Uminski war einer der Führer des polnischen Aufstandes von 1830/31.
59 f. *Eskrokewitsch / Schubiakski / Eselinski:* Die ›Heldennamen‹ gehen zurück auf frz. *escroc* ›Gauner‹; *Schubiak:* lästiger Mensch; Esel.

516 Das goldne Kalb

Heine sandte dieses Gedicht am 15. Februar 1851 zusammen mit *Nächtliche Fahrt* und *Altes Lied* an den Verleger der *Rheinischen Musik-Zeitung* Michael Schloß, der ihn um Textvorschläge für einen Kompositionswettbewerb gebeten hatte.

[Titel] Die Geschichte vom Goldenen Kalb, das Aaron, der Bruder und Stellvertreter des Moses, in dessen Abwesenheit aufstellen und als Götze feiern ließ, wird in 2. Mose 32 erzählt.

3 *Jakobs Töchter:* hier allgemein die jüdischen Frauen; Jakob ist der Stammvater des jüdischen Volkes.

517 König David

Das Gedicht beruht auf einer Geschichte im Alten Testament. In 1. Kön. 2,5–6 spricht David zu seinem Sohn Salomo: »Du weißt selbst, was Joab, der Sohn der Zeruja, mir angetan hat ... Laß dich von deiner Weisheit leiten und sorge dafür, daß sein graues Haupt nicht unbehelligt in die Unterwelt kommt.«

5 *Farrn:* Farre: junger Stier.

518 König Richard

[Titel] König Richard Löwenherz von England (1157–99) war von 1192 bis 1194 vom österreichischen Herzog Leopold V. festgesetzt worden.

1 *Wälder einödige Pracht:* In Augustin Thierrys *Histoire de la conquète de l'Angleterre*, Heines Quelle für *Schlachtfeld bei Hastings*, wird von einem Besuch des Königs im Sherwood-Wald bei Nottingham berichtet, wo er auch den sagenhaften Robin Hood getroffen haben soll.

518 Der Asra

Quelle des Gedichts ist eine Anekdote aus Stendhals Werk *De l'amour* (1822).

519 Himmelsbräute

6 *Ursulinerinnen:* Der Ursulinenorden ist seit dem 17. Jh. auch in Düsseldorf ansässig.

23 f. *Und ... gehörte:* Anspielung auf Mk. 12,17: »So gebet dem Kaiser, was des Kaisers ist, und Gott, was Gottes ist.«

28 *Epaulette:* (frz.) Schulterstück bei Uniformen.
40 *Miserere:* (lat.) Erbarme Dich! Gebet innerhalb der katholischen Liturgie.

521 Pfalzgräfin Jutta

Das Gedicht wurde angeregt durch einen Text aus *Des Knaben Wunderhorn*, in dem eine mannstolle Königin neun Liebhaber ertränkt, bevor Albertus Magnus ihre Untaten entdeckt. Die Verlegung der Lokalität an den Rhein geht auf Heine zurück.

522 Der Mohrenkönig

Heines Interesse an der Geschichte der spanischen Araber und Juden hat sich vielfach in seinem Werk niedergeschlagen. Hauptquelle für dieses Gedicht könnte die Schilderung der Episode in Washington Irvings *Chronicle of the Conquest of Granada*, 2 Bde., London 1829, sein.

[Titel] ›Mohr‹ ist hier nicht im Sinne von ›Schwarzer‹, sondern von ›Maure‹, ›Araber‹ zu verstehen. Heine hatte als Titel in der Druckvorlage noch »Boabdil« erwogen.
1 *Alpuxarren:* Las Alpujarras: Gebirgskette südlich von Granada. Hier wurde dem entmachteten König Boabdil nach der Rückeroberung Granadas durch die Christen (1492) ein Lehngut angewiesen.
5 *Zeltern:* Reitpferde für Damen.
18 *Duero-Tal:* Ein Irrtum Heines. Der Duero fließt im Nordwesten Spaniens.
28 *Alhambra:* das Königsschloß in Granada.
37 *Boabdil el Chico:* Boabdil mit dem span. Beinamen »der Kleine« war der letzte maurische König in Spanien. Er hatte 1482 seinen Vater entmachtet und mit dem katholischen König kooperiert. Später ging er nach Nordafrika und fiel dort im Kampf gegen den Sultan von Marokko.
41 *Kebsin:* Nebenfrau, Geliebte.
57 *Berg des letzten Mohrenseufzers:* so bereits bei Irving; der Berg liegt in der Nähe des Padul-Passes.
63 f. *Und ... gefeiert:* Die Episode wurde tatsächlich vielfach literarisch verarbeitet, so u. a. in Théophile Gautiers Gedicht *Le soupir du more* (»Der Seufzer des Mohren«).

524 Geoffroy Rudèl und Melisande von Tripoli

Die Episode um den provenzalischen Dichter Rudel, Prinz von Blaya, hat Heine mit hoher Wahrscheinlichkeit in Christian Friedrich Diez' *Leben und Werke der Troubadours* (Zwickau 1829) gefunden.

2 *Tapete:* Bestickte oder handbemalte Tapeten waren in den Schlössern Westfalens und des Rheinlandes verbreitet.

527 Der Dichter Firdusi

Die Hauptquelle für dieses Gedicht war Joseph von Hammer-Purgstalls *Geschichte der schönen Redekünste Persiens... Mit einer Blüthenlese aus 200 persischen Dichtern*, Wien 1818. Dort heißt es in Abschnitt XVI über Firdusi: »Firdussi aus Tus, der Dichter des Schachname, der größte Dichter nicht nur Persiens, sondern des ganzen Morgenlandes...« Hammer-Purgstall schildert auch das verwickelte Verhältnis Firdusis zum Sultan Mahmud, das Heine auf den wesentlichen Punkt der Konfrontation von geistiger und politischer Macht zuspitzt. Sein eigener Erbschaftsstreit mit dem Vetter Carl steht dabei ohne Zweifel im Hintergrund.

[Titel] Firdusi lebte von 939 bis 1020.

527 I

2 *Thoman:* persische Münze.
12 *Schach Nameh:* Das *Königsbuch* enthält in Form eines Mythos die Geschichte des persischen Reiches von den Anfängen bis zur Unterwerfung durch die Araber und zum Beginn der Islamisierung im Jahre 651.
28 *Farsistans:* Zentralprovinz des alten persischen Reiches mit der Hauptstadt Shiraz.
36 *heilgen Lichte Irans:* hier und im folgenden Anspielungen auf die altpersische Lichtreligion.
39 *Mufti:* Rechtsgelehrter im Islam.
44 *Zweimalhunderttausend Verse:* Das *Schah-Name* besteht aus ca. 60 000 Distichen, also etwa 120 000 Versen.
46 *Gasna:* Residenzstadt des Sultans Mahmud.

529 II

12 *ein König jeder Zoll:* Zitat aus Shakespeares *King Lear* (IV,6); s. *Pomare*, V. 15.

530 III

6 *Ansari:* Gemeint ist wohl der Dichter Ansari, den Hammer-Purgstall als »König der Dichter« und besonderen Günstling des Sultans bezeichnet.
9 *Odalisken:* weiße Haremsdienerinnen.
23 *Thus:* Tos in Chorassan war Geburts- und Sterbeort Firdusis.
33 *Sandelholz:* Kostbare Holzsorten zur Herstellung von Schnitzwerken und ätherischen Ölen.
40 *Schabracken:* verzierte Pferdedecken.
67 *La Illa Il Allah:* »Kein Gott außer Gott«, das islamische Glaubensbekenntnis.

533 Nächtliche Fahrt

Heine sandte dieses Gedicht am 15. Februar 1851 zusammen mit *Das goldne Kalb* und *Altes Lied* an den Verleger der *Rheinischen Musik-Zeitung* Michael Schloß, der ihn um Textvorschläge für einen Kompositionswettbewerb gebeten hatte. Insbesondere *Nächtliche Fahrt* schien ihm als Textvorlage gut geeignet. Als Schloß in diesem Punkt Bedenken äußerte, antwortete Heine am 12. März 1851 mit einer ausführlichen Selbstinterpretation: »Drei Personen steigen in den Kahn, und bei ihrer Rückkehr an's Land sind ihrer nur zwei. Schon durch den Reim habe ich diese Hauptsache prägnant hervorzuheben gesucht. Es geht daraus deutlich hervor, daß ein Mord begangen worden, und zwar an der Schönen, die schweigend geblieben und höchstens das Wehe ausgerufen hat, welches in der vorletzten Strophe vorkommt. – Ueber die Motive des Mordes erfährt man nichts Bestimmtes; nur ahnet man, daß er ein Act der Schwärmerei: ein Liebender oder ein Moralrigorist oder sonst ein Heiland aus petit pied begeht die That aus innerm Drang, nicht aber ganz ohne Zweifel an seiner moralischen Berechtigung – er will die Schönheit retten vor Befleckung, ›von der Welt Unflätherei‹, und doch weiß er nicht, ob er nicht etwa eine Narrheit begeht oder im Wahnsinn handelt. Dieser innere Seelenprozeß, der sich bis zum höchsten Angstruf steigert und ein furchtbares Drama im Dunkeln bildet, kann aber durch Musik am besten wiedergegeben werden. – Nach dem letzten Ausbruche der Angstrufe, wobei ich die bei kabbalistischen Beschwörungen üblichen Gottesnamen anwende, tritt wieder die vollkommenste Ruhe ein, ja eine fast ironische Ruhe der Natur, die von den Qualnissen der Menschenseele keine Notiz genommen hat und nach wie vor grünt und blüht.«

11 *welsches Marmorbild:* römische Marmorstatue.
42 *Schaddey:* (hebr.) Allmächtiger; auch Ausruf des Entsetzens.
44 *Adonay:* (hebr.) Herr; Alternative zu Jahve.

535 Vitzliputzli

Die genaue Quelle für dieses Gedicht läßt sich nicht identifizieren, doch stimmen alle aufgeführten Details mit den damals verbreiteten Darstellungen der Geschichte Mexikos überein. Allerdings komprimiert Heine Ereignisse, die sich in Wahrheit über ein Jahr erstreckten.
[Titel] Namensform des altmexikanischen Kriegsgottes Huitzilopochtli.
20 *Rückgratmark die Schwindsucht:* Anspielung Heines auf die eigene Krankheit.
31 *Salomo:* Auf Salomos sagenhafte Kenntnis der Vogelsprachen hat Heine mehrfach angespielt, so z. B. in der Vorrede zu den *Französischen Zuständen* (DHA XII,74 f.); die 1000 Frauen des biblischen Königs werden im Alten Testament (1. Kön. 11) erwähnt.
45 *Regentstreet:* Londoner Geschäftsstraße; Heine besuchte London 1827.
49 f. *Oder ... Bildsäul':* Rotterdam besuchte Heine auf der Rückreise von London; dort steht das Denkmal für den Humanisten Erasmus.
70 f. *Kiffhäuser/Venusberg:* Orte deutscher Nationalmythen: Den Mythos von Barbarossa im Kyffhäuser behandelt Heine im *Wintermärchen* (Cap. XIV–XVI), den vom Venusberg im *Tannhäuser*-Gedicht in den *Neuen Gedichten*.
77 *Schwarz-rot-goldgelb:* seit 1848 die Farben der deutschen Nationalflagge. Heine hat diese Farben immer mit den nationalistischen Burschenschaften, aus denen sie stammten, identifiziert und abgelehnt.

538 I

- 8 *Cortez:* Hernán Cortés (1485–1547) eroberte zwischen 1517 und 1521 das Aztekenreich in Mexiko für die spanische Krone. Sein Heer setzte sich weitgehend aus Kriminellen, Abenteurern, Sträflingen usw. zusammen.
- 25 *Messer:* italienische Anrede: Herr.
- 38 *europamüde:* Wortprägung Heines, zuerst in den *Englischen Fragmenten*; dann unter den jungen Schriftstellern schnell verbreitet.
- 45 f. *Sein ... Jochebeth:* vgl. 2. Mose 6,20.
- 58 *Montezuma:* Montezuma II. (um 1466–1520) war seit 1502 Herrscher der Azteken und residierte im heutigen Mexiko-Stadt. Er begrüßte die Spanier in seiner Residenz am 8. November 1519. Die Details seiner Gefangennahme durch die Spanier sind historisch verbürgt. Allerdings verging bis zu seinem Tod noch ein ganzes Jahr.
- 112 *Ollea-Potrida:* Eintopf, spanisches Nationalgericht.
- 113 *Garbanzos:* (span.) graue Erbsen.
- 133–216 *Noch ... Trauerweiden:* Die Schilderung der Schlacht und des Rückzuges der Spanier entspricht den Quellen, sieht man von den beiden Eigennamen (Don Gaston, V. 197, Gonzalvo, V. 198) ab.

545 II

- 1 *Nach ... Schreckenstag:* Auch hier wird wieder etwa ein Jahr übersprungen.
- 16 *Henri Martin:* Der englische Maler und Kupferstecher John Martin (1789–1854) war berühmt für seine historischen Genres; Heine gibt ihm irrtümlich den Vornamen Henri.
- 39 *blassen Tod von Basel:* Der berühmte Basler Totentanz, ein Freskogemälde im dortigen Predigerkloster, ist heute nicht mehr erhalten.
- 40 *Brüssels Mannke-Piß:* Brunnenfigur in der Nähe des Brüsseler Rathauses.
- 89–92 *Denn ... transsubstituieret:* ironische Beschreibung der katholischen Abendmahlslehre mit dem zentralen Begriff der ›Transsubstantiation‹.
- 100 *Moresken:* Bezeichnung für die konvertierten spanischen Mauren.

140 *De profundis!:* (lat.) aus der Tiefe; Beginn der Totenklage in der katholischen Kirche. Mit den Worten »Aus der Tiefe rufe ich, Herr, zu Dir!« beginnt der 130. Psalm.
142 *Raimond de Mendoza:* Diese Episode ist nicht durch die Quellen abgedeckt und wohl von Heine erfunden.

551 III

 89 *Katzlagara:* Erfindung Heines.
147 f. *Satanas / Belial / Astharoth / Belzebub:* biblische Namen für den Teufel.
149 *Lilis:* Lili: nach dem Talmud erste Frau Adams; später dämonische Gestalt mit besonderer sexueller Ausstrahlung.

Lamentationen

Der Titel verweist auf die Jeremias zugeschriebenen Klagelieder aus dem Alten Testament über den Fall und die Zerstörung Jerusalems. Wichtiger als Jeremias werden für Heine in den Gedichten dieses Abschnitts jedoch die biblischen Gestalten des Hiob und des Lazarus. Dabei vermischen sich die beiden Lazarus-Figuren aus dem Neuen Testament: Lazarus der arme Aussätzige (Lk. 16,19–31) und Lazarus aus Bethanien, der Bruder Marias und Marthas, den Jesus vom Tode auferweckt (Joh. 11,1–44 und 12,1–11). In den *Geständnissen* läßt Heine einen aussätzigen Kleriker aus dem 15. Jahrhundert auftreten, dem die Zeit, der *Limburger Chronik* zufolge, ihre schönsten Gedichte verdankte. In dieser Figur ist das Bindeglied zwischen den biblischen Lazarus-Figurationen und der Situation des kranken Heine zu sehen.

559 Waldeinsamkeit

Wie in den *Elementargeistern* stellt Heine auch in diesem Gedicht Figuren aus allen vier Elementen – Luft, Wasser, Feuer, Erde – in den ihnen zugeschriebenen Eigenarten und typischen Charakteristika vor.

[Titel] Romantisches Schlagwort, das zuerst Ludwig Tieck in seiner Novelle *Der blonde Eckbert* (1797) verwendet hat. Erwogen

hatte Heine in der Druckvorlage auch den Titel »(Prolog). Der Kranz«.
- 21 *Elfen:* Sie vertreten die Luftgeister.
- 28 *Titania:* Feenkönigin und Frau des Elfenkönigs Oberon; beide spielen eine Rolle in Shakespeares *Ein Sommernachtstraum.*
- 32 *Nixenschar:* Die Wassergeister haben in ihren Charakteristika Ähnlichkeit mit den Elfen. Heine betont hier, anders als noch in den *Elementargeistern,* einen gewissen ekstatischen, auch erotischen Zug dieser Gruppe.
- 42 *Lied von den drei Pomeranzen:* Anspielung auf Carlo Gozzis dramatische Märchenbearbeitung *L'amore delle tre melarance* (1791).
- 73 *Salamandern:* Vertreten die Feuergeister.
- 94 *Pissewurzeln:* Diese Wurzeln wachsen nach einer Sage in der Sammlung der Brüder Grimm (Nr. 83) unter dem Galgen aus dem Urin bzw. Samen von Gehenkten; aus ihr entsteht die Alraune.
- 99 *Johannisnacht:* Die Nacht des 24. Juni gilt im Volksaberglauben als besonders mysteriös; in ihr zieht die Wilde Jagd um.
- 107 *Springwurz:* ein Kraut, das alles Verschlossene öffnet. Der Specht soll der Sage nach ein solches Kraut benutzen, wenn sein Nestloch verstopft wird.
- 115 *Spanien manch luftiges Schloß:* von frz. *batir des chateaux en Espagne* ›Schlösser in Spanien bauen‹, heißt soviel wie: Luftschlösser bauen.
- 149 *Styxe:* Styx: Grenzfluß der Unterwelt.
- 153–156 In der Druckvorlage stand zuerst folgende Schlußstrophe:
  Herr Gott! Ist das die muntre Luise?
  Ruf ich erschrocken – jedoch auch diese
  Fährt auf und schaut mich an und erschrickt,
  Als habe sie ein Gespenst erblickt.

564 Spanische Atriden

Wichtigste Quellen für dieses Gedicht sind Prosper Mérimées *Histoire de Don Pedro Ier Roi de Castille* von 1848, Jean-Joseph Damas-Hinards Auswahlübersetzung aus dem spanischen *Romancero general* von 1844 sowie Alexandre Dumas' Roman *Le Batard de Mauléon* (1846/47). Dort fand Heine alle Züge seiner Geschichte vorgebildet. Ihr liegt das Lebensschicksal Pedros I. von Kastilien

(1334–69) zugrunde. Als einziger legitimer Sohn seines Vaters Alfons XI. hatte er sich seit Beginn seiner Regentschaft (1350) gegen sieben Halbbrüder zu behaupten, insbesondere den älteren Henrico von Trastamara, der von seinem Bruder Fredrego unterstützt wurde. Pedro heiratete aus politischen Rücksichten Blanca von Bourbon, verließ sie aber schon wenige Tage nach der Hochzeit zugunsten seiner Geliebten, Maria de Padilla. Er versuchte sich durch äußerste Strenge an der Macht zu halten, was ihm den Beinamen »der Grausame« eintrug. 1358 wurde Fredrego ermordet; Pedro selbst mußte 1366 außer Landes fliehen, kehrte zwar noch einmal zurück, wurde dann aber von Henrico vernichtend geschlagen und eigenhändig hingerichtet (vgl. auch das Gedicht *Disputation* aus den *Hebräischen Melodien*).

[Titel] In der Antike stehen die Atriden für das blutige Schicksal einer Familie, angefangen beim Opfer der Iphigenie, über die Ermordung des zurückkehrenden Agamemnon bis hin zu Orest, der seine Mutter und deren Liebhaber umbringt. Heine hatte zunächst als Titel »Familiengeschichte« erwogen.

1 f. *Hubertustag:* 3. November; das Jahr 1383 ist historisch falsch, da Henrico bereits 1379 starb.

12 *Lokustes:* Name einer bekannten römischen Giftmischerin.

22 *Diego Albuquerque:* Ein Juan Alfonso Albuquerque war unter Pedro I. Minister, fiel aber in Ungnade und starb 1354. Heine hat nur den Namen entliehen, ohne die historische Figur zu meinen.

28 Hier folgen im Manuskript zwei gestrichene Strophen:
Er erzählte mir zum Beispiel,
Wie der König dem Don Gaston,
Seinem leiblichen eignen Vetter,
Abhaun ließ die beiden Hände
  Einzig und allein, weil dieser
Ein Poet war und der König
Einst geträumt, der Vetter schreibe
Gegen ihn ein Spottsirvente.
Grund für die Streichung dieser Strophen war sicher, daß sich in ihnen zu offen die Heineschen Familienstreitigkeiten mit Vetter Carl widerspiegelten.

36 *Posaden:* von span. *posada* ›Gasthaus‹.

44 *Calatravas Ordensmeister:* nach der Stadt Calatrava benannter Ritterorden.

69 *Coimbra:* Diese Stadt in Nordportugal wurde bereits 1064 rechristianisiert. Heine stützt sich für dieses Detail auf Dumas' Roman.
73 *Alkanzor:* von span. *alcazar* ›Burg, Schloß‹.
82 *Allan:* Der Alan ist eine Jagdhundrasse, für die Spanien berühmt war. Heine macht aus der Rasse einen Eigennamen.
84 *Sierra:* (span.) Gebirge.
141 *Großmeister von San Jago:* Fredrego wird in den Quellen stets als Großmeister des Santiago-Ordens bezeichnet.
199 *selbander:* zu zweit.
200 *Gotenschloß:* Das Schloß in Segovia hat gotische Architekturelemente.
237 *Schlacht bei Narvas:* Die vernichtende Schlacht gegen Don Pedro fand 1369 bei Montiel statt.
255 *Ceres:* römische Göttin der Fruchtbarkeit und des Ackerbaus, Beschützerin der Ehe; Proserpine war ihre Tochter.
258 *Garbanzos:* (span.) graue Erbsen; s. *Vitzliputzli,* I, V. 113.
264 *Regaliert:* regalieren: beschenken.

575 Der Ex-Lebendige

[Titel] Anspielung auf Georg Herweghs (1817–75) berühmte Gedichtsammlung *Gedichte eines Lebendigen* von 1841/43. Heine hatte Herwegh bereits in den *Neuen Gedichten* (1844) verschiedentlich satirisch angegriffen.
1 *Brutus/Cassius:* Hauptverschwörer gegen Caesar; im Vormärz Inkarnation der republikanischen Idee, von Heine deshalb stets mit einem gewissen Vorbehalt behandelt (vgl. Vorrede zum *Atta Troll*). Brutus meint hier Herwegh, Cassius Franz Dingelstedt (1814–81), Verfasser der ebenfalls weit verbreiteten Gedichtsammlung *Lieder eines kosmopolitischen Nachtwächters* (1840) (deshalb V. 2: »Wächter«). Beide waren 1841/42 in Paris eng befreundet.
12 *Tyrannenvorleser:* Bereits 1843 nahm Dingelstedt eine Stelle als Vorleser im Range eines Hof- und Legationsrates am Hof des Königs von Württemberg an. Dingelstedts Lebenslauf hatte Heine mehrfach zu satirischen Bemerkungen veranlaßt (*An den Nachtwächter, Wintermärchen*).
17 *Matzerath:* Christian Joseph M. (1815–76), ein unbedeutender rheinischer Dichter, der 1840 eine negative Heine-Besprechung

veröffentlicht hatte. Zunächst scheint an dieser Stelle der Name Freiligrath gestanden zu haben, den Heine im Zuge der Überarbeitung und unter dem Eindruck von Freiligraths Emigrantenschicksal strich.
18 *Ein Dolch ist jede Zeile:* vgl. *Die Tendenz* (in: *Neue Gedichte*), V. 10: »Rede Dolche, rede Schwerter!« Beides geht zurück auf Shakespeares *Hamlet* (III,2): »Nur reden will ich Dolche, keine brauchen«.

575   Der Ex-Nachtwächter

In diesem wie im folgenden Gedicht *Plateniden* erinnert sich Heine seiner reaktionär-klerikalen Widersacher aus der Münchener Zeit (1828) und greift sie noch einmal in ähnlicher Weise an wie schon in der *Reise von München nach Genua* bzw. in den *Bädern von Lucca*.

[Titel] Es wird Bezug genommen auf die *Lieder eines kosmopolitischen Nachtwächters* (1840) bzw. auf deren Verfasser Franz Dingelstedt, der 1851 zum Intendanten am Hof- und Nationaltheater München berufen wurde.
12 *gloomy:* (engl.) düster.
21 *Riegelhäubchen:* Kopfputz für Frauen bei bayrischer Tracht.
24 *Dänenprinz:* Anspielung auf Shakespeares *Hamlet* (III,1).
27 f. *Freue dich ... glüht:* Aus einem Lied von Martin Usteri (1763–1827), das in der Vertonung von Hans-Georg Nägeli weite Verbreitung fand.
35 *Choragen:* Chorführer.
37 *Maßmann:* Heines ›Lieblingsfeind‹, der Turner und Deutschtümler Hans Ferdinand Maßmann (1797–1874), den er wiederholt, zuletzt noch im *Nachwort zum Romanzero* (s. S. 676 f.) verspottet, war 1840 nach Berlin gegangen.
41 *Schelling:* Der Philosoph Friedrich Wilhelm Joseph Schelling (1775–1854) wurde 1841 von Friedrich Wilhelm IV. nach Berlin geholt. Für Heine verkörpert er in besonderer Weise die reaktionär gewordene Romantik.
45 *Gründer der Walhalla:* König Ludwig I. von Bayern (1786–1868), Erbauer der 1842 fertiggestellten Walhalla bei Regensburg, mußte 1848 aufgrund der revolutionären März-Ereignisse und des Skandals um seine Liaison mit der Tänzerin Lola Montez zurücktreten.

47 *Seine Manuskripte:* Ludwigs dichterische Versuche hatte Heine bereits in den *Lobgesängen auf König Ludwig* (Umkreis der *Neuen Gedichte*) satirisch aufs Korn genommen.
49 *Corneljus:* Peter Cornelius (1783–1867) war der Hauptvertreter der Nazarener, die nach ihrer Rückkehr aus Rom hauptsächlich in München arbeiteten. Die Mitglieder dieser Künstlergruppe trugen lange Haare.
52 *Im Haar war ihre Kraft:* Anspielung auf die biblische Geschichte von Samson (Ri. 16,4–21).
57 *Görres, die Hyäne:* Joseph G. (1776–1848) hatte Heine bereits in der *Romantischen Schule* als »tonsurierte Hyäne« bezeichnet.
58 f. *heiligen Offiz / Umsturz:* Die ›Heilige Inquisition‹ in Spanien war 1834 endgültig aufgelöst worden.
61 *Sühnchen:* Guido Görres (1805–52) war Herausgeber der reaktionär-katholischen *Historisch-politischen Blätter*, ohne freilich die Persönlichkeit seines Vaters Joseph ersetzen zu können.
64 *Nonnenfürzchen:* rheinischer Name für ein Gebäck, vgl. *Kleines Volk*, V. 37.
66 *Dollingerius:* Ignaz von Döllinger (1799–1890) hatte 1828 in der Zeitschrift *Eos* Angriffe gegen Heine unternommen, als dieser versuchte, eine Professur an der Universität München zu bekommen.
79 *dunkeln Männern:* Hier und im folgenden bezieht Heine sich auf die *Epistulae obscurorum virorum*, die ›Dunkelmännerbriefe‹ (1515–17), satirische Angriffe der Humanisten gegen die Unwissenheit und Unaufgeklärtheit des Klerus, an denen auch Ulrich von Hutten mitgeschrieben hatte.
97 *Ebersburg:* Die Ebernburg im Hunsrück war Hauptarbeitsplatz von Franz von Sickingen, dem Freund und Verbündeten Huttens.
103 *Wittenberg:* hier als Stadt des Lutherschen Thesenanschlages genannt.
104 *Gaudeamus igitur:* (lat.) Freut euch also; Beginn eines Studentenlieds.
109 *alea est jacta:* Ausspruch Caesars nach Überschreiten des Rubikon. Hutten hatte die deutsche Form (»Ich habs gewagt!«) zu seinem Wahlspruch gemacht.
112 *Pulices:* (lat.) Flöhe.
117 *Fortschrittsbeine:* Dieser Topos begegnet bereits in den an Din-

gelstedt gerichteten Texten der *Neuen Gedichte* (*Bei des Nachtwächters Ankunft in Paris*, V. 1; *An den Nachtwächter*, V. 9).
124 *Europamüde:* vgl. Anm. zu *Vitzliputzli* I, V. 38.

580 Plateniden

August Graf von Platen-Hallermünde (1796–1835) war Heine 1828 in München begegnet. Heine griff ihn in den *Reisebildern* an und verspottete mit aggressiver Polemik Platens überzogenen dichterischen Anspruch und seine Homosexualität.

[Titel] ›Plateniden‹ bedeutet zunächst die von Platen abstammenden Dichter, die Platen-Schule; es geht aber auch noch einmal gegen Platen selbst.
1 f. *Iliaden ... an:* Platen hatte sich öffentlich damit gebrüstet, er sei dabei, auf den Spuren Homers »Iliaden, Odysseen« zu erfinden.
9 *Hier ist Rhodus:* In einer Fabel des Äsop wird auf diese Weise (›Hic Rhodus, hic salta‹) ein Angeber aufgefordert, seine Behauptung direkt zu beweisen.

581 Mythologie

Die mit diesem Text beginnende Gruppe der folgenden 11 Gedichte bis einschließlich *Autodafé* hat Heine erst nachträglich auf Wunsch Campes dem *Romanzero* einverleibt. Er übersandte sie ihm am 20. September 1851 mit den Worten: »da mir außer schwachen, nur anzügliche Gedichte übrig blieben, so kann ich Ihnen leider nichts als Füllwerk schicken.«

[Titel] Der griechischen Mythologie entstammen Europa, Danae, Semele, Leda, die alle von Zeus verführt wurden, und zwar in Gestalt eines Stiers, eines goldenen Regens, einer Wolke und eines Schwans.

582 In Mathildens Stammbuch

2 *Spule:* Federkiel.

582 An die Jungen

Das Gedicht steht in Beziehung zu Ferdinand Lassalle (1825–64), den Heine als 19jährigen kennenlernte und geradezu bewunderte.

[Titel] Als Titel hatte Heine zunächst »Zur Doctrin«, dann »Alexandriner« erwogen.

1 f. *Laß ... Lauf:* Anspielung auf den Mythos um Atalante, die jeden Freier, den sie im Wettlauf bezwang, tötete. Erst mittels dreier goldener Äpfel, die ihre Aufmerksamkeit erregten, konnte sie überlistet werden.

6 *Alexander:* Alexander der Große (356–323 v. Chr.) heiratete dreimal aus politischen Rücksichten Frauen aus den von ihm besiegten Reichen, darunter auch die Tochter des Perserkönigs Darius.

583 Der Ungläubige

[Titel] Die Geschichte vom ungläubigen Thomas wird bei Joh. 20,24–29 erzählt.

583 K.-Jammer

[Titel] Katzen-Jammer: Ernüchterung.

584 Zum Hausfrieden

1 f. *Viele ... Jucken:* Heine liebte die Bildung solcher quasi-logischer Abfolgen; vgl. *Vitzliputzli*, Präludium, V. 37 f., oder *Atta Troll*, Cap. XXVII, V. 45 f.

584 Jetzt wohin?

Das Gedicht ist bald nach der deutschen Märzrevolution entstanden, die eine Rückkehr nach Deutschland für Heine theoretisch möglich machte.

17–20 *Manchmal ... Gleichheits-Flegeln:* In den Helgoländer-Briefen des *Ludwig Börne* hatte Heine Amerika ein »Freiheitsgefängnis« und die Amerikaner »gleiche Flegel« genannt (DHA XI,37).

585 Altes Lied

Erstdruck: 1. Agrippina. Köln. 23. Juli 1824. Dort ohne Titel als Nr. 4 der Gruppe »Lieder von ****e«. Enthält Str. 1, 2 und 5 (in abweichender Version). – 2. Rheinische Musik-Zeitung für Kunstfreunde und Künstler. Köln. 29. März 1851. Dort unter dem Titel: Der Liebe Leichenbegängniss.

Heine sandte dieses Gedicht am 15. Februar 1851 zusammen mit *Nächtliche Fahrt* und *Das goldne Kalb* an den Verleger der *Rheinischen Musik-Zeitung*, Michael Schloß, der ihn um Textvorschläge für einen Kompositionswettbewerb gebeten hatte. Er schrieb dazu, er mache zwar seit langem »keine sangbaren Lieder mehr in der frühern Weise«, habe diese Verse aber »aus dem Gedächtnisse aufgefischt und zugestutzt«. Schloß entschied sich für *Altes Lied*, das er in seiner *Rheinischen Musik-Zeitung* veröffentlichte und zur Komposition auslobte. Zuvor bat er den Autor um einen neuen Titel und Überarbeitung der Schlußstrophe. Heine kam dieser Bitte nach.

16–20 Diese Strophe lautet in der Fassung von 1824:
 Verzweifelnd stand ich an deinem Grab,
 Und wischte mir schluchsend die Tränen ab,
 Und hätt ich nicht dort eine Rede gesprochen,
 So wär mir das Herz im Leibe gebrochen.
In der Fassung der *Musik-Zeitung* von 1851 schrieb Heine:
 Der Mond, der stieg vom Himmel herab
 Und hielt eine Red auf Deinem Grab;
 Die Sterne weinten, die Vögel sangen,
 Und in der Ferne die Glocken klangen.

586 Solidität

1 *Gott der Lieder:* Apollo.

587 Alte Rose

19 *Geh ins Kloster:* vgl. Shakespeare, *Hamlet* (III,1).

587 Autodafé

[Titel] *Autodafé:* (port.) Akt des Glaubens; später bezeichnet der Terminus die öffentliche Verbrennung von Ketzern sowie von verbotenen Schriften. Heine selbst spricht mehrfach von Autodafés, die er unter seinen Papieren veranstaltet hat. So schreibt er am 25. Januar 1850 an Heinrich Laube: »Ich habe ein schreckliches Auto-da-Fé gehalten, woran ich noch jetzt nicht ohne Erschütterung denken kann.«
12 *der kleine Gott:* Eros, der Gott der Liebe.

588 Lazarus

Zum Titel vgl. die allgemeinen Bemerkungen zu den *Lamentationen*, S. 1003.

588 I. Weltlauf

Dem Gedicht liegt eine Stelle des Neuen Testaments zugrunde: »Wer hat, dem wird gegeben werden; wer aber nicht hat, dem wird auch noch weggenommen, was er hat.« (Lk. 19,26)

589 II. Rückschau

9 *Wie Gellert ritt ich auf hohem Roß:* Christian Fürchtegott Gellert (1715–69) bekam als Gunstbeweis seiner Fürsten zwei Pferde zum Geschenk.
31 *reichen Buben / alten Vetteln:* Anspielung auf Heines Hamburger Verwandte.

590 III. Auferstehung

9 *Freigraf:* Vorsitzender des mittelalterlichen Femegerichts.
21–24 *Das ... Hölle:* vgl. Mt. 25,33: »Er wird die Schafe zu seiner Rechten versammeln, die Böcke aber zur Linken.«

591 V. Lumpentum

9 *Das ... Jahr:* In den Jahren 1846/47 kam es europaweit zu Mißernten und in deren Folge zu starken Verteuerungen der Grundnahrungsmittel wie Brot und Kartoffeln.
12 *Mäzenas:* Berater des römischen Kaisers Augustus, unterstützte eine Reihe von Schriftstellern wie Vergil und Horaz.

592 VI. Erinnerung

Zum Entstehungshintergrund vgl. die Nr. III der *Noten* zum *Romanzero* (s. S. 669 f.) mit dem Selbstzitat aus Kap. VI von Heines *Ideen. Das Buch Le Grand.*

1 *Truhe:* soviel wie: Schmuckkästchen.

593 VII. Unvollkommenheit

7 *Lucretia:* Sie nahm sich der römischen Überlieferung zufolge das Leben, nachdem sie vergewaltigt worden war; Inbegriff der tugendhaft-mutigen Frau.

11 f. *Henriade/Messiade:* Sowohl Voltaires Versuch eines nationalen Epos *Henriade* (1723) wie Klopstocks Bemühen um eine epische Gestaltung der christlichen Überlieferung *Der Messias* (1748–73) scheiterten. Klopstocks *Messias* galt Heine – aber auch anderen Zeitgenossen – als Inbegriff der literarischen Langeweile.

13 *Die ... weiß:* vgl. die französische Redensart »Il parle français comme une vache espagnole« (›Er spricht französisch wie eine spanische Kuh‹).

14–16 *Maßmann:* vgl. *Der Ex-Nachtwächter*, V. 37; über Maßmanns angeblich fehlende Lateinkenntnis spottet Heine auch im *Nachwort zum Romanzero* (s. S. 676 f.). Eine äußerst deftige Beschreibung von Maßmanns Gesicht gibt Heine in seiner *Reise von München nach Genua* (DHA VII,21).

15 *Canova:* Antonio C. (1757–1822), klassizistischer italienischer Bildhauer.

19 *Sohn der Thetis:* Achilles war nach der Sage an der Ferse verwundbar.

20 *Alexander Dumas ist ein Metis:* Der Vater von Alexandre Dumas (1802–70) war ein Mestize.

595 X. Salomo

2–4 *An ... Linken:* Die Szene geht auf ein jüdisches Nachtgebet zurück, das sich wiederum auf das Hohe Lied bezieht; Heine hat dieses Nachtgebet bereits 1824 für die Arbeit am *Rabbi von Bacherach* verwendet.

13 *Sulamith:* Salomos Geliebte aus dem Hohen Lied.

596 XI. Verlorene Wünsche

Möglicherweise auf Heines Vetter Carl Heine bezogen, dessen Verhalten im Erbschaftsstreit Heine tief enttäuschte.

597 XII. Gedächtnisfeier

1 f. *Keine ... sagen:* Heine hatte sich in seinem Testament alle religiösen Zeremonien bei seinem Begräbnis verbeten.
Kadosch: das jüdische Totengebet.
7 *Montmartre:* Auf dem Montmartre-Friedhof wurde Heine auf seinen testamentarischen Wunsch hin begraben.
8 *Mit Paulinen Frau Mathilde:* Pauline Rogue hieß eine enge Freundin von Heines Frau Mathilde.
9 *Immortellen:* immergrüne Pflanzen.
11 *Pauvre homme!:* (frz.) Armer Kerl!
19 *Barrière-Gitter:* Der Montmartre-Friedhof lag außerhalb des Pariser Stadtgebietes; die in die Stadt führenden Straßen waren an der Stadtgrenze durch Barrieren gesichert. Hier kommen die Barrière de Clichy oder die Barrière Blanche in Frage.

598 XIII. Wiedersehen

Die letzte Zeile des Gedichts spielt an auf Gottfried August Bürgers Gespensterballade *Lenore* und die dortigen Kehrverse »Der Mond scheint hell! / Hurra! Die Toten reiten schnell«.

599 XIV. Frau Sorge

14 *Wärterin:* Heine bedurfte in seiner Krankheit einer ständigen Pflegerin, über die er sich gelegentlich auch beschwert (»ich sehe mit Schrecken dem Scheusal entgegen«; Brief an Leopold Wertheim, 21. März 1850).

600 XV. An die Engel

1 *Thanatos:* (griech.) Tod und Personifikation des Todes.
5 *Mathilden:* Heine hatte Augustine Crescentia Mirat (1815–83), die er Mathilde nannte, 1841 am Vorabend eines Duells nach jahrelangem Zusammenleben geheiratet. Ihr Verhältnis war bis zum Schluß geprägt von Zuneigung und Verständnis. Heine war angesichts seines bevorstehenden Endes umgetrieben von der Sorge um Mathildes materielle Versorgung.

601 XVI. Im Oktober 1849

[Titel] Anspielung auf das Ende der ungarischen Republik im Herbst 1849.

16 *Flaccus:* Der römische Dichter Horatius Flaccus bekannte sich dazu, in der Schlacht von Philippi geflüchtet zu sein (*Oden* II,7).
18 *Goethefeier:* 1849 wurde Goethes 100. Geburtstag begangen.
19 *Sontag:* Die Sängerin Henriette Sontag (1806-54) feierte 1849 ein glanzvolles Comeback.
21-32 *Liszt:* Der in Ungarn geborene Franz Liszt (1811-86) lebte damals in Weimar. Zwar hatte er der jungen ungarischen Republik einige Kompositionen gewidmet, sonst aber wenig Engagement gezeigt.
28 *Säbel:* Anläßlich eines Konzerts in Pest im Januar 1840 war Liszt ein Ehrensäbel überreicht worden, über den Heine sich bereits in der *Lutezia* lustig macht.
31 *»So ... Klinge!«:* Zitat aus Shakespeares *Heinrich IV.* (Tl. 1, II,4), dort vom komischen Angeber Falstaff gesprochen.
33 *Ungarn:* Im Frühjahr 1849 hatten die Aufständischen gegen die habsburgische Herrschaft die ungarische Republik ausgerufen und erfolgreich gegen Österreich verteidigt. Erst vor den vereinigten russischen und österreichischen Heeren mußten die Ungarn kapitulieren. In der Folge wurden die Anführer mit brutaler Härte bestraft. Heine hatte sich 1848/49 auch mit den Gedichten des ungarischen Nationaldichters Sandor Petöfis (1822-49) beschäftigt, deren deutsche Übersetzung ihm gewidmet war. Petöfi fiel im Juli 1849 im Freiheitskampf.
40 *Nibelungen:* Die Nibelungen finden ihr grausames Ende am Hof des Hunnenkönigs Etzel im Gebiet des heutigen Ungarn.
44 *»Helden lobebären«:* (mhd.) von rühmenswerten Helden; Zitat aus der Anfangszeile des *Nibelungenliedes.*
49 f. *Ochse / Bären:* stehen hier für Österreich und Rußland.
56 *Wölfen, Schweinen und gemeinen Hunden:* wohl Anspielung auf die den Vorgängen in Ungarn untätig zusehenden übrigen Fürsten Europas.

603 XVII. Böses Geträume

2 *Landhaus:* vielleicht Anspielung auf das Sommerhaus Salomon Heines über der Elbe in Ottensen.

604 XVIII. Sie erlischt

[Titel] Das »Sie« bezieht sich auf »Seele«, das letzte Wort des Gedichts.

604 XIX. Vermächtnis

Die im Gedicht genannten Krankheitssymptome stimmen mit denen Heines überein.

17 *Kodizill:* Anhang, Anmerkung zu einem Vertrag usw.
18–20 *In ... Gedächtnis:* Es handelt sich um den radikalsten aller jüdischen Flüche.

605 XX. Enfant perdu

2 *dreißig Jahren:* Da das Gedicht 1849 entstand, verweist die Jahresangabe auf Heines dicherische Anfänge zurück.

Hebräische Melodien

Die Titelwahl ist aus zwei gegenläufigen Quellen gespeist. Einerseits hatte Heine sich seit dem Ausbruch seiner Krankheit 1848 verstärkt wieder mit Fragen der Religion, auch der jüdischen, auseinandergesetzt. Er schreibt am 25. Januar 1850 an Heinrich Laube: »Hegel ist bei mir sehr heruntergekommen und der alte Moses steht in Floribus.« Das Nachwort zum *Romanzero* legt nachdrücklich Zeugnis ab von dieser Entwicklung. Andererseits bezieht Heine sich mit seiner Titelwahl direkt auf Lord Byrons berühmte Gedichtgruppe *Hebrew Melodies* von 1815 und stellt sich damit in die Tradition eines Autors, mit dem er von der Kritik in seiner Jugend oft verglichen wurde und der sein jüdisches Thema durchaus nicht religiös aufgefaßt hatte.

609 Prinzessin Sabbath

1 *Arabiens Märchenbuche:* gemeint ist die Sammlung *Tausendundeine Nacht*.
15 *Israel:* hier metonymisch für: Volk der Juden.
29–32 *»Sei ... Mund!«:* Anlehnung an ein jüdisches Gebet, gesprochen beim Betreten der Synagoge. Am Türpfosten des gläubigen Juden soll eine kleine Gebetsrolle angebracht sein.
44 *Almemors:* (hebr.) Altares.
45 *Thora:* (hebr.) Gesetz; Bezeichnung der ersten fünf Bücher des Alten Testamentes, der Bücher Moses.

60 *Lecho... Kalle:* Anfangs- und Refrainvers eines Liedes, das im jüdischen Freitagabendgottesdienst gesungen wird (»Komme, Freund, der Braut entgegen«); eine Übersetzung befindet sich in Heines Nachlaß.
68 *Jehuda ben Halevy:* Er ist nicht Autor dieses Liedes, sondern ein anderer spanischer Jude aus dem 16. Jh. namens Salomo Halevi Alkabez.
75 *Königin von Saba:* zu ihr und Salomo vgl. 1. Kön. 10,1–13.
82 f. *personifizierte / Ruhe:* Am Sabbat herrscht für die gläubigen Juden ein absolutes Ruhegebot.
92 *Addas:* (hebr.) Myrte.
94 *Tabakrauchen:* Wegen des strikt verbotenen Feuermachens ist auch das Rauchen am Sabbat verboten.
100 *Schalet:* Ein von Heine geschätztes Eintopfgericht, das wegen des Feuerverbots bereits am Freitag angesetzt werden muß.
101 f. *Schalet... Elysium:* Zitat aus Schillers Ode *An die Freude*.
114 *Koscheres Ambrosia:* hebr. *koscher* ›rein, erlaubt‹, insbesondere in bezug auf die Speise; *Ambrosia:* Götternahrung der griechischen Mythologie.
120 *verkappte Teufel:* Die christliche Verteufelung der antiken Götter hat Heine in *Die Götter im Exil* detailliert beschrieben.
125–132 *»Hör... herabtreibt?«:* Hier wird die Vorstellung einer biblischen Landschaft evoziert: der Jordan, die bereits im Alten Testament erwähnte Stadt Beth-El (hebr.: Haus Gottes) und das Gileath-Gebirge östlich des Jordan.
141–152 *Die... erlischt:* Hier greift Heine die wesentlichen Elemente der Zeremonie des Sabbatausgangs auf.

614 Jehuda ben Halevy

Hauptquelle für dieses Gedicht ist ein Buch von Michael Sachs, *Die religiöse Poesie der Juden in Spanien* (Berlin 1845); aus ihm stammt die unter IV wiedergegebene *Note* im Anhang zum *Romanzero*. Gleichzeitig schöpfte Heine aber auch aus seiner bereits in den 20er Jahren erworbenen Kenntnis der jüdischen Traditionen.

[Titel] *Jehuda ben Halevy:* Sein voller Name lautete Jehuda ben Samuel Hallewi (1075–1141). Die auch von Heine aufgegriffene Geschichte vom gewaltsamen Tod Jehudas im Angesicht Jerusalems dürfte, wie bereits Sachs vermerkt, Legende sein.

614 I

1–4 *»Lechzend ... Jerusalem –«:* Zitat aus dem 137. Psalm (V. 5–6); vgl. auch II, V. 1–3 und 26–28.
8 *Männerstimmen:* Im jüdischen Gottesdienst dürfen nur die Männer singen.
28 *Siebenhundertfünfzig Jahre:* Die abgerundete Zeitangabe beruht wohl auf einem Fehler in Heines Quelle, die als Geburtsjahr 1105 angab.
30 *Toledo:* Die Angabe ist historisch nicht richtig; Jehuda ist in Tudela geboren.
31 *goldne Tajo:* Der durch Toledo fließende Fluß galt in der Antike als goldhaltig.
36 *Thora:* s. Anm. zu *Prinzessin Sabbath*, V. 45.
40 *Altcaldäische Quadratschrift:* Chaldäisch ist die Sprache des Talmud.
48 *Tropp:* die durch fortwährenden Gebrauch ritualisierte Sprachmelodie bei Lesungen aus der heiligen Schrift.
52 *Schalscheleth:* (hebr.) Kette; musikalische Wendung beim Vortrag der heiligen Schrift.
53 *Targum Onkelos:* Die von dem griechischen Gelehrten Onkelos verfaßte Übersetzung (aramäisch: targum) ins Aramäische. Das Aramäische verdrängte das Hebräische als Sprache der Juden nach dem Exil.
60 *Gelbveiglein:* Heine verwendet dieses Wort toposartig für die schwäbische Dichterschule.
64 *Talmuds:* Der Talmud ist der Kommentartext zu den kodifizierten kultischen und rechtlichen Überlieferungen der Juden. Er umfaßt zwei Teile: die umfangreichere Halacha (V. 68), die sich mit den Gesetzesnormen befaßt, und die Hagada (V. 83), die Geschichten, Legenden usw. enthält. Der Talmud ist die Studiengrundlage für jeden jüdischen Gelehrten.
71 *Babylons und Pumpedithas:* In Babylon und in Pumpedithas am Euphrat hatten sich nach der Zerstörung Jerusalems (70 n. Chr.) bedeutende jüdische Talmud-Schulen angesiedelt.
76 *Buch Cosari:* Das *Al-Chazari* ist das bekannteste Werk Jehudas.
91 f. *Garten ... Welt:* Die hängenden Gärten der sagenhaften Königin Semiramis, der Gründerin Babylons, galten als das achte Weltwunder.

95 *Von den Vögeln:* Der Sage nach wurde Semiramis nach der Geburt ausgesetzt und von zwei Tauben gefüttert.
123 *das fatale Ei:* Die Streitfrage, ob ein am Sabbat gelegtes Ei gegessen werden darf, gilt als Muster für die Spitzfindigkeit der Talmud-Gelehrten.
160 *Wüste des Exils:* Gemeint ist das durch die Zerstörung Jerusalems entstandene Exil, das ja in Heines Zeit noch andauerte. Jehuda wird hier mit Moses parallelisiert (vgl. 2. Mose 13,21 f.).

621 II

1–3 *Bei . . . Trauerweiden:* Auch dieser Teil des Gedichts beginnt mit zitierten Versen aus Psalm 137 (V. 1–2) (s. Tl. I, V. 1–4).
12 *der Hund die Schwären Hiobs:* Heine vermischt hier, wie schon bei den *Lamentationen* beobachtet, die Figuren von Hiob und Lazarus. Beide haben Schwären, doch wird dem biblischen Bericht zufolge nur Lazarus von den Hunden geleckt (vgl. Lk. 16,20–21).
32 *westöstlich:* Das östliche meint hier nicht das eigentlich orientalische, wie etwa in Goethes *West-östlichem Divan,* sondern das biblisch-judaische Element.
33 *Flügelrößlein:* Pegasus, das Dichterroß.
45–47 *Der . . . Ghaselen:* Aufzählung im Mittelalter gebräuchlicher Gedicht- bzw. Strophenformen: die Sirvente ist provenzalischen, Madrigal, Terzine, Canzonette italienischen und das Ghasel persischen Ursprungs.
51–76 *Dieser . . . Butter:* Die Zeit der Troubadoure, mit der Heine sich in *Geoffroy Rudèl* beschäftigt hatte, erscheint hier als romantische Frühzeit der Poesie. Die Gegenden um Poitiers (»Poitou«, V. 53), Bordeaux (»Guyenne«, V. 53) sowie das Roussillon zwischen Mittelmeer und Pyrenäen waren Landschaften, in denen die in Provenzalisch, der »Langue d'oc« (V. 67), verfaßte Troubadourlyrik entstand.
55 *Pomeranzen:* Orangen.
65 *Rosenkränzen:* Das Wort ist hier doppeldeutig: Einmal können Kränze aus Rosen gemeint sein, andererseits aber auch die Gebetsschnüre der katholischen Andacht.
81 *Laura:* Die Dame, in die Petrarca sich verliebte und der er seine Sonette widmete.
82 *Augen, sterbliche Gestirne:* Diesen Vers zitiert Heine bereits als

Beginn eines italienischen Volksliedes in *Die Stadt Lucca* (Kap. III; dort: »Occhie, Stelle mortale ...«) sowie in einem aus dem *Neuen Frühling* ausgeschiedenen Gedicht.
85 *Chatelaine:* (frz.) Schloßherrin.
92 *Minnehofs:* Höfe, an denen Liebesfragen von Frauen durch Spruch entschieden wurden, waren typische Elemente der stilisierten Minnelyrik der Troubadoure.
96 *Jerusalem:* Die Stadt war 70 n. Chr. durch Kaiser Titus zerstört worden.
112 *ein Pilger:* der sagenhafte Ewige Jude.
133 *Zions:* Zion ist der älteste Teil von Jerusalem.
143 *Neunten ... Ab:* Gedenktag der Zerstörung Jerusalems nach dem jüdischen Kalender; der Monat Av fällt in den Zeitraum Juli/August.
155–180 *Die ... Tripolis:* Zu Geoffroi Rudello (V. 157) vgl. Heines Gedicht *Geoffroy Rudèl und Melisande von Tripoli*, S. 524.

627 III

1 *Schlacht bei Arabella:* Dort schlug Alexander der Große 331 v. Chr. den Perserkönig Darius III.
5 *Dariken:* persische Goldmünzen.
12 *Kästchen:* Diese Geschichte konnte Heine in Plutarchs *Lebensbeschreibungen* finden.
27 *Cyrus:* Begründer des persischen Reiches, gestorben 528 v. Chr.
30 *Aristoteles:* Er war Lehrer des Alexander.
35 f. *Atossa / falsche Smerdis:* Bei Herodot wird die verzwickte Geschichte um den Perserkönig Kambyses und seine Frau Atossa erzählt: ihr setzte sich in Abwesenheit des Kambyses ein Magier an die Seite, der als der falsche Smerdis bekannt wurde.
40 *Thais:* Die Geschichte der Tänzerin Thais erzählt Plutarch. Sie forderte bei einem Gelage in Persepolis Alexander auf, den Palast des Perserkönigs in Brand zu setzen als Rache für die Zerstörung Athens.
50 f. *babylonschen / Krankheit:* Umschreibung für die Syphilis.
53 *vergantert:* versteigert.
57–60 *Cleopatra:* Kleopatra von Ägypten (69–31 v. Chr.), die Geliebte des Antonius, trank der Überlieferung zufolge im Zuge einer Wette eine in Essig aufgelöste wertvolle Perle.

61 *dem letzten Omayaden:* Der jüngste Vertreter der Omayaden-Dynastie, Abd er Rahman, floh 755 nach Spanien und gründete dort das Emirat Cordoba.
65 *Abderam der Dritte:* Abd er Rahman III. trug seit 929 den Titel eines Kalifen.
69 *Fall der Mohrenherrschaft:* vgl. das Gedicht *Der Mohrenkönig,* S. 522.
77 *Autodafés:* vgl. Anm. zum Gedicht *Autodafé,* S. 587.
81 *Mendizabel:* Juan Alvarez Mendizabel (1790–1853), liberaler spanischer Politiker, enteignete als Finanzminister fast alle Kirchenländereien, um den Staatshaushalt zu sanieren.
88 *Baronin Salomon:* Gemeint ist die mit Heine befreundete Betty Rothschild (1805–86), verheiratet mit dem Chef des Pariser Bankhauses.
93 ff. Heine folgt hier der Erzählung in Plutarchs *Lebensbeschreibungen.*
101 *Andre Zeiten, andre Vögel:* vgl. *Atta Troll* (Cap. XXVII, V. 45 f.).
129 *Zophar:* (hebr.) Schreiber.
185 *Zionslied:* berühmtestes Gedicht des Jehuda.
200 *Jeremias:* Prophet aus dem Alten Testament, Verfasser von Klageliedern über den Fall und die Zerstörung Jerusalems.
215 f. *sein sterbeletzter / Seufzer war Jerusalem:* Anspielung auf Schillers *Die Räuber* (II,2): »Sein letzter Seufzer war Amalia!«
244 *Lecho Daudi:* vgl. *Prinzessin Sabbath,* V. 60 ff. und Erläuterungen (S. 1017), dort wird dieses Lied bereits irrtümlich dem Jehuda zugeschrieben.

636 IV

1 *Meine Frau:* Im folgenden macht Heine einige Anspielungen auf seine Ehefrau Mathilde, z. B. auf deren Vorliebe für Kaschmir-Schals (V. 11) und auf ihre mangelhafte Schulausbildung, die sie durch den Besuch von Pensionaten aufzubessern suchte (V. 29 ff.).
19 *Marquis:* berühmtes Pariser Schokoladengeschäft in der Passage de Panorama.
27 *Lakunen:* von frz. *lacune* ›Lücke‹.
47 *Salomon Gabirol:* Salomo ben Jehuda G. (um 1035–64), der bedeutendste unter den älteren Synagogendichtern.

48 *Moses Iben Esra:* Mose ben Jakob ibn E., ein mit Jehuda Halevy befreundeter Dichter.
65 ff. *Alcharisi:* Juda ben Salomo al Charizi übersetzte im 13. Jh. die *Mekamen* des arabischen Dichters Itiel Hariri, um die Möglichkeiten des Hebräischen zu demonstrieren; vgl. seine Charakteristik des Jehuda, die Heine als Nr. IV in den *Noten* zum *Romanzero* abdruckt (s. S. 670 f.).
124 ff. *Vater:* Apollo; im Mythos verwandelt sich Daphne, um seinen Nachstellungen zu entgehen, in einen Lorbeerbaum.
128 *Schlemihl:* Adalbert von Chamisso (1781–1838) veröffentlichte 1814 die Novelle *Peter Schlemihls wundersame Geschichte,* die vom Mann, der seinen Schatten verkauft, erzählt.
138 *Niles Quellen:* Die Nil-Quellen wurden erst im 19. Jh. entdeckt.
141 *Zu Berlin:* Heine traf Chamisso 1821 im Salon der Rahel Varnhagen in Berlin; beide Dichter schätzten sich gegenseitig.
146 *Hitzig:* Julius Eduard H. (1780–1849), Jurist und Schriftsteller, wurde als Isaak Itzig geboren, änderte seinen Vornamen mit der Taufe 1799, seinen Familiennamen 1812. Er war mit Chamisso, E. T. A. Hoffmann und vielen anderen Romantikern eng befreundet und stand auch zu Heine in freundschaftlichem Kontakt.
181–192 Vgl. 4. Mose 25,1 ff.
200 *Schlemihl ben Zuri Schadday:* Im Talmud hat »Simri« u. a. den Beinamen »Schumiél, Sohn des Curisaddaj«; davon scheint Heines witzige Namensableitung auszugehen.
245 *Corduba:* Gabirol wurde nicht in Cordoba, sondern in Valencia ermordet.

646 Disputation

Öffentliche gelehrte Streitgespräche (Disputationen) zwischen christlichen und jüdischen Vertretern lassen sich zahlreich nachweisen. Voltaire und Victor Hugo berichten über ein solches Gespräch im Spanien des 13. Jh.s: Dabei fragt die anwesende Königin den Juden am Ende, warum denn die Juden stänken. Heine überträgt die vorgefundene Pointe auf beide Teilnehmer.

1 *Aula zu Toledo:* Prunksaal in der spanischen Residenzstadt Toledo.
12 *Kapuziner:* hier wohl allgemein für ›Mönche‹, da der eigentliche Kämpfer ja ein *Franziskaner* (V. 24) ist.

14 *Schabbesdeckel:* flacher Hut, den die Juden am Sabbat tragen.
15 *Skapulier und Arbekanfes:* Bekleidungsstück für Kopf und Schulter im Ordenshabit bzw. jüdischer Betmantel.
24 *Gardian:* Klostervorsteher.
71 ff. *Blanch' de Bourbon:* vgl. zu dieser und ihrem Gatten Pedro I. das Gedicht *Spanische Atriden* aus den *Lamentationen* sowie die Erläuterungen (s. S. 1004 f.).
149 *Thomas von Aquino:* Thomas von Aquin (1225–75) sah in den Juden ebenfalls die Mörder Gottes. In seiner Jugend trug er den Spitznamen »der stumme Ochse«.
154 ff. *die in Gräbern:* Grabschändung gehört zu den gängigen antisemitischen Vorwürfen.
205 *Glatze:* die den Mönchen vorgeschriebene Tonsur.
220 *Kyrie eleison:* (griech.) Herr, erbarme Dich! Gesang der katholischen Liturgie.
240 *Regula-de-tri:* Dreisatzrechnung; Anspielung auf die Geschicklichkeit der Juden im Umgang mit Zahlen.
279 *Oblaten:* Hostien.
280 *Cocythos:* Unterweltsfluß.
286–288 *Ermessen ... Füße:* Die hier David zugesprochenen Verse stammen aus Jes. 66,1.
293 *Leviathan:* fabelhafter Meeresdrachen des Alten Testaments (vgl. Buch Hiob 40,25 ff.).
297–300 *Ausgenommen ... grämlich:* vgl. Anm. zu *Jehuda ben Halevy* II,143.
303 *Ok von Basan:* Nach 5. Mose 3,11 ein Riese.
316 *Matelotten:* (frz.) Fischeintopf.
335 *spolia opima:* (lat.) fette Beute.
349 *Mischna:* Teil des Talmud.
351 *Tausves Jontof:* Mischna-Kommentar aus dem 17. Jh.; ein Heinescher Anachronismus.
370 *des Korah böse Rotte:* Korah führte einen Aufruhr gegen Moses und Aaron an, vgl. 4. Mose 16.
382 *Mizrayim:* (hebr.) Ägypten.
384 *Jadayim:* (hebr.) Hände.
386 *Jad:* (hebr.) Hand.
395 f. *Mirjam:* Schwester Aarons, vgl. 2. Mose 15,20 f.
403 f. *Luzifer ... Astarothe:* Namen für den Teufel, vgl. auch *Vitzliputzli* III, V. 147 f.

Noten

Die Texte entstammen folgenden Quellen:

665 I

Herodot's von Halikarnaß Geschichte. Übers. von Dr. Adolf Schöll zu Tübingen. Drittes Bändchen. Stuttgart 1826. S. 264–268.

669 II

Histoire de la conquête de l'Angleterre par les Normands ... par Augustin Thierry. 2 Bde. 3. Aufl. Paris 1836. [Hier: Bd. 1. S. 348 f.]

Die deutsche Übersetzung dieses Textes lautet:

Grablegung des Königs Harald

Zwei sächsischen Mönchen, Osgod und Ailrik, Abgesandte des Abtes von Waltham, wurde die Bitte gewährt, die sterblichen Überreste ihres Wohltäters in ihre Kirche zu überführen. Sie gingen zu dem Berg der Leichen, denen man die Waffen und Kleidungsstücke abgenommen hatte, untersuchten sie sorgfältig eine nach der anderen, erkannten aber den, den sie suchten, nicht, so sehr hatten seine Wunden ihn entstellt. Traurig und über den Erfolg ihrer Suche verzweifelnd, wandten sie sich an eine Frau, die Harald, bevor er König wurde, als Mätresse gehalten hatte, und baten sie, mit ihnen zu gehen. Sie hieß Edith, und man gab ihr den Beinamen die Schöne oder Schwanenhals. Sie willigte ein, den beiden Mönchen zu folgen, und erwies sich eher als diese in der Lage, die Leiche dessen ausfindig zu machen, den sie geliebt hatte. (Übers.: B. K.)

669 III

Reisebilder von H. Heine. Zweyter Theil. Zweyte Auflage. Hamburg 1831. S. 119 f.

670 IV

Michael Sachs: Die religiöse Poesie der Juden in Spanien. Berlin 1845. S. 287 f.

Nachwort zum Romanzero

Bei aller ironischen Brechung im einzelnen hat die im *Nachwort zum Romanzero* zum Ausdruck kommende religiöse Kehre Heines, seine Rückkehr zu einem Gott, einen tief empfundenen und sehr ernst gemeinten Hintergrund. Das bezeugt insbesondere eine ganze Fülle von Briefstellen aus den Jahren seit 1848, in denen, ähnlich wie hier, offen darüber gesprochen wird, daß diese Wendung mit seiner Krankheit und der dadurch völlig veränderten Lebenssituation zusammenhängt. Ein Indikator für den Wechsel der Einstellung ist die Änderung, die Heine in seinem Testament vorgenommen hat: Hieß es dort noch unter dem Datum 10. Juni 1848, er gehöre zwar zur evangelischen Kirche, habe aber ein Leben lang als guter Heide gelebt und wolle deshalb auf priesterlichen Beistand bei seiner Beerdigung verzichten, so enthält das endgültige Testament vom 13. November 1851 zwar ebenfalls diesen Passus, der jetzt jedoch ergänzt wird durch die Bemerkung, er sterbe im Glauben an einen einzigen und ewigen Gott, den Schöpfer der Welt, den er um Erbarmen bitte für seine unsterbliche Seele.

675,4 *körperlichen Hindernissen und Qualen:* Seit dem Mai 1848 war Heine bettlägerig. Er selbst hielt seine Krankheit für das Spätstadium der Syphilis.

675,7 *»Der Doktor Faust«:* Der als Szenario für ein dann nicht realisiertes Faust-Ballett konzipierte Text entstand Ende 1846.

675,27 *das tönende Grab des Zauberers Merlinus:* Merlin, der Magier des Artus-Sagenkreises, wurde von seiner treulosen Geliebten mit dem eigenen Zauber, den er ihr unvorsichtigerweise verraten hatte, unter einem Weißdornbusch im Wald von Broceliande in ewigen Schlaf gebannt.

676,2 *Matratzengruft:* Heines Wohnung zur Zeit der Abfassung des Textes lag an der Rue d'Amsterdam 50; er beschwert sich mehrfach über deren Lärm und Enge.

676,9 *Nekrolog:* 1846 hatte es in der deutschen Presse mehrere Nachrufe auf Heine gegeben.

676,16 *Maßmann:* Heines ›Lieblingsfeind‹, den er im *Romanzero* bereits im Gedicht *Der Ex-Nachtwächter* kurz karikiert (s. S. 575), wird hier u. a. mittels eines Selbstzitats aus den *Lobgesängen auf König Ludwig* (II, V. 17–20) vorgestellt; dort wird auch der Vorwurf wiederholt, Maßmann könne kein Latein, den Heine früher bereits im *Atta Troll* und im *Wintermärchen* erhoben hatte.

677,36 *Versifex:* (lat.) Verseschmied.

681,7 *Swedenborg:* Emanuel S. (1688–1772), schwedischer Theosoph und Naturforscher. Heine hatte mit dem Philosophen Hermann von Fichte und dessen Sohn Eduard kurz vor Niederschrift des *Nachworts* über Swedenborg gesprochen. Auf dieses Gespräch geht seine Kenntnis und gehen auch die Swedenborg-Partien im *Nachwort* zurück.

681,25 *Baron Ekstein:* Ferdinand von Eckstein (1790–1861), ein zum Katholizismus konvertierter und geadelter Jude, lebte in Paris als Korrespondent mit sehr konservativen Ansichten.

681,36 *heiligen Antonius:* Einsiedler-Mönch aus dem 4. Jh. Die Szene seiner Versuchung ist ein beliebtes Motiv der christlichen Kunst.

682,7 *keusche Susanne:* Geschichte aus dem Alten Testament (Dan. 13). Auch die Szene mit der badenden Susanne und den beiden lüsternen Alten ist ein beliebtes Motiv der christlichen Malerei.

682,10 *Absalon, Sohn Davids:* Von ihm und seiner Schönheit erzählt 2. Sam. 14,25. Seine Verbindung zu Susanne ist selbstverständlich Heines Erfindung.

682,11 *Töchter Lots:* Nach 1. Mose 19,31 f. verführten die beiden Töchter Lots ihren Vater, nachdem sie ihm Wein zu trinken gegeben hatten.

682,25 *Grönländer:* Berichten dänischer Missionare zufolge stellten die Bewohner Grönlands tatsächlich die von Heine beschriebene Frage.

682,34 *horror vacui:* (lat.) der Schrecken vor dem Nichts.

Aus dem Umkreis des *Romanzero*

687 Schloßlegende

Erstdruck: Pariser Horen. Hrsg. von German Mäurer und Ferdinand Braun. 1. Mai 1847. S. 304.

Neben dieser offenen gibt es eine ungedruckt gebliebene, verschlüsselte Version, die mit »Italienische« bzw. »Wälsche Sage« überschrieben ist. Dort heißt es in V. 1 »Turin« statt »Berlin« und V. 11 »Sarden-König« statt »Preußenkönig«. Vor allem die Verse 13–16 weichen ab. Sie lauten in dieser Fassung:

> Stets brutal zugleich und blöde,
> Stallgedanken, jammervoll,
> Ein Gewieher ihre Rede
> Eine Bestie jeder Zoll.

1–4 *Zu ... ergötzt:* selbstverständlich Heines Erfindung.
16 *jeder Zoll ein Tier:* Zitat nach Shakespeares *King Lear* (IV,6): »Jeder Zoll ein König«.
20 *bist kein Hengst:* Eine Anspielung auf die angebliche Impotenz des kinderlosen Königs gibt es bereits im Zeitgedicht *Der Kaiser von China,* V. 11 f. aus den *Neuen Gedichten.*

688 Michel nach dem März

Erstdruck: Frankfurter Musen-Almanach. Hrsg. von J. Bachmann-Korbett, H. Kothe und G. Maeurer. Jg. 1. 1851. S. 80 f.

Zu Heines Kritik der März-Revolution vgl. auch die Gedichte *Im Oktober 1849* (S. 601), *Hans ohne Land* (S. 740), *Kobes I.* (S. 746), *Simplizissimus I.* (S. 760) u. a.

[Titel] Sogenannte ›Michel-Lieder‹ waren ein eigenes Genre der Vormärz-Lyrik.
2 *Bärenhäuter:* rauher, aber gutmütiger Kerl.
21 *Arndt/Jahn:* Der patriotische Lyriker und Publizist Ernst Moritz Arndt (1769–1860) wie auch der ›Turnvater‹ Friedrich Ludwig Jahn (1778–1852) galten Heine als Inbegriff des von ihm verabscheuten deutschen Nationalismus.

689 Festgedicht

Erstdruck: Ost-Deutsche Post. Hrsg. von Ignaz Kuranda. Nr. 114. 1. 6. 1849.

1 *Meyer-Beer:* Zu Heines Verhältnis zum Komponisten Meyerbeer vgl. die Anm. zum Gedicht *Ruhelechzend,* V. 19.
10 *Jan von Leiden:* Jan Bockelson, gen. van Leiden (1509–36) war der Anführer der Wiedertäufer zu Münster, die dort von 1533 bis 1535 herrschten. Meyerbeer hatte seit Beginn der 40er Jahre immer wieder eine neue Oper mit dem Titel *Die Propheten* angekündigt, die die Geschichte der Wiedertäufer zum Inhalt haben sollte. Sie wurde erst 1849 fertiggestellt und uraufgeführt.
19 *Gouin:* Louis G. (1780–1856), hoher Pariser Verwaltungsbeamter und Freund Meyerbeers.

24 f. *Israel:* Anspielung auf die Unterstützung, die Meyerbeer angeblich insbesondere von jüdischen Journalisten bekam.
26 *Unbezahlt zum größten Teil:* Die Praxis, die Presse und auch einen Teil des Premierenpublikums zu kaufen, war weit verbreitet.
36 *Herr Brandus:* Gemmy B. (1823–73), Pariser Musikverleger, bei dem das Werk Meyerbeers erschien.
38 *ein Beduine:* Anspielung auf den gewitzten Musikverleger Maurice Schlesinger (1798–1871), dessen Geschäft Brandus übernahm. Heine war mit ihm befreundet.
44 f. *Wie ... gewann:* Anspielung auf 2. Mose 15,20: Die Prophetin Mirjam schlägt nach der glücklichen Durchquerung des Roten Meeres unter Moses (»Mausche«) Führung die Pauke und dankt Gott.
77 *Gott und die Natur:* So lautet der Titel eines Meyerbeerschen Frühwerks von 1811.

692–693

Die folgenden drei Gedichte sind vor Drucklegung des *Romanzero* entstanden, dort nicht berücksichtigt und zu Heines Lebzeiten ungedruckt geblieben.

692 Diesseits und jenseits des Rheins

7 *baß:* besser.

692 Lebewohl

1 *Pelikan:* Der Pelikan galt im Volksglauben als Sinnbild der Aufopferungsbereitschaft, weil er angeblich seine Jungen mit seinem eigenen Blut tränkte.

693 Morphine

[Titel] Heine konnte seine Schmerzen in den späten Jahren nur durch Morphium und andere Betäubungsmittel ertragen.
1 f. *beiden schönen / Jünglingsgestalten:* In der griechischen Mythologie sind die Götter des Schlafes (Hypnos) und des Todes (Thanatos) Zwillingsbrüder. Zu den Attributen des Schlafes gehört der Mohnstengel, zu denen des Todes eine gesenkte Fackel.
16 *Das ... sein:* vgl. *Ruhelechzend,* V. 23 f.

Gedichte. 1853 und 1854

Zur Textgestalt

Für diese Sammlung ist der Text aus »Vermischte Schriften von Heinrich Heine, Erster Band, Hamburg: Hoffmann und Campe, 1854«, S. 123–214 zugrunde zu legen. Dieser 1. Band setzte sich aus folgenden vier Abteilungen zusammen: I. »Geständnisse«; II. »Gedichte. 1853 und 1854«; III. »Die Götter im Exil«; IV. »Die Göttin Diana. (Nachtrag zu den Göttern im Exil.)«, »Ludwig Marcus. Denkworte«. Heine hat die Drucklegung überwacht und die Fahnen Korrektur gelesen, wenngleich wegen der Unerfahrenheit der Druckerei und des langen Weges zwischen Hamburg und Paris einige Schwierigkeiten und Mißverständnisse auftraten. Zudem kam es zu einem Doppeldruck des 1. Bandes der *Vermischten Schriften*, der weitere zusätzliche Fehler enthält.

Entstehung

Bereits 1853 spielte Heine mit dem Gedanken, die nach Veröffentlichung des *Romanzero* noch bei ihm liegenden Gedichte zu publizieren, verwarf diesen Gedanken dann jedoch mit dem Hinweis, daß sie »vielleicht nicht rathsam zu publiziren wären« (an Christian Schad, 26. April 1853). In der Folge spielten diese Gedichte eine gewisse Rolle im Tauziehen mit Campe um den Verlag der *Vermischten Schriften* und wurden, als der Verleger endlich auf die hohe Honorarforderung Heines einging, auch ohne Zögern für die Sammlung zur Verfügung gestellt. Mit Brief vom 7. März 1854 ging das Manuskript an Campe ab. Es fehlte der Zyklus *Zum Lazarus*, den Heine ursprünglich an den Anfang stellen wollte, dann aber ganz zurückzog, und schließlich im April/Mai 1854 als Nr. VIII noch nachträglich dem Manuskript einverleibte. Dabei nahm er gleich noch einige Umstellungen im Schluß-Teil der *Gedichte* vor und tauschte zwei Texte aus: *Erlauschtes* und *Simplizissimus I.* mußten für *Erinnerung aus Krähwinkels Schreckenstagen* und *Die Audienz* weichen.

1030   Gedichte. 1853 und 1854 · Kommentar

Ursprüngliche Anordnung		Neue Anordnung
XIV	Guter Rat	Mimi
XV	Erinnerung an Hammonia	Guter Rat
XVI	Erlauschtes	Erinnerung an Hammonia
XVII	Schnapphahn und Schnapphenne	Dass.
XVIII	Jung-Katerverein für ...	Dass.
XIX	Hans ohne Land	Dass.
XX	Simplizissimus I.	Erinnerung aus Krähwinkels ...
XXI	Kobes I.	Die Audienz
XXII	Epilog	Kobes I.
XXIII	–	Epilog

Insgesamt schätzte Heine, wie aus verschiedenen brieflichen Zeugnissen hervorgeht, die Qualität und den besonderen Ton seiner neuen Sammlung sehr hoch ein und glaubte, bei etwas Ruhe und Zeit einen Band liefern zu können, der dem *Romanzero* vergleichbar wäre.

Bis zur Auslieferung von Band 1 der *Vermischten Schriften* mit *Gedichte. 1853 und 1854* am 11. Oktober 1854 hatten die Gedichte noch eine Menge für den kranken Heine besonders unerfreuliche Hindernisse zu überwinden, da die Druckerei sehr schlampig arbeitete und es zu verschiedenen Mißverständnissen und Verzögerungen kam. In den Besprechungen spielen die *Gedichte* nur eine untergeordnete Rolle oder werden eher negativ bewertet.

Anknüpfend an die beiden *Lazarus*-Zyklen nannte er die vor der deutschen Ausgabe erschienene französische Übersetzung *Le Livre de Lazare*. Den Titel *Buch Lazarus* verwandte er auch später noch mit dem Hinweis auf seine Absicht, diesen Aspekt seiner Sammlung weiter auszubauen. Daß es nicht nur bei der Absicht blieb, zeigt eine ganze Reihe der Nachlaßgedichte, die offensichtlich in den *Lazarus*-Kontext gehören. Heines Plan zu einem eigenständigen vierten Lyrikband ist dann von seinem Tod durchkreuzt worden.

Vermischte Schriften

von

Heinrich Heine.

———

Erster Band.

———

Hamburg.
Hoffmann und Campe.
1854.

Kommentar

697 I. Ruhelechzend

14 *Piano-Fortes Folter:* In seiner Wohnung in der Rue d'Amsterdam, wo auch dieser Text entstand, litt Heine ganz besonders unter den ihm verhaßten Klavierübungen der Nachbarschaft.

19 *Genie Giacomos:* Heines Verhältnis zu dem Opernkomponisten Giacomo Meyerbeer (1791–1864) hatte sich nach anfänglicher gegenseitiger Hochachtung im Verlauf der 40er Jahre zu offener Feindschaft gewandelt, die sich in weiteren nachgelassenen Texten ausspricht (vgl. im folgenden: Festgedicht, Epilog usw.).

23 f. *besser ... geboren:* Gleich im ersten Gedicht bezieht Heine sich auf das Buch Hiob, wo dieser verzweifelte Wunsch ebenfalls ausgesprochen wird (3,11 ff.). Die Gestalt Hiobs gibt auch für viele weitere Gedichte des Zyklus den Hintergrund ab.

698 II. Im Mai

14 *Stymphaliden:* menschenfressende Vögel, die von Herakles ausgerottet wurden.

15 *Furien:* Wesen der Unterwelt, welche die Schuldigen verfolgen.

16 *Cerberus:* mehrköpfiger Höllenhund der antiken Mythologie.

19 *Proserpinens:* Proserpina war die Gattin des Pluto, des Gottes der Unterwelt.

700 IV. Rote Pantoffeln

5 f. *Maroquin / Safian:* feine Ziegenlederarten; Satin ist ein edler Stoff.

17 f. *Frau Kitze, Frau Katze:* Zitat aus dem Märchen *Von der Frau Füchsin* in den *Kinder- und Hausmärchen* der Brüder Grimm.

702 V. Babylonische Sorgen

32 *Gott Ganesa in Hindostan:* Der hinduistische Schutzgott der Eheleute wird als dicker Mann mit Elefantenrüssel dargestellt.

703 VI. Das Sklavenschiff

Mitte des 19. Jh.s war der Sklavenhandel noch sehr verbreitet. Auch die Tanzszene hat ihr Vorbild in der Realität: Die Gefangenen mußten sich während der Schiffsreise gelegentlich bewegen.

703 1

1 *Superkargo:* Bevollmächtigter einer Handelskompanie, der die Ladung begleitet.
4 *probabeln:* von frz. *probable* ›wahrscheinlich‹.
10 *am Senegalflusse:* Die Mündung des Senegal war ein zentraler Sklavenmarkt.
18 *Rio Janeiro:* Brasilien war im 19. Jh. das Land mit der höchsten Zahl an Sklaven.
84 *kuranzen:* veraltet für: quälen, plagen.

706 2

47 f. *Trau ... Dichter:* vgl. Shakespeare, *Der Kaufmann von Venedig* (V,1): »Der Mann, der nicht Musik hat in ihm selbst, / Den nicht die Eintracht süßer Töne rührt, / . . . / Ist ein Barbar . . .«
51 *Fockmast:* Vordermast.

708 VII. Affrontenburg

Das Gedicht spielt an auf das Landhaus des Onkels Salomon Heine in Ottensen, elbabwärts von Hamburg in Richtung Nordsee. Mit diesem Haus und seinem Garten verbindet Heine die Erinnerung an vielfache persönliche Kränkungen und »Affronts« (Beleidigungen). Das Haus glich im übrigen eher einer Villa als einer Burg.

11 *Boreas:* der Nordwind, hier metaphorisch für den Onkel Salomon.

711 VIII. Zum Lazarus

Mit diesem Zyklus nimmt Heine einen Faden aus dem *Romanzero* wieder auf. Dort stehen am Ende der Abteilung *Lamentationen* 20 Texte unter dem Zyklentitel *Lazarus*. Dabei vermischen sich die beiden Figuren mit dem Namen Lazarus aus dem Neuen Testament: Lazarus der arme Aussätzige (Lk. 16,19–31) und Lazarus aus Bethanien, der Bruder Marias und Marthas, den Jesus vom Tode auferweckt (Joh. 11,1–44 und 12,1–11). In den *Geständnissen* läßt Heine einen aussätzigen Kleriker aus dem 15. Jahrhundert auftreten, dem die Zeit, der *Limburger Chronik* zufolge, ihre schönsten Gedichte verdankte. In diesem armen Dichter ist das Bindeglied zwischen den biblischen Lazarus-Figurationen und der Situation des kranken Heine zu sehen. Heine hatte im Bild des Lazarus den seine ganz persönliche Lage treffenden Assoziationsraum gefunden, den er immer wieder aufsuchte (s. auch »Lyrischer Nachlaß«). In diesen Gedichten wird die persönliche Situation des sterbenden Dichters, der in seinen schlaflosen Nächten und unter unsäglichen Schmerzen seine Texte schreibt, noch direkter mit in die Texte hineingenommen.

711 1

1 *Parabolen:* von griech.-lat. *parabola* ›Bericht, Parabel‹; gemeint sind die biblischen Gleichnisse.
5 f. *Warum ... Gerechte:* Hiob 21,7–18: »Warum leben denn die Gottlosen, werden alt und nehmen zu mit Gütern?« Im Hintergrund dieses Gedichts steht die Figur des Hiob.

711 2

1 *schwarze Frau:* Frau Unglück, Frau Sorge.

713 4

13 *Lethes Wasser:* In der antiken Mythologie ist Lethe der Fluß des Vergessens.

714 6

9 *Strand des Rheins:* In der 1. Fassung heißt es hier noch »am Elbestrand«, was für eine Ansiedlung der Szene in Hamburg spricht. Dieses Gedicht könnte, wie die beiden folgenden, Heines Zuneigung zu seiner Cousine Therese Heine (verh. Halle) spiegeln, die den kranken Dichter im Juni 1853 in Paris besuchte.

715 7

1 *Schöppenstuhle:* niederdt. Form für: Schöffenstuhl.
3 *Urtel:* veraltet für: Urteilsspruch.
10 *bezüchtigt:* veraltet für: bezichtigt.

716 9

8 *Frau Jokastens Sohn und Gatte:* Ödipus tötete unwissentlich seinen Vater; durch Lösen eines Rätsels (das richtige Wort hieß »der Mensch«) befreite er die Stadt Theben von der Sphinx. Aus Dankbarkeit boten die Thebaner ihm die Hand der verwitweten Königin Jokaste an, seiner Mutter. Als Ödipus vom Orakel über sein Schicksal aufgeklärt wurde, blendete er sich und wurde aus der Stadt verbannt.

717 10

Das Gedicht vermischt die Figuren der römischen Parzen mit denen der nordischen Nornen und den »Drei Spinnerinnen« aus dem gleichnamigen Märchen der Brüder Grimm.
12 *Zindel:* glimmendes Holz, glühende Kohlen.

719 IX. Die Libelle

Heines ursprüngliche Quelle war ein in den Anmerkungen zum 3. Band der Grimmschen *Kinder- und Hausmärchen* mitgeteiltes japanisches Märchen. Davon ausgehend entstand eine erste, siebenstrophige Version des Gedichts, in deren letzter Strophe der Bezug zur Quelle ausdrücklich erwähnt wird.
12 *Versprechen Holland und Brabant:* sprichwörtliche Redensart, die soviel sagen will wie: Das Blaue vom Himmel herunter versprechen.
24 *Heimatwald:* ›Wald‹ ist häufig bei Heine Chiffre für Deutschland.
43 f. *Drob ... Exils:* Gemeint ist Dante, der die letzten 20 Jahre bis zu seinem Tod im Exil lebte.

721 X. Himmelfahrt

48 *auch eine schöne Gegend!:* Heine hat diesen typisch Berliner Ausruf (»Ooch ne scheene Jejend!«) verschiedentlich zitiert.
63 *Xantuppe:* Xanthippe, die Frau des Sokrates, steht sprichwörtlich für eine zänkische Ehefrau.
90 *Malibran:* Die spanische Sängerin Maria de la Felicidad Garcia (1808–36) wurde unter diesem Namen ihres ersten Ehemanns berühmt.

94 *Rubini:* Giovanni Battista R. (1795–1854), italienischer Tenor.
95 *Mario und Tamburini:* Giuseppe M., Marchese di Candia (1808–83), italienischer Tenor; Antonio T. (1800–76), italienischer Bariton.
110 *Landsknecht / Pharo:* alte Kartenspiele.
114 f. *Berlin / München / Wien:* Das protestantische Berlin und seine Hegel-Tradition werden hier gegen die katholischen Zentren und ihre restaurativ ausgerichteten Meinungsführer gestellt.

724 XI. Die Wahlverlobten

[Titel] In Anlehnung an Goethes *Wahlverwandtschaften* gebildet und wie diese auf die naturgegebene Anziehungskraft zweier Personen anspielend.
41 *Avalun:* Land der Feen und der romantischen Poesie.

726 XII. Der Philanthrop

Biographischer Hintergrund dieses Gedichts ist der Groll Heines über die geringe Erbschaft, mit der er von seinem Onkel Salomon Heine, einem der bedeutendsten Wohltäter Hamburgs, bedacht worden war.

729 XIII. Die Launen der Verliebten

Quelle für dieses Gedicht ist ein deutsches Volkslied, das Heine bereits in der *Harzreise* dem angeblichen Schneidergesellen in den Mund legt, dem er unterwegs begegnet: »Ein Käfer auf dem Zaune saß, brum brum. . . .« Der Text des Liedes war gedruckt in dem Band *Deutsche Volkslieder mit ihren Originalweisen*, den Heine vom Herausgeber Andreas Kretschmer am 24. November 1838 zusammen mit einem Schreiben zugesandt erhielt (s. DHA III,2,1213).
[Titel] Angelehnt an Goethes Schäferspiel *Die Laune des Verliebten*.

732 XIV. Mimi

Vgl. die Auseinandersetzung mit der ›neuen Musik‹ auch im Gedicht *Jung-Katerverein für Poesie-Musik*.
28 *Guido von Arezzo:* Der italienische Musiktheoretiker (um 992 bis 1050) hat u. a. die Notenschrift auf Linien im Terzenabstand erfunden.

40 *Selene:* Mondgöttin der griechischen Mythologie.
42 *Philomele:* Nachtigall.
48 *Aurora:* Göttin der Morgenröte.

735 XVI. Erinnerung an Hammonia

Ausgangspunkt des Gedichts ist der öffentliche Umzug der Hamburger Waisenkinder im Rahmen des jährlich stattfindenden Volksfestes »Waisengrün«. Der ursprüngliche Titel des Gedichts lautete in der Handschrift denn auch »Waisengrün. (Geschr. zu Hamburg 1817.)«. Heine erwähnt diesen Umzug bereits gegen Ende der *Harzreise.*

[Titel] *Hammonia:* Schutzgöttin der Stadt Hamburg; im *Wintermärchen* spielt sie eine Hauptrolle.
16 *Schmuhlchen:* Ableitung aus Samuel, deutet auf einen Juden hin.
19 *Zwerchsack:* der typische Quersack des jüdischen Trödlers.
26 *Litzenbrüder:* Packer im Hamburger Hafen.
27 *Küper:* niederdt. für: Böttcher oder Färber.

737 XVII. Schnapphahn und Schnapphenne

[Titel] Das Wort »Schnapphahn« im Sinne von Räuber geht auf die Abbildung auf einer gleichnamigen niederländischen Münze des 17. Jh.s zurück; »Schnapphenne« ist eine Heinesche Neubildung.
11 f. *Ich ... gestorben:* vgl. das Gedicht *Weltlauf* aus dem *Lazarus*-Zyklus des *Romanzero.*

737 XVIII. Jung-Katerverein für Poesie-Musik

Durch einen Brief Heines an den Musikverleger Michael Schloß vom 10. Juni 1854 ist bekannt, daß mit diesem Gedicht u. a. auf Richard Wagners Musik und Opernkonzeption angespielt wird. Heine hatte Wagner in Paris zwischen 1839 und 1842 persönlich kennengelernt, die beiden hatten sich u. a. hinsichtlich des Stoffes zum *Fliegenden Holländer* ausgetauscht. Wagner hatte gelegentlich auch öffentlich Heines Bedeutung als Dichter herausgestellt, bevor er ihn 1850 in seiner Schrift *Das Judentum in der Musik* angriff. Es ist nicht sicher, ob Heine diese und andere spätere Äußerungen Wagners überhaupt zur Kenntnis genommen hat oder ob er sich in seiner Kritik auf das bezieht, was ihm aus den persönlichen Gesprächen und früheren Publikationen in Erinnerung geblieben war.

[Titel] *Poesie-Musik:* verweist auf das besondere Verhältnis von Text und Musik in Wagners Idee der Oper.

41 *Charivari:* frz. Durcheinander.

42 *Kuhschwanzhopsaschleifer:* Kuhschwanz: in der Studentensprache eine öffentliche Tanzveranstaltung; Schleifer: ein Tanz.

45 *Tauhu-Wauhu:* von hebr. *tauhu wahauhu* ›das Tohuwabohu‹, der Urzustand der Schöpfung (vgl. 1. Mose 1,2).

55 *Sontag:* Die Sängerin Henriette S. (1806–54) erlebte 1849 ein glanzvolles Comeback und hatte keineswegs, wie Heine hier nahelegt, ihre Stimme verloren.

58 *Tedeum:* (lat.) Dich, Gott [loben wir]; Beginn einer Hymne der katholischen Kirche.

63 *Ungarns größter Pianist:* Franz Liszt. Bereits im Gedicht *Im Oktober 1849* mokiert sich Heine über den Komponisten Franz Liszt (1811–86), der anläßlich der ungarischen Revolution zwar sein Herkunftsland wieder entdeckte, dann aber nur wenig Engagement zeigte.

64 *Charenton:* Irrenanstalt in der gleichnamigen Vorstadt von Paris.

66 *Sabbat:* im Sinne von: Hexensabbat.

740 XIX. Hans ohne Land

Verspottet wird in diesem Gedicht der Erzherzog Johann von Österreich (1782–1859), der am 29. Juni 1848 als Reichsverweser an die Spitze der von der deutschen Nationalversammlung eingerichteten provisorischen Zentralregierung gewählt wurde. Er hatte jedoch nicht die Kraft, die auseinanderstrebenden Interessen der Einzelstaaten zusammenzuführen, und legte nach dem Scheitern der Revolution sein Amt im Dezember 1849 nieder. Heine sieht in ihm einen typischen Protagonisten der deutschen Revolution von 1848, aus der sich nicht sozialer Fortschritt, sondern vielmehr Nationalismus und kleinkariertes Besitzstanddenken entwickelte. Wie aus der Handschrift hervorgeht, hatte Heine zeitweilig vor, dieses Gedicht in einen kleinen Gedichtzyklus mit dem Obertitel »Drei Kaiser« einzubauen. Er sollte dort »Hansel I.« heißen und zusammenstehen mit »Jürgen I.« (heute: *Simplizissimus I.*) und *Kobes I.*

[Titel] *ohne Land:* Beiname des englischen Königs Johann, der von 1199 bis 1216 regierte und mit der »Magna Charta« Einschränkungen seiner absoluten Macht hinnehmen mußte.

1 *mein Weib:* Der Erzherzog war mit Anna Plochl, der Tochter eines Postmeisters, verheiratet.
24 *Mutter der Gracchen:* Cornelia, die stolze Mutter der beiden Volkstribunen Tiberius und Gajus Sempronius Gracchus (2. Jh. v. Chr.).
38 *Lausangel:* Lausejunge, Lausebengel.
47 *Diadem:* Hier und im folgenden gibt Heine eine Beschreibung der Insignien der deutschen Kaiser, die damals in Wien aufbewahrt wurden.
49 *Pluvial:* Mantel des früheren Krönungs-Ornates.
53 *Dalmatika:* Unterkleid aus violetter Seide.

743 XX. Erinnerung aus Krähwinkels Schreckenstagen

Die in der ersten Strophe gebrauchten Begriffe »Senat« und »Bürgerschaft« machen einen Bezug dieses Gedichts auf das Hamburg der nachrevolutionären Zeit wahrscheinlich. Dort drohte, wie vielerorts in Deutschland, die durch die Revolution ausgelöste Bemühung um eine Verfassung zu ersticken in kleinlichem Parteienstreit und -gezänk.
[Titel] *Krähwinkels:* Krähwinkel: fiktiver Ort, Inbegriff der Kleinstadt.
26 *füsiliert:* (frz.) erschossen.

744 XXI. Die Audienz

Zum Hintergrund dieses Gedichts vgl. die Gedichte *Georg Herwegh* sowie *Herwegh, du eiserne Lerche* aus den *Neuen Gedichten* bzw. deren Umkreis. Bereits dort bezieht Heine wie in *Die Audienz* Stellung zu einem Ereignis, das 1842 in Deutschland große Beachtung fand. Georg Herwegh (1817–75), der Verfasser der im Mai 1841 im Schweizer Exil erschienenen *Gedichte eines Lebendigen*, war im Herbst 1842 auf einer Reise durch Deutschland von der national-liberalen Opposition begeistert gefeiert worden. Schließlich wurde er im November auch von Friedrich Wilhelm IV. empfangen, wegen der Veröffentlichung eines Briefes an den König dann jedoch im Dezember aus Preußen ausgewiesen und von der Polizei bis an die Grenze gebracht (s. V. 61 f.). Zwischen 1843 und 1848 lebte Herwegh – wie Heine – im Pariser Exil; bereits Ende 1841 hatten beide Dichter sich persönlich kennengelernt. Das Gedicht ersetzt auf Heines Wunsch hin das sehr viel schärfere *Simplizissimus I.*, das er ganz vom Druck zurückzog (s. S. 760 ff.). Strodtmann gibt in seiner Ausgabe der *Sämmtlichen Werke* nach einer heute verschollenen Handschrift folgende Variante der Verse 1–8 wieder:

> Ich will kein König Pharo sein,
> Kein Kinderersäufenlasser;
> Ich liebe die Menschen, ich liebe den Wein,
> Ich hasse nur das Wasser.
>   Laß zu mir kommen die Kindlein, ich will
> Mich an der Einfalt laben;
> Vor allen laß kommen das große Kind,
> Den Einfaltspinsel aus Schwaben.

1 *Pharao:* Im Alten Testament (2. Mose 1,22) wird berichtet, wie der Pharao aus Angst vor einem prophezeiten Königsmörder alle männlichen Neugeborenen ins Wasser werfen läßt.

3 *Herodestyrann:* Im Neuen Testament (Mt. 2,16–18) wird erzählt, daß Herodes die männlichen Neugeborenen in Bethlehem ermorden ließ, um damit zugleich den prophezeiten Messias zu töten.

7 *Laß zu mir kommen die Kindlein:* vgl. Mk. 10,14: »Laßt die Kindlein zu mir kommen!«

8 *Kind aus Schwaben:* Herwegh war Schwabe.

17 *sieben Schwaben:* Anspielung auf das Grimmsche Märchen *Die sieben Schwaben*.

29 *Menzel:* Wolfgang M. (1798–1873), von Heine vielfach scharf angegriffener schwäbischer Literaturkritiker und ›Denunziant‹.

41–44 *Tagtäglich ... geblieben:* Zitat nach dem von Karl Simrock herausgegebenen *Puppenspiel von Doktor Faust*: »Sauerkraut und Rüben, / Die haben mich vertrieben; / Hätt meine Mutter Fleisch gekocht, / So wär ich bei ihr geblieben.« Ganz ähnlich lautet auch der Beginn des Gedichts *Mißheirat* aus *Des Knaben Wunderhorn*.

46–52 *Da kniete ... Menschenrechte:* Anspielung auf die berühmte Szene aus Schillers *Don Carlos* (III,10), in der Marquis Posa von König Philipp II. »Gedankenfreiheit« fordert; so auch schon im Gedicht *Georg Herwegh* aus den *Zeitgedichten* der *Neuen Gedichte*.

59 *Somnambülericht:* Neubildung in Anlehnung an *Somnambuler* ›Schlafwandler‹. Der wirkliche Grund von Herweghs Ausweisung, der offene Brief an den König, wird hier nicht erwähnt.

746 XXII. Kobes I.

Das Gedicht zielt auf den Kölner Schriftsteller und Politiker Jakob Venedey (1805–71), der als Liberaler nach Frankreich flüchtete, dort für eine deutsche Republik arbeitete, nach der Revolution 1848 nach Deutschland zurückkehrte und im Frankfurter Parlament einen bedeutenden Platz einnahm, mit seinen idealistischen Forderungen nach einem demokratisch-republikanischen Deutschland allerdings Schiffbruch erlitt. Heine lernte ihn 1834 kennen, verkehrte freundschaftlich mit ihm, obwohl Venedey zur Partei Börnes und damit eher zu den Gegnern Heines gehörte. Später kühlte das Verhältnis ab, ohne feindlich zu werden. Erst als Venedey im Zuge der deutschen Revolution plötzlich eine Rolle spielte, die Heine für völlig unangemessen hielt, griff er ihn satirisch an, wobei die Burleske zugleich den Ungeist der Revolution insgesamt treffen sollte, in der eine Figur wie Venedey zu den Führern zählen konnte. Insbesondere greift Heine die für ihn abwegige politische Forderung nach einem Kaiser an der Spitze des revolutionären Deutschland auf. Venedey erwiderte am 30. November 1854 mit sieben kurzen Gedichten in der *Kölnischen Zeitung*, obwohl erst so der Bezug des Heine-Gedichts für die Öffentlichkeit überhaupt verständlich wurde. Heine seinerseits bereitete mit dem *Offenen Sendschreiben an Jakob Venedey* eine erneute Replik vor, verzichtete aber schließlich auf die Publikation. Das Gedicht war zeitweilig als Teil eines Zyklus mit dem Titel »Drei Kaiser« vorgesehen (s. Kommentar zu *Hans ohne Land*).

[Titel] *Kobes:* rheinische Form von: Jakob.
  5 *Römer:* Rathaus in Frankfurt a. M., wo traditionell die deutschen Kaiser gekrönt wurden.
  6 *weiße Dame:* Weit verbreitete Vorstellung von einem Schloßgespenst; ihr Erscheinen war Vorbote wichtiger Ereignisse.
16 *Gerülle:* Gerümpel.
22 *goldne Bulle:* Reichsgrundgesetz von 1356, das u. a. die Modalitäten der Kaiserwahl regelte.
55 f. *Betracht ... Kaiser:* Selbstzitat Heines aus *Deutschland. Ein Wintermärchen* (Cap. XVI, V. 95 f.).
64 *Schöpse:* Hammel.
70 *Fabel:* Ihr zufolge waren die Frösche mit dem Holzklotz, den Jupiter ihnen als Herrscher geschenkt hatte, nicht zufrieden; dar-

auf wurde der Klotz durch eine Schlange ersetzt, die alle Frösche auffraß.

78 f. *Heloten / Der Werkstatt:* Helot: in Sparta ein Mitglied der untersten Klasse, ein Sklave; hier im übertragenen Sinne auf die Proletarier und Handwerker bezogen, mit denen Venedey in Paris u. a. im Geheimbund »Bund der Geächteten« zusammenarbeitete, aus dem sich später der »Bund der Kommunisten« entwickelte.

80 *Knoten:* Studentensprachlich für: Handwerksburschen.

85 f. *Sie ... Universitäten:* Selbstverständlich hatte Venedey Gymnasium und Universität absolviert; Heine überzeichnet hier ähnlich wie schon in seinen Maßmann-Porträts.

118 *Funken:* traditionelle Kölnische Stadtgarde, von den Franzosen abgeschafft und seitdem nur noch im Karneval zu sehen.

128 *Cölner Doms Vollendung:* Venedey war Sekretär der Pariser Filiale des Dombauvereins und hatte 1842 Heine überredet, sich zum Vizepräsidenten wählen zu lassen. Heine besaß ein Exemplar seiner Schrift *Der Dom zu Köln* (1842).

145 *Drickes:* Ebenso wie die V. 147 genannte »Marizebill« Figur des Kölner Karnevals (vgl. auch das Gedicht *Schelm von Bergen*, V. 15); hochdeutsch lauten die Namen ›Heinrich‹ und ›Marie Sibylle‹.

155 *die heilgen drei Kön'ge aus Morgenland:* Ihre Gebeine kamen 1164 nach Köln und bildeten den wichtigsten Reliquienschatz der Stadt. Heine hat sich ausführlich in *Deutschland. Ein Wintermärchen* mit ihnen beschäftigt.

753   XXIII. Epilog

16 f. *Thetis großes Kind – / Der Pelide:* Achilles, Sohn der Thetis und des Peleus.

20 *am stygischen Gewässer:* Der Styx ist in der griechischen Mythologie der Grenzfluß zur Unterwelt.

Aus dem Umkreis der *Gedichte. 1853 und 1854*

757 Lied der Marketenderin

Erstdruck: Deutscher Musenalmanach. Hrsg. von Christian Schad. 4. Jg. 1854. S. 9.

Die drei ersten Strophen dieses Gedichts gehörten bereits zum Manuskript, das Heine 1838 als »Nachtrag zum Buch der Lieder« zum Druck geben wollte. Es wurde gegen Mitte der 40er Jahre erweitert und schließlich auf Anfrage zusammen mit *Das Hohelied* dem Herausgeber Schad für seinen *Musenalmanach* zur Verfügung gestellt. Dieser wurde im übrigen wegen Heines Gedichten unmittelbar nach Erscheinen verboten.

28 *Kreide:* als Mittel, die Schulden anzuschreiben.
29 *Der grüne Kranz:* im Süden Zeichen einer Weinschenke.
31 *Malvasier:* süßer Wein aus dem Mittelmeerraum.

758 Das Hohelied

Erstdruck: Deutscher Musenalmanach. Hrsg. von Christian Schad. 4. Jg. 1854. S. 7 f.

760 Simplizissimus I.

Mit Georg Herwegh hat Heine sich vielfach auseinandergesetzt, u. a. in *Die Audienz* (s. S. 744 und Kommentar). Dieses Gedicht wiederholt verschiedene der früher vorgebrachten Punkte. Sein eigentlicher Hintergrund ist jedoch der gescheiterte Versuch Herweghs, an der Spitze eines in Paris gebildeten deutschen Freikorps militärisch in die Revolution in Baden einzugreifen. Am 27. April 1848 wurde das Korps – bereits auf dem Rückzug in die Schweiz befindlich – von württembergischen Truppen geschlagen; Herwegh selbst konnte mit seiner Frau in die Schweiz fliehen. Infolge dieser auch innerhalb des radikalen deutschen Lagers sehr umstrittenen und zudem schlecht vorbereiteten Aktion wurde Herweghs Ruf sowohl als Mensch wie als politischer Kopf vollständig ruiniert. Es bildete sich das auch von Heine aufgegriffene Gerücht, er habe beim Anblick der württembergischen Truppen vor Angst in die Hosen gemacht. Heine selbst erschien das Gedicht schließlich zu hart. Er schrieb am 15. April 1854 an Campe, er habe »anstatt des herben

Gedichtes über Herwegh ein spaßhafter neues Gedicht auf ihn geschrieben«. Dabei handelt es sich um *Die Audienz*.

Das Gedicht war zeitweilig als Teil eines Zyklus mit dem Titel »Drei Kaiser« vorgesehen (s. Kommentar zu *Hans ohne Land*).

[Titel] Wie der Titelheld des Grimmelshausenschen Romans *Der abenteuerliche Simplicissimus Teutsch* zieht auch Herwegh als naiver Tor in den Krieg.

4 *durch die Gunst der Frauen:* Wie aus dem weiteren Verlauf des Gedichts deutlich wird, unterstellt Heine, daß die verhängnisvolle Veränderung in Herweghs Charakter wesentlich durch den Einfluß seiner Frau Emma Herwegh (1817–1904) verursacht war, die Tochter des wohlhabenden Seidenhändlers Siegmund (V. 37 f.), mit der er seit 1843 verheiratet war.

5 *sah zum erstenmal:* Im November 1841 trafen Heine und Herwegh erstmals zusammen.

22 *Lorgnette:* Stielbrille.

27 *Schwäbisch-Hall:* Ort ohne biographischen Bezug zu Herwegh; der Name taucht hier als Anspielung auf das Schwabentum Herweghs auf.

44 *Pückler-Muskau:* Fürst Hermann von P.-M. (1785–1871) verfaßte *Briefe eines Verstorbenen*, auf die sich Herwegh mit seinen *Gedichten eines Lebendigen* direkt bezog.

46 *Manchaner:* Anspielung auf den Titelhelden von Cervantes' *Don Quichotte de la Mancha*.

47 *Absagebriefe:* Anspielung auf Herweghs offenen Brief an den preußischen König; vgl. Anm. zu *Die Audienz*.

50 *Gonfaloniere:* (ital.) Bannerträger.

58 *Liszt zu Pferde:* Zu Heines Spott über Liszt und sein Verhalten während der ungarischen Revolution vgl. das Gedicht *Im Oktober 1849* aus dem *Romanzero* sowie die Anmerkungen zu V. 63 von *Jung-Katerverein für Poesie-Musik* (s. S. 737).

83 *Wie ... Tabaks:* vgl. das 66. der *Venezianischen Epigramme* von Goethe.

91 *Horazius Flaccus:* vgl. *Im Oktober 1849*, V. 16 (s. S. 601).

93 *Das ... Los!:* vgl. Schillers *Wallensteins Tod* (IV,12); dasselbe Zitat auch in *Citronia*, V. 28.

763 Erlauschtes

Im Brief vom 15. April 1854 an Campe erteilt Heine die Anweisung: »Auch soll das kleine Gedicht ›Erlauschtes‹ wodurch ich mir zwey Hamburger reiche Juden aufsacke, ganz ausfallen . . .« Gegen welche Hamburger Juden das Gedicht gerichtet ist, läßt sich nicht mehr ermitteln.

9 *Schlemihl:* hier soviel wie: Betrogener; in dem Sinne, wie der Titelheld von Chamissos Erzählung *Peter Schlemihl* trotz seines Glückssäckels ein Betrogener ist.
12 *Schofel:* Substantivierung des hebräischen Adjektivs für: schäbig, gering.
31 *komptant:* (frz.) in bar.
35 *Wantram:* Wandrahm: Name einer Straße in Hamburgs gutbürgerlichem Viertel.
40 *Taillerand:* Charles Maurice de T. (1754–1838) wurde zum Inbegriff des verschlagenen, prinzipienlosen Diplomaten, der stets der Macht folgt.

Lyrischer Nachlaß

Entstehung

Unter dieser in der Heine-Forschung seit langem eingeführten Überschrift werden hier die nach dem Erscheinen der *Neuen Gedichte* von 1844 entstandenen, ungedruckt gebliebenen Gedichte versammelt, die nicht in ganz unmittelbarem Zusammenhang mit den beiden Sammlungen *Romanzero* und *Gedichte. 1853 und 1854* stehen. Zwar hätten von den Entstehungsdaten her einige wenige Gedichte dem zeitlichen Umfeld des *Romanzero* oder der *Gedichte. 1853 und 1854* zugeordnet werden können. Doch ist es einerseits reizvoll, einen Überblick über den Gesamtbestand an Gedichten zu gewinnen, aus dem Heine seinen geplanten allerletzten Lyrik-Band hätte formen können; andererseits ist die ganz überwiegende Mehrzahl der Texte tatsächlich nach Erscheinen der *Vermischten Schriften* entstanden.

Textgrundlage ist bei diesen Nachlaßgedichten die Handschrift, soweit sie vorhanden ist, ansonsten der Erstdruck bzw. ein nach der Handschrift vorgenommener Druck. Manche Texte, wie z. B. *Bimini*, sind nicht nur Fragment geblieben, sondern auch mit mancher Flüchtigkeit der Schreibung behaftet. Unser Text folgt hier den vorsichtigen Ergänzungen der Düsseldorfer Ausgabe. Über die Entstehung jedes einzelnen Gedichts gibt in diesem Fall der Kommentar Aufschluß. Einige von den früher entstandenen hatte Heine nie für den Druck in Betracht gezogen, sei es aus Gründen der Selbstzensur, sei es aus politischen oder ästhetischen Erwägungen, manche konnten aus äußeren Gründen nicht erscheinen, ganz wenige sind Gelegenheitsgedichte. Dem Vorschlag der Düsseldorfer Historisch-kritischen Ausgabe folgend, die sich ihrerseits teilweise auf in der Heine-Forschung eingeführte Kategorien stützt, ist der Gesamtbestand der Nachlaßgedichte in sechs Gruppen untergliedert worden. Die Gruppen »Zum Lazarus« und »Fabeln« sind mehr oder weniger von Heine selbst gebildet; die restlichen vier Gruppen ergeben sich aus den inhaltlichen Eigenarten der Texte.

Kommentar

Bimini

Entstehung: Ende 1852.

Der Text sollte ursprünglich in einer französischen Fassung in der Zeitschrift *Revue des deux Mondes* erscheinen und war bereits als ein Werk mit dem Titel »Eldorado« am 1. Januar 1853 dem Publikum angekündigt, doch trat Heine von diesem Plan zurück und publizierte in der *Revue* 1853 statt dessen *Die Götter im Exil*, das, wie die Handschrift ausweist, in enger zeitlicher Beziehung zu *Bimini* entstand. Die DHA ordnet mit vor allem inhaltlichen Argumenten diesem französischen Publikationsplan auch den Entwurf einer Vorrede zu (s. S. 795–797).

Die Hauptanregung für das unvollendete Versepos ging von der Darstellung des amerikanischen Reiseschriftstellers Washington Irving in seinem Buch *Voyages and Discoveries of the Companions of Columbus* (London 1831) aus. Dort wird ausführlich über Juan Ponce de Leon, seine Expeditionen und Raubzüge in die Karibik und seine Suche nach dem Jungbrunnen auf der sagenhaften Insel Bimini berichtet. Heine geht mit den bei Irving referierten historischen Details relativ frei um.

[Titel] *Bimini*: Inselgruppe innerhalb der Gesamtgruppe der Bahamas.

767 Prolog

1 *blaue Blume*: Symbol der Romantik.
31 *Berthold Schwarzes*: B. Schwarz soll im 14. Jh. das Pulver erfunden haben.
32 f. *noch ... Teufelbanners*: gemeint ist die Erfindung des Buchdrucks durch Johannes Gutenberg.
37 *Byzanz/Ägypten*: Byzanz steht für die griechische Tradition, und ihr ist das »Buch der Schönheit« (V. 39) zu verdanken, mit dem vielleicht Homer gemeint ist; Ägypten steht für die jüdische Tradition, und mit dem »Buch der Wahrheit« (V. 40) dürfte die Bibel gemeint sein.
45 *Zitternadel*: Kompaßnadel.
63 *eines dummen Ungars*: Anspielung auf Heines Arzt David

Gruby (1810–98), einen gebürtigen Ungarn. Obwohl seine Genesungshoffnungen durch Gruby enttäuscht wurden und der Prominenten-Arzt insgesamt sehr umstritten war, blieb Heine bis zu seinem Tod bei ihm in Behandlung.
64 *Banat:* Grenzgebiet zwischen Ungarn, Rumänien und Jugoslawien; äußerste Grenze des Habsburgischen Reiches.

770 I

2 *Bilbao:* Der Konquistador hieß korrekt: Balboa (s. u. zu V. 294).
71 *Kyffhäuser:* In diesem Berg wartet der Sage nach Kaiser Barbarossa auf seine Wiederkunft; Heine beschreibt seinen Besuch im Kyffhäuser im *Wintermärchen* (Cap. XIV–XVI).
72 *St. Paul:* Die Frankfurter Paulskirche war 1848/49 Sitz der deutschen Nationalversammlung.

773 II

12 *Bandelier:* Schulterriemen zur Befestigung des Schwertes.
36 *Alkadentochter:* Der Alkalde war im alten Spanien der Bürgermeister.
71 f. *zweite⟨n⟩ / Großen Weltentdeckungsreise:* Die zweite Reise des Kolumbus fand in den Jahren 1493–96 statt.
74 *andern großen Christoph:* Anspielung auf die Legende vom starken Riesen Christopherus, der aber fast zu schwach war, das Jesuskind durch einen Fluß zu tragen.
83 *Ojeda:* Alonso de O. (um 1470–1515), Begleiter des Kolumbus auf seiner zweiten Fahrt.
110 *Bilbao:* Vasco Nuñez de Balboa (um 1475–1517); er eroberte die pazifische Küste Mittelamerikas für Spanien und wurde später wegen Verrats hingerichtet.
132 *Cortez:* Hernán Cortés (1485–1547), Eroberer Mexikos.
144 *entdeckt die Insel Cuba:* Kuba wurde bereits von Kolumbus entdeckt; Ponce de Leon herrschte in Wahrheit auf Puerto Rico.
146 *Juanna von Castilien:* Tochter des Fernando de Aragón.
147 *Fernand von Arragon:* Fernando de Aragón (1452–1516); Begründer des spanischen Weltreichs; mit Isabella von Kastilien verheiratet, Vater der Juana.
186 *Caracho:* spanischer Fluch.

782 III

4 *Hamak:* (span.) Hängematte.
24 *Pirogen:* Piroge: Einbaum.
25 *Brididi:* Künstlername einer Pariser Tänzerin; von Heine auf einen Fisch übertragen.

785 IV

17 *Beguine:* Begine; Angehörige einer klosterähnlichen, aber gelübdefreien Gemeinschaft, vor allem im 13. und 14. Jh. verbreitet.
24 *Palankin:* (port.) Tragsänfte.
26 *Hildalgo:* spanischer Adliger.
42 *Karbunkel:* rötliches Geschwür.
76 *Menschheitsretter:* so apostrophiert Heine im *Wintermärchen* (Cap. XIV, V. 20) Christus.
91 f. *Castillien / Arragonien und Leon:* die drei selbständigen spanischen Königreiche, die unter Fernando und Isabella mehr und unter Karl V. dann ganz zusammenwuchsen.
93 *Lauberhütte:* eine zum jüdischen Erntefest geschmückte Hütte.
132 *Hebe:* griechische Göttin der Jugend.
133 *Brüßler Kanten:* Brüssel war berühmt für seine Stickereien.
137 *anthropophagisch:* menschenfresserisch.
138 *Pompadour:* Marquise von P. (1721–64), berühmte Mätresse Ludwigs XV.
162 *Atlasjacke:* Atlas: glänzender Stoff.

791 V

2 *Faselante:* witzige Wortbildung für: Faselhans.
16 *Donna Venus Aphrodite:* Mischung aus drei Sprachen: Spanisch, Latein, Griechisch.
33 *Lethe:* Fluß in der Unterwelt, dessen Wasser Vergessen bringt.
42 *Lopez Vacca:* keine historische Person, sondern Heines Erfindung.

795 Vorredenentwurf zu einer französischen Fassung von *Bimini*

Seit je wurde dieser Text von den Herausgebern als Vorrede eingestuft, ohne daß man allerdings sagen konnte, zu welchem Text sie gehören könnte. Der Vorschlag der DHA, sie *Bimini* zuzuordnen, geht davon aus, daß einerseits der Text deutlich in die späte Zeit der Krankheit gehört: die »Rückenmarksschwindsucht«, das Atheismusproblem, die Meyerbeer-Kritik sind dafür sichere Indizien. Andererseits ist von allen Texten aus dieser Zeit *Bimini* der einzige, der von seinem Umfang her die Existenz einer Vorrede rechtfertigen würde. Trotzdem bleibt die Zuweisung bis zu einem gewissen Grade unsicher.

795,12 f. *Soirées de St. Petersbourg:* ein Werk des reaktionären Diplomaten und Schriftstellers Joseph de Maistre (1753–1821), der mehrere Jahre am russischen Hof in St. Petersburg verbrachte.

795,17 *Bouraucratie:* Wortspiel mit »Bürokratie« und frz. *bourreau* ›Henker‹.

795,12 *Mucker:* Bezeichnung für einen Frömmler; ursprünglich war es der Name einer mystisch-theosophischen Gesellschaft zu Anfang des 19. Jh.s.

795,23 *Sions-Mutter:* Elias Eller (1690–1750) aus Elberfeld begründete die Sekte der Zioniten und erwartete in seinem Sohn den wiedergeborenen Erlöser. Das Kind starb bereits ein Jahr nach der Geburt 1734. Nach dem Tod seiner Frau Anna, der »Zionsmutter«, erklärte Eller sich selbst zur Reinkarnation Gottes.

796,24 *Poliandrie:* Vielmännerei.

796,36 *Kontagion:* Ansteckung.

797,27 *Das Gold ist eine Chimäre:* Zitat aus dem Libretto Scribes zur Oper *Robert le Diable* von Giacomo Meyerbeer.

Zeitgedichte

Mehrere der hier versammelten Gedichte enthalten scharfe Angriffe auf Giacomo Meyerbeer, dem Heine sehr übelnahm, daß er sich nicht deutlich genug im Streit mit Carl Heine um den Anteil an Onkel Salomons Erbe für ihn eingesetzt hatte. Meyerbeer versuchte nach Heines Tod vergeblich, diese Texte aus dem Nachlaß herauszukaufen.

798 Antwort

Entstehung: ca. 1848.
6 *Sbirren:* von ital. *sbirro* ›Polizist‹.

798 Vermittlung

Entstehung: ca. 1848.

799 Die Briten zeigten sich sehr rüde

Entstehung: 1849.
Zum Hinrichtungsthema vgl. die Gedichte *Carl I.* und *Maria Antoinette* in den *Historien* des *Romanzero*.
 2 *Regicide:* Königsmörder.
 4 *Whitehall:* königlicher Palast in London.
 9 *Ludwig Capet:* so wurde Ludwig XVI. (aus der Dynastie der Capet) während der Revolution angeredet.
10 *Calèche de Remise:* (frz.) vornehmer Wagen.
14 *Charette:* (frz.) offener Karren.
15 *Chambelan und Dame d'Atour:* (frz.) Kammerherr und Hofdame.
18 *Unterlippe:* Die dicke Unterlippe ist ein Erbmerkmal der Familie der Habsburger.
26 *panaschiert:* gestreift.

800 Epilog

Entstehung: 1853.
Der Text sollte als Motto für den von Heine konzipierten Zyklus »Drei Kaiser« dienen (vgl. Erläuterungen zu *Kobes I.*). Der Untertitel weist ihn dann als Spottgedicht auf Meyerbeer aus, dessen Vorname Giacomo hier verballhornt wird.

800 Jammertal

Entstehung: 1854/55.

801 Streiche von der Stirn den Lorbeer

Entstehung: 1854.

Hintergrund dieser scharfen Attacke gegen Meyerbeer ist vermutlich die Aufführung des Balletts *Satanella* von Paul Taglioni, in dem Heine ein Plagiat seines *Doktor Faust* sah.

802 Die Menge tut es

Entstehung: 1849.

Zu Heines insgesamt zwiespältigem Verhältnis zu Berlin vgl. z. B. die *Briefe aus Berlin*.

17 *Eckensteher:* soviel wie: Tagelöhner; der »Eckensteher Nante« war eine Erfindung des Dramatikers Friedrich Beckmann (1803 bis 1866), die bald als Sprachrohr der Volksmeinung sehr populär in Berlin wurde.

20 *Wisotzki:* ein Berliner Gastwirt, dessen Lokal zugleich ein Puppentheater war.

21 *Kronprinz:* gemeint ist der seit 1840 in Preußen regierende Friedrich Wilhelm IV.

24 *faible:* (frz.) eine Schwäche.

30 *proniert:* von frz. *proner* ›rühmen, loben‹.

31 *Meyerbeer:* vgl. zu ihm *Ruhelechzend* aus den *Gedichten. 1853 und 1854* sowie weitere Gedichte aus dem Nachlaß wie *Festgedicht*, *Epilog*.

39 *en monnaie de singe:* französische Redensart, wörtlich: mit Affengeld; in der Bedeutung: Sich lustig machen über jemanden.

41 *arbeitet für den Roi de Prusse:* französische Redensart, wörtlich: Für den König von Preußen arbeiten; in der Bedeutung: Ohne Bezahlung arbeiten.

52 *Savigny:* Friedrich Karl von S. (1779–1861) war der Hauptvertreter der von Heine vielfach verspotteten historischen Rechtsschule, die mit ihrem Bezug auf das römische Recht hinter den Code Napoleon und seine Errungenschaften zurückfiel.

62 *Maßmann:* vgl. zu Heines »Lieblingskreatur« das Gedicht *Der Ex-Lebendige* bzw. das *Nachwort zum Romanzero* und den jeweiligen Kommentar.

88 *Teltower Rübchen:* genau wie die »sauren Gurken« bei Heine als Berliner kulinarische Genüsse häufiger erwähnt; Teltow ist eine Stadt im Südwesten von Berlin.

Fabeln

Am 12. August 1852 schrieb Heine an den Verleger Campe, er habe, »um meine Schmerzen zu beschwichtigen, eine Menge drolliger Thierfabeln versifizirt« und wolle sie jetzt dem Sohn Campes zum Auswendiglernen schicken. Das Abrücken vom direkten Tagesgeschehen in den Tiergeschichten einerseits, die Verstärkung seines Ekels vor den Zeitläuften in der Sicht der Welt als Bestiarium andererseits, machten die Tierfabeln für Heine zu einer attraktiven Form.

806 König Langohr I.

Entstehung: ca. 1853.
Das Gedicht ist Ausdruck der Enttäuschung über die nachrevolutionären Verhältnisse in Europa, insbesondere in Deutschland.
20 *malkontenten:* (frz.) unzufriedenen.
38 *August und Mäcen:* gemeint sind der römische Kaiser Augustus sowie sein Berater und Förderer der Künste, Maecenas.
47 *Lehmann vom Dreckwall:* Der Maler Henri Lehmann (1814–1882) war ein Kieler Jude, der seinerzeit mit großem Erfolg als Maler in Paris arbeitete, zum Christentum übertrat und die französische Staatsbürgerschaft annahm. Heine war mit ihm bekannt. Der Dreckwall war eine vorwiegend von Juden bewohnte Straße in Hamburg.
53 *Meyer-Bär:* vgl. das vorhergehende Gedicht, V. 31.
70 *Bayard der Heymonskinder:* Bayard ist der Name des Pferdes von Roland, dem Ritter Karls des Großen; die französische Geschichte der Heymonskinder war in Deutschland als Volksbuch verbreitet.
73 *Gottfrieds von Bouillon:* Unter der Führung Gottfrieds von Bouillon eroberte das Kreuzfahrerheer auf dem ersten Kreuzzug im Jahre 1099 Jerusalem.
84 *Clio:* die Muse der Geschichtsschreibung.
  In der Handschrift sind V. 91–140 in einer verkürzten Fassung überliefert:
  Ihr Esel aber Ihr sollt Euch freun
  Des großen Königs Diener zu sein
  Seid würdig meiner hohen Huld.
  Tragt Eure Säcke mit Geduld.

Gehorcht der hohen Obrigkeit.
Zahlt Eure Steuern zur rechten Zeit,
Und tut wie Eure Väter getan,
Ihr stilles Gemüt hat nie der Wahn
Der Dämon der Freiheit und Gleichheit besessen
Sie haben stets gemütlich gefressen
An der Gewohnheit frommen Krippe
Bescheidenes Heu oder Strohgestrippe –
Die Zeit hat sich verändert, jedoch
Die alten Eichen wachsen noch
Woraus man die schönsten Galgen zimmert,
Und gute Stöcke. Deshalb bekümmert
Euch niemals ob meinem Schalten und Walten,
Ich rat Euch ganz das Maul zu halten
Da Ihr meine großen Gedanken nicht kennt.

810 Die Wanderratten

Entstehung: 1852–54.

1–4 *Es ... aus:* Anspielung auf die Fabel von Stadtmaus und Feldmaus; gleichzeitig steht im Hintergrund die durch Not und Hunger erzwungene massenhafte Auswanderung deutscher Handwerker und Bauern in den 30er und 40er Jahren des 19. Jh.s.
15 *die Köpfe geschoren egal:* Die Armen trugen die Haare kurz.
17–28 *Die radikale ... die Welt:* Diese Verse fassen Heines Vorstellung vom Kommunismus kritisch zusammen.
39 *Palladium:* in der Antike Statue der Göttin Pallas Athene; hier Bezeichnung für die heiligsten Werte.
43 *Hundertpfünder:* Das Kaliber wurde nach dem Gewicht der Geschosse gemessen.
47 f. *Syllogismen/Sophismen:* hier beidesmal für: Scheinargumente.
55 *Mirabeau:* Honoré Gabriel de Riquetti, Graf von Mirabeau (1749–91), berühmter Redner unter den Führern der Französischen Revolution.

812 Pferd und Esel

Entstehung: 1852–55.

Äsops Fabel mit dem Titel *Der Esel und das Pferd* hat nur sehr mittelbar mit diesem Gedicht zu tun.

815 Aus der Zopfzeit

Entstehung: 1852–55.

Das Gedicht nimmt Bezug auf die verschiedenen Versuche der Kurfürsten von Kurhessen, die liberale Landesverfassung abzuschaffen.

- 8 *Zopf:* Der bis 1821 regierende Kurfürst Wilhelm I. hatte den Zopf als Haartracht des Militärs wieder eingeführt; er steht hier für reaktionäre Gesinnung.
- 15 *Chatten:* Der germanische Volksstamm der Chatten lebte im Gebiet des heutigen Hessen.

817 Die Wahl-Esel

Entstehung: 1852–55.

Hintergrund des Gedichts sind die Verhältnisse im Parlament der Frankfurter Paulskirche.

- 32 *Psalter:* mittelalterliches Saiteninstrument.
- 60 *Mamme:* jüdisches Kinderwort für ›Mutterbrust‹ oder einfach ›Mutter‹.

820 Duelle

Entstehung: 1854/55.

Das Duell wird in diesem Text ins Lächerliche gezogen; Heine selbst hat allerdings eine Reihe von Duellen ausgefochten, das letzte noch 1841 in Paris auf Pistolen gegen Salomon Strauß, der sich durch ihn beleidigt fühlte.

- 7 *Tusch:* analoge Substantivierung zu frz. *toucher* ›berühren‹, was in der Sprache der Ehre soviel heißt wie: beleidigen.
- 8 *John Bulle:* Spiel mit ›John Bull‹, dem Spottnamen für den Engländer.
- 24 *dummen Jungen:* dummer Junge: in Studentenkreisen damals die gängige Beleidigung, um ein Duell herbeizuführen.

821 Der tugendhafte Hund

Entstehung: 1854/55.

Quelle dieses Gedichts ist vermutlich La Fontaines Fabel *Der Hund, der das Essen seines Herren um den Hals trug.*

2 *Brutus:* Der Name steht – mit ironischem Anklang – bei Heine
häufig für (moralische) Rigoristen (s. z. B. in *Die Menge tut es*).
45 *Auch du, mein Brutus:* Cäsar soll beim Anblick des Brutus unter
seinen Mördern gerufen haben: »Auch Du, Brutus, mein Sohn?«

822 Fabel

Entstehung: 1855.

Heine hat dieses Gedicht für sein Patenkind, den Sohn des Verlegers
Campe, verfaßt und mit einem Brief am 23. August 1855 an Campe
geschickt. In diesem Brief gibt er auch einen Hinweis auf den Entstehungshintergrund des Gedichts: In Wien war der Journalist Moritz Gottlieb Saphir mit der Behauptung an die Öffentlichkeit getreten, Heine habe den Komponisten Joseph Dessauer (1798–1876) aus einem bestimmten Grund in der *Lutetia* angegriffen. Dessauer erwiderte darauf, der Grund sei gewesen, daß er Heine einmal ein Darlehen verweigert habe. Heine seinerseits bestritt nun dieses öffentlich und gab vielmehr als Grund an, Dessauer habe das Gerücht gestreut, er (Dessauer) habe eine intime Beziehung zu George Sand unterhalten. Dieses konterte Dessauer mit einer Ehrenerklärung der Sand.

Die Verse 21–26, die ›Moral‹ der Fabel, sind in der Handschrift in zwei alternativen Versionen, die beide ungestrichen sind, überliefert:

    (I)
    Und die Moral? der Fabulist
    Er wird sie Euch ein andermal sagen,
    Denn mächtig verbündet in unseren Tagen
    Das reiche Ungeziefer ist.
    Zumal die musikalischen Wanzen,
    Die Komponisten von Romanzen
    Opern und Liedern, welche nicht gehen
    Wie Schlesingers Uhr, o diese verstehen
    Sich überall; der Pfänderleiher,
    Und Kapital-Musikant zu Wien
    Versteht den klugen Lorbeer-Meyer,
    Den großen Meister in Berlin.
    Das lügt u kriecht u katzebuckelt –
    Artikelchen werden eingeschmuckelt

In kleine Klatschblättchen von andern infekten
Ganz miserablen Mitinsekten –
Was willst du tun, du armer Poete?
Und wenn ich das Geschmeiße zertrete,
Verstänkert es mir die Luft, die süße,
Und schmutzig würden meine Füße.
Das beste ist schweigen – ein andermal
Erkläre ich Euch der Fabel Moral.

(II)
Das Ungeziefer jedes Lands
Es bildet eine heilge Allianz.
Zumal die musikalischen Wanzen
Die Komponisten von schlechten Romanzen
(Welche, wie Schlesingers Uhr nicht gehn)
Allüberall im Bündnis stehn.
Da ist der Mozart der Krätze in Wien
Die Perle ästhetischer Pfänderleiher
Der intrigiert mit dem Lorbeermeyer,
Dem großen Maestro in Berlin –
Da werden Artikelchen ausgeheckt
Die eine Blattlaus, ein Mitinsekt
Für bares Geld in die deutsche Presse schmuckelt –
Das lügt und kriecht und katzebuckelt –
Und hat dabei die Melancholik –
Das Publikum glaubt oft der Lüge
Aus Mitleid; es sind so leiden(d) die Züge
Der Heuchler und ihr Dulderblick –
Was willst du tun in solchen Nöten
Du mußt die Verleumdung ruhig ertragen,
Du darfst nicht reden, du darfst nicht klagen
Willst du das schnöde Geschmeiß zertreten
Verpestet es dir die Luft mit Gestank,
Beschmutzt dir den Stiefel, der so blank –

1 *Wanzerich:* Der Vergleich Dessauers mit einer Wanze findet sich
 mehrfach bei Heine.
26 *Dessauer Marsch:* Marsch, benannt nach dem preußischen Feldherrn Leopold I. von Anhalt-Dessau.

Zum *Lazarus*

Innerhalb dieser umfangreichsten Gruppe von Nachlaßgedichten sind die folgenden 17 von Heine auf dem Manuskript mit einem Vermerk der *Lazarus*-Gruppe zugewiesen, die sich ja bereits durch die beiden Bände *Romanzero* und *Gedichte. 1853 und 1854* zieht.

824 Nicht gedacht soll seiner werden

Entstehung: 1848–50.

1 *»Nicht ... werden«:* Dieser refrainartig wiederholte Vers ist einer jiddischen Verwünschungsformel nachgebildet.
3 *Esther Wolf:* Einer Mendel Baruch Wolf ist Heine in Düsseldorf begegnet, wo sie zeitweilig die Judenschule betrieb.

825 Erstorben ist in meiner Brust

Entstehung: 1850.

Der Text ist in einer sauberen Handschrift mit wenigen Korrekturen überliefert. Ein späterer Bearbeitungsversuch blieb stecken, Heine gab das Gedicht schließlich ganz auf und verwendete das Homer-Motiv für das Gedicht *Epilog* aus *Gedichte. 1853 und 1854*. Der spätere Bearbeitungsversuch trägt den Titel »Der Scheidende« und hat folgenden Text:

> Der Vorhang fällt, das Stück ist aus,
> Und gähnend wandelt jetzt nach Haus
> Mein liebes deutsches Publikum.
> Die guten Leutchen sind nicht dumm;
> Das speist jetzt ganz vergnügt zu Nacht,
> Und trinkt sein Schöppchen, singt und lacht –
> Mir aber ist der Spaß verdorben,
> Was sterblich war ist längst gestorben,
> In mir

825 Ich habe verlacht, bei Tag und bei Nacht

Entstehung: 1852/53.

826 Wer ein Herz hat und im Herzen

Entstehung: 1852–54.

Das Gedicht ist – wie noch einige mehr aus dieser Phase – vor dem Hintergrund von Heines Auseinandersetzung mit der Familie seines Vetters Carl zu sehen, der die Fortzahlung einer Pension davon abhängig machte, daß Heine nichts über Salomon Heine und die Familie veröffentlichte.

826 Die Söhne des Glückes beneide ich nicht

Entstehung: 1853.

8 *Hippe:* Sichel, Attribut des Todes.
16 *Zarewna Proserpine:* Proserpine, die Gattin des Unterweltsgottes Pluto, wird hier als Zarentochter angeredet.
35 *Miserere:* (lat.) Erbarme Dich; Bußpsalm der christlichen Liturgie.

827 Nachts, erfaßt vom wilden Geiste

Entstehung: 1854.

Auch dieses Gedicht ist vor dem Hintergrund des Erbschaftsstreites mit dem Vetter Carl Heine, seinem »Blutsfreund« (V. 7) zu sehen.

13 *hürnen Recken:* Das ›Volksbuch vom gehörnten Siegfried‹ (nach dem *Lied vom Hürnen Seyfrid*) erzählt die Nibelungensage, der zufolge Siegfried nach dem Bad im Drachenblut einen Horn-Panzer auf der Haut trug, der nur an einer Stelle nicht geschlossen war.

828 Wenn sich die Blutegel vollgesogen

Entstehung: 1854.

Vermutlich spricht Heine hier seinen Verleger Julius Campe als »Freund« und »Blutsauger« zugleich an. Zwar hatten beide bei Campes Paris-Besuch im Juli 1851 nach dreijähriger Gesprächspause Frieden geschlossen, doch blieb die Beziehung bis zum Schluß spannungsreich.

829 Mir lodert und wogt im Hirn eine Flut

Entstehung: 1854.

6 *Godesberg:* vgl. bereits die in Godesberg spielende rheinromantische Szene in *Ideen. Das Buch Le Grand* (Kap. XVI).
66 *Kataplasmen:* Umschläge aus heißem Brei.

831 Für eine Grille – keckes Wagen! –

Entstehung: ca. 1855.

832 Mein Tag war heiter, glücklich meine Nacht

Entstehung: 1854.

832 Ganz entsetzlich ungesund

Entstehung: 1854.

6 *Miasmen:* Miasma: Pesthauch, Gestank.
30 *Twieten:* Gassen.
35 *Klüngel:* rhein. für: Vetternwirtschaft.
Geruddel: jidd. für: üble Nachrede.

834 Die Liebe begann im Monat März

Entstehung: 1854.

834 Ich seh im Stundenglase schon

Entstehung: 1854.

835 Den Strauß, den mir Mathilde band

Entstehung: 1854.
14 *Ratten der Opera:* Ballettratten.

836 Ich war, o Lamm, als Hirt bestellt

Entstehung: 1854.
Gerichtet ist dieses Gedicht an Heines Frau Mathilde.

837 Wie schön er ist, so qualvoll auch

Entstehung: 1854.

11 *Lethestrand:* Lethe: Fluß der griechischen Unterwelt, dessen Wasser das Vergessen schenkt (V. 7 f.).

837 Guter Rat

Entstehung: 1855.

Das Gedicht bezieht sich auf Jakob Venedey und seine Reaktion auf das Gedicht *Kobes I.* aus *Gedichte. 1853 und 1854* (s. S. 746).

838–842

Die folgenden neun Gedichte zeigen eine Nähe zur *Lazarus*-Gruppe, wurden dieser aber nicht von Heine selbst zugeordnet.

838 Ein Sonett

Entstehung: 1848–50

Hintergrund dieses Gedichts ist erneut der Erbschaftsstreit mit dem Vetter Carl Heine und dessen Familie (vgl. z. B. auch *Wer ein Herz hat und im Herzen*).

4 *Magen und die Sippen:* altertüml. für: Verwandtschaft.

838 Orpheisch

Entstehung: 1848–50.

Angesprochen wird hier der Onkel Salomon Heine, auf dessen großzügiges Vermächtnis der Dichter – vergebens – gehofft hatte.

839 Celimene

Entstehung: 1849–52.

Das Gedicht ist an Heines Frau Mathilde gerichtet, mit der er in insgesamt glücklicher, aber nicht spannungsfreier Beziehung lebte.

[Titel] Celimène heißt in Molières Komödie *Der Menschenfeind* die Dame, in die der alternde Misanthrop Alceste verliebt ist.

840 Stunden, Tage, Ewigkeiten

Entstehung: 1850er Jahre.
Zum Motiv dieses Gedichts vgl. *Zum Lazarus* 3 (s. S. 712).

840 Die Liebesgluten, die so lodernd flammten

Entstehung: 1854.

840 Geleert hab ich nach Herzenswunsch

Entstehung: 1854.

841 Es geht am End, es ist kein Zweifel

Entstehung: 1854.

841 Mittelalterliche Rohheit

Entstehung: 1854/55.
Nach V. 8 verzeichnet die Niederschrift zwei gestrichene Strophen:
>   Die Veredlung wird gesteigert
>   Seit die Schreibkunst sich verbreitet,
>   Selten schimpfen wir uns mündlich
>   Und die Liebe greift zur Feder.
>   Und man schreibt uns jetzt die Schwindsucht
>   In den Leib, ins Rückgrat-Mark
>   Und wir legen uns zu Bette
>   Und wir stehen nicht mehr auf.

9 f. *Darre ... Rückgratmarks:* Als »Rückenmarksdarre« (Darre: Austrocknung) bezeichnete Heine in der Regel seine Krankheit, die er selbst als Folge einer Syphilis begriff.

842 Es kommt der Tod – jetzt will ich sagen

Entstehung: 1854.

Gedichte an die Mouche

Insgesamt fünf Gedichte hat Heine Elise Krinitz (1828–96) gewidmet. Die geheimnisumwitterte ›Mouche‹ (frz.: Fliege, nach dem Emblem ihres Siegels) hatte sich Mitte 1855 selbst beim todkranken Heine eingeführt. Zwischen beiden entwickelte sich eine intensive, eigenartige Beziehung. Krinitz hat ihre Erinnerung an den Dichter 1882 in einem Buch *Heinrich Heines letzte Tage* festgehalten.

843 Dich fesselt mein Gedankenbann

Entstehung: 1855/56.

6 *Dominus:* (lat.) Herr.
8 *Muhme Schlange:* vgl. *Faust I* (»Prolog im Himmel«), wo Mephisto seine »Muhme [d. i. Tante], die berühmte Schlange« erwähnt; vgl. auch das Gedicht *Hortense. IV* aus den *Verschiedenen* der *Neuen Gedichte*.

844 Laß mich mit glühnden Zangen kneipen

Entstehung: 1855/56.

844 Wahrhaftig wir beide bilden

Entstehung: 1855/56.

845 Es träumte mir von einer Sommernacht

Entstehung: 1855.

5 *dorisch:* Der dorische ist der älteste Stil der griechischen Kunst.
12 *Satyr/Chimäre:* antike Fabelwesen, aus Menschen- und Tierteilen zusammengesetzt.
21 *Karyatiden:* stützende Säulen in Gestalt von Frauenfiguren.
30 *Paris/Helena/Hektor:* Der Raub Helenas durch den Trojaner Paris entfachte den Trojanischen Krieg, in dem Hektor, Paris' Bruder, ein wichtiger Kämpfer war.
31 *Aaron:* Bruder des Moses.
32 *Judith/Holofern/Haman:* Gestalten des Alten Testamentes.
36 *Priapus und Silenus:* Sie gehören zur Begleitung des Weingottes Bacchus.
37 *Esel Barlaams:* In 4. Mose 22–24 wird die Geschichte des Bi-

leam erzählt, der auf einer Eselin reitend vom Engel des Herrn aufgehalten wird. Die Eselin erkennt den Engel zuerst und beginnt zu sprechen.

39 *Prüfung Abrahams:* Die Prüfung Abrahams bestand im Auftrag Gottes, seinen Sohn Isaak zu opfern, was Gott erst im letzten Moment verhinderte.

40 *Lot ... besoffen:* In 1. Mose 30–38 wird die Geschichte des Lot erzählt, den seine Töchter betrunken machen, um mit ihm zu schlafen.

51 f. *Hier ... Rocken:* Herkules mußte drei Jahre Frauentracht tragen zur Strafe dafür, daß er im Zorn seinen Freund Iphitos erschlagen hatte.

53 *Sinai:* Auf dem Berg Sinai empfing Moses die Gesetzestafeln.

66 *eine Blume:* Bereits im 1. Buch der *Romantischen Schule* hat Heine die Passionsblume als Symbol für Romantik und Christentum benutzt. Dem Volksglauben zufolge sind in ihrer Blüte und den Staubgefäßen die Folterwerkzeuge Christi zu erkennen.

136 *Anathemen:* Flüchen.

850 Worte! Worte! keine Taten!

Entstehung: 1855.

12 *steeple race:* Das steeple-chase ist ein Pferderennen mit Überspringen von Hindernissen.

Vermischte Gedichte

Diese Gruppe versammelt die restlichen, keiner der bislang gebildeten Gruppen zuzuordnenden Gedichte.

852 Für das Album von Elisabeth Friedländer

Entstehung: Eintrag vom 5. September 1844.

[Titel] *Elisabeth Friedländer:* E. F. war die Tochter von Heines Cousine Amalie Heine, verheiratete Friedländer.

35–38 *Herr ... Schlangenschwanz:* Anklang an die Sage von der schönen Melusine, wo der Held nach der Heirat mit einer Nixe und mit deren Hilfe Herr auf Schloß Lusignan wird, aber alles wieder verliert, als er die wahre Natur seiner Geliebten entdeckt.

853 Warnung

Entstehung: Zwischen 1845 und 1855.

853 Ewigkeit! wie bist du lang

Entstehung: unsicher.

854 Der Helfer

Entstehung: 1849–51.

Zugrunde liegt eine Episode um das Grab des sagenhaften Königs Arthu(r)s, die August Thierry in seiner *Histoire de la conquète de l'Angleterre par les Normands, de ses causes et de ses suites jusqu'à nos jours, en Angleterre, en Ecosse, en Irlande et sur le continent* (3 Bde., Paris 1825) mitteilt und die den Glauben der Bretonen an eine Befreiung vom Joch der herrschenden Normannen durch Arthur zum Inhalt hat.

1 *Plantagenet:* Heinrich II., von 1154 bis 1189 König des angevinischen Reiches, das sich von Schottland bis an die Pyrenäen ausdehnte und neben England auch halb Frankreich umfaßte.

854 Rationalistische Exegese

Entstehung: 1850.

1 f. *Nicht ... ernähret:* Nach 1. Kön. 17,4–6 beauftragte Gott die Raben, den Propheten Elias mit Speisen zu versorgen.

855 Unbequemer neuer Glauben!

Entstehung: 1850er Jahre.

855 Beine hat uns zwei gegeben

Entstehung: 1851–55.

Das Gedicht bezieht sich ironisch auf die Hegelsche Naturphilosophie und die ihr zugrundeliegende Vorstellung von der Zweckmäßigkeit allen Weltgeschehens. Hegel hatte in der *Phänomenologie des Geistes* und in der *Enzyklopädie der Philosophischen Wissenschaften im Grundriß* u. a. auch die Mehrfachfunktionen der Körperteile als Beleg für seine Idee der Zweckmäßigkeit angeführt.

60 *Meyerbeer:* zu Meyerbeer vgl. u. a. Anm. zum Gedicht *Ruhelechzend.*
81 *skabrose:* skabrös, anstößig.
101–104 *Psyche ... Mankepiß:* Im Mythos darf Psyche den Gott Eros (Amor) nur lieben, solange sie sein Antlitz nicht sieht. Sie verletzt diese Bedingung und betrachtet ihn im Schein einer Lampe. Das »Mankepiß« (Manneken-Pis) ist die berühmte Brunnenfigur in Brüssel.
125 *Omnibus:* vielsitzige Lohnwagen, seit den 1820er Jahren in Paris üblich.
126 *Tartarus:* die Unterwelt der griechischen Mythologie.

859 An Eduard G.

Entstehung: 1854.

Das Gedicht ist an den französischen Schriftsteller und Übersetzer Edouard Grenier (1819–1901) gerichtet, der zeitweise mit Heine zusammengearbeitet und Texte von ihm übersetzt hat, sich aber später mit ihm überwarf.

2 *panaschiertem:* gestreiftem.

860 An meinen Bruder Max

Entstehung: 1852.

Heine gab seinem Bruder dieses Gedicht kurz vor dessen Abreise aus Paris, wo er ihn von Mitte bis Ende Juli 1852 besucht hatte.

2 *Kuhschwanz:* Studentischer Ausdruck für: Tanzvergnügen.

860 Citronia

Entstehung: 1852–54.

11 *Frau Hindermans:* Bis 1809 Schulmeisterin der Reformierten Kinderschule in Düsseldorf und Heines erste Lehrerin.
28 *Das ist des Schönen Los auf Erden:* Zitat aus Schillers Drama *Wallensteins Tod* (IV,12); vgl. *Simplizissimus I.*, V. 93.
53 *König Tantalus:* Die Götter verurteilten ihn zu Hunger und Durst, wobei Speise und Trank sich jeweils entzogen, sobald er danach griff.
59 *Ein Fluch dem:* Selbstzitat Heines aus *Die schlesischen Weber* (Umkreis der *Neuen Gedichte*, s. S. 458 f.).

86 *blauer Dunst:* Bereits hierin liegt eine Anspielung auf Novalis und sein Romanfragment *Heinrich von Ofterdingen.*
98 *Honny soit qui mal y pense!:* (frz.) Ehrlos sei, wer Arges dabei denkt! Wahlspruch des Hosenbandordens, des höchsten in England vergebenen Ordens.

864   Welcher Frevel! Freund! Abtrünnig

Entstehung: 1850er Jahre.

864   Eduard

Entstehung: 1854/55.
Die Person, an die dieses Gedicht gerichtet ist, läßt sich nicht identifizieren.
1 *Panaschierter:* gestreifter.

865   Hab eine Jungfrau nie verführet

Entstehung: 1854.

865   Am Himmel Sonne Mond und Stern

Entstehung: 1854/55.

Literaturhinweise

Allgemeine Darstellungen

Brummack, Jürgen (Hrsg.): Heinrich Heine. Epoche – Werk – Wirkung. München 1980.
Höhn, Gerhard: Heine-Handbuch. Zeit, Person, Werk. 2., aktualisierte und erw. Aufl. Stuttgart 1997.
Sammons, Jeffrey L.: Heinrich Heine. Stuttgart 1991. (Sammlung Metzler. 261.)
Werner, Michael (Hrsg.): Begegnungen mit Heine. Berichte der Zeitgenossen. 2 Bde. Hamburg 1973.

Zur Lyrik allgemein

Heinrich Heine. Ästhetisch-politische Profile. Hrsg. von Gerhard Höhn. Frankfurt a. M. 1991. ²1997. [Enthält u. a. übergreifende Aufsätze zu Heines Lyriksammlungen; die Beiträge sind im folgenden einzeln verzeichnet.]
Interpretationen. Gedichte von Heinrich Heine. Hrsg. von Bernd Kortländer. Stuttgart 1995. [Enthält Interpretationen von 14 Einzelgedichten; die Beiträge sind im folgenden nicht einzeln verzeichnet.]

Adorno, Theodor W.: Die Wunde Heine. In: Th. W. A.: Noten zur Literatur I. Frankfurt a. M. 1958. S. 144–152.
Brandt, Helmut: Geschichtsbewußtsein und Poesie. Zum literarhistorischen Charakter der Lyrik Heinrich Heines. In: Heinrich Heine. Streitbarer Humanist – und volksverbundener Dichter. Hrsg. von Wolfgang Becker [u. a.]. Weimar 1973. S. 78–108.
Brummack, Jürgen: Heines Entwicklung zum satirischen Dichter. In: Deutsche Vierteljahrsschrift für Literaturwissenschaft und Geistesgeschichte 41 (1967) S. 98–116.
Geißler, Rolf: Heine, der Dichter. In: Literatur für Leser 1 (1991) S. 46–62.

Prawer, S. S.: Heine the Tragic Satirist. A Study of the Later Poetry 1827–1856. Cambridge 1961.
Reeves, Nigel: Heinrich Heine. Poetry and politics. Oxford 1974.

Zu den einzelnen Lyriksammlungen

Das Literaturverzeichnis enthält keine Nachweise von Interpretationen einzelner Gedichte; vgl. hierzu die weiterführende Literatur bzw. die Heine-Bibliographien und die laufende Bibliographie in den Heine-Jahrbüchern.

Buch der Lieder

Altenhofer, Norbert: Ästhetik des Arrangements. Zu Heines *Buch der Lieder*. In: Heinrich Heine. Hrsg. von Heinz Ludwig Arnold. 4., völlig veränd. Aufl. München 1982. (Text + Kritik. 18/19.) S. 16–32.
Bianchi, Danilo: Die unmögliche Synthese. Heines Frühwerk im Spannungsfeld von petrarkistischer Tradition und frühromantischer Dichtungstheorie. Bern [u. a.] 1983.
Destro, Alberto: Das *Buch der Lieder* und seine Leser. Die Prämissen einer mißlungenen Rezeption. In: Zu Heinrich Heine. Hrsg. von Luciano Zagari und Paolo Chiarini. Stuttgart 1981. S. 59–73.
Fingerhut, Karlheinz: Heines *Buch der Lieder*. Ein didaktischer Aufriß mit Materialien zu Kontexten. In: Heinrich Heine: *Buch der Lieder*. Materialien Deutsch. Stuttgart 1991. S. 1–96.
Klußmann, Michael: *Auf Flügeln des Gesangs*. Heines *Buch der Lieder* im Spiegel des Kunstliedes. In: Heinrich Heine: *Buch der Lieder*. Materialien Deutsch. Stuttgart 1991. S. 97–105.
Kortländer, Bernd: Poesie und Lüge. Zur Liebeslyrik des *Buchs der Lieder*. In: Heinrich Heine. Ästhetisch-politische Profile. Hrsg. von Gerhard Höhn. Frankfurt a. M. 1991. S. 195–213.
Lüdi, Rolf: Heinrich Heines *Buch der Lieder*. Poetische Strategien und deren Bedeutung. Frankfurt a. M. 1979.
Mayser, Erich: H. Heines *Buch der Lieder* im 19. Jahrhundert. Stuttgart 1978.

Ochsenbein, Wilhelm: Die Aufnahme Lord Byrons in Deutschland und sein Einfluß auf den jungen Heine. Bern 1905. Nachdr. Hildesheim 1975.

Perraudin, Michael: Heinrich Heine. Poetry in Context. A Study of *Buch der Lieder*. Oxford [u. a.] 1989.

Prawer, S. S.: Heine. *Buch der Lieder*. London 1960.

Rose, William: The early Love Poetry of Heinrich Heine. An Inquiry into Poetic Inspiration. Oxford 1962.

Windfuhr, Manfred: Heine und der Petrarkismus. Zur Konzeption seiner Liebeslyrik. In: Jahrbuch der Deutschen Schillergesellschaft 10 (1966) S. 266–285.

Neue Gedichte

Freund, Winfried: Das Zeitgedicht bei Heinrich Heine. Zum Verhältnis von Dialektik und didaktischer Funktion. In: Diskussion Deutsch 35 (1977) S. 271–280.

Grab, Walter: Heinrich Heine als politischer Dichter. Heidelberg 1982. Überarb. und erw. Aufl. Frankfurt a. M. [u. a.] 1992.

Hasubek, Peter: Heinrich Heines *Zeitgedichte*. In: Zeitschrift für deutsche Philologie 91 (1972) Sonderh. S. 23–46.

Hermand, Jost: Erotik im Juste Milieu. Heines *Verschiedene*. In: Heinrich Heine. Artistik und Engagement. Hrsg. von Wolfgang Kuttenkeuler. Stuttgart 1977. S. 86–104.

Hermand, Jost: Vom *Buch der Lieder* zu den *Verschiedenen*. Heines zweimalige Partnerverfehlung. In: Heinrich Heine. Ästhetisch-politische Profile. Hrsg. von Gerhard Höhn. Frankfurt a. M. 1991. S. 214–235.

Hinck, Walter: Ironie im Zeitgedicht Heines. Zur Theorie der politischen Lyrik. In: Internationaler Heine-Kongreß Düsseldorf 1972. Hrsg. von Manfred Windfuhr. Hamburg 1973. S. 81–104.

Höhn, Gerhard: Heinrich Heine. Un intellectuel moderne. Paris 1994. S. 125–147.

Hooton, Richard Gary: Heinrich Heine und der Vormärz. Meisenheim 1978.

Möller, Irmgard: Historische Bezüge in Heines *Zeitgedichten*. In: Impulse 1 (1978) S. 232–259.

Oesterle, Günther: Heinrich Heines Tannhäusergedicht – eine erotische Legende aus Paris. Zur Entstehung eines neuen lyrischen

Tons. In: Signaturen – Heinrich Heine und das 19. Jahrhundert. Hrsg. von Rolf Hosfeld. Berlin 1986. S. 6–49.

Opitz, Alfred / Pinkert, Ernst-Ulrich: Heine und das neue Geschlecht (I). Von der »Poesie der Lüge« zur »politischen Satire«. Aalborg 1981.

Peters, George F.: Heine's *Buch des Unmuts*. In: Monatshefte 68 (1976) S. 248–256.

Sammons, Jeffrey L.: »Der prosaisch bombastischen Tendenzpoesie hoffentlich den Todesstoß geben«: Heine and the Political Poetry of the Vormärz. In: The German Quarterly 51 (1978) S. 150–159.

Wikoff, Jerold: Heinrich Heine. A Study of *Neue Gedichte*. Bern 1975.

Romanzero und *Gedichte. 1853 und 1854*

Bark, Joachim: »Versifiziertes Herzblut«. Zu Entstehung und Gehalt von Heines Romanzero. In: Wirkendes Wort 36 (1986) S. 86–103.

Bayerdörfer, Hans-Peter: Fürstenpreis im Jahre 48. Heine und die Tradition der vaterländischen Panegyrik. Dargestellt an Gedichten auf den Reichsverweser Johann von Österreich. In: Zeitschrift für deutsche Philologie 91 (1972) S. 163–205.

– »Politische Ballade«. Zu den Historien in Heines *Romanzero*. In: Deutsche Vierteljahrsschrift 46 (1972) S. 435–468.

Betz, Albrecht: Heinrich Heines *Romanzero*. In: Meisterwerke der Weltliteratur. Ringvorlesung der Philosophischen Fakultät der RWTH Aachen. Hrsg. von Helmut Siepmann und Frank-Rutger Hausmann. Vorl. 3: Von Augustinus bis Heinrich Mann. Bonn 1989. S. 232–254.

Boie, Bernhild: Am Fenster der Wirklichkeit. Verflechtungen von Wirklichem und Imaginärem in Heinrich Heines später Lyrik. In: Deutsche Vierteljahrsschrift 48 (1974) S. 342–353.

Espagne, Michel: Les fables de Heine: manuscrits et contrainte générique. In: Cahier Heine 3. Paris 1984. S. 89–115.

Guy, Irene: Sexualität im Gedicht. Heinrich Heines Spätlyrik. Bonn 1984.

Hinck, Walter: Exil als Zuflucht der Resignation. Der Herrscher-Dichter-Konflikt in der Firdusi-Romanze und die Ästhetik des späten Heine. In: W. H.: Von Heine zu Brecht. Lyrik im Geschichtsprozeß. Frankfurt a. M. 1978. S. 37–59.

Knüfermann, Volker: Symbolische Aspekte Heinescher Lyrik. In: Études Germaniques 17 (1972) S. 379–387.

Koopmann, Helmut: Heines *Romanzero*: Thematik und Struktur. In: Zeitschrift für deutsche Philologie 97 (1978) Sonderh. S. 51–76.

Kruse, Joseph A.: Heinrich Heine – der Lazarus. In: Heinrich Heine. Ästhetisch-politische Profile. Hrsg. von Gerhard Höhn. Frankfurt a. M. 1991. S. 258–275.

Lefebvre, Jean-Pierre: Die Krise der Geschichtsphilosophie im Syllogismus des *Romanzero*. In: J.-P. L.: Der gute Trommler. Heines Beziehung zu Hegel. Hamburg 1986. S. 125–143.

Nobis, Helmut: Heines Krankheit zu Ironie, Parodie, Humor und Spott in den *Lamentationen* des *Romanzero*. In: Zeitschrift für deutsche Philologie 102 (1983) S. 521–541.

Preisendanz, Wolfgang: Die Gedichte aus der Matratzengruft. In: W. P.: Heinrich Heine. Werkstrukturen und Epochenbezüge. München 1973. S. 99–130.

Sauder, Gerhard: Blasphemisch-religiöse Körperwelt. Heines *Hebräische Melodien*. In: Heinrich Heine. Artistik und Engagement. Hrsg. von Wolfgang Kuttenkeuler. Stuttgart 1977. S. 118–143.

Wiese, Benno von: Mythos und Mythentravestie in Heines Lyrik. In: B. v. W.: Perspektiven I. Studien zur deutschen Literatur und Literaturwissenschaft. Berlin 1979. S. 146–174.

Zagari, Luciano: »Das ausgesprochene Wort ist ohne Scham«. Der späte Heine und die Auflösung der dichterischen Sprache. In: Zu Heinrich Heine. Hrsg. von Luciano Zagari und Paolo Chiarini. Stuttgart 1981. S. 124–140.

Nachwort

I

Es gibt Lyriker in der deutschen Literatur, die uns immer nur eines, ihr ›wahres‹ Gesicht zeigen, denen wir stets abnehmen, daß sie es wirklich so meinen, wie sie es schreiben. Zu diesen Autoren gehört Heinrich Heine nicht. Ganz im Gegenteil besteht der Reiz einer Heine-Lektüre gerade in den Überraschungen, in der großen Vielfalt und Wandlungsfähigkeit, die seine Lyrik – und nicht nur diese – auf allen Ebenen zu bieten hat. Schmelz und holperndes Geklapper, Pathos und Ironie, ausgeklügelte Reime und trivialste Herz/Schmerz-Muster, raffinierte Metrik und leichthin Geträllertes, Liebeslieder voller Entsagung und auch voller Körperlichkeit, Zeitgedichte gegen die Mächtigen und Denunzianten, aber auch gegen die falschen Töne der Mitkämpfer, Ausfälle gegen Gott und seine aus den Fugen geratene Welt, Todesgedichte voller Lebenssehnsucht: Jede Biegung von Heines lyrischem Werk gibt neue Perspektiven frei, macht anderes, bis dahin nicht Gesehenes sichtbar.

Es ist ebenso naheliegend wie richtig, in dieser Eigenart von Heines Schreiben sowohl seine ungeheure Modernität wie auch seinen großen Erfolg beim Publikum begründet zu sehen. Heine schrieb eben bereits bewußt für ein bürgerliches Publikum. Das unterschied ihn von den Autoren der deutschen Klassik und Romantik, die immer noch davon träumten, das bürgerliche Bewußtsein mittels der Kunst mit sich selbst zu versöhnen. Heine hatte diesen Anspruch aufgegeben: Weder die bewunderte Schönheit der Goetheschen Kunstwelt, deren Kälte er beklagte, noch die naive Natürlichkeitssuche der Spätromantiker, deren Kunstlosigkeit er verachtete, schienen ihm Auswege aus dem Dilemma. Zu offensichtlich war, daß diese bürgerliche Welt sich nicht mehr in ein einziges Schema pressen ließ. Die Welt war endgültig zerrissen und der Weltenriß ging, so Heines Diagnose, mitten durch das Herz des Dichters. Ganzheitliche Entwürfe, wie noch Schiller sie versucht hatte, waren nicht mehr sinnvoll. In einem seiner letzten Gedichte, dem spektakulär-witzigen Text »Beine hat uns zwei gegeben«, wird »Gottes Nützlichkeitssystem«, ja die Sinnhaftigkeit der Schöpfung insgesamt in Frage gestellt: »Und derselbe Omnibus / Bringt uns nach dem Tartarus«.

Zerrissenheit, Vielgesichtigkeit – das, was Heine als Signatur seiner Zeit erschien, hat er seinem Werk als Signatur mitgegeben. Das Zerrissene hat sich der Form dieses Werkes eingeprägt. Trotzdem oder gerade deshalb ist es aber ein zusammenhängendes Werk. Heine selbst sah bereits die Gefahr, daß man es auseinanderdividieren, seine einzelnen Teile gar gegeneinander ausspielen würde. In der Vorrede zur 2. Auflage des *Buchs der Lieder* versucht er solchen Verkürzungen zu begegnen: »Bemerken muß ich jedoch, daß meine poetischen, ebensogut wie meine politischen, theologischen und philosophischen Schriften, einem und demselben Gedanken entsprossen sind, und daß man die einen nicht verdammen darf, ohne den andern allen Beifall zu entziehen.«

Genutzt haben solche vorbeugenden Maßnahmen nichts. Denn besonders für diesen Dichter gilt, daß sich die Rezeption stets bestimmte, gerade gängige Splitter seines Gesamtschaffens herausgesucht und andere, der Markt- und Gesinnungslage weniger entsprechende, in den Hintergrund gerückt hat. Die Metapher von der Zerrissenheit wurde zur realen Zustandsbeschreibung befördert und der Zusammenhang der Texte auf diese Weise zerschnitten. Es waren dieselben deutschen Familienväter, die beim Absingen der *Loreley* Tränen der Rührung vergossen und wenig später die Bücher des Dichters ›dem Feuer übergaben‹. Heines politische Texte, deren Wirkung er doch so nachdrücklich und am eigenen Leibe zu spüren bekommen hatte und die ihm am

Ende in Preußen einen Haftbefehl eintrugen, verschwanden im Bewußtsein eines größeren Publikums schon bald nach seinem Tode hinter der romantischen Liebeslyrik, den zahlreichen Vertonungen und den Reisebildern. Erst nach dem 2. Weltkrieg wurde der politische Heine in Deutschland zunächst in der DDR, dann auch in der Bundesrepublik wiederentdeckt und verstellte dann seinerseits wiederum für einige Jahrzehnte – zumindest in der akademischen und schulischen Rezeption – den Romantiker.

Die Einheit hinter der Zerrissenheit war noch aus einem anderen Grund schwierig zu vermitteln bzw. leicht zu verfehlen. Heine sah sich selbst als Autor stets auf der Schwelle zweier Zeiten und zweier Welten: Als letzten Mann des alten und ersten des neuen Jahrhunderts hat er sich bezeichnet und in den *Geständnissen* geschrieben: »... mit mir ist die alte lyrische Schule der Deutschen geschlossen, während zugleich die neue Schule, die moderne deutsche Lyrik, von mir eröffnet ward«. Seine Werke sieht er auf der Grenze zwischen Romantik und Moderne, beide ineinanderführend und miteinander versöhnend. So nennt er z. B. seine Verserzählung *Atta Troll* im letzten Caput das »letzte freie Waldlied der Romantik«, das freilich von modernen Trillern durchzogen wird; das *Wintermärchen* bezeichnet er in einem Brief an Campe vom 17. April 1844 als »politisch romantisch«, populär und vom bleibenden Wert einer klassischen Dichtung, zugleich geeignet, der prosaisch-bombastischen, eben völlig unromantischen Tendenzdichtung den Todesstoß zu versetzen.

Heine verstand sich positiv als Mittlerfigur zwischen Tradition und Moderne, als »destructeur-initiateur«, wie es in der französischen Fassung der *Geständnisse* heißt, eben als jemand, der einerseits die schlechten, die unpoetisch-ideologischen Teile der romantischen Tradition zerstörte und der andererseits das romantische Erbe, soweit es wirklich poetisch war, nicht verriet, sondern in seine moderne Schreibweise integrierte; der sich bemühte, die besten Teile der deutschen Tradition, das, worin Deutschland, wie er schreibt, alle anderen Nationen überflügelt hat, mit in die Moderne hinüberzuretten. Daß er sich dabei zuallererst als Dichter verstand, unterstreicht sein Selbstbekenntnis aus den *Geständnissen*:

> Ich habe es, wie die Leute sagen, auf dieser schönen Erde zu nichts gebracht. Es ist nichts aus mir geworden, nichts als ein Dichter. Nein, ich will keiner heuchlerischen Demut mich hingebend, diesen Namen geringschätzen. Man ist viel, wenn man ein Dichter ist, und gar wenn man ein großer lyrischer Dichter ist in Deutschland, unter dem Volke, das in zwei Dingen, in der Philosophie und im Liede, alle anderen Nationen überflügelt hat.

II

Unter anderem auch im »Liede« hat Deutschland die anderen Nationen überflügelt, in der Poesie also. So z. B. die Franzosen, deren greulichem »Truthahnpathos« und »unnatürlichster« Metrik Heine in der *Lutetia* die »wahren Naturmetren der deutschen Sprache« entgegenhält: »Wenn ich jene sogenannte poésie lyrique der Franzosen betrachte, erkenne ich erst ganz die Herrlichkeit der deutschen Dichtkunst, und ich könnte mir alsdann wohl etwas darauf einbilden, daß ich mich rühmen darf, in diesem Gebiet meine Lorbeern errungen zu haben.« Heine, den man doch gerne als Grenzgänger der Gattungen und Schreibarten darstellt, hat hinsichtlich von Poesie und Prosa, von gebundener und ungebundener Rede noch sehr klare Unterschiede im Kopf und weist beiden Schreibarten ganz verschiedene Rollen zu. Während der ideologische und politische Feind in »guter Prosa« bekämpft wird, die Prosa gewissermaßen als Waffe dient im Ideenkampf, gilt die Poesie, wie Heine in der *Reise von München nach Genua* schreibt, als ein »heiliges Spielzeug [...] für himmlische Zwecke«. In der 3. Auflage zum *Buch der Lieder* vergleicht er in der Vorrede die Prosa mit dem Bogen und die Poesie mit der Leier und schreibt, Apollo anredend: »Du weißt warum die Flamme, die einst in brillanten Feuerwerken die Welt ergötzte, plötzlich zu weit ernsteren Bränden verwendet werden mußte.« In einer Vorstufe zu Cap. III des *Atta Troll* heißt es ganz dezidiert: »Ja, in guter Prosa wollen / Wir das Joch der Knechtschaft brechen / Doch in Versen, doch im Liede / Blüht uns längst die höchste Freiheit.«

Wenn Heine, dem klassisch-romantischen Muster folgend, die gebundene Rede an die Spitze der Werteskala seines poetologischen Systems stellt, so manifestiert sich darin erneut seine Herkunft aus der Romantik und der nicht unerhebliche Unterschied zu Autoren wie Ludwig Börne oder den Mitgliedern des Jungen Deutschland, denen seine Prosa doch bewundertes Vorbild geworden war. In dieser Wertehierarchie drückt sich aber auch ein weiteres Mal die Vielgesichtigkeit eines Autors aus, der eben das eine sein konnte, ohne das andere zu lassen, der sich spielerisch auf die »klingelnde Gewohnheit des Reims und Silbenfalls« einlassen, sich mit »Maß und Gleichklang der Wörter beschäftigen konnte« (Vorrede *Buch der Lieder*), andererseits aber mit dem Schwert der Prosa in der Hand den ideologischen Feind attackierte.

Dahinter steckte allerdings mehr als bloße Wandlungsfähigkeit, ein Aspekt, den auch seine linken Waffenbrüder rasch erkannten und weshalb sie Heine bald ebenso heftig angriffen wie seine rechten Feinde. Denn mit dem Bekenntnis zum Primat der Poesie verbindet sich auch eine Vorstellung von der Kunst und ihrer Wirkung. »Zwecklos ist mein Lied ja zwecklos / Wie das Leben, wie die Liebe / Wie der Schöpfer samt der Schöpfung«, heißt es erneut im *Atta Troll*, getreu der Kantischen Devise vom »interesselosen Wohlgefallen« als der ästhetischen Erkenntnisart der Welt. Auch dem Jungdeutschen Karl Gutzkow, der ihn wegen seiner neuen Liebesgedichte aus Paris kritisiert, hält er in einem Brief vom 23. August 1838 das Zwecklosigkeitspostulat entgegen: »Mein Wahlspruch bleibt: Kunst ist der Zweck der Kunst wie die Liebe der Zweck der Liebe und gar das Leben selbst der Zweck des Lebens ist.« Damit redet Heine keinem L'art pour l'art das Wort, aber doch einer Kunst, die zunächst nach internen Regeln organisiert ist und sich ihre Formen und Inhalte nicht von außen diktieren lassen darf. Kunst entwickelt und entwirft – sei es in poetischen Gegenmodellen oder in der Dekonstruktion der Satire – eine eigene, unabhängige Wirklichkeit mit eigenen und unabhängigen Gesetzen, die eine radikale Alternative zur gesellschaftlichen Realität darstellt. Im »neuen« und »besseren Lied«, das Heine im *Wintermärchen* ankündigt, ist das Himmelreich auf Erden bereits errichtet. Diese Grenze zwischen Realität der Kunst und politisch-gesellschaftlicher Wirklichkeit ist in der gebundenen Rede sehr viel klarer markiert als in der Prosa.

III

Heines lyrisches Gesamtwerk wird zunächst gegliedert durch die drei großen selbständig publizierten Gedichtbände: das *Buch der Lieder* von 1827; die *Neuen Gedichte* von 1844; den *Romanzero* von 1851, zu dem sich die im ersten Band der *Vermischten Schriften* von 1854 abgedruckten *Gedichte. 1853 und 1854* in jeder Hinsicht hinzugesellen. Um alle diese Veröffentlichungen herum gruppieren sich zusätzlich aus den unterschiedlichsten Gründen dort nicht aufgenommene, größtenteils unpubliziert gebliebene Texte. Besonders groß ist diese Gruppe hinsichtlich der Gedichte aus der letzten Schaffensphase, weshalb die Heine-Forschung hier unter dem Hilfstitel »Lyrischer Nachlaß« einen eigenen Werkkomplex gebildet hat. Die schon angesprochene Vielfältigkeit von Heines Lyrik manifestiert sich auch in den einzelnen Publikationen. Mit jedem seiner drei Bände und zusätzlich auch in deren einzelnen Teilen zeigt der Dichter Heine ein anderes Gesicht, findet er einen neuen Ton, ohne zugleich die Einheit stiftende Idee aufzugeben.

Das *Buch der Lieder* ist, wie Heine selbst schreibt, die Sammlung seiner bereits früher erschienenen Gedichte. Es ist in der Tat erstaunlich, daß der junge und als Lyriker noch nicht sonderlich ausgewiesene Heine es 1827 wagt, seinem Verleger einen Band Gedichte anzubieten, die mit minimalen Ausnahmen allesamt bereits früher veröffentlicht worden waren. Heine hat diese Strategie der Mehrfachverwertung seiner literarischen Produktion im übrigen sein ganzes Leben über beibehalten. Das *Buch der Lieder* enthält Heines ›deutsche Lyrik‹, von den frühesten Publikationen in Hamburg 1816 bis zu den Gedichten der Nordsee-Aufenthalte 1825/26, wobei die Zyklen die chronologische Abfolge einhalten. In seinen bekanntesten Teilen, dem *Lyrischen Intermezzo* und der *Heimkehr*, ist es geprägt von jenem bittersüßen, sentimental-ironischen Ton, der das Publikum seit je in ganz besonderer Weise angezogen hat. Die ganz frühen Gedichte der *Jungen Leiden* enthalten neben manchem Unfertigen auch so bekannte Gedichte wie *Belsatzar* und *Die Grenadiere*. Mit den freien Rhythmen der beiden *Nordsee*-Zyklen hat Heine dann noch einen völlig neuen Ton und ein neues Thema in seinen Band gebracht. Das *Buch der Lieder* war, nach einigen Anlaufschwierigkeiten in den ersten Jahren, Heines erfolgreichstes Buch. 13 Auflagen hat er noch selbst erlebt; bis heute gehen die gedruckten Exemplare in die Millionen. Einige Texte aus der Sammlung wiederum, wie etwa *Die Grenadiere*, *Auf Flügeln des Gesanges* oder eben die berühmte *Loreley*, haben sich gar vom Autor Heine abgelöst und stehen heute weltweit für deutsche Seele und deutsche Kultur.

Die ungeheure Popularität dieser Gedichte hängt eng zusammen mit der Anziehungskraft, die sie seit je auf Musiker ausgeübt haben. Den rund 10 000 Vertonungen Heinescher Gedichte liegen zum ganz überwiegenden Teil Texte aus dem *Buch der Lieder* zugrunde. Auch im Ausland ist es diese Sammlung, die man zuallererst mit Heines Namen verbindet.

Zwischen dem 1. und dem 2. Gedichtband, dem *Buch der Lieder* und den *Neuen Gedichten*, liegen immerhin 17 Jahre. Am Anfang dieser Periode vollzog sich in Heines Leben ein entscheidender Wandel. Im Mai 1831 hatte er mit einer Mischung aus Resignation und Ekel Deutschland den Rücken gekehrt und war nach Paris gegangen, das damals das Zentrum der europäischen Kultur darstellte. In dem Maße, wie er sich in Paris wohlfühlte und Wurzeln schlug, wurde ihm die Rückkehr nach Deutschland schwerer und schließlich, als man in Preußen mit Haftbefehl nach ihm suchte, ganz unmöglich gemacht. Lediglich für zwei kurze Besuche der Mutter in Hamburg hat er die Heimat noch wiedergesehen.

Die neuen Eindrücke und Heines Programm einer deutsch-französischen Synthese, an der er arbeitete, führten ihn in den 30er Jahren zunächst weit in das Gebiet der Prosa. Er schwang, um sein eigenes Bild zu benutzen, damals eher die Waffen, als daß er die Leier schlug. In der Vorrede zur 2. Auflage zum *Buch der Lieder* von 1837 schreibt er dazu: »Seit einiger Zeit sträubt sich etwas in mir gegen alle gebundene Rede, und wie ich höre, regt sich bei manchen Zeitgenossen eine ähnliche Abneigung. Es will mich bedünken, als sei in schönen Versen allzuviel gelogen worden, und die Wahrheit scheue sich in metrischen Gewanden zu erscheinen.« Andererseits hat Heine aber doch nie aufgehört zu dichten. Eigentlich hatte er den 2. Lyrikband für 1838 geplant, doch kam dieser infolge einer Auseinandersetzung mit dem Verleger Campe und dessen Beratern nicht zustande. Der neue Band hat eine deutliche Zwischenstellung zwischen den frühen und den späten Gedichten. Er enthält eine Abteilung (*Neuer Frühling*), die noch ganz im

Buch der Lieder-Ton geschrieben ist, überführt diesen Ton dann aber in den Liebesgedichten der *Verschiedenen* in eine völlig neue, die Liebestragik der frühen Gedichte überwindende Dimension, schafft mit den *Zeitgedichten* einen ganz eigenen und aufsehenerregenden Typus politisch-satirischen Gedichts, der tatsächlich durch formale und nicht bloß durch rhetorische Mittel Widerstand leistet; und enthält schließlich eine Abteilung *Romanzen*, die bereits auf die späteren Gedichte des *Romanzero* vorausweisen. Die *Neuen Gedichte* waren der umkämpfteste von Heines Lyrikbänden. Unmittelbar nach seinem Erscheinen wurde er in allen deutschen Staaten verboten; in vielen Buchhandlungen wurden bereits ausgelieferte Exemplare konfisziert. Dem Verlag Hoffmann und Campe trug der Band ein komplettes Verbot aller seiner Publikationen in Preußen ein.

    Der *Romanzero* folgte im Abstand von nur sieben Jahren auf die *Neuen Gedichte*. Erneut liegt in dieser Periode eine einschneidende Lebenswende. Heines Krankheit, mit der er sich verstärkt seit Anfang der 40er Jahre herumschlägt, kommt voll zum Ausbruch. Seit 1848 ist er bettlägerig, gezeichnet von einer Art multiplen Sklerose, die ihn, während er körperlich zusehends verfällt, im Vollbesitz seiner geistigen Kräfte beläßt. Heine schreibt bzw. diktiert weiter, er bearbeitet ältere Texte, und es entsteht eine ganz eigenartigen Form von Gedichten, die sich in den *Historien* der Eckdaten der Weltgeschichte versichern, in den *Lamentationen* die eigene Situation der Krankheit zum Tode zum Gegenstand machen und schließlich in den *Hebräischen Melodien* nach den religiösen Wurzeln forschen. Heine hat in diesem Band in jeder Hinsicht wieder etwas völlig Neues angefangen. Er enthält lange Erzählgedichte ebenso wie historische Balladen oder – im *Lazarus*-Zyklus der *Lamentationen* – kurze sarkastische Schlaglichter auf die eigene Situation. Die *Gedichte. 1853 und 1854* vertiefen – nach der mißglückten bürgerlichen Revolution von 1848 – Heines Hang zum Sarkasmus und seine Neigung, den eigenen körperlichen

Verfall zu parallelisieren mit dem Verfall der bürgerlichen Gesellschaft und ihrer Kultur insgesamt. Heines späte Gedichte bescherten ihm neben einem sehr ordentlichen Honorar auch einen für eine Neuerscheinung ganz enormen, wenngleich nur kurzfristigen Verkaufserfolg. Der Verleger mußte innerhalb kurzer Zeit vom *Romanzero* drei neue Auflagen nachdrucken.

IV

Blicken wir kurz zurück auf die verschiedenen Gesichter des Lyrikers Heinrich Heine. Das jugendliche Gesicht ist zunächst das des Dichters romantischer Liebeslieder, der bald einen ganz eigenen »maliziös-sentimentalen« Ton findet, den er ständig weiter ausbaut und schließlich absolut virtuos zu handhaben versteht. Seine Merkmale sind kurze, zwei- oder dreistrophige Gedichte ohne Titel, zu Gruppen oder Zyklen zusammengefügt, die in sich oder innerhalb der Gruppe zwischen sentimentalem Pathos und ironischer Brechung große Sprünge auf der Gefühlsskala vollführen und deren kunstvoll stilisierte Volkstümlichkeit und schlichte Eingängigkeit durch die Gebrochenheit ihrer Inhalte bereits nachdrücklich dementiert wird. Heine selbst schrieb dazu in einem Brief an Wilhelm Müller vom 7. Juni 1826: »In meinen Gedichten [...] ist nur die Form einigermaßen volkstümlich, der Inhalt gehört der konventionellen Gesellschaft an.« Man könnte ergänzen: Er gehört ihr nicht nur an, die Gesellschaft selbst ist der Inhalt dieser Gedichte. Heine findet in Form des traditionellen Motivs der unglücklichen Liebe eine Möglichkeit, sein Leiden an dieser deutschen Gesellschaft der Restauration, aber auch an der herrschenden romantischen Kunst mit ihrem Hang zur Realitätsvermeidung und Flucht in die künstlichen Paradiese Ausdruck zu verschaffen. Bereits Heines Zeitgenossen und viele Leser danach hatten Probleme mit der Glaubwürdigkeit von Heines Liederton. Sie wollten dem Autor als »Poesie der Lüge« in die Schuhe schieben, was doch nur Ausdruck der gesellschaftlichen Lüge war, die noch immer Eindeutigkeit, Ganzheit dort vorgab, wo schon längst Mehrdeutigkeit, Zerrissenheit herrschte.

In Paris gelingt es dem Autor dann, die von ihm selbst zur Perfektion entwickelte eingängige Form – die in der 2. Hälfte des Jahrhunderts von einer Flut von Epigonen aufgegriffen und entleert wurde – auf einen anderen Inhalt anzuwenden. In den mit Frauennamen überschriebenen Zyklen der *Verschiedenen* steht statt der unglücklich-vergeistigten Liebe eine befreite und sinnlich aufgeladene Liebe im Mittelpunkt. Die Form seiner Liebesgedichte behält Heine teilweise auch noch in den ganz späten Gedichten an seine Frau und an die ›Mouche‹ Elise Krinitz bei, zitiert sie gewissermaßen in ironischer Anspielung an unglücklichglücklichere Tage.

Parallel zum Liederdichter tritt im *Buch der Lieder* der Dichter der Nordsee auf. Zwar sind auch die beiden *Nordsee*-Zyklen vom selben Motiv der unglücklichen Liebe durchzogen. Doch der völlig neue Ton dieser Gedichte entsteht durch den literarisch ungewohnten Gegenstand ›nördliches Meer‹ ebenso wie durch die gewählte Form der freien Rhythmen. Den Gefühlsüberschwang im Erhabenheitspathos der großartigen Naturszenerie nutzt Heine zu Abstürzen aus größeren Höhen, als es etwa der Loreleyfelsen erlaubt: Das Meer ist einerseits die leere, geschichtslose Fläche, Symbol des ewigen Werdens und Vergehens, vor deren Hintergrund Einsamkeit und Geworfenheit des modernen Subjekts sich deutlich ins Bild setzen läßt; es ist als solches andererseits aber auch wieder bereits ästhetisierter Naturausschnitt, künstlich entworfener Raum, dessen Künstlichkeit zur Erhabenheit des Naturerlebnisses in grellem Kontrast steht. Heine hat beide Seiten des Meereserlebnisses gestaltet und auch hier wieder, wie bereits in der Rede über die Liebe, die Schwierigkeit mit der Frage zur Sprache gebracht, wie sich die Authentizität der erhabenen Naturgefühle denn wohl überprüfen ließe.

Die besondere Auffälligkeit der *Neuen Gedichte* besteht ohne Zweifel im politischen Gedicht, den *Zeitgedichten*. Heines Lyrik war zwar immer auch politisch, doch hatte er die direkte politische Bezugnahme im Gedicht bis dahin eher vermieden. Sicher auch unter dem Eindruck der Publikumserfolge von Vormärzlyrikern wie Hoffmann von Fallersleben und Herwegh zu Beginn der 40er Jahre gibt Heine seine Zurückhaltung auf, achtet allerdings peinlich darauf, seinen grundsätzlichen Zugangsweg zur Poesie auch für die politische Lyrik zu bewahren. Auch hier wollte er zuallererst Dichter sein, nicht Rhetor oder Tribun, wollte keine nach den Regeln des politischen Tagesgeschäftes gebauten »gereimten Zeitungsartikel« liefern, sondern Gedichte, die diesen Namen verdienten, Kunstwerke, die ihren idealen Inhalten auch entsprachen. Schon früher hatte er hinsichtlich der republikanischen Volkstribunen bemängelt, daß ihren Vorträgen über die Freiheit der freie Vortrag fehle, und in der programmatischen Vorrede zum *Atta Troll* heißt es rückblickend, daß in den meisten politischen Gedichten die hehren politischen Ideale wie in einem Vexierspiegel verzerrt erscheinen und allenfalls zum Lachen reizen. »Wir lachen aber alsdann nur über das Zerrbild«, betont er nachdrücklich in Richtung seiner linken Kritiker, die seinen Spott über weniger begabte, dafür aber charaktervolle Parteigänger mit großem Argwohn verfolgten und mißbilligten.

Das erzählende Gedicht, das, was Heine unter dem »Romanzenton« versteht, findet man in allen drei Epochen seiner Lyrik. Eine herausragende und beherrschende Rolle spielt dieser Ton dann aber vor allem in der späten Phase, im *Romanzero* und dessen Umkreis. Die Formen, in denen dieser Ton dort auftritt, sind sehr unterschiedlich und reichen von kurzen historischen Fallschilderungen bis hin zu langen Erzählgedichten wie etwa *Disputation* oder dem *Bi-*

mini-Fragment, von Balladen über nordische Stoffe bis hin zu Tierfabeln. Insgesamt greift Heine, wie viele seiner Zeitgenossen, gern und häufig auf historische Stoffe zurück, denen er aber durch eine ausgefeilte Perspektivtechnik immer eine Öffnung zur modernen Geschichte mitgibt. Das gilt bereits für die beiden Balladen *Belsatzar* und *Die Grenadiere* aus dem *Buch der Lieder*, die noch in der Düsseldorfer Frühzeit entstanden. Das gilt ganz augenfällig etwa für das *Tannhäuser*-Gedicht aus den *Neuen Gedichten*, wo die traditionelle Geschichte von Venus und Tannhäuser am Schluß eine sehr aktuelle Wendung bekommt. Das gilt dann erst recht für die *Historien* des *Romanzero*, in denen der kranke Dichter, vom realen Geschichtsverlauf nach der Revolution von 1848 enttäuscht und desillusioniert, die Perspektiven der Opfer und Ausgestoßenen einnimmt und Geschichte als einen Sieg des Schlechten inszeniert.

Quer zu dieser Aufarbeitung der äußeren Geschichte in den Erzählgedichten und Balladen der späteren Zeit steht Heines Auseinandersetzung mit der eigenen Situation in der von ihm so genannten »Matratzengruft«. Das geschieht in einer Serie von kürzeren Gedichten, die nicht erzählen, sondern eine Situation reflektieren und analysieren, die im Normalfall jenseits der Literatur liegt: das eigene Sterben und den eigenen Tod. Heine war das Ungeheuerliche, das Monströse seines Themas sehr wohl bewußt, und er hat die Grenzen sensibel abgesteckt. Dazu gehört auch die Emblematisierung des Ich in der Figur des armen Lazarus, der als lebender Toter einerseits, als Aussätziger und Außenseiter andererseits in seiner Matratzengruft auf die Erlösung durch den Tod wartet. Dem Zyklus *Lazarus* in den *Lamentationen* des *Romanzero* folgte in *Gedichte. 1853 und 1854* ein Zyklus *Zum Lazarus*, und unter den nachgelassenen Gedichten findet sich eine noch vom Dichter selbst gebildete Gruppe von *Lazarus*-Gedichten. Die französische Übersetzung der späten Lyrik firmiert insgesamt unter dem Titel *Le Livre de Lazare*. Unter diesem Namen, in dem die beiden biblischen Lazarus-Gestalten zusammengeflossen sind, bleibt das Gesicht des Dichters Heine am Ende seines Lebens dem Leser vor Augen. Es ist das Gesicht, das bis heute als einziges authentisches Abbild dieses so vielgesichtigen Autors überliefert ist, das Gesicht der Totenmaske.

Verzeichnis der Gedichtüberschriften und -anfänge

Abenddämmerung	196
Abendlich blasser wird es am Meer	220
Ach, die Augen sind es wieder	157
Ach, ich sehne mich nach Tränen	287
Ach, wenn ich nur der Schemel wär	95
Ach, wie schön bist du, wenn traulich	431
Adam der Erste	403
Affrontenburg	708
Ahnung	241
Ali Bey	374
Ali Bey, der Held des Glaubens	374
Alle Liebesgötter jauchzen	505
Allen tut es weh im Herzen	45
Allnächtlich im Traume seh ich dich	106
Almansor	171
Als der König Rhampsenit	485
Als die junge Rose blühte	437
Als ich, auf der Reise, zufällig	118
Als ich dich zum ersten Male	466
Als ich vor einem Jahr dich wiederblickte	74
Als meine Großmutter die Lise behext	49
Als sie mich umschlang mit zärtlichem Pressen	267
Alte Rose	587
Altes Kaminstück	396
Altes Lied	585
Am blassen Meeresstrande	196
Am einsamen Strande plätschert die Flut	372
Am Fenster stand die Mutter	175
Am fernen Horizonte	125
Am Golfe von Biskaya	319
Am Himmel Sonne Mond und Stern	865
Am Hubertustag des Jahres	564
Am Kreuzweg wird begraben	109
Am leuchtenden Sommermorgen	101
Am Meer, am wüsten, nächtlichen Meer	226

1090 Verzeichnis der Gedichtüberschriften und -anfänge

An A. W. v. Schlegel	69
An deine schneeweiße Schulter	155
An dem stillen Meeresstrande	307
An den Hofrat Georg S. in Göttingen	243
An den Nachtwächter	419
An die Engel	600
An die Jungen	582
An Eduard G.	859
An eine Sängerin	64
An einen ehemaligen Goetheaner	405
An Franz von Z.	246
An Friz St.	245
An H. S.	71
An J. B. R.	243
An Jenny	438
An meine Mutter, B. Heine	69
An meinen Bruder Max	860
An Sie	248
Andre beten zur Madonne	144
Anfangs wollt ich fast verzagen	43
Angelique	314, 430
Anno 1829	366
Anno 1839	367
Antwort	798
Aucassin und Nicolette	253
Auf dem Berge steht die Hütte	181
Auf dem Brocken	190
Auf dem Faubourg Saint-Marçeau	368, 440
Auf dem Schloßhof zu Canossa	410
Auf den Wällen Salamankas	158
Auf den Wolken ruht der Mond	268
Auf diesem Felsen bauen wir	310
Auf eisernen Schienen, so schnell wie der Blitz	812
Auf Flügeln des Gesanges	83
Auf goldenem Stuhl, im Reiche der Schatten	385
Auf ihrem Grab da steht eine Linde	357
Auf meiner Herzliebsten Äugelein	86
Auferstehung	590
Augen, die ich längst vergessen	445
Augen, die nicht ferne blicken	263

Augen, sterblich schöne Sterne! 429
Aus alten Märchen winkt es 99
Aus der Zopfzeit 815
Aus einem Briefe 364
Aus meinen großen Schmerzen 96
Aus meinen Tränen sprießen 80
Autodafé 587

Babylonische Sorgen 702
Bamberg und Würzburg 234
Beeren-Meyer! Meyer-Beer! 689
Begegnung 382
Bei der Königswahl, wie sich versteht 806
Bei des Nachtwächters Ankunft zu Paris 406
Beine hat uns zwei gegeben 855
Belsatzar 58
Berg' und Burgen schaun herunter 42
Bergidylle 181
Bertrand de Born 373
Besser hat es sich gewendet 507
Bimini 767
Bin ich bei dir, Zank und Not! 330
Bin kein sittsam Bürgerkätzchen 732
Bist du wirklich mir so feindlich 156
Blamier mich nicht, mein schönes Kind 267
Bleib du in deiner Meerestiefe 211
Blieb ich doch ein Junggeselle! 385
Böses Geträume 603
Brutus, wo ist dein Cassius 575
Burleskes Sonett 258

Carl I. 501
Celimene 839
Childe Harold 362
Citronia 860
Clarisse 324, 432
Crapülinski und Waschlapski 514

Da droben auf jenem Berge 125
Da hab ich viel blasse Leichen 37
Da sitzt er und schwatzt, mit lallender Zung 455
Dämmernd liegt der Sommerabend 160
Das Bild 233
Das Fräulein stand am Meere 312
Das gelbe Laub erzittert 438
Das Glück, das gestern mich geküßt 444
Das Glück ist eine leichte Dirne 558
Das goldne Kalb 516
Das Herz ist mir bedrückt, und sehnlich 138
Das Hohelied 758
Das ist der alte Märchenwald 13
Das ist der alte Tambourmajor 407
Das ist der böse Thanatos 600
Das ist des Frühlings traurige Lust! 361
Das ist ein Brausen und Heulen 107
Das ist ein Flöten und Geigen 88
Das ist ein schlechtes Wetter 132
Das ist eine weiße Möwe 308
Das ist Herr Ludwig von Baierland 450
Das ist ja die verkehrte Welt 422
Das Kind 415
Das Kloster ist hoch auf Felsen gebaut 508
Das Lied von den Dukaten 65
Das Liedchen von der Reue 62
Das Meer erglänzte weit hinaus 124
Das Meer erstrahlt im Sonnenschein 314
Das Meer hat seine Perlen 203
Das neue Israelitische Hospital zu Hamburg 412
Das Sklavenschiff 703
Das war in jener Kinderzeit 860
Das waren zwei liebe Geschwister 726
Das weiß Gott, wo sich die tolle 153
Daß du mich liebst, das wußt ich 308
Daß ich bequem verbluten kann 366
Daß ich dich liebe, o Möpschen 261
Dein Angesicht so lieb und schön 81
Dein Freundesgruß konnt mir die Brust erschließen 243
Dein Vater, wie ein Jeder weiß 391

Verzeichnis der Gedichtüberschriften und -anfänge 1093

Deine weißen Liljenfinger 134
Dem einen die Perle, dem andern die Truhe 592
Den Frommen schenkt's der Herr im Traum 415
Den König Wismamitra 141
Den Strauß, den mir Mathilde band 835
Den Tag, den hab ich so himmlisch verbracht 436
Denk ich an Deutschland in der Nacht 424
Der Abend kommt gezogen 122
Der Abgekühlte 594
Der Abt von Waltham seufzte tief 497
Der Apollogott 508
Der arme Peter 47
Der arme Peter wankt vorbei 48
Der Asra 518
Der Berliner Musen-Almanach für 1830 465
Der bleiche Heinrich ging vorbei 60
Der bleiche, herbstliche Halbmond 131
Der Brief, den du geschrieben 298
Der Dichter Firdusi 527
Der eine kann das Unglück nicht 760
Der Ex-Lebendige 575
Der Ex-Nachtwächter 575
Der Frühling schien schon an dem Tor 330
Der Ganges rauscht, der große Ganges schwillt . . . 346
Der Ganges rauscht, mit klugen Augen schauen . . . 345
Der Gesang der Okeaniden 220
Der Hans und die Grete tanzen herum 47
Der Helfer 854
Der Herbstwind rüttelt die Bäume 107
Der Hirtenknabe 189
Der junge Franziskaner sitzt 363
Der Käfer saß auf dem Zaun, betrübt 729
Der Kaiser von China 417
Der König Harald Harfagar 383
Der König von Siam, Mahawasant 487
Der Leib lag auf der Totenbahr 721
Der Mai ist da mit seinen goldnen Lichtern 162
Der Mohrenkönig 522
Der Mond ist aufgegangen 121
Der Nachtwind durch die Luken pfeift 800

1094 Verzeichnis der Gedichtüberschriften und -anfänge

Der neue Alexander	454
Der Philanthrop	726
Der philharmonische Katerverein	737
Der Phönix	226
Der Ritter Tannhäuser er wandelt so rasch	337
Der Schiffbrüchige	217
Der schlimmste Wurm: der Zweifelsucht-Gedanken	242
Der Schmetterling ist in die Rose verliebt	284
Der Stern erstrahlte so munter	365
Der Stoff, das Material des Gedichts	343
Der Sturm spielt auf zum Tanze	122
Der Superkargo Mynheer van Koek	703
Der Tag ist in die Nacht verliebt	379
Der Tambourmajor	407
Der Tannhäuser	332
Der Tod das ist die kühle Nacht	161
Der Traumgott bracht mich in ein Riesenschloß	108
Der Traumgott brachte mich in eine Landschaft	165
Der Traurige	45
Der tugendhafte Hund	821
Der Ungläubige	583
Der Vorhang fällt, das Stück ist aus	604
Der Wechselbalg	417
Der weiße Elefant	487
Der weite Boden ist überzogen	443
Der Wind zieht seine Hosen an	121
Der wunde Ritter	61
Derweilen auf dem Lotterbette	737
Des Oberkirchners Töchterlein	468
Des Weibes Leib ist ein Gedicht	758
Deutscher Sänger! sing und preise	414
Deutschland!	449
Deutschland ist noch ein kleines Kind	449
Diana	319
Dich fesselt mein Gedankenbann	843
Die alten, bösen Lieder	112
Die arme Seele spricht zum Leibe	699
Die Audienz	744
Die Bergstimme	45
Die Beschwörung	363

Verzeichnis der Gedichtüberschriften und -anfänge 1095

Die blauen Frühlingsaugen 287
Die blauen Veilchen der Äugelein 93
Die Blumen erreicht der Fuß so leicht 399
Die Botschaft 51
Die Briten zeigten sich sehr rüde 799
Die du bist so schön und rein 237
Die Engel 399
Die Erde war so lange geizig 92
Die Eule studierte Pandekten 463
Die Fensterschau 60
Die Flaschen sind leer, das Frühstück war gut 327
Die Flucht 469
Die Freiheit hat man satt am End 817
Die Freunde, die ich geküßt und geliebt 698
Die Geisblattlaube – Ein Sommerabend 598
Die Gestalt der wahren Sphinx 716
Die glühend rote Sonne steigt 197
Die Götter Griechenlands 223
Die grauen Nachmittagswolken 273
Die Grenadiere 50
Die Heilgen Drei Könige aus Morgenland 136
Die Heimführung 52
Die Hexe 448
Die holden Wünsche blühen 301
Die Ilse 190
Die Jahre kommen und gehen 130
Die Jungfrau schläft in der Kammer 128
Die Kälte kann wahrlich brennen 396
Die Launen der Verliebten 729
Die Lehre 236
Die Libelle 719
Die Liebe begann im Monat März 834
Die Liebesgluten, die so lodernd flammten 840
Die Linde blühte, die Nachtigall sang 91
Die Lotusblume ängstigt 84
Die Meeresfluten blitzen 469
Die Menge tut es 802
Die Minnesänger 60
Die Mitternacht war kalt und stumm 109
Die Mitternacht zog näher schon 58

Die Nacht am Strande	198
Die Nacht auf dem Drachenfels	245
Die Nacht ist feucht und stürmisch	117
Die Neger berichten: der König der Tiere	800
Die Nixen	372
Die Pfannekuchen, die ich gegeben bisher für	802
Die reichen Leute, die gewinnt	591
Die Rose, die Lilje, die Taube, die Sonne	81
Die Rose duftet – doch ob sie empfindet	291
Die roten Blumen hier und auch die bleichen	248
Die schlanke Wasserlilje	288
Die Schlechten siegen, untergehn die Wackern	245
Die schlesischen Weber	458
Die schöne Sonne	218
Die schönen Augen der Frühlingsnacht	282
Die Söhne des Glückes beneide ich nicht	826
Die Sonnenlichter spielten	201
Die Tendenz	414
Die Unbekannte	376
Die ungetreue Luise	469
Die Wälder und Felder grünen	259
Die Wahl-Esel	817
Die Wahlverlobten	724
Die Wallfahrt nach Kevlaar	175
Die Wanderratten	810
Die Weihe	234
Die weiße Blume	240
Die Wellen blinken und fließen dahin	374
Die Welt ist dumm, die Welt ist blind	86
Die Welt ist so schön und der Himmel so blau	93
Die Welt war mir nur eine Marterkammer	244
Die Zeit verfließt, jedoch das Schloß	708
Diese Damen, sie verstehen	326
Diese graue Wolkenschar	583
Diese schönen Gliedermassen	319
Diesen liebenswürdgen Jüngling	150
Dieser Liebe toller Fasching	318
Dieses ist Amerika!	535
Diesseits und jenseits des Rheins	692
Disputation	646

Doch die Kastraten klagten	157
Doktrin	403
Don Ramiro	52
Donna Clara	168
Donna Clara! Donna Clara!	52
Doppelflöten, Hörner, Geigen	516
Draußen ziehen weiße Flocken	261
Draußen ziehen weiße Flocken (Altes Kaminstück)	396
Du bist begeistert, du hast Mut	798
Du bist gestorben und weißt es nicht	585
Du bist ja heut so grambefangen	354
Du bist ja tot, und weißt es nicht!	260
Du bist wie eine Blume	142
Du bliebest mir treu am längsten	92
Du frohlockst, Plantagenet, und glaubst	854
Du hast Diamanten und Perlen	148
Du hast mich beschworen aus dem Grab	398
Du hast nun Titel, Ämter, Würden, Orden	859
Du liebst mich nicht, du liebst mich nicht	85
Du liegst mir so gern im Arme	349
Du Lilje meiner Liebe	258
Du sahst mich oft im Kampf mit jenen Schlingeln	75
Du schicktest mit dem Flammenschwert	403
Du schönes Fischermädchen	120
Du singst wie einst Tyrthäus sang	461
Du sollst mich liebend umschließen	255
Du warst ein blondes Jungfräulein, so artig	714
Du weinst und siehst mich an, und meinst	724
Du wirst in meinen Armen ruhn!	583
Duelle	820
Dumpf liegt auf dem Meer das Gewitter	216
Durch den Wald, im Mondenscheine	297
Eduard	864
Ehemals glaubt ich, alle Küsse	320
Ein edler Stolz in allen Zügen	373
Ein Fichtenbaum steht einsam	94
Ein Hospital für arme, kranke Juden	412
Ein Jahrtausend schon und länger	447
Ein jeder hat zu diesem Feste	352

1098 Verzeichnis der Gedichtüberschriften und -anfänge

Ein Jüngling liebt ein Mädchen	98
Ein Kind mit großem Kürbiskopf	417
Ein Lachen und Singen! Es blitzen und gaukeln	411
Ein Pudel, der mit gutem Fug	821
Ein Reiter durch das Bergtal zieht	45
Ein schöner Stern geht auf in meiner Nacht	347
Ein Sonett	838
Ein Traum, gar seltsam schauerlich	19
Ein Weib	361
Ein Wetterstrahl, beleuchtend plötzlich	716
Eine große Landstraß ist unsere Erd	68
Eine Rosenknospe war	587
Eine starke, schwarze Barke	362
Eingehüllt in graue Wolken	269
Einsam in der Waldkapelle	234
Einsam klag ich meine Leiden	237
Einst sah ich viele Blumen blühen	713
Emma	328
Emma, sage mir die Wahrheit	330
Enfant perdu	605
Entartung	410
Entflieh mit mir und sei mein Weib	356
Epilog (*Unser Grab erwärmt der Ruhm*)	753
Epilog (*Wie auf dem Felde die Weizenhalmen*)	230
Epilog zum Loblied auf den *celeberrimo maestro Fiascomo*	800
Er ist so herzbeweglich	446
Er steht so starr wie ein Baumstamm	260, 328
Erinnerung (*Dem einen die Perle, dem andern die Truhe*)	592
Erinnerung (*Was willst du traurig liebes Traumgebilde?*)	264
Erinnerung an Hammonia	735
Erinnerung aus Krähwinkels Schreckenstagen	743
Erklärung	202
Erlauschtes	763
Erleuchtung	423
Ernst ist der Frühling, seine Träume	300
Erstorben ist in meiner Brust	825
Es blasen die blauen Husaren	155

Es drängt die Not, es läuten die Glocken 287
Es erklingen alle Bäume 285
Es erklingt wie Liedestöne 470
Es fällt ein Stern herunter 108
Es faßt mich wieder der alte Mut 263
Es fiel ein Reif in der Frühlingsnacht 356
Es geht am End, es ist kein Zweifel 841
Es gibt zwei Sorten Ratten 810
Es glänzt so schön die sinkende Sonne 446
Es glühte der Tag, es glühte mein Herz 247
Es haben unsre Herzen 292
Es hat die warme Frühlingsnacht 286
Es hatte mein Haupt die schwarze Frau 711
Es ist der rechte Weg, den du betreten 798
Es ist ein König in Thule, der trinkt 454
Es kommt der Lenz mit dem Hochzeitgeschenk . . . 434
Es kommt der Tod – jetzt will ich sagen 842
Es kommt ein Vogel geflogen aus Westen 226
Es kommt zu spät, was du mir lächelst 326
Es läuft dahin die Barke 444
Es leuchtet meine Liebe 101
Es liegt der heiße Sommer 102
Es ragt ins Meer der Runenstein 313
Es saß ein brauner Wanzerich 822
Es schauen die Blumen alle 254
Es sitzen am Kreuzweg drei Frauen 717
Es stehen unbeweglich 83
Es tanzt die schöne Libelle 719
Es träumte mir von einer Sommernacht 845
Es treibt dich fort von Ort zu Ort 354
Es treibt mich hin, es treibt mich her 39
Es war ein alter König 295
Es war einmal ein Teufel 441
Es war mal ein Ritter trübselig und stumm 79
Es wogte das Meer, aus dem dunklen Gewölk 533
Es wütet der Sturm 206
Es ziehen die brausenden Wellen 313
Es zieht mich nach Nordland ein goldner Stern . . . 246
Etwas für den hinkenden Vetter 263
Ewigkeit! wie bist du lang 853

Fabel	822
Festgedicht	689
Flogest aus nach Sonn und Glück	591
Fortuna	378
Fragen	226
Frau Fortuna, ganz umsunst	378
Frau Mette	380
Frau Sorge	599
Freilich ein ungläubger Thomas	399
Fresko-Sonette an Christian S.	71, 244
Freundschaft, Liebe, Stein der Weisen	256
Frieden	212
Friedrike	345
Fromme Warnung	594
Frühling	374
Frühlingsfeier	361
Für das Album von Elisabeth Friedländer	852
Für eine Grille – keckes Wagen! –	831
Fürchte nichts, geliebte Seele	432
Gaben mir Rat und gute Lehren	149
Ganz entsetzlich ungesund	832
Gar böse Katze, so alt und grau	700
Gedächtnisfeier	597
Geh nicht durch die böse Straße	325
Geheimnis	406
Gekommen ist der Maie	283
Geleert hab ich nach Herzenswunsch	840
Gelegt hat sich der starke Wind	601
Geoffrey Rudèl und Melisande von Tripoli	524
Georg Herwegh	413
Gesanglos war ich und beklommen	352
Gespräch auf der Paderborner Heide	66
Gestern noch fürs liebe Brot	506
Gewitter	216
Gib her die Larv, ich will mich jetzt maskieren	72
Gib ihren wahren Namen immer	837
Glaube nicht, daß ich aus Dummheit	839
Glücklich der Mann, der den Hafen erreicht hat	227
Götterdämmerung	162

Goldne Menschen, Silbermenschen	527
Graue Nacht liegt auf dem Meere	311
Groß ist die Ähnlichkeit der beiden schönen	693
Guter Rat (*Gib ihren wahren Namen immer*)	837
Guter Rat (*Laß dein Grämen und dein Schämen!*)	733
Hab eine Jungfrau nie verführt	865
Hab ich nicht dieselben Träume	294
Habe auch, in jungen Jahren	156
Habe mich mit Liebesreden	146
Hans ohne Land	740
Hast du die Lippen mir wund geküßt	267
Hast du wirklich dich erhoben	405
Hast einen bunten Teppich ausgebreitet	253
Hat die Natur sich auch verschlechtert	410
Hat man viel, so wird man bald	588
Hat sie sich denn nie geäußert	134
Hatte wie ein Pelikan	692
Heinrich	410
Helena	398
Heller wird es schon im Osten	190
Herangedämmert kam der Abend	202
Herr Ludewig von Baierland	451
Herr Peter und Bender saßen beim Wein	380
Herr Ulrich reitet im grünen Wald	62
Herwegh, du eiserne Lerche	461
Herz, mein Herz, sei nicht beklommen	142
Hier, auf gewalkten Lumpen, soll ich	582
Himmel grau und wochentäglich!	303
Himmelfahrt	721
Himmelsbräute	519
Himmlisch war's, wenn ich bezwang	267
Hoch am Himmel stand die Sonne	212
Hochgesang der Marketenderin	447
Hör ich das Liedchen klingen	98
Hörst du nicht die fernen Töne	66
Hört zu, ihr deutschen Männer, Mädchen, Frauen	233
Hoffart	394
Hoffnung und Liebe! Alles zertrümmert!	217

1102 Verzeichnis der Gedichtüberschriften und -anfänge

Hol der Teufel deine Mutter 325
Hortense 320
Hüt dich, mein Freund, vor grimmen Teufelsfratzen 75

Ich aber lag am Rande des Schiffes 208
Ich bin die Prinzessin Ilse 190
Ich bin nun fünfunddreißig Jahre alt 438
Ich bin's gewohnt den Kopf recht hoch zu tragen .. 69
Ich dacht an sie den ganzen Tag 253
Ich denke noch der Zaubervollen 64
Ich geh nicht allein, mein feines Lieb 52
Ich glaub nicht an den Himmel 255
Ich grolle nicht, und wenn das Herz auch bricht ... 87
Ich hab dich geliebet und liebe dich noch 100
Ich hab euch im besten Juli verlassen 152
Ich hab im Traum geweinet 106
Ich hab in meinen Jugendtagen 559
Ich hab mir lang den Kopf zerbrochen 147
Ich hab mir zum Ruhm und Preis erschaffen 342
Ich habe gerochen alle Gerüche 589
Ich habe verlacht, bei Tag und bei Nacht 825
Ich halte ihr die Augen zu 315
Ich hatte einst ein schönes Vaterland 355
Ich kam von meiner Herrin Haus 30
Ich kann es nicht vergessen 257
Ich lache ob den abgeschmackten Laffen 72
Ich lag und schlief, und schlief recht mild 36
Ich laß nicht die Kindlein, wie Pharao 744
Ich lieb eine Blume, doch weiß ich nicht welche ... 283
Ich liebe solche weiße Glieder 349
Ich mache jetzt mein Testament 459
Ich möchte weinen, doch ich kann es nicht 76
Ich rief den Teufel und er kam 135
Ich sah sie lachen, sah sie lächeln 713
Ich seh dich an und glaub es kaum 852
Ich seh im Stundenglase schon 834
Ich stand gelehnet an den Mast 62
Ich stand in dunkeln Träumen 129
Ich steh auf des Berges Spitze 104
Ich tanz nicht mit, ich räuchere nicht den Klötzen .. 71

Ich trat in jene Hallen	127
Ich unglückselger Atlas! eine Welt	129
Ich wandelte unter den Bäumen	40
Ich wandle unter Blumen	292
Ich war, o Lamm, als Hirt bestellt	836
Ich weiß eine alte Kunde	61
Ich weiß nicht, was soll es bedeuten	115
Ich will meine Seele tauchen	82
Ich wollt, meine Schmerzen ergössen	148
Ich wollte bei dir weilen	145
Ihr guten Christen laßt euch nicht	332
Ihr Lieder! Ihr meine guten Lieder!	195
Iliaden, Odysseen	580
Im Anfang war die Nachtigall	285
Im Beginn schuf Gott die Sonne	341
Im düstern Auge keine Träne	458
Im Hafen	227
Im Hirn spukt mir ein Märchen wunderfein	73
Im Jahre achtundvierzig hielt	746
Im lieben Deutschland daheime	462
Im Mai	698
Im Mondenglanze ruht das Meer	470
Im nächtgen Traum hab ich mich selbst geschaut	22
Im Oktober 1849	601
Im Reifrockputz, mit Blumen reich verzieret	69
Im Rhein, im schönen Strome	84
Im Schloß zu Düsseldorf am Rhein	494
Im süßen Traum, bei stiller Nacht	25
Im tollen Wahn hatt ich dich einst verlassen	70
Im Traum sah ich die Geliebte	139
Im Traum sah ich ein Männchen klein und putzig	23
Im Traume war ich wieder jung und munter	603
Im Wald, in der Köhlerhütte sitzt	501
Im Walde wandl' ich und weine	117
Im wunderschönen Monat Mai	80
In Arabiens Märchenbuche	609
In beider Weichbild fließt der Gnaden Quelle	234
In dem abendlichen Garten	168
In dem Dome zu Corduva	171
In dem Schlosse Blay erblickt man	524

In dem Traum siehst du die stillen	398
In dem Walde sprießt und grünt es	282
In den Küssen welche Lüge!	270
In der Aula zu Toledo	646
In der Fremde	354
In der Frühe	368
In der Hand die kleine Lampe	375
In einem Pißpott kam er geschwommen	513
In Gemäldegalerien	281
In Mathildens Stammbuch	582
In mein gar zu dunkles Leben	115
In meinen Tagesträumen	321
In meiner Brust, da sitzt ein Weh	48
In meiner Erinnrung erblühen	295
In meines Glückes Sonnenglanz	599
In stillen Nächten denk ich oft	838
In stiller, wehmutweicher Abendstunde	74
In Vaters Garten heimlich steht	240
In welche soll ich mich verlieben	327
Ins Exil der Alpuxarren	522
Ja, du bist elend, und ich grolle nicht	88
Ja, Europa ist erlegen	581
Ja freilich du bist mein Ideal	317
Ja, Freund, hier unter den Linden	252
Jammertal	800
Jedweder Geselle, sein Mädel am Arm	239
Jegliche Gestalt bekleidend	471
Jehuda ben Halevy	614
Jetzt kannst du mit vollem Recht	434
Jetzt verwundet, krank und leidend	432
Jetzt wohin?	584
Jetzt wohin? Der dumme Fuß	584
Jüngstens träumte mir: spazieren	351
Jugend, die mir täglich schwindet	328
Jung-Katerverein für Poesie-Musik	737
K.-Jammer	583
Kalte Herzen	466
Katharina	347

Verzeichnis der Gedichtüberschriften und -anfänge 1105

Kaum hab ich die Welt zu schaffen begonnen	342
Kaum sahen wir uns, und an Augen und Stimme	159
Keine Messe wird man singen	597
Kind! Es wäre dein Verderben	142
Kirchenrat Prometheus	419
⟨Kitty⟩	436
Kitty	444
Kitty stirbt! und ihre Wangen	437
Klagelied eines altdevtschen Jünglings	378
Kleines Volk	513
Kluge Sterne	399
Kobes I.	746
König David	517
König Harald Harfagar	383
König ist der Hirtenknabe	189
König Langohr I.	806
König Richard	518
Krönung	195
Küsse, die man stiehlt im Dunkeln	294
Lächelnd scheidet der Despot	517
Laß ab!	379
Laß bluten deine Wunden, laß	697
Laß dein Grämen und dein Schämen!	733
Laß dich nicht kirren, laß dich nicht wirren	582
Laß die heilgen Parabolen	711
Laß mich mit glühnden Zangen kneipen	844
Lazarus	588
Leb wohl, mein Weib, sprach Hans ohne Land	740
Lebensfahrt	411
Lebensgruß	68
Lebewohl	692
Lechzend klebe mir die Zunge	614
Lehn deine Wang an meine Wang	82
Leib und Seele	699
Leise zieht durch mein Gemüt	284
Lessing – da Vinzis Nathan und Galotti	233
Lieb Liebchen, leg's Händchen aufs Herze mein	40
Liebe sprach zum Gott der Lieder	586
Lieben Nachbarn, mit Vergunst!	448

Lieben und Hassen, Hassen und Lieben 261
Liebste, sollst mir heute sagen 86
Lied der Marketenderin 757
Lied des Gefangenen 49
Lobgesänge auf König Ludwig 450
Lumpentum 591

Mädchen mit dem roten Mündchen 143
Mag da draußen Schnee sich türmen 144
Man glaubt, daß ich mich gräme 133
Manch Bild vergessener Zeiten 97
Manchmal wenn ich bei Euch bin 320
Maria Antoinette 502
Maultiertum 391
Max, du kehrst zurück nach Rußlands 860
Meeresstille 207
Meeresstille! Ihre Strahlen 207
Meergruß 214
Mein Deutschland trank sich einen Zopf 413
Mein Herz, mein Herz ist traurig 116
Mein Kind, wir waren Kinder 136
Mein Knecht! steh auf und sattle schnell 51
Mein Lehrer, mein Aristoteles 456
Mein Liebchen, wir saßen beisammen 99
Mein süßes Lieb, wenn du im Grab 94
Mein Tag war heiter, glücklich meine Nacht . . . 832
Mein Vater war ein trockner Taps 417
Mein Wagen rollet langsam 105
Meine güldenen Dukaten 65
Meine Qual und meine Klagen 255
Meine Schwiegermutter Ceres! 387
Meinen schönsten Liebesantrag 324
Meiner goldgelockten Schönen 376
Meiner schlafenden Zuleima 241
Mensch, verspotte nicht den Teufel 136
Mich locken nicht die Himmelsauen 718
Mich ruft der Tod – Ich wollt', o Süße 702
Michel nach dem März 688
Michel! fallen dir die Schuppen 423
Mimi 732

Minnegruß	237
Minneklage	237
Mir lodert und wogt im Hirn eine Flut	829
Mir redet ein die Eitelkeit	445
Mir träumt': ich bin der liebe Gott	150
Mir träumte einst von wildem Liebesglühn	19
Mir träumte von einem Königskind	98
Mir träumte von einem schönen Kind	430
Mir träumte wieder der alte Traum	104
Mir träumte: traurig schaute der Mond	130
Mißgelaunt, sagt man, verließ er	575
Mit Brünetten hat's ein Ende!	377
Mit deinen blauen Augen	290
Mit deinen großen, allwissenden Augen	442
Mit dummen Mädchen, hab ich gedacht	471
Mit Rosen, Zypressen und Flittergold	43
Mit schwarzen Segeln segelt mein Schiff	312
Mittelalterliche Rohheit	841
Mondscheintrunkne Lindenblüten	296
Morgens send ich dir die Veilchen	297
Morgens steh ich auf und frage	39
Morphine	693
Mutter zum Bienelein	236
Mythologie	581
Nach Frankreich zogen zwei Grenadier	50
Nacht lag auf meinen Augen	110
Nacht liegt auf den fremden Wegen	161
Nachtgedanken	424
Nächtliche Fahrt	533
Nachts, erfaßt vom wilden Geiste	827
Nachts in der Kajüte	203
Nachtwächter mit langen Fortschrittsbeinen	406
Neben mir wohnt Don Henriques	158
Neue Melodien spiel ich	323
Nicht gedacht soll seiner werden	824
Nicht lange täuschte mich das Glück	323
Nicht mal einen einzgen Kuß	329
Nicht mehr barfuß sollst du traben	416
Nicht von Raben, nein mit Raben	854

Nichts ist vollkommen hier auf dieser Welt 593
Nimmer glaub ich, junge Schöne 315
Nun der Gott mir günstig nicket 314
Nun hast du das Kaufgeld, nun zögerst du doch? . . 27
Nun ist es Zeit, daß ich mit Verstand 141
Nun mein Leben geht zu End 604

O, des liebenswürdigen Dichter 464
O, Deutschland, meine ferne Liebe 367
O, die Liebe macht uns selig! 442
O, du kanntest Köch und Küche 442
O Gräfin Gudel von Gudelfeld 394
O Hoffmann deutscher Brutus 462
O kluger Jekef, wie viel hat dir 763
O laß nicht ohne Lebensgenuß 608
O, mein genädiges Fräulein, erlaubt 266
O schwöre nicht und küsse nur 85
Oben auf der Bergesspitze 46
Oben wo die Sterne glühen 241
Orpheisch 838

Panaschierter Leichenwagen 864
Parabolisch 447
Pfalzgräfin Jutta 521
Pfalzgräfin Jutta fuhr über den Rhein 521
Pferd und Esel 812
Philister in Sonntagsröcklein 96
Plateniden 580
Pomare 505
Posaunenruf erfüllt die Luft 590
Poseidon 201
Prinzessin Sabbath 609
Prolog (*Es war mal ein Ritter trübselig und stumm*) . . 79
Prolog (*In Gemäldegalerien*) 281
Prolog (*Schwarze Röcke, seidne Strümpfe*) 181
Psyche 375

Ramsgate 464
Ratcliff 165
Rationalistische Exegese 854

Reinigung	211
Rhampsenit	485
Ritter Olaf	369
Ritter Paulus, edler Räuber	419
Rote Pantoffeln	700
Rückschau	589
Ruhelechzend	697
Sag mir wer einst die Uhren erfund	293
Sag, wo ist dein schönes Liebchen	162
Salomo	595
Sanftes Rasen, wildes Kosen	692
Saphire sind die Augen dein	146
Schaff mich nicht ab, wenn auch den Durst	318
Schattenküsse, Schattenliebe	312
Schelm von Bergen	494
Schlachtfeld bei Hastings	497
Schlage die Trommel und fürchte dich nicht	403
Schloßlegende	687
Schnapphahn und Schnapphenne	737
Schon mit ihren schlimmsten Schatten	331
Schon wieder bin ich fortgerissen	300
Schöne, helle, goldne Sterne	256
Schöne Wiege meiner Leiden	41
Schöne, wirtschaftliche Dame	268
Schöpfungslieder	341
Schütz Euch Gott vor Überhitzung	434
Schwarze Röcke, seidne Strümpfe	181
Seegespenst	208
Seekrankheit	273
Sehnsucht	239
Sehnsüchtelei	398
Sei mir gegrüßt, du große	126
Seit die Liebste war entfernt	95
Selten habt ihr mich verstanden	157
Seraphine	307
Sie erlischt	604
Sie floh vor mir wie'n Reh so scheu	309
Sie haben dir viel erzählet	90
Sie haben heut abend Gesellschaft	147

Sie haben mich gequälet 102
Sie hatten sich beide so herzlich lieb 361
Sie küßten mich mit ihren falschen Lippen 838
Sie liebten sich beide, doch keiner 134
Sie saßen und tranken am Teetisch 103
Sie tanzt. Wie sie das Leibchen wiegt 505
Sie tat so fromm, sie tat so gut 472
Simplizissimus I. 760
Singe nur fort, wir hören dich gern 465
So hast du ganz und gar vergessen 89
So lang ich den deutschen Michel gekannt 688
So wandl' ich wieder den alten Weg 126
Sohn der Torheit! träume immer 249
Solche Bücher läßt du drucken! 404
Solidität 586
Soll ich dich als Held verehren 472
Sonettenkranz an Aug. Wilh. von Schlegel 242
Sonnenuntergang 197
Sorge nie, daß ich verrate 298
Spätherbstnebel, kalte Träume 302
Spanische Atriden 564
Sprach der Herr am sechsten Tage 342
Ständchen eines Mauren 241
Steht ein Baum im schönen Garten 322
Steiget auf, ihr alten Träume! 271
Sterbende 591
Sterne mit den goldenen Füßchen 299
Sternlos und kalt ist die Nacht 198
Still ist die Nacht, es ruhen die Gassen 127
Stolz und gebietend ist des Leibes Haltung 243
Streiche von der Stirn den Lorbeer 801
Stunden, Tage, Ewigkeiten 840
Sturm 206
Symbolik des Unsinns 392

Täglich ging die wunderschöne 518
Tag und Nacht hab ich gedichtet 261
Testament 459
Teurer Freund, du bist verliebt 145
Teurer Freund! Was soll es nützen 140

Verzeichnis der Gedichtüberschriften und -anfänge 1111

Thalatta! Thalatta! 214
Träumereien 430
Tragödie 357
Traum und Leben 247

Über die Berge steigt schon die Sonne 159
Überall wo du auch wandelst 324
Um Mitternacht war schon die Burg erstiegen . . . 245
Unbequemer neuer Glauben 855
Und als ich euch meine Schmerzen geklagt 135
Und als ich so lange, so lange gesäumt 93
Und bist du erst mein eh'lich Weib 155
Und der Gott sprach zu dem Teufel 341
Und die Husaren lieb ich sehr (Hochgesang der
   Marketenderin) 447
Und die Husaren lieb ich sehr (Lied der
   Marketenderin) 757
Und ist man tot, so muß man lang 594
Und wüßten's die Blumen, die kleinen 89
Unser Grab erwärmt der Ruhm 753
Unsere Marine 457
Unsre Seelen bleiben freilich 436
Unsterbliche Seele, nimm dich in acht 594
Unstern 265
Unten Schlacht. Doch oben schossen 496
Untergang der Sonne 218
Unterm weißen Baume sitzend 281
Unterwelt 385
Unvollkommenheit 593

Valkyren 496
Verdroßnen Sinn im kalten Herzen hegend 302
Vergiftet sind meine Lieder 104
Verheißung 416
Verkehrte Welt 422
Verlaß Berlin, mit seinem dicken Sande 345
Verletze nicht durch kalten Ton 853
Verlorene Wünsche 596
Verlorner Posten in dem Freiheitskriege 605
Vermächtnis 604

Verzeichnis der Gedichtüberschriften und -anfänge

Vermittlung 798
Verriet mein blasses Angesicht 144
Verschlechtert sich nicht dein Herz und dein Stil . . . 419
Verstummt sind Pauken, Posaunen und Zinken . . . 595
Viele Weiber, viele Flöhe 584
Vierundzwanzig Stunden soll ich 329
Vitzliputzli 535
Vollblühender Mond! In deinem Licht 223
Vom Schöppenstuhle der Vernunft 715
Von der Gleichheit der Gemütsart 596
Von schönen Lippen fortgedrängt, getrieben 153
Vor dem Dome stehn zwei Männer 369
Vor der Brust die trikoloren 435

Während ich nach andrer Leute 316
Während solcherlei Beschwerde 386
Wahrhaftig 68
Wahrhaftig wir beide bilden 844
Waisenkinder, zwei und zwei 735
Waldeinsamkeit 559
Wälderfreie Nachtigallen 433
Wandere! 395
Wandl ich in dem Wald des Abends 307
Warnung (*Solche Bücher läßt du drucken!*) 404
Warnung (*Verletze nicht durch kalten Ton*) 853
Warte, warte, wilder Schiffsmann 42
Wartet nur 424
Warum ich eigentlich erschuf 343
Warum sind denn die Rosen so blaß 90
Was gehn dich meine Blicke an? 364
Was treibt dich umher, in der Frühlingsnacht? 289
Was treibt und tobt mein tolles Blut? 23
Was will die einsame Träne? 131
Was willst du traurig liebes Traumgebilde? 264
Wasserfahrt 62
Wechsel 377
Weil ich dich liebe, muß ich fliehend 291
Weil ich so ganz vorzüglich blitze 424
Welch ein zierlich Ebenmaß 443
Welcher Frevel! Freund! Abtrünnig 864

Welke Veilchen, stäubge Locken	587
Weltlauf	588
Wenn der Frühling kommt mit dem Sonnenschein	68
Wenn dich ein Weib verraten hat	395
Wenn du gute Augen hast	289
Wenn du mir vorüberwandelst	288
Wenn ich an deinem Hause	123
Wenn ich auf dem Lager liege	143
Wenn ich, beseligt von schönen Küssen	316
Wenn ich in deine Augen seh	81
Wenn junge Herzen brechen	263
Wenn man an dir Verrat geübt	484
Wenn sich die Blutegel vollgesogen	828
Wenn zwei voneinander scheiden	102
Wer dem Kloster geht vorbei	519
Wer ein Herz hat und im Herzen	826
Wer zum ersten Male liebt	149
Werdet nur nicht ungeduldig	140
Wie auf dem Felde die Weizenhalmen	230
Wie der Mond sich leuchtend dränget	138
Wie des Mondes Abbild zittert	292
Wie die Nelken duftig atmen!	293
Wie die Tage macht der Frühling	299
Wie die Wellenschaumgeborene	87
Wie du knurrst und lachst und brütest	435
Wie dunkle Träume stehn	154
Wie ein Greisenantlitz droben	301
Wie entwickeln sich doch schnelle	430
Wie heiter im Tuilerienschloß	502
Wie ich dein Büchlein hastig aufgeschlagen	71
Wie kannst du ruhig schlafen	128
Wie langsam kriecht sie dahin	712
Wie Merlin, der eitle Weise	348
Wie nähm die Armut bald bei mir ein Ende	258
Wie neubegierig die Möwe	309
Wie rasch du auch vorüberschrittest	315
Wie schändlich du gehandelt	313
Wie schön er ist, so qualvoll auch	837
Wieder ist das Herz bezwungen	290
Wiedersehen	598

Winter	396
Wir Bürgermeister und Senat	743
Wir fuhren allein im dunkeln	153
Wir haben viel füreinander gefühlt	91
Wir heben nun zu singen an	392
Wir müssen zugleich uns betrüben	473
Wir saßen am Fischerhause	119
Wir schlafen ganz wie Brutus schlief	421
Wir seufzen nicht, das Aug ist trocken	406
Wir standen an der Straßeneck	321
Wir träumten von einer Flotte jüngst	457
Wo ich bin, mich rings umdunkelt	110
Wo wird einst des Wandermüden	473
Wohl dem, dem noch die Tugend lacht	378
Wohl durch der Wälder einödige Pracht	518
Wohl unter der Linde erklingt die Musik	382
Wollen Sie ihr nicht vorgestellt sein?	347
Worte! Worte! keine Taten!	850
Wunderglaube, blaue Blume	767
Yolante und Marie	326, 435
Zu Berlin, im alten Schlosse	687
Zu dem Wettgesange schreiten	60
Zu der Lauheit und der Flauheit	269
Zu fragmentarisch ist Welt und Leben	147
Zu Halle auf dem Markt	160
Zu Kassel waren zwei Ratten	815
Zu München in der Schloßkapell	453
Zu Rom, zu Rom, in der heiligen Stadt	334
Zueignung. An Salomon Heine	255
Zufrieden nicht mit deinem Eigentume	242
Zum Hausfrieden	584
Zum Lazarus	711
Zur Beruhigung	421
Zuweilen dünkt es mich, als trübe	388
Zwei Brüder	46
Zwei Ochsen disputierten sich	820
Zwei Ritter	514

Inhalt

Buch der Lieder

   Vorreden 7
   Junge Leiden 17
   Lyrisches Intermezzo 77
   Die Heimkehr 113
   Aus der Harzreise 179
   Die Nordsee 193

Aus dem Umkreis des *Buchs der Lieder* 231

Neue Gedichte

   Neuer Frühling 279
   Verschiedene 305
   Romanzen 359
   Zur Ollea 389
   Zeitgedichte 401

Aus dem Umkreis der *Neuen Gedichte* 427

Vorworte 475

Romanzero

   Erstes Buch. Historien 483
   Zweites Buch. Lamentationen 557
   Drittes Buch. Hebräische Melodien 607
   Noten 663
   Nachwort zum Romanzero 673

Aus dem Umkreis des *Romanzero* 685

Gedichte. 1853 und 1854	695
Aus dem Umkreis der *Gedichte. 1853 und 1854*	755
Lyrischer Nachlaß	765

Anhang

Zu dieser Ausgabe	871

Buch der Lieder

Zur Textgestalt	873
Entstehung	874
Kommentar	889

Neue Gedichte

Zur Textgestalt	915
Entstehung	916
Kommentar	936

Romanzero

Zur Textgestalt	982
Entstehung	982
Kommentar	989

Gedichte. 1853 und 1854

Zur Textgestalt	1029
Entstehung	1029
Kommentar	1032

Lyrischer Nachlaß

Entstehung	1045
Kommentar	1046

Literaturhinweise 1069
Nachwort 1075
Verzeichnis der Gedichtüberschriften
und -anfänge 1089

Reihe Reclam

Gebundene Bücher in schöner Ausstattung
Eine Auswahl

Wilhelm Busch: Ausgewählte Werke
Herausgegeben von G. Ueding. 652 S.

DADA total
Manifeste, Aktionen, Texte, Bilder
Herausgegeben von K. Riha und J. Schäfer. 384 S.

Deutsche Aphorismen
Herausgegeben von G. Fieguth. 395 S.

Deutsche Balladen
Herausgegeben von H. Laufhütte. 647 S.

Deutsche Gedichte
Eine Anthologie
Herausgegeben von D. Bode. 373 S.

Deutsche Liebeslyrik
Herausgegeben von H. Wagener. 447 S.

Deutsche Naturlyrik
Vom Barock bis zur Gegenwart
Herausgegeben von G. E. Grimm. 539 S.

Die deutschen Sprichwörter
Gesammelt von Karl Simrock. Einleitung von W. Mieder. 631 S.

Theodor Fontane: Effi Briest
Anmerkungen von W. Schafarschik. Nachwort von K. Wölfel. 417 S.

**Hans Jacob Christoph von Grimmelshausen:
Der abenteuerliche Simplicissimus Teutsch**
Nachwort von V. Meid. 838 S.

Eckhard Henscheid: Verdi ist der Mozart Wagners
Ein Opernführer für Versierte und Verschrte. 270 S.

Franz Kafka: Erzählungen
Herausgegeben von M. Müller. Nachwort von G. Kurz. 366 S.

Schöne Geschichten!
Deutsche Erzählkunst aus zwei Jahrhunderten
Herausgegeben von P. v. Matt. 605 S.

**Gustav Schwab:
Die schönsten Sagen des klassischen Altertums**
1035 S.

Germanische Götter- und Heldensagen
Nach den Quellen neu erzählt von Reiner Tetzner. 559 S.

Philipp Reclam jun. Stuttgart